# 巨浪对决

熊显华 著

## 海权兴衰2000年

北京联合出版公司

## 图书在版编目（CIP）数据

巨浪对决：海权兴衰 2000 年 / 熊显华著 . —北京：北京联合出版公司，2022.2
ISBN 978-7-5596-5782-4

Ⅰ . ①巨… Ⅱ . ①熊… Ⅲ . ①海洋战略－研究－世界 Ⅳ . ① E815

中国版本图书馆 CIP 数据核字（2021）第 249200 号

---

## 巨浪对决：海权兴衰 2000 年

作　　者：熊显华
出 品 人：赵红仕
选题策划：上海牧神文化传媒有限公司
责任编辑：肖　桓
特约编辑：董旻杰
美术编辑：周伟伟

---

北京联合出版公司出版
（北京市西城区德外大街 83 号楼 9 层　100088）
北京联合天畅文化传播公司发行
上海盛通时代印刷有限公司印刷　新华书店经销
字数 490 千字　889 毫米 ×1194 毫米　1/32　22 印张
2022 年 2 月第 1 版　2022 年 2 月第 1 次印刷
ISBN 978-7-5596-5782-4
定价：138.00 元

---

版权所有，侵权必究
未经许可，不得以任何方式复制或抄袭本书部分或全部内容
本书若有质量问题，请与本公司图书销售中心联系调换。
电话：010-65868687 010-64258472-800

序 言

## "巨浪"历史下的记忆与海洋文明的对决

在我打算写这样一部书时,我决定用不一样的视角去阐释海洋文明下的"巨浪对决"。这种对决不仅仅是以战争的形式,更多的是体现在政治经济、制度文化、地缘海权、意识思想等方面上。

从木桨时代到风帆时代,从风帆时代到蒸汽时代……巨浪的历史总离不开舰船的历史。无论是争夺新世界的资源,还是伴随着商业贸易的文明交融,纵观历史,我们会发现:天平的中心点正在偏向大西洋沿岸的国家。那些走向海洋的国家,利用政治权力、航海技术、殖民领地、宗教信仰等诸多因素将资本注入到国家运转体系中。在今天看来,虽然它们已经成为过去的历史,但是对当下和未来的要义依然存在。譬如,现代欧洲起源的核心推动力,我们就可以在宫廷、港口、贸易航线、海上霸权中找到。欧洲的现代化既得益于数千年的文明交融,也得益于来自世界各地的原始资本积累。从这个角度讲,是"大历史"创造、推动了崭新的世界。

在这部关于大历史的书里,读者会看到一条贯穿全书的时间线,还会感受到一条暗线也存在其中,即海权在人类历史、区域历史、国家历史中的重要作用。因此,我非常喜欢"巨浪对决"这个书名,对决不仅仅是我们通常理解的战场杀戮，更多的是指向在历史进程中的多元化碰撞。

本书甄选了从公元前5世纪到公元20世纪的16场具备特殊要义的海上战事，力图通过不一样的视角勾勒出海洋文明对决的历史进程。在处理这些复杂的题材时，我并没有刻意注重战争场面的描绘，相反有意识地为读者构建一个多视角的非虚构的历史记忆。在创作中，我更加注重人物与时势、经济与组织、政治与制度、文化与生活、地缘与海权、集体记忆与个体特质、原因与结果的交互影响。不过，我并非要创作一部适合详细阐释东西方文明特性以及演进过程的历史著作，我更愿意将这本书的受众群体指向普通读者。

以海洋为途径的文明延伸方式非常独特。譬如，萨拉米斯海战让雅典人走出了希腊国界。本书以希腊与罗马的古典文明体系作为开篇，是想阐释罗马帝国崩溃的过程中，其文明体系并没有被毁灭掉，在这之后的岁月里，其以多种途径传播到欧洲的西部和北部。这个文明所持有的理念离不开海洋的福泽。

所以，我个人以为欧洲的历史大都是海洋的历史。

当然，这个文明的传播、渗透既要感谢那些希腊与罗马古典文明体系的传承者、崇拜者，也要感谢这个文明体系的强大生命力。

进一步来讲，从地理大发现时代到殖民扩张的时代，从15世纪到19世纪，西方文明多以海洋为纽带延伸到非洲、美洲、亚洲等区域。不仅西方，东方也曾以这样的方式将其文明延伸到世界各地。于是，这个世界终于联系在一起，形成一个人类命运共同体的交融世界。

海洋文明间的对决在多个层面都体现了国家兴衰、历史走向等。

为此，我在书中对它们进行了不同视角的探讨。譬如——

雅典人是如何利用"木墙"让萨拉米斯具备神圣要义的？走出希腊国界后的世界是什么样子？

薛西斯一世是以人间的统治神的名义，还是借众神之神的名义指挥着他的海上舰队？

米拉海战里神秘的"乌鸦"到底为何物？它如何让海战变成陆战的？杜伊利乌斯纪念柱对后世有何影响？

提里卢斯-格隆事件并发症是如何成为迦太基帝国走向毁灭的重要节点的？迦太基女王真的存在吗？她与帝国灭亡有哪些关系？以贸易为主的海上帝国是否抵挡得住以军事力量为主的入侵？

什么叫作奥古斯都的门槛？埃及艳后与亚克兴海战有何关系？她的死因到底是什么？

基督山岛的海上战事，最终只是为了俘获一群教士，还是另有隐情？西西里岛如何成为众多国家争夺的焦点？

君士坦丁堡的前世今生是否意味着 1453 年的战争并未结束？流动火焰如何拯救希腊文明？

特诺奇蒂特兰与一个征服者之间发生了什么？是瘟疫侵害了这个文明，还是其他？

1565 年的马耳他大围攻有多少鲜为人知的细节？它与勒班陀海战有何关系？

仅仅是因为争夺西班牙遗产而引发了不多时的四日海战吗？

特拉法尔加海战与一份合约、一个阴谋相关？

为过去复仇的意大利海军是如何成为诺贝尔文学奖获奖作品《魔山》中的中心角色的？

003

日俄对决，日本真的赢了吗？

日德兰海战是马汉主义的巅峰，还是荒唐时代的错误？

中途岛如何成为漂浮的地狱的？

⋯⋯⋯⋯⋯⋯

这些细节都会在书中体现。当然，这只是书中内容的一部分——这部书的价值不在于以猎奇的形式彰显，更多的是以巨浪历史下的记忆和海洋文明对决的内容阐释 2000 多年来的文明历程，并对当下和未来提供一些思考的路径。

所以，我特别喜欢若米尼的那句名言："（这是）值得的永远记忆。"如果说这本书还有什么目的，就是希望越来越多的人理解海洋——在陆地上待久了的人们会越来越觉得海洋是多么重要；在海洋上受益于其财富的人们同样会一如既往地拥抱海洋。

需要说明的是：因水平有限，书中难免有不少谬论、错误，还望大家多以包容的心态去看待，欢迎指正、批评，我将不胜感激！另，为方便读者进一步了解与书中相关的内容，我尽量做了应有的注释，希望能起到一定的辅助作用。

最后，感谢出版方以及为此书做出辛勤工作的同人们！他们的出版初衷和我一致。希望这样一部书没有终结，还有后续。

熊显华

2020 年 2 月 9 日写于攀枝花

# 目 录
CONTENTS

**第一章 文化角逐的产物：神圣的萨拉米斯**

  **（公元前 480 年）**

  一　水道里的浮尸 / 3

  二　薛西斯式的角逐 / 23

  三　走出希腊的国界 / 41

**第二章 罗马人很荣耀：米拉海战里的公众记忆**

  **（公元前 260 年）**

  一　迦太基必须毁灭 / 51

  二　秘密武器"乌鸦" / 61

  三　杜伊利乌斯纪念柱 / 72

**第三章 迦太基废墟：海上帝国的末路**

  **（公元前 146 年）**

  一　超级商业强国 / 79

  二　提里卢斯 - 格隆事件并发症 / 112

  三　残忍毁灭 / 124

## 第四章　500年内无劲敌：亚克兴成就奥古斯都
### （公元前31年）

- 一　奥古斯都的诱惑 / 145
- 二　劲敌末日 / 154
- 三　荣耀背后 / 172

## 第五章　基督山岛1241：删除的记忆
### （公元1241年）

- 一　猛烈风暴 / 179
- 二　新舰队大杀四方 / 191
- 三　赔上全部身家 / 200

## 第六章　前世今生：君士坦丁堡的陷落
### （公元1453年）

- 一　帝国末日 / 209
- 二　城堡陷落 / 224
- 三　并未结束的1453 / 248

## 第七章　粉碎文明：特诺奇蒂特兰的忧伤
### （公元1521年）

- 一　悲痛之夜 / 267
- 二　杀戮与毁灭 / 280
- 三　"无法解释"的困惑 / 300

## 第八章　围攻马耳他：坚不可摧的堡垒
### （公元1565年）
- 一　与马耳他相关 / 313
- 二　生死较量 / 337
- 三　永远无法征服 / 366

## 第九章　资本主义的杀戮：勒班陀神话
### （公元1571年）
- 一　杀戮场 / 391
- 二　狭路相逢 / 411
- 三　勒班陀神话 / 431

## 第十章　决定时刻：由普利茅斯走向世界
### （公元1588年）
- 一　狂妄之举 / 445
- 二　决定时刻 / 455
- 三　国家崛起 / 465

## 第十一章　皇家海军的沉痛：四日海战不多时
### （公元1666年）
- 一　争夺西班牙遗产 / 471
- 二　海战不多时 / 481
- 三　法国加入 / 498

## 第十二章　海上霸主的捍卫：特拉法尔加不沉默
### （公元 1805 年）
一　一份合约一个阴谋 / 509

二　特拉法尔加不沉默 / 521

三　走向巅峰 / 538

## 第十三章　利萨海战：濒死者的胜利
### （公元 1866 年）
一　意大利的噩梦 / 553

二　《魔山》中的中心角色 / 560

三　为过去复仇的海军 / 570

## 第十四章　日俄对决：诸神要谁灭亡
### （公元 1905 年）
一　先天不足 / 587

二　问题严重 / 596

三　胜利抑或失败 / 603

## 第十五章　以损失论成败：日德兰海战
### （公元 1916 年）
一　风险舰队 / 615

二　以损失论成败的海战 / 636

三　荒唐时代的错误 / 645

## 第十六章　漂浮的地狱：折戟中途岛
### （公元1942年）
　　一　帝国舰队出动 / 653

　　二　漂浮的地狱 / 664

　　三　非西方的日本 / 677

## 附录　主要参考文献

# 第一章

## 文化角逐的产物:神圣的萨拉米斯

### (公元前 480 年)

第一章 文化角逐的产物：神圣的萨拉米斯（公元前 480 年）

## 一　水道里的浮尸

### 1

英国著名浪漫主义诗人乔治·戈登·拜伦（George Gordon Byron）在他的代表作《唐璜》中这样写道："天明之际，国王统计麾下战士的数量，但到了日落时分，他们又去了哪里？"

这或许是命定的惨烈结局——这些英勇的战士因肺部大量积水，身体变得越来越沉重和麻木了，他们的大脑功能随着最后一点氧气的耗尽，绝望之情的蔓延也到此停止。

他们到底是去了天堂还是地狱？我们只能祈祷。

非常糟糕的死法！在咸涩的海水里许多战士拼命地用手臂扑打着海水，他们清晰的意识逐渐变得模糊……

此时，正值黄昏时分，夕阳的余晖漫洒在萨拉米斯（Salamis）湾的海面上。谁承想这样美丽的景象中竟有人类残酷历史上最为悲壮的一幕？

黑夜过后是白天，但对他们而言，黄昏过后是永远的黑夜。

历史会铭记这一天：根据相关史料推断，这场战斗大约持续了 8 个小时，大约发生在公元前 480 年 9 月 20 日到 30 日之间，最可能的日期是 9 月 28 日。此刻白昼将近，在萨拉米斯岛与希腊半岛之

3

间长长的水道上的狭窄区域，著名的萨拉米斯海峡，许多薛西斯一世（Xerxes Ⅰ，约公元前519—前465年）的战士——他们当中大多数为奴仆——因不会游泳或遭杀戮而命丧大海，漂浮的尸体塞满了水道。

这片狭窄的海域就这样成为阴森恐怖的海上墓地，那里有埃及人、腓尼基人、小亚细亚人、波斯人……海风像往常那样随性吹动，他们的尸体在海水的冲刷下涌到了萨拉米斯岛和阿提卡（Attica）半岛的岸上。

或许是希腊人的夸大其词，又或许是他们因这次战役的完胜而骄傲，萨拉米斯这个名字俨然成为当时"西方崛起"的同义词。然而，它背后血腥的屠戮正渐渐地被世人遗忘！众所周知，许多人更多的是在这里欣赏海上曼妙的风景罢了。

比起之前的温泉关（Thermopyles）战役，斯巴达的勇士们在最后全部壮烈牺牲，作为惩罚和威慑，斯巴达国王列奥尼达（Leonidas）的头颅被波斯人插在木桩上，萨拉米斯海战带给后人的影响也远远超过了温泉关之战。而且，我们完全有理由相信萨拉米斯海战中的亡魂在临死前的恐惧已超过了"食人狂魔"狄俄尼索斯（Dionysus）带给活祭者的战栗。

这场大规模海战的特殊性在于，它发生在宽度不足1.6千米的萨拉米斯海峡。如果以一名战地记者的身份出现在海滩上，几乎可以将整个战场尽收眼底。1607艘战舰拥挤在萨拉米斯海峡，数以万计的波斯战士在"顷刻间"命丧黄泉，这样的景象恐怕是再无其二。

狂妄的薛西斯一世曾经率军血洗雅典，如此"荣耀与辉煌"：让所有人胆寒的"薛西斯式的愤怒"足以让他把自己的王后也看作奴隶一样——据说在一次酒后,薛西斯一世竟然命令王后走到那些醉汉面前赤身裸体展示自己的美丽身体,如若反对,他的愤怒就能让眼前这个高贵的女人命丧当场。

但在希腊的萨拉米斯岛,或者说艾加莱奥斯(Aegaleos)山巅,他怎么也没有想到,如今,报应来了——他只能空怀愤怒地看着自己的军队被海浪吞没。

这就是著名却又被人遗忘的萨拉米斯海战。

2

公元前480年,决定希腊生死存亡的一年。波斯人相信,只要能征服希腊—雅典,就一定能实现波斯帝国大流士一世(Darius Ⅰ,公元前521—前486年)的宏图:这是波斯土地,阿胡拉赐给我,这是一块吉祥的土地,有好马,有好男人,承阿胡拉的恩典和个人品格,大流士王不怕任何敌人。

出人意料的结局是波斯人遭受了惨痛的失败,马拉松(Marathon)战役的惨败就是他们心中难以拂去的伤痛。根据古希腊作家颇为夸张的记载,这场发生在公元前490年的会战,波斯人遭受了耻辱性的惨败——波斯军队阵亡6400人,雅典仅阵亡192人。

愤怒的波斯人坚定地把这场失败看作是一种莫大的耻辱。这一次,他们要在萨拉米斯做一个了结。

雅典人呢,他们会坐以待毙吗?当然不会!早在雅典人与邻近岛屿的埃伊纳(Aegina)人产生纠纷时,他们就已经有了某些准备。

客观地说，在擅长航海的埃伊纳人面前，雅典人感受到一种无法战胜海洋的恐惧。这种恐惧就像中国古语里说的"工欲善其事，必先利其器"那样，他们因缺乏"利器"而惶恐万分。

于是，雅典人开始有意识地造船，造一种当时非常先进的三列桨战舰。耐人寻味的是，埃伊纳人居然无视来自邻岸的威胁，整日忙于将山形墙雕塑搬到他们的艾菲娅（Aphaia）神庙里去。

为了造出更多的三列桨战舰，雅典人采取开采银矿和私人募捐的形式筹集资金。其中，来自劳里昂（Laurion）银矿的收入占了绝大部分。之前，雅典人在海洋上的能力并不算强大，这一次的造舰计划将标志着雅典跻身于海洋强国的行列。

由于舰队需要大量的桨手、作战人员等，雅典在造船的同时也着手招募大量没有不动产、靠受雇而活的"城市流浪者"。实际上，他们可称作"自由的奴仆"。在战争期间，这些人就成为舰队的主要战士。

当时作为主力战舰的三列桨战舰，据说是古埃及人或腓尼基人发明的，因龙骨上架有大量木板而得名。在将近半个世纪的时间里，这种舰船被视为地中海上标准的主力战舰。

在海战中，三列桨战舰可以依靠人力划行提供动力，能完全做到不使用风帆。一般情况下，一艘三列桨战舰需要配备170人左右的桨手，他们3人为一组，每一组按照从下向上的垂直顺序排列，这是为了防止不同层的桨手的船桨相互碰撞而设置。每名桨手手执一根标准长度的船桨在海水里挥动着。另外，约有30人则拥挤在甲板上，他们当中有舵手、弓手、战士，这些人主要负责作战。

三列桨战舰的设计充分利用了力学原理，造船者将战舰的重量、速度与动力之间的比例把握得恰到好处，采用"鱼鳞式叠加"的造船方法让船龙骨的外板就像鱼鳞一样排布。船体的建造也是相当厉害，能用"平镶"的方式一块一块地将船体组建起来。就算到了今天，许多地区的人们依然采用这样的方式来造船，或者是通过榫卯结构来拼接船只。作为"海上战狼"的维京人驾驶的长船也是按照这样的结构去建造的。

如此精密的造船方法让三列桨战舰的航速惊人，即便有200人或者再多一些的人在船上面，也能在几十秒内加速到9节。速度上的优势再搭配灵巧的机动性，使得三列桨战舰的撒手锏青铜质分叉撞角能在极速航行中发挥出超强的威力——这是安装在船艏水线处的撞击性武器，可将当时任何类型的船只拦腰撞断。

三列桨战舰的作战效果在地中海地区久经考验。16世纪，威尼斯的造船工人试图仿造出三列桨战舰，结果让人不甚满意。到了现代，设计者试图通过先进的计算机技术，结合尽可能多的航海知识，依然无法完全掌握这种舰船的设计精髓。

当然，三列桨战舰也有自身的弱点。它属于轻型战舰，不能在深海中远航，会因负载沉重而产生结构上的脆弱。虽然能让200人或者再多一些的人搭载于舰船上，但是船员的生命安全几乎没有什么保障，唯一能保护船员的是最下层的桨手摇桨的窗口。

这个窗口距离战舰的水线较近，只有40厘米，设计者用一个皮质的护套加以密封，仅开一个小窗户来透气。也就是说，一旦三列桨战舰被敌方战舰的撞角撞击到侧面，整个船体的倾斜几乎是瞬间发生的事。同时，海水会从敞开的窗口无情地灌入，船和人都会被拖入海底——对于喜欢穿长袍的波斯人而言，无疑是雪上加霜，因

7

为长袍在海水的浸泡下会束缚人的逃脱行动。

如果当时负责摇桨的奴隶像16世纪海上作战时一样被铁锁链锁住，逃脱的可能性还有吗？答案让人绝望。古希腊的剧作家埃斯库罗斯（Aeschylus）在其著作《波斯人》[1]中有这样的描述："那些得到波斯人爱戴的人们，他们的尸体浸泡在咸涩的海水中，常因裹在长袍里而被拖到水下，或者毫无生气地被来回拖动。"

或许波斯人也想到过三列桨战舰的致命弱点，只是当时的他们或者说当时的人们未必能找到破解之法。当天气变得恶劣，行驶中的舰船就需要立刻寻找避风港，而最好的避风港是沙滩。相比较而言，从设计上克服三列桨战舰难以逃生的弊端需要耗费大量的精力和时间，而将这些精力和时间放在寻找、建设港口则是比较明智的选择。更何况，迫在眉睫的战事让波斯人的复仇之火早就难以抑制了。

这场战争的结局让波斯人再一次感受到屈辱。在征伐他国时，喜欢装载大理石的波斯人每夺取一地就要立上一块石碑作纪念。这一次，他们怎么也没有想到，出征前坚决如铁的胜利感就如出发前满心欢喜地装载上的大理石一样，最终竟是毫无立处的结局。

在随后5个世纪的时间里，雅典人凭借他们的阿提卡三列桨战舰始终保持着无比的荣耀。根据公元前4世纪的石刻史料记载，三列桨战舰多以城市名、地域名和女神的名字命名。阿提卡是一个伸入爱琴海的半岛，帕尔纳索斯（Parnassus）山脉将其与希腊大陆分隔开，向西连接科林斯（Corinth）地峡，雅典是它的首府。雅典人

---

[1] 根据推断，他极有可能参加了萨拉米斯海战，其编剧的《波斯人》曾于公元前472年公开上演，是现存唯一的取材于历史题材的古希腊悲剧。

## 第一章 文化角逐的产物：神圣的萨拉米斯（公元前480年）

以"阿提卡"为战舰命名，其用意不言而喻。

三列桨战舰对雅典人来说是稀缺的。按照古代希腊历史学家修昔底德（Thucydides）的说法，在希波战争之前，只有西西里（Sicilia）岛的僭主（指以发动政变或以其他暴力手段夺取政权的独裁者）和克基拉岛（Kerkyra）的居民才拥有三列桨战舰，在雅典和埃伊纳以及其他地方几乎是不存在三列桨战舰的。克基拉岛也叫科孚（Corfu）岛，意为众山峰的城市，外形像一把镰刀，是地中海的边缘海伊奥尼亚（Ionian）海中的第二大岛屿，与阿尔巴尼亚相望，特殊的地理位置让这个岛屿成为外族入侵的重要目标。

同时，雅典没有一个建设良好的港口，而埃伊纳岛具有这样的优势：四面环海。埃伊纳人利用他们的舰船不断骚扰阿提卡沿海的村镇，攻击沿海的雅典船只。而当时雅典人的船属于长船型，并且只能算是一种原始而简陋的船只——30名桨手或者50名桨手的驱动力是无法与三列桨战舰170名桨手所带来的驱动力相比的。这意味着，即便雅典人能在短时间打败埃伊纳人，获得他们优良的港口，在一定时期里也不会让海军的实力有实质性的提升。

很快，雅典执政官塞米斯托克利斯（Themistocles）就开始宣扬建造这种战舰的必要性，他敦促雅典人必须尽快建造出三列桨战舰用于海上作战。劳里昂银矿的矿工在某次工作中意外发现了一条新矿脉，这位有见地的执政官显得非常高兴，因为建造海军舰队的军费终于有了保障。

有了劳里昂银矿提供的充足的财富作为支撑，雅典人就能建造大量的三列桨战舰了。都城雅典是最大的造船基地，古希腊诗人阿里斯托芬（Aristophanes）在他的喜剧作品《鸟》中曾以一只戴胜鸟

*9*

询问雅典旅人从何而来的方式写道："从哪里来？从光荣的舰队诞生之地来。"这足以说明雅典人热衷于造船、组建舰队了。

在塞米斯托克利斯未曾告诫雅典人之前，他们是没有足够的危机意识的。这主要缘于雅典人在马拉松战役中取得了让人骄傲的胜利。

来自波斯帝国的威胁虽然暂时解除，但并不意味着威胁不存在。具有危机意识的塞米斯托克利斯强烈地感受到薛西斯一世的愤怒之火此刻已熊熊燃烧。马拉松战役不是希波战争的结束，而是更加严峻的、长期的战争的开端。只有大力发展海军，获得海上控制权，才能彻底拯救自己的国家。为了让更多的雅典人树立起危机意识，他采取极力鼓吹"埃伊纳人威胁论"的方式，并强调要利用对埃伊纳人的战争经验，着力打造一支强大海军更能让希腊长治久安的必要性。

公元前487年，与埃伊纳人的战争胜利后，作为民主派重要代表人物的塞米斯托克利斯趁机说服了雅典公民大会支持"用劳里昂银矿收益建造三列桨战舰100余艘"的计划。这样，雅典的战舰至少能到200艘，如果能完全实现，雅典就能跃升为当时的海上强国。另外，在波斯人再次入侵前夕，他还积极促成反波斯侵略同盟的建立，亲自在科林斯多次主持召开"泛希腊会议"，讨论战或不战的利与弊……

这样看来，希腊或许能躲过一劫！

3

雅典征集和招募的海上人员大多是自由人，他们当中很多人不擅长航海。三列桨战舰的主要动力是依靠桨手的划动而产生，为了更加有效地利用划桨，训练合格的桨手迫在眉睫。

根据希腊历史学家普鲁塔克（Plutarch）[2]的分析，一艘三列桨战舰大约能承载200人，其中桨手就占了170人，分三层坐在船的两侧。在船上还有14名重步兵、4名弓箭手，外加主舵手、副舵手、笛手、木匠、桨手指挥等战舰管理人。

舰长的人选采用抽签的方式决定。显然，这样的方式是不明智的，舰长也有可能不精通航海。解决办法是配备一名精通航海的"Kybe-rnet"，即类似大副的人。

桨手的体能、彼此间的协调操作成为在海战中制胜的关键因素之一。170名桨手分布在舰船的三层舱室，上层62名，中层54名，下层54名，由笛手指挥他们划桨的节奏。

吹笛的节奏非常重要！桨手在节奏的引导下做到划桨的节奏、桨入水的深度和间距一致。这样的方式可产生巨大的驱动力，让驱动力与船体形状达到完美结合。无论是向前还是向后划动，都需要高度一致的配合，才能在加速的情况下，利用撞角撞击敌船时将撞击力发挥到极致。

---

[2] 约45—125年，罗马帝国时代的希腊作家、哲学家、历史学家，主要作品有《希腊罗马名人传》，其作品在文艺复兴时期大受欢迎，像蒙田、莎士比亚都受其影响，尤其是莎士比亚，很多作品都取材自他的记载。

在很长时期的海战中，三列桨战舰都以主力战舰出现，战术的发挥也因此得到了充分的实践空间。战舰自身的高速航行让它成为一件破坏敌船的利器——早期设计的撞角主要用于近距离作战，随着作战范围的扩大，海上作战经验的不断积累，人们发现，如果能让撞角从侧面撞翻敌船或者折断其船桨，就能使敌船失去继续活动的能力，这对接下来的近距离作战是很有帮助的。

为了更加有效地破坏敌方的战舰，希腊时代的撞角大多增设了3个锤刺，目的是折断船桨。在高速的航行中通过侧面冲撞敌船，在不发生偏离的前提下完全能做到穿透船身，从而让涌入的海水加速敌船的侧翻，甚至是沉没。

在战术的使用上主要有两种：一是 diékplous，即纵穿；二是 períplous，即迂回。纵穿战术是利用阵型，以强大的冲击力穿透敌军战线，一旦成功，可以进行从船艉方向冲撞敌船、折断其船桨的作战方式。迂回战术也需组成阵型，其不同之处在于从侧面进攻，实施的前提是采用大量的战船迂回到敌方战线侧翼，只有这样的进攻才是有效的。

值得注意的是，不论采用哪种战术，一旦成功实施了冲撞，必须尽快后撤，以便快速脱离与敌船的接触，将伤己的可能性降到最低。

我们可从《波斯人》中的一段描述得到证实："幸存的船舶都转舵向后，试图划到安全的地方。然而，这些幸存者仿佛是被网住的金枪鱼一样，被敌舰使用破损的船桨和遇难船只的漂浮物不断撞击着。尖叫和啜泣的声音始终在外海上回荡，直到夜幕降临……"

上述两种战术，尤其是对侧翼形成的巨大威胁使得作战双方都必须小心翼翼。譬如在海岸附近作战如何利用海岸的走向、水深来保护侧翼是指挥官必备的能力。侧翼一旦被袭击，是极有可能对战斗的胜负起到关键作用的。

在萨拉米斯海战中，波斯人将大量战舰开进了狭窄的浅水域。很快，希腊舰船就冲进阵线了，他们利用坚硬的撞角施行突破战术。在撞角的猛烈撞击下，波斯舰队很快陷入混乱。当成功而有效地实施撞击后，希腊舰队的桨手在各自的位置上有条不紊地划动着，他们让舰船在水中快速后退。当他们发现可发动进攻时，会毫不犹豫地再次施行撞击。

即便如此，我们也不能就此断定在萨拉米斯海战中波斯人的失败仅仅是因为战术运用上的错误。决定战争胜负的因素太多，天时、地利、人和都是重要因素。但就其结果来看，不管是纵穿战术还是迂回战术的成功运用，对波斯人的伤害都是巨大的。

勒班陀（Lepanto）海战死亡人数在 4 万～5 万之间，这是非常恐怖的数字。而萨拉米斯海战的死亡人数也在 4 万以上，相比波斯人的惨重伤亡，希腊人仅损失了 40 艘三列桨战舰，我们可以据此推算 40 艘战舰上的人数大约为 8000 人。根据希罗多德（Herodotus）的说法，只有少数希腊人因溺水而死，大多数落水者都能游过海峡安全上岸。

在火药还没有出现的时代，在短短几小时的时间里，这场海战能让数以万计的人失去生命，实在是让人战栗不已。在希腊人看来，淹死是最为可怕的方式——死者的灵魂将找不到身体，从而无法安息，无法进入冥界，成为在外游荡的孤魂野鬼。在萨拉米斯海战结束大约 80 年后（公元前 406 年），在阿吉纽西（Arginusae）战役中，虽然希腊的指挥官们成功击败了伯罗奔尼撒舰队，但是作为有很高权力的雅典公民大会依然决定处死一些指挥官，其原因就是他们没能救起落水的士兵。

波斯人，或者说薛西斯一世的将士们，他们当中又有多少人的名字会被后世记得呢？由于史料缺乏，我们很难统计了。不过，根据希罗多德的说法，有一个波斯人或许是"幸运的"，他就是薛西斯一世的兄弟、海军四大将领之一的阿里阿比格涅斯（Ariabignes），他在海战中死得颇为壮烈，与座舰一起沉入大海。而根据有些资料的说法，死亡的波斯陆海军将领有3位，他们分别是——

千夫长达达西斯（Dadaces），在跳下军舰时被长矛刺死；

万夫长阿尔滕巴斯（Artembares），因撞上了塞伦尼亚（Silenia）礁石林立的海岸而死；

特纳贡（Tenagon），巴克特里亚（Bactrians）贵族，他的尸体随着波浪，在阿贾克斯（Ajax）岛旁的海水里载沉载浮。

这是记载有名字的，那些未被记载名字的亡命者不计其数，《波斯人》中曾这样记载："海面被战舰和人体的碎片覆盖塞满，不复得见。海滩上、礁岩间，遍布着我方勇士的遗体。"

许多波斯将士就这样命丧大海，萨拉米斯是他们心中抹不去的痛。

4

萨拉米斯海战时期的波斯帝国十分强大。

## 第一章 文化角逐的产物：神圣的萨拉米斯（公元前480年）

薛西斯一世的治国、拓疆能力毋庸置疑，虽然他本人颇受争议。用庞然大物来形容波斯帝国是恰当的：拥有259万平方千米的疆域面积，以及将近7000万的人口。可以说，这在当时的世界中名列第一。这样强大的霸权国家与欧洲大陆上的国家希腊相比就是天壤之别了。当时，希腊的人口数量不足200万，居住地区的面积也只有13万平方千米。

但是，别忘了那时的波斯是年轻的，相比希腊文明，在距离帝国建立不到100年的时间里做到充满活力并处在力量的巅峰，波斯人有种发自内心的骄傲。

帝国的强大得力于波斯国王居鲁士大帝（Cyrus the Great，约公元前600—前529年）的丰厚遗产。这位波斯帝国的创建者用大约30年的时间（公元前558—前529年）将地处偏僻的小国拓展成为一个较为强大的世界级政权。

亚述人在公元前9世纪就曾记载，波斯人源于帕尔苏阿部落。那时，亚述人与波斯人发生过部落战争，他们将波斯称作"Parsuash"，即帕尔苏阿什，意为"边界、边陲"，其地理位置大约在今天伊朗的法尔斯（Fārs）地区。最初，居鲁士大帝是一个不起眼的从属君主，在打败米底、吕底亚、巴比伦三大帝国后声名大噪；到了他的统治后期，疆土再一次得到拓展，涵盖了亚细亚大多数民族所在区域：东至印度河畔，西抵爱琴海边，南达波斯湾，北及里海与咸海。被史学家认为是仁政天下的居鲁士大帝死于暴力，传说中他被马萨格泰（Massagetae）女王托米丽司（Tomyris）割下头颅。当时，愤怒的女王对着他的头颅说了一句让人不寒而栗的话："我在战斗中打败了你，可你用奸计将我的儿子杀死了，那这场仗毋宁说

*15*

是我败了。现在我便实现自己的话,让你饮血饮个痛快吧。"说完,她把居鲁士大帝的头颅放到装满人血的革囊中。

根据希腊历史学家希罗多德的说法,公元前530年,居鲁士大帝入侵马萨格泰,杀死托米丽司的儿子斯帕伽皮西斯(Spargapises)。从那一刻开始,她就对着太阳发誓一定要报此血仇。

美丽又残忍的女王终于报了居鲁士大帝杀子之仇,德国画家亚历山大·齐克(Alexander Zick)以此为题材绘制了名画《托米丽司将死去的居鲁士的头装入血罐之中》(Tomyris Plunges the Head of the Dead Cyrus Into a Vessel of Blood),同一题材的画作还有好几幅。

居鲁士大帝之死延缓了波斯征服中东的进程,但他的后代没让波斯人失望,在励精图治后纵横疆场。公元前522—前486年是大流士一世统治时期,那时的波斯帝国已经相对稳定了,以阿契美尼德(Achaemenid)王朝统治帝国的波斯人监管着20个总督治下的复杂行省,波斯帝国的总督们通过行使他们手中的征税权力,为帝国战争提供重要的财物支持。

这个王朝强大的整合资源能力让希腊人感到十足的惊讶——希腊人在小小的本土尚且不能很好地做到本民族力量的统一,波斯人却做到了。要知道,爱琴海中的希腊岛屿与小亚细亚大陆相距仅数十英里(1英里≈1.6千米))而已,两者在文明上也相互交融——从时间上看,这已长达几个世纪了,希腊人不可能接触不到波斯文明。

最好的解释就是波斯文明不同于希腊文明,两者之间仿佛有一堵彼此不愿意逾越的墙。在西方有一种普遍观点,认为波斯文明中重要的部分都与希腊文明截然相反,更不必说其他。譬如波斯人绝不是希腊人对外宣传所说的软弱和腐化。在过去，西方历史学家对波斯帝国的研究主要是通过希罗多德、埃斯库罗斯、欧里庇得斯（Euripides）、伊索克拉底（Isocrates）、柏拉图（Plato）、色诺芬（Xenophon）这些名家的资料和著作来分析判断，这难免会形成一种相对固化的倾向，即波斯帝国是受制于太监和后宫的妖魔政权，极其腐化、软弱。

如果波斯帝国就是这样的文明形式，又何以横扫诸国呢？这是值得商榷的。随着考古的发掘和发现，通过对波斯文献、碑刻的仔细检视和研究，现在已有了不一样的观点。按照过去西方历史学家的说法：城邦国家是属于希腊、罗马等所特有的一种国家形态，而在东方世界，国家形态不是城邦国家的形式，主要是以专制主义形式存在的。

波斯帝国，或者说阿契美尼德王朝就像奥斯曼（Ottoman）帝国、阿兹特克（Aztec）帝国一样，都属于一个庞大的两极化社会。以这种形态存在的国家要想管理好数以百万计甚至更多的臣民，恐怕只能通过君主专制、祭司精神控制以及将军武力强制压迫的制度来实现。

如果这样的观点是成立的，那萨拉米斯海战就是两种不同文化间的相互碰撞，即一方是庞大而富有的集权帝国，另一方是弱小、贫穷、一盘散沙的城邦联盟。

事实上，波斯人的确有高效的帝国管理模式，而这种模式是受到东方文明影响的。东方文明既让权力高度集中，又能较好地做到有效管控——无论是税收制度还是其他行政机构的运行，都会对社会财富的积累产生良好的促进作用。

爱琴海、东地中海在贸易中的重要性是有目共睹的。对财富的获取方式要么像维京人那样进行无情掠夺，要么像葡萄牙、西班牙那样开辟航线，打通对外贸易的通道……在巨大的贸易财富诱惑下，波斯帝国的大流士一世发动了长达近半个世纪的远征希腊的战争。

他失败了，未能征服希腊！特别是马拉松战役的惨败使波斯人恨得咬牙切齿。薛西斯一世在继承父业后，于公元前480年对希腊再次进行规模空前的远征。现在，薛西斯一世的军队已经突破温泉关并占据了雅典。为了报复，薛西斯一世下令军队将雅典城洗劫一空。而希腊联军退守到雅典西南的萨拉米斯海湾。

一场海上决战一触即发！

5

狂傲的薛西斯一世对胜利有着绝对的把握，他觉得数倍于雅典的海军力量是足以摧毁一切的。不想，这次海战的结局竟是无法挽回的失败。随后，希腊联军转入反攻，迫使薛西斯一世退出雅典。临走前，他下令焚烧雅典城，著名的雅典神庙就这样在熊熊烈火中化为灰烬。

之前是洗劫，现在是焚烧，波斯人并不如雅典人说的女人般的怯懦，即便遭到了再次失败。反观当时的希腊，他们虽然在希波战争中取得了胜利，却没有在反攻中伤及到波斯波利斯。

作为大流士一世为纪念阿契美尼德王朝历代君主而建造的都城，希腊人习惯将它称作波斯波利斯（Persepolis），意为"波斯人的城市";波斯则称它为塔赫特贾姆希德（Takht-e Jamshid），意思是"贾姆希德的王座"。这是阿契美尼德王朝时期的第二个都城，位于今天伊朗扎格罗斯（Zagros）山区的盆地中。

众所周知，企图击溃一个国家意志的重要形式莫过于占领其都城，并施以暴力。波斯人的暴虐做法已刺痛了希腊人的神经，不知道信仰拜火教，视火为神灵的波斯人是否意识到当初他们的野蛮之举会在几十年后遭到惩罚？

果然，到了亚历山大大帝（Alexander the Great，公元前356—前323年）时期，公元前334年，亚历山大大帝率领军队远征波斯。

波斯国王大流士三世亲自率军迎敌却惨遭失败，大流士三世仓皇逃回波斯本土后，母亲、妻儿却做了亚历山大大帝的俘虏。不久，亚历山大大帝的军队占领了波斯本土，进入到波斯波利斯。为报波斯人烧毁雅典神庙之仇，亚历山大大帝用当年"薛西斯式的愤怒"烧毁了波斯波利斯。大火烧了几个昼夜，这个象征着波斯帝国权威和强盛的石头城就这样在刺眼的火光中成为一堆残垣断壁。

我们不说"宿命论"，对于波斯波利斯的结局而言，我们只说希腊曾一度对波斯帝国产生了敬畏之心，他们害怕"薛西斯式的愤怒"，以致缺乏勇气，曾数度不敢与波斯海军一战，如果不是塞米斯托克利斯的一再坚持，这场关乎希腊命运的战争，其结局将是另一番景象。

让我们把视野放得更远一些，虽然一个世纪后的希腊人和马其顿人在亚历山大大帝的率领下终于占领了那个暮气沉沉的波斯帝国，但是我们心中仍有一些疑问：亚历山大大帝下令烧毁波斯波利斯的勇气从何来，仅仅是报复吗？真的是曾经让人敬畏的波斯帝国的暴

*19*

虐激发了他的怒火？

在萨拉米斯海战前夕，波斯海军的战舰遭受到了海上无常的风暴摧残，即便在这样的情况下，薛西斯一世依然没有后退。反观希腊方面，就连联军统帅欧里比亚德斯（Eurybiades）也被波斯海军的表面强大所震慑了。再看他的应对计划也是消极的——放弃萨拉米斯，撤退到伯罗奔尼撒半岛，在连接希腊半岛的狭窄地段筑起一道墙进行防御。

雅典执政官塞米斯托克利斯坚决反对。他知道，如果大敌当前希腊人没有决战的勇气，这将是多么可怕。希罗多德在《历史》中记录道，塞米斯托克利斯忧虑万分：难道雅典人就如此害怕波斯人吗？雅典人真的都了解波斯人吗？他不想看到将士们的消极而让国家沦陷，于是他威胁欧里比亚德斯说："如果你们不这么做（指在萨拉米斯抵御波斯舰队），那么我们雅典人就会直接离开希腊，带上所有的财产和舰队，航向意大利的西里斯（Siris），那里自古以来就是我们的土地，而神谕也指示我们在那里建一块殖民地。"

两人争执不下。

这时，原先被雅典公民大会放逐荒岛的将领阿里斯提得斯（Aristides The Just）从流放地乘快船来到了萨拉米斯岛，同时也带来了海峡北面出口被封锁的坏消息。这个消息意味着波斯人已经切断了希腊的后路。在无路可退的情况下，欧里比亚德斯才暂时同意在萨拉米斯与波斯海军决一死战。

由此看来，希腊人或多或少被波斯帝国强盛的外表遮蔽了。他们对波斯帝国的了解主要来自商旅、从东方进口来的奴隶、与伊奥尼亚同胞的内在联系、数以千计的为波斯官僚机构工作的希腊雇员，以及返回故乡的雇佣兵。值得注意的是，他们当中的大多数人对波斯国情的传播是夸大其词的，而这背后的心态则充斥着他们对波斯帝国治理国家能力的敬畏之心。

以伊奥尼亚的繁华为例，这是爱琴海东岸的伊奥尼亚人的居住地，相当于今天土耳其安纳托利亚（Anatolia）西南的海岸地区。伊奥尼亚这个名字来自一个叫伊奥尼亚人的部落，这个部落原先很分散，他们在小亚细亚定居后就逐步形成了一个聚集体。如果没有一种共同的思想意识，或者说有某种统一的象征事物，伊奥尼亚人是不可能形成聚集体的。到了公元前546年，波斯人开始统治这里，伊奥尼亚也被纳入波斯帝国版图。在帝国的治理下，伊奥尼亚涌现出了像以弗所（Ephesus）、米利都（Miletus）、伊兹密尔（Izmir）这样繁华的城市。

为了让伊奥尼亚得到更好的发展，公元前7世纪中叶，由12个伊奥尼亚城邦组成的联盟——伊奥尼亚联盟成立了，成员主要包括了四部分：第一部分是以弗所、勒比都（Lebedus）、忒欧斯（Teos）、克拉佐美纳伊（Clazomenae）、福西亚（Phocaea）、科洛封（Colophon）等；第二部分是米利都、美乌斯（Myus）和普里耶涅（Priene），以及所有卡里亚地区说相同方言的城邦；第三部分是拥有同一方言的希俄斯（Chios）岛和埃里特莱亚（Erythrae）；第四部分是拥有自己方言的萨摩斯（Samos）岛。

伊奥尼亚联盟成立后，这些城市依靠繁荣的海上贸易变得非常富裕，对波斯帝国的强盛起到了推动作用。当时的希腊对此有何反应呢？他们只是为阿契美尼德王朝的成功管理感到无比敬畏而已，并没有深入去了解这个帝国的内在属性。除了少数人，除了像塞米

*21*

斯托克利斯这样有见地的人。然而，他的结局太让人感慨了：萨拉米斯海战胜利后，作为功臣的塞米斯托克利斯竟被雅典公民大会用"陶片放逐法"判以流放。就这样，塞米斯托克利斯被流放到阿尔戈斯（Argos）。"陶片放逐法"是希腊城邦一项独特而且臭名卓著的政治和法律制度，该制度允许召集公民大会对城邦的某位成员进行放逐表决：市政广场中央用木板围出一个一个圆形场地，并留出10个入口，与雅典的10个部落相对应，以便同一部落的公民从同一入口进场。投票者在被充当选票的陶罐碎片较为平坦处，刻上他认为应该被放逐者的名字，投入本部落的投票箱。如果选票总数未达到6000，此次投票即宣告无效；如果超过6000，再按票上的名字将票分类，得票最多的人士即为当年放逐的人选，放逐期限为10年（一说为5年，但都可以为城邦的需要而随时被召回）。

该制度的设立初衷是为了威慑想做僭主的政治家，但很快就演变成了"多数人暴政"恐怖统治的起源。后来，该制度也通用于那些因个人名望影响到城邦的人士。心灰意冷的塞米斯托克利斯最终在谣言的逼迫下投靠了敌国波斯，这位叱咤风云的人物最终沦为雅典人心中的叛徒。

如果塞米斯托克利斯身在波斯，结局不会是这样。他绝不会被公民以投票的形式通过"陶片放逐法"被制裁。但是，他身在希腊，在公元前5世纪的希腊，几乎所有政治领袖的产生都来源于抽签、选举，他们在上任之前要经由一个被选出的委员会进行审查监督。任何一个执政官都不会声称自己具有神圣的地位。那些自诩"民主""自由"的暴民，始终对那似有似无的僭主，怀着一份警觉。

希腊城邦由于其地贫人稀的先天缺陷，尽管同样实施着野蛮而且残酷的奴隶制,但基于保障人力资源的初衷,仍对奴仆的基本人身安全进行了一定的保护。即便是私人拥有的奴隶和仆人,其主人在希腊城邦中亦不能随意折磨或将其杀死。而反观地大物博的波斯,阿契美尼德王朝的法律高于任何地方的法律,任何条款的发布或修改取决于君主的个人判断。而参加希波战争的大多数波斯人,其在法律意义上只是"班达卡"(奴隶),或者说是薛西斯一世的"活的财产"而已。

## 二　薛西斯式的角逐

### 1

波斯帝国所处的时代相当于中国的春秋战国时期。在波斯帝国的版图中有7个郡都在中亚,而最东方的据点居鲁士城就与现代中国的新疆相邻。这就是说,波斯是地跨亚欧非三洲的大帝国,波斯文明与东方文明有着较为密切的联系。可以说灿烂的东方文明为波斯带来了更为高效的帝国管理模式。

公元前221年,秦统一六国,开始建立专制主义中央集权制的国家,分别从政治、经济、社会生活等方面形成了一套相对完善的管理体系,而波斯也与之有着诸多的相似。在绝对君权的统治下,帝王和由皇亲国戚与幕僚组成的小朝廷掌管着这个国家的官僚机构、宗教祭祀……那些通过他们组成的小朝廷就如同当时秦朝设置的政府机构一样，包括官员的设置和职位的分布安排，只不过波斯人称他们为"持弓者""执矛者""帝王之友""赞助帝王者""帝王的耳目"罢了。

行省税收和皇家庄园的收入就能让这个国家正常运行，为确保国家的权威不遭受到威胁，帝国的骨干精英们与阿契美尼德皇室亲族一起掌管着数量庞大的多元的军队。如此想来，在萨拉米斯海战中有埃及人、腓尼基人、西里西亚人、亚洲人的参与就不足为奇了。

在绝对君权的统治下，波斯帝国是没有"自由"概念的，即便是行省总督，他在帝国的管理体系中也被当作君主的奴仆来对待。根据 R. 梅格斯和 D. 刘易斯整理的《古希腊铭文辑要》中的记载，阿契美尼德君主的权力是绝对的。书中记录道：有一次，大流士之子西斯塔佩斯（Hystapes）在向他的奴隶——伊奥尼亚行省总督加达塔斯（Gadatas）——宣布诏谕时这样说道："我发现，你没能在所有的方面遵从我的旨意……"通过这句话，我们可以看出君主在施行旨意时是多么专制。

在波斯，尽管君主自身还没有被完全神化，但他作为阿胡拉·马兹达神（Ahura Mazda，波斯神话中的至高之神和智慧之神，被尊为"包含万物的宇宙"）在人间统治的代表，已形成了神人之间的某种神秘的仪式感，在这种仪式感下所彰显的要义正体现了波斯人看待君权时的独特性——任何属臣、外国人在觐见波斯大王时都必须行跪拜礼。著名的哲学家亚里士多德根据这样的跪拜方式进行推断——这是把人当作神来崇拜的一种证据，并据此体现波斯文化和希腊文化在对待个人崇拜上的差异，以及政治、宗教等方面的不同。

在希波战争中获得巨大胜利的希腊将军们,像雅典的小米太亚得(Miltiadesthe Younger)、塞米斯托克利斯,斯巴达摄政王保萨尼阿斯(Pausanias),当他们利用这场战争的胜利来提升个人名望时,这种炫耀的行为会立刻受到希腊同胞的严厉批评。再看波斯,根据《贝希斯敦铭文》[3]中的记载,薛西斯一世向世人宣称自己是"众王之王"。凌立在《人类大历史》一书中记录道,薛西斯一世还说:"如果我们征服了雅典,波斯帝国的版图将空前扩张,它的边界将一直延伸到神灵的天空。"通过这样的方式,薛西斯一世的旨意或者说阿契美尼德家族的旨意很自然地、无条件地上升到不可侵叛的高度。

薛西斯一世望着波涛汹涌的海洋阻挡了前进的步伐,遂下令架桥。这是由埃及人和腓尼基人共建的一座索桥。那时候,索桥刚修好,忽然而至的狂风把桥吹断了。薛西斯一世恼怒万分,不但杀掉了造桥的工匠,还在海岸边举行了一场特殊的仪式,用"刻上烙印"的鞭子狠狠地鞭打了大海 300 次,以示对大海"不服从"自己旨意、不愿意平静下来让波斯大军渡海的惩罚。他对着大海狂怒道:"薛西斯皇帝将渡过你,不管你愿意还是不愿意!"

希腊人知道此事后,十分惊恐地说道:"宙斯啊!为什么你变为一个波斯人的样子,把名字改成薛西斯一世并率领着全人类来灭亡希腊呢?"这样的专横不仅体现在薛西斯一世身上,他的先辈们也是如此。居鲁士大帝在打算渡日努河时,只因自己受了惊吓,就下令所有士兵咒骂该河数日。针对这样"波斯式"的表现,蒙田在其

---

[3] 指大流士一世为颂扬自己,让人用埃兰文、波斯文、阿卡德语、巴比伦方言将其战绩刻在贝希斯敦悬崖上的铭文。

随笔里也有类似的描述：罗马帝国第三位皇帝卡利古拉（37—41年在位）只因为母亲被囚禁在一座宫殿，就下令拆毁了它。"后三头同盟"之一的奥古斯都（另外两位分别是安东尼、李必达，三人在波伦尼亚附近会晤，内容大致是关于瓜分统治范围的，譬如法令的颁布，高级官员的任命，统治国家的年限，史称"后三头政治同盟"）在海上遭遇暴风雨袭击，竟迁怒于海神尼普顿（Neptune），随后在奉神大典上把尼普顿从诸神排位中扔出去，以泄其愤。

由此可见，波斯在处理诸多问题时的表现是不同于希腊人的方式和态度的，而这种方式和态度的不同也是波斯文化和希腊文化不同的体现之一。君主以阿胡拉·马兹达神的名义在人间，凡是违背了其旨意的，都会受到最严厉的处罚。

因此，这场关乎征服希腊的关键性战役在萨拉米斯一定会有一个了结。有阿胡拉·马兹达神的至上不容侵犯，已没有什么能让波斯人害怕和退缩的了，薛西斯式的角逐将是阿契美尼德家族的最高荣耀！

2

艾伯特·坦恩·奥姆斯特德（Albert Ten Olmstead）在《波斯帝国史》一书中有这样一段记载："吾神阿胡拉·马兹达，功业甚伟，开天辟地，创世造人，维系和平，以薛西斯为王，是为众王之王，众领主之领主。吾乃薛西斯，伟大之王，众王之王，许多人民之主，广阔大地之主，大流士王之子，阿契美尼德家族之血裔，波斯人，波斯人之子，雅利安人，雅利安人之子。"

这是最有力的证据！薛西斯一世用上述至上的权威让那些向波斯君主宣誓效忠的皇亲国戚、贵族精英等必须毫无条件地为帝国出力。

战争中最需要的"利器"之一就是军队了，帝国最著名的皇家军是一支职业化的步兵，与辅助他们的重装、轻装步兵共同组成的皇家军队。除此之外，还有大量的骑兵、战车、远程攻击军队进行相应支持。

这支军队内部构成复杂，其成员征召自不同的地区，士兵说着几十种不同的语言。装备方面有剑、匕首、短矛、鹤嘴锄、战斧、标枪等；护具则有柳条盾、皮甲背心和链甲衫。这样的装备在当时是多么精良啊！却因缺乏有针对性的军事操演，譬如士兵不知道如何固守自己在行列中的位置，也缺乏与其他作战单位协同的概念，使其战斗力、灵活力大打折扣。特别是那些身穿重约32千克甲胄的重装步兵，虽然阵势宏大，气势威猛，却很难在草原崛起的年代里发挥出应有的作用（这里主要指波斯帝国与斯基提亚人的战争，也包括与白匈奴之间的战争结果。重装步兵在很多时候并不适合草原作战，草原作战更需要的是机动性更强的军队）。因为过于重型的装备会让这样的军队既不适合远距离冲击，也不适合单兵作战。

反观希腊军队，他们不完全依赖重装步兵组成的方阵就可进行强有力的冲击，打破一切敌军的骑兵和步兵的阻碍，相对轻便的负重让他们可以做到在速度上快于波斯军队。据说，希腊对波斯重装步兵质量颇为轻视，根据维克托·戴维斯·汉森（Victor Davis Hanson）在《杀戮与文化：强权兴起的决定性战役》一书的记录，

*27*

著名的阿卡迪亚外交官安条克（Antiochus）在公元前 4 世纪早期的时候对此就有过中肯的评价："波斯军队中没有任何一个人能够胜任对抗希腊人的战斗。"（There was not a man fit in Persia for battle against Greeks.）这算是最有力的还击了。

在战斗时，波斯帝国的君主会站在一辆巨大的战车中，在卫队的重重保护下发号施令，居于战线的中央参与战斗。根据希腊历史学家的记载，我们会发现波斯军队一旦战败，君主总会带头逃跑，他不会因此而感到蒙羞，那些下级军官将成为替罪羊，并被处以极刑，像萨拉米斯海战中的腓尼基船长们就遭受过这样的待遇。

与之形成鲜明对照的是，在希腊的城邦历史中，那些著名的将领诸如小米太亚得、亚西比德（Alcibiades）、伯里克利（Pericles）、布拉西达斯（Brasidas）、来山得（Lysander）、伊帕密浓达（Epaminondas）、佩洛皮达斯（Pelopidas）等，很多时候即便打了胜仗，要么被放逐，要么被处以罚金，要么被降级，或者与士兵一起战死疆场，甚至还有被施以极刑的。公元前 406 年的阿吉纽西海战中的雅典将领，公元前 369 年的"曼提尼亚独立战争"中发挥重要作用的将领伊帕密浓达，都是如此。这些将领受到指控或处罚，很多时候不是因为在战场上表现怯懦、指挥不当，更多是他们忽略了麾下公民士兵的福利拥有或分配，没能同平民监察官保持亲和的联系。

如果波斯帝国的将士有机会同希腊的将士进行一次畅谈，他们在畅谈中是否会发出这样的疑问："我们在为谁而战？我们又为什么要战？这样去战斗的意义何在？仅仅是为了阿胡拉·马兹达神在人间的统治吗？"

这或许是最让波斯人痛苦的！

## 第一章 文化角逐的产物：神圣的萨拉米斯（公元前480年）

那些数以千计的地主和商人在为波斯帝国的繁荣提供丰富物质的同时，也享有一些特权。战争在某种层面上来讲，也可以说是对财富的掠夺，将士们驰骋在随时都有可能丧命的疆场，是否拥有像帝国的地主和商人一样的回报？

答案让人痛苦！

拥有土地就代表拥有了最重要的财富。古典时代的雅典人拥有的农场面积没有一个是超过100英亩（1英亩≈4046平方米）的，而在阿契美尼德王朝，甚至是在之后被希腊化的王朝，我们会吃惊地发现超过1000英亩的巨型庄园并不罕见。在波斯帝国，薛西斯一世的一个亲戚所占有的土地就有可能超过所有波斯舰队桨手所拥有的土地。

最好的土地绝大部分由祭司集团掌管着，他们将这些土地分配给佃农或外居波斯的领主耕种。前者因地位卑微、生存环境恶劣逐渐丧失在土地使用中的主动权；随着时间推移，后者的土地面积会大量增多，他们拥有的土地多则达几个村庄。而最瘆人的是，波斯君主拥有帝国的每一寸土地，他可以随时收回任何土地，或者将土地的所有者直接处死。所以，还有什么是比"薛西斯式的愤怒"更可怕的呢？

在希腊就不一样了！

他们在对待土地的态度上呈现出很大的不同。公有土地或提供给祭司的土地面积都是有限的，一般来讲不会超过城邦周围5%可耕种的土地面积。在财产方面的分配和持有也是比较合理的，那些二次土地会通过标准化的拍卖进行，且保持较低的价格。在新进的殖民地城邦，会将土地进行统一分配或公开销售，绝不会把它们分配到少数的精英手中。以军队中的重装步兵阶层为例，即便他们在战争中发挥十分重要的作用，一名战士所拥有的土地大约也只有10英亩。

希腊的任何公民不会在未经审判就被处以死刑。他所拥有的财产没有经过议政院或是公民大会审议，是绝不能被没收的。尽管到了希腊后期，这些很公平的待遇遭到了弱化，但他们对财产、人权的尊重观念始终是存在的。这种尊重的观念为后来西方革命提供了可延续发展的土壤，它们在文艺复兴时代的自由的、积极的思潮中得到体现。

为了加强专制统治，波斯帝国高度重视神权的至高无上性。阿契美尼德王朝的君主自称是阿胡拉·马兹达神在人间统治的代理人。同时，为了弱化民众的逆反心理，君主会刻意强调自己不是神的化身。

时间在很多时候是可怕的，在潜移默化中，波斯人的意识里会自然形成"皇室血脉具有神圣权力"的观念，而这种观念的形成还与大量的祭祀活动有着不可分割的关系。根据阿契美尼德的波斯文字资料，不管是碑刻还是宗教祭文，它们都与波斯君主、祭司以及官僚相关，而内容基本上是宗教、政务方面的。如果没有波斯君主的授意和批准，是绝对不允许发表与之无关的内容的，像普罗塔哥拉（Protagoras）、阿那克萨哥拉（Anaxagoras）这样的智者在波斯是无法生存的，因为他们的自由思想一旦侵犯到王权，必将受到最严厉的惩罚。

普罗塔哥拉，这位希腊哲学家以渊博的知识成为智者派的主要代表人物。他认为"人是万物的尺度，是存在的事物存在的尺度，也是不存在的事物不存在的尺度"。这一主张把人置于世界和社会的中心。换句话说，它与原始的"以神为主的宗教思想"存有截然的不同，难怪他的著作《论神》会被焚毁了。虽然他晚年因"不敬神灵"被逐出雅典，死于渡海去西西里岛的途中，但是他在很长时期内受到了雅典人的尊重和爱戴，这足以说明他在希腊活得更自由。

在波斯，在被征服的区域，诸如巴比伦人、犹太人这样的民族，他们只能在帝国君主允许的地方膜拜自己的神灵。

波斯君主为了宣传帝国取得的胜利，许多与之相关的舞台剧、诗文中的主角必须是薛西斯一世本人。在取得巴克特里亚（大夏—希腊王国）战争的胜利后，一段关于战争胜利的纪念文字就是最好的证明。奥姆斯特德在《波斯帝国史》一书中记录了众王之王薛西斯一世的豪言："我登基称王之时，以上所载之土地中，尚有一地不安其位。此后，吾神阿胡拉·马兹达赐福于我。凭借神威，我击垮了这块土地上的一切反抗，令其俯首归位。"

在神权至上的波斯帝国里，虽然文学、天文、数学等都曾高度发达，但是这样的学科只能是宗教的附属品。它们所取得的成就和进步都是为了提升宗教背景下的预言艺术罢了。

在希腊，尽管许多古典时代的雅典人对宗教的虔诚度相对于波斯人不遑多让，可至少那些保守的人们想要把无神论者从城邦中驱逐出去，他们会进行看似合法的公开审判，争取有更多的公民票数来决定无神论者的去留。

波斯帝国的法令被视为神圣不可侵犯的。阿契美尼德王朝的君主经常宣称："吾之意即阿胡拉·马兹达神之意志，反之亦然。"[4]这

---

[4] 主要根据波斯文献中的说法，阿契美尼德王朝时期的主要资料可以参阅理查德·弗赖伊（Richard Frye）所著的《古伊朗的历史》（*The History of Ancient Iran*）。

样看来，当初薛西斯一世面对波涛汹涌的大海发怒时的表现就不足为奇了。

如果是亚历山大大帝，就算他成了大帝也不能以"波斯帝国君主"的方式进行发号施令。倘若他一意孤行，一定会遭到包括他手下最忠诚的马其顿领主们的不满，品尝被刺杀、发动政变或者被领主们抛弃、流放在外的恶果。

假如时间能够倒流，不知道波斯帝国的将士们在面对这样迥然不同的待遇时，内心会有怎样的波澜。

3

对许多希腊人来说，他们不会忘记在温泉关一战的惨痛失败。

300斯巴达勇士利用这个狭小的关隘拼死抵抗了3天，阻挡了几十倍于己的波斯军队。据说，他们是在杀了近2万人（说法不一，有记载说是7000人）的波斯军队后才全部壮烈牺牲的。然而，波斯人的残酷让希腊联盟感到了恐惧。这种恐惧除了心理上的，还在于希腊联军遭受到了历史上最为惨重的损失——298名精锐的斯巴达勇士的丧生对整个希腊联军来说是不愿提起的伤痛。

根据希罗多德的记载，当时整个希腊联军的人数在7000人左右，因卡尼亚节的到来，依据斯巴达的法律，在卡尼亚节期间任何军事行动都必须停止，但波斯人来势汹汹的进犯同样不容忽视。于是，斯巴达的元老们决定破例派出一支由列奥尼达率领的1200人的精锐部队（其中299名王室卫队，还有约900人是普通战士或者奴隶）赶赴温泉关。

这就与影视剧中所说的 300 斯巴达勇士有很大的出入了。不过，这些都是能理解的，毕竟为了宣传或达到某种艺术效果，难免存在夸张的成分。温泉关战役后，薛西斯一世面对付出沉重代价才得到的胜利愤怒不已，他下令割下战死的斯巴达国王列奥尼达的首级，并把尸体钉到十字架上。希罗多德对此指出，这在波斯传统中十分罕见，通常波斯人十分尊敬那些英勇不屈战死的敌人。

公元前 480 年 8 月，在温泉关附近的希腊联盟舰队也在阿尔泰米西昂（Artemisium）海岬（又叫陆岬，指深入海中的尖形陆地，一般是三面环海的陆地，面积大的海岬会形成半岛，像好望角就是很著名的海岬）、埃维亚（Euboea）岛北部投入了战斗。经过 3 天的拉锯战后，希腊军队开始战略性撤退。现在，薛西斯一世的军队可直抵雅典城下了，并可占领其周围的阿提卡地区。在这一地区的大部分平民已经被及时疏散到萨拉米斯岛、埃伊纳岛、特洛曾（Troezen）等地。

这样的疏散是极为正确的，希罗多德在《历史》中写道，德尔斐（Delphi）神庙的预言者曾发出了可怕的预言："叙利亚的大车载来火和阿瑞斯的愤怒，血流成河，雅典沦为丘墟，逃跑是唯一的生路。"听到此预言的雅典人决定不回家乡了，他们再次询问神谕，这次预言者说她看到了"木头建成的城墙"，即便所有的地区沦陷了，雅典人也会凭借它战斗到底。她还说，萨拉米斯将是战争决定胜负的地点。

执政官塞米斯托克利斯对这个预言做出了更为准确的解释：木头建成的城墙就是指一支舰队，不是真正的城市的塔楼和栅栏。当

*33*

务之急，雅典人必须抓紧时间建造三列桨舰船，训练适用于战斗的桨手，并让妇孺在萨拉米斯附近避难。

希腊联盟的舰队在萨拉米斯海湾集结，塞米斯托克利斯吸取了在阿尔泰米西昂海岬、埃维亚岛北部战斗中的教训，他认为在宽阔的海面上进行战斗风险极大，最好能将海战地点选在一个有限的空间里。他的这一观点遭到了雅典人和斯巴达人的激烈质疑：斯巴达人希望把防守地点设在科林斯地峡，就算失败也可退守伯罗奔尼撒半岛；雅典人则希望海军可以撤退，与陆军会合，保卫本土。温泉关战役失败后，雅典人已经在科林斯地峡修筑了一条防御城墙。

希腊该何去何从？这样的争执最后会有一个什么样的结果？如果希罗多德的记载是完全正确的，那么塞米斯托克利斯在萨拉米斯海战中起到的关键性作用将毋庸置疑。我们甚至还可以推断出他在战争胜利后被"陶片放逐法"制裁不是空穴来风，完全可以说他犯了叛国罪。

事情的真相是什么呢？

塞米斯托克利斯在看到自己的提议被否决后就使用了诡计，决定派遣希辛努斯（Sicinnus）秘密去薛西斯一世那里。据说希辛努斯是一名有波斯血统的战俘，效忠于塞米斯托克利斯，成了塞米斯托克利斯的仆人，还是他儿子的家庭教师。希辛努斯告诉薛西斯一世：其实塞米斯托克利斯是站在波斯帝国这边的，希腊人内部并不齐心，他们打算逃走，那么尊敬的波斯大王，你可以命你的将士包围打算逃跑的希腊人，并消灭他们的海军。

薛西斯一世相信了，随即将海峡团团围住，封锁了希腊战船的一切退路。这样，当希腊人不想准备战斗的时候，塞米斯托克利斯便可以强迫他们鼓起勇气去战斗了。

希罗多德的记载是值得怀疑的,他是在萨拉米斯海战结束几十年后才写下关于希波战争的文字,且时常在文字中加入自己的主观臆断。

事情的真相到底是什么呢?

当所有的波斯战舰都集结在法勒伦(Phalerum)港(因海上贸易需要,雅典人修建了此港),薛西斯一世决定听取将领们的意见,他坐在象征着权威的王位上,来自各民族的海军将领诸如西顿(Sidon)王、泰尔(Tyer,又译推罗)王等列位而坐,指挥官马尔多尼奥斯(Mardonius,薛西斯一世的重臣,也是他的姐夫)开始向他们当中的每个人征询波斯的海军是否应进行海战。当时,大部分将领表示可以一战,只有来自卡里亚省首府哈利卡纳苏斯(Halicarnassus)的女王阿尔泰米西娅(Artemisia)提出了反对意见。

虽然薛西斯一世认为她的反对是有理的,但是他还是选择了大多数人的意见。事实证明阿尔泰米西娅的反对是正确的。英国军事理论家 B. H. 利德尔·哈特在其所著的《战略论》一书中提出了著名的"间接路线战略",并对阿尔泰米西娅的战略做出了肯定,他这样写道:"在波斯阵营里,只有一个人反对薛西斯一世关于立即发起战役的决定。这就是来自哈利卡纳苏斯的阿尔泰米西娅。她建议放弃这次战役,采取另外一个计划——让波斯舰队与陆军部队协同作战进攻伯罗奔尼撒。她预料这样可以迫使伯罗奔尼撒联军的舰队在面临威胁时逃回自己的港口,从而瓦解整个希腊舰队。她的建议看来是经过深思熟虑的,而且这一点也正是塞米斯托克利斯所担心的。"

温泉关战役败北后，希腊人意识到在温泉关的"英雄式失败"不能再重演。波斯军队占领了色萨利（Thessaly）和维奥蒂亚（Voiotia）后，在这两个地区得到了补给。希腊人想在陆地上与之较量的打算完全落空，并且还深切地知道失去了维奥蒂亚就意味着损失了能招募到最优秀的步兵的征募地之一。如果贸然在陆地开战，迎接他们的将是被绞杀的命运。

从希腊海岸线向南看，我们会发现萨拉米斯岛的特殊性。它和科林斯地峡之间没有更大的岛屿了，就算继续向南到阿尔戈利斯（Argolis）半岛北岸也是如此。这意味什么呢？意味着希腊不能利用海峡和峡湾狭窄的地形条件弥补舰队在数量、装备上的劣势，即便希腊的其他盟友能说服雅典人在萨拉米斯以南作战，让埃伊纳岛和萨拉米斯岛上的民众向南撤，仍然危险重重。

就算这样的策略得以实现，雅典人能与阿尔戈利斯半岛上的城邦特洛曾会合，形成两条同波斯军队展开决战的战线：要么在南面的开阔水域与波斯人进行交战，要么放弃在科林斯地峡的防御和波斯人交战。但是，这两条战线胜利的可能性极为渺茫，因为在外海区域希腊联军的力量无法与庞大的波斯军队抗衡。

依据希罗多德的记载，塞米斯托克利斯向盟军的将军们发表的战前讲话中有一段耐人寻味，他严厉拒绝了在科林斯外海同波斯人交战的方案。他忧心忡忡地说："倘若你们和敌人在地峡外海遭遇，你们就不得不在开阔水域进行战斗，如此一来我们的劣势就暴露无遗，因为我们的舰船更为笨重，而且数量也较少。此外，即便我们在那里获胜，我们也会不得不放弃萨拉米斯、迈加拉（Megara，又译墨伽拉）以及埃伊纳。"

在萨拉米斯海战以前，希腊各城邦都不是海上强国。雅典拥有当时希腊最强大的海军，其数量也不过300～370艘三列桨战舰和50余艘单层桨战船而已。波斯原先是没有海军的，在征服地中海沿岸的腓尼基（Phoenicia）和埃及以后，收编了他们庞大的舰队。当时，薛西斯一世的波斯远征军约有800～1000艘战舰，其中三列桨战舰至少650艘（说法有争议，一些希腊学者认为是1000艘），其海上力量迅速崛起，并建立了海上霸权。

力量这般悬殊，希腊想要取胜只能智取。倘若塞米斯托克利斯的诡计行为是叛国，那这场能挽救希腊命运的战争也是值得的。

4

真相就快浮出水面了。

雅典人奈希菲里乌斯曾警告塞米斯托克利斯，如果不在萨拉米斯背水一战，希腊联盟就很难再度集结起一支较为庞大的舰队了。因资料缺乏，我们无法知道此人更多的信息。不过，希罗多德的资料里说他还进行了这样的预测分析：每个人都会撤回自己所属的城邦中，无论是欧里比亚德斯（斯巴达人，希腊同盟舰队最高指挥官）还是其他人都没法把他们再集结起来，同盟舰队就会因此分崩离析。

波斯方面有没有意识到上述问题的可怕性呢？如前文所说，来自哈利卡纳苏斯的女王、薛西斯一世的海军将领阿尔泰米西娅已经意识到这个问题，并且她还冒着性命不保的危险向薛西斯一世进行了劝谏。希罗多德在《历史》中记录了她的话："对希腊人而言，只有在萨拉米斯进行一场海战,才能将所有那些争论不休的城邦团结起来对抗波斯大军。"她的建议非常中肯:避免在萨拉米斯交战,暂且按兵不动,然后再通过科林斯地峡登陆,逐渐向南进兵是不错的选择。

如果阿尔泰米西娅的建议被薛西斯一世采纳了,就会形成希腊方面曾设想过的在萨拉米斯以南作战的局面。实际上,希腊方面有很多人都希望在陆地上与波斯军队展开对决,像伯罗奔尼撒半岛上的人们就非常顽固地坚持应在陆地上进行防御,并且在争论不休的时候,他们的陆军已经开始匆忙地在科林斯地峡修建防御工事了。

这是非常愚蠢的决定和坚守!波斯军队可以沿着伯罗奔尼撒的海岸任意选择登陆地点,然后登陆的军队可绕到希腊陆军的背后发动突然袭击。

现在,摆在清醒人、睿智者塞米斯托克利斯面前的问题就非常严峻了。拯救希腊文明,关系到整个希腊的存亡,这是他的使命。面对一个比希腊大20倍的帝国,要想强迫敌人或者说引诱敌人在萨拉米斯进行一场海上决战,除了让希腊海军将士勇气激增、同心协力,还取决于塞米斯托克利斯心思敏锐和预先实施的策略的成功:除了准确预估到了波斯海军造成的威胁外,他还极力主张利用劳里昂银矿收益中的较大部分作为新建海军的费用,扩充了近200艘战舰,让希腊的海军力量有了较大提升,及时做好了战争准备。

鉴于希腊海军的战舰在数量和适航性方面的劣势,塞米斯托克利斯认为"取胜的唯一机会就是将波斯舰队引诱进大陆和岛屿之间的狭窄水道中"。因为在这一水域能让强大的波斯舰队缺乏充足的机动空间。这样一来,敌方就会失去在数量和性能上的优势,而誓死

# 第一章　文化角逐的产物：神圣的萨拉米斯（公元前 480 年）

一战的海军将士会不顾一切地利用三列桨战舰打败敌人。

根据一些学者分析，当时希腊海军的舰船质量是差于波斯帝国的。很有可能他们因时间紧迫或者技术上不成熟，用于建造舰船的木材未经晾干，或者体积过大导致转向不够灵便。

种种不利的因素，迫使塞米斯托克利斯必须利用诡计让波斯舰队进入到狭窄水道中。

显然，他的诡计成功了。希辛努斯不负使命，他成功地让波斯人相信希腊人会通过埃莱夫西纳湾（Elefsina，位于萨拉米斯岛以北）向南撤退，并途经迈加拉海峡。因为，萨拉米斯岛位于埃莱夫西纳湾南面，东西两端都形成狭窄的海峡。西端在萨拉米斯岛与迈加拉之间，后者在辛诺苏拉角（Kynosoura）与比雷埃夫斯（Peiraias）湾口（今比雷埃夫斯港）间。

作为回应，波斯人认为分兵在萨拉米斯岛的南北两岸进行堵截是比较好的选择。但是，波斯方面忽略了这种分兵方式带来的弊端，即削弱了原有的兵力优势。

塞米斯托克利斯故意对萨拉米斯到迈加拉之间的海峡不加设防。要知道，迈加拉就在萨拉米斯岛的对岸，如此大胆地打开一个缺口是需要非常大勇气的。

薛西斯一世对战争形势估计过于乐观，毕竟他的军队一路颇为顺利地推进到了雅典。在攻陷卫城后，他下令屠杀了所有的守卫人员。这个令人恐怖的消息很快传到了希腊舰队，许多船长和船员匆匆上船，扯起风帆准备逃走。此外，关于战或逃的问题，希腊方面也是莫衷一是。而薛西斯一世在这时候收到了一封塞米斯托克利斯故意设计的一封信：等到夜幕将垂时，希腊人不会坚持下去，他们

*39*

将趁黑暗掩护，各自飞奔逃命。

这样的场景无形中印证了塞米斯托克利斯派遣希辛努斯对薛西斯的说法，使得波斯方面更加相信作战计划不会有什么问题。

西西里的历史学家狄奥多尔（Theodor）为萨拉米斯海战前夕发生的事做了稍多一些的记载：一个来自萨摩斯岛的人向希腊联盟透露了波斯帝国的作战计划。这里面有一个细节值得深思，透露作战计划的那个人是受伊奥尼亚的雅典人所派。也就是说，在波斯帝国的境内出现了间谍，版图内的人民也并不都是忠诚于薛西斯一世的。

希腊联盟的舰队数量与波斯舰队相比至少处于 1∶2 的劣势，考虑到双方之前在阿尔泰米西昂海岬及周遭的战役消耗，在即便得到了相应补充的情况下，希腊方面大约有 300～370 艘战舰，波斯则有 600 艘以上。不过，根据希罗多德、埃斯库罗斯的说法，波斯舰队超过了 1000 艘，并有 20 万海员，这是有夸张成分的。

上述这些不利的、隐藏在暗角处的因素都将成为波斯败于希腊的重要原因，而塞米斯托克利斯也因利用特殊的作战地理环境，成功地将劣势几乎化为无形。于是，以弱胜强的可能性就更大了。

第一章 文化角逐的产物：神圣的萨拉米斯（公元前 480 年）

## 三 走出希腊的国界

### 1

作为阿胡拉·马兹达神在"人间统治的代理人"，薛西斯一世要做的事就是坐在岩岬的一个王座上俯瞰战斗的整个经过。微风吹过萨拉米斯海峡，也吹过他信心满满的脸庞。

海面的狭窄让波斯人不得不紧缩舰队阵型。希腊的舰船比波斯的狭长一些，而船舷也略低，它们因此能保持较好的阵型。波斯的舰船因把持不住航道，难以保持住阵型，加之他们又将许多战舰开进了如此狭窄的水域。当希腊的舰船利用撞角进行撞击时，波斯舰队的阵型立刻变得混乱不堪。

一场捕鱼式杀戮就此展开了！埃斯库罗斯在他的著作《波斯人》中有着精彩描述："就像人们用长矛追逐金枪鱼群一样，他们用桨杆彼此杀戮，投掷礌石，一切都在毁灭，呻吟之声不绝于耳，哀号在整个海面上响起，直到消失在浓郁的夜色之中。"

在水面上，船板、木桨、倾覆的船只、大量的尸体、染红的海水，它们混杂在一起，许多波斯人不会游泳。如果埃及人参战了，结果或许会不一样，我们不明白薛西斯一世为什么不让作战经验丰富的埃及分舰队参与战斗，而让他们一直毫无意义地等待在远方背面的海峡出口。

塞米斯托克利斯英勇无畏地在他的座舰中指挥着希腊舰队战斗，波斯舰队伤亡惨重，就连大将阿里阿比格涅斯都阵亡了。尽管波斯人也曾试图登上敌方的三列桨战舰杀死对手，但他们的努力徒劳无功：不同民族组成的舰队很难在危急时刻保持相互协作，他们不得不陷入自保都难的境地中。

失去了战斗能力的波斯舰队，能逃走的则逃走了。萨拉米斯的海面在狂野的混乱翻腾后归于平静。

夕阳中，痛心疾首、无计可施的薛西斯一世扯下战袍，离开观战宝座，经由赫勒斯滂海峡（Hellespontos，今达达尼尔海峡或恰纳卡莱海峡）踏上了返回波斯的归途。薛西斯一世留下他的重臣，也是他的姐夫马尔多尼奥斯继续指挥一部分波斯军队将希腊本土的战事延续到了下一年。

萨拉米斯海战遏制住了波斯人的攻势，暂时阻止了波斯征服伯罗奔尼撒。也许是出于愤怒，也许是不甘心失败，这支由马尔多尼奥斯指挥的波斯后卫部队在希腊内陆异常厉害，在长达一年的时间里横行无忌。

公元前481年，双方在普拉提亚（Plataea）城附近展开决战。由斯巴达国王保萨尼阿斯作为联军的陆军统帅，希腊联军因粮尽而撤退，遭到波斯军的追杀。谁知身先士卒的马尔多尼奥斯意外阵亡了，致使结果出现惊天逆转：希腊联军竟然反败为胜了！而发生在同一年的米卡勒（Mycale）之战，波斯海军的失败更是让波斯帝国元气大伤，随后希腊联军反守为攻。

薛西斯式的角逐就这么悲剧地结束了，但萨拉米斯海战为后世留下的影响是深远的。

希罗多德认为是塞米斯托克利斯将雅典人成功地打造成了"弄潮儿",而这场海战也让希腊成为一个新的海上强权,开启了属于希腊的黄金时代。

《希腊史》的作者恩斯特·库尔提乌斯(Ernst Curtius)更是直言:"直到那个时候,还处于地方州一样保守状态的希腊人民,突然就进入了世界贸易。"

这个广泛地介入世界政治的就是雅典人,在战争胜利后,雅典人建立起了由希腊、爱琴诸岛和小亚细亚的一些城邦组成的提洛同盟(Delian League,也叫雅典海上同盟,因同盟的金库设在提洛岛而得名),用以防备波斯卷土重来。同盟还让雅典成为诸国的政治领袖。当来自波斯帝国的威胁解除后,雅典开始利用这个同盟维护自己在爱琴海的霸权。

最有力的证据是:公元前454年,用于储放战争所需财力的金库被从提洛岛迁至雅典,而作为决议机构的联盟大会也被废除了;如果联盟的其他成员表现出不忠,雅典就会利用这个联盟将它摧毁。这样看来,雅典无疑就是萨拉米斯海战的最大受益者了。

按照修昔底德的观点,在萨拉米斯的战场,雅典人树立起了一座纪念碑,透过这座纪念碑,我们完全忘记了以往人们对斯巴达人的简单印象——他们只是以勇猛著称了。

希罗多德记载,在萨拉米斯海战后,雅典人只用了普拉提亚战役所获得战利品的十分之一为奥林匹克运动会铸造了一尊宙斯像、一尊波塞冬神像以及一根用于献给德尔斐阿波罗神庙的"蛇柱"。单说这"蛇柱",它用来庆祝希腊联盟战胜了波斯帝国,也是所有古希腊城邦共同圣地德尔斐阿波罗神庙的尊贵礼物。其高度为10米，采用青铜铸造，由三条互相缠绕的蛇构成了柱面图案，在柱顶镶嵌着由三个蛇头支撑的金碗。在公元4世纪，君士坦丁大帝将蛇柱从德尔斐的神庙移到了君士坦丁堡（Constantinople，今土耳其伊斯坦布尔）的赛马场。

上述行为无不说明雅典人心中的自豪感，而这种自豪感的背后尽显两种不同文化碰撞下的国民意识提升，这是自由者奋斗的产物。

如果说器物上的象征彰显了雅典人战胜波斯人的荣耀，为自由而战的雅典人则是这场捍卫尊严的战争中最强有力的力量。公元前480年的希腊在捍卫自由的渴望下走出了希腊的国界，这是用枪矛、战斧、水桨争取而来的胜利。

希罗多德指出，雅典人在他们的民主政体的战斗力远胜于原先在庇西特拉图（Peisistratus）家族僭主们统治的时代[5]。希罗多德在《历史》中写道："只要雅典人还在独裁暴君的统治下，他们在战争中取得成功的机会就不会比周围的邻国强……但作为自由人，每个个体都会渴望为了他自己去完成些什么事业。"

是的，他们知道在战场上挥动着武器，哪怕流出鲜血，甚至丢掉了性命，都是为了自己、自己的家庭及财产而战。相比波斯帝国的奴隶、雇佣兵军团，这些自由的士兵更能将潜能发挥到极致。

战争胜利后，建立在德尔斐阿波罗神庙的纪念碑上刻有让人记忆深刻的铭文："广大希腊的拯救者们竖立了这座纪念碑，是他们保

---

[5] 僭主庇西特拉图统治期间，在梭伦的主导下实行宪法改革，其中最重要的一点就是提高了雅典下层阶级在经济、政治、社会上的地位。

# 第一章 文化角逐的产物：神圣的萨拉米斯（公元前 480 年）

卫自己的城邦，使之免受令人厌恶的奴役。"[6]

波斯方面对造成这次厄运的部属进行了严厉的处罚。早在温泉关战役中，波斯人按照惯例——这当然是非自由的——军官们用鞭子驱赶着士兵向敌军冲锋。当塞米斯托克利斯被自己战舰上的水手指责、在雅典公民大会上遭到嘲笑时，薛西斯一世却坐在华丽的王座上让麾下的将士们感受到恐惧——阿胡拉·马兹达神在"人间的代理人"正俯视着他们，如果他们不愿意为帝国而战，表现出迟疑或退缩，都将会受到严厉的惩罚。有时候，甚至是连坐，一人被惩罚，一条船的人都会遭到牵连。

在希罗多德和埃斯库罗斯的作品中都曾提到一件阴森恐怖的事。来自吕底亚（Lydia，小亚细亚中西部的一个古国，濒临爱琴海，被居鲁士大帝征服）的皮西乌斯一家遭受了非人的惩罚。这位老人向薛西斯一世请求，恳求他让自己五个儿子中的一个留在亚洲，不用跟随远征大军踏上前往欧洲的征途。当时，薛西斯一世非常生气，立刻命人将皮西乌斯最爱的儿子肢解了。他的躯干被钉在道路的一旁，双腿则被钉在了另一旁。血腥程度不忍直视！

薛西斯一世这样做的目的很简单，就是为了让那些不遵从他意志的人看到这破碎腐烂的尸体时仔细想想代价有多么惨重。更让人震惊的是，在萨拉米斯海战中，薛西斯一世的秘书们会记录下将士们在战斗中或勇敢或怯懦的行为，以便作为战后奖惩的依据，而他们的死活仿佛是不被人关心的。

大流士一世在马拉松平原的战场上让 6400 名帝国战士丧命；温

---

[6] 狄奥多罗斯的《历史丛书》，中文版书籍可参阅《希腊史纲》。

泉关战役，波斯人付出了上万生命换来了惨烈的胜利，从而打开了通往希腊诸城邦的通道；在阿尔泰米西昂海岬，一场可怕的海上风暴就有可能让 200 艘波斯战舰沉没；普拉提亚战役中 5 万士兵的丧命让帝国元气大伤……为了征服一个城邦国家，几十万人因波斯君主徒劳无功的征伐而死在他乡。

这些，难道不是最为严厉的惩罚吗？他们根本没有主宰自己命运的权力！

2

希波战争的结束让希腊感受了萨拉米斯的神圣，这正如他们所纪念的一样，他们是为"所有希腊人的自由"而战，并且他们战胜了不可一世的波斯人，自然是值得大书特书的，而从中受益最大的雅典人几乎将波斯战争的历史据为己有。

这一点，我们从"叙事大师""历史写作之父"希罗多德的作品中可以看出。就塞米斯托克利斯来说，这位伟大的、充满传奇色彩的政治人物因希罗多德的书写而变得更加扬名。"古希腊的悲剧之父"埃斯库罗斯早年参加过马拉松战役，45 岁的时候以重步兵的身份参加了萨拉米斯海战；8 年后，他将自己的亲身经历写进了著名的悲剧作品《波斯人》中。在这部书里，他悲剧地叙述了这场战争的历史，并针对这场次战争中波斯宫廷的反应做了描述。

呈现在雅典公众面前的希罗多德和埃斯库罗斯的作品既是一部波斯的历史，也是以雅典为视角写作的历史，仿佛就是要告诉世人：

专制的波斯君主是如何低估了雅典人的能力和反抗意志,是如何在无能中一步一步将帝国引向毁灭的。德国著名诗人杜尔斯·格林拜恩(Durs Grünbein)的说法可能更为精辟,他在《埃斯库罗斯·波斯人》中说:"其中一种作为舞台上的寓言充分体现了一个诗人的视角,由此作为艺术形式的悲剧诞生了。另外一种成为历史文献汇编的典型范例,开启了历史写作的时代。二者第一次共同构建出了西方文化思想的行动方式,直到今天我们还深受影响。"

因此,我们完全可以说萨拉米斯海战就是不同文化角逐下的产物。专制主义下的帝国败于城邦式的国家,小城邦里底层的公民——他们当中大多数为桨手——凭借划桨打败了不可一世的波斯人,为自己赢得了地位,赢得了尊重。

希腊著名历史学家普鲁塔克在塞米斯托克利斯的传记中这样写道:"塞米斯托克利斯不仅要把港口和城市调和得水乳交融,还要使得城市绝对依靠和从属于港口。也就是说陆地要听命于海洋,增加人民的力量和信心可以反抗贵族阶层。城邦的权势落在水手、帆缆士和领航员手里……亚里士多德也认识到,海军力量的增长和大众自信的增长是并行的,也把国家的事物掌握到了自己的手中。"[7]

在萨拉米斯海战后,整个地中海地区都因此得到拓展,这是一股可怕的力量。波斯舰队从萨拉米斯海峡撤退后,爱琴海上已没有什么可以阻挡希腊舰队的了。

如果说还有什么深远的影响,那就是一个半世纪之后,亚历山大大帝向东远征异邦时也受益于这次战役背后所彰显的诸多特质。

---

[7] 主要引自普鲁塔克在其传记作品《塞米斯托克利斯》中的说法,更多的相关资料可参阅亚里士多德的《雅典政制》。

4800千米之外的印度河畔可否听到兵锋的号角已响起？

因为，萨拉米斯海战早已走出希腊的国界，成为古典时期战争中不可遗忘的一笔。

# 第二章

## 罗马人很荣耀：米拉海战里的公众记忆
### （公元前 260 年）

## 一 迦太基必须毁灭

1

公元前264—前241年，对罗马人来说是很荣耀的，他们向当时的海上霸主迦太基（Carthage）进行了一系列挑战，按照古罗马共和国的著名演说家马库斯·波尔基乌斯·加图（Marcus Porcius Cato，人称"老加图"）的说法，"迦太基必须毁灭"（有学者认为是后人杜撰）。

"必须毁灭"成为罗马称霸世界的莫大勇气。在这种勇气背后所彰显的野心，正好折射了罗马人在海战上的诸多表现。这样看来，迦太基人（也可以称作腓尼基人，希腊人把"迦太基"翻译为"腓尼基"）是比较倒霉的，它的崛起和强大正好阻碍了罗马的发展。遇到这样的对手，不是你死就是我亡了。

迦太基，这个在古代非洲北部（今北非突尼斯）以贸易为主的城邦国家，据说是由西亚的腓尼基移民建立的。他们依靠非洲肥沃的土壤和便利的航海条件在地中海建立了强大的贸易网络。如果要算时间，大约在公元前8—前6世纪。那时，迦太基人开始向非洲内陆扩张，再向西地中海进发，占领撒丁（Sardinia）岛、科西嘉（Corsica）岛、西西里岛等后，西地中海终于成为迦太基人称霸的海域。

罗马人很执着，为了彻底打垮对手，一共进行了3次布匿战争。在这些战争中，公元前260年的米拉（Mylae）海战具有特别的意义。这次海战的胜利让罗马人兴奋不已，举行了盛大的凯旋式，并竖立起了杜伊利乌斯（Duilius）纪念柱。

古希腊史学家波里比阿（Polybius，公元前200—前118年）在其著作《历史》中对第一次布匿战争中的首次海战进行了这样的描述："确实没有必要怀疑迦太基人是否能够获胜。对于迦太基舰队的总司令来说，很明显敌人不过是自投罗网……当迦太基人靠近这支舰队的时候，他们就大吃一惊了，并且很快为这支舰队所震惊……他们士气高昂，一共有130艘船，径直向敌军驶去……"[8]

这是公元前260年在米拉城（今意大利米拉佐，Milazzo）附近海域爆发的著名海战。迦太基在成为西地中海的霸主后，无疑让东地中海的罗马感受到了危机。当时的罗马主要活跃于陆地上，但这个国家就像亚历山大大帝热衷于扩张和攫取权力一样，在征服亚平宁半岛南部后就与海洋帝国迦太基产生了利益冲突。

我们能够想到这两个国家的利益冲突是什么，地中海应该"连为一体"，没有比扩张更能让罗马人兴奋的了。但是，历史学家狄奥多尔却提到一件逸事。显然，这是没有什么依据的，毕竟战争的发生也需要一些借口。

这件逸事描述了当时两国的关系，大意是说，他们（迦太基）很想看看罗马人是如何敢于越过拥有强大制海权的迦太基帝国到达

---

[8] 中文相关资料可参阅《罗马帝国的崛起》。

西西里。也就是说，如果不与迦太基人保持友好，罗马人是不敢把手伸进大海里洗手的。

如果上述说法是真实的，或许这就是罗马人说的"迦太基必须毁灭"的最好借口。而米拉海战中罗马人的胜利则成为后面一系列海战的序曲，罗马人争霸的海域从东地中海扩展到整个地中海。

公元前264—前241年的第一次布匿战争是迦太基帝国衰亡的开始。作为罗马一方的指挥官，盖厄斯·杜伊利乌斯（Gaius Duilius）也因此战声名大噪。

很多人对迦太基的毁灭感到痛惜。毕竟，它的确是海洋文明史上非常耀眼的明星。德国著名的罗马历史学家克里斯蒂安·特奥多尔·蒙森（Christian Theodor Mommsen）仿佛对迦太基有莫大的偏爱，称其为"优质文明"。所以，我们有这样一个假设：如果迦太基帝国在这次海战中获胜，没有了罗马帝国的欧洲历史会怎样？

这绝不是随意的假设！在亚历山大·德曼特（Alexander Demandt）的著作《未发生的历史》中就有类似的探讨和研究。一种比较有意思的结论是：如果没有罗马帝国及其后来的扩张，今天欧洲的一半地区会说着不同的语言，也不会存在"拉丁美洲"。没有了罗马法，我们的全部法律观念都将完全不同。

但事实上，罗马人终归是胜利了！三次布匿战争的胜利让这个帝国的"公民斗志"空前高涨。

一开始，罗马的扩张只局限于意大利的中部。当罗马决定走向海洋，向地中海的两岸扩张，这标志着罗马的一个新时代即将开启，同时也是地中海波澜壮阔历史的上演。

罗马人很荣耀！后来，地中海在罗马帝国的版图上成为"Mare

Nostrum"，拉丁文中"我们的海"的意思。有一种说法是，它标志着罗马共和国体制走向了结束。

按照艾尔弗雷德·塞耶·马汉（Alfred Thayer Mahan）的观点，一个国家的对外扩张除了需要国民意识的觉醒，还需要政府的特性能与积极的海洋扩张尽可能地匹配。因此，诚如历史学者赫尔弗里德·明克勒（Herfried Münkler）在其著作《帝国》中所说："我们应该把海上的扩张而不是陆上的扩张看作是罗马共和国真正的扩张。"

正是罗马元老院的决定——与迦太基帝国进行争夺，这偏离了原来小范围的统治扩张路径，象征着罗马共和国结束的开端。在新的、扩张性的海洋政策出台之后，一批认为古代共和国的制度过于狭隘的人物登上政治舞台，并获得影响力。如罗马帝国的第一位元首盖厄斯·屋大维·奥古斯都（Gaius Octavius Augustus）、罗马帝国第二位皇帝提比略·凯撒·奥古斯都（Tiberius Caesar Augustus），像提比略为了加强皇权，取消了公民大会的立法权和选举权，这在共和制下几乎是不可能的。此外，因为要跨海执行任务，士兵服役期也延长了，以至于他们不能再耕种于小农庄，由此产生了具有革命性爆发力的退伍老兵问题。通过舰队征服新的土地，随之产生了一批新的精英，他们的野心只有通过征服新的土地才能满足。

上述论断出自明克勒对诸多帝国的研究。我们依着这样的观点去思考会发现一个有价值的问题：一个大帝国的灭亡和一个中等国家兴起，既有此消彼长的因素，更有后者作为一种新兴力量崛起而产生的巨大变革。换句话说，米拉海战不仅象征着持续百年之久的大国角逐的序幕开启，还意味着在这个新帝国内部一切都发生了彻底的改变。更进一步来讲，后续诸多帝国的兴起几乎都与海洋有着较为密切的关系。难怪古罗马哲学家马库斯·图利乌斯·西塞罗（Marcus Tullius Cicero）要说："谁控制了海洋，谁就控制了世界！"

那么，罗马人是如何走向海洋的呢？

2

古希腊历史学家波里比阿，后来的名将小西庇阿的家庭教师，因其著作在古代希腊、罗马历史著作中最符合科学方法和要求，被誉为"历史学家中的历史学家"，他对罗马帝国走向海洋的论述历来被人们重视——

当时，他们看到战争会持续很长时间，就开始第一次建造100艘五列桨战舰、20艘三列桨战舰。但是，建造五列桨战舰的工程师完全缺乏经验，因为直到那时，在意大利还没有人使用过这种船只。从这一点来看，我们可以看出罗马人那种特有的热情和大胆。虽然缺乏充分的条件，甚至可以说完全缺乏条件，罗马人之前也从未将目光转向过海洋，但当他们第一次接触海洋这个比较陌生的领域时，就果敢地着手经略海洋，并试图与自祖辈以来一直毫无争议地控制着海洋的迦太基人一决高下……当他们第一次打算将军队运送到墨西拿（Messina）去的时候，他们不仅连一艘有甲板的船都没有，而且连一艘战舰也没有……因此，他们不得不从塔伦特人、洛克雷尔人、埃利亚人和那不勒斯人那里租借50个桨手和三列桨战舰，才得以大胆地将他们的人运送过去。当时，迦太基的舰船在海上朝他们冲来的时候，其中一艘有甲板的船因太急于进攻了，结果在海滩上搁浅，落到了罗马人手中。罗马人就把这艘船作为模型打造了一整支舰队。没有这个幸运的事件，罗马人由于经验不足，就很难如愿实行自己的计划。

上述内容都出自波里比阿的记载，他提到的罗马人借来的战舰是一种以桨手层级来命名的船型。然而，如果真的是五列桨战舰（5层桨手），这是有可疑之处的。目前为止，还没有明确的资料或者古迹表明有三层以上的战舰，如果高于三层，在水中航行是难以进行的，首当其冲的一点就是实际操作中协调划桨是难以在海洋中完成的。

一种较有力的观点是，罗马人向他人租借的五列桨战舰和三列桨战舰是一样的，只有三层或者就是两层，每组两支或者三支桨被多名桨手同时操控。这就是说，只有一层的五列桨战舰是有可能存在的。

五列桨战舰希腊语叫作"pentérēs"，根据波里比阿的记载，以及现代专家的研究，可能是这样的一种战舰：驱动部分由两支或三支桨组成，它们分别由5名桨手来操纵。

问题来了！既然罗马人在当时无法自主建造这样的战舰，它又是从何而来的呢？或者说，是什么样的海洋民族较早拥有这样先进的战舰？依据波里比阿在《历史》中的描述，可以分析得出较有说服力的观点：大约在公元前4世纪的时候，最初在迦太基、古希腊和锡拉库萨（Syracuse）发展起来的。

迦太基人拥有当时非常先进的航海技术，他们能建造五列桨战舰并不可疑。锡拉库萨又叫叙拉古，是意大利西西里岛上的一座城市，这座城市位于西西里岛的东岸，由希腊城邦科林斯移民于公元前 734 年建立。大约在公元前 5—前 4 世纪达到鼎盛，为西西里岛东部霸主。鉴于锡拉库萨极为特殊的地理位置，罗马人在与其交流的时候能获得相关的海洋知识是完全有可能的。

由前所述，我们可知不管是几列桨船，里面的数字并不代表桨的数目，而是操纵每组桨的桨手人数。只有这样的解释才符合当时的条件。

五列桨战舰在布匿战争中投入使用，也是迦太基帝国引以为豪的"名器"。这样先进的战舰是如何操纵的呢？波里比阿在其著作《通史》里有记载："那些负责造船的人，就忙于制造船体；而其他人则负责编组桨手，并在陆地上训练他们。其方式如下：他们让桨手坐在地面的桨座上，其顺序与在船上一模一样；桨手长站在中间，指挥着桨手们同时向后倾，并把手向自己一侧缩回，然后再向前倾，将手臂伸展出去。大家就这样随着桨手长给出的信号一遍一遍地反复练习。"

对波里比阿关于罗马人走向海洋的记载是否应该存在一些怀疑？难道一个陆上强国第一次进行海上战争就这么简单地打败了当时最优秀的海洋民族？显然，这是让人心存疑惑的。

其实，早在 19 世纪中叶，著名的历史学家特奥多尔·蒙森就在其著作《罗马史》中提出质疑："那种来自修辞学派的描述试图让人相信，罗马人在当时是第一次执桨入海，这是一种幼稚的表述。"德国著名历史学家汉斯·德尔布吕克（Hans Delbrück）后来则更加明确地在蒙森的首次质疑中进行了分析，他说："这里必须注意——罗马人干脆完全没有海上经验，他们的船是参考一艘搁浅的迦太基船建造的，以及他们的桨手是在陆地上坐着桨座训练的——这个著

*57*

名的故事来自波里比阿的叙述，他显然是深受修辞学派的大肆夸张之害。"

两位史学家所说的修辞学派是指公元前4世纪的古希腊史学流派，注重炼字造句，力求把历史著作写得生动有趣，富有戏剧性而不求史实之正确，常因此产生错误。这个学派主要受到古代希腊著名的修辞学家、政论家和教育家伊索克拉底（公元前436—前338年）影响。伊索克拉底影响了许多杰出的人物，如古希腊历史学家埃福罗斯（Ephorus，公元约前400—前330年，主要作品《希腊史》）、特奥波姆波斯（Theopompus，约生于公元前378年，主要作品《腓力王传》）。这种修辞学派的特质直接影响到罗马西塞罗时代，波里比阿及其著作《历史》也深受其影响。

由于波里比阿深受小西庇阿的赏识，他能轻易地出入罗马的国家档案馆，并且他还目睹了迦太基的毁灭。虽然他的论述有夸大其词的毛病，但他提供的资料仍然是具有很高的研究价值的。至于他论述的罗马人能轻易战胜当时最优秀的海洋民族迦太基，大抵是他的爱国主义情怀所致吧。

为了进一步了解汉斯·德尔布吕克的质疑，我们来看他提出的几个有力量的问题。

其一，罗马人是否应该建造一个大型的铁弹簧来模拟水的反作用力？

其二，罗马人应该凭空挥动自己的桨？

然后，汉斯·德尔布吕克又给出了相应的回答。他在《战争艺术》一书中说："意大利同盟中的希腊的沿海城市（这里实际是指意大利南部的城市，属罗马的盟友），作为海上盟友是否不提供陆军，而是为罗马提供所需要的所有船长、舵手和桨手？"

事情的真相到底是什么呢？

3

亚平宁半岛三面环海，城邦时代的罗马不是一个港口城市，因此罗马人一开始并没有建立海军的想法。如果罗马人想要通过海洋建立地中海的霸权，就必须勇敢地跨越海洋造成的巨大障碍。特别是在布匿战争中，战场由陆上切换到了海洋，战争形式已经发生了重大改变。更何况罗马面对的劲敌是一个以海军强大而闻名的迦太基帝国，这就迫使罗马人必须想尽办法筹建一支具备作战能力的海军。

从塔兰托（Taranto，古代意大利南部希腊殖民城邦，位于意大利南部伊奥尼亚海塔兰托湾畔，是重要的商港和海军基地）到墨西拿的航海距离不算远，罗马人还能基本应付，这是在没有遇到干扰的情况下。当迦太基人利用舰队的优势不断袭扰西西里各处海岸时，罗马人明显感到巨大的压力了。迦太基人不仅在沿海建立了许多据点，还让一些原先支持罗马人的城邦倒戈。更严峻的是，迦太基帝国开始横行于意大利西海岸区域，意图把战火烧到罗马本土。

如果这样的意图得以实现，迦太基帝国就能利用罗马高成本运输陆军的弱点直接拖垮正在成长中的罗马帝国。在这样严峻的形势下，罗马元老院决定大力发展海军，并为此提供了专项资金。

然而，罗马人在建设海军方面毫无经验，国内连最基本的造船业都不存在。罗马人一边采用从南方的希腊区招募大量船只帮助运输的策略，一边广泛招募该地区及锡拉库萨的造船工匠和造船师，一边让本国的工匠学习如何建造当时流行的五列桨战舰，这些工匠通过对战舰的逆向研究——虽然大部分属仿造——在短短 60 天内，竟然成功地建造了 100 艘五列桨战舰和 20 艘较小的三列桨战舰。这样的速度着实让对手感到吃惊。

建造战舰的事情基本得到解决，接下来对罗马人而言非常重要的事是如何打造一支具有战斗力的海上舰队。元老院如法炮制，从希腊人那里招募了经验丰富的海员和具备指导训练能力的划桨手。在这些人员中，不仅有能熟练操作风帆的水手，还有经验丰富的舵手和船长。

众所周知，要打造一支海上舰队是不可能在短时间完成的，但聪明的罗马人懂得"第三方力量为己所用"的道理。更为根本的是罗马的共和体制下所呈现出的宽容和开放、兼收和并蓄。尤其是"万民法"（罗马法中调整非罗马人之间相互关系的法律，旨在维系和稳定庞大帝国的统治。万民法从某种程度讲，让罗马文化的影响力得到了加强和传播）的广泛适用性与实用性，能让诸多"第三方力量"加入到这个未来帝国的成长之中。

罗马人通过广泛吸收希腊人、塔伦特人、洛克雷尔人、埃利亚人、那不勒斯人的方式解决了最为棘手的问题：无论是经验丰富的造船师，还是充足的船员，抑或是用于造船的木料都不缺了。像意大利南部地区卡拉布里亚（Calabria）的希拉森林就盛产针叶林木，这可是用于造船的优质材料。

在桨船时代的海战中，当敌我双方距离较近时就会发生接舷战，罗马人只需要考虑如何在海战中发挥出自己的步兵优势即可。按照当时流行的战法就是，先采用撞角去撞击对方，再跳帮进行厮杀。作为海上强权的迦太基帝国自然是深谙此道的。因此，罗马人想要击败经验丰富的对手，就必须另辟蹊径。

于是，一种让迦太基人惊讶万分的秘密武器就出现了。

## 二　秘密武器"乌鸦"

### 1

关于这种武器到底是什么，历来存在着较大的争议和多种说法。总体来说，这是罗马人把陆战战术运用到了海战上的产物。

波里比阿的《历史》、德国历史学家阿内尔·卡斯滕（Arne Karsten）和奥拉夫·布鲁诺·拉德（Olaf Bruno Rader）的《大海战：世界历史的转折点》，以及威廉·伍德索普·塔恩（William Woodthorpe Tarn）的著作《希腊的军事和海军发展》（Hellenistic Military and Naval Developments）中都有比较详细的记载。

由于船只造得拙劣和笨重，有人提出一个建议，建造一个装置来协助作战，它后来被称为"乌鸦吊桥"（Corvus）。这个装置的结构如下：在甲板上竖立一根圆木，高4寻（约7.31米），宽4掌（40.6厘米）。这根圆木顶端有一个滑轮，用来拉拽一架梯子。这架梯子钉有许多横木板，长6寻（约11米），宽4步（约1.2米）。梯子两侧都装有护墙，高可容膝。在梯子的顶端有一个钩子，向前凸出。它的上端安着一个环，整个钩子看起来有点像面包师用的槽钩。在环上系一根绳索，在冲撞敌船的时候"乌鸦"就通过圆木上的滑轮放下，钩入敌船的甲板中。有时候是安在甲板前，有时候通过旋转这个装置来对抗试图从侧面冲撞过来的敌船。一旦"乌鸦"扎入敌船甲板中，两艘船就被钩在一起，船舷与船舷也挨在一起。罗马人就从各处跳到敌船上。如果是船艏对船艏，那么罗马人就排成密集的两列队形穿过"乌鸦"，为首的士兵用盾牌保护前方，而其后的士兵则将盾牌边缘放到护墙上以保护侧翼。他们就是通过这种方式武装起来，等待有利的时机发起进攻。

按照波里比阿记载，罗马人在第一次布匿战争中除了使用通用的撞角战术外，还使用了这种秘密武器"乌鸦"。据说，这种武器十分有效，但只在公元前260年的米拉海战和公元前256年的埃克诺穆斯角（Cape Ecnomus）海战中出现过。只要我们细心揣摩就会发现这种武器存在着一个非常大的弊端。在古代的计量单位中，1寻相当于现在的1.828米。那么悬挂"乌鸦"的圆木就高达7.31米，跳板的长度约11米，这样的高度在具体作战中明显会让舰船的行驶极不平稳。在放下跳板之前，船桨必须插入水中以保持船身的稳定。我们不说敌方的干扰因素有多大，海战中至少要考虑到风速、划桨力度这两种因素的存在，因此，我们有理由去怀疑这秘密武器——"乌鸦"是否真的存在过。

波里比阿的重要著作《历史》用了40卷的篇幅讲述自第一次布匿战争直至迦太基和科林斯的毁灭历程。遗憾的是，这样一部研究公元前3世纪到公元前2世纪地中海历史的重要文献资料仅保存下来三分之一。他这样用"文学性"的修辞手法去描述罗马帝国是如何一步步崛起成为世界强国,其目的何在呢?

在他看来,罗马人的胜利主要取决于其勇敢、坚毅、慷慨的高贵品质。这里的"慷慨"实际上是指共和体制下的公民法带来的包容性和兼容性。在罗马人成功走向海洋并击败了当时最为优秀的海洋民族后,这个帝国的现实权力就与海权密不可分了。若干年后,马汉理论的横空出世证明了这一点。

回到罗马人的秘密武器"乌鸦"上,如果能从其他的史料中获得相关的记载,结合两者的论述,我们或许能更为接近真相。

在8卷长的《罗马史》中,古罗马历史学家卡修斯·狄奥(Cassius Dio,150—235年)用希腊语进行写作,其中关于第一次布匿战争的记述虽然现在已经残缺,来自拜占庭帝国阿历克塞一世时期的历史学家约翰·佐纳拉斯(John Zonaras)却采用节录或完整摘抄的方式保存了这部历史作品中的诸多内容。

约翰·佐纳拉斯是12世纪的历史学家,致力于研究公元前3世纪的那段历史。关于米拉海战前罗马人造船的情况,他有较为详细的记载:在到达西西里后,指挥官盖厄斯·杜伊利乌斯就意识到迦太基的战船在坚固程度和大小方面相比罗马战船并不占优势,但是在划桨的速度和完成战术动作方面却超过了罗马人。因此,他下令将所有三列桨战舰都安装上一些机械装置,包括锚、固定在一根长杆上的铁爪篙和另外一些类似的辅助设备。罗马人打算把这些东西扔向敌船,从而将之与自己的船钩在一起,这样士兵便可以登上敌船展开肉搏了,就像是在陆地上战斗一样。这里依据的是阿内尔·卡斯滕和奥拉夫·布鲁诺·拉德在《大海战：世界历史的转折点》中的引文，也可以参阅卡修斯·狄奥在《罗马史》中的描述，目前中文没有全译版。作为皇帝的密友，狄奥的记载有着很重要的历史价值。更多的详情可参阅洛布（Loeb）古典图书馆典藏的《罗马史》，以及佐纳拉斯等人对《罗马史》的表述。

至此，更为接近真相的一面或许出现了。

书写罗马历史的史学家，特别是波里比阿一类的采用了修辞手法，以作家的笔调将罗马人的胜利尽可能彰显得更伟大些。再者，这场持久的战争本身就属于帝国霸权争夺战，谈不上什么正义与非正义。事实上，是罗马人通过进攻墨西拿挑起了战争。

或许罗马人早就知道一旦战争开始，如果表现出从未接触过海战的样子，他们的胜利就显得更加荣耀了。

## 2

公元前264—前146年，罗马和迦太基为争夺地中海沿岸霸权爆发了三次布匿战争。公元前264—前241年是第一次布匿战争，米拉海战就发生在这期间。

罗马在拿下整个亚平宁半岛后，其扩张的野心日益增强。作为地中海西部比罗马更古老、更富裕的迦太基帝国，其势力已经从北非发展到伊比利亚半岛及西地中海。罗马想要对外扩张，就必须除掉这个强大的海洋帝国。

因此，这两个国家迟早是要发生战争的，只需要一根导火索就

## 第二章 罗马人很荣耀：米莱海战里的公众记忆（公元前260年）

可点燃。

在地中海及意大利和北非的交通要道上有一个小邦国叫锡拉库萨，特殊的地理位置让它成为海上贸易的重要地带。公元前485年，位于西西里南部的希腊城邦盖拉（Gela）的僭主格隆（Gelon）占领了锡拉库萨，并自立为锡拉库萨僭主。锡拉库萨在他的治理下，国势日趋强大。公元前480年，格隆在希梅拉（Himera）附近大败迦太基军队，随后，他的继承者希伦一世（HieronⅠ）也极力对外扩张，并插手亚平宁半岛一些城邦之间的争斗。在打败迦太基的同盟者伊特鲁里亚（Etruscan）[9]后，锡拉库萨终于成为地中海西部实力不容小觑的海上强国。公元前289年，僭主阿加托克利斯（Agathocles，他曾在公元前304年自封西西里国王）死后，这个国家陷入到不安定的境地中，尤其是他在意大利坎帕尼亚（Campagna）招募的自称马墨尔提尼人（Mamertines，意为"战神之子"，荷马在《伊利亚特》中把战神马尔斯说成是一名百战不厌的英勇武士）的雇佣军，于公元前288年脱离锡拉库萨的统治，占领了西西里岛东北角紧靠意大利的墨西拿城，建立了属于自己的政权。

这是一个好战的政权。他们在墨西拿站稳脚跟后，以此为基地开始了对周遭区域的肆意杀戮。公元前265年，当时还未成为锡拉库萨国王的希伦二世（HieronⅡ，公元前269年加冕为王）为了加强统治，确保海上贸易安全，同时也是为了称霸整个西西里，决定出兵围攻墨西拿，赶走这帮残暴的家伙。

锡拉库萨是西地中海实力不容小觑的强国，墨西拿瞬间陷入到

---

[9] 城邦国家，关于其起源目前尚没有定论，一般认为他们于公元前11世纪从小亚细亚渡海而来，活动在亚平宁半岛中北部。

困境中。这时,城内出现了两派:一派建议寻求迦太基的保护,另一派建议与罗马结盟。当时罗马的想法是不介入这场纷争,毕竟这个好战的雇佣军政权危险系数较高——罗马也曾出现过雇佣军反叛的事件。但是,问题出在迦太基这方,它没有丝毫考虑就答应了,并让在墨西拿海峡巡逻的迦太基军队开进了墨西拿城。

让人倍感戏剧性的是,迦太基一插手墨西拿,锡拉库萨的军队竟然没有抵抗就撤退了。罗马这边恐慌了:一方面想夺取西西里及其商业城市,特别是墨西拿,不能眼看着这个重要的商业城市落入迦太基人的手中;另一方面又担心迦太基强大的军力,特别是海军的实力,如果贸然出兵就等于公然开战,以目前的实力而言胜算不大。

其实,罗马人心里很清楚,只要能成功地利用这次事件,就能进而控制整个西西里,继而封闭西地中海。换句话说,就能对迦太基产生巨大的威胁,为帝国的扩张之路开启更好的局面。

罗马元老院对此事的意见也不统一,就把问题提交到森都里亚大会(即百人团大会),最后森都里亚大会做出了出兵西西里的决定。公元前264年,由罗马执政官克阿皮乌斯·克劳迪乌斯·考德克斯(Appius Claudius Caudex)率领的军团登陆西西里岛,于是墨西拿事件则理所当然地成为第一次布匿战争爆发的导火索。

罗马人的计划是先与马墨尔提尼人联盟,在进军西西里岛后逼迫锡拉库萨加入他们的联盟。

罗马军队在渡过墨西拿海峡后,迫使迦太基军队后撤,随即占领了墨西拿城,并与马墨尔提尼人结盟。

于是,迦太基帝国勃然大怒,向罗马宣战。

## 第二章　罗马人很荣耀：米莱海战里的公众记忆（公元前 260 年）

3

罗马人并非像波里比阿说的那样对海洋一无所知。

在米拉海战之初，迦太基的部分舰队试图采用纵穿和迂回的战术对付罗马人，两次都失败了。被波里比阿描述得厉害无比的秘密武器"乌鸦"却在米拉海战后的战争记录里少有提及，除了公元前 256 年的埃克诺穆斯角海战的相关记述里提到过一次。

上述两方面的内容将给予我们一些思考：罗马人发明的秘密武器是否是他们制胜的关键？如果这种秘密武器真的那么厉害，为什么罗马人在取得波恩角海战胜利后竟然因为它遭受了一次可怕的经历？

在公元前 260 年的米拉海战中，几乎没有海军的罗马人出奇制胜。我们只要稍加思考就会发现，这是一场属于陆军和海军的交战。换句话说，罗马人是在用陆军作战的思维对决海上强国的优势舰队。

公元前 264 年，已经称霸亚平宁半岛的罗马人不甘现状，在权衡利弊后开始向海外扩张，出动高达 4 万人的军队包围了西西里岛的迦太基人据点阿格里根图姆城（Agrigentum），这座位于西西里岛西南部的城市当时也叫阿克拉加斯（Acragas），现在的名字叫阿格里真托（Agrigento）。面对来势汹汹的罗马军队，迦太基军队拼死抵抗，围城战打得异常惨烈，罗马人付出损失 3 万人的代价后获得了胜利。

可惜，夺取的却是一座空城。

罗马人伤亡太大，以至于基本没有什么力量阻止敌人的突围。

*67*

此后，双方的战场开始转向海上，罗马人的陆军军团是能征善战、久经考验的，如何在海战中也能发挥同样的作用成为罗马统治者不得不面对的问题。

迦太基的海军实力是罗马人望尘莫及的，为了弥补这短板，罗马人硬是凭借秘密武器"乌鸦"让这短板凭空消失了。

如前文述及，这是一种把活动的吊桥用滑轮固定在桅杆上的特殊装置，在吊桥的另一端有一个铁爪篙，因这种小吊桥可以像乌鸦嘴一样牢牢地抓住敌船，罗马人就把这套特殊的装置叫作"乌鸦"。当舰船安上这样的装置后，就能够在海战中利用接舷战术放下吊桥。这时，具备超强作战能力的罗马陆军就可以通过吊桥跃上敌舰，在敌舰的甲板上展开肉搏。

米拉海战中罗马人用陆军作战的思维打败了不可一世的迦太基海军，这不能不说是一个奇迹。

迦太基海军面对不成气候的罗马海军产生了极度轻视的心理。当罗马舰队出现在西西里北岸的米拉海角附近时，参战的130多艘迦太基舰队竟然连战斗队形都没有展开迎面向罗马舰队冲撞过去。这正好中了罗马人利用接舷战术发挥秘密武器"乌鸦"作用的圈套。

战局就这么轻易地开始向罗马人倾斜了，而迦太基海军也终于明白这种奇奇怪怪的装置是干什么用的了。

迦太基的舰船想拼命摆脱这可恨的"乌鸦"，无奈为时晚矣！那些铁爪篙就像是有魔力一样死死地钩住了他们的舰船。一场海战就这样演变成犹如在陆地上发生的对决战。凡是被"乌鸦"钩住的舰船，上面的士兵要么被杀死，要么被俘虏，而那些没有被"乌鸦"钩住的舰船一看不妙，根本无心恋战，狼狈而逃。罗马人以较小的代价俘获或击毁了40多艘敌舰。米拉海战之后,罗马人一度控制了西西里海域,西西里岛上的许多城邦也纷纷归附,迦太基只保留了西西里岛西端的一些城市。

让人悲哀的是,米拉海战后的迦太基舰队竟然没有吸取教训。

公元前256年,双方在埃克诺穆斯角又发生大规模海战。这次罗马人故技重施,投入了330艘舰船,10万余人的桨手以及4万人的陆军;迦太基则投入了350艘舰船,船上各类人员总数达到15万人,仍妄图以海军的绝对优势控制战局,其结果又是惨败。

我们是否可以判定罗马人的胜利取决于"乌鸦"的使用呢?答案是否定的。

尽管在两次海战中罗马人都取得了胜利,我们也只能说这种特殊装置仅在短时间内使用于舰船,也的确起到过一定的作用。然而,一个让人值得注意的问题是,如此先进的"乌鸦"最后却从舰船上消失了,难道罗马人遭遇了什么吗?

一个最重要的解释就是:它不适合海上作战。

这样的论述与上文并不矛盾!罗马人在埃克诺穆斯角海战中取得胜利后,由于其陆军在非洲战场的战事迟迟没有结果[10],于是元老院决定调回一些军队。这批军队乘船到西西里南部海岸的时候遭遇了巨大的风暴。罗马人想继续用"乌鸦"这种特殊装置快速上岸,结果遭受到了惨重损失。370艘舰船中有300艘沉没,约10万人遇难。波里比阿将这次失事称作古代最著名的海难之一。

---

[10] 说法不一,一种比较通行的观点是在北方的西西里岛上还有作战能力较强的迦太基军队在活动,罗马人担心这次非洲征战有被截断后路的可能,加之元老院急于想把在北非捕获的2万多名奴隶一并带回,兜售后获取金钱继续用于支持罗马同迦太基的战争。

这次失事的原因是舰船侧翻。

如果"乌鸦"这种特殊装置的确如罗马人所说的如此厉害，那么罗马人肯定会在历史书中大量记载。然而，就连波里比阿也没有再次提及，究其原因只有一种可能：罗马人已经知道"乌鸦"不适合海上作战，最终放弃了它。

在埃克诺穆斯角海战胜利后，迦太基军因遭到很大的损失而被迫撤退。随后，罗马军队在非洲登陆，目的是想尽快摧毁迦太基帝国的根基，以便结束战争。由于战线太长，补给出现严重问题，元老院决定抽调回一批军队，由执政官马库斯·阿提利乌斯·雷古卢斯（Marcus Atilius Regulus）带领大约1.5万人的部队继续与迦太基军队作战。迦太基在经历几次失败后，开始反思，决定雇用来自斯巴达的将军克桑提普斯（Xanthippus）对决强悍的罗马陆军军团。

斯巴达为什么要帮助迦太基？主要是因为当时的斯巴达已不是之前那个让世人震撼的军事强邦了。特别是在希波战争后，奴隶制经济得到发展，那些在战争中表现突出的将领获得了前所未有的荣耀和财富，贫富差距越来越大导致了城邦的没落。像斯巴达海军统帅来山得（Lysander，？—前395年）[11]仅一次就能运回2000塔兰特的巨款[12]，在雅典被击败后，他又轻易地获得整车的黄金，其他跟随他的将领也收获颇丰。

一时间，斯巴达人的价值观受到了很大的冲击，莱克格斯

---

[11] 此人具备卓越的军事才能，以羊河战役为例，仅1小时就摧毁了称霸几十年的雅典海军，由此导致伯罗奔尼撒战争结束。
[12] 塔兰特为古代中东、希腊、罗马使用的货币单位，具体换算说法不一。1塔兰特的重量大致介于20～40千克之间，根据《新约圣经》里的说法，耶稣曾经提到过即便是1塔兰特也是巨款。

（Lycurgus）[13]改革带来的良好局面也接近于崩盘。公民平等原则、艰苦奋斗的传统（如禁止奢侈，男子自7岁起至60岁在军营过集体生活，以便培养在艰苦环境里生存、作战的能力）被冲垮，人们变得金钱至上，疯狂追求财物且不择手段。从此，斯巴达开始走向衰败，大量的公民因破产而沦为二等人或黑劳士农奴（被斯巴达人征服的拉科尼亚和麦西尼亚地区的原有居民被称为黑劳士，也叫希洛特），许多斯巴达人失去了尚武精神。不过，还是有很多不甘于现状的斯巴达人谋生于海外，成为一些君主国（如塞琉西帝国和托勒密王朝）的雇佣兵。由于这些能被雇用的斯巴达人大都军事素质过硬，他们常以军官身份为当地君主训练军队。

克桑提普斯是晚期斯巴达的职业军官，他出现在海上帝国遭受困境的时刻，迦太基人看到了胜利的希望。果然，克桑提普斯不负众望，他利用希腊化世界的最新军事技术，在较短的时间里提升了迦太基军队的战斗力。执政官雷古卢斯担心罗马元老院派遣别人抢其功劳，因此急于求胜。双方在巴格拉达斯（Bagradas）展开对决，克桑提普斯利用强大的雇佣兵团和巨兽（战象）顶住罗马人的正面突击，并成功地运用骑兵两侧包抄战术痛打罗马步兵。结果，罗马军团在非洲战场遭受了惨重的失败，雷古卢斯本人也被俘虏。

此后，主战场再次移到西西里。

罗马人深知再建立一支舰队的重要性，在许多贵族的支持下，一支由200艘舰船组成的新舰队建成了。随后，这支舰队在埃加特斯（Aegates）群岛（今埃加迪群岛）附近海域大败迦太基舰队。

---

[13] 公元前700—前630年，古希腊政治家，斯巴达王族，莱克格斯在政治、经济、教育等多方面进行的改革让斯巴达走向了强盛之路。

*71*

大势已去的迦太基不得不向罗马求和。

纵观整场战争，罗马能在第一次布匿战争中取得胜利，主要得益于海上舰队。而在面对北非战斗结束后罗马人打造的新舰队时，迦太基人仍然束手无策。

## 三 杜伊利乌斯纪念柱

### 1

在米拉海战之前，带领罗马舰队的指挥官不是盖厄斯·杜伊利乌斯，而是执政官格内乌斯·科内利乌斯·西庇阿（Gnaeus Cornelius Scipio）。作为先遣舰队，这次出海的任务是肃清迦太基劫掠船，确保意大利海岸不受侵扰。

任务完成得比较顺利，西庇阿命令舰队向墨西拿海峡航行，自己则率领 17 条战舰航行在全舰队的前面。当西庇阿的先遣舰队航行到西西里岛东北部的利帕里（Lipari）岛，准备抢占该岛的主要港口利帕拉（Lipara）时，迦太基舰队突然出现，这支舰队有 20 艘战舰，把罗马人困在了港内。

惊慌失措的罗马人战败了！连执政官西庇阿也被俘虏，后来双方交换战俘，西庇阿才得以回到罗马。

为了阻断罗马人与意大利本土的联系，迦太基决定控制西西里

第二章　罗马人很荣耀：米莱海战里的公众记忆（公元前260年）

岛东北角的米拉海域。这一次，罗马任命盖厄斯·杜伊利乌斯为舰队指挥官，双方在米拉进行对决。盖厄斯·杜伊利乌斯利用秘密武器"乌鸦"，充分发挥出了罗马陆军军团的超强作战能力。

罗马人胜利了，赢得很是光彩。

1565年，在卡皮托利诺（Capitolino）山的山脚下发现一篇铭文，它来自一根船艏纪念柱的基座底下。这根纪念柱就是著名的杜伊利乌斯纪念柱，在这根纪念柱上镶嵌了从迦太基舰船上取下来的青铜撞角。

为一名指挥官竖立一根纪念柱，足见这在罗马人的心里有多荣耀了！

将俘获敌方战舰上的撞角作为象征胜利的习俗，这是专属罗马的一个特殊传统。譬如在公元前338年，罗马与拉丁同盟发生了战争。拉丁同盟是古意大利半岛拉丁姆（Latium，今拉齐奥大区）地区约30个小城结成的同盟，成立于公元前7世纪，罗马也是同盟成员之一。该同盟旨在保护加盟者的利益。到公元前6—前5世纪，因罗马的势力增强，其盟友担心罗马的日益强大继而威胁到自身的存在，遂要求罗马元老院交出150个席位，并要求两名执政官名额中的一名由其他同盟城市提供人选。面对这样无理的要求，罗马自是不会同意，于是双方发生了一系列战争。

公元前338年，罗马在安提乌姆（Antium，今安齐奥）击败了拉丁同盟，拉丁姆地区也完全落入罗马的统治之下。为了纪念这场战争的胜利，罗马人将敌方舰船的船艏撞角取下，安放在一个类似于舞台的建筑之上。这座舞台实际上是那个时代演说家演讲的场地，人们把它称为"Rostra"，翻译过来就是"船喙"的意思。在船喙附

73

近就竖立起了杜伊利乌斯纪念柱，可见罗马人对米拉海战胜利有多么看重了。后来，凯撒将这座船喙搬到了罗马广场外面的集会场，到奥古斯都皇帝的时候，即公元前29年，又进行了翻修。

今天，我们去罗马旅游可以看到一个巨大的石方（纪念柱今天已经不复存在，不过在罗马文明博物馆中存有该纪念柱的复原品，卡比托利欧博物馆收藏了铭文的残片），这个石方的前端有一些孔洞，最初的作用就是用来固定船喙的。

由此可见，罗马的后任皇帝对先辈们取得的海战胜利是十分重视并倍感荣耀的。公元前36年9月3日，罗马人在瑙洛库斯海战（Naulochus）[14]后，又竖立了一根船艏纪念柱。这里面的荣耀可见一斑了。


2


杜伊利乌斯纪念柱的意义绝不专属于当时的罗马帝国。

盖厄斯·杜伊利乌斯，这位执政官的名字也成为近代意大利皇家海军崇敬的对象，在第一次世界大战时期，意大利人就曾用杜伊利乌斯作为战列舰命名的一个级别。

普奥战争期间，1866年7月20日在亚得里亚海（Mare Adriatico，在意大利与巴尔干半岛之间，属地中海的一个大海湾）发生了

---

14 当时小庞培控制了西西里岛，切断了罗马的运粮通道，遂造成罗马物价飞涨、人民怨声载道的局面。后来，盖厄斯·屋大维·奥古斯都的舰队在西西里岛附近的瑙洛库斯击败了塞克斯特斯·庞培的舰队，从而结束了两人的战争，帝国才得以继续向前发展。这场战争的更多详情可翻阅"后三头同盟"相关历史。

利萨（Lissa）海战，交战双方是普鲁士的盟友意大利和奥地利帝国，因威廉·冯·特格特霍夫（Wilhelm von Tegetthoff）海军少将指挥得当，意大利舰队遭受重创。为了纪念这次胜利，同时也是为了表示对特格特霍夫的敬意，1877年，在波拉（Pula，今克罗地亚普拉）竖立了属于他的纪念柱，上面刻有这样一行字："勇敢战斗在赫尔戈兰，光荣胜利在利萨，他使奥地利海军获得了强大和不朽的声誉。"1886年，在维也纳的纪念柱也建成，1935年，该纪念柱被转移到奥地利格拉茨（Graz）。

在圣彼得堡、波尔多、纽约、柏林，我们都会看到类似于杜伊利乌斯式的纪念柱，米拉海战的胜利已成为不可磨灭的公众记忆。

这样的记忆也表明当时罗马人敢于挑战强大的海上帝国，并最终取得了胜利。在之后的第二次和第三次布匿战争中，罗马以绝对的优势毁灭了这个强大的海上帝国。

# 第三章

# 迦太基废墟：海上帝国的末路
## （公元前146年）

第三章 迦太基废墟：海上帝国的末路（公元前 146 年）

## 一　超级商业强国

1

公元前 146 年的春天，迦太基城已经被围困近 3 年了，谁也没有心情去体会春天的美好。从这个时间来看，迦太基帝国已拼尽全力了。随着俗称"小西庇阿"的罗马统帅普布利乌斯·科尔内利乌斯·西庇阿·埃米利亚努斯（Publius Cornelius Scipio Aemilianus）一声令下，这个饱受重创的帝国将迎来罗马人的最后一击。

罗马人的心中或许想象过凭借帝国的强大与迦太基人决战只是一瞬间就结束的事，但是他们不得不面对一个事实：尽管迦太基城的防御力量已经受到严重削弱，守军也死伤惨重，然而这座城市特殊的地理位置依然让他们再次明白"望而生畏"的含义。

是的，昔日的迦太基城也好，今日的突尼斯市也罢，它终归是属于地中海沿岸地区的一座历史名城，有着非凡的建筑水准。当初建造迦太基城的时候，设计者就选址在了由一连串沙岩山丘组成的半岛之上。

如果从空中俯瞰，我们会更加直观地发现这座城市的东北和东南边界有两片狭窄的、像翼状的土地向外延伸，而翼状的土地几乎将海面一分为二。在大自然这样神奇的结构中就形成了我们熟知的突尼斯湖。继续将视野扩大，会看见一排连绵陡峭的沙岩峭壁翼护着半岛的北部地区，而南面那片辽阔的沿海平原则被坚固的城墙、壕沟和壁垒保护着。这样奇特的地理结构如同君士坦丁堡所拥有的结构一样。虽然这个比喻不太恰当，但谁能否认上天赐予的地理环境是为一座城市提供的天然庇佑呢？

在迦太基城靠海的一面有两座优良的海港。为了护卫这两座海港，迦太基帝国专门修建了护城墙。这种囿于防卫的理念有一个最大的弊端：城内可供利用的生活空间变得狭小起来。这一点绝非夸大其词。出于谨慎，在过去，帝国在护城墙和最近修建的建筑之间留出了一段较为宽阔的空隙；而现在，一排排的房屋拔地而起，远远望去就像是一直延伸到海的尽头。原先留出的那段空隙消失了——从军事角度来说，这无疑给了敌人可乘之机。譬如罗马人可以利用易燃的投射物毁灭这密密麻麻的房屋，或者想办法爬到房顶，再攀上墙头。

这绝对不会有多困难！根据德国考古学者弗里德里希·拉科布（Friedrich Rakob）的观点，上升到与房屋楼层同高或接近标高的建筑建造速度极快，这至少说明迦太基人没有充分考虑到战略防卫问题。当然，也有可能是不得已而为之，毕竟城内可供生活和活动的空间狭小，不能再在城内建造房屋了，只能选择护城墙附近的区域来修建。拉科布认为如果迦太基城未在公元前146年被摧毁的话，帝国想要东山再起，彻头彻尾的重新规划是必不可少的。

就算后者的可能性真的存在，我们都可以指向一个反问：城墙的护卫功能还有什么用呢？

护城墙看起来是多么令人畏惧！在这道屏障中，有些沙岩块体积极为庞大,其重量高达13吨。所有的沙石表面都涂上了白色的石膏,主要作用在于防止石料被海风侵蚀。它还能起到一定的导航作用,每当有船只驶入港口时,船上的人只要抬头仰望,就会看到光滑如大理石的城墙闪闪发亮。由于这些原因,这道护城墙举世闻名。同样,一旦罗马人从海上发起进攻,它将成为最好的目标指引。

两座港口分为商用和军用。作为一个强大的海上帝国,这两座繁荣的标志性港口仿佛时刻提醒人们迦太基帝国拥有过的荣耀。这是一个海上超级强权,在方圆13公顷的土地上布满了宏伟的人工建筑,而构筑这一切需要用人力挖掘约23.5万立方米的泥土。仅这一点就足以印证那份荣耀了。军港采用圆形设计,船坞可容纳至少170艘舰船。过去,那些舰船通过内设的斜坡从水中拖上岸,也通过斜坡下水,简直就是工程史上的一大杰作。现在,这些舰船无所事事地停泊在那里不能出航。多次进攻宣告失利后,罗马人采取了"围而不攻"的策略,建造了一道防波堤,堵住了军港的出口。

同时,迦太基与北非腹地之间的联系也被罗马人切断了。这意味着再也没有粮食能被运进迦太基城。城内众多居民忍受着饥饿的煎熬,但他们没有选择出城投降。

根据现代考古的发现,围城期间的迦太基城居民生活条件十分艰苦,从某个时间点开始,城内的垃圾收集工作就停滞了。在这座城市最后的艰难日子里,唯一被定期清理的"垃圾"只有大批被饥饿和疾病夺去生命的尸体。在这可怕的几个月里,人们不再遵循细心照料死者的传统,无论是富人还是穷人,他们的尸体都被草草地丢进一些乱葬坑里。而最致命的是,这些乱葬坑就在他们的生活区附近。可见,迦太基城最后的岁月里,城内有多么混乱不堪,人们

*81*

已经无暇顾及基本的卫生防疫了。

造成上述困境的主要原因中,城市保卫战的迦太基指挥官哈斯德鲁巴（Hasdrubal）有着不可推卸的责任。他做出了错误的判断——海上作战中,破袭贸易港对敌方造成的打击是不容小觑的。他由此认为罗马人会率先对商用港发动攻击。然而,最先遭到攻击的是军港。罗马人以此为跳板,发挥罗马军团的优势,迅速朝城市中心的广场和集市发动猛烈攻击,最终夺取迦太基城的控制权。

作为罗马军团主帅的小西庇阿,他这样的战略完全没有问题。

随后,小西庇阿命令部队安营扎寨。大概是罗马士兵觉得胜券在握,敌人绝不可能翻盘,士兵们开始拆走附近阿波罗神庙的金饰。接着,更大规模的洗劫也上演了。

在最后的6天时间里,小西庇阿肃清了屋顶的抵抗者,并焚毁了房屋。这样,他的军队就可以朝山上推进了。肃清残敌的过程简直惨绝人寰,由于有些人并未死去,熊熊大火把他们或烧死或烧伤。他们发出惨烈的叫声,号叫着跑出燃烧的屋子……那些横冲直撞的罗马骑兵对他们视若无睹,任由马蹄践踏他们的身体,让他们痛苦地死去。那些尚存一丝气息的人,则被清扫队的士兵用铁制工具从街道上拖走,连同死去的人一道被抛进臭气熏天的坑里。

小西庇阿为了让士兵保持旺盛的战斗力,利用了人性残忍的一面,没有阻止士兵的残暴。他还让杀戮分队轮番上阵,对城内进行一遍又一遍的杀戮,目的就是要让还在抵抗的敌人放下武器。在此之前,迦太基城的卫城区构建了较为严密的最后一道防线。依据罗马史学家维莱伊乌斯·帕特尔库鲁斯（Velleius Paterculus）的描述,迦太基城的城区布局"一分为二,两个部分彼此相异,又浑然一体。

下城区从外观来看，为垂直相交的网格状布局。而卫城毕尔萨山坡上街道的排列格局则呈放射状"。毕尔萨狭窄而陡峭的地形将毕尔萨山变成了设伏的绝佳场所，3条狭窄的街道通往陡峭的斜坡，一排排6层的房屋矗立在每条街的两侧。迦太基城内的居民在屋顶上用矢石如雨点一般砸向正在进攻的罗马士兵，罗马人因此死伤众多。小西庇阿是一流的攻坚专家，他命令军团直接向房屋发动猛烈攻击，破坏掉房屋的支撑结构，屋顶上的居民就会跌落下来。罗马人登上屋顶后，用厚厚的木板铺成通往毗邻楼房的通道。这样一来，罗马军团的猛烈攻势就得到了恢复。鉴于在攻势恢复前罗马士兵因城内军民的有效抵抗而遭受的伤亡，不排除小西庇阿以屠杀他们发泄愤怒的可能。

直到第7天，迦太基城内的人们实在忍受不住罗马人的疯狂杀戮了，一个由元老组成的代表团手持象征和平的橄榄枝来到小西庇阿面前，乞求这位将军不要再杀戮了。将军答应了元老们的请求。当天晚些时候有5万名城中居民走出了卫城，当这些人走过一道狭窄的城门时，不少人回头一望，眼神中充满了绝望和恐惧。他们知道，悲惨的奴隶生活即将开始。

城内的大部分人已经投降，除了护城指挥官哈斯德鲁巴、他的家人以及一些部下还在做最后的抵抗。他们依靠艾斯蒙神殿高耸入云的特殊地理位置（如前文所述，若站在神殿位置向下观望，会看到迦太基的城区顺着山势往下呈放射状排列）向罗马人做出最后的尽可能的攻击。

罗马人发动了好几次冲击，都失败了。

虽然迦太基人明知抵抗是无效的，但在哈斯德鲁巴的率领下，他们仍然继续坚持着。长时间的作战让他们睡眠不足、筋疲力尽、饥肠辘辘,只能爬上屋顶做最后的一击。

就在这个时候,一向坚定的哈斯德鲁巴竟然第一个投降了。剩下的人看到将军艰难地匍匐在死敌罗马人的脚下,全都愤怒了。这样不堪入目的一幕促发了他们慷慨赴死的决心。他们一边咒骂着贪生怕死的将军,一边点燃了神殿,让这一切化为灰烬。

根据目击者波里比阿在《历史》[15]中的描述,迦太基城毁灭的最后一刻十分惨烈,哈斯德鲁巴的妻子对丈夫的投降行为怒不可遏。她高声喊道:"可怜虫!叛徒,没骨头的玩意儿,我和我的孩子将葬身于这片火海。而你,伟大的迦太基领袖,要做罗马人凯旋仪式上的装饰吗?啊,你现在坐在他(西庇阿)的脚下,还不知要受到什么样的惩罚呢!"随后,她杀死了自己的孩子,将尸体一一抛入火中,然后她自己也跟着跳进了火海。内心复杂无比的哈斯德鲁巴瘫倒在地上,表情极为痛苦。

这个历经700年风雨的海上帝国就这样不复存在了,哈斯德鲁巴的妻子和孩子成了帝国最后的殉葬者。

---

[15] 迦太基城最后陷落的情景,最真实、最全面的记录当数古罗马历史学家波里比阿的记载,可惜他的许多著作都已失传了。今天我们能见到的相关资料主要源于古罗马史学家阿庇安的记载,他记录了一些波里比阿著作里的内容。

## 第三章 迦太基废墟：海上帝国的末路（公元前 146 年）

2

我们不禁会问，是什么原因让这个强盛的海上帝国走向毁灭的呢？一些观点认为是这个帝国的人傲慢、虚伪、贪婪、不可信赖、残暴不仁和无信仰造成的。

很明显，这是不可取的。

上述观点多是受了公元 1 世纪晚期的罗马元老西利乌斯·伊塔利库斯（Silius Italicus）的作品《布匿史诗》的影响。这是一位以文学家自称的罗马人，他写了一部以罗马与迦太基之间第二次布匿战争为主题的史诗作品。这部诗歌作品长达 12000 多行，可谓洋洋洒洒，其中最让人难忘的一段可能要数献给正在西班牙作战的迦太基将军汉尼拔·巴卡（Hannibal Barca）的。

西利乌斯·伊塔利库斯在《布匿史诗》中的描述是这样的：为汉尼拔所喜爱的不仅是饰有羽毛的头盔、带有三道饰钉的胸甲、剑和矛的精湛工艺，还有那面表面雕刻有迦太基历史、错综复杂画面的巨大盾牌。盾牌上囊括了迦太基历史上的重要事件，包括泰尔女王狄多（Dido）创建迦太基城，狄多与建立了罗马的特洛伊人埃涅阿斯（Aeneas）之间的爱情悲剧，第一次罗马和迦太基大战中的一幕幕，以及汉尼拔本人早年的军旅生涯。这些剪影被一些当地色彩装饰着——几幅所谓非洲田园风光的插画，包括放牧、狩猎和抚慰野兽……西利乌斯·伊塔利库斯继续写道，汉尼拔收到这份礼物时欣喜不已，他欢呼道："啊！罗马人那潮水般的鲜血将浸透这些盔甲！"

然而，这位穿着光彩艳丽铠甲的迦太基将军成了一个鲜活的历史教训。按照西利乌斯·伊塔利库斯的描述，这套铠甲以及他的兵器都用黄金进行了加固和装饰，它象征的是辉煌和荣耀。迦太基最后还是被罗马灭亡了，这难道不是对这个帝国的莫大讽刺吗？

按照英国历史学家理查德·迈尔斯（Richard Miles）的观点，在这部史诗中描述的"这场史前史中罗马人所打过的最著名战争的绝大部分是虚构的"。有人可能会问："那又如何？"毕竟《布匿史诗》本身并非历史著作，而是一部不算特别优秀的史诗。然而，持迈尔斯观点的人忽略了一些重要的相关细节。首先，西利乌斯写这部作品时距迦太基亡国已有近250年了，"雕刻在汉尼拔盾牌上的那一幕幕历史场景已经成为将迦太基贬为伟大罗马的鬼魅般婢女的'史实'正典的一部分"。其次，在这些场景中有一幅画面值得我们深思，绘制在汉尼拔盾牌上的场景给予我们提出疑问的勇气。按照这幅画面的描述，直接导致第二次布匿战争爆发的原因是汉尼拔撕毁了与罗马人签订的协议。换句话说，是迦太基人的背信弃义，而非罗马人对外扩张的野心招致了它的毁灭。

显然，这是经不住质疑的。

特别有意思的是，罗马人如此强调迦太基人的"背信弃义"，以致拉丁语的习惯语"fides Punica"的字面意思竟被解释为"迦太基式的诚信"了。这个词语也成为用来描述彻头彻尾背信弃义的广泛使用的讽刺用语。

而罗马人描述的埃涅阿斯（罗马城建立者之一）为了前往意大

利，无情地抛弃了自己的爱人狄多的故事[16]则涉及忠诚问题。按照罗马人的说法，高贵的迦太基女王狄多曾苦苦哀求爱人埃涅阿斯不要走，留下来陪她。埃涅阿斯还是决绝地离开了，伤心的迦太基女王狄多选择了自杀[17]。如果要说情感上忠诚，不忠诚的应该是罗马人埃涅阿斯，而不是作为妻子的狄多。

今天，不管是突尼斯人还是游客，抑或漂泊的游子站在迦太基的遗址上，或许都会产生某种怀念和憧憬的情绪，并发出一丝莫名的感叹。这位迦太基女王曾遭受过一段痛苦的经历：相传，狄多是泰尔王的女儿，嫁给了赫拉克勒斯（Heracles，又译海格力斯）——希腊人视赫拉克勒斯与迦太基神梅尔卡特（Melqart）为同一神——的一位高级祭司阿瑟巴斯（Acerbas）。阿瑟巴斯拥有富可敌国的财富，遭到国王皮格马利翁（Pygmalion）的觊觎，为了活命的狄多带着自己的追随者——80位被称为神娼的年轻女子（确保腓尼基的宗教仪式在其避难定居之地得以延续）——扬帆出海，去寻找一个属于自己的新王国。在北非的海岸，她发现这里地势险要又可控制地中海交通要道，就利用自己的聪明才智建立了迦太基城。传说中著名的等周数学问题与她有关，北非的乌提卡（Utique）人接纳了狄多，利比亚人也欢迎她的到来。因此，"狄多"的称谓是这些人的说法，意为"流亡者"。狄多的原名，根据维吉尔（Vergil，全名Publius Vergilius Maro）在《埃涅阿斯纪》中的说法，叫埃利萨（Elissa）。

---

16 特洛伊战争中，受困的埃涅阿斯冲出被焚烧的特洛伊城后，漂泊在地中海一带。后来，他的船在非洲海岸遇难，迦太基女王狄多救了他。
17 说法不一，犹太历史学家瑟弗斯认为狄多忠贞于丈夫，拒绝了利比亚国王的疯狂追求，为了躲避这场婚姻，她选择了火祭殉情。

当狄多要购买这里的土地时,利比亚人有了自己的盘算,国王说狄多只能购买一块牛皮大的土地。随后,狄多女王将一块牛皮切成细条,用它们圈出了毕尔萨山,即迦太基卫城的外围。女王对情感的渴求,或者说对爱情的忠贞促使她在失去埃涅阿斯后选择了自杀。大概是狄多女王这种强烈的情愫感动了许多人,当我们面对迦太基遗址的时候,不禁产生一些感叹。不过,也有学者认为这是罗马人强加给迦太基人的罗马情结,因为,历史上有没有狄多女王还是一个疑问。假设罗马人(更多指向罗马诗人维吉尔)描述的情节是真实存在的,也不过是罗马人的一种对黄金时代的过度怀念情绪罢了。

对迦太基帝国的裁决在一些学者看来甚至是"一种彻头彻尾的错误——迦太基城已经成为罗马人丰功伟业的磨刀石,已将罗马人的宝剑打磨得锋芒逼人"。在迦太基灭亡约50年后,一位被政敌击败的罗马将军盖厄斯·马略(Gaius Marius)流浪到迦太基城,他在废墟之城的小屋里穷困潦倒地度过了余生。罗马历史学家维莱伊乌斯·帕特尔库鲁斯曾说:"在这里,当马略凝望着迦太基的时候,迦太基也在注视着马略,他们很可能在彼此安慰着。"

罗马人塑造了狄多的形象,又让她被多情的男人负心抛弃。罗马人费尽心思地毁灭了迦太基,当罗马帝国也走向衰亡的时候,卡在罗马人心中的那道坎自是过不去的。这难道不是一种自我的讽刺吗?

除上述内容,我们还必须正视这样一段历史:许多罗马人曾经对迦太基人充满了民族敌视情绪。按照古罗马共和国的著名演说家老加图的说法,"迦太基必须毁灭"。当然,这并不是以偏概全,持有强烈民族敌视情绪者主要是"那些定居在西西里岛、在罗马崛起

第三章　迦太基废墟：海上帝国的末路（公元前146年）

之前就在商业和政治上与这一地区的迦太基人竞争的希腊人"。因此，从很大程度上来讲，是可怕的野心毁灭掉了迦太基。

为了让毁灭更彻底，在公元前146年，罗马将几乎所有迦太基图书馆的藏书都给了努米底亚（Numidia）王国的王子。这个古罗马时期的柏柏尔人王国（大致位于现今的阿尔及利亚东北和突尼斯的一部分）是罗马的附属国，也是迦太基以西土地的名称。随着这个附属国的发展，其陆地领土完全包围了迦太基。因此，罗马人把迦太基图书馆的藏书交给努米底亚王子的用意就很明显了——罗马人试图以这种方式抹杀掉迦太基的大部分历史，从而确立在迦太基帝国灭亡后罗马作为正统迦太基人的形象。从人性和道德的角度来讲，这是非常残忍及自私的。

早在布匿战争期间，罗马人就开始着手书写迦太基历史，可见其用意有多么深邃了。不过，迦太基历史记录的消失与帝国的灭亡并不意味着它从此不复存在。这场战争，或者说这个海上帝国的灭亡依然可以从零散的历史记忆中得到相对完整的真相。

3

公元前9世纪上半叶后期，亚述（Assyria）国王亚述纳西拔二世（Ashurnasirpal Ⅱ，？—前859年）率领军队向腓尼基海岸进发。这个帝国的存在从某种层面上讲，促进了腓尼基人、泰尔人、叙利亚人和希腊人（或者说成罗马人）彼此的交流与碰撞。

许多时候，人们会因为领土、贸易和信仰等原因进行战争。远

89

征前，这位亚述国王充满了自信和荣耀，他在地中海的海水里清洗了自己的兵器，并虔诚地向神灵献祭。

理查德·迈尔斯在《迦太基必须毁灭》一书中引述了学者艾伯特·柯克·格雷森（Albert Kirk Grayson）的观点，这次出征让亚述国收益颇丰。国王甚至认为，"我收到了沿海诸国——换句话说，泰尔、西顿、比布鲁斯（Byblos，今黎巴嫩朱拜勒）、马哈拉图（Mahallatu）、迈祖（Maizu）、凯祖（Kaizu）、阿穆鲁（Amurru）和大海中央的城市阿瓦德（Arvad，今叙利亚鲁阿德岛）诸民族之土地国王的贡品，白银、黄金、锡、青铜和青铜器、彩色的亚麻布服装、一只体形巨大的母猴子、一只小母猴、乌木、黄杨木和海洋生物的长牙。他们臣服于我了"。

实际上，亚述王国曾多次远征腓尼基。这个国家的国力蒸蒸日上，凭借强大的军事力量和手段，让腓尼基定期缴纳大批贡品并不奇怪。早在亚述国王提革拉·帕拉萨一世（Tiglath-Pileser I，？—前1077年）时期，这个国家的军队就已入侵过腓尼基地区，并从当地各城的统治者那里收到了大量贡品。

在亚述国的碑文和浮雕中记载了它发动战争的场景。亚述人通过战争创建了一个极盛的帝国，其领土包括了今天的伊拉克、伊朗、土耳其、叙利亚、黎巴嫩、巴勒斯坦、以色列、约旦、埃及和塞浦路斯大部分地区。

然而，面对这个强大的邻居，在很长一段时间里腓尼基人的表现让人惊讶——他们不觉得亚述人对他们有多大的威胁。从地理环境来讲，这个帝国的东面为陡峭的山脉环绕，西边繁荣的腓尼基诸城沿着地中海海岸线的狭长地带散布开来，这些区域相当于现代黎

## 第三章 迦太基废墟：海上帝国的末路（公元前 146 年）

巴嫩的领土。这些城市当中的居民被竞争对手希腊人称作"腓尼克斯"（Phoínikes），他们也承认"迦南人"（Canaanites）这一共同的民族身份。也就是说，被称为"腓尼克斯"的腓尼基人是黎凡特（Levant，一个不精确的历史地理名称，泛指东地中海地区，包括现代的叙利亚、黎巴嫩、约旦、以色列、巴勒斯坦）和叙利亚以北所有沿海平原的迦南之地的居民。同区域及周边区域的民族在相互交融中已经形成了一种信任感、依赖感。因此，擅长海洋贸易的腓尼基人不会觉得给予邻居一些贡品有什么问题。

另一种说法，希腊语中的腓尼基人属于更为宽泛的范畴，它还有可能包括了叙利亚北部各国的居民，这些国家或城邦都参与了海外贸易，因此，希腊人说的腓尼基人应该是一个共同体。因此，腓尼基并不是作为一个统一的政权而存在的，直到 1000 多年以后罗马人建立了以这个名字命名的行省。正是因为这些不统一而造成的弱点，使得它们遭到了来自近东主要强权的威胁。

于是，我们就很容易理解腓尼基人的上述表现了：一方面是出于民族身份上的认可；另一方面只要政治上是独立的，那就是安全的。加之还有黎凡特沿海众城市以强硬的姿态长期捍卫着它们的政治独立，自然腓尼基人保持着相当不错的自信。这份自信主要源于那无与伦比的对海洋的控制能力。

根据意大利古代近东历史学家利韦拉尼（Liverani）的描述，从约公元前 3300—前 1200 年的青铜器时代的近东，奢侈品交易长期在国与国之间的外交关系中占据着核心地位，这就使得王室始终能够牢牢地控制长途贸易。而那些停驻在外国港口的商人实际上是代表着统治者利益的皇家代理人。君主希望这些商人能够作为自己的代

*91*

表，在进行海上贸易的时候受到其他国家提供的商业和法律上的保护，并得到使者般待遇。因此，奢侈品交易不仅仅是纯粹的商业活动了，还有外交活动的成分在其中。要知道，一些奢侈品如闻名于世的雪松在黎凡特山脉就有，但许多珍贵原料只能取自隔海相望的地区。

虽然亚述帝国在鼎盛时期的疆域已经达到了极为广袤的地步，但是，对于海洋，他们依然不敢声称自己控制了这片辽阔的海域，就连他们引以为傲的、无所不能的神阿舒尔也不行。因此，不仅是亚述人，许多民族都对海洋怀有崇敬和虔诚的敬畏之心。就拿埃及人来说，他们凭借尼罗河的恩惠拥有较强的海洋能力，但在漂洋过海的旅程中只能依赖他们那些糟糕透顶的劣质装备。在很长一段时间里，埃及人的平底内河船连最平静海域掀起的风浪都无法承受，更不用说发动战争获得那些隔着重洋的地区了。就连获取爱琴海世界的珍稀商品和原料，他们也"不得不依靠中间人——因'边境延伸至大海'而扮演关键角色的腓尼基城邦的协助来勉力实现自己的愿望"。的确是这样的，作为最优秀的海洋民族，腓尼基以当时最先进的航海技术为他们助力。早在公元前 3000 年，来自腓尼基城市比布鲁斯的水手就已经研制出了拥有弧形船体的船只了，它比埃及的平底船先进了许多，能够经受得住大海严峻的考验。腓尼基人凭借这些船只将雪松一类的奢侈品源源不断地运往埃及。

在接下来的许多个世纪里，比布鲁斯和其他腓尼基王国如西顿、泰尔、阿瓦德和贝鲁特（Berut）等将奢侈品和大量原材料从海外市场运回近东，而腓尼基人拥有的贸易航线也越来越多，覆盖了包括塞浦路斯、罗得岛（Rhodes，因古时岛上多蛇而得名，在腓尼基语中，erod 即蛇的意思。罗得岛是希腊第四大岛，位于爱琴海东南部和地中海的交界处，与土耳其隔马尔马拉海峡相望)、基克拉泽斯（Kyklades）群岛、希腊大陆、克里特（Crete）岛、利比亚海岸和埃及在内的众多地中海东岸的地区。近现代考古成果显示，在一些失事船只的残骸中发现了关于所运物资的信息，它们主要是铜锭、锡锭、玻璃、金银首饰、彩陶器和雪松。

迦太基人凭借优质的运输服务，在近东海域或更远的海上贸易中扮演了关键角色，让黎凡特及叙利亚北部的沿海城市免受变幻莫测的政治活动伤害，因为所有的大国都需要并且重视他们提供的服务。对腓尼基人来说，局势越动荡，商机就越明显。特别是在公元前12世纪末期，地中海东部地区十分不安全，海盗、被遣散的雇佣军、无地农民、新起城邦……它们青睐于这一区域的财富，毫无顾忌地进行劫掠、杀戮和破坏，导致许多已经在这一地区统治了几千年的旧统治集团分崩离析，甚至一些国家也因此消失了，如叙利亚北部的乌加里特（Ugarit）王国、小亚细亚的赫梯（Hittite）帝国，就连强大如亚述、埃及那样的国家，其政治影响力也遭到严重削弱。

就在许多政权消失或被削弱的时候，腓尼基人迎来了近3个世纪的黄金时代。商业活动带来的巨大影响力促使他们变得更加强盛，直至成长为一个超级海上帝国。

这时候的腓尼基人无须再对邻国的威胁做出让步，包括亚述、叙利亚等，并且叙利亚北部的许多商业竞争对手也因腓尼基的强盛而被摧毁了。聪明的腓尼基人不再满足于仅仅充当贸易运输的角色，而是将商业活动扩大到了奢侈品制造领域——他们把珍贵的原材料卸在码头上，然后运往手工作坊进行加工。那些来自叙利亚北部、非洲和印度的象牙是最受青睐的原材料，工匠们把它们雕刻成精美的家具装饰物，而更为豪华的奢侈品则被工匠巧妙地嵌入了宝石。这些商品在制成后再被运输到海外市场，其中也包括叙利亚和埃及。

金属制造是腓尼基人的另一特色产业。腓尼基的工匠在青铜和银碗的制造方面体现出了非凡的技术水平。他们采取折中主义，融合众家特色又有取舍，成品出来后颇具观赏性，简直是巧夺天工。更让人惊讶的是，他们在打造金银首饰的时候采用的是次等宝石作为装饰，其细节却能达到令人吃惊的程度，产量也相当可观。这些金银首饰中，最受欢迎的主题是埃及的巫术符号，如太阳神何露斯（Horus）的眼睛、圣甲虫和新月状的太阳，因为具有象征意义的符号可以让携带者免受在阳间潜行的恶魔——夜魔飞鸟或扼杀者、蛇身恶魔——的伤害，自然就非常受欢迎了。关于这一点，可以追溯到公元前7世纪，当时有许多人用腓尼基语书写对付阳间潜行恶魔的咒语。至于这些恶魔到底是什么，因缺乏史料，无法具体解释，也许就是今天我们见惯的飞禽走兽之类的。

带刺绣的服装和染成深紫色的布匹也是腓尼基工匠制造出来的人间珍品。这一点，可以从荷马的《奥德赛》中得到证实。希腊人后来就用"phoînix"（腓尼克斯）来形容紫色或深红色，其命名就是源于"来自黎凡特海岸的人"。

我们不得不佩服腓尼基人的聪慧，他们能从软体动物的腮下腺提取汁液作为染料。根据考古学家对一些腓尼基城镇遗迹的研究成果，我们基本知道了生产染料的相关流程：首先将被渔网捉住的软体动物的贝壳击碎，然后将其身体部分保存一段时间，晒干后将它们投入到盐水中。由于生产的布料过多，导致城镇的边缘地带（考

## 第三章　迦太基废墟：海上帝国的末路（公元前 146 年）

虑到污染问题，这些生产场地一般选在郊区）——如西顿的生产基地——被丢弃的骨螺贝壳堆积成山，其高度竟然超过了 40 米，足见其繁荣程度。当然，腓尼基工匠还生产大量的非奢侈品，如铁制家庭用品和农具，投枪和枪头等也在出口商品之列。这些商品的出现，对许多地区农业的发展起到了重要作用。

繁荣的商业活动让许多腓尼基城市的地位得到了明显提高，同时也带动了其他城邦的崛起或繁荣。泰尔城邦当属其中的翘楚，这座城邦在国王阿比巴尔（Abibaal）和希兰一世（Hiram Ⅰ）的统治时期国力强盛，至于埃及、亚述这样的国家在这一时期处于没落期，不会对腓尼基造成什么威胁了。反而是新的势力犹大王国的出现让阿比巴尔看到对外扩张的机会——他可以利用这股力量压制腓尼基。于是，他派出使者携带诸如雪松等贵重礼物前往犹大王国。当使者与国王大卫（David）商谈之后，一个泰尔和犹大王国的联盟就初步形成了。

考虑到这个联盟形成后所具备的地理优势，即联盟的版图中有与腓尼基城市内陆地区接壤的区域，这些区域能有效地切断腓尼基朝东方延伸的内陆贸易路线。公元前 916 年，所罗门（Solomon）接替了大卫的位置，成为犹大王国的国王。不久，泰尔城邦的国王希兰一世派出使团进行造访。双方签订了一份商业协定，由泰尔提供木料和工匠，并在耶路撒冷（Jerusalem）城修建一座耶和华神庙、一座皇宫。前者用于祭祀犹太人的上帝，后者属于国王行宫。随后，希兰一世派出大批臣民前往黎巴嫩山砍伐雪松和柏木，工匠们则在采石场打磨修建神庙用的石块，而后将它们运往耶路撒冷。所罗门也委托一位名叫切洛莫斯的以色列－泰尔混血铸工负责为神庙铸造

95

精致复杂的金、银、铜质装饰物。

这份商业协议让泰尔受益匪浅。

作为回报，以色列人不但会支付一笔白银，还需要每年向泰尔提供超过40万升小麦和42万升橄榄油——这对国土面积狭小的泰尔来说是极大的恩惠。条约最先规定的期限是20年，后来又签订了一份新的协议，以现金支付120塔兰特黄金的形式，所罗门将位于加利地区的20座城市卖给了泰尔。

从政治角度来讲，因为这份新协议，泰尔现在就拥有了能巩固黎凡特地区地位的腹地。从商业角度来讲，泰尔拥有了能进入以色列、犹地亚、叙利亚北部市场的特权。换句话说，这两个国家只要联手就能进行更多的海外冒险活动。一支由泰尔、以色列组成的联合探险队不仅来到了苏丹和索马里，其足迹甚至可能已经远渡印度洋了。这支舰队载着金、银、象牙、宝石归来后，因利润巨大，又多次进行了往返。公元前9世纪中期，泰尔国王伊索巴尔一世（Ithobaal Ⅰ，公元前915—前847或前846年）的女儿耶洗别（Jezebel）与北以色列国新王亚哈（Ahab，？—前852年）结婚，这种联姻关系使得两国的关系更加牢固。

更进一步来讲，伴随着泰尔国力不断增强，这个城邦国家就更有能力参与到海洋贸易中了。而历代国王，特别是希兰一世对宗教信仰的渗透已经让腓尼基人逐渐接受了新神梅尔卡特，并且，其宗教仪式也在腓尼基众城市的公共和个人生活中处于中心位置。原先泰尔的主神是埃尔（El），另外还有三位风暴之神（众神的长者），它们分别是巴力夏曼（Baal Shamen）、巴力马拉格（Baal Malage）和巴力希芬（Baal zephon）。巴力（Baal）这个词在古代西亚西北闪米特语通行地区表示"主人"的意思，一般用于神祇，演变到后来，巴力所代表的就是"神"的尊称。泰尔人将新神梅尔卡特塑造成无可争辩的神圣的王室守护者，他既是精神领袖，又是传播君主意志的工具。为了强化这位神的地位，泰尔国王还引进了复杂的新宗教仪式，用以庆祝一年一度的梅尔卡特节。每年春天，人们会看到一个特殊的神圣仪式，一座神像被置于一只巨大的木筏上，在举行一番仪式后被点燃，随后木筏漂向大海，聚集在一起的人们欢快地吟唱着赞美歌。

几个世纪以来，梅尔卡特的影响力与日俱增，希兰一世通过他的长远计划让泰尔人在腓尼基的众城市站稳了脚跟，甚至西顿成了泰尔人的臣属（希兰一世和伊索巴尔一世这两位君主都被冠以"西顿人之王"的头衔）。这表明，泰尔的商业影响力已经较强了。在长期的交融中，他们与腓尼基人融合，一些学者认为，更接近今天我们理解的腓尼基人就是泰尔－西顿联盟下形成的。准确来说，腓尼基人应该是南黎凡特的泰尔人与西顿联盟后的产物。他们主要进行贸易和探险活动，两者联合规模扩大，具备了城市的主要要素，形成了相当于"大本营"之类的人类聚居地，这片土地被称为普特（Pūt），当地人被称为波尼姆（Pōnnim）。

当然，这只是一些学者的说法，具体的尚有争议。不过，有一点可以肯定，泰尔的国王通过这样的融合而福祉连绵。特别是在迦太基这样优秀的海洋帝国不断提升航海技术和造船技术的时候，毫不夸张地说，泰尔人真是生逢其时啊！

有两项创新成果必须一提：一是利用北极星作为导航手段，腓尼基人把它称作"腓尼克"；二是为了增强船只的封闭性，使用了

"龙骨以及将厚木板用沥青并排粘连在船壳表面"的技术。这两项创新成果都是具备划时代意义的——导航更为明确、船只封闭性更好就能实现更远的航海活动；同时，加了龙骨、密封性更好的船只抗击海水侵蚀、风暴袭击的能力也得到了很大提升。

受惠于迦太基民族优秀海洋能力的泰尔人在伊索巴尔一世时期，即公元前9世纪最初的几十年间建立了以自己为中心的贸易网络，其足迹遍布小亚细亚、塞浦路斯、亚美尼亚、伊奥尼亚群岛、罗得岛、叙利亚、犹大王国、以色列、阿拉伯及近东的众多地区。在这期间，泰尔人还修建了具有标志性特征的港口——"埃及人"，用于管理大量进出的货物。

看到他国还有迦太基国蒸蒸日上，这让作为邻居的亚述帝国心里很不是滋味。既然得不到，就采取强硬的军事手段让他国臣服吧！

4

亚述帝国为了让国家有效地运转下去，国王迫切希望能与腓尼基诸城邦建立贸易合作关系，并希望这些城邦能为王室舰队提供大量船舶和船员。亚述人尤为重视贵重金属，特别是白银，它最终将成为"整个帝国所接受的硬货币以及打造兵器所需的铁的流向"。腓尼基城邦对亚述的利用价值意味着"一些城邦将继续享有一定程度的政治及经济自治权，而非被并入这个帝国"。因此，亚述人率先要铲除的对手并非腓尼基人，而是泰尔人、叙利亚人和其他民族。

## 第三章 迦太基废墟：海上帝国的末路（公元前 146 年）

亚述帝国使用军事手段令他国俯首帖耳，其内部最大的力量来源于"士兵、织工、皮匠、农民、铁匠及其他工人须不断履行向亚述王国缴纳必需的原料和金钱的义务"的制度。这样的制度将促使这些人员想尽办法获得更多的物质。侍臣、高级王室官员则享有免税权，并被授予大小不一的封地。他们能拥有这些福利的前提是完全效忠于帝国，而亚述的国王们常常鼓吹是自己为臣民提供了一切，包括那些最低贱的臣民。

仅仅是鼓吹不会有什么效果。

亚述帝国的国王们热衷于发动战争，并修建宏大的王室工程。尤为引人注目的是，公元前 7 世纪初，亚述国王辛那赫里布（Sennacherib）在尼尼微（Nineveh，古代亚述帝国最古老的城市和首都，意为"上帝面前最伟大的城市"。该城位于底格里斯河东岸，与今日伊拉克北部城市摩苏尔隔河相望，《圣经》中曾提到尼尼微城名："耶和华必伸手攻击北方，毁灭亚述，使尼尼微荒芜，干旱如旷野。"）修建了一座"无可匹敌的宫殿"，这座宫殿占地面积超过了 1 万平方米，装饰有银、铜以及精心雕刻的象牙和香木，就连家具也是用最优质的原材料制成，上面镶有象牙和贵重金属，可谓富丽堂皇。更让人叹为观止的是，宫殿的外墙每一厘米都覆盖着精细的描述国王凯旋场景的概略图。

由于亚述帝国的军事介入——铲除阻碍帝国发展的对手——泰尔人再也无法与塞浦路斯的商业伙伴保持长期的友好关系了。到了公元前 8 世纪，叙利亚人也遭受到亚述帝国的攻击。这一时期的亚述国王阿达德尼拉里三世（Adad-nirari III，？—前 783 年）征服了叙利亚北部，这对泰尔人来说喜忧参半。具体来说，亚述人拿下了叙

99

利亚北部意味着消灭了一个最可怕的商业竞争对手，泰尔人在现有的商业贸易中感到的压力小了。作为征服者，亚述帝国可以享有叙利亚人与腓尼基人生产或交易的商品了。可是，对泰尔人而言，他们丧失了一处重要的贵重金属来源地。面对强大的亚述帝国，泰尔人必须勘探、开发新的矿藏资源，并积极拓展新的商业贸易路线，以便能上交贡品和满足自身所需。最好的拓展方向就是地中海中部和西部，这一时期大约在公元前9—前8世纪早期（学术界有争论，说法不一，这个时间段是大致推算出来的）。

不仅仅是泰尔人、叙利亚人，就连腓尼基人也在向上述地区进行商业拓展。对腓尼基人来说，他们不可能没有觉察出亚述帝国的野心。在他们的拓展下，意大利中部、伊奥尼亚群岛、西西里岛北部、伊比利亚半岛、克里特岛和塞浦路斯成了充满活力的贸易圈，而撒丁岛就是这个贸易圈的交会点。第一批腓尼基移民大约在公元前9世纪末或前8世纪初来到撒丁岛，与塞浦路斯人一样，撒丁岛人同样被腓尼基人的商业头脑和贸易能力所吸引。随后，腓尼基人又在那不勒斯湾的皮塞库萨岛（Pithecusa，今意大利伊斯基亚岛）上，与来自希腊埃维亚岛的殖民者建立了一些合作关系。这样一来，希腊人与腓尼基人就有了产生交流甚至矛盾冲突的可能。事实的确如此，皮塞库萨拥有丰富的铁矿。这里的人们用它来交换近东和爱琴海地区的奢侈品。早先作为媒介的是大陆上的邻居，如伊特鲁里亚人、坎帕尼亚人……现在，腓尼基人来了，他们被殖民者希腊人视为对手。

当然，成为对手是经过一些过程的。最初，腓尼基人与这里的希腊人建立了联盟——因为希腊人缺乏精美的银饰品。特别是在公元前 7 世纪,纵观希腊主要庙宇的祭品,青铜仍是祭品中最常用的贵重金属。后来,希腊人或者说正在走向帝国之途的希腊人为了构建强大的帝国,就必须要除掉对手迦太基。

从某种层面上来讲,是亚述帝国的军事扩张促进了泰尔人、叙利亚人和腓尼基人等走向更远的区域,并与更远的区域产生多种商业上的交流与合作,进而由商业上的交流与合作产生了诸多碰撞。

腓尼基人的命运得益于他们优秀的海洋能力,可能也败于这项能力。

5

随着希腊人的商业活动变得越来越频繁,他们就愈加感受到腓尼基人有多么优秀。因此,必须要描述的就是控制海洋所必需的利器三列桨战舰。这种舰船也因太过有名而被我们熟知。

对其他船型而言,三列桨战舰在公元前 7—前 4 世纪的地中海地区拥有压倒性的优势。按照现代学者的观点,它主要是由腓尼基人发明的,也有观点认为是科林斯人于公元前 8 世纪发明的。不过,这种观点似乎站不住脚——没有任何证据表明在公元前 6 世纪之前希腊有三列桨战舰存在。

最有力的证据之一就是:第一个与三列桨战舰建造有关的是埃及法老尼科二世(Necho II),他于公元前 6 世纪初建造了三列桨战舰,并在红海和地中海地区使用。然而,埃及人在之前是没有任何建造三列桨战舰记录的。因此,最有可能的是尼科二世引进了外国专业人才，而腓尼基人长期向红海和地中海地区供应造船所需的木料。这就是说，三列桨战舰主要是由腓尼基人发明的更具有说服力。

"地中海也为那些生活在它边缘的人提供了互相接触的渠道"，因此"能够在地中海航行的船只被建造出来就意味着商品、奴隶和创意可能正在相隔数千里的地区之间被用于交换"。理查德·迈尔斯在《迦太基必须毁灭》一书中写道："与地中海本身一样，那些成功掌握了与造船业、航海学相关的复杂工艺和技术的人不仅扮演了文化交流与融合的媒介角色，还担当了文化差异的象征。这些看似相互矛盾的动态发展提供了腓尼基－希腊关系的基础。"

因此，承本节开头所说，希腊人与腓尼基人的商业活动（实际上，并非只有商业活动，还有文化等其他方面的交流）中必然会产生一种由惊叹到羡慕，由羡慕到敌视的存在。

这绝不是妄加揣测，从荷马的两部作品《伊利亚特》和《奥德赛》中我们会发现上述"存在"的端倪。这两本书记载了公元前8—前7世纪希腊和腓尼基在地中海的殖民扩张。其中，能代表这两个民族殖民产物顶峰的是荷马在《伊利亚特》中描述的一只巨大的酒杯。荷马说，那是"西顿工艺的巅峰之作"，这件"世界上最美的东西"被阿喀琉斯（Achilles，海洋女神忒提斯和珀琉斯之子，特洛伊战争第十年参战的半神英雄）当作一份奖品；在书中的另一情节中，特洛伊女王赫卡柏（Hecuba）拥有"西顿妇女织成的带有华丽刺绣的诸多礼服。它们是如此贵重，以至于一直被放在宫殿的藏宝库中，人们值得把它们献给阿喀琉斯"。然而，"这种对腓尼基人工艺的溢美之词，显然是站在腓尼基人不诚实、贪婪、狡诈的性格描述的对立面的"。

在《奥德赛》一书中，荷马写下了猪倌欧迈俄斯（奥德修斯忠心耿耿的奴仆，奥德修斯是希腊西部伊塔卡岛国王，也是古希腊神话中的英雄）描述自己是"如何沦为照料自己主人猪群的奴隶的"。"欧迈俄斯事实上是一位王子，后来被他的西顿籍保姆拐走，后者将他交给了一名腓尼基商人。奥德修斯本人也差点在腓尼基人手中遭遇同样的命运"。欧迈俄斯还详细描述了他是如何被"一个阴险的腓尼基人，一个已经在世界上干下了许许多多伤天害理之事且卑劣无耻的窃贼"说服的，他还说他跟着这个人前往腓尼基，然而，"这次邀请原来不过是一次诱拐并将奥德修斯卖为奴隶的诡计"。

上述描述内容很容易让人对腓尼基人产生一种厌恶之情。当然，这未必就是荷马的本意，也许这是"普遍存在于希腊贵族精英之中的对商人的惯有的厌恶之情，因为这些贵族精英打算在他们自己同商业活动之间划清界限"。

依据英国历史学家理查德·迈尔斯的观点，希腊贵族精英的这种憎恶之情是基于"之前就已存在的"对腓尼基人的负面看法，而非只是在讨论希腊民族性，或在与之无关的文学作品中将腓尼基人胡乱拉来做替罪羊。普遍的观点亦认为《奥德赛》的成书年代要晚于《伊利亚特》，这可能表明由于双方的商业竞争日益激烈，希腊人对腓尼基人的态度变得更加强硬。

那么，到底是什么原因导致希腊人对腓尼基人如此排斥呢？我们只有从当时的商业活动中找到端口。

在公元前8世纪下半叶，腓尼基人的商业活动在地中海中部地区有着很大的影响力，他们甚至成为撒丁岛常住居民。不仅如此，他们还在岛南部和西部的苏尔奇斯（Sulcis）、萨罗斯（Tharros）、诺拉（Nola）建立了移民点。撒丁岛拥有天然良港，不仅有能让船只抛锚的良地，还有能轻而易举进入到内陆地区的通道。在内陆地区，有丰富的金属矿石和农产品，而努拉吉（Nuraghi）人控制着这些物品。考虑到这些物品的价值，努拉吉人一直试图控制与腓尼基人这方面的贸易。为此，努拉吉人修建了大量的军事要塞。这表明，原先是分散部落的努拉吉人已经形成较为复杂的、拥有阶级和政权的国家。

迈尔斯在《迦太基必须毁灭》中写道："在苏尔奇斯发现的陶瓷清楚地显示了腓尼基人与皮塞库萨、伊特鲁里亚的贸易活动。"在这些腓尼基殖民地的商业史中，撒丁岛也扮演了十分重要的角色，同时，泰尔人也参与其中。因此，撒丁岛是一个非常优秀的贸易平台，不仅腓尼基人、泰尔人、努拉吉人、苏尔奇斯人、萨罗斯人、诺拉人，还有希腊人都不会对拥有撒丁岛轻言放弃。实际上，"在公元前8世纪，位于西班牙西南部韦尔瓦（Huelva）的腓尼基商业中心一直在接受来自撒丁岛的货物"。

有必要就伊特鲁里亚人展开一些描述，它将给予我们找到"排斥真相"的帮助。根据古希腊历史学家希罗多德在《历史》中的记载，伊特鲁里亚人来自吕底亚。他们曾在公元前7世纪开始积极对外扩张，并与腓尼基人缔结联盟，占领了部分希腊在亚平宁半岛上的殖民地。因此，希腊人心中应该不会对腓尼基人有好感。这种恶感从商业利益角度来讲并不奇怪，并在日积月累的商业竞争中越来越明显，而且在腓尼基人与其他贸易伙伴在各区域的殖民活动中或早或晚地体现出来了。

撒丁岛的西南部有一块名叫诺拉之石（Nora Stone）的腓尼基纪

第三章 迦太基废墟：海上帝国的末路（公元前146年）

念碑，其年代可追溯到公元前9世纪末—前8世纪初。尽管纪念碑残缺不全，但通过学者对碑文的翻译，我们大致了解了碑文的内容："一位名叫米尔卡托恩（Milkaton）的腓尼基高级官员在前往他施岛（Tarshish）的途中遇上了一场风暴，他和船员们侥幸存活下来，因此雕刻这座石碑向天神普梅（Pummay）表示感谢。"这是一种翻译。

另一种翻译描述了"米尔卡托恩的船（队）被一场风暴吹离西班牙，后在撒丁岛安全登陆"的事。还有一种翻译大意是说"这是一场关于远征撒丁岛的军事行动，他施岛则是米尔卡托恩与其军队在与撒丁岛的土著居民签订协议之前在该岛攻占的一处定居点"。此处引文转自理查德·迈尔斯所著《迦太基必须毁灭》一书，由于史学界各自的说法不一，导致对这段碑文的翻译或阐释也不同。

关于他施岛的实际位置有着大量猜测。根据英国历史学家理查德·迈尔斯的描述，"最具说服力的说法无疑是它指塔尔特苏斯（Tartessus）——位于西班牙南部、大体涵盖了今天安达卢西亚（Andalusia）的那片地区的古代名称"。

无论是上述三种翻译当中的哪一种，有一点可以肯定的是，腓尼基人一定是发现了塔尔特苏斯的矿产资源比较丰富，或者有适合商业贸易的其他物品。根据现代考古的研究，那里的森林曾发生火灾，从而熔化了白银矿石。希腊人曾夸大地描述熔化的白银如小溪般从山腰流下来，这至少可以说明西班牙南部的矿藏是非常丰富的。不过，最先发现这些地区拥有丰富矿产资源的是泰尔人，泰尔人很快就意识到了它的商业价值。考虑到势单力薄，腓尼基人（西顿人、阿瓦德人、比布鲁斯人）和希腊人也参加了这样的商业冒险。

腓尼基人是公元前9世纪上半叶第一次来到塔尔特苏斯的。随后，腓尼基人不断拓展，他们沿着地中海的塔尔特苏斯海岸，建立了一连串贸易定居点。到了公元前8世纪的最后数十年间，泰尔人成为地中海西部贸易的最大赢家。也因为如此，他们向亚述帝国缴纳的贡品就更多。换句话说，泰尔人因此获得了政治独立的地位，其他邻国则失去了这一地位。对此，我们可以将视角放在公元前8世纪30年代的亚述帝国。根据相关历史资料记载，"亚述国王提革拉破坏了前一任国王的政策——只要腓尼基人继续缴纳沉重的贡赋，就任由他们自由发展——攻占了有泰尔人在内的一些城市"。在这样的境况下，泰尔人（不满意亚述人征收高赋税的情绪自然是存在的）、腓尼基人不但结成了联盟，而且发动了叛乱。亚述帝国军事力量的强大是毋庸置疑的，因此，泰尔人和腓尼基人拥有的领地都遭到了抢占。特别是西顿、黎凡特的绝大部分领土已经不在泰尔人的掌控中了。亚述帝国甚至还有过将泰尔、阿瓦德和比布鲁斯城一道并入行省的想法。

希腊人呢，他们在干吗？亚述帝国的强硬迫使泰尔人、腓尼基人将商业活动的重心放到了地中海中部和西部，甚至北非地区，而希腊人也参与其中，他们与腓尼基人既相互合作，又相互竞争。

6

到了公元前573年，泰尔在抵抗了13年之后最终战败，被迫与巴比伦王国尼布甲尼撒二世（Nebuchadnezzar Ⅱ，约公元前635—前562年）签订了屈辱的和平协议，泰尔人的商业版图及地位几乎由此

第三章　迦太基废墟：海上帝国的末路（公元前 146 年）

而终结。对腓尼基人而言，这无疑是一个绝好的发展机会。

的确如此，来自地中海东部、埃及和黎凡特的商业贸易网被腓尼基人掌握了。特别是黎凡特—西班牙贸易航线对迦太基前期的发展起到了极为重要的作用。一个超级商业强国即将崛起。关于迦太基的崛起存有较大的争议。"许多观点受到古代与现代世界大帝国影响的历史学家，情愿将迦太基视为通过军事和经济压力，寻求迅速统治地中海西部地区的帝国主义的政权。"学者布南斯甚至认为"迦太基人是一群帝国主义殖民者，而非贸易者"。古希腊的历史学著作中，似乎也带有明显的偏见，认为迦太基人是"一群好斗、恶毒的东方入侵者，他们的明确目标是蹂躏早已浸润了西方文明的古代世界。尤其是在西班牙，那里的迦太基人经常被指责应对塔尔特苏斯王国的灭亡负责（学者布劳恩提曾提出一个猜想，迦太基人于公元前 500 年左右毁灭了塔尔特苏斯，并且接管了它的贸易）"。

上述观点在许多罗马文献里都得到了证实，且罗马文献里还讲述了迦太基人背信弃义的诸多事情。譬如加的斯（Cádiz）的市民曾请求迦太基人帮助他们抵御敌对的西班牙势力，结果迦太基人趁火打劫，攻占了加的斯城。罗马作家马克罗比乌斯（Macrobius）讲述了这座城市被攻占的一些内幕，说一个叫塞隆（Theron）的国王进攻了这座城市。学者维特鲁维乌斯（Vitruvius）则说迦太基人使用了一种名叫攻城槌的厉害武器攻克了加的斯城。

罗马历史学家查士丁（Justin）根据庞培·特罗古斯（Pompeius Trogus）《腓利史》（*Historiae Philippicae*）中的说法，在其所著的《〈腓利史〉概要》（*Epitoma Historiarum Philippicarum*）中记载了"一位名叫马库斯的迦太基将军在蹂躏了西西里岛的众多地区后，于公元前 6

世纪中叶在撒丁岛被打得一败涂地。无法接受这种耻辱的迦太基元老院将这位将军及其余部处以流放之刑。然而,马库斯和他的士兵们对这一严厉的判决感到愤怒,他们在过去的平叛中曾取得辉煌战功,于是他们发动了叛乱。在包围迦太基后,马库斯攻占了这座城市,但他最终在被指控密谋自立为王后遭处死"。[18]

这种复杂、恶毒、钩心斗角又缺乏基本道义的描述只是为了证明迦太基人的负面形象。查士丁还记载道:"公元前6世纪晚期,另一个名叫马戈的迦太基将军,据说派了一支由他的两个儿子哈斯德鲁巴和哈米尔卡指挥的军队前往撒丁岛。当哈斯德鲁巴死于战伤的时候,这次远征行动差点以惨败告终,但迦太基人最终成功在该岛南半部建立了自己的地盘,并迫使几个土著部落撤退至内陆山区。"[19]

值得注意的是,上述针对公元前6世纪时迦太基人的描述大都在公元前5世纪或以后。根据理查德·迈尔斯的观点,从时间上讲,"布匿战争之后对迦太基人极度负面的刻板印象已在希腊人和罗马人的文化想象中根深蒂固"。事实上,"在撒丁岛并无迦太基人在这一时期长期占领该地的迹象";"西班牙南部同样并无迦太基人入侵的有力证据,塔尔特苏斯王国的灭亡与迦太基入侵完全无关,而与它的内部争斗和作为上层阶级主要财源的、与黎凡特地区金属贸易的

---

[18] 庞培·特罗古斯是古罗马屋大维时期的百科全书式的历史学家。他写了一部长达44卷以记载罗马以外世界的历史为主要内容的通史著作——《腓利史》。因为这部巨著,特罗古斯被西方列为四大拉丁文历历史学家之一。成书两个世纪以后,修辞学家查士丁进行摘录、删减和压缩,写成了《腓利史》概要。此后,查士丁的《概要》广为流传,而特罗古斯的原书却逐渐失传,最后只剩下了各卷的《前言》和保存在他人著作中的一些残篇。相关内容还可以参阅《查士丁对庞培·特罗古斯的〈腓利史〉的摘录》(Justin's Epitome Of The Philippic History Of Pompeius Trogus)。
[19] 关于迦太基负面形象的描述内容后文有叙述,主要依据《腓利史》中的内容。

终结息息相关"。迦太基人进入到这些地区只是商业上的日常交往，最多建立了一些移民点和贸易点（塔尔特苏斯、马拉加、埃布索斯），直到公元前5世纪晚期或公元前4世纪初，迦太基才开始获得海外领地的直接控制权。

从公元前6世纪下半叶起，迦太基人的足迹伸到了非洲（北非），从与非洲的贸易中获取了大量食物（猪、鸡、绵羊、山羊、石榴、无花果、葡萄、橄榄和桃子等）。由于史料缺乏，我们不知道迦太基人是如何获得这一新的海外区域的。不过，一段来自希腊文的记载清晰地记录了邦角（Cap-Bon）半岛（今突尼斯东北部地区）的城市状况："所有的土地上都坐落着由许许多多的泉水和运河水浇灌的花园和果园。一座座造型精美的乡村房屋与酸橙树一道矗立于道路边，昭示着财富的俯拾皆是。拜长久的和平时光所赐，房子里满是为居民们营造生活乐趣的玩意儿以及他们储藏的东西。这片土地上种着藤本植物、橄榄树和大量果树。道路两侧均有成群结队的牛羊在平原上吃草，在主要的牧场和沼泽地附近则是一群群的马。简而言之，这些土地满是形形色色家业兴旺的、地位最为高贵的、愿意用自己的财产换取人生之乐的迦太基地主。"

公元前5—前4世纪，迦太基人在非洲的势力得到了更大的扩展。肥沃的萨赫勒地区（Sahel，包含今突尼斯苏塞、莫纳斯提尔及马赫迪耶地区）、大瑟提斯（Syrtis Major，今利比亚西北部锡德拉湾地区）都被纳入帝国版图。这一切得益于帝国拥有强大的探险舰队。

希罗多德在《历史》中描述了一段关于迦太基人到达非洲后与诸部落进行商业活动的场景：

"他们一到那个地方就小心翼翼地从船上把货物卸下来。在将货物沿着海滩堆成一丝不乱的样子后，他们就离开那里回到自己的船上，然后点起火来，升起一股浓烟。当地人一看到烟就会来到海滩上，将他们认为与货物价值相等的黄金放下，然后退到一定距离之外。迦太基人旋即来到海边审视一番。如果他们认为黄金的数量足够，他们就会拿走金子，驾船离去。但如果他们觉得金子的数量不足，他们就会再度回到船上，耐心等着。而后交易的另一方就靠近海滩，放下更多的金子，直到迦太基人满意为止。双方公平相待：迦太基人自己在黄金与他们的货物价值相等之前是不会去碰它们的，而当地人在黄金被拿走之前也一定不会搬走那些货物。"

随着迦太基在诸多区域的影响力的加强、通过商业贸易的重要手段为帝国大厦的兴建夯实了基础，属于迦太基的重要时代已经到来。当迦太基人，特别是西西里岛的迦太基人在这座岛上建立殖民地的时候，伴随而来的是希腊人的同轨迹发展，而他们之间的角逐改变了两者的命运。当然，不仅仅是因为西西里岛的迦太基人的存在导致了与希腊人的冲突，希腊人抵达地中海中部和西部海岸的时候，他们的"入侵"方式明显有别于迦太基人。

迦太基主要以商业活动的形式，希腊人主要以赫拉克勒斯式的思想载体作为扩张手段。如果一定要给出一个力量对比，后者明显大于前者。希腊商人在进行商业活动的时候，随身带来了他们的天神，还有希腊神话中的伟大英雄。譬如，荷马史诗中的奥德修斯、梅内来厄斯、狄俄墨得斯，这些英雄被描述成足迹遍布整个地中海西部地区的开拓者。迈尔斯在《迦太基必须毁灭》中说，在接下来的时间里，他们为"希腊人对新殖民地提出的要求提供合法性和历史依据"。这种力量非常强大也非常可怕，它为希腊人与殖民地的

"土著统治阶层建立联系"起到了日益关键的作用。许多殖民地的人们对希腊的英雄产生了强烈的认同感。更有甚者,大批意大利中部的伊特鲁里亚人竟然选定"希腊英雄奥德修斯作为他们的缔造者,并认为他是率领他们来到意大利的领袖"。[20] 不过,最厉害的希腊英雄当数传说中的大力士赫拉克勒斯。

作为人间著名的流浪者,赫拉克勒斯闯荡地中海西部,并以他的方式移风易俗重新教化了当地土著居民,清理了盗匪和怪物。从某种意义上来说,"赫拉克勒斯为希腊人不时以咄咄逼人的态度对待土著人的做法提供了一个先例"。[21]

其实,对待迦太基人,希腊人在这方面也丝毫不逊色。赫拉克勒斯的影响力经久不衰,尽管他时而暴力,时而行侠仗义。这种经久不衰最有力的证据就是即便到了公元6世纪末,许多领袖人物都已经消失在人们的记忆里,赫拉克勒斯却依旧清晰,一些南意大利和西西里岛的希腊定居点的人们依然宣称自身的缔造者是赫拉克勒斯,就连北非的迦太基人也接触到与赫拉克勒斯有关的资料和纪念品。

赫拉克勒斯的影响范围极大,地中海、北非都有他的痕迹。许多野心勃勃的冒险者、领袖都曾打着他的旗号进行扩张。譬如罗得岛人的领袖彭塔塞卢斯就说自己是赫拉克勒斯的后代,这位领袖为了在莫提亚附近建立殖民地,显然是借助了赫拉克勒斯的影响力。

不得不说,赫拉克勒斯式的入侵简直太可怕了。对迦太基而言,也许失败在这一刻就注定了。

---

20 依据理查德·迈尔斯《迦太基必须毁灭》和约翰·理查德·黑尔《海上霸主》中的相关论述。
21 依据理查德·迈尔斯《迦太基必须毁灭》和约翰·查理德·黑尔《海上霸主》中的相关论述。

## 二　提里卢斯 - 格隆事件并发症

### 1

公元前 8 世纪初，腓尼基人在西西里岛建立了殖民地。其中最重要的殖民点有 3 个，它们分别是帕诺尔莫斯（Panormus，今巴勒莫）、索拉斯（Solus，今圣弗拉维娅）和莫提亚（Motya，今圣潘塔莱奥岛）。腓尼基人在殖民点大搞建设，像莫提亚城，仓库、工房、住宅和宗教建筑相继拔地而起。在这些当中最有名的当数卡比达祖（Cappidazzu）圣殿。

在西西里岛做生意做得风生水起的腓尼基人，很快就遭受到了纷至沓来的希腊殖民者的窥伺。西西里岛位于地中海贸易线的关键位置上，并且还拥有大量肥沃的沿海土地。这些都是吸引希腊人前来的最大动因。同腓尼基人友好地与西西里岛当地人——西坎人（Sican）、艾利米亚人（Elymian）、西库尔人（Sikeloi）——建立和谐的关系不同，希腊人则在殖民中经常使用暴力。这样一来，当地人就与腓尼基人建立联盟，以抵御来自希腊人的入侵。因争夺珍稀资源而导致的冲突时常发生，它也成为西西里殖民初期的特点之一。从很大程度上讲，西西里岛上的当地人、腓尼基人与希腊人之间由此而产生了仇恨。即便如此，他们依然会因共同的贸易利益时友时敌，这是一种以殖民式的"折中之道"为特点的、以商业文化为前提的融合。

不过，迦太基或许最关心的是在第勒尼安海（Tyrrhenian）[22]的商业贸易。腓尼基人这样的决策并不意味着放弃了对之前殖民地的经营，他们还是在维持着这一地区的贸易，并修建了一些新的移民点。但是，希腊人的野心已经让腓尼基人有了防备，不能让这个可怕的竞争对手的触角伸向西班牙的银山。然而，腓尼基人的这一决策让原先的贸易点出现了商业真空地带，特别是位于爱琴海海岸地区小亚细亚的那部分正在被希腊人填补。此外，让腓尼基人没有想到的是，希腊人通过在小亚细亚的商业活动，设法在西班牙东北部的安普利亚斯（Empúries，今赫罗纳省东北部布拉瓦海岸莱斯卡拉镇附近）建立了一块殖民地。

事实的确如此，希腊人在后来控制了西西里东部与意大利南部的许多地区。在公元前6世纪，更多的希腊殖民者在地中海北部海岸的马西利亚（Massilia，今法国马赛）、昂蒂布（Antibes，旧译安提比斯）、尼西亚（Nicaea，今法国尼斯）、科西嘉东部海岸和伊奥尼亚群岛建立了一个又一个的新殖民地。

面对势头凶猛的希腊人的扩张，腓尼基人当然不会置之不理。譬如公元前580年，来自尼多斯（Cnidus，今土耳其达特恰）和罗得岛的希腊殖民者试图在莫提亚城对面的大陆地区建立一个新的殖民地，腓尼基和艾利米亚的联军携手作战，驱逐了这批希腊殖民者。

---

[22] 地中海的一处海湾，在意大利西海岸与科西嘉岛、撒丁岛和西西里岛之间，通过墨西拿海峡与伊奥尼亚海连接，沿海港口主要有奇维塔韦基亚、波佐利、那不勒斯、萨莱诺和西西里岛的巴勒莫。

希腊人一方面着手西西里岛的殖民问题，另一方面也在地中海中部和西部进行殖民入侵活动，他们不时地袭击迦太基帝国的商船。作为回应，迦太基帝国表现出了强硬的态度。以公元前535年为例，一支因当年波斯帝国入侵小亚细亚而流亡到科西嘉岛阿拉利亚（Alalia，今阿莱里亚）的希腊人在此建立了一块殖民地后，一直不甘寂寞，他们攻击了迦太基帝国的商船队。很快，迦太基帝国就派出一支由200艘三列桨战舰组成的舰队给予还击。这次海战双方都损失惨重，但希腊人最终还是被击退了。这次海战也被称为阿拉利亚海战或撒丁岛海战，希罗多德在《历史》一书中描述道："胜利方得意扬扬地将战俘运往伊特鲁里亚，并在那里用石头砸死了他们。"

为了保护在地中海中部的商业利益，公元前509年，迦太基帝国与这一地区的另一新兴势力罗马签订了一份互惠互利的协议。当时，罗马人一度（公元前5世纪）因严重缺少粮食，不得不从西西里岛的迦太基防区里购买——对迦太基而言，这正是签订协议的一大筹码。

这份协议对迦太基帝国而言非常重要——可保护"遍布于地中海中部和西部地区的迦太基商业中心的安全（协议中有一条款规定罗马人及其盟友的船只禁止通过迦太基北部地区，即邦角半岛）"。协议对罗马人也很重要，除了解决粮食危机，更重要的在于它得到了迦太基帝国的重视。因此，双方还将协议刻在一块青铜书写板上。根据古罗马历史学家波里比阿的描述，他找到了这块青铜板，协议是在罗马市政官财务部签订的，由于内容是用古拉丁文书写的，他说太难理解（翻译）了。不过，后来的学者们还是将这份协议的部分内容大致翻译出来了——"任何不得不从这里（指邦角半岛，封住

## 第三章 迦太基废墟：海上帝国的末路（公元前 146 年）

这个区域就等同于封住了进入大瑟提斯，即今天的突尼斯萨赫勒中心地带以东地区的道路）经过的人，除了必要的船只维修用品或献祭用品以外，禁止强行购买或带走任何东西，而且他必须于 5 天之内启程离开。贸易者不得在没有传令官或城镇办事员在场的情况下达成任何交易，倘若在利比亚或撒丁岛进行贸易，任何出售物品的价格在上述人员在场的情况下都应由国家向卖主担保。任何一个来到迦太基西西里行省的罗马人都应享有与他人同等的权利。"

作为条约另一方的迦太基，它也将履行条约规定："迦太基不能去危害拉丁姆的沿海城市，主要包括拉维尼姆（Lavinium）、阿尔代亚（Ardea）、奇尔切伊（Circeii，今意大利奇尔切奥山脚）和泰拉奇纳（Terracina），或任何其他隶属于罗马的拉丁城市。"

当时的罗马力量薄弱，只是亚平宁半岛众多势力中很不起眼的一股。但是，罗马城具有重要的战略地位。因此，有必要为上述罗马人与迦太基帝国签订协议的内容做一补充：罗马城的位置在台伯河河畔，且台伯河属于内陆河（深入内陆 20 千米），这样得天独厚的地理条件使得罗马城成为拉丁姆北部的主要商业中心之一。罗马城还产生了七个国王，公元前 753 年产生了第一个国王罗慕路斯（Romulus）。当时，罗马人还尝试了推行君主制。不过，君主的贪婪、专制和野蛮最终导致罗马人寻求另一种政治体制。这就是我们熟知的元老院贵族议会，它既具备咨询机构的特质，也对平衡君主的专制权力起到了重要作用。公元前 509 年，罗马公民抛弃了君主政体，取而代之以"执政官"。执政官成为这个共和国的领头人，它从众多贵族中选举产生，时间定为一年一度。从此，罗马从众多的城邦中崭露头角，如一颗耀眼的新星，并最终在历史车轮的推动下形成一个强大的、几乎无可媲美的帝国。


2


迦太基人更多地插手撒丁岛事务时，也对西西里岛进行军事干预。于是，迦太基威胁论就逐步产生了。其实，这或许是一个帝国发展到一定阶段后必须经历的。万物皆有根源，超级商业帝国迦太基在之前有诸多优秀表现，现在却插手他国事务，自然会引起敌对势力的高度重视。

引发迦太基威胁论的导火索是与西西里岛北部城市希梅拉的希腊独裁者有关的"提里卢斯－格隆事件"。当时西西里岛最强大的希腊城市锡拉库萨统治者格隆联合盟友对岛上的其他希腊城市进行入侵。公元前483年，不甘待宰的希梅拉统治者提里卢斯（Terillus）向在迦太基拥有重要政治地位的马戈尼德（Magonids）家族的领袖哈米尔卡（Hamilcar）求助。作为密友，哈米尔卡不可能对提里卢斯无家可归（已被格隆赶出了希梅拉）袖手旁观，加之马戈尼德的母亲是锡拉库萨人，两国颇有渊源。不过，更深层的原因是，西西里岛西部的港口对迦太基人的商业活动大有裨益，因此，马戈尼德家族同意采取军事行动给予援助。值得注意的是，这次军事援助不是国家行为，是马戈尼德家族的私人行为。因此，马戈尼德家族与希梅拉共同组建了一支来自叙利亚、西班牙、科西嘉等地区的雇佣军团。另外，提里卢斯的女婿、亚平宁半岛南部利基翁（Rhegium，今雷焦卡拉布里亚）的统治者、著名的希腊暴君安那西拉斯（Anaxilas）也实施了增援行动。

公元前480年，一场战争开始，这也是迦太基帝国命运急转而下的重要节点。

哈米尔卡为了让这次军事行动具有雷霆万钧的效果，他率领军队悄然地直扑希梅拉。他希望能给格隆一个出其不意的打击，最好能突然俘获他，从而掌握战争的主动权。然而，这一计划泄密了——一封写有作战计划的给提里卢斯的密信被格隆截获了。由于进军仓促，哈米尔卡根本来不及做好战斗准备。双方在希梅拉相遇，战斗随即打响。战斗结果显而易见，哈米尔卡一方全军覆没，他本人也被杀死。这个显赫的家族由此遭受到惨痛的打击。

希腊作家波利艾努斯（Polyaenus）在《战争中的诡计》一书中描述道："格隆命令一名长相与他酷似的弓箭部队指挥官假扮自己。这位指挥官带领一队打扮成祭司并将弓藏在桃金娘树枝后面的弓箭手出列，而后自己前去献祭。当哈米尔卡走出来做同样的事时，弓箭手们取出弓箭将这位正在朝天神敬酒的迦太基将军击杀。"

希罗多德的讲述则与波利艾努斯大相径庭，他在《历史》中写道："哈米尔卡在战役爆发期间待在自己的军营里，在那里，他把一具完整的动物尸体放在一大堆献祭用的柴堆上焚烧，想借此谋求神灵的襄助。然而，尽管他收获的是吉兆，手下的败兵却正从战场上溃逃，该事实有力地表明这些神圣的预兆是骗人的。眼看着自己已输得精光，哈米尔卡为神灵送上了一道新的祭品——自投于熊熊燃烧的火焰之中。"

无论哪一种版本，不容更改的事实是马戈尼德家族在希梅拉所遭受的失败，其后果是非常严重的。正如古希腊历史学家狄奥多罗斯（Diodorus）在其著作《历史丛书》中写道："在知悉这场惨败后，迦太基人严密守卫着自己的城市，唯恐格隆如今会进攻该地。在这种杞人忧天般的预感下，他们迅速派出了最能干的人作为使者奔赴西西里岛。这些使节寻求格隆的王后达玛瑞特（Damaretê）的帮助，在他们缔结了一份令人满意的和平协议后，使者们送给她一个用100塔兰特黄金打造的王冠，用以表达他们的感激之情。格隆本人接见迦太基使团的场景在日后被描述成这位锡拉库萨独裁君主的一场凯旋仪式：他的迦太基来客们泪眼婆娑地乞求前者对他们的城邦高抬贵手。"

狄奥多罗斯继续描述："这场胜利给格隆及其盟友带来了丰厚的物质财富，不仅有大量战利品可供分配，而且为数众多的战俘也可作为劳工用于一些规模宏大的建筑工程。"学者阿舍里（Asheri）这样描述这场战争失败后的恶劣影响："在阿克拉加斯城，一排排巨大的圆柱被用来支撑一座献给奥林匹斯山上众神神庙的柱顶过梁，圆柱上刻着被认为是迦太基奴隶的浮雕。"[23]

由此可见，"提里卢斯－格隆事件"给迦太基人的打击是非常沉重的，不仅是物质上的，还有精神上的——"迦太基支付了2000塔兰特白银作为战争赔款，还被迫建起两座神庙，将和平协议的抄本保管在那里。希梅拉如今被公认为锡拉库萨联盟的一部分"。

至于广大的希腊世界，他们对这场战争（他们称作希梅拉大捷）的胜利大书特书，大肆宣扬，起到了影响深远的作用，就像同年希腊人在萨拉米斯海战中战胜不可一世的波斯帝国舰队一样。锡拉库

---

23 依据理查德·迈尔斯《迦太基必须毁灭》中的论述。

萨为此还竖立了纪念碑，希望它能传遍整个希腊。

在锡拉库萨拥有重要政治地位的狄诺墨尼德斯（Deinomenids）家族利用这场战争的胜利，专门委托诗人品达（Pindar）为格隆以及格隆的继任者塞隆写下激情昂扬的诗篇："我祈求，克洛诺斯（希腊神话中巨人之一）之子，让腓尼基人和伊特鲁里亚人的战斗呐喊声消失在他们自己家里。因为他们在库迈之战（锡拉库萨海军于公元前474年击败了伊特鲁里亚舰队）前，就看到了傲慢给他们的船只带来的灾难。他们在被锡拉库萨的君主征服之后遭遇了这样的命运：锡拉库萨君主将他们的年轻人从他们轻捷如飞的船上抛进大海，让希腊人摆脱了奴隶制的桎梏。"[24]

亚里士多德对锡拉库萨君主的这种行为做出了评论，他在《政治学》中认为："他们很可能仍在宣扬迦太基就是地中海西部的波斯王国……"言下之意，锡拉库萨把这场战争的失败者等同于波斯帝国，反过来，锡拉库萨打败了如此强大的海洋帝国——这难道不是一种莫大的反讽？

锡拉库萨君主的确一度强大而不可一世。其扩张、独裁之心一度膨胀。事实上，在这场战争过去数十年后，雅典人试图以中间人的身份促成一个与迦太基的同盟以对抗锡拉库萨。

---

[24] 关于品达的诗篇，相关史料可参阅《迦太基和希腊人，公元前580—前480年：文本和历史》（*Carthage Et Les Grecs, C. 580-480 Av. J. -C : Textes Et Histoire*）中的描述。

## 3

"提里卢斯-格隆事件"的影响力是可怕的,整整 70 年,迦太基都未敢再干涉西西里岛的事务。直到公元前 410 年,锡拉库萨的力量迅速衰落,西西里岛再度陷入各自称雄的混乱局面。这时的迦太基对外政策突然大变,决定向塞杰斯塔(Segesta)提供帮助。当时,希腊的一个城邦塞利农特(Selinunte)与塞杰斯塔发生冲突。值得注意的是:这种转变不仅是因为对方力量严重削弱,还出于一种担忧——锡拉库萨与塞利农特结盟,极有可能再度对迦太基形成威胁。

公元前 478 年格隆去世,锡拉库萨的后继者们无法拥有像格隆那样的领袖气质,也不具备他的冷酷无情——格隆在世的时候执政严正,并对臣民肆意推行流放制度。格隆去世后,愤怒、压抑已久的人们更愿意让这个独裁的国家成为民主国家。中央集权的严重削弱和后继统治者的无能,是锡拉库萨衰退的重要原因。然而,就是这样一个力量迅速衰落的政权竟然在公元前 410 年击败了入侵的雅典人,重新成为西西里岛上最主要的势力。锡拉库萨的东山再起,应该是利用了西西里岛内部的争斗。

迦太基为什么会如此害怕锡拉库萨与塞利农特结盟呢?本来塞利农特与迦太基没有什么瓜葛,而塞利农特也不是迦太基商业活动的主要对象。但是,塞杰斯塔和塞利农特位于西西里岛的西部,与腓尼基城市莫提亚、索拉斯和帕诺尔莫斯相邻。尽管这三座城市在政治上独立于迦太基,但它们因特殊的地理位置而产生了重要的战略价值——这些城市坐落在北非的大都市同意大利和希腊的贸易航线的关键位置上。

根据狄奥多罗斯的观点,由于迦太基帝国在地中海的经济霸权是建立在掌控商业贸易的基础上的,这意味着帝国获利的来源除了亲自参与贸易活动,还有那些愿意接受帝国提供的商业保护的外国商人缴纳的税赋。针对大有重新崛起之势的锡拉库萨,迦太基人不可能感觉不到潜在的危机。另外,之前遭受重大挫折的迦太基马戈尼德家族出于私心,也试图通过介入塞利农特与塞杰斯塔争端事务重振家族声望。这一观点绝对不是臆测而来,因为这时马戈尼德家族的领袖正是在希梅拉身亡的哈米尔卡的孙子汉尼拔·马戈(Hannibal Mago),他正是通过元老院内部的支持提出了"援助塞杰斯塔"的议案。公元前410年,迦太基通过这项议案,并任命汉尼拔·马戈为远征军指挥官。

毕竟锡拉库萨与塞利农特是盟友,出于周全考虑,迦太基派出外交使团前往锡拉库萨,希望对方能出面调停。但是,塞利农特表现得特别强硬,拒绝任何调停。锡拉库萨当即决定与迦太基保持和平相处,重新修订了与塞利农特的盟约——锡拉库萨对这次争端保持中立。

一支由5000名利比亚人、800名坎帕尼亚人组成的雇佣军随即出发前往塞杰斯塔。在这支军队的支援下,塞杰斯塔很快就击败了一支塞利农特军队。这时候,富有戏剧性的一幕出现了——塞利农特立刻向盟友锡拉库萨求援,塞杰斯塔也希望迦太基能继续给予援助。于是,两个城邦之间的冲突演变为两大强权的战争。

汉尼拔在随后的一系列军事行动中大获全胜,包括在希梅拉城,他为祖父找回了荣耀。不过,对于这一时期迦太基军事行动的胜利,希腊历史学家们更多的是采用了希腊籍西西里历史学家提麦奥斯(Timaeus)带有仇视性的记载,包括著名的希腊历史学家狄奥多罗斯,他也认为迦太基的军队在攻破城市后进行了大屠杀,据说在塞利农特被破城后,迦太基军队开始屠城,杀死了所有的人,包括妇女、老人和儿童。依据狄奥多罗斯《历史丛书》的描述,这座城市的街道被"1.6万具尸体堵得水泄不通,许多建筑被烧成一片白地"。

关于希梅拉城的记载,狄奥多罗斯《历史丛书》中的描述让人恐惧不已:"希梅拉被夷为平地,城内著名的神庙遭到劫掠。汉尼拔可能将3000名战俘驱赶到一起,在那个据说是哈米尔卡战死的地方屠杀了他们,用这种血腥方式祭奠了他的祖父。"

迦太基插手西西里事务,因汉尼拔·马戈一系列成功的军事行动而产生了货币上的变革。迦太基人发现使用雇佣军后,军队战斗力大大提升,但是必须要支付一大笔费用给雇佣军才行。而且,雇佣军大都愿意接受具有高价值的希腊特色的货币。因此,迦太基以马和棕榈树为装饰图案重新铸造了货币。由于这支雇佣军主要招募于非洲,因此货币通过迦太基的舰队航运而来,就连补给也是。这也表明,迦太基当时在西西里岛缺乏永久性的据点。可能这也是军事介入后无法解决的问题,毕竟雇佣军不可能永久驻扎在那里,就算永久驻扎,当据点越来越多,如何支付高昂的费用呢?

事实上,迦太基的军事行动不但没有让西西里岛的局势平稳下来,反而更加动荡了。锡拉库萨的叛将赫莫克拉提斯(Hermocrates)毫不畏惧地攻击了西西里岛西南部的迦太基城市,迦太基不想让军队疲于奔命,只能寻求与他国结盟,获取外部力量的支持。根据在

## 第三章 迦太基废墟：海上帝国的末路（公元前 146 年）

雅典发现的一段不完整的铭文记载，迦太基与雅典成功结盟。但雅典人忙于同斯巴达的长年累月的战争，根本无法顾及盟友迦太基，因此，也不会给予什么实质性的帮助。

无奈之下，迦太基只能采取招募更多的雇佣军的方法。依据狄奥多罗斯的记载，这一次与汉尼拔·马戈一同前往的还有一个名叫希米尔卡（Himilcar）的年轻同僚。然而，战局从一开始就不顺利，舰队遭到了锡拉库萨人的袭击，损失了不少船，剩余船只不得不逃入远海。当部队成功登陆西西里岛，准备围攻极为富有的城市阿克拉加斯的时候，突然爆发了一场可怕的瘟疫，包括汉尼拔·马戈在内的许多人染病丧命。不过，这样的描述是令人怀疑的，狄奥多罗斯利用的是提麦奥斯的记载。提麦奥斯说，汉尼拔的同僚希米尔卡将军为了战争胜利做了两件极不光彩的事：首先他为了平息天神之怒，将一名男孩献祭给巴力哈蒙（Baal Hammon）；其次，迦太基人在吃了败仗后居然成功挽回了局面，迫使阿克拉加斯城中的百姓全部撤离该城，赢得了战争胜利。

上述两位历史学家的描述与在迦太基城用孩童祭祀火神之地发现的残缺不全的铭文有很大出入。根据现代学者的翻译，迦太基军队与西西里岛的许多城市建立了和平关系："在汉尼拔之子艾斯穆纳莫斯（Ešmunamos）和汉诺（Hanno）之子，博达斯塔（Bodaštart）的儿子汉诺当政之年，（某）月新月升起之时，杰斯孔（Gescon）之子汉尼拔将军和汉诺之子希米尔科（Himilco）将军前往哈拉利萨（Halaisa，西西里岛北部海岸上的古城），他们占领了阿格拉冈特

*123*

(即阿克拉加斯），与纳克索斯（Naxos）族人建立了和平关系。"[25]

无论真相如何，最终是迦太基取得了胜利，锡拉库萨人不得不接受了和平协议。迦太基获得了自己想要的，他们在西西里岛西部和中部大部分地区的统治权得到了承认，这些城市每年向迦太基缴纳一次贡赋。

## 三　残忍毁灭

### 1

成功插手西西里岛事务的迦太基，接下来的目标就是要控制岛上的诸多港口。其间，这个帝国的领土遭受到锡拉库萨人的突袭。他们抓住迦太基人正遭受瘟疫，一些腓尼基城市损失惨重的时机，利用种族情绪，开始大量清洗迦太基人。在莫提亚城，锡拉库萨人进行了残酷的屠杀。狄奥多罗斯在《历史丛书》中描述说："对腓尼基人来说，最可怕也最令他们陷入绝望的是，他们想起了自己是怎样残忍对待希腊战俘的，他们预感到自己将要遭到同样的命运。"他继续描述道，"为莫提亚人而战的希腊人则被钉死在十字架上……莫提亚城被夷为平地，再也没有得到重建。"

---

[25] 依据理查德·迈尔斯《迦太基必须毁灭》中的转述。

## 第三章 迦太基废墟：海上帝国的末路（公元前146年）

与锡拉库萨的战争使得迦太基帝国再也无法从西西里的诸多事务中脱身。岛上的众多希腊城邦也组建了一个庞大的反迦太基同盟。由"提里卢斯－格隆事件"导致的一系列并发症无法以和平的方式得到解决，而更为强大的对手——亚历山大大帝的出现同样让迦太基感到不安。皮洛士（Pyrrhus）在被一个老妇人从屋顶掷下的一块砖石砸得不省人事而被敌人俘虏后，遭到了斩首。他死后，罗马人立即征服了大希腊地区。之前，迦太基曾与罗马签订了盟约。当皮洛士这个共同的威胁被消除后，也意味着罗马与迦太基的同盟开始分崩离析了。短暂的和平只是战事的中场休息，罗马人与迦太基人之间的战争终是不可避免的。

关于战争的根本原因，著名历史学家卡修斯·狄奥在《罗马史》中的描述是非常深刻的："实际上，强盛已久的迦太基人和如今崛起得越来越快的罗马人，彼此间一直都在互相防备。他们之间之所以爆发战争，部分原因在于人心不足蛇吞象的心理——这与大多数人类的本能倒是相一致，当他们处于事业顶峰时，这种心态最为活跃——亦有部分恐惧心理在起作用。双方均认为，要保住自己的东西，可靠的手段就是占有他人之所有。这两个不受约束的民族强大而自负，而相互间的距离仅一步之遥，可谓是近在咫尺。倘若再无其他因素的话，对于它们而言，既要取得对众异族的统治权，又要在毫无异议的情况下维持彼此间的互不干涉局面，是一件难于登天的事，如果不是不可能的话。"

美国学者阿瑟·埃克斯坦（Arthur Eckstein）的观点也颇具说服力："无论是罗马一方，还是迦太基一方，最初均未向对方发起进攻，但各自的战略目标——意大利扩张与保卫西西里——已预示着和平局面将难以为继。"[26]

第一次布匿战争进入倒计时。在战争之前、初期、发展进行中，罗马人打造了拥有秘密武器"乌鸦"的舰队，并以对海洋大无畏的精神在海战中取得了辉煌的成绩。特别是在米拉海战中取得的胜利，极大地鼓舞了罗马人掌控海洋的决心。

2

在与罗马人的对决中，迦太基人频频失利，虽然出现了像汉尼拔·巴卡这样的天才人物，其间也打了不少战果不错的战役，但是，仅凭一己之力是无法力挽狂澜的。更为严峻的是，为了第二次和第三次布匿战争，帝国所有的资源都投入到里面去了。当然，罗马人的日子也不好过。公元前217年，因货币接连贬值，罗马不得不发行了一套作为应急的货币。

随着战争的不断深入，特别是汉尼拔在面对俗称"大西庇阿"的普布利乌斯·科尔内利乌斯·西庇阿（Publius Cornelius Scipio）在西班牙大获全胜后的战局时，他的压力更大了。大西庇阿认为，"只要让迦太基人在自己的祖国被击败，就会彻底完蛋"。为此，他主张远征北非。[27]

汉尼拔的弟弟马戈·巴卡（Mago Barca）在西班牙战场失败

---

26 参阅埃克斯坦的著作《元老院和将军：个人决策和罗马对外关系，公元前264—前194年》(Senate and General: Individual Decision-Making and Roman Foreign Relations)，264—194 B.C.
27 依据理查德·迈尔斯《迦太基必须毁灭》中的论述。

后，于公元前215年春率领1.2万名步兵和200名骑兵在利古里亚（Liguria）登陆。同年夏天，他得到了迦太基方面及高卢人和利古里亚人的进一步增援。于是，他准备南下作战。然而，罗马人将"亚平宁山脉的两端完全堵死了，这意味着在未来的两年间，马戈和他的军队将被困在意大利北部动弹不得"。[28]

汉尼拔也一样，"除了在布鲁提乌姆（Bruttium，今意大利卡拉布里亚）的包围圈里干等外，什么也做不了，因为他发现无论是在海上，还是在陆地上，针对自己的封锁线都收得越来越紧了。公元前205年夏，80艘驶向布鲁提乌姆的迦太基运输舰被俘，而他也无法指望从马其顿这个盟友那里得到任何帮助了"。[29]

北非的迦太基——被大西庇阿称为迦太基人"自己的祖国"的地方，那里没有一支真正意义上的常备军。此时，汉尼拔正在布鲁提乌姆忍受着无所作为的痛苦煎熬。根据罗马历史学家提图斯·李维（Titus Livius）在《罗马自建城以来的历史》中的描述："西庇阿动员起来的3.5万名用于入侵作战的士兵是一支强大的力量。这支部队的核心为由身经百战的老兵组成的两个军团，那些人本是坎尼之战的逃兵，作为惩罚，他们遭到放逐，此时已在西西里经历了十年战火的磨炼……公元前204年春，这支远征军离开利利贝乌姆（Lilybaeum，今意大利西西里岛马尔萨拉），乘坐一支由20艘护卫军舰与400艘运输舰组成的舰队，渡海前往北非。"

大西庇阿在进军北非的途中重创了迦太基骑兵，致使迦太基损失了5万名步兵和1.3万名骑兵。公元前203年，大西庇阿在乌提卡

---

[28] 依据理查德·迈尔斯《迦太基必须毁灭》和波利比乌斯《通史》等史料中的论述。
[29] 依据理查德·迈尔斯《迦太基必须毁灭》和波利比乌斯《通史》等史料中的论述。

（Utica）以南的大平原上再次重创迦太基军队。迦太基元老院似乎不对战事抱有什么胜利的希望了，决定将汉尼拔从意大利召回。在等待汉尼拔回来的时候，元老院派出了由30人组成的使团前往图内斯（Tunes，今突尼斯市）与大西庇阿谈判。

依据李维在《罗马自建城以来的历史》中的描述，大西庇阿提出了一系列的谈判条件："迦太基人要交出所有的战俘、逃兵和流亡者；命令军队离开意大利、高卢和西班牙，并从意大利和非洲之间的岛屿完全撤离；交出除20艘战舰外的全部海军船只；向罗马军队提供大量小麦和大麦；最后，他们必须支付5000塔兰特白银的赔款。"

这些条件无疑是苛刻的，但迦太基元老院接受了。一个最重要的原因是，迦太基采用缓兵之计，为汉尼拔和马戈争取更多的时间返回北非。

公元前203年夏末，谈判代表团来到罗马，与罗马元老院缔结条约。按照缓兵之计的策略，迦太基使团将战争的责任全部推卸在汉尼拔身上。李维在《罗马自建城以来的历史》中描述道："他（汉尼拔）在渡过西贝卢斯（Hiberus）河的时候，根本没有得到元老院的命令，更不用说翻越阿尔卑斯山的行动了。不仅对罗马开战是他自作主张，连萨贡托（Saguntum）的事也是如此。不管是谁，只要稍加考虑就会意识到，罗马与迦太基之间的协议直到那一天都仍未被破坏。"波里比阿对这次谈判事件也有相应描述，他认为"罗马的元老们不是傻瓜，他们对迦太基人那昭然若揭的诡计嗤之以鼻。然而，令人难以置信的是，或许是出于对汉尼拔和已取得空前战功的大西庇阿的猜疑，罗马元老院勉强批准了这份新协议，附带条件是条约只有在马戈和汉尼拔的军队完全撤离意大利时才会生效"。[30]

这道残酷的撤军命令让汉尼拔痛苦万分。

李维在《罗马自建城以来的历史》中描述了汉尼拔当时的情形："据说当他听到使者的话时，咬着牙，呻吟着，差点掉下泪来。当他们传达了指令后，他大叫起来：'这些人之前试图用中断人力和军费供应的办法来把我硬拉回去，如今他们不再用这种下三滥的手段了，而是毫不掩饰地公然将我召回。所以你们看到了，不是那些经常被打得落花流水、一败涂地的罗马人战胜了汉尼拔，而是迦太基元老院用他们的诽谤和妒忌打败了他。西庇阿会为我耻辱地踏上归途感到自豪不已、欣喜若狂，就和毁掉了我的容身之所的汉诺一样，但打败我的也不是西庇阿，因为他要想做到这一点，只有把迦太基化为废墟。'"

汉尼拔的痛苦反映了这个强大的海洋帝国在走向末路之际的无奈与落寞。他最终还是接受了回师的命令，他的弟弟马戈·巴卡却再也回不来了——部队在利古里亚登船后，当舰队行驶到撒丁岛的时候，马戈因战伤去世了。很快，这支舰队也遭受了厄运。

汉尼拔带着 1.2 万～2 万名的老兵在北非登陆，同时，他解散了一些部队，留下一部分军队戍守他的几座城市。这一迹象表明，汉尼拔对迦太基元老院不是完全信任，他回师的路线并非直接前往迦太基，而是在迦太基城以南约 120 千米的哈德鲁米图姆（Hadrumetum，遗址属于今突尼斯苏塞地区）港驻扎下来。

正在这个时间段，即公元前 202 年春发生了一起将帝国更进一

---

30 依据理查德·迈尔斯《迦太基必须毁灭》中的转述。

步推向困境的外交事件。这起事件按照波里比阿的描述,我们可以轻易看出罗马人有夸大之嫌,目的是想找到一个合理的理由再度开战。李维在《罗马自建城以来的历史》中也有这样的描述:"公元前202年春时,迦太基与罗马签订的脆弱协议已被撕毁。当迦太基人洗劫并征用了几艘被风暴吹到海岸上的罗马供应舰时,奉命前来要求赔偿的罗马使团遭到了冷遇。迦太基元老院无疑因汉尼拔和他的军队在该城附近出现而受到鼓舞。此外,使者们差点被一群暴民处以私刑,只是由于反巴卡派的领袖哈斯德鲁巴·海多斯(Hasdrubal Haedus)和汉诺的及时干预,他们才幸免于难。即便如此,更为激进的元老院成员随后仍试图伏击这些人,到使团的船只成功逃脱时,已有数人遭杀害。"

在埃及,考古学者发现了一份公元前130年左右的莎草纸残卷——有学者认为这是罗马历史学家费边·皮克托(Fabius Pictor)的著作摘录中的一部分内容。然而,残卷的内容中并未提及抢劫罗马人的货船及伏击之事。有学者认为,这是波里比阿或其他亲罗马作家捏造出来的。美国学者埃克斯坦的解释可能最为中肯,他认为"波里比阿的记载从大体上看——尽管它可能竭力从正面角度美化西庇阿——或许是可信的"。也就是说,从这夸大之词中窥测出了罗马人想以此为借口继续发动灭亡迦太基的战争。

鉴于这起外交事件的"严重性",大西庇阿当即决定采取军事行动。为了迫使老对手汉尼拔正面迎战,他使出了"下三烂"的手段。在联合努米底亚国王马西尼萨(Masinissa)的军队后,他率先进攻迦太基人口稠密、土地肥沃的迈杰尔达(Medjerda)河口地区的一些城镇,残忍地将它们夷为平地,并将那里的人们卖为奴隶。

这一伎俩奏效了！迦太基元老院的元老们愤怒不已。李维在《罗马自建城以来的历史》中描述说，"迦太基元老院派出代表恳求汉尼拔尽快进攻大西庇阿"。汉尼拔决定向西北方向进军，目的是阻止马西尼萨的军队与大西庇阿的军队会合。公元前202年10月，汉尼拔的军队以令人惊叹的速度追上了罗马军队。狂傲的大西庇阿根本不把汉尼拔放在眼里，他竟然毫无顾忌地邀请迦太基士兵来参观自己的阵地。但是，大西庇阿真的太狡诈了，在迦太基士兵观看完阵地离去后，他赶紧将营地搬移他处。

汉尼拔要求与大西庇阿见面，他的手下建议进行谈判——想要在战场上击败大西庇阿几乎不可能。大西庇阿认为自己胜券在握，拒绝谈判。

第二天，一场惨烈的厮杀开始了。

汉尼拔使用了80头大象冲破敌军阵营，趁着敌军混乱，迦太基骑兵部队迅速奋力厮杀，战果显著。步兵方面，双方势均力敌。残酷的厮杀不断上演，双方死伤惨重，汉尼拔麾下许多著名的将军战死。扎马（Zama）会战耗尽了迦太基的精锐部队，对这个国家而言可谓是致命的一战，汉尼拔想要东山再起已经不可能了。他建议迦太基即刻向罗马提出求和，并签订和约。

罗马人的条件非常苛刻。其中，战争赔偿的数额已经高达1万塔兰特白银，相当于26万千克白银，分50年付清。另外，迦太基必须交出全部战象，舰队规模也削减到只有10艘战舰。

## 3

战后的迦太基出现了经济复苏期——雄厚的农业基础与商业资本为经济的复苏提供了强大的动力。根据李维的记载，虽然战争赔款如此高昂，但迦太基人在战争结束后的 10 年里就能全部支付清。这主要得力于北非，迦太基的农业基础没有遭到破坏。迈尔斯在《迦太基必须毁灭》中写道："战后仅 1 年，迦太基人就能够向罗马和在马其顿的罗马军队供应 40 万蒲式耳谷物。紧接着，在公元前 191 年，他们送给罗马人一份礼物：向与安条克交战的罗马军队提供了 50 万蒲式耳小麦和 50 万蒲式耳大麦。20 年后，他们又向在马其顿作战的罗马军队送去 100 万蒲式耳谷物和 50 万蒲式耳大麦。"这表明迦太基在养活自己的同时，还有能力应对战争赔偿。

雄厚的商业资本让迦太基人决定悄悄地建设新的综合港。李维在《罗马自建城以来的历史》中对综合港描述道："两个海港是彼此相通的，共享的海上入口有 21 米宽，可以用铁链加以封闭。第一个海港供商船停靠之用，那里堆积着各式各样的船用滑车。第二个（圆形）海港环绕着一座岛屿，一个个巨大的码头坐落于海港与岛屿周围的间隔之中。堤岸上到处都是船坞，足以容纳 220 艘船。除此之外，船坞内还存有滑车和船用设备。每个码头的前段都屹立着两根伊奥尼亚式圆柱，看上去就像是一整列位于海港和岛屿之上的柱廊。岛上建有海军将领的官邸，号兵在这里发出信号，传令官在这里发布指令，海军将领本人也从这里俯瞰一切。这座岛屿位于港口的入口附近，海拔相当高，如此海军将领就可以观测到海面上所发生的事，而那些从海路接近的人却无法看清港口内部的情况。甚至就连那些正在进港的商人也无法一下就看到里面的船坞，因为有一堵双层墙把它们围了起来，此外还有一些大门可以让那些从第一个港口进入城市的商船通过，从而不用经过里面的船坞。"

综合港的建成和投入使用为迦太基人创造了丰富的财富。当然，罗马人不可能不知道综合港的存在。没有加以干涉的原因在于，罗马元老院一度认为迦太基不会对帝国形成军事上的严重威胁。但是，这并不意味着罗马放弃了对迦太基的敌视。

最大的敌视来自努米底亚国王马西尼萨。大概是出于对迦太基人取得的新成就感到嫉妒吧，当这个沾了罗马帝国福祉的盟国看到迦太基人为罗马提供了大量财物，他自然也希望能从迦太基那里得到更多。从盟国之间的那份"情谊"角度考虑，他认为罗马人对努米底亚介入北非的农业和商业市场，并抢占更大的份额不会有什么意见。

努米底亚的这一行为导致了迦太基人的反感，某些情况下，双方还产生过冲突。两国各自派出使者向罗马元老院提出控诉。罗马人宁愿相信努米底亚人，也不相信迦太基人。

公元前170年，努米底亚派出的使团中一个叫古鲁萨（Gulussa）的人向罗马元老院提出告诫。

李维在《罗马自建城以来的历史》中较为完整地记载了古鲁萨的话："要当心那些不忠诚的迦太基人……他们（迦太基人）已经采纳了一个筹建一支庞大舰队的计划，这个计划表面上是帮助罗马人与马其顿人作战的。一旦这支舰队筹建、装备完毕，那迦太基人便可自行决定与之结盟或敌对的对象了。"

古鲁萨的这一告诫对迦太基来说是致命的。迦太基能成为一个超级商业帝国，怎么可能缺乏最根本的商业信誉呢？事实上，罗马人也表现得更加相信迦太基人无诚信了。一个最根本的原因在于，迦太基人在商业领域以惊人的速度崛起是他们望尘莫及的。

为了将迦太基人塑造成负面形象，一部名叫《布匿人》（*Poenulus*）的作品值得一说。这是翁布里亚剧作家普劳图斯（Plautus，公元前 254—前 184 年，古罗马最重要的喜剧作家，主要作品有《孪生兄弟》《一坛黄金》《撒谎者》等。关于他的记载不多，一种说法，他是意大利民间最早的笑剧阿特拉笑剧里的一名演员，大概是因这样的身份，他创作的剧本很受欢迎。普劳图斯特别擅长运用暗示和隐喻的表现手法。文艺复兴时期，欧洲各国的许多戏剧家都学习和模仿他的作品风格）根据一部希腊剧《迦太基人》改编的，主要讲述了迦太基商人汉诺前往希腊寻找和营救他被卖为性奴的女儿的故事。

作为一部喜剧，《布匿人》中的四个主要人物全是迦太基人，这不得不让人联想到普劳图斯有意将这部作品与政治挂钩。作品中带有侮辱性的小标题，譬如"小迦太基人"实在太辣眼睛了。不过，更辣眼睛的是他露骨的以及不时暗示汉诺有乱伦行为的叙述与描写："每到一座城市，他就立刻着手追查当地每一个妓女的出身；他掏腰包将她们一个个请来过夜，而后问她来自何方，是哪国人，是在战争中被俘的还是被绑架来的，她的家人和双亲是谁。他以如此精明、巧妙的手段寻找着自己的女儿。他还通晓世界上所有的语言，但他懂得隐瞒自己的本事。典型的迦太基人就是这样的！还有什么好说的。""这是在调情吗？同时和两个女人调情？这个穿着件和酒馆男一

## 第三章 迦太基废墟：海上帝国的末路（公元前146年）

样的长袍的家伙是谁？咦？我没看错吧？那是我的姑娘安特拉丝蒂丝吗？是的！我敢肯定！很久以来我一直觉得她瞧不起我！这个下贱娘儿们当街和一个脚夫眉来眼去的，不害臊吗？天神在上，我现在就要让这个家伙被刽子手从头到脚拷打一顿！他们不过是有一套讨女人喜欢的行头罢了，就是这些摆来摆去的长袍。但我肯定会把这个非洲婊子痛骂一顿。喂，你！我说的是你，娘儿们！你一点羞耻心都没有吗？还有你！你和那婊子搞些什么勾当？回答我！""你这条干瘪的沙丁鱼，半开化的野蛮人，你是刚扒下来的生皮，是架盐挑子，是坨被捣烂的橄榄泥，是比罗马划桨手的长凳还臭的大蒜和洋葱！"

虽然《布匿人》是普劳图斯的喜剧作品，该剧也在希腊城市卡吕冬（Calydon）上演，但如此带有偏见、侮辱性的针对汉诺的描写，其初衷绝不是为了让观众发笑那么简单。学者乔治·弗兰科（George Franko）认为，"《布匿人》迎合了罗马公众对迦太基人的偏见，还着重强调了罗马式价值观和体制的优越性"。这与赫拉克勒斯式的入侵何其相似？同样，那句马库斯·波尔基乌斯·加图所说的"至理名言"——"迦太基必须毁灭"也将这个超级商业帝国带入了万劫不复的深渊。

由上所述，我们会发现罗马人的荣耀和恐惧都出在其中了——罗马人击败了一个海洋帝国；罗马人害怕遭受沉重打击的迦太基幡然醒悟。看来，马库斯·波尔基乌斯·加图在元老院的演讲结尾所说"迦太基不仅在恢复之前的实力，更已从之前的失误中汲取教训并加以纠正"也的确表明了罗马人的此种心迹。值得一提的是，这位演说家、执政官、81岁的垂暮老人不但以强硬、毒辣的政治立场和手段剑指迦太基,也让自己的女婿西庇阿下野。

因此,在公元前2世纪50年代的最后几年间,迦太基人越来越清楚自己的帝国就要毁灭了。

4

我们不禁要问:如果迦太基人这时醒悟还来得及吗?个中的原因已经在前文诸多地方述及了。不过,它们更多地指向希腊-罗马层面。

对迦太基帝国而言,在第一次布匿战争中它就犯下了严重错误。

应该说,第一次布匿战争标志着罗马舰队的诞生,第二次布匿战争是第一次布匿战争的自然结果。第三次布匿战争基本上是罗马以强凌弱的侵略战争,罗马主动进攻,长期围困迦太基城,迦太基人在军事上基本无力对抗。

自迦太基与罗马之间的战事失利以来,这个帝国面临的周遭的压力也越来越大。

一方面"北非内陆的努米底亚统治者不断施压"。努米底亚对迦太基帝国的繁荣充满了敌视,很大程度上讲,努米底亚也是灭亡迦太基的帮凶,虽然后期迦太基以联姻的方式与之保持亲密的关系,但是,一旦涉及一些根本利益,努米底亚不会做丝毫让步,甚至在迦太基帝国最关键的时期起到狠狠的"助推"作用,让这个风雨飘摇的海上帝国雪上加霜。

另一方面"以撒丁岛人为主的雇佣军发生了严重暴动"。当时,

## 第三章 迦太基废墟：海上帝国的末路（公元前146年）

"雇佣军杀死了迦太基的指挥官以及撒丁岛上的迦太基人，在新的军队被派往撒丁岛镇压叛乱后，这些军队竟然也加入了暴动的队伍"。这绝对是非常恐怖的，这时的迦太基人应该意识到使用雇佣兵的弊端了：这些雇佣兵不可能像国人那样忠于帝国。然而，这一点他们似乎做得很差——对迦太基人而言，他们更愿意享受安稳、富裕的生活，商业活动对他们来说才是最理想的。拥有数不尽的财富就能雇请雇佣军，为什么自己还要冒着生命危险上战场呢？

因此，一个超级商业帝国除了在经济上拥有控制海洋贸易的能力，还应该有强硬的军事力量作为保障。或许，这是迦太基人在这方面意识上的不完整性所致。既然有能力制造出如此先进的舰船，拥有区域广阔的贸易线和港口，就应该明白"如何护卫它们也是一件非常重要的事情"啊！让人憋屈的是，原想通过军事手段恢复撒丁岛部分地区统治的迦太基人，没有想到在面对强硬的罗马人时，最后竟然以所谓和平条约的形式屈服了：公元前238年，迦太基向罗马人缴纳了1200塔兰特白银，而且放弃了撒丁岛。这种态度的急转，让本来就不会十分忠诚的雇佣军做何感想？当迦太基镇压了暴动的雇佣军后，他们又驱逐了这些雇佣军。这些雇佣军来到伊特鲁里亚向罗马寻求帮助，罗马元老院也愿意帮助他们。这时候，迦太基人要做的应该是妥善处理好雇佣军事件。然而，迦太基人却秘密抓捕了500名曾秘密资助叛乱者的罗马商人。于是，这次事件恶化并升级了——由原先的内部事件恶化并升级到国际事件。这正好给罗马夺取撒丁岛一个最直接的理由，也符合罗马人"按照控制海洋的原则来制定他们的地中海战略"。于是，罗马人在地中海的两座最大岛屿上迅速建立了自己的统治——他们仅靠武力威慑就获得了撒丁岛。这一系列的行动表明：罗马人深谙撒丁岛战略位置的重要性，他们坚信"拥有它就能够保证对整片第勒尼安海海域的控制。他们渴望得到的不是整座岛屿，而是其海岸线，要保证其海港不受海盗以及迦太基战舰的威胁，这些海港可以为罗马人的舰队提供补给"。

接下来，让迦太基人步步走向失败的是罗马人对西西里岛的控制与运营。从战略上来讲，罗马人控制这两大地区就是要迫使迦太基人的注意力转向西部。从当时的战略效果来看，罗马人已较为成功地实施了这一战略目标——迦太基掌控之地仅剩马耳他岛（Malta）、伊维萨（Eivissa）岛以及北非和西班牙南部的一些商站了。如果战火能燃烧到西班牙，且能在西班牙战场上取得胜利，罗马就能够拥有西班牙极为丰富的银矿。当然，迦太基人应该也想到过这点。因为昔日哈米尔卡·巴卡（Hamilcar Barca）创建的帝国的所在地就是西班牙，这个家族就是要建立迦太基人的陆上领地。其实，这可能也是不得已而为之，海上战事的失利已经让这个庞大帝国有些力不从心了。如果把领地转向陆地，就可以将迦太基人从罗马帝国的枷锁中解救出来。

公元前237年，哈米尔卡在去西班牙之前为神祇巴力哈蒙献祭。他将幼子汉尼拔·巴卡叫到跟前，要求汉尼拔将手放在牺牲上，并发誓"永远不要向罗马表达善意"。当汉尼拔长大成人走上战场，他的一系列表现可作为这次"献祭"的印证，同时，也可作为迦太基帝国战略意图的佐证。

因此，如果迦太基人能死守住西班牙这块领地，那么，它将对战局起到非常重要的作用。如果能够成功，能将这一区域发展壮大，就可以在日后对罗马实施包围。

罗马感受到这样的战略威胁了吗?答案让人悸动!罗马人既不想被迦太基人包抄,又拒绝让迦太基回到撒丁岛或西西里岛继续经营。可见,罗马人想要打造一个超级帝国的野心有多么坚决。

汉尼拔也针对这样的战略意图采取过实际行动。他率军越过阿尔卑斯山,打算将战争引到罗马的家门口。罗马人则派出西庇阿,由他率领2.5万名士兵乘船抵达西班牙,在古商站安普利亚斯登陆。遗憾的是,在这场海战中,迦太基舰队失败了。不过,汉尼拔在坎尼战役中大败罗马军队,为迦太基扭转战局看到了一些希望。因为在希腊北部,马其顿的统治者腓力五世受到这次战役的影响决定反抗罗马。在与罗马人的交锋中,马其顿人在阿尔巴尼亚沿岸水域的战事中取得了一些胜利。不过,这让罗马人意识到了——如果继续以武力强制扩张到地中海领地,必然会使他们与"从前未进入他们视野的周边民族建立联系,甚至发生冲突"。换句话说,罗马不能在那里实行帝国式的强硬统治,迦太基人与锡拉库萨的战争就说明了这一点。

聪明的罗马人采取了怀柔政策。像公元前237年,锡拉库萨的希伦二世就受到罗马礼待,被允许对罗马进行国事访问。希伦在这次出访之行中,还给罗马人带来了20万蒲式耳西西里岛出产的谷物,可谓效果显著。

随着迦太基人失去诸如西西里岛之类地区,失败的阴影已笼罩在帝国的头上,而罗马人越发意识到控制海洋的重要性。这一点,在迦太基最后签署的屈辱条约中也有所反映:迦太基只能保留10艘三列桨战舰,他们闻名于世的五列桨战舰完全被禁止。李维在《罗马自建城以来的历史》说道:"罗马人从迦太基的巨大圆形港口中拖出 500 艘战舰，并将其付之一炬。"一个超级海洋帝国，不能拥有至少一支强大的舰队，这将是多么沉重的打击。

在面对罗马执政官马库斯·波尔基乌斯·加图的步步紧逼时，迦太基人一味地隐忍退让也不是明智之举。最悲哀的是，到最后无从忍让了才开始不计后果地反抗，这一思路也是致命的。史料记载，马库斯·波尔基乌斯·加图先是"要求迦太基派出人质，迦太基答应了；然后是上交包括 2000 支石弩在内的所有库存武器的要求，迦太基人答应了。但罗马人提的第三个要求实在让人难以接受。迦太基人被要求全部撤离他们的城市，在至少 16 千米以外的内陆地区任选一处迁居地"。于是，迦太基人拼尽全力组建了一支舰队。然而，在丧失了主要制海权的局面下，一个海洋帝国如何通过一场至关重要的海上战争扭转战局？

5

公元前 146 年，迦太基城被罗马人攻陷，留下的是一片惨不忍睹的迦太基废墟。就连小西庇阿面对熊熊燃烧的迦太基城的时候，也忍不住潸然泪下——这是波里比阿的描述。

"他独自冥想，反思着那些不可避免地走向灭亡的城市、民族、帝国和个人，反思着曾经辉煌的特洛伊城、亚述、米底亚（Median）、后来的大波斯帝国以及离现在最近的、显赫的马其顿帝国所遭受的命运。就这么苦思了许久之后，（荷马）史诗中的句子自觉或不自觉地从他的嘴里脱口而出：'这一天将会到来，文明神圣的特洛伊、普里阿摩斯（Priams），以及被持矛者普里阿摩斯统治着的人们，将消亡殆尽。'"

虽然我们不知道这是不是波里比阿的亲耳所听。不过，他应该不是为迦太基的灭亡而感慨、而哭泣，他是在为自己的命运哭泣。因为他知道，在灭亡迦太基后，他的作用也将逐渐失去，等待他的是英雄在功成名就后被抛弃的落寞。

如果真有命运轮回，许多人也许会相信"一个成熟的罗马帝国的形成，正是最后走向灭亡深渊的开始"。迦太基的今生今世是不是罗马的未来，也许历史已经说明了一切。迦太基这个优秀的海洋民族的衰亡终将给我们深刻的启示。

# 第四章

## 500年内无劲敌：亚克兴成就奥古斯都
### （公元前31年）

第四章 500年内无劲敌：亚克兴成就奥古斯都（公元前31年）

## 一 奥古斯都的诱惑

### 1

亚克兴（Actium）海战的一个重大意义在于改变了罗马文明历史乃至西方文明史。

公元前44—前14年间，当时的罗马帝国政治形势发生了翻天覆地的变化，其让后人津津乐道的共和制已无可挽回地蜕化为君主制。围绕这个帝国的统治权问题，执政官屋大维（即盖厄斯·屋大维·奥古斯都）与护民官马库斯·安东尼·内波斯（Marcus Antonius Nepos，即马克·安东尼，公元前83—前30年）展开了激烈角逐。

表面上这场角逐似乎是埃及艳后所诱发的，实则缘于独裁者盖厄斯·朱利乌斯·凯撒（Gaius Julius Caesar）[31]遭遇刺杀后[32]，过度扩张的罗马共和国已经失去了维持各军阀势力平衡的能力。也就是说，屋大维、安东尼等打着"为凯撒复仇"的名义建立起各自的势力范围。

作为胜利方的屋大维凭借亚克兴海战完成了一次华丽的转身。从此，在之后的500年内罗马舰队在地中海再无对手。并且，正在

---

[31] 公元前100—前44年，罗马帝国的奠基者，著名的军事家、政治家。
[32] 公元前44年3月15日，以布鲁图为首的共和派元老刺杀了凯撒。

形成的罗马大帝国在政治、军事、经济等方面的影响力也因此得到了加强。

在亚克兴海战之后1500年，英国著名作家莎士比亚或许是出于偏爱，竟尝试着把这次海战写成悲剧。这里面的动因，可能是出自这场海战背后所彰显的惊心动魄的行动和错综复杂的情感。譬如，至今让世人津津乐道的埃及艳后到底在其中扮演了什么样的角色？为什么莎士比亚在他的著名悲剧《安东尼与克娄巴特拉》里让屋大维说出这样一句话："天下虽大，已无我二人共存之所？"

克娄巴特拉（Cleopatra，又译作克利奥帕特拉）就是古埃及托勒密王朝的最后一位女王，即克娄巴特拉七世。如果我们要用一个词语来形容屋大维、安东尼和克娄巴特拉三者之间的关系，一定就是让世人惊艳的三角恋情。确如屋大维所说，当时的他和安东尼两人已经水火不容，他们两人的角力或许表明了新的罗马帝国将走向何处——是以亚历山大为中心的帝国，还是以罗马为中心的帝国？

前者是倾向于埃及，属东方式的；后者是倾向于意大利、伊比利亚和高卢，属西方式的。这样看来，亚克兴海战就发生在一个极端的时代（公元前44—14年），这个时代的罗马帝国，其政治形式无可抗拒地走向了君主制，并且从共和国的对外扩张期过渡到了帝国的巩固期。历史学家通常把这个极端的时代称作"奥古斯都门槛"，言下之意，罗马只有跨过了这道门槛，才能算一个合格的、成熟的帝国。从此，这个帝国适时地结束了疆域的扩张，将原来的军事征服、横征暴敛转为文明同化。

值得一提的是，这种转变也许从当年小西庇阿在征服迦太基凯旋后的失声痛哭中就得到了某种映射。当时，许多人都以为他是在为阵亡的将士哭泣。据说是在波利比乌斯同小西庇阿交谈的时候，小西庇阿流露出了悲伤的情绪——他觉得人间之事是那么变化无常，不觉为祖国的命运感到担忧。不过，也有可能是为自己功成名就后的命运担忧[33]。

上述提及的文明同化主要包括以下四方面：

其一，政治资格，即罗马公民权的授予（较之前相比，权力减少了）；

其二，政治制度，即罗马法律的拓展（较之前相比，内容增加了）；

其三，经济举措，即边缘地区的城市和路网建设（疆域拓展后的守卫、建设问题）；

其四，意识形态，即"遵命文学"，这是由古罗马诗人维吉尔、贺拉斯·弗拉库斯（Horatius Flaccus）[34] 等人倡导的爱国主义情怀。他们原先支持共和制，后来又转为支持君主制，其诗作中有着满满的爱国主义情怀。

以上四方面为我们传达了一种深刻的内涵：罗马试图以"文明化"的治理策略来实现帝国的扩张一统和发展。

当罗马面对多民族、多宗教且语言、文化各异的广阔疆域时，共和制已经不能满足这样的局势需求了。如果不实现政治体制的转换，这个帝国很有可能在不断的扩张中反而促进自身的衰亡。

对此，我们可以从共和体制下不设常备军这一点进行说明。根据英国学者特威兹穆尔（Tweedsmuir，本名约翰·巴肯，John

---

33 相关内容可参阅波利比乌斯所著的《历史》（*The Histories*）。
34 古罗马文学"黄金时代"代表人之一，与维吉尔、奥维德并称为古罗马三大诗人。

Buchan，第一代特威兹穆尔男爵）在《奥古斯都》以及 R. H. 巴洛（R.H.Barrow）在《罗马人》中的观点，当时罗马依靠的是"士兵与农夫"的结合。军队都是靠临时征召和训练得来的，当战事结束，返回罗马前，军队便自行解散了。这些士兵脱去了铠甲，放下了武器就变成罗马公民。随着帝国版图的扩大，罗马公民不得不再次出征，他们也很难做到春天集结出战，秋天返回家园了，这里面的原因不言而喻。在长期的对外征战中，不仅需要大量财力、物力，还需要不断扩张新的土地来解决安置退伍士兵的问题。之前的"元老院"和"罗马公民"曾是共和制的基础，现在军队体制的变化动摇了这一根基。农民与士兵不再合一了，民生会议在共和体制中的权重越来越低。那些原来要回国的士兵不再回国了，他们成为"边缘地区"（相对而言）——诸如高卢、西班牙、亚细亚、日耳曼森林——的守护者和建设者。随着时间的推移，军队逐渐成为军事独裁者的私人武装。这种权力极度扩大带来的恶果，就连原先实行的"行省总督轮替制"也无法解决。

也因如此，才出现了"前后三头"对峙（"前三头"指克拉苏、庞培、凯撒；"后三头"指安东尼、屋大维、李必达）的局面，他们各自据有统治区域，相互的倾轧为后面的纷争埋下了祸根，才出现了元老院分裂与无为的尴尬（最尴尬的时候是在共和国的末期，连元老院的贵族想要获得某种利益或支持也得依靠庞培）。难怪哲学家西塞罗说："凯撒之死废除的仅仅是国王，而不是王权。"[35]

罗马面临的就是这么让人痛苦的局面！无论是"前三头"还是

---

35 参见 H. F. 乔洛维茨·巴里·尼古拉斯的《罗马法研究历史导论》。

"后三头",绝不可能实现共治,最终只能由一个人来统治这个偌大的帝国。

错综复杂的局面下终将爆发一系列的战争,而亚克兴海战成就了一位皇帝——奥古斯都。


2


许多人会很关心那位埃及艳后。[36]

在历史传统中,关于亚克兴海战的描述背后充斥着背叛、魔法、迷药的特质。有意思的是,描述这段历史的史学家没有一个是与屋大维、安东尼同一时代的人,他们在叙述中不免掺杂了一些个人的好恶。譬如安东尼和埃及艳后的奸情,在关键时刻这个艳丽无比的女人抛弃她的情人逃跑,安东尼因过度迷恋埃及艳后,丢下自己的军队去追赶她。

人们可能出于某种猎奇或者同情的心理,愿意去相信这样香艳的故事。作为历史真相的探究者,我们是不是更应该相信逃跑和背叛并不是最重要的,最重要的是因为政治理念的冲突或者失败导致个人的爱情美梦——如果这算爱情的话——就这么随之破灭了?据说,安东尼拔剑自刎,埃及艳后中蛇毒而亡后,他们两人被安葬在同一处墓穴中。

所以,真相到底是什么呢?如果我们能从亚克兴海战中找到一

---

[36] 关于埃及艳后的更多内容可参阅雅各布·阿伯特所著的《埃及艳后:罗马内战与托勒密王朝的覆亡》。

些突破口，整个香艳的故事是否会发生惊天逆转？

要弄清真相，我们只有重新审视亚克兴海战的方方面面。

关于这段历史的记载，主要源自普鲁塔克、卡修斯·狄奥、保卢斯·奥罗修斯（Paulus Orosius）[37] 这三位历史学家的作品。

先说普鲁塔克，他也是萨拉米斯海战历史的记录者，这位史学家在《希腊罗马名人传》中描述了历史上那些对他的时代产生过重要影响的政治家，从忒修斯（Theseus）[38] 到安东尼，这些举足轻重的人物在他的笔下呈现出或消极或积极的典型性格，对安东尼的记载充满了厌恶之情。我们看到的安东尼就是一个反面的角色，似乎一言一行都受制于一个女人，任凭其摆布。普鲁塔克在《希腊罗马名人传》中的说法和屋大维的观点一致："安东尼在迷药的作用下不再保持自己的理智了，对他们的作战由宦官马尔迪翁、波泰诺斯和克娄巴特拉的理发师埃拉斯和卡尔米翁负责，正是这些人负责最主要的政务。"

再说卡修斯·狄奥，他主要站在元老院的立场，利用大量的官方档案详细记录了亚克兴海战以及屋大维的长篇演讲。透过狄奥在《罗马史》中的记载，我们可以知晓那个时代罗马对安东尼的看法："不应该把他看作是一名罗马人，而该把他看作是一个埃及人，别叫他安东尼，就叫他塞拉皮翁吧！谁都不会想到，他居然曾经是一名执政官，或者是一名获得凯旋式的人……成天泡在国王的奢侈生活中的人，在温柔乡里让自己变得软弱的人，这样一个人怎么可能像男子汉一样思考和行动！"

---

[37] 385—420 年，古罗马神学家奥古斯丁的弟子，主要作品有《反对异教徒的七卷本历史》。
[38] 雅典传说中的著名人物，相传是他统一了雅典所在的阿提卡半岛，并在雅典建立起共和制。

## 第四章 500年内无劲敌：亚克兴成就奥古斯都（公元前31年）

最后说保卢斯·奥罗修斯，他主要站在基督教的立场，在老师奥古斯丁（Augustine，354—430年）的委托下写就了《反对异教徒的七卷本历史》一书，该书是第一部基督教通史，他在书中彰显的历史观是要说明基督教自诞生以来并没有堕落，反对把4世纪以来西罗马的衰亡归结于多神教衰亡及基督教兴起的后果的说法。在叙述早期历史时，包括亚克兴海战，他的主要参考书籍是李维的《罗马史》，并且完全保留了罗马官方史学的论调。很明显，他的观点是要向人们阐释基督教的救恩价值。

上述三位历史学家的论述尽管具有主观的倾向性，但就那段历史的记录而言，可作为重要的参考。公元前32年的罗马实际上已经一分为二了。朱利乌斯·凯撒的养子屋大维权重其一，凯撒的副将、执政官安东尼则权重其二。前者控制着罗马帝国西部（包括意大利、伊比利亚、高卢），后者控制着罗马帝国的东部（包括希腊、小亚细亚的诸附庸国。这些附庸国还是由各自的君主统治，只是名义上服从于罗马，如亚美尼亚、犹地亚、卡帕多西亚）。在这之前，屋大维、安东尼以及李必达（Marcus Aemilius Lepidus，？—前13年，凯撒麾下的骑兵统帅）三人组成了"后三头同盟"，后来李必达退出了该同盟（主要原因是其实力在三头同盟中最弱，遭受到排挤）。李必达退出后，权力的角逐焦点就在屋大维和安东尼两人身上了。当时，安东尼因迷恋上埃及艳后（安东尼对埃及艳后的迷恋，使得他甘心把腓尼基、奇里乞亚、阿拉伯半岛以及犹大王国的部分土地都赠与了她），与屋大维的姐姐，也是自己的妻子奥克塔维娅离婚，这事于公于私都为屋大维创造了极为有利的局面。在屋大维的精心谋划、宣传及鼓动下，许多罗马人开始反对安东尼。这时候的安东尼已经

*151*

意识到自己所处的境地，让自己的锋芒收敛了不少。

然而，就在这个节骨眼上，屋大维做出了一件让人特别气愤的事。

之前，安东尼有一份遗嘱托付给维斯塔的女祭司保管在神庙中（罗马人有一个习俗，在生前把自己的遗嘱放在维斯塔神庙中），屋大维在没有经过允许的情况下把遗嘱给弄了出来（据说是屋大维强迫女祭司把安东尼的遗嘱交出来），这是违反《罗马法》规定的（生前开读遗嘱属非法，要遭受到处罚）。屋大维的目的很简单，就是要当着元老院的面宣读这份遗嘱。于是，两人的关系终于完全破裂了，安东尼决定反击。

那么，在这份遗嘱中安东尼到底写了什么，以至于他不顾后果地要与屋大维决裂？

其一，承认凯撒里昂是凯撒的亲生子；

其二，将埃及艳后的儿子凯撒里昂作为罗马的继承人；

其三，自己死后不打算将遗体安葬在罗马，要安葬在亚历山大，与埃及艳后葬在一起。

上述遗嘱中的内容，按照屋大维的理解，安东尼岂不是要把都城搬到埃及，把罗马的权力拱手让给那个埃及女人？对于这份遗嘱的真实性，到目前为止也没有定论。一种比较通行的说法是，屋大维为了煽动罗马民众对安东尼的仇恨而杜撰了遗嘱。遗嘱中的这些内容无一不是屋大维鼓动罗马人仇视安东尼的理由。事情的发展果如屋大维所料，遗嘱曝光后，成为当时轰动全国的丑闻，元老院剥夺了安东尼的所有公职，在罗马人民看来，安东尼的这些行为构成了叛国罪，不容饶恕。

于是，元老院宣布埃及艳后为国家公敌，并向埃及宣战。屋大维的目的达到了，他要顺理成章、合情合理地利用元老院，利用罗马人民的爱国心铲除安东尼这个厉害的对手。

屋大维深知安东尼无论是偏向埃及人还是罗马人都是权宜之计。对埃及艳后的情感炽烈或许只是一种表象，背后的政治动因才是根本。安东尼认为，巩固、加强埃及的地位是符合罗马利益的。

在与安东尼决战前，屋大维要求并接受了整个意大利和各西部行省的效忠宣誓。按照意大利学者朱塞佩·格罗索（Giuseppe Grosso）在《罗马法史》中的观点，这种效忠宣誓其实是共和制后期军队对将领的依附关系的延续，它所遵循的是门客制度和庇护制度这样一种社会关系和政治关系模式——在共和制度陷入危机的时期，这种关系变得更重要了——而且对于确定元首个人地位（即元首制）来说，具有特殊的意义。日本学者盐野七生在《罗马统治下的和平》里对这种观点做了更为具体的阐释，她认为，种种宣誓不只是口头宣誓，伴随的是相应的军事动员义务，包括了人民承认屋大维拥有士兵的招募权，并且愿意负担临时税。

所以，从这个层面来讲，屋大维明显要胜安东尼一筹，共和时代的罗马各行省完全是罗马贵族寡头掠夺的对象，行省总督完全由元老院任命。换句话说，屋大维懂得如何利用元老院壮大自己的力量，增强自己的影响力。

为了迎接即将到来的决战，双方都召集了大规模的军队。

战争就这么开始了，奥古斯都的诱惑让两个能影响罗马政局的人物注定无法共存。

帝国的未来将掌握在谁的手中？

只需拭目以待！

## 二　劲敌末日

### 1

奥古斯都统治下的罗马版图可以分为以下四个区域：

其一，意大利本土，元老院任命的总督统管的行省；

其二，元首直接统治的行省；

其三，凯撒留下的作为奥古斯都私人领地的埃及；

其四，承认罗马霸权，外交和军事上追随罗马的同盟国，如亚美尼亚、犹地亚、卡帕多西亚。

一个帝国能带来和平与繁荣，方为合格的帝国，帝国的巩固需要军事实力，更需要使命感和神圣性。古罗马最著名的历史学家普布里乌斯·克奈里乌斯·塔西佗（Publius Cornelius Tacitus）对"奥古斯都门槛"有过精辟的论述，这种论述也彰显了作为繁荣帝国的必备场景："所有的民众都能融入到我们的国家之中。如此四海方能安泰宴如。当波河左岸[39]的人获得了公民权，当我们普天之下的军团军功赫赫，使得我们的行省固若金汤，帝国有难时他们也会前来相

---

[39] 意大利最大河流，其流域大约占了意大利国土面积的15%，发源于意大利与法国交界处科蒂安山脉的维索山，该河最后注入亚得里亚海。

## 第四章 500年内无劲敌：亚克兴成就奥古斯都（公元前31年）

助，那么在面对外国人的时候，我们才会荣耀万分。"[40]

埃及艳后出生的时候，托勒密王朝统治下的埃及已经江河日下，而罗马的对外扩张又处在势头上。对托勒密王朝来说，想要确保完全的独立几乎是不可能的，就像当初罗马人说"迦太基必须毁灭"一样。面对内忧外困，埃及艳后的父亲托勒密十二世没有采取励精图治的策略，而是将大量财物送给罗马统治者，导致国内的经济更加恶化。公元前58年，愤怒的民众终于揭竿而起，托勒密十二世被迫逃亡罗马，3年后，在罗马人的帮助下才得以返回亚历山大。公元前51年，托勒密十二世去世，18岁的克娄巴特拉成为女王，史称克娄巴特拉七世。她的弟弟托勒密十三世年仅10岁，根据遗嘱，和姐姐一起分享王权。这样的遗嘱显然是欠缺考虑的，更甚者，在遗嘱中还说罗马对埃及有监护权。于是，姐弟之间的斗争在宫廷势力的鼓动下愈演愈烈。在这场争斗中，姐姐落败，被逐出王宫。

历史仿佛是有人刻意安排似的。就在这时，庞培在与凯撒的交锋中落败，逃到了亚历山大。罗马正愁没有机会插手埃及事务，庞培这一去，正合他意。托勒密十三世也深知凯撒插手埃及事务对自己意味着什么，而虎落平阳的庞培也成为这个机会中的牺牲品，当他的谋臣把庞培的首级带到凯撒面前时，迎接他的不是报之一谢。凯撒的勃然大怒让敏锐的克娄巴特拉看到了东山再起的机会，于是，她想尽办法越过弟弟的阻挠，来到凯撒身边。

按照前文所述的三位重量级历史学家的描述，这位埃及女王的美色确实是让人难以抗拒的，就这样，凯撒站在了女王这边。在他

---

40 引自菲利普·内莫的《罗马法与帝国的遗产》。

的帮助下，女王夺回了属于自己的一切，并有了他的骨肉，即小凯撒。公元前48年，克娄巴特拉终于得以重入王宫，表面上是与另外一个弟弟托勒密十四世分享权力，实际上她独掌大权。

公元前47年，小凯撒出生。第二年，克娄巴特拉带着儿子前往罗马。公元前44年3月，凯撒被刺杀。这一连串的际遇仿佛是上天有意安排，好比戏剧。无奈之下的克娄巴特拉只能带着儿子回到埃及，不久，托勒密十四世暴死。关于他的死因没有确切说法，一种比较中肯的说法是姐姐害死了弟弟，毕竟姐姐有明显的动机。之后，克娄巴特拉任命小凯撒（当时未满3岁）为国王，即托勒密十五世。

不得不说，这位女王精于谋划。在她眼里小凯撒不仅是合法的埃及君主，还是凯撒的儿子，将来这个王朝若真的不行了，至少到了罗马会得到优待。

为了巩固自己和儿子在埃及的地位，克娄巴特拉决定再找一个实力雄厚的靠山。无独有偶，安东尼在这个时刻召见了她（当时安东尼正在为远征帕提亚做准备，他需要埃及为其提供战争所需的财物）。就是这次召见，按照普鲁塔克的说法，两人便如干柴烈火般地缠绵在了一起。

来看具体的描绘内容吧！"她乘坐着一艘船舷用金片包镶、船帆呈紫色、船桨镀银的超豪华大船。水手们随着长笛的乐声划桨，笛声和划桨声与竖琴的妙音融在一起。女王装扮得犹如维纳斯女神，半躺在用金丝刺绣的纱帐之内。童男宛如丘比特站在她身边轻轻地摇扇子，装扮成仙女的童女有的划桨、有的调节帆索。船上的焚香散发的芳香使得奴斯河两岸充满了甜味。"[41]

或许,莎士比亚也是被这样的描述吸引了,其悲剧作品《安东尼与克娄巴特拉》就是从这里开头的。普鲁塔克的描述无疑是要将克娄巴特拉刻画成一个"淫荡的女王",其目的是要证明陷入爱欲的男人在失去理智后是多么无用和无助。古罗马历史学家阿庇安(Appianus)[42]对克娄巴特拉没有一丝好感,在《罗马史》中,他笔下的"这个40多岁的男人(安东尼)像一个小孩子一样变成了她的奴隶"属于典型的男权主义描写,将所有的罪责都归结到"淫荡女王"的身上。

普鲁塔克更为露骨的描写是,安东尼为了博取女王欢心,竟然在酒宴上当着众人的面给她按摩脚,这不由得让人想起金国历史上那位叫完颜亮的皇帝,其在不少历史记载中是多么的荒淫无度。普鲁塔克还记载了一件让人大跌眼镜的事。有一次,一位罗马演说家正在演讲,坐在下面听演讲的安东尼看见女王的轿子从门外经过,连演讲都不听了,如同着了魔一般飞奔而去,这场景就像一个宦官跟着轿子离去一样。两人缠绵的时候,有着说不尽的万种风情;两人分开的时候,安东尼就坐在椅子上一字一句地阅读女王写来的情书。据说,这些情书都是写在宝石上的,可见女王是多么奢侈。

卡修斯·狄奥的描述同样让人觉得这位埃及女王是一个十足的荡妇,他说克娄巴特拉有永远无法满足的情欲和贪欲。他这样描述,目的是要拨动罗马许多上层男人"得不到,心就酸"的脆弱心理。他还特别强调,如果罗马败在一个荡妇的手上是多么不光彩,多么

---

41 引自普鲁塔克的《希腊罗马名人传》。
42 约95—165年,主要作品《罗马史》。

耻辱。

卡修斯·狄奥还把罗马的敌人看成是埃及,这是极为不公平的,事实上,当时名义上服从罗马统治的国家有许多。而他在《罗马史》中记录的屋大维在亚克兴海战前的一次重要演讲,更是让我们看到屋大维是如何使用权谋的——

"我们罗马人是世界上最伟大和最美好土地的统治者,但是如今被埃及女人踩在脚下。这让我们的祖先蒙羞,对我们自己是奇耻大辱。我们的先祖曾经征服高卢,让潘诺尼亚人臣服;他们曾经远足莱茵河彼岸,甚至渡过大海到达不列颠。假如完成以上壮举的先烈知道我们如今无法克服一个女人传播的瘟疫,他们会肝肠寸断。我们比其他任何民族都更英勇,如今受到这些来自亚历山大和埃及的乌合之众的侮辱却无动于衷,难道不是耻辱吗?……埃及人在厚颜无耻方面举世无双,他们最缺乏的是勇气。最让人无法饶恕的是,他们不是由一个男人统治,而是甘愿做一个女人的奴隶。他们觊觎我们的土地,并且试图利用我们的同胞夺走我们的土地。"

为了打败对手,屋大维的煽动无疑是成功的。而安东尼在远征帕提亚(今土耳其南部的塔尔苏斯)失利后,面临的又是与屋大维在亚克兴的海战,这使得我们不得不这样去思考:安东尼的处境就像三国时的蜀汉一样,鉴于日益积弱的自身实力,不能坐以待毙,只能主动地出击挑战,或许还有一线生机。

战争的结果似乎没有什么悬念。

安东尼因走投无路自杀了!克娄巴特拉心不甘,她准备了一批价值不菲的财宝,希望能打动屋大维,或保住自己的王位,或把王位传给凯撒的儿子。屋大维没有答应,他不想步安东尼的后尘,绝望的克娄巴特拉只能选择自杀。据说，她将毒蛇放进自己的胸口，最后中毒身亡。

2

古典的历史学家和作家们基本上把亚克兴海战中安东尼的失败归结到克娄巴特拉身上，这是不客观的。在战争开始之前，精于谋划的屋大维已经占尽了天时、地利、人和。反观安东尼，从远征帕提亚的失败已经能看出失败端倪，他在军事上最大的问题在于补给严重不足。我们有理由推断，安东尼召见克娄巴特拉的根本目的是希望她能为军队提供物资。

事情的真相可以从屋大维针对亚克兴战事的布局得到印证。

屋大维的得力干将马库斯·维普撒尼乌斯·阿格里帕（Mareus Vipsanius Agrippa），早在战事开始之前就占领了亚克兴海角周围的城镇。这一招非常致命，兵马未动粮草先行，这等于切断了安东尼从埃及获得物资的补给线。

因此，这场战事似乎从一开始就注定了结局。

可为什么安东尼还要开战，开战了克娄巴特拉还要中途逃走？德国历史学家兰克的观点是：克娄巴特拉意识到了危险，在双方酣战的紧要关头带领自己的船队逃走。安东尼是个热情有余、勇气不足的人，匆忙随她而去，把自己的舰队拱手让给了对手。另一位德国历史学家蒙森则认为：克娄巴特拉中途撤退不是叛变，更不是因为恐惧或使性子，她这样做是因为她相信撤走对她及舰队有利，因为，她已经意识到战争的结局是什么。[43]

应该说，克娄巴特拉只是想借助凯撒和安东尼的力量维持托勒密王朝的安稳而已，至于那些由一些历史学家和古典作家描述出来的香艳、荒淫的故事，不过是出于某些政治要求罢了。在亚克兴海战中她提前感知到战争的结局，她是不想看到安东尼的失败葬送了埃及。如果安东尼和克娄巴特拉的确是情人关系，他们当中有过真挚的爱恋，那也是人性使然吧！

所以，就连极力吹捧屋大维的古罗马著名诗人普罗佩提乌斯（Propertius）也不得不感慨道："在这样的夜晚，我们每个人都可以成为神仙。假如我们当初都愿意过一种半依着畅饮醇酒的生活，就不会有可怕的利剑和战船；亚克兴的海就不会淹没无数同胞的骨肉，罗马也不必因为用昂贵的代价换来的胜利而哀哭不止。"[44]


3


现在，让我们将时间指向亚克兴海战的战场。

安东尼和克娄巴特拉的联合舰队集结在希腊西海岸的伯罗奔尼撒半岛南端至克基拉岛一线。屋大维最初的战略是在意大利南部的布隆提西乌姆港（Brundisium，今布林迪西，临近亚得里亚海的奥特朗托海峡）和塔兰托（意大利最重要的港口之一，位于塔兰托湾北部，濒临伊奥尼亚海）集结军队，并且还有一支约250艘船的舰队。

---

[43] 参阅蒙森的《罗马史》。
[44] 参阅普罗佩提乌斯的《哀歌集》(The Poems)。

这支舰队的舰船叫"利布尼"(因从伊利里亚利布尼人传来,故叫此名),具有重量较轻的显著特点,这种舰船在罗马帝制时代属主力舰标配,与三列桨战舰相比,其桨手的配置人员少了许多。屋大维还配备了150艘运输船,用于运输和调配兵力,这些船的主要任务就是将8万名步兵和1.2万名骑兵运到希腊。

对于一支舰队而言,是需要适合执行特殊任务的舰船的,它得灵活、航速快。与之相比,安东尼的舰队属于巨型舰,在作战中灵活性将处于劣势。

安东尼和克娄巴特拉的联合舰队在伯罗奔尼撒半岛集结的战略布局并不复杂。这个半岛与希腊本土之间有一条地峡相连,即科林斯。这意味着舰队可以较为轻松地展开进攻和回防。除此之外,克基拉岛的水域和自奥特朗托(Otranto)出发不到40海里宽的航道(即海峡)构成了通往亚得里亚海的门户,同时还是一个通往意大利的前进基地。

很有意思的是,屋大维在布隆提西乌姆港集结军队——这个位置也临近亚得里亚海的奥特朗托。特殊的地理位置使得这片海域成为重要的战略之地,安东尼自然知道它的重要性。因此,他和克娄巴特拉的联合舰队一共配备了500艘战舰,大都是巨型舰,7.5万名军团步兵和1.2万名骑兵,另加几千名轻装辅助军团士兵。这样的兵力看起来很强大。联合舰队还有一部分在安布罗西亚湾(Ambracian Gulf,今阿姆夫拉基亚湾)停泊,这是来自埃及和东方附属国家联盟的小舰队。

值得一提的是,能够通向安布罗西亚湾的入口非常狭窄,大约只有700米宽,属于易守难攻之地。海岸的两端建有用于投石的角

*161*

楼,一旦发现敌情,可以随时发动猛烈攻击。这也是安东尼敢于用少量舰队驻扎在安布罗西亚湾的原因之一。此外,该海湾也可通向希腊本土。

屋大维的得力干将马库斯·阿格里帕与屋大维是童年时的挚友。在菲利皮(Philippi)战役中,他还和屋大维、安东尼并肩作战过,谁承想日后他竟与安东尼成为战场对手。公元前31年,阿格里帕穿过伊奥尼亚海,目的就是要拿下位于希腊西南角的迈索尼(Methoni)舰队基地,拿下这个基地就可以袭扰安东尼从埃及派来的运输船。不久,他又拿下克基拉岛。这样一来,就打通了屋大维方面顺利在希腊海岸登陆的通道,可以向伊庇鲁斯(Ipiros)进军了。因为这个地区临近伊奥尼亚海,而伊奥尼亚海涵盖了意大利的塔兰托湾,还有希腊的科林斯湾,这意味着如果安东尼再不采取行动就将陷入包围圈,连希腊都有可能回不去了。

不得不说,阿格里帕为屋大维在亚克兴打败对手起到了至关重要的作用。

安东尼已经意识到此刻面临的危险处境,只是他没有想到敌方的行动会如此迅捷,以致己方交通补给线遭到严重破坏。无奈之下,他只能将主力舰队迁往安布罗西亚湾南部的一个半岛区域,而屋大维则在这个海湾的北部驻泊舰队。

总之,屋大维的舰队就是要紧紧相随,如同甩不掉的尾巴。

阿格里帕利用安东尼转移舰队的时间拿下了靠近安布罗西亚湾的莱夫卡斯半岛(Lefkas或Lefkada,今莱夫卡扎半岛),以及帕特雷(Patra)和位于科林斯地峡边的科林斯城。科林斯城位于伯罗奔尼撒半岛的东北,紧临科林斯湾,既是希腊本土和伯罗奔尼撒半岛的重要连接点,又是穿过萨罗尼科斯湾(Saronikos Kolpos,英语叫萨龙湾,Saronic Gulf)和科林斯湾通向伊奥尼亚海的航海要道,其贸易和交通的重要性不用多言了。

不得不说,阿格里帕就是要完全切断安东尼的补给线,同时也要将他及他的联合舰队如困兽般锁死在包围圈里。

阿格里帕的策略显效了!安东尼的联合舰队补给出现了严重问题:用于饮用的淡水资源越来越少,为了解决饮用水,安东尼不得不让士兵去挖掘水源;食物的逐渐匮乏让士兵处于饥饿、疾病和恐慌的状态中;由前两者引发的联合舰队内部的争吵也更激烈了。更可怕的是,在联合舰队处于极不利的境地时,屋大维的舰队在亚克兴附近的科马鲁斯登陆,联合舰队完全陷入包围圈中了。

亚克兴这个希腊西北部海角,现在叫普霍韦扎(Preveza),将成为屋大维与安东尼决定胜负的关键地。摆在安东尼面前的只有两条路:

其一,放弃联合舰队,避免全军覆没。这样一来,他可以带领陆军向东穿过多山的地带,然后吸引屋大维的部队追击。这时,安东尼只要找到一块适合陆战的战场即可,因为陆战是安东尼的强项,他可以利用强悍的陆战兵团横扫敌军。这一点也是屋大维忌惮和害怕的,尽管他有得力干将阿格里帕协助,胜负却很难说。

其二,置之死地而后生,集结联合舰队的精锐,强行突破敌方的封锁,只是,安东尼的陆军军团就只能听天由命了。

如此两难的选择,让安东尼和克娄巴特拉陷入纠结。公元前31年8月,经过几番思量的安东尼和克娄巴特拉终于做出了决定:采用一部分舰队突击的策略,打通前往埃及的通道。同时,由普布利乌斯·卡尼迪乌斯·克拉苏（Publius Canidius Crassus）带领陆军军团从陆上完成战略撤退。

这样的决定无疑是不明智的。更不明智的是，安东尼为了集结最精锐的舰队力量竟然下令除了保留自己的战舰以及60艘埃及舰船外，将其余的船只全部毁掉。在这支精锐的舰队里，不但配备了最优秀的桨手，还有2万名重装步兵和2000名弓箭手。

对这样的决定和部署，许多士兵大为不解，有人甚至痛哭流涕。根据普鲁塔克在《希腊罗马名人传》中的记载，一位身经百战的百夫长哭着对安东尼说："啊，大将军，你为什么不信赖我们的伤痕和刀剑，倒要把所有的希望都寄托在这些破烂木头上面呢？让埃及人和腓尼基人在海上作战好了，我们要到陆上去，无论阵亡还是胜利，只有在那里我们才能一展所长。"安东尼听了，什么也没有说，只是用看似坚毅的眼神鼓励这位百夫长。

或许安东尼在这个时候已经感到回天无力了，可他还想决一死战，又下不了最大的决心。据说，当船长们把风帆都留下来的时候，安东尼却让将士们把它们全部放回船上去。他说："我们有了帆，敌人就一个都逃不了。"安东尼将所有不载人的船只毁掉，保留最精锐的部分，在准备出海的舰船上携带风帆。如此怪异的举动，普鲁塔克的分析是，安东尼一开始就想放弃舰队，不想让这些舰船落入到屋大维手中。而在舰船上携带风帆，其实没有什么用处，因为这样容易引起火灾，倘若敌人投掷火器之类的话。舰船的动力源主要还是桨手，安东尼的"我们有了帆，敌人就一个都逃不了"的说法在普鲁塔克看来，不过是一个借口罢了。毕竟，指望在这样的困境中还有机会追击逃敌，确实有些天方夜谭啊！

## 第四章 500年内无劲敌：亚克兴成就奥古斯都（公元前31年）

更何况，当时的舰船没有龙骨，这意味着如果有海风迎面吹来，舰船是无法顶风航行的，只能靠风帆——张开的风帆是需要后方吹来的风才会发生作用的。在亚克兴湾的海面上，气候很特别，风向基本上都是在中午的时候发生改变，上午基本处于无风状态。到了中午，海上吹起轻微的西南风，随着时间的推移，风力逐渐增大，一般是到三四级的样子，然后风向转北。

这样看来，普鲁塔克的分析是带有主观感情色彩的。安东尼的战略计划，是根据亚克兴海域的风向来制订的，他让舰船带上风帆是为了在这个时间段完成突围，好让风向帮助他快速摆脱敌方的追击。

为了让这项战略计划最大限度地实现，安东尼让克娄巴特拉亲自率领60艘埃及舰船在战线的后方待命，在这些舰船上装载了许多军资，以及价值连城的珠宝。这都是东山再起时的必需品啊！看来，安东尼并非如一些历史书籍记载的那样，他没有被所谓的爱欲冲昏头脑。可是，问题还有一个，这是战略计划成功实施的关键：如何才能在恰到好处的时刻做到向南航行直至埃及呢？要去埃及必须经过莱夫卡斯半岛，这就意味着航线会走西南偏南方向，而要想成功从这条航线突围，升起风帆的地点得尽可能地在安布罗西亚湾入口西南，最好是向西3海里或者是4海里的地方。

屋大维好像提前就知道这条航线的重要性，他在安布罗西亚湾入口到应该升起风帆的地点之间布置了最精锐的舰队。无奈之下，安东尼的突围方向只能再向西偏移一点。

在战斗开始前，安东尼有170艘巨型舰船，以及至少60艘埃及船，这样加起来不会少于230艘。其中的60艘埃及船不具备作战能力，只是运输船，应该在有利的时间里快速撤离。遗憾的是，连续几天的狂风骇浪阻碍了撤离的最佳时间。

这场决定胜负的海战将何去何从，安东尼和克娄巴特拉的心里恐怕已是七上八下了。

4

公元前31年9月2日清晨，安东尼将精锐舰队分成三部分，构成了长约2海里的战线。在战线中央的后方是克娄巴特拉的60艘埃及船，他们等待着利用风向转变的最佳时机升起风帆，以便快速逃离。在战线的对面约1海里处是屋大维的舰队，一共400艘，同样分成三部分，唯一不同的是屋大维将它们排成两列的平行横队，以双重阵型形成对峙。在这些舰船上配备了8个罗马军团和4个辅助军团的兵力。

屋大维的双重阵型其实是一种防止敌方突破的阵型。就算安东尼的舰船冲破第一列战线，并采用撞击破坏舰船的战术，也不用担心。第二列舰队会把突破第一列战线的舰船截住。更好的情况是，同样可以采取撞击的战术，撞毁敌方舰船。

如果我们稍微细心一些就会发现一个问题，安东尼一方的舰船是巨型舰，这是不是意味着如果采取强行突破，或者在突破战线的时候采用撞击战术就能顺利突围？

非也，巨型舰有个弊端就是灵活性不如轻型舰。要使用撞击战术并产生效果，是需要一定的航行速度和撞击后形成空当的。我们不知道安东尼是否考虑到了这一点,根据普鲁塔克的记载,双方都没有采用撞击战术,而是混战在一起。

战斗刚开始的时候,双方都没有采取进攻行动,而是在彼此试探,僵持了很长时间。直到中午时分,风向有开始转变的迹象,此时阿格里帕谨慎的心理更加明显,他知道安东尼将舰队部署在这样一个狭窄海湾的入口意味着什么——就是要等待有利的风向出现,趁机突围。

这时,安东尼部署的舰队左翼采取了行动,屋大维舰队中的一翼却后撤了。这一动机是什么?阿格里帕是想要为接下来的迂回战术提供更大的空间吗?安东尼本来是想直接进攻的,以便为舰队突围提供时间和空间。现在,对方撤离了,简直是天降的好事,不用战斗就可以直接前进了。就这样,安东尼舰队的战线缝隙拉大了。如果战线中央的部分此刻就前突,战线的缝隙将被拉得更大。

安东尼的舰队越来越松散,屋大维等不及了,他决不能让这个可怕的对手逃掉。一声令下后,舰队朝着敌方快速前进。

很快,战斗就打响了。

关于这一刻的场景,卡修斯·狄奥在《罗马史》中是这样描述的:"其中一方试图冲向对方的桨列并折断桨片,另一方试图从高处向敌人远远地投掷矢石。两支舰队都没能占上风,因为一方在靠近敌人的时候难以对他们造成损害,另一方则由于无法击沉敌船,只好和敌人纠缠在一起,无法在同样的条件下进行战斗。"

屋大维试图利用轻型舰向安东尼一方的巨型舰靠近,安东尼的舰船立刻进行攻击,一时间,战斗变得更激烈了。卡修斯·狄奥继续描述道:"当小船接近大船的时候,由于彼此紧密地凑在一起,数量很多，就好像堡垒或者小岛，从海的这一面被围攻一样。一方就像是登上大陆或者堡垒一样，攀登敌船。"

普鲁塔克在《希腊罗马名人传》里的描述更为深刻："在安东尼这方来说，船只过于庞大，无法达到有效撞击所需要的航行速度；而屋大维这方，他们不但不敢用船艏对着敌方的船艏撞过去——后者的船艏上装有很厚的铜板和铜钉，也不敢冲撞安东尼的船只侧面——那些船只的船舷都使用很大的方形木材制成，并拿铁钉连接起来，如果不顾一切地冲撞上去，自己船艏的撞角会被先撞碎。所以这样的海战很像陆地上的一场会战，要是说得更准确，那更像一座守备森严的城市正在进行攻防战斗。通常都是屋大维的三四艘战船围攻安东尼的一艘大船，他们用长矛、标枪、撑杆和各种投射武器发起袭击。安东尼的士兵也从木制的角楼上面，用弩炮向下方射出大量的箭矢。"

混战持续好几个小时，双方打得难解难分，直到彼此都出现懈怠。这时，克娄巴特拉发现机会来了。对此，屋大维一方的史料记载认为，她发现可以逃离的机会时所采取的行动并没有遵循原计划。她就是一个薄情寡义的女人，临时一念下就选择了背叛。当午后到来，风向发生转变，她当然可以下命令让埃及船穿过战线间的缺口。毕竟，只要再航行数海里，就可以到达顺风升帆的位置，然后向东南方向航行，逃出包围圈。

可问题是，克娄巴特拉发现的机会到底是什么，是风向的转变正好是"安东尼和屋大维打得难解难分，彼此都出现懈怠"的时刻；还是在那时候根本就没有可利于升帆的风向，克娄巴特拉知道这场海战的结局而做出了临时的背叛；抑或那些埃及船根本就没有按照

## 第四章 500年内无劲敌：亚克兴成就奥古斯都（公元前31年）

克娄巴特拉的命令，提前就逃跑了？

由于史料匮乏，我们可能无法知道确定的答案了，只能从一些历史学家和诗人的描述中得到一些思考。

卡修斯·狄奥在《罗马史》里这样描述道："克娄巴特拉当时正在战场后方停泊，她不愿意在漫长和不确定的等待中煎熬，而是觉得自己已经筋疲力尽了，这是妇人和埃及人的本性。她受不了不安地等待一个不确定的结果，于是她突然转身逃走了，并对她的下属发出了相同的指示。当他们升起风帆的时候，恰好偶然吹来一阵顺风，埃及船便向大海深处逃走了。在安东尼看来，这些人并不是遵循克娄巴特拉的命令撤退的，而是因为觉得自己战败了所以才逃走的，并决定跟他们一起逃走。"

显然，这段描述是有问题的，亚克兴海的风向如前文所述，转变不是偶然的，而且卡修斯·狄奥明显带有主观臆断和偏见，他说"这是妇人和埃及人的本性"，无疑是让人不胜感慨的。

普鲁塔克认为克娄巴特拉是穿过正在交战的双方船只逃跑的，这意味她是趁着"双方打得难解难分，彼此都出现懈怠"时选择了背叛。接下来，安东尼的举动在普鲁塔克的描述中显得极其不负责任——无论对整个舰队，还是对那些正在战斗中的士兵而言。

"爱情使人丧失自我且魂不附体，安东尼用临阵脱逃来证明这句话真实不假。他仿佛生来就是克娄巴特拉的一部分，无论她到哪里他都需要紧紧相随。他一看见她的船开走，马上丢掉那些正在战斗、为他效命的官兵，登上一艘五列桨战舰，只带着亚历山大和西利阿斯，追随那个已经让他堕落的女人，后来更使他完全遭到毁灭。"[45]

难道安东尼就是这样一个缺乏责任感、如跟屁虫般没有主见的男人？普鲁塔克的描述让安东尼成为许多人的笑柄。

"遵命文学"的主要人物维吉尔是古罗马诗人，他在亚克兴海战结束一年后写下著名的《埃涅阿斯纪》，在书中他这样写道："至于那埃及女王，人们可以看到她唤来了风，正在张帆，把帆抖开。司火之神把她勾画得面色苍白，一派杀人流血的景象使她感到死亡临头，浪潮和西北风催促着她。"

维吉尔的描述说明了克娄巴特拉发现的时机是有利于拉开风帆的当口。

虽然我们无法从有限的史料中获得真相，但上述的相关内容中有一点可以肯定：克娄巴特拉和安东尼最后都成功地逃走了。因此，亚克兴海战的结局非常明显，屋大维完胜了。海战结束后，安东尼剩下的19个马其顿军团全部投降了屋大维，小亚细亚那些附属的君主国也脱离了安东尼阵营。克娄巴特拉回到了亚历山大，安东尼逃亡到了西林纳卡（Kyrenaika，即昔兰尼加，大致在利比亚中部往东至埃及边境区域）。

逃亡中的安东尼未能东山再起，公元前30年8月，他在绝望透顶之下自杀身亡。几天后，克娄巴特拉也自杀身亡（具体死因至今未解）。据说，屋大维遵从她的遗愿，将她和安东尼合葬在亚历山大的陵墓中（具体地点至今成谜）。

公元前30年8月1日，屋大维进入亚历山大城，埃及被并入罗

---

45 相关史料可参阅普鲁塔克所著的《希腊罗马名人传》。

马版图，并改立行省。

公元前27年，罗马元老院授予屋大维元首头衔，并赠给他"奥古斯都"的称号。

作为亚克兴海战的重要指挥者，马库斯·阿格里帕也因战争的胜利获得了无上的荣耀。这位既是军事家又是建筑家的帝国精英除了被屋大维授予高职，还成为他的女婿。另外，他还修建了用于纪念亚克兴海战胜利的万神庙（Pantheon），在神庙的大门上刻有关于他的铭文。

罗马舰队在接下来的500年内罕逢敌手，直到460年汪达尔人（Vandals）的国王盖萨里克（Gaiseric）[46]才将这一局面打破。这是一支由古日耳曼人部落中的一支建立起来的政权，在占领迦太基后，以此为中心建立了属于自己的国家。460年，汪达尔人在阿利坎特（Alicante）海峡焚毁了西罗马帝国舰队。

曾有这样的观点：如果安东尼在亚克兴海战取得胜利，或许历史上辉煌的罗马文明也就到此为止了。因此，亚克兴海战，也可以看作是以屋大维为首的西方文明与以安东尼为首的东方帝国的较量。对此，莎士比亚在《安东尼和克娄巴特拉》中这样写道："安东尼的死不是一个人的没落，半个世界也跟着他的名字同归于尽了。"

---

46 428—477年在位，曾征服罗马帝国阿非利加行省的大部分，鼎盛时期其舰队控制了西地中海，占据了巴利阿里群岛、撒丁岛、科西嘉岛和西西里岛。

## 三 荣耀背后

### 1

现在，屋大维成了奥古斯都，他也被称为"罗马帝国的保护者和整个世界的领导者"。这是罗马帝国海权无比强大的体现。毕竟，海上的胜利就是罗马帝国的胜利，连盖厄斯·庞培也这样说："航海是必不可少的。"[47]

安东尼在亚克兴海战的表现被胜利者描述得淋漓尽致。卡修斯·狄奥在《罗马史》里这样写道："一些人尤其是水手们，还没有靠近火焰就在浓烟中窒息了；而另一些人置身于火海之中，就像被炉子熏烤一样；还有些人死在了自己沉重的甲胄里，因为它们传热很快；另外一些人虽然没有遇到这些不幸，也或被火烧得半死不活，扔下手中的武器，被远处射来的矢石击伤，或跳入海中淹死；在海中挣扎的人则或被敌人杀死，或被海兽撕成了碎片。"保卢斯·奥罗修斯认为，在这场海战中，安东尼方的阵亡人数达到了1.2万人，6000人受伤。耐人寻味的是，屋大维这方的损失情况却很难在史料中找到。

---

[47] 该句的原文navigare necesse est，属拉丁语，这里依据的是阿内尔·卡斯滕和奥拉夫·拉德著作《大海战：世界历史的转折点》的中文版。

## 第四章 500年内无劲敌：亚克兴成就奥古斯都（公元前31年）

希腊人多次在海战中取得胜利，如萨拉米斯和亚克兴，他们是多么的荣耀。可是，安东尼和克娄巴特拉在被围困的情况下最终逃走了，并且还带走了一些舰队，以及那60艘埃及舰船上的财宝，这不能不说是一种奇迹。虽然安东尼逃亡西林纳卡后没能东山再起，克娄巴特拉回到埃及后亦无所作为，但从某种角度来说，屋大维的胜利是有些许遗憾的。

这种遗憾就是让对手在绝境中逃出了。如果有人试图抓住这一点的话，屋大维心中的荣耀就会大打折扣。显然，屋大维深谙此道，他采取了全方位的"粉饰"策略来保住这份荣耀。

种种迹象都可以证明：

其一，将纪念米拉海战的纪念柱翻修了一次；

其二，在罗马修建了一座用船艏装饰起来的纪念柱；

其三，向诸神贡献了武器，举办了庆典，并修建了一座名为希拉·尼可波利斯的城市，意为"神圣的胜利"；

其四，将神圣的阿波罗神庙据为己有，在这座庙里镶嵌了被俘虏船只上的青铜撞角。许多艺术作品也反映了屋大维作为胜利者的荣耀，保存在维也纳的一件缠丝玛瑙，表现了屋大维如海神波塞冬一样，手握三叉戟，驱策三匹海马冲向惊慌失措的安东尼的场景；

其五，很多关于这场海战的历史资料明显偏向于胜利者一方，而且屋大维将安东尼的名字从所有的诏书和铭文中划掉了。更让人觉得不可思议的是，安东尼的纪念碑和塑像也被毁掉了（卡利古拉时期被恢复纪念，卡利古拉是安东尼的外曾孙，为罗马帝国朱里亚·克劳狄王朝的第三位皇帝）。

## 2

对整个帝国而言,在屋大维打败了最后的对手安东尼后,他利用"共和制的外衣"一步一步地攫取了至上的权力。他说:"集中在我身上的一切权力,今天全部还给你们。我宣布,所有武器、法律的执行以及罗马版图下的所有行省,全部归还给元老院和罗马人民。"[48]

显然,这只是政治上的一种表态而已,无论是罗马实行共和制还是元首制,都不能根除掉一个事实:罗马始终是一个以军事为主的国家,这样的帝国肯定是需要一支军队来进行维系的。为了让元首制得到巩固,屋大维巧妙地启用了共和制下的两个官职:

其一,行省执政官;

其二,保民官。

行省执政官这一职务的职能可将其军事权力合法化,而保民官的权力是奥古斯都用以掩盖自己的巨大影响力的秘密所在。保民官有许多特权,如人身的不可侵犯权、民众会议的召集权、作为平民代表的提议权和否决权。这是屋大维极为聪明的体现之一!因为,这两者让屋大维同人民的关系变得更为融洽了,提高了他在道义上的威望。自然,屋大维心里是非常荣耀的,奥古斯都的心里也是非常荣耀的。

屋大维以一种看似伟大的姿态为自己换来了无比荣耀的称号。

---

48 参阅特威兹穆尔的《奥古斯都》。

在其亲信元老的提议下，元老院一致通过决议授予他"奥古斯都"的称号，这个称号含有"崇高者"之意。

光荣属于希腊，伟大属于罗马。屋大维的荣耀也是帝国的荣耀，而亚克兴海战的胜利就是他走向荣耀非常关键的一步。

从此，罗马帝国在几百年内罕逢敌手。

第五章

# 基督山岛 1241：删除的记忆
（公元 1241 年）

第五章 基督山岛1241：删除的记忆（公元1241年）

# 一 猛烈风暴

## 1

1241年，在地中海西部发生了一次最大规模的海战，热那亚海军遭受了最为惨重的失败。作为胜利方的西西里王国，却因这场发生在托斯卡纳群岛的基督山岛（Montecristo Island，也叫蒙特克里斯托岛，位于意大利和法国科西嘉岛之间）的海战胜利而得不偿失，因为这为教皇提供了另一个借口来反对自己。一年后，在里昂召开的宗教会议上，西西里王国国王腓特烈二世（Frederick II）[49]被罢免了。更让这个国家未曾想到的是，为了一场海战的胜利竟然赔上了全部身家。控制海洋，拥有一支强大的舰队是取得战略性胜利的前提，但同样重要的是一个国家的综合实力是否能为这样的胜利提供源源不断或者强有力的支撑。腓特烈二世的教训将为我们提供一些深刻的体会。

然而，作为在地中海这一海域发生的最大规模的基督山岛海战，我们很难在历史文献中找到浓墨重彩的描述。除了极为少量的历史

---

[49] 应和普鲁士国王腓特烈二世，也就是腓特烈大帝区分开来。他于1198年加冕西西里国王，1212年加冕德意志国王，1220年加冕意大利国王和神圣罗马帝国皇帝，1225年加冕耶路撒冷国王。他的父亲是神圣罗马帝国皇帝亨利六世，母亲是西西里王国的公主康斯坦丝。

记载，我们看不到任何纪念碑或者绘画来表现这次胜利——相比萨拉米斯、米拉等海战，是否过于寒酸呢？

因此，我们也有理由去怀疑：是否被历史有意地遗忘了？删除的记忆，删除的基督山岛海战。如果胜利的一方是热那亚（Genova）[50]，那么在罗马和梵蒂冈一定会有关于这场海战的图像被保存，就像历史学家、考古学家和细心的观察者能在许多地方发现人们对勒班陀海战的纪念一样。腓特烈二世做梦也没有想到，他领导的这个国家取得了中世纪的一次大规模海战的胜利，却恰恰证明了他的国王形象有多么恶劣。毕竟，与许多海战有着极大不同的一点是，它没有因此获得大量与财物有关的胜利。腓特烈二世俘获的只是大量神职人员而已——他们原是打算前往罗马参加宗教会议的。

中世纪的欧洲很少发生大规模海战，这与古代和近代的海战有着很大不同——大部分政治实体都不能称之为"国家"，或者说缺乏一套完整的国家机制，它们不具备建造和使用一支大型舰队的能力。因此，从这一角度来讲，1241年的基督山岛海战更具备历史意义了——腓特烈二世统治下的西西里王国竟然胜利了。

1239年的夏天，地中海的西部暗藏着一场猛烈风暴。以创立异端制裁所、维护教皇特权而著名的格列高利九世（Pope Gregory IX）[51]，与意大利北部的海洋国家威尼斯和热那亚联盟，计划征服西西里王国。根据联盟规定：所有成员不能单独媾和；所有战舰在交战中必须在船艉同时悬挂双方的旗帜，在左舷悬挂威尼斯的圣马可旗

---

50 位于意大利北部、利古里亚海热那亚湾北岸，意大利最大商港和重要工业中心。历史上的热那亚多以独立的共和国形式存在，具有很强的贸易能力，也是当时的威尼斯的主要对手。
51 1227—1241年在位，13世纪最有影响力的教皇之一，有《教会法典》一书传世。

## 第五章 基督山岛1241：删除的记忆（公元1241年）

帜，在右舷则悬挂带有圣乔治图案的热那亚旗帜。

有意思的是，这场战争还没有开始前，教皇国[52]、威尼斯和热那亚就在瓜分他们认为有价值的区域了，就像"在杀死熊之前，人们就开始瓜分熊皮了"一样。

教皇国，特别是格列高利九世恨透了西西里王国国王腓特烈二世，这位国王同时还是神圣罗马帝国皇帝和耶路撒冷的国王——这应该不是表面的嫉妒和宗教原因，他曾怀疑腓特烈二世对信仰怀有二心，早在1227年就宣布判处他绝罚。腓特烈二世辩称绝罚无理，本人绝没有二心，同时他还谴责罗马教廷。这事似乎不了了之，但腓特烈二世以受绝罚之身擅自发动十字军东进，在攻下塞浦路斯后就耶路撒冷问题同埃及、苏丹进行单方面谈判。这下彻底激怒了格列高利九世，教皇遂决定通过宗教名义除掉这个不可一世的家伙，以便夺取腓特烈二世拥有的成果；威尼斯对亚平宁海岸的巴列塔（Barletta）等地特别感兴趣，希望能得到它们；热那亚则觊觎西西里的锡拉库萨已久。这三个国家各自的利益原本是不合的，没有想到争论不休的它们竟然破天荒地联盟起来了。于是，各自的事情就这样"顺理成章"地演变成一个联盟去对付一个岛国了。

联盟一旦形成，就会对西西里王国形成巨大的威胁。格列高利九世的计划是：利用圣灵降临节[53]的时机，在罗马召开一次庆祝集会，到那时诸侯们就可以决定废黜帝王。很明显，格列高利九世是

---

[52] 754—1870年9月20日，由罗马教皇统治的政教合一的君主制国家，位于欧洲亚平宁半岛中部，与神圣罗马帝国有着密切关系，是当时欧洲最有影响力的国家之一。
[53] 也叫五月节，被定于复活节后的第50天，据《新约圣经》载，耶稣复活后第40日升天，第50日差遣圣灵降临，门徒在领受圣灵后就开始传教。

想利用宗教的名义排挤掉腓特烈二世，但这消息不胫而走，被腓特烈二世知道了。

为了阻止这帮教徒参会（从法国南部或意大利北部乘船前往罗马的会议参加者），腓特烈二世专门布置了一道海上封锁线。可是，要对一定海域实行封锁并不容易，它需要一支较为强大的舰队，以及对海权的掌控能力。对西西里王国来说，这是头一遭，之前没有，之后也不会有——动用全国之力设置一道封锁线，仅仅是为了俘获搭载着神职人员的战舰。

2

1239年的夏天是不平静的，教皇格列高利九世与热那亚、威尼斯联合意图征服腓特烈二世统治下的西西里王国。1240年，在罗马召开的宗教大会上，教皇格列高利九世呼吁对"不听话、任性妄为"的腓特烈二世给予严厉的绝罚。这是一种针对神职人员和教徒的重大处分形式，即教会将某人从信徒团契（源自《圣经》中"相交"的说法，指上帝与人之间、基督徒之间相交的亲密关系）中排除，不许他参加教会的圣礼，剥夺他作为教会成员的权利。

腓特烈二世得知此消息后，遂开始考虑应对之策。譬如，如何将西西里王国的舰队投入到这场表面看是一场"宗教纷争"的战争当中？这场战争从战略上该如何布局？对他而言，他现在所处的境况实在是太糟糕了：如果将舰队一分为二，当然可以从战略上做到较好布局，两支舰队可以在被意大利狭长半岛所分割的威尼斯、热那亚的海岸和据点巡逻。可是，这样一来，舰队的实力就会因此大打折扣。如果选择建立同盟，譬如让比萨人去进攻热那亚，自己则将整支舰队全部集中在威尼斯的水域进行备战，同样会面临一个问题：比萨人若是失败了，岂不是腹背受敌？如果将整支舰队与比萨舰队混合在一起，组成一支力量更强大的联合舰队共同对付两个海军大国之中的一个呢？也还是会面临一个问题：如何封锁海岸线？

经过深思熟虑，腓特烈二世决定将战场放在亚得里亚海。因为，亚得里亚海属于地中海的一个大海湾，在意大利与巴尔干半岛之间，其沿岸有许多港口，威尼斯也在其中。同时，它还是欧洲南部通往地中海、大西洋和印度洋的重要通道。为了在这里挑起事端，腓特烈二世想了一个比较有意思的办法，他让拥有丰富作战经验的尼古拉·斯皮诺拉（Nikola Spinola）率领几艘桨帆战船从事私掠活动。1239年间，斯皮诺拉进行的私掠活动效果显著：成功俘获了18艘威尼斯商船。1240年，他又在亚得里亚海伏击了4艘威尼斯桨帆战船，俘获了3艘威尼斯商船。据说，这些商船运载了价值7万银马克的货物，腓特烈二世赚翻了。当然，他的目的也达到了——如愿以偿地挑起了事端。

1240年9月，威尼斯人决定给这位狂妄的国王一点颜色看看，在总督雅各布·蒂耶波洛（Jacopo Tiepolo）[54]的亲自指挥下，一支实力强大的威尼斯桨帆战船舰队出现在亚平宁海岸边，这次行动的目的在于"以其人之道还治其人之身"，专门捕捉和洗劫腓特烈二世的商船。不久，有两艘满载人员和财宝的商船遭了殃。在布林迪西

---

54 1229—1249年在位，出身于威尼斯共和国的望族之一蒂耶波洛家族，这个家族与丹多洛家族并称，雅各布·蒂耶波洛是第43任威尼斯公爵。

(Brindisi)，威尼斯桨帆战船舰队烧毁了一艘从耶路撒冷圣地朝圣回来的船只。威尼斯人还不解气，将整个亚平宁海岸都置于紧张状态，洗劫了诸多港口，像泰尔莫利（Termoli）港在被洗劫之后，还被付之一炬。满载战利品的威尼斯舰队得意地回到了自己的潟湖城。

腓特烈二世愤怒不已，伺机报复。他一直盼望着10月到来，因为那时候亚宁平海岸将进入秋季，暴雨频发，他可以利用这样的恶劣气候实施疯狂的劫掠。于是，这个帝王的形象再次被人定格为暴君。就在3年前（1237年），他俘获了威尼斯总督雅各布·蒂耶波洛的儿子彼得罗·蒂耶波洛（Pietro Tiepolo），出于报复的另一种方式，杀死敌人至亲之人会让他内心更为满足。这个可怜的总督之子就这样被绞死在特拉尼海岸的一座塔楼上。选择这个地点，主要是为了让过往的威尼斯商船能看到这一幕。不过，有学者认为这个故事是编造的。无论这个故事是真是假，从腓特烈二世晚年的种种行为表现来看，他的确是一个暴君。

我们可能很难相信这样一个精通七种语言（德语、法语、意大利语、拉丁语、希腊语、希伯来语和阿拉伯语）的君主是个暴君，很多时候，他给人的印象不是一位君主，而是满腹经纶的学者。因此，腓特烈二世也被后人视作一个具有多面性的富有争议的帝王。

1224年，他在西西里创办了那不勒斯大学和一所诗歌学校。他本人也写过一部诗集《猎鸟的艺术》，还把西西里的法律编成法令集。他非常重视自然科学的传播和研究，将伊斯兰学者掌握的知识引进到西西里。在这个过程中，他做了一些试验（据说是人体实验），因此外界认为他是一只披着羊皮的狼——当然，也有可能是教皇对他的诽谤。腓特烈二世异常注重帝王的威严：他年轻的时候清秀富丽，看上去个性很沉稳；晚年的时候，表情阴沉，似乎对整个世界都充满愤怒和怨恨。

造成腓特烈二世暴君形象的根源极有可能是他不快乐的童年。他的母亲康斯坦丝（Costanza）[55]本是西西里公主。根据薄伽丘在《名女传》里的记载，一位叫约阿基姆的卡拉布里亚修道院院长向她的父王罗杰二世（Roger II，1095—1154年）预言：如果她结婚，将毁灭西西里。父王相信了，康斯坦丝从小就被关在了修道院里，成为一名修女。过了几十年，也许是人们忘记了那个预言，这时的康斯坦丝已经32岁了。因政治原因她嫁给了亨利，即后来的亨利六世（Heinrich VI）[56]。婚后的她一直没有孩子，直到40岁才怀上，此时外界流言四起，人们似乎又想起了那个可怕的预言。为了阻止这个预言应验，有人诬陷说她把一个屠夫的儿子调换成了皇子，这对靠血缘世袭的西西里王室而言是十分危险的。1194年12月26日，康斯坦丝在赶往西西里的途中生下了孩子。为了证明这个孩子是正统的，她在耶西（Iesi）的市集上搭起了帐篷，允许镇上年长的已婚妇女观看自己分娩。可想而知，作为一个母亲，她当时的心里有多么悲痛。

幼年的腓特烈二世是在不受重视甚至是歧视和虐待中（曾流浪在街头，依靠一些好心人施舍饭食而活）度过的，没有人关心他，有时候连吃饭都成问题（说法不一，教宗应该是派遣了教会人士对他的饮食起居、教育进行专项负责，看似他不愿意接受教会给予的管教，从而有流浪巴勒莫街头的事情发生）。悲惨的童年生活让他变得只相信自己，极端地自我和世故。

---

[55] 1154—1198年，曾为西西里执政女王。
[56] 1165—1197年，神圣罗马帝国皇帝、西西里国王。

15岁那年,腓特烈二世被迫与大他10岁的寡妇——阿拉贡王国的公主康斯坦丝结婚。

1214年,因奥托四世(Otto IV von Braunschweig)[57]在1217年7月27日的布汶战役[58]中惨败,这使得腓特烈二世有机会成为神圣罗马帝国皇帝(康斯坦丝于1198年9月27日去世,她请求奥托四世保护自己的儿子)。事实上,腓特烈二世与教皇的矛盾很深,奥托四世不喜欢腓特烈二世,只想控制他、利用他,因为他一度想入侵西西里。1234年,教皇支持腓特烈二世的儿子,也就是德意志国王亨利七世反对自己的父亲。腓特烈二世很快就平定了这场叛乱,并废除了儿子的王位,把他终身监禁在意大利的监狱里。腓特烈二世成为西西里王国国王的时候,他经常说自己最爱的是西西里王国,他还说自己这一生遭遇太多。事实的确如此——他一生对女色、征伐有着极为强烈的欲望。据传说,在他去世的时候,恶魔把他的灵魂从埃特纳火山口带往了地狱。

这样看来,我们或许能够理解为什么在基督山岛海战中,腓特烈二世一定要俘获搭载着神职人员的战舰了。当那个以创立异端制裁所、维护教皇特权而著名的格列高利九世要对腓特烈二世实行绝罚的时候,这个人的心里一定是异常愤怒的。

---

[57] 1175—1218年,德意志国王,神圣罗马帝国皇帝,著名的狮子亨利之子,与腓特烈二世有渊源,详情可参阅韦尔夫家族谱系及争夺王位的历史。
[58] 中世纪法兰西王权扩张中的一次重要战役,起因则源自英格兰国王和法国卡佩王朝国王之间的权利争夺,相关内容可参阅"诺曼征服"这段历史。布汶战役标志着金雀花-卡佩王朝战争结束,相关历史可参阅丹·琼斯的《金雀花王朝》一书。

## 第五章 基督山岛1241：删除的记忆（公元1241年）

### 3

腓特烈二世的舰队有着不一样的特质。简单来说，它们由多种舰船组成，分别担任不同的角色。长船和圆船的作用显而易见：前者因在航行中阻力较小，具备速度上的优势，它主要用于作战；后者则用于运输货物，有时也可用作兵力输送。

腓特烈二世的舰队是地中海最有名的一类船，因此腓特烈二世特别青睐它。这是12世纪末发展起来的一种桨帆战船，属一列桨，具备灵敏、迅速的特点。船艏的特点最大，它是向外突出、终端呈尖刺状的装置，在航行中，它乘风破浪般地昂立在水面上。一列桨战船装配了桅杆和风帆，这是动力之一，更主要的动力来源于大约100支船桨的驱动。每一支桨分别由一名桨手操作，他们成对地坐在横贯船身的座板上。这种划桨方式和近代前期的桨帆船的划桨形式有区别，后者在一层桨座上增加了多名桨手，他们同时操纵一支桨。另外，这种桨帆战船还配备了各类人员，负责掌舵、卷帆和操纵帆索、锚索。与前者的相对单一相比，后者的分工、协作更完善。对于前者而言，虽然没有具备后者的众多优势，但它船艏的尖刺如前文所述是抬出水面的，配备的桨手也更少，给作战人员留下了更为开阔的空间，使用的是带三角帆的拉丁式帆具。简而言之，它与拜占庭的一层划桨战船具有很大的相似性。

形式上的变化并未改变驾驶船只的原理——中世纪的桨帆战船和古代的单、多层桨帆船都一样，它们都是利用侧舵进行航行，船舵的形状与桨有着较大的相似性，就像今天的划艇所使用的一样。

舵被安装在船艉的一侧，由一根缆绳上下牵引着。值得一提的是，当时北方地区的船只一般都使用右舷的独舵航行，而在地中海地区，人们喜欢使用同时安装在左舷和右舷的双舵。无论是使用单舵还是双舵，桨帆战船都具有一个致命的弱点——当海上刮起侧舷风时船只会发生倾斜，从而让舵叶抬高到水面之上，而操作船桨的桨手也会因此消耗许多能量。如果侧舷风或者海上风暴更为猛烈，就极有可能损坏船舵。这一致命问题在很长时间里都没法解决，直到加入了位于船艉中间位置的尾舵，并在舵上包上青铜或铁皮后才得以缓解。不过，这已经是13世纪了——聪明的斯堪的纳维亚人想出了这样先进的改良方法。在地中海地区，将近200年后才出现有尾舵的桨帆船。

虽然腓特烈二世舰队的驱动力和古代战船没有什么区别，但是这支舰队的航行速度很快。一个重要的原因在于，采用长船的船体造型设计的同时增加了桨手的人数，并提高了划桨的频率。因此，腓特烈二世的舰队在与热那亚人的战斗中能够轻易地甩开敌舰。按照桨帆战船的标准形制，其长约40米，吃水深度1.5米。那么，在很短的时间内，一队熟练的桨手——比如腓特烈二世舰队的桨手——就能够通过提高划桨频率的方式，让舰船的速度达到10节。也就是说，与当时的商用桨帆船相比，其速度快了3倍。

地中海的桨帆战船在很大程度上承载了古希腊和拜占庭帝国的造船艺术。这些桨帆战船有许多相通之处，唯一的区别在于船身的大小和桨手的数量。桨帆战船的船型越大、船身越坚固，就意味着自身的重量越大，速度赶不上常规的桨帆战船。这种船用于运载货物时有较大优势，但是对热那亚人来说就是一个劣势了。在那个时代，人们习惯将较大的桨帆战船称为"塔利登"（Tariden），配备的桨手一般超过80人；比较小的船称为"加利昂"（Galion），配备的桨手一般在60～80人之间，属于海盗比较青睐的船型；船型再小一些的称为"撒吉塔"（Sagitta），配备的桨手一般为40名，两侧各20名，这种船型在海上行驶速度极快，夸张点说，行驶如飞，可用作传令船和侦察船。腓特烈二世的舰队普遍采用第二种船型，这意味着在机动性和接舷战方面具有较强的优势。

实际上，在那个时代的海上作战，桨帆战船本就是为进行接舷战而设计的。为了提升航行速度，普遍采用的方法是船上配置大量桨手，但因此占据了较大的空间，使得运载能力降低了许多。对于运载货物而言，人们更喜欢拉丁式的帆具或三角帆的圆形凸肚船，这种帆具及船型在顺风行驶的时候具有很好的适航性，如果采取蛇形前行，许多时候可以不用划桨，其航行速度也能达到3～5节。这一优势非常适合远距离航行，因为它将大大减轻桨手的压力，给桨手更多储存体力的时间。以白天和夜晚为例，白天这种船的航程可以达到50～60海里，晚上若继续航行的话，可以航行双倍的路程。从11世纪到中世纪末期，这种船在欧洲得到广泛应用，在十字军时代用于运输十字军的船型也是它。当时的西西里王国，实力最雄厚的时候拥有60艘桨帆战船，这也是腓特烈二世敢于同联盟舰队作战的重要原因之一。如前文所述，这支舰队由多种舰船组成，如果各自配合得当，其作战效果将大于60艘桨帆战船本身所具备的战斗力。

当时的西西里王国拥有许多造船厂，比较重要的造船厂分布在布林迪西、那不勒斯、墨西拿、阿马尔菲（Amalfi）[59]、萨莱诺（Salerno）。建造舰船需要大量资金，为此，腓特烈二世在神圣罗马帝国全境征收用于建船的赋税。造船所需的木材、沥青和铁等物资也全部实行严格管理，由国家垄断经营，不允许私人贩卖。对腓特烈二世来说，他必须举全国之力，并在宏观调控、组织和调配上进行强化。

为了这次"神圣的海战"，他已经尽了最大的努力了。

腓特烈二世深知自己不具备卓越的指挥舰队作战的才能，他把这支几乎耗尽国家财力物力的舰队的指挥权交给了海军将领。在他统治时期，有3位重要的海军将领，他们分别是马耳他伯爵亨利（恩里科）·佩斯卡托（Enrico Pescatore，但这并非他的真名，Enrico在意大利语中是亨利的意思，Pescatore是渔夫的意思）、尼古拉·斯皮诺拉和安萨尔多·德马里（Ansaldo de Mari，西西里海军司令）。这三位海军将领都能征善战，经验丰富。譬如安萨尔多海军上将，他在1243年就获得了腓特烈二世授予的神圣帝国旗帜，被称为"西西里王国和神圣帝国的海军上将"。亨利·佩斯卡托甚至还被官方默许进行海盗活动。这些优秀的海军将领均得到重用，担任舰队司令，被赋予广泛的权力（最大的权力当数对舰队成员的司法权）。从这一点看来，腓特烈二世在"皇帝政权的组织程度上远远地走在了那个时代的前面"，而其他的欧洲国家，至少在几百年后才拥有这样的特质。这样一支舰队，在多次远征的行动中，取得了不俗的战绩。

现在，腓特烈二世将利用这支舰队捍卫自己的皇权，并在1241

---

[59] 当时的地中海商业中心之一，位于萨莱诺湾畔，那不勒斯南方，曾是阿马尔菲航海共和国的首都。

年做一个了断。

## 二　新舰队大杀四方

### 1

很长的时期内，至少持续到16世纪初期，地中海一直是古代和中世纪欧洲最重要的核心地区。人们发现新大陆之后，对世界的格局才有了更加明显与直观的认识，将视野拓宽到大洋。对于环地中海国家而言，它们将地中海看作是一个内海，因此，这些国家之间的交往也有了更多的可能。

古代的贸易线路伴随地中海及周围区域的相互交流合作而不断拓展，因为商业贸易的滋养，一些城市变得实力雄厚。除了奥斯曼帝国和拜占庭帝国，前者依赖信仰的力量、先进的知识体系、连贯东西的地理特性以及善于经商的民族传统，一度成为沙漠强国，尽管也曾一度称霸于海上，但并不具备成为一个海洋国家所需的主要特性，况且在1571年的勒班陀海战中就已经看出了这个帝国的力不从心；后者在中世纪初期和中期依赖神奇的"希腊火"成为海上强国。

自公元1000年以来，地中海延岸还诞生了一些海军强国，这当中最有名的当数亚平宁海岸上的商业城市，像威尼斯、热那亚、比萨（Pisa）[60]或者阿马尔菲。这些新兴的经济中心具有超强的生命力，从中世纪中期一直延续到近代前期，它们在地中海崭露头角，拥有高效的强大舰队。以威尼斯为例，作为腓特烈二世时代的海上强国，威尼斯早在1204年就攻下了具有坚强壁垒的拜占庭帝国首都君士坦丁堡（十字军的协同作战也是重要因素）。

就海战而言，直到近代早期，应该没有出现过在技术和组织水平上能赶超地中海地区的强大海洋国家。因此，发生在1241年的基督山岛海战，实际上是海洋强国之间角逐的产物。这与前文所述的仅仅是为了"俘获搭载着神职人员的战舰"并不矛盾。因为从战争的表层意义来讲，腓特烈二世是出于保住自己的帝王权力；从战争的深层次来讲，新的竞争者出现，便会给老牌强国以压力，而这压力可能比之前都大。毕竟，被称为"海上战狼"的维京人在较长一段时间里就是称霸海洋的"弄潮儿"。与西西里王国有着密切关系的例证当数维京民族当中的坦克雷德（Tancred）家族。当时，人们把所有向西欧、南欧发展的斯堪的纳维亚人称作"诺曼人"，诺曼人在12世纪就开始崭露锋芒，他们在9—10世纪期间是以劫掠为主的狼性水手，四处入侵，这种海盗式的行径可谓臭名昭著。在坦克雷德家族中出现了不少非常厉害的人物，其中有一位叫罗杰一世，他征服了当时还在阿拉伯人手里的西西里，虽然在他1101年去世了，但他的儿子罗杰二世依然厉害，成功地兼并了意大利的诸多小国，并于1130年通过教皇阿纳克莱图斯二世（Anacletus Ⅱ，1130—1138年在位）将西西里提升为一个王国。经过发展，西西里王国疆域得

---

[60] 位于佛罗伦萨西北方向，是当时的重要商业中心之一，曾以强大的海上共和国的形式存在。

到了较大的拓展，包括西西里岛和陆上领地，后者的范围几乎囊括了整个意大利半岛南半部。

现在，西西里王国遭到了挑战。

威尼斯和热那亚是新兴的海洋帝国，它们依靠港口城市、岛屿据点、代理商号组成的贸易网络，在商品和货物的流动方面具有强大的竞争力。这一点，我们从后期诞生的海洋强国葡萄牙、荷兰身上也能体会得到。当威尼斯、热那亚的经济实力非常雄厚的时候，它们越来越感受到拥有强大的政治力量是多么重要。事实的确如此，这些由海上诞生的帝国凭借其强大的经济实力和贸易网络，将它们的权力及影响力推广到世界范围。

技术知识和实践能力也让威尼斯、热那亚这样的新兴海洋强国具备了打造一支强大舰队的潜力。一旦自身的利益遭受到威胁和破坏，那么，在诉诸武力解决的时候就可以派出装备完整的舰队出海。威尼斯兵工厂拥有当时世界上非常先进的造船体系，它分工明确精细，让人惊叹。对此，我们可以从诗人但丁的《神曲》中找到印证："如同在威尼斯人的造船厂里，把坚硬的沥青熬煮在冬季。这些沥青用来涂抹他们那些磨损的舟楫，因为在那个季节，他们无法去航海。既然如此，有的人就在制造自己的新舟，有的人则修补航行过多的船舶的两侧；有的人在加固船艄，有的人在加固船头；有的人在做船桨，有的人在卷船缆；也有的人在缝补前帆和主帆。"

海洋的不平静就如同海洋的气候一样，1239年夏天的那次事件注定不会风平浪静：教皇试图通过与热那亚、威尼斯联合征服腓特烈二世统治下的西西里王国。因此，对这位国王来说，如何统治并保卫它成为当务之急。最好的办法就是拥有一支舰队，这样才能护卫西西里王国拥有的漫长海岸线，而且这个国家与地中海南部经济区之间的联系也需要舰队来维持。纵观西西里王国的历代诺曼国王，他们大都具备天生的海洋能力，同时也为打造一支强大的舰队而努力着。

1194年，一支西西里王国倾力打造的舰队到了腓特烈一世巴巴罗萨（Frederick Barbarossa，1152—1190年在位）的儿子亨利六世的手中。1186年，亨利六世与西西里王国的公主康斯坦丝结婚，这场婚姻的结果就是有了那个可怜的孩子，即日后的腓特烈二世。大概是耳濡目染，年轻时候的腓特烈二世就想打造一支更为强大的舰队，他还多次登上桨帆战船，跟随舰队完成了若干次航行。1228年夏天，他登上舰船，从布林迪西出发，途经塞浦路斯前往朝圣地麦加。第二年，他从海路返回。

曾有人称他为"航海者腓特烈二世"，可见这位国王对舰队的重视程度超过了他的祖先诺曼人。在腓特烈二世的先辈时代，如果要采取海上行动，就只能从海军强国那里租借舰船。现在，到了腓特烈二世时代，通过税收得来的巨额收入让他有信心打造出一支实力强大的舰队。这支舰队经历了几任舰队司令，到安萨尔多担任舰队司令的时候，国王的底气更足了。

就这样，第勒尼安海上的海战终于拉开了序幕。

## 第五章 基督山岛 1241：删除的记忆（公元 1241 年）

## 2

为了增加胜算——毕竟像威尼斯、热那亚这样的海军强国实力不容小觑——腓特烈二世打算与盟友比萨人的舰队联合作战。1241 年年初，27 艘桨帆战船驶往比萨，与那里的舰船会合后组成了一支全新的舰队。随后，这支舰队驶向厄尔巴（Elba）岛以南的海域，并在这一海区实施封锁，切断了大陆与基督山岛之间的海路联系。

1241 年 4 月 25 日，近 30 艘装备良好的桨帆战船从热那亚的港口出发。这次出行与以往有所不同，船上除了作战人员，还搭载了 100 多名教士。这些教士来自不同的国家和地区，以法国、西班牙、意大利北部地区为主，成员中有大主教、主教、修道院院长，以及两名充当教皇使节的红衣主教。在几周前，热那亚人从尼斯（Nice）将他们接过来，并在自己的城市里招待了他们一番。现在，他们打算继续出发去罗马参加宗教大会。按照格列高利九世的想法，利用宗教的力量将那个不听话的任性的国王除名，继而孤立他。而腓特烈二世试图通过一场海战阻止教士前往罗马参加宗教大会的举动，显然是有些愚蠢的。首要的一点是，发动这场战争的理由不够充分，无论胜利与否，都对西西里王国，尤其是国王本人，没有什么益处。不过，国王并没有意识到这一点，至少从他的个性和行动来看如此。

从热那亚港口驶出的舰队首先沿着海岸线航行到韦内雷港（Portovenere）。在这里，舰队司令贾科博·马洛切罗（Giacobo Malocello）才得知腓特烈二世的舰队和比萨人的舰队联合了，通往目的地的航线也被封锁了。作为舰队司令，他应该具备能听取属下建议的心胸，

*195*

但是马洛切罗并没有听取属下的多次警告,反而一意孤行选择走最近的航线,甚至不愿意等来自热那亚的援军抵达再行动。现在,他的舰队会面临致命的危险:如果不绕过敌方舰队设伏地点,就只能选择驶向奇维塔韦基亚(Civitavecchia)港,舰队抵达此处后,就能受到这座良港的庇佑。要是腓特烈二世的舰队在马洛切罗率部抵达此港之前就设伏拦截呢?其面临的危险是无法轻易忽略的。因为马洛切罗的舰队正好处在敌方船艏撞角的正前方——中世纪的海战中,撞角的作用是比较重要的。

马洛切罗固执地按照自己设定的路线航行,可能是考虑到舰队航行时间和天气状况的因素。海上作战,有一种先机叫作"谁先发现了对方",而海战史上,由于彼此都没有发现对方,因而避免一场大战的例子也不是没有。像1942年的阿留申(Aleutian)群岛战役,日军就曾趁着浓雾陆续撤离,美军也未察觉到日军在撤退,暂时避免了一场大战。在那个时代,因受到天气状况的干扰,人们未必能在地平线上发现什么。从物理学上讲,这是地球的曲面造成的,它限制了观察物体的最大可视距离。如果是在有大雾的情况下,这种可视距离还会缩小。就算是已经装备了更为先进设备的现代舰船,我们也只能在10~20海里外刚刚看见高高的舰桥,而船身却是隐没在海平面以下的。假设我们作为观测者站在一艘甲板高度只有2米左右的桨帆战船上,我们只能看到大约4海里远的地方,这个距离差不多有7000米。实际上,当我们置身在海上观察船只时,这个距离还要乘以2,因为被发现的船只的船身和风帆也是高出海平面的。而且,"当观察者所在的位置距离水面越高,那么在桅杆顶端瞭望敌情的视野也就越远"。如观察者在10米的高度进行观察,他能看到

第五章　基督山岛1241：删除的记忆（公元1241年）

的距离大约是6海里，相当于1.1万米左右。

这就是说，马洛切罗估算了舰队到达奇维塔韦基亚港的时间，而这个时间点出现大雾的可能性极大。那么，他就可以让舰队神不知鬼不觉地穿过浓雾。只要舰队进入奇维塔韦基亚港，一切就都安全了，因为接下来的一些港口诸如波佐利（Pozzuoli）、那不勒斯等都在热那亚或者盟友的掌控中。

另外，他必须让舰船上的神职人员如期到达罗马，若是选择其他路线当然安全，但一定会花费更多的航行时间。更何况，像热那亚这样的海军强国，似乎没有必要把腓特烈二世舰队的危险系数看得有多高。

3

1241年5月3日，这天是星期六，也是教会纪念发现"真十字架"[61]的日子。马洛切罗率领的舰队在海上航行了8天，这天清晨如他预测的那样，海面被层层浓雾笼罩着。舰队距离奇维塔韦基亚港只有50多海里了，然而，在晨雾中出现了谁也没有想到的场景：两支舰队都发现了对方，在基督山岛和吉廖（Giglio）岛之间，两者相距仅约30海里。

马洛切罗显得有些吃惊，他没有想到腓特烈二世的舰队会出现

---

[61] 基督教圣物之一，据说是钉死耶稣基督的十字架。真十字架是耶稣为人类带来救赎的标志，在罗马天主教圣人历中，5月3日的寻获十字圣架的瞻礼、9月14日的光荣十字圣架瞻礼均是为此而设。

*197*

在这里。看来，想从横亘在面前的敌方舰队中间悄无声息地溜过去已不可能了。

当热那亚的舰队正处在基督山岛与吉廖岛之间时，腓特烈二世舰队的司令官早已命令舰队做好了战斗准备，并率先发动了攻击。

一场海战就这样开始了。从时间上看，正好是上午9时。

热那亚作家巴塞洛缪（Bartholomew）描述了他的祖国舰队失败的过程。很奇怪的是，他对这次海战的描述极为简洁，仿佛不愿意多说一句似的。大概是他认为热那亚舰队的惨败极不光彩吧。"当他们（热那亚）在一个不幸的时刻继续他们的航行，结果在吉廖岛以北的比萨海域……皇帝（腓特烈二世）手下的27艘桨帆战船——他们的司令是马里的安萨尔多的儿子安德罗鲁斯——还有许多艘比萨人的桨帆战船和小帆船，另外还有一些萨沃纳的'撒吉塔船'，（它们）一起向我们的舰队扑来。并且，由于我们运气不佳，他们在开始的战斗中就占了上风。"巴塞洛缪描述的海战过程实在是太简单了，几乎对海战本身只字不提，并将失败的主要原因归结到"运气不佳"，显然是在刻意回避失败的真相。[62]

关于这场海战的记载的确很少。我们几乎只能知道上午9时战斗打响时，战局对腓特烈二世的舰队并不是有利的——从这点来看，热那亚人轻视西西里王国的情绪是存在的，这也印证了前文所述的马洛切罗的固执己见不是凭空臆测。因为有3艘作为前锋的桨帆战船竟然被热那亚人跳帮或击沉了。

不过，战局很快发生了变化。腓特烈二世的舰队趁着大雾，采

---

[62] 引文转述自阿尔内·卡斯滕和奥拉夫·拉德的《大海战：世界历史的转折点》。

## 第五章 基督山岛 1241：删除的记忆（公元 1241 年）

取逐个击破的策略，一艘接着一艘地击败了热那亚人的战船。

实际上，这样的海战只能叫作"船上的陆战"，特别是在中世纪，海战大都如此。那时候的作战地点虽然在海上，但未涉及战船的战术动作。交战时，距离较远的时候常用弓箭互射（中世纪的海战中，船一般不作为武器，即便有撞角存在，很多时候未必就发挥了作用，船更多的是作为运输军队和发射箭矢的平台使用）；双方船只靠拢时，则强行登船，像陆上作战那样进行厮杀、搏斗。即便到了 1340 年，在英法百年战争期间发生的斯鲁伊斯海战（交战双方是爱德华三世率领的英国舰队、法王腓力六世率领的热那亚－法国舰队）也是如此。

这次海战以腓特烈二世的舰队大胜而结束，教皇格列高利九世与热那亚、威尼斯的联合舰队一共损失了 22 艘船。其中，有 3 艘被敌方水手从底部凿穿，包括贝桑松的大主教在内，许多船员和乘客被淹死了。最后只剩下 5 艘桨帆战船和少数小一些的船逃回了热那亚，真可谓是新舰队大杀四方。

## 三　赔上全部身家

### 1

令人奇怪的地方在于，这场发生在第勒尼安海上的海战竟然被历史学家们"遗忘"了，如同删除的记忆一般。即便有些零散的记载，大都言之不详。如今，我们想要知道这场海战的方方面面，首先参考的史料就是《热那亚年鉴》。这是一部在城邦的委托下由一些学者按照年份记录下的简史。需要说明的是，这份历史年鉴因为需要在一些场合进行公众朗读，因此，对史料的加工是必不可少的。也就是说，它美化了热那亚，也美化了这场因为"运气不佳"而失败的海战。最让人吃惊的是，腓特烈二世在这部编年体史书中被刻画成了一个道德极其败坏，对教会极度危险的恐怖分子。他不但毫无道德可言，还使用卑鄙的手段从热那亚招募了优秀的海员，并从中任命最厉害的人担任海军将领。当然，在刻意塑造这样的人物形象的同时，也褒扬他的远航事迹——显然，这是多么具有讽刺意味啊！

参与《热那亚年鉴》编写的学者如巴塞洛缪，对这次海战的叙述是如此之短，对海战本身也是只字不提。因此，他的描述只能做一些参考。生活在1165—1244年的圣杰尔马诺（San Germano）编年史学家理查德（编写了1189—1243年间西西里王国的历史）对这次海战也有描述，同样让人奇怪的是，他的描述更短，只有一句话："在皇帝（腓特烈二世）的舰队和热那亚人的舰队之间发生了一次海战，被俘虏的教士们被送到了比萨。"要知道，在1186—1232年间，理查德曾担任"意大利中部城市圣杰尔马诺和蒙特卡西诺的官方公证人"，而且他本人还是腓特烈二世的财政管理人员。因此，他不但应该对这段时期的历史比较了解，还能做到实事求是。但让人遗憾的是，他的记载只能告诉我们这次海战的结局。

还有一些历史学家记载了这次海战，不过只有那么一两位。一位是在伦敦附近的圣阿尔班本笃会修道院的僧侣罗杰，他死于1236年。另一位是马太·巴黎（Matthew Paris）[63]，也是来自圣奥尔本斯（St Albans）本笃会修道院的一位僧侣，记载了这次海战的前因。这两个人的作品关联十分密切，反映了中世纪欧洲的重要历史，具有很重要的参考价值。马太·巴黎对基督山岛海战的描述相对比较详细。他这样描述道："海因里希听从了上帝的命令，并向热那亚人——当时他们正满不在乎地运送教皇使节和神职人员——派去了20艘装备良好和坚固的新战舰，并投入经验最丰富的海员，由海军上将斯托里乌斯指挥。在一场血战之后，比萨人——他们在海因里希的特殊命令下，由斯托里乌斯率领，就像一道闪电一样投入了战斗——战胜了热那亚人。"[64]

依据德国历史学家阿尔内·卡斯滕和奥拉夫·拉德的观点，"马太在他的记载中虚构了一些细节"，譬如"海因里希，他的一个更加

---

[63] 约1200—1259年，英国编年史作家。
[64] 引文转述自阿尔内·卡斯滕和奥拉夫·拉德的《大海战：世界历史的转折点》。

著名的意大利语名字是'恩齐奥'（Enzio），而他作为腓特烈二世的儿子和撒丁国王，并没有参加这次海战。尽管如此，他却奇怪地在一系列记载中被当成了所谓的舰队司令。而名叫'斯托里乌斯'的奇特的海军上将，或许是马太从皇帝致英格兰国王的一封信中读到的，并且他显然不清楚'stolium'意指整个舰队，而不可能是舰队司令的名字。另外一个严重的混淆也许可以和上述错误相提并论，那就是马太还提到了一名叫'弗里德里希'的海军上将或称成'舰队的海因里希'"。

在意大利编年史学家乔瓦尼·维拉尼（Giovanni Villani）[65]的作品中，一幅名为《海上的皇帝之子》的画向我们描述了这样的内容："参战的桨帆战船几乎没有桨，而是只有桅杆和帆；飘扬着鹰旗的神圣罗马帝国帆船与以钥匙为纹章的教皇国战船展开了战斗。腓特烈二世的儿子恩齐奥下令强行登上敌船并命令将恐惧的教士们推下船。不过，这个'私生子'（维拉尼如是称呼他）其实并没有参加1241年的基督山岛海战。"[66]

通过上述内容，我们可以获取到一些较为有用的信息。正如前文所述，海战的失败原因中有热那亚人的严重轻敌，舰队中除了作战人员，还有其他非作战人员，这势必会对战事产生不利影响；胜利的一方以"闪电般"的速度投入了战斗，虽明显有夸张成分，不过也恰好说明了腓特烈二世舰队设伏成功，并做好了充分准备，他的舰队航行速度极快，能够在敌舰做出完全反应前发动猛烈攻击；

---

[65] 1276—1348年，意大利佛罗伦萨的银行家、外交官、编年史学家，主要作品有《佛罗伦萨编年史》。
[66] 引文转述自阿尔内·卡斯滕和奥拉夫·拉德的《大海战：世界历史的转折点》。

## 第五章 基督山岛 1241：删除的记忆（公元 1241 年）

在接舷后的战斗中，腓特烈二世舰队的作战人员士气高涨，相比敌方战舰中的人员出现恐惧，这无疑是制胜的重要因素，因为教士们的恐惧一定会引发慌乱，这样的后果是不言而喻的。

身在西西里王国伊莫拉（Imola）的腓特烈二世在得知胜利的喜讯后欣喜若狂，他当即派出使者向英格兰国王发去一封胜利的通告信。他说："自己的攻城器械不仅最终摧毁了背信弃义的法恩扎的城墙，上帝在别的方面也是眷顾他的。至于那个普雷斯特林人（指教皇格列高利九世），这个常常切齿痛恨我们的人，我们相信，上帝的法庭已经为他准备好了，这样他就不能再像披着羊皮的狼一样误会上帝会保佑他，而是清楚现在上帝是站在我们一边了。上帝正坐在他的王座上公正地审判一切，因为他的意志并不仅是通过教会，而是通过王国和教会来引导世界。"西西里王国里一位叫齐贝里恩的诗人也写下了热情颂扬的诗篇："欢呼吧！帝国，尽情地欢呼吧！在海上，在陆上，教皇倒台的教训就在眼前，这场战争的结束将带来怎样的和平啊！宗教会议的恶毒的舌头，将在命运之轮前沉默，而亚平宁来的小伙子将建立起世界和平。"[67]

一方面是被删除的记忆，另一方面，我们从少量的历史记载中发现了相对详细、热情澎湃的记载。造成这样结果的重要原因在于，霍亨施陶芬王朝的迅速没落以及南意大利王朝连续性的断裂，哪怕有详细的记载，也无法保存下来。更何况，这是一场有着深刻宗教意义的战争。对于失败的一方来说，由多个海上强国组成的强大的联合舰队竟然打不过一支新兴的舰队，这是耻辱性的。反之，如果

---

[67] 引文转述自阿尔内·卡斯滕和奥拉夫·拉德的《大海战：世界历史的转折点》。

教皇格列高利九世如愿地打赢了这场海战，它一定会像萨拉米斯和勒班陀海战那样被人们大书特书。

不过，有一个特别重要的问题：对西西里王国而言，基督山岛海战的胜利就真的是胜利了吗？当一个小国拼尽全力打造一支舰队的时候，它有没有想过是否能承担巨额的费用？毕竟，海战胜利后，西西里王国并没有得到什么实际性的好处，除了荣誉上的——教皇格列高利九世陷入了困境，那些预定参加宗教会议的神职人员来不了了，他的计划泡汤了。那些被俘虏的教士们先是去了比萨，随后又被送到了托斯卡纳的圣米尼亚托城堡，最后这些人到了那不勒斯，"并从这里分遣到神圣罗马帝国所属的各个城堡"。

编年史学家马太·巴黎描述了教士们被俘后的苦难生活，"疾病和致命的虚弱侵袭着他们，因为在海上航行了太长时间，而且被挤在一起。所有人都患上了难以忍受的热病，这种热病扭曲着人身上的肌肉，就像被蝎子蜇过一样。他们又饿又渴，听凭臭名昭著的水手们摆布。与其说是水手，还不如说这些人是充满敌意的海盗。他们遭受的苦难是如此之漫长，但是所有人都在耻辱中忍受着"。[68]

2

事实的确如此！

---

[68] 依据阿尔内·卡斯滕和奥拉夫·拉德的《大海战：世界历史的转折点》中的转述部分，相关内容可参阅马太·巴黎编著的《大编年史》(Chronica Majora)，这部编年史除了叙述迄1066年至1259年的英国史事，也对欧洲其他国家的某些重要事件亦有记载，是了解13世纪前半期欧洲大事的重要资料来源。

## 第五章 基督山岛1241：删除的记忆（公元1241年）

基督山岛海战的胜利让欣喜若狂的腓特烈二世在平静后感受到阴郁的笼罩。他本想计划通过一系列短促突击让热那亚人再次遭到重创，可惜，西西里王国的财政状况已经不允许他再支持舰队行动了。

热那亚似乎没有受到什么影响——这场海战所产生的费用都是由热那亚公民负担的，他们本身就很富裕，可以说国家财政几乎没有受到什么损耗。西西里王国则不同了，一场海战就几乎耗尽了国库。对此，我们可以从腓特烈二世对自己的财政官员的陈述中得到证实："为了装备幸运的舰队，国库几乎被横扫一空。"[69]

当然，从短期的战果来看，腓特烈二世粉碎了以教皇格列高利九世为首的，联合热那亚、威尼斯对西西里王国的围攻计划，西西里王国的安全暂时得到保证。不过，对于腓特烈二世本人来说，他如此任意地利用一支舰队的力量来反对宗教审判，意味着他开了一个先例。换句话说，他人同样可以用这种方式去反对他。事实上，他的反抗没有达到最终的效果，因为1242年在里昂（Lyon）[70]召开的宗教会议上，他还是被罢黜了。

回到腓特烈二世举全国之力打造这支舰队的问题上，透过海战的胜利，我们可以看出船型、航速、设伏在海上战争中的重要作用。换句话说，拥有一支先进的、机动灵活的、实力强大的舰队就能控制海洋，这也是成为取得战略性胜利的前提。

然而，更为重要的教训是：为了控制海洋就组建一支舰队，而赔上一个国家的全部家当后，这个国家是否还有多余的财力、物

---

[69] 参阅《大海战：世界历史的转折点》。
[70] 13世纪时期，里昂是欧洲重要的宗教中心之一。

力去支撑、去延续、去发展壮大,尤其周遭还存在着虎视眈眈的强国?

因此,1241年的基督山岛海战,不应该成为删除的记忆,它更应该成为我们铭记的历史。

# 第六章

# 前世今生：君士坦丁堡的陷落
## （公元1453年）

第六章　前世今生：君士坦丁堡的陷落（公元1453年）

## 一　帝国末日

### 1

对希腊人而言，1453年君士坦丁堡的陷落无疑是让他们刻骨铭心的。拜占庭的灿烂与辉煌成就了这个帝国在世界文明舞台的重要位置，1453年这一年却是希腊人一段历史的终结。昔日的历史学家们常常以1453年君士坦丁堡的陷落作为中世纪结束的标志。不过，这一说法未必是准确的，一段历史的终结在很多时候很难找出绝对的标志。实际上，在君士坦丁堡陷落之前的很长一段时间里，意大利及整个地中海世界已经兴起了"文艺复兴运动"。1453年之后的很长时间里，中世纪的思想仍然在北欧盛行。而1453年之前开端的地理大发现，在今天看来，它已经深深地影响并改变了整个世界。如果我们把拜占庭帝国的灭亡与奥斯曼帝国的崛起联系起来，就会发现欧洲贸易或者整个世界的贸易在发生着微妙变化，而且这个变化随着时间的推移愈加明显。

1453年之前的半个世纪里，许多拜占庭学者来到意大利谋求更好的发展，而此时依然有许多学者离开异教徒的土地远赴欧洲淘金。奥斯曼帝国崛起，以强硬的军事手段和扩张野心阻碍了东地中海的贸易发展，其中尤以意大利至黑海的商业航线受到的影响最大。这当中，威尼斯、热那亚恐怕是最大的受害者。首当其冲的是热那亚在拜占庭的商业区，随后这个海上强国的商业霸权风雨飘摇、弱不禁风。

君士坦丁堡的陷落对土耳其人具有重要意义，他们攻下这座文明城市，为其带来的不仅仅是一座新都，还在于保护了帝国在欧洲部分领土的安全。君士坦丁堡的特殊地理位置使得它能发挥扼守欧亚交通要道的作用，而且它还处于奥斯曼帝国领土的中心，如果这座城堡一直掌握在拜占庭异教徒手中，土耳其人恐怕将难以入眠了。如果从君士坦丁堡再出现一支基督教十字军，土耳其人会更觉如芒在背。

对希腊人而言，君士坦丁堡的陷落也是他们心中的剧痛。作为上帝的代言人，城中的罗马皇帝与这座城市一同殉难，希腊人的生存从此处于苦苦挣扎中。不过，希腊文明并未因此而消亡，这个文明内在的活力与希腊人的无限勇气是其中的重要原因。

与迦太基帝国灭亡一样，悲剧的色彩同样笼罩在希腊人身上。前世今生，今生未来，一切或许已有定数。

时间拉回到1400年的圣诞节，英王亨利四世在他的行宫伊森举行了一次特殊的宴会，在这次宴会中来了一位重要的客人，他就是拜占庭帝国皇帝曼努埃尔二世（Manuel II Palaiologos，1391—1425年在位）。他是希腊人的皇帝，有时候也被人称作罗马人的皇帝。这位皇帝的一生充满了传奇色彩，他博学多才，游历了许多国家，受到君主和学者的喜爱。当然，我们也会很自然地想到，这位皇帝游历的目的更多的是为了寻求帮助。英国人为拜占庭人的高贵举止倾倒，也为他乞求西方基督教国家帮助对抗东方入侵的穆斯林异教徒

## 第六章　前世今生：君士坦丁堡的陷落（公元 1453 年）

的行为感到诧异。不仅是英国人，法国人也拒绝了他，这些西方国家根本不相信这位皇帝的国家需要他们帮助。对此，亨利四世的大法官阿斯克的亚当（Adam of Usk，1352—1430 年，威尔士神父、历史学家）说道："我细细忖量，如此高贵的基督教贵族却被东方的萨拉森人逼迫得走投无路，以致要远赴西方乞援。哦，古罗马的荣耀如今何在？"[71]

作为奥古斯都、君士坦丁的继承人，曼努埃尔二世可谓生不逢时，君士坦丁堡的罗马皇帝呼风唤雨的时代已经过去。11 世纪塞尔柱突厥兴起，西方的诺曼人也尝试入侵拜占庭，东西两线的危险让这个帝国焦头烂额。加之十字军倡导的"圣战"，其对拜占庭帝国是有危险的。然而，耐人寻味的是，拜占庭也希望从十字军那里获得益处，只是帝国的实力大不如前，在那个满是战乱的时代，一个帝国的能力大幅度下降则表明它的诉求在很多时候都不会得到应有的尊重。更何况，在 1071 年 8 月 26 日的曼齐刻尔特（Manzikert）会战中，拜占庭帝国皇帝罗曼努斯四世（Romanos Ⅳ Diogenes）惨败给突厥人，帝国失去最重要的粮仓与兵源之地安纳托利亚。会战的失败让拜占庭几乎失去小亚细亚，这成为帝国由盛转衰的标志。随后，这个帝国更加依赖外国盟军和雇佣军，尤其是后者，拜占庭帝国需要支付大量佣金或者失去一些商业特权。而更加不幸的是，这一切又发生在帝国经济衰退的年代。

这一时期的拜占庭帝国对待穆斯林的态度让人费解。它既不支持后者与十字军的对抗，也对十字军没有什么热情，帝国以一种

---

71 参阅斯蒂文·朗西曼的《1453：君士坦丁堡的陷落》。更多关于君士坦丁堡的论述可参阅亚历山大·亚历山德罗维奇·瓦西列夫的《拜占庭帝国史》一书。

"漠不关心"的态度存在于两者之间。到了12世纪，因天主教会与东正教会的分裂，东西方基督教国家的矛盾也更加明显了。1204年，更可怕的危机到来了，原本是去援救拜占庭帝国的十字军竟然反戈一击，洗劫了君士坦丁堡，并在这里建立了拉丁帝国。这次事件影响是巨大的，它终结了东罗马帝国的强国地位，直到大约半个世纪后，流亡到小亚细亚西部的拜占庭势力，即尼西亚帝国才夺回了君士坦丁堡。拉丁帝国的衰亡似乎让拜占庭人看到了复兴的希望。

然而，米哈伊尔八世（Michael VIII Palaiologos，1225—1282年）统治下的政权明显后劲不足。这是属于拜占庭末代的一个王朝，即巴列奥略王朝（Palaiologos Dynasty），君士坦丁堡在这一时期虽然还是东正教的中心，但是帝国的声望已经大不如前了。加之还有其他拜占庭势力建立的王国，譬如由拜占庭科穆宁皇室后裔于1204年建立的特拉布宗王国，这个王国拥有丰富的银矿资源和传统商路[72]，几乎不同巴列奥略王朝有什么往来；在色雷斯地区由拜占庭皇室后裔建立的伊庇鲁斯王国[73]，也因争夺君士坦丁堡与巴列奥略王朝爆发过战争。因此，昔日的辉煌几乎不可能再重现了。更何况，还有巴尔干的两股重要势力，即保加利亚和塞尔维亚的存在，以及在希腊本土与周边岛屿上的意大利人和法兰克人的势力，拜占庭帝国陷入到迟暮之龄的困境。为了驱逐十字军夺取君士坦丁堡的幕后黑手威尼斯人，帝国决定引入热那亚人的势力，但是热那亚人野心勃勃，他

---

[72] 主要在大不里士，Tabriz，这是一处重要的商业通道之地，位于雷扎耶湖盆地东北侧的山麓，今天是伊朗的重要城市之一，阿塞拜疆地区的最大城市、东阿塞拜疆省省会。

[73] 位于巴尔干半岛的一个中世纪国家，是拜占庭皇室后裔建立的王朝，后被奥斯曼土耳其灭亡。

## 第六章　前世今生：君士坦丁堡的陷落（公元1453年）

们帮助帝国的重要条件就是要获取商业特权。在险象环生的境况下，拜占庭答应了，随之失去的是首都北部重要的商业区佩拉（Pere）[74]的商业控制权，帝国的财政状况由此雪上加霜。

到了14世纪，拜占庭受到强大的塞尔维亚王国[75]入侵，并大有被吞并之迹象。雇佣军加泰罗尼亚佣兵团[76]的叛乱给帝国造成了很大的灾难。1347年暴发了可怕的黑死病，导致帝国人口锐减。奥斯曼帝国趁火打劫，利用拜占庭与巴尔干诸国的纷争大肆扩张，到14世纪末，奥斯曼帝国的势力已经抵达多瑙河畔了。这意味着，拜占庭几近处于奥斯曼帝国的包围圈中了——曾经偌大的帝国，现在差不多只剩下首都君士坦丁堡和塞萨洛尼基（Thessaloniki）[77]、色雷斯的几座城镇，黑海沿岸的一些市镇，以及伯罗奔尼撒半岛的大部分地区了。

虽然这一时期拜占庭帝国在艺术方面保持着高超的水准，并拥有大批优秀的学者，但君士坦丁堡已经沦为一座垂死的城市。12世纪的时候，仅帝国首都及郊区人口就达到了100万，现在只剩下不足10万了。更严峻的是，横跨博斯普鲁斯海峡的首都郊区有一大半区域已落入土耳其人之手，而金角湾的佩拉也被热那亚人控制。帝国最困难（指拉丁帝国末代皇帝鲍德温二世在位的最困难时期）的时候，不得不将太子交给威尼斯债主作为"抵押"。昔日的大竞技场仅剩残垣断壁，贵族子弟将它当作马球场。因此，曼努埃尔二世接

---

74 也叫加拉塔，与金角湾毗邻，是防御君士坦丁堡的重要之地。
75 1217—1346年，由尼曼雅王朝统治，后成为奥斯曼帝国的一个行省。
76 Catalan Company，历史上欧洲的第一支雇佣军团，主要由西班牙加泰罗尼亚人组成，创立者为罗杰·德弗洛尔。
77 帝国第二大城市，位于哈尔基季基半岛的西北角，濒临塞萨洛尼基湾。曾是古代马其顿王国的都城，在拜占庭帝国时期的重要地位仅次于君士坦丁堡。

213

手的拜占庭帝国简直就是一个烂摊子。尽管他想尽办法寻求外援，依然回天无术——虽然许多欧洲贵族对这位皇帝颇为赞赏，但弱国无外交，能够给予帮助的国家屈指可数。仅有法国于1399年派出了一支1000多人的军队向拜占庭帝国提供援助。不过，这等同于杯水车薪。

## 2

这个帝国就这样待人宰割了吗？

1402年，曼努埃尔二世正在寻求欧洲援助的途中，在得知奥斯曼帝国苏丹"雷霆"巴耶济德一世（Bayezid Ⅰ，1360—1403年）意图率军攻占拜占庭首都后，不得不中断访问，火速赶回君士坦丁堡。幸运的是，他还没有回到君士坦丁堡，这次危机就解除了。

原来，来自中亚的帖木儿大汗勇猛无比，他的军队在安卡拉战役中击败了土耳其人，并俘虏了巴耶济德一世。1403年，巴耶济德一世死于帖木儿营中，群龙无首的奥斯曼帝国由此陷入了将近20年的"空位期"。这对拜占庭帝国来说，是一个绝佳的喘息时期。

应该说，帖木儿的介入以及土耳其人内部的争夺意外地让君士坦丁堡的陷落往后延迟了半个世纪。然而，联合欧洲基督徒作战的可能性已经不存在了，因为一支联盟军队的组建和形成需要恰好的时间点和根本的共识。热那亚人似乎只关心其商业利益，缺乏一个强权之国应有的长远眼光，在对待帖木儿和奥斯曼的问题上采取左右逢源的策略。他们一方面派出大使向帖木儿示好，一方面利用自

## 第六章　前世今生：君士坦丁堡的陷落（公元 1453 年）

己的海上优势，"出动舰队将战败的土耳其将士从小亚细亚运回欧洲"；威尼斯人与热那亚人彼此不合，前者将后者视为最大的威胁，"要求其东方各殖民地长官严守中立"；教廷的形势也不容乐观，正处于大分裂时期，教皇与教皇之间相互倾轧，想要联合基督教徒根本不可能；西欧诸国因百年战争的影响，特别是 1396 年尼科波利斯（Nicopolis，是中世纪时期最后一次发动的大规模十字军东征）战役的恶劣后果让他们心有余悸，加之 1415 年战端又起，西欧自身的事务让他们根本无暇顾及拜占庭帝国。

1425 年，曼努埃尔二世去世，这位皇帝耗费了太多的精力想让帝国东山再起却终未实现。1421 年，奥斯曼苏丹穆罕默德一世驾崩后，穆拉德二世（Murad II，1404—1451 年）继位，这时的奥斯曼帝国已经恢复元气，国力强盛。根据著名学者格奥尔基·奥斯特罗戈尔斯基（Georgy Ostrogorsky）的观点，希腊人曾一度看好穆罕默德二世，觉得他虽然是穆斯林，但能与希腊人和睦相处。然而，"希望随着 1422 年他对君士坦丁堡的围攻而落空了。虽然对拜占庭首都的进攻未能得手，但他咄咄逼人的势头给希腊人造成了如此大的压力，以至于曼努埃尔二世的第三子安德罗尼库斯在绝望中将帝国第二大城市塞萨洛尼基卖给了威尼斯人。然而，即使是威尼斯共和国也无力回天，这次交易给了土耳其人借口，塞萨洛尼基还是在 1430 年被奥斯曼帝国攻陷了。之后数年，穆罕默德二世的扩张似乎停止了，不过这短暂的和平能持续多久呢？"。[78]

约翰八世（John VIII Palaiologos）[79]，曼努埃尔二世的长子，他或许

---

[78] 引自斯蒂文·朗西曼的《1453：君士坦丁堡的陷落》。
[79] 1392—1448 年，曾在 1432 年成功抵御了奥斯曼帝国苏丹穆拉德二世对君士坦丁堡的围攻。

做了一个艰难的抉择：不顾父亲的忠告，坚信只有寻求西方的帮助才能挽救这个迟暮帝国。只是，他忘记了父亲在寻求他助时受到的冷遇了吗？约翰八世认为罗马教廷具备足够的权威，可以将"一盘散沙的西方天主教诸国号召起来，援救东方的基督教兄弟"。

机会来了！1418年，在德国康斯坦茨（Constance）会议上选出了教皇马丁五世，从而结束了长期有两位教皇对立的时代。托这次大公会议运动[80]的福，约翰八世深知只有"通过某种普世大公会议才有可能使国民接受两大教会的再次统一"。自1054年东西方教会大分裂后，东正教（即希腊正教）是不承认天主教单方面召开大公会议的。现在，唯有站在普世的角度才有可能让分裂变为统一，约翰八世决定利用大公会议让西方的基督教力量融入拯救帝国命运的事业中来。经过漫长的谈判，教皇尤金四世（Eugene IV）终于同意邀请拜占庭以代表团的形式前往意大利的费拉拉（Ferrara）进行会商。其实，约翰八世原本打算在君士坦丁堡召开会议，毕竟在帝国都城召开这样的会议更具有深刻意义，但这一想法遭到了拒绝。1438年，拜占庭派出以宗主教（牧首）若瑟为首的代表团前往费拉拉参加"佛罗伦萨大公会议"（基督教第17次大公会议）。不过，这次会议可谓一波三折，曾两次更换地方，可见争执有多激烈。加之瘟疫在费拉拉城蔓延开来，1439年，会议地点移至佛罗伦萨。

这次会议从本质上讲是失败的，各代表团、神父们就"居先权"的问题就讨论了很长时间，彼此闹得很不愉快——以往的基督

---

[80] 一共有三次，这里指第二次，即1418年在德国康斯坦茨召开的选举教皇的会议。第一次是1409年召开的比萨会议，但毫无实际性成果；第三次是1449年召开的巴塞尔会议，旨在帮助拜占庭帝国抵御土耳其人的入侵。

第六章　前世今生：君士坦丁堡的陷落（公元 1453 年）

教大公会议大都是由罗马皇帝主持的，具有很高的权威和地位，现在是约翰八世，他是否有这样的资格享有"居先权"呢？如果享有，那东正教大牧首与罗马皇帝孰高孰低？此外，在不少问题上也出现了分歧，譬如东西教会对《圣经》正典的认定问题。在激烈的辩论下，让本来就处于劣势地位的拜占庭代表极为尴尬。尽管帝国派出了当时非常优秀的学者、神学家，譬如尼西亚大主教特拉布宗的贝萨里翁（Basilios Bessarion）[81]，以弗所大主教马克·欧金尼库斯（Mark Eugenicus）、基辅大主教伊西多尔（Isidore）、特拉布宗的乔治（George of Trebizond）……这些都是非常厉害的人物。然而，在拜占庭帝国本身的诉求层面，意味着不能有"固执己见"的言论。因此，一旦出现激烈争执的局面，约翰八世就不得不以"息事宁人"的姿态出现，可以说，整个拜占庭代表团表现得不尽如人意。最后，东西教会的共融还是被强制（有的是迫于皇帝的压力，有的是因为学术上的互相仰慕等）通过了。

值得注意的是，这次融合存在着一个很大的弊端：表面上看是东西教会融合了，但实际上许多内容，如习俗和宗教观点还是以天主教为主，而对于教皇与大公会议的关系也没有做出详细约定。当拜占庭代表团返回君士坦丁堡，民众在得知真相后大为恼怒，纷纷进行抗议。而受人尊重的贝萨里翁也因巨大压力被迫离开拜占庭，心灰意冷的他决定前往意大利隐居[82]。这位一心想拯救帝国的学者的离开，无疑是帝国的一大损失。基辅大主教伊西多尔的遭遇更惨，

---

[81] 1403—1472 年，文艺复兴时期著名的拜占庭人文主义学者。
[82] 他本人非常喜欢意大利文化，师承著名的拜占庭学者、柏拉图主义哲学家格弥斯托士·卜列东。拜占庭帝国灭亡后，他曾尽力援助逃难的希腊同胞，为世人所敬仰。

直接被俄罗斯民众放逐了。

约翰八世大为苦恼，费尽心思才得到的"成果"竟然得不到民众的支持。教会的主教格列高利·玛玛斯（于 1445 年被皇帝任命）也不受神职人员的待见，在巨大的压力下不得不前往罗马避难。母后海伦娜也强势反对，她本人似乎对儿子与西方联合的理念不太支持。约翰八世动摇了，不再强行推行与西方联合的理念，这样一来拜占庭帝国在宗教和思想上都分崩离析。尽管后来海伦娜减轻了反对的调门，一切已经回天乏术。

当然，这次大公会议并非一点作用也没有。1440 年，教皇尤金四世发出倡议组建十字军，直到 4 年后，一支由匈牙利人为主的军队终于在多瑙河组建起来，统帅是特兰西瓦尼亚总督胡尼奥迪·亚诺什（Hunyadi János）[83]。

按理说，有这样一位久经沙场的名将作为统帅，对援助拜占庭帝国是十分有利的。然而，尤金四世派出的特使切萨里尼（Cesarini）竟然强迫胡尼奥迪·亚诺什撕毁与苏丹订立的神圣条约，并在作战方略上横加干涉。无疑，等待这支十字军的命运将是失败。

为了援助拜占庭帝国，教皇尤金拿出自己收入的一部分作为军资。在他的努力下，威尼斯共和国、拉古萨（Ragusa，今克罗地亚杜布罗夫尼克）和勃艮第（Burgundy）等小公国同意援助 22 艘战船。这支舰队主要负责保卫海峡的安全。

1444 年 11 月 10 日，胡尼奥迪率领一支约 2 万人（说法有争议，另一种说法是 3 万人）的十字军出发了。奥斯曼帝国则出动了大约

---

[83] 1406—1456 年，匈牙利王国摄政，一生战绩辉煌，多次以弱胜强，最著名的战绩是 1456 年在贝尔格莱德围城战中打败苏丹穆罕默德二世，此役后，因感染鼠疫去世。

## 第六章 前世今生：君士坦丁堡的陷落（公元1453年）

4万～6万人的军队，由苏丹穆罕默德二世率领。十字军起初的战果还是不错的，攻克了诸如索菲亚这样重要的城市。随着冬季降临，冰雪覆盖了巴尔干山间的道路，食物与草料补给十分困难，军事行动不得不提前中止。奥斯曼帝国用重金买通热那亚人，用他们的船只运送军队秘密渡过海峡，在到达东色雷斯地区后与罗马尼亚军队会合。十字军开始南下多瑙河，计划在穿越保加利亚东部地区后沿着黑海海岸行军，最后再与基督徒的舰队一起联合行动。

按照原定计划，行动时间是1444年9月1日，但是直到9月下旬军队才动身。从战机来讲，很可能已经延误了。9月18日—22日间，十字军终于渡过多瑙河。11月9日，军队在瓦尔纳（Varna）城堡的城墙下扎营。因中间的时间差，奥斯曼帝国的军队已经占据了有利地形，而瓦尔纳城堡的背后就是大海，这就使得十字军无法实施侧翼进攻，甚至连撤退都没有足够的空间。最后，十字军用了整晚的时间来准备第二天的战斗。可以说，士兵的战斗力已经受到了较为严重的损耗。

1444年的瓦尔纳注定不平静。如果十字军胜利了，拯救拜占庭帝国的命运极有可能变得不再坎坷。

胡尼奥迪指挥军队率先对奥斯曼帝国的军队发动猛攻。很快，土耳其人就被打散。战局在一开始就有利于十字军这一边。然而，波兰国王兼匈牙利国王瓦迪斯瓦夫三世（Władysław III，他本人也率领了一支军队参与作战）对眼前的战局过于乐观，他没有等胡尼奥迪回师就贸然率领近卫队发动擒王冲锋。这可是500人对阵1万人！当国王冲杀到敌方禁卫军方阵最后一排的时候，他简直太兴奋

*219*

了——苏丹穆拉德二世[84]就在眼前，只要能将其阵斩，胜利就在手中了。不过，他可能忘记自己此时已陷入重重包围之中。就在这关键时刻，一名土耳其禁卫军杀死了他的战马，紧接着国王一个趔趄摔倒在地。

战局就这样在瞬间转变了！瓦迪斯瓦夫三世被敌军砍下了头颅。当这位年轻国王战死的消息传入联军阵营后，恐慌无可避免地产生了。斯蒂文·朗西曼（Steven Runciman）在《1453：君士坦丁堡的陷落》中写道："苏丹穆拉德二世在黑海之滨的瓦尔纳不费吹灰之力，便击败了这群乌合之众。最后一次试图拯救拜占庭的十字军也就此烟消云散了。"

瓦尔纳战役的失败对拜占庭帝国来说，无疑是雪上加霜。因为，土耳其人在巴尔干半岛的黑海沿岸控制了瓦尔纳这座重要海港，这一区域的制海权丧失，意味着教皇尤金费心筹来的舰队将无法发挥作用，在巴尔干地区，再也没有能阻挡奥斯曼帝国的力量存在了。

3

一些西方历史学家认为拜占庭的灭亡是宿命的。吉尔就认为拜占庭的主教金纳迪奥斯（Gennadios）等人笃信世界末日将近，所以拜占庭人拒绝联合西方力量的做法就说得通了。实际上，他们的宿命思想相信敌基督——土耳其苏丹的统治必将到来。

---

[84] 穆拉德二世原本已经把帝位传给儿子穆罕默德二世，自己找地方休养去了，但为了这场战争，他又被儿子逼着出山指挥军队作战。

## 第六章　前世今生：君士坦丁堡的陷落（公元 1453 年）

关于吉尔的主要论述内容，这里有必要做一些引述："广大普通拜占庭人深受僧侣们的影响，以坚持信仰与传统为荣，以背叛为耻。这是一个宗教气息浓厚的时代。对多数希腊人来说，尘世的生活不过是彼岸生活的前奏，为了世俗世界的安定而牺牲信仰，玷污灵魂，这是绝不可接受的。即便国家灭亡，那也是上帝对人间罪愆的惩罚，人们必须坦然以对。在博斯普鲁斯潮湿阴郁的气候下，似乎希腊人乐观的天性也被磨灭了。远在帝国鼎盛时期，先知们早已传言罗马的国祚不可能永恒持久。这种基督教的末世论深入人心，以至于人们相信敌基督终会出现，末日审判无法避免。过去人们还坚信君士坦丁堡得到圣母玛利亚的保佑，不会沦入异教徒之手，如今这份信念也动摇了。与西方'异端'教会联合的观念对他们而言既谈不上灵魂的拯救，也无力扭转世界毁灭的命运。"[85]

朗西曼在其著作中的论述同样为我们提供了一个比较独特的视角。他认为"信徒们的观点或许是偏执与幼稚的，然而，一些精明的政治家同样对联合疑虑重重。他们中的很多人预期西方国家不能或不愿派出足够强大的部队与苏丹的精锐之师抗衡。另一些人，尤其是宗教界人士，则担心贸然联合只会引发进一步的宗教分裂。当年十字军的背信弃义还历历在目，如今很多在异教徒统治下的希腊人，仅仅是依靠教会这条纽带与君士坦丁堡联系在一起，一旦试图与西方教会共融，他们能否赞同是颇为可疑的"。

事实的确如此，拜占庭民众对帝国的存亡以宿命对待，加之东方的三大宗主教（耶路撒冷、亚历山大和安条克宗主教）对拯救帝

---

[85] 依据斯蒂文·朗西曼《1453：君士坦丁堡的陷落》中的转述，也可参阅狄奥尼修斯·史塔克普洛斯的《拜占庭一千年》。

国一事也不积极,甚至还反对。要知道,大部分东正教徒只听从大牧首的教会,而非拜占庭皇帝的训令。因此,最尴尬的局面就出现了,拜占庭帝国的民众是不可能改变宗教信仰去挽救帝国的,东西方基督教的联合只能成为泡影。这一点,相信约翰八世的父亲曼努埃尔二世深有感触,他曾劝解儿子不要再走只寻求西方基督力量拯救帝国的老路,但是约翰八世秉持的是罔顾先帝忠告的态度。更深层的问题是,在当时属于东正教会大牧首领导的众多大主教中,只有少数几人在拜占庭帝国的有效统治区域内。换句话说,只要东正教会同意与西方基督力量融合,就意味着大牧首将失去大部分的主教位置。从人性的角度讲,大牧首肯定不愿意看到这样的局面出现。最好的解决办法,也许只有一条路——接受奥斯曼帝国的统治,确切说是奴役。不过,大多数希腊人又不愿意就这样屈膝向异教徒(穆斯林)投降。这种纠结、复杂的情绪的确让人很难做出抉择:是要屈辱地接受穆斯林的统治以保持完整的希腊,还是附属于西方基督教力量下的支离破碎?

当君士坦丁堡被奥斯曼帝国大军重重围困之际,负责海防段城墙的大公卢卡斯·诺塔拉斯(Lucas Notaras,拜占庭帝国历史上最后一任海军大都督)竟然说出这样的话:"宁要苏丹的头巾,不要天主教的教冠(Better the Sultan's turban than the Cardinal's hat)。"据说,诺塔拉斯看到奥斯曼帝国强行把海军运到内海后便落荒而逃。由此可见,不仅仅是帝国民众对拜占庭失望,连上层也是同样的态度。君士坦丁堡陷落后,诺塔拉斯也成为阶下囚。苏丹曾允许他用财富换取生命,不过很快就食言了,苏丹决定斩草除根,不给拜占庭重臣后代东山再起的机会。诺塔拉斯一家人全部被处死。

诺塔拉斯的这种意识从某种程度上讲，加速了帝国的灭亡。他完全可以依靠帝国海军的力量坚守下去，即便帝国军队在陆地上打了败仗——实际上，陆战的战局比较稳定，奥斯曼帝国军队久攻不下，苏丹本人也焦头烂额。海上防御方面，只要能守住金角湾，君士坦丁堡依靠"希腊火"的巨大威力，完全可以坚守。

不过，诚如在意大利过着"隐居生活"的拜占庭学者，特别是贝萨里翁感受到的那样，他们虽然不为帝国民众所容，却仍尽力援助自己的同胞。他们更为"君士坦丁堡的偏执愚昧感到痛心疾首，他们依然憧憬着与西方国家联合"。然而，现实是非常残酷的，在当时的背景下指望以与西方融合的方式给这个迟暮的帝国一剂强心针，为时晚矣。

约翰八世从意大利回国后郁郁寡欢。朗西曼在《1453：君士坦丁堡的陷落》中的描述更加符合这位君主的心境与遭遇："他深爱的王后，特拉布宗的玛利亚，病于一场瘟疫。他没有子嗣，而他的兄弟多半在伯罗奔尼撒或色雷斯策划着反对他的阴谋。他唯一信任的家庭成员只有其母后海伦娜，但后者却与他政见不合。他尽可能地利用其机智与克制，维持帝国的稳定。他在财政上精打细算以便节省出资金，整修了首都的城墙，后者很快就要面临奥斯曼人的严峻考验。当他于1448年10月31日驾崩时，或许对皇帝而言这真算是一种解脱吧。"

约翰八世一心想励精图治挽救帝国，但他可能真的生不逢时，就像明朝皇帝崇祯一样。

拜占庭帝国的前世今生，宿命也好，拼命挽救也罢，它的陷落早已铭刻在历史的深处。对欧洲人而言，他们失去了最好的屏

223

障——往后,奥斯曼人的领土就扩展到他们那里了。

## 二 城堡陷落

1

整个 1452 年年末,穆罕默德二世都在酝酿他的征服计划。那个冬天寒风凛冽,为了攻下君士坦丁堡,他在哈德良堡(Adrianople,今土耳其埃迪尔内)度过了好几个不眠之夜。可是,他想不出什么好办法,君士坦丁堡城防的坚固是他领教过的。他的老师哈里尔很担心这位年轻的苏丹,当然,他可能更担心自己被苏丹免职,毕竟,他也没有什么好的计划或者建议。他送上满盘的金币,但眼前的这位学生却将满盘金币放在一旁,正色说道:"我不需要你的礼物。我想得到的只有一物,那就是君士坦丁堡。"[86]

穆罕默德二世的这番话,表明了他要征服拜占庭的决心有多么坚定。可能他觉得奥斯曼帝国的实力已经非常强大了,拥有凶悍无比、骁勇善战的将士,就连海上力量也不容小觑了。按照他的理解,帝国已经拥有一支可以争夺制海权的海军了。实际上,奥斯曼帝国的海军力量还不能与拜占庭的海军力量相提并论,如果不是左右逢

---

[86] 依据斯蒂文·朗西曼《1453:君士坦丁堡的陷落》中的转述。

## 第六章　前世今生：君士坦丁堡的陷落（公元 1453 年）

源的热那亚人的帮助，奥斯曼帝国的舰队是很难拿下金角湾的。他甚至还想到意大利人不会是拜占庭人的坚强后盾，因为他觉得意大利人狡诈多变。况且，君士坦丁堡因宗教纷争已经陷入分裂，再不对君士坦丁堡发动围攻，最好的时机就错过了。

很快，穆罕默德二世就向帝国欧洲诸行省的总督达伊·卡拉贾·贝（Dayi Karadja Bey）下达了命令，让他召集军队。随后，帝国军队袭击了色雷斯的一些城镇，让土耳其人有些意外的是，不少城镇选择了投降。随后，卡拉贾·贝的军队向黑海沿岸的城市发动攻击，这些城市大都选择了投降，倒是马尔马拉的海滨城镇进行了比较激烈的抵抗，结果城镇被劫掠后夷为平地。因此，卡拉贾·贝起到的作用之一很可能是让苏丹窥测出了拜占庭外围的力量应该是不足为惧的。但想要彻底拿下君士坦丁堡，还必须要有一支强大的舰队，并配备乌尔班巨炮从海上发动进攻。

由此可以看出，奥斯曼人对君士坦丁堡的先期围攻多以陆路为主。不过，成效不是特别明显——即便控制了一些能切断拜占庭补给和增援的陆上要道，拜占庭依然可以依靠强大的海上力量为首都提供补给与增援。土耳其人并非航海民族，很多时候不得不依靠基督徒的舰船运送军队。

必须要改变海上弱势的现状。1453 年 3 月，一支经过精心筹备的庞大舰队鳞次栉比地出现在加里波利港，舰船中有一部分是经过维修或改装的，大部分是在爱琴海沿岸船厂建造的新舰。在船型和性能方面也进行了改良，相较于之前的三列桨战舰，它吃水较浅，采用两桅杆搭配风帆；也有二列桨船，它体积更小，只需要一根桅杆。至于大型战舰，它是宽泛的专属名词，但主要指单层大型划桨战舰，用于主力舰阵列。运输船实际上多指平底船。总之,这支舰队配备完善,奥斯曼帝国花费了重金打造。

对奥斯曼帝国的舰队规模存有不同说法。拜占庭方面的历史学家大多有夸大的嫌疑,这主要是从战败者的角度出发,为失败找到一个"宽慰的理由"。根据旅居君士坦丁堡的威尼斯海军医生尼科洛·巴尔巴罗(Nicolo Barbaro)的说法,他认为有 12 艘大帆船,70~80 艘长船,另外还有一定数量的运输船、单桅帆船和快艇,它们主要用于运输和联络。水手和桨手中有一部分是奴隶及囚犯,更多的是雇佣兵。值得一提的是,这些雇佣兵大都是希腊人,为了高额的报酬竟然甘愿参与攻打拜占庭的战争,令人愤慨。舰队司令是保加利亚裔改宗者——苏莱曼·巴尔托格鲁(Suleiman Baltoghlu),他是穆罕默德二世亲自任命的,可见苏丹有多么重视这支舰队。根据希腊史学家米海尔·克利托布卢斯(Michael Critobulus)的记载,1453 年 3 月末,"苏丹的海军起锚穿越达达尼尔海峡,进入到马尔马拉海,这引发了基督徒的恐慌。直到此时,他们才第一次领略了土耳其海军的强大"。当舰队在马尔马拉海执行任务时,陆军也在色雷斯集结完毕。这支陆军的装备也很精良。

整个冬季,奥斯曼帝国都在进行高效的备战。

帝国的工匠们夜以继日打造盔甲、标枪和弓箭等各种武器;各个行省的总督也积极调动军队;大量辅助人员也加入了进来。据说,用于作战的陆军人数达到了 30 万~40 万人,不过,希腊人应该是夸大了人数。威尼斯人的估算是 15 万。比较客观的说法是 10 万人,其中包括 8 万正规军、2 万辅助兵。

为了攻打坚固无比的君士坦丁堡,奥斯曼帝国装备了一种新式

第六章　前世今生：君士坦丁堡的陷落（公元1453年）

武器——重型火炮。穆罕默德二世敢于1453年进攻君士坦丁堡，其中最重要的原因是拥有了这种先进武器（根据德国地理学家塞巴斯蒂安·明斯特尔的说法，大约在100多年前，一个名叫贝托尔德·施瓦茨的日耳曼修道士发明了火炮），继而可以组建重炮部队。虽然之前也有火炮，但威力不尽如人意。在日耳曼人1321年攻打北意大利城市奇维达莱（Cividale），英格兰人围攻加来的战争中，火炮的表现并不令人满意，难以对坚固的城防造成足够的破坏。1377年，"威尼斯人曾经尝试在海战中使用火炮以对抗热那亚"，由于战舰无法安装重型火炮，轻型火炮对舰船的杀伤力明显是不够的。因此，在较长的一段时期里，火炮多用于陆战，尤其是野战中驱散对方军队或者破坏轻型防御工事。

那么，是什么原因让穆罕默德二世相信火炮的攻城效果了呢？根据德国历史学家弗朗茨·巴宾格尔（Franz Babinger）[87]的说法，苏丹宠信的私人医生雅各博（Jacobo），一名来自加埃塔（Gaeta）的意大利犹太人，让他相信科学的力量，并相信火炮的重要性。在他登上帝位之初，就命令帝国的兵工厂研制重型火炮。

因为宠信一位私人医生，继而相信火炮的攻城效果，这说法是否准确？由于弗朗茨·巴宾格尔选取的是大量原始史料，应该具有较大的可信度。在他的作品《征服者穆罕默德和他的时代》中曾提到穆罕默德二世有同性恋倾向，且是被"明确记载的"。这本书写于20世纪50年代，同性恋的话题还是比较禁忌的。因此，他没有详细描述，不过书中有不少与之相关的故事，写到这位穆罕默德

---

[87] 1891—1967年，主要作品有《征服者穆罕默德和他的时代》。

二世对奴隶、仆人和贵族的男人有欲望。根据希腊历史学家杜卡斯（Dukas，约1400—1462年）的描述，在君士坦丁堡陷落后，拜占庭帝国的海军都督卢卡斯·诺塔拉斯全家被俘。有一天，穆罕默德二世喝得酩酊大醉。他在酒精的刺激下荷尔蒙膨胀，命令诺塔拉斯交出14岁的儿子，以满足自己的欲望。作为父亲，诺塔拉斯绝对不能答应这样无理的屈辱要求，于是大为震怒的穆罕默德二世就派杀手去杀他全家。当杀手屠光了诺塔拉斯家的所有男性后，"捡起首级，返回到宴会上，将它们献给那嗜血的野兽"。当然，这样的描述是存在一些问题的。真相应该是如前文述及的那样，穆罕默德二世不能让拜占庭帝国的重臣后代东山再起，所以斩草除根。但根据奥斯曼帝国的史料，诺塔拉斯的儿子被招募为近侍，主要在宫内侍奉皇室，而不是为了满足苏丹的性欲。不过，穆罕默德二世的确喜欢在作战中俘获美貌的男子，以供自己取乐，同样，他也喜欢掳掠年轻美貌的女子。无论怎样，这位苏丹皇帝相信了他宠幸的私人医生雅各博的建议。[88]

负责建造重型大炮的是一个叫乌尔班（Urban）的匈牙利人。大约在1452年夏季，他在哈德良堡开始铸造第一门巨炮。饶有戏剧性的是，在这之前乌尔班曾经去过君士坦丁堡，希望皇帝能支持他的发明创造。可惜，经济已然破产的拜占庭帝国未能特别重视他，只给他一些生活费用，有时甚至未按时给付。造大炮所需的原料也非常短缺，于是生活拮据的乌尔班离开君士坦丁堡前往奥斯曼帝国的都城，并见到了穆罕默德二世。

---

88 相关内容可参阅罗杰·克劳利的《1453：君士坦丁堡之战》。

## 第六章 前世今生：君士坦丁堡的陷落（公元 1453 年）

希腊历史学家杜卡斯描述了两人见面的场景。苏丹希望能制造出一种可以抛射足够大的石弹的武器，用以摧毁君士坦丁堡坚固无比的城墙。乌尔班回答说："如果陛下需要的话，我可以铸造一门能够发射这种石弹的铜炮。我对城墙做了仔细观察。我的大炮不仅能把这些城墙炸为齑粉，巴比伦的城墙也不在话下。铸造这样的大炮所需的工作，我是完全胜任的。"穆罕默德二世听后颇为欣喜，当即表示愿意支持他的研发工作，提供一切所需，并给予他非常高的薪酬。[89]

乌尔班发明的巨炮在 1452 年 11 月的一次炮击中表现不俗，摧毁了一艘大型桨帆船（指威尼斯商船被检查事件，下文有述）。穆罕默德二世对这结果颇为满意，就命令乌尔班将现有火炮的尺寸翻一倍，铸造一门更为巨大的大炮，于是这样的巨炮生产得更多了。据说，这种巨炮长达 26 英尺 8 英寸（1 英尺 ≈ 0.3 米，1 英寸 ≈ 2.54 厘米），大约相当于 8 米，炮弹重量重达 1200 磅（1 磅 ≈ 453 克）[90]。

巨炮问世和其强大的破坏力让君士坦丁堡的居民不寒而栗。不过，皇帝本人积极鼓励民众，并募捐到一笔钱——威尼斯人提供了不少捐助，还有一些教会、修道院和个人也解囊相助。有了这笔钱，就可以对城堡进行加固了。

面对来势汹汹的奥斯曼帝国大军，拜占庭帝国末代皇帝君士坦丁十一世（Constantine XI Palaiologos）[91]已经竭尽全力。

---

89 参阅罗杰·克劳利的《1453：君士坦丁堡之战》。
90 另一种说法是 1500 磅，与之相关的详情可参阅罗杰·克劳利在《君士坦丁堡的火炮》一文中的描述。
91 1405—1453 年，约翰八世的弟弟。

*229*

1452年秋，他派出使节前往意大利寻求援助，然而得到的回答却令人绝望。朗西曼在《1453：君士坦丁堡的陷落》中写道，威尼斯人经过慎重考虑，回复说："我们对东方的危机深表忧虑，如果教皇国和其他国家愿意出兵干预，那么威尼斯也同意合作。"

这句话的深层含义，不就是在拒绝吗？明知道教皇国和其他国家不可能一致同意出兵进行援助，这样的说辞自然是让人郁闷的。不过，君士坦丁堡方面仍没有放弃，力图说服威尼斯人伸出援助之手。他们在等待奥斯曼帝国的舰队"误伤"或者"出于某些敌意"击沉威尼斯的商船，这样威尼斯就有理由出兵了。然而，真的得到了这样的情报后，威尼斯人也没有下定决心采取断然行动。就在11月25日，威尼斯的商船被奥斯曼帝国鲁梅里（Rumeli）要塞的岸炮击沉。奥斯曼帝国要求所有经过博斯普鲁斯海峡的船只必须在土耳其要塞前停靠，并接受检查。威尼斯人的商船拒绝检查，随后船只被岸炮击沉，被俘虏的船长及船员全部遇害，船长安东尼奥·埃里佐（Antonio Erizzo）死状极为恐怖，土耳其人对他施以穿刺之刑，并被放置路边示众。此次事件引起极大的国际反响，威尼斯召开了紧急会议，经过激烈辩论，最终以74：7的绝对多数同意向拜占庭施以援手。不过，威尼斯能做什么呢？它如何施以援手？与伦巴第（Lombardia）的战事正弄得它焦头烂额，总不能与宿敌热那亚联手吧！

拉古萨[92]，这个与威尼斯一样在拜占庭享有商业特权的盟友，除

---

[92] 位于亚得里亚海滨、杜布罗夫尼克地峡的顶端。曾为匈牙利王国的附属国，君士坦丁堡陷落后，这个公国与奥斯曼帝国关系相处融洽。这缘于拉古萨人高超的政治手腕，他们在扮演中立角色的同时还能成为教皇的被保护人和苏丹的封臣。从结果来看，拜占庭指望拉古萨的救援几乎是不可能。

## 第六章 前世今生:君士坦丁堡的陷落(公元 1453 年)

非西方联盟愿意出兵援助,否则以它的实力断然不敢得罪土耳其人。

在热那亚,拜占庭的使节也做着渴求援助的努力,得到的回复让人无语,对方只同意援助一艘战舰,同时愿意替拜占庭向法国和佛罗伦萨共和国乞求援助。显然,这也是一种托词,热那亚人如果真心想帮助拜占庭人,怎么会才同意援助一艘战舰,又在私下里帮助奥斯曼帝国呢?

教皇尼古拉斯五世(Pope Nicholas V)[93]虽然表示自己愿意帮助拜占庭,可他却说"在确认拜占庭与天主教会共融产生之前,他不愿意全力以赴"。事实上,就算他全力以赴,依然起不了什么作用,离开了威尼斯的支持,他可能什么都不是(在援助拜占庭帝国的问题上,他是愿意施以援手的,他打算向西欧收取什一税,然后资助十字军,以便帮助拜占庭人,然而欧洲各国大多不听从他的命令。倍感心寒的他,也只能爱莫能助了)。加之,他忙于罗马 1453 年 1 月爆发的民众叛乱,哪有时间和精力考虑国外的事务!

而可恶的金纳迪奥斯,他本人还是拜占庭的主教,却发放传单,大声疾呼,不顾一切地告诉人们"千万不要为了虚无的援助而玷污自身信仰"。他的这一行为,获得了一批支持者。[94]

那不勒斯国王阿方索倒是愿意支援拜占庭,因为君士坦丁堡有加泰罗尼亚商人——这也是他的臣民。国王给出了许多美好的承诺,实现的却很少。好不容易派出了一支由 10 艘船组成的舰队前往爱琴

---

[93] 1397—1455 年,文艺复兴时期的第一位教皇。1447 年 2 月尤金四世病死后,在一批学者的支持下当选教皇。人们给予他的评价大都说他是一位宽容的教皇,就算晚年多次遭人暗杀,他也表示原谅。
[94] 相关内容可参阅狄奥尼修斯·史塔克普洛斯的《拜占庭一千年》。

海声援拜占庭，后来却因忌惮热那亚的反应将舰队召回，实在是让人大跌眼镜。

俄罗斯大公鞭长莫及，指望他也是徒劳。

最有可能给予支持的匈牙利王国，其摄政胡尼奥迪如果出手援助也是一股力量。可惜，经历瓦尔纳战役的大败后，这个国家元气大伤，还未恢复。

唯一答应提供帮助的只有西西里一带的一些小国，他们同意提供粮食援助。

看来，拜占庭人只能靠自己保卫都城了。

2

难道就没有其他力量愿意为拜占庭提供援助吗？

1453年3月末，尼古拉斯教皇自费购买了一批食物，并招募了一批士兵，用3艘热那亚的船将其运往君士坦丁堡。君士坦丁堡城中的威尼斯租界对拜占庭给予了全力支持，威尼斯大使吉罗拉莫·米诺托（Girolamo Minotto）表示，他将与拜占庭共存亡，并协助守城，绝不允许任何一艘威尼斯船离开都城。他还专门去信求援，得到了两位威尼斯船长的回应，他们是加布里埃莱·特雷维桑（Gabriele Trevisan）和阿维索·狄多（Alviso Diedo），其中后者刚从黑海返航停泊在金角湾。在克里特（威尼斯殖民地），那里的长官也表示愿意援助，将6艘威尼斯船与3艘克里特船全部改装为战舰，并加入了拜占庭舰队。正如加布里·特雷维桑向威尼斯

## 第六章 前世今生：君士坦丁堡的陷落（公元1453年）

呈报的那样——这是为了"上帝与基督徒的荣耀"。另外，留守在君士坦丁堡城中的威尼斯家族——科尔纳罗（Cornaro）、莫切尼戈（Mocenigo）、韦涅尔（Venier）等，他们也表示会给予力所能及的支持。在众多热心人士的努力下，威尼斯特许拜占庭可以在克里特招募雇佣兵。

君士坦丁堡城中的加泰罗尼亚商人——他们同样在都城有租界——其领事佩雷·朱里奥动员了一批水手加入拜占庭舰队。就连流亡到君士坦丁堡的奥斯曼王子奥尔汗及其家族也表示要为守城尽一份绵薄之力。

为了让热那亚商人输送粮食到君士坦丁堡，君士坦丁十一世以免税特惠的丰厚条件作为回报。然而，回应者寥寥无几，热那亚严格遵守所谓的中立态度。

实际上，热那亚在欧洲也自顾不暇，政府虽然发布了几封号召抵抗奥斯曼帝国的文告，却是"雷声大，雨点小"，随后就没有下文了。其中的原因主要在于热那亚人要保住佩拉殖民地和黑海沿岸的殖民地，不能得罪土耳其人。佩拉大区的长官甚至被告知必须采取一切手段取悦土耳其人，在君士坦丁堡陷落后也要尽可能地与土耳其人搞好关系，决不能挑衅他们。这样的指令也传达到其他殖民地区。

面对严峻的局面，君士坦丁十一世在国务秘书乔治·斯弗兰采斯（George Sphrantzes）的建议下，任命伊西多尔[95]为君士坦丁堡大牧首（格列高利辞职后，大牧首一直空缺）。但是，皇帝本人心里应

---

[95] 前基辅大主教，希腊人后裔，威尼斯教皇起用他成为天主教会主教，以教皇特使的身份于1452年5月前往君士坦丁堡。

该清楚,这个人未必能有什么实质性的帮助。因为,那个可恶的金纳迪奥斯继续作祟,当伊西多尔带着一支规模不大的雇佣军即将来到君士坦丁堡时,他特意做了一番慷慨激昂的演讲,号召人们不要为了外界所谓的一点点援助而放弃世代相传的信仰。当雇佣军到来时,他害怕极了,赶紧躲到大教堂内,并在教堂大门口贴出提醒人们的告示。拜占庭的重臣卢卡斯·诺塔拉斯亲自出面劝说他应该以帝国命运为重,他依然固执己见。在金纳迪奥斯的影响下,城内竟然发生了暴动,这对拜占庭来说无疑又是一个沉重打击。

即便如此,伊西多尔还是尽力在为共融做着努力。1452年12月12日,在圣索菲亚大教堂举行了庆祝东西方教会共融的神圣弥撒——之前,君士坦丁十一世迫于奥斯曼帝国在博斯普鲁斯海峡欧洲海岸线一侧阿索玛顿(位于今天土耳其伊斯坦布尔城外贝贝克一带)修建的鲁梅里要塞(于1452年8月竣工)造成的可怕威胁[96],同意了西方基督教几乎所有的要求。皇帝和宫廷人员都参加了这次共融祷告,除了金纳迪奥斯等8位神父拒绝到场。不过,根据伊西多尔的说法,多数希腊民众对东西联合表现出的只有容忍,没有丝毫热情。到后来,甚至没有什么人愿意进入索菲亚大教堂了,着实让人感慨。对于这样的尴尬局面,有一种说法是皇帝本人似乎也不是太热情,只是走了个形式;还有一种说法是,拜占庭重臣卢卡斯·诺塔拉斯说了那句关于头饰的重要言论,即"宁要苏丹的头巾,不要天主教的教冠"这番话太伤人心了。不过,事情的真相可能是卢卡斯·诺塔拉斯在看到不少民众的漠不关心、消极情绪后十分生

---

[96] 要塞距离君士坦丁堡北面6里,对扼守海上重要航线有着极其重要的作用,要塞配备了3门巨炮,能对可控制海域实施有效打击,土耳其人骄傲地把它称作"割喉之刃"。

## 第六章 前世今生：君士坦丁堡的陷落（公元1453年）

气，不懂得语言的表达技巧，从而说出了这番话。

这次祷告也并非一无所获，至少再也听不到公开反对共融的声音了，那个可恶的金纳迪奥斯也不再发声了，处于隐居状态。但西方力量真的会因为皇帝的妥协而派出援兵吗？事实上，他们大都爽约了。

当奥斯曼帝国大军向色雷斯进发时，君士坦丁十一世秘密安排国务秘书乔治·斯弗兰采斯对君士坦丁堡全城可参战的男丁数量做了调查。其结果让人痛心——全城可参战的希腊男性居民只有4983人，这里面还包括了修士，外国人大约有2000人。也就是说，皇帝辛辛苦苦的努力，最终真正能派上用场的不足7000人，而7000人要对抗超过10万的奥斯曼帝国大军。

君士坦丁堡，岌岌可危！

3

1453年4月2日，星期一，君士坦丁堡迎来了第一场保卫战，主动出击的守军成功地击退了第一支敌军，并给敌军造成不少的伤亡。随着敌军人数越来越多，守军不得不退回城内。君士坦丁十一世下令封锁城门，坚守不出，并摧毁了护城河上的吊桥，在金角湾布下巨型铁链封锁港口。铁链的一端固定在君士坦丁堡的欧根尼乌斯塔上，另一端则固定在热那亚佩拉地区的加拉塔海墙上。为了加强这一防御工事，由热那亚工程师巴尔托洛梅奥·索利戈（Bartolomeo Soligo）负责设计的木质浮桶也布置在了海湾上。

陆上的战局相对比较稳定，尽管奥斯曼帝国军队凶悍无比，并利用巨炮对城墙进行了炮击，但坚固的城墙还是承受住了——有一部分城墙受损，很快就被修复了。而且即便陆上战况不利，只要能死守住金角湾，君士坦丁堡或许还是能够转危为安的。

朗西曼在《1453：君士坦丁堡的陷落》中描述道："君士坦丁堡城区大体是一个不太规则的三角形半岛。陆上城墙自金角湾的布雷契耐区开始，直至马尔马拉海边的斯塔迪昂区，城墙形状略微中凸，全长约4英里。金角湾城墙全长约3.5英里，从布雷契耐至阿克罗波利斯角大体呈中凹状。由阿克罗波利斯角到斯塔迪昂区的城墙总长约5.5英里，大体按照半岛突出部的形状沿海修建，经博斯普鲁斯海峡迂回至马尔马拉海滨。从金角湾至马尔马拉海峡的城墙为单层城墙。马尔马拉海一侧城墙共有11道城门及2座设防小型港口，后者用于容纳因逆风无法进入金角湾的小型船只。金角湾数百年来形成的海滩上现在已密布各种货栈、仓库，这一侧城墙共有16道大门以方便货物流通。在西侧，为了保护易受攻击的布雷契耐区，约翰六世开凿了一条流经整个布雷契耐城墙的护城河。海墙得到了很好的维护，它相对较少受到攻击——虽然1204年十字军攻陷君士坦丁堡正是从金角湾海墙入手，但这需在完全取得制海权的前提下才可能发生。在城市东侧的突出部一带水流湍急，敌人难以靠岸登陆，何况这里的工事还得到了马尔马拉海一系列浅滩、礁石的掩护。"[97]

用固若金汤来形容君士坦丁堡的防卫是非常恰当的，因此奥斯曼帝国发动了一些攻击，但收效甚微。穆罕默德二世曾给出投降不

---

[97] 更多的相关内容也可参阅瓦西列夫的《拜占庭帝国史》。

## 第六章　前世今生：君士坦丁堡的陷落（公元 1453 年）

屠城的条件，君士坦丁十一世拒绝了，他以及他的臣民大都相信土耳其人会食言。事实的确如此，君士坦丁堡陷落后，穆罕默德二世允许士兵对都城屠掠三天，士兵们可以完全凭借自己的喜好任意对城中所有人、所有财产（有重要价值的得上交给苏丹）进行处置。就连流亡到君士坦丁堡的奥斯曼王子奥尔汗也未能幸免于难。王子穿上一套希腊修士服，试图乔装逃生，却被一名被俘的同伴揭发，随即被斩首示众。妇女儿童、老人病弱惨遭屠杀、凌辱，整座都城哀号不绝。当穆罕默德二世骑马经过奥古斯塔广场看到眼前的惨状，或许是因为触景生情，也或许是心生了一丝善念，低吟起波斯诗人阿弗沙布（传说中的图兰国王，图尔人是古波斯民族的一支）的诗句："蜘蛛在凯撒的宫殿中织网，枭鸟在阿弗沙布的城堡上挽歌。"当黑色余烬散尽，如废墟一般的君士坦丁堡记载着一段悲怆的历史，穆罕默德二世啜嚅着说："我们竟将如此一座城市置于洗劫和破坏的境地！"[98]

一定要誓死一搏！君士坦丁十一世拒绝投降绝对是正确的——无论投降与否，只要城破，结局都是一样的。皇帝亲临战场，为守城将士鼓舞打气。那一刻，所有的将士还有民众均抛弃了之前的隔阂，彼此间或许从来没有像现在那样联结在一起，与城同在的决心是如此坚定。

从海权角度来讲，金角湾实在太重要了，土耳其人也明白这一点。4 月 6 日清晨，由扎加诺斯帕夏（Zaganos Pasha，海军将领）为统帅的一支军队出现在金角湾北岸，这支军队出现的战略意义在于

---
[98] 斯蒂文·朗西曼的《1453：君士坦丁堡的陷落》。

监视并威慑佩拉地区的热那亚人，确保他们的中立态度不会变卦。巴尔托格鲁的海军舰队的任务主要是封锁港湾，切断君士坦丁堡的海上补给，并拦截一切企图靠岸的船只。如果可能的话，可以尝试突破金角湾的铁链防线。

围攻10天后，没有什么进展，苏丹为他增派了10艘装备重炮的战舰。巴尔托格鲁的指挥部设在博斯普鲁斯港口双圆柱附近（大约在今天的多尔玛巴赫切宫）。黄昏时分，夕阳映照在海面，散发出动人的光芒。在重炮的轮番炮击下，君士坦丁堡查瑞修斯门的一段城墙遭到了严重破坏。第二天炮击继续进行，导致该段城墙几近为废墟，每当入夜时分，人们就自发地快速将其修复。

大约在4月9日，苏丹命令舰队司令巴尔托格鲁对金角湾进行试探性进攻，以测试敌方的防御能力。这次试探性的进攻失败了，巴尔托格鲁决定将黑海的分舰队调来，待这支分舰队到来后再伺机进攻。

4月12日，黑海的分舰队到来，巴尔托格鲁下令向金角湾的铁链发起进攻。当舰队靠近停泊在金角湾的拜占庭舰队后，立刻发动了猛烈攻击——一阵阵箭雨飞速落下；舰炮轰鸣的同时，土耳其人用燃木掷向敌舰，随后，他们抛出铁索与梯子试图登船作战。

这一系列的作战收效甚微：重炮轰击对拜占庭的巨型舰只几乎没有什么作用；投掷燃木有一些效果，但很快就被经验丰富的水手用水桶浇灭了；试图跳帮作战更不可能，敌我双方的距离还没有达到可以进行接舷战的有效距离。

拜占庭舰队能如此轻松应对，除了依靠金角湾铁链的庇护，还在于得到了拜占庭海军司令诺塔拉斯的及时增援，以及舰队官兵的

## 第六章　前世今生：君士坦丁堡的陷落（公元1453年）

相互协作。

是时候给予还击了！拜占庭舰队的弓箭手在高耸的桅斗（桅杆上的瞭望台）上射出箭矢，投掷标枪，投石机抛出的石块纷纷砸向敌舰。这些武器的命中率远远高于土耳其人，土耳其人尽管打造了一支庞大的舰队，但缺乏实战经验。往后，他们会在勒班陀海战中品尝到这样的恶果。伤亡在增大，巴尔托格鲁不得不鸣金收兵，带领舰队撤退到双圆柱附近。拜占庭舰队乘胜出击，主动打开铁链完成了一次逆袭，给敌方战舰造成了更大的损失。苏丹在得知战败的消息后，顿时感觉到颜面尽失，舰队可是开到拜占庭家门口去作战，竟然占不到一丝便宜。

穆罕默德二世努力地思考解决之法，面对拜占庭人的巨型舰，不是巨炮的威力不够，而是瞄准方式需要调整。他命令铸造厂的工程师改变火炮设计，重新计算火炮的弹道。尽管难度很大，但帝国人才济济，工程师们解决了问题，经过改良的大炮放置在加拉塔湾，炮弹射程增加了不少，命中率同样得到了提高——击中了一艘拜占庭的战舰，给这艘战舰造成了严重损伤。为安全起见，拜占庭舰队退回金角湾铁链后面，依靠热那亚佩拉地区的庇护。

海上补给对君士坦丁堡的守卫具有重要作用，它能提供用于作战的兵员和食物等，可以说这是都城保卫战的重要一环。1453年4月的前半个月，君士坦丁堡附近的天气都不算好，一直刮着北风。教皇派出的3艘满载士兵和粮食的船只能停在希俄斯岛。4月15日，风向突然转北。这是一个绝佳的航行时机，3艘船立即扬帆驶向达达尼尔海峡。当行驶到海峡入口的时候，正好遇见1艘从西西里采购粮食回来的拜占庭运输船，于是这4艘船一同前行。由于土耳其的全部海军力量都用于封锁君士坦丁堡一带去了，达达尼尔海峡门户大开，没有任何防备，4艘船安全行驶到马尔马拉海。4月20日那天是星期五，早晨，4艘船正从海上接近都城。君士坦丁堡海墙段的守军特别高兴，他们盼望已久的补给终于快到家门口了。很快，土耳其人也发现它们了，并将消息立刻呈报给苏丹。

穆罕默德二世激动万分，赶紧翻身上马来到舰队司令巴尔托格鲁的驻地双圆柱附近。这一次他要亲自坐镇督战，并向巴尔托格鲁下了死命令：绝对不允许这4艘船抵达君士坦丁堡，要么俘获它们，要么击沉它们，如果失败，必将给予舰队司令最严厉的惩罚。

一场激烈的殊死之战即将开始！

4

巴尔托格鲁放弃了使用风帆战舰的打算。当时，巴尔托格鲁的舰队位于拜占庭舰队以北，而海上正刮着南风。也就是说，前者的舰队处于逆风位置，采用风帆战舰作战航速会受到影响，改用划桨战船围剿拜占庭战舰是比较明智的选择。为了增大胜算，苏丹特意增派了自己的精锐士兵登舰助战，舰船上配备了一些火炮和精良的护甲。大约两三个小时后，巴尔托格鲁的舰队千桨并进。

如果庞大的舰队只是为了去捕获那少得可怜的战利品，足见苏丹要攻下君士坦丁堡的决心。土耳其人抱着极大的信心向敌舰驶近。那4艘船不可能坐以待毙，遂加速行驶。直到下午早些时候，巴尔托格鲁的舰队才追上敌舰。此时，后者已经驶过君士坦丁堡东南角，这样的速度是土耳其人的舰船无法比拟的。巴尔托格鲁站在旗舰上高声命令敌方投降,那4艘船则置若罔闻。他们怎么可能投降呢?这可是重要补给啊!巴尔托格鲁恼怒万分,立即命令舰队包围它们。

海上的风浪更大了,在这样的天气下划桨,作战难度可想而知。那4艘船装备精良,船上的作战人员在甲板、船头、船艉、桅斗,以及一切能射箭的位置向敌舰发射,一时间箭如雨下。标枪和投石机的有效使用,也给敌方造成较大伤害。因此,海面上出现了这样的场景:巴尔托格鲁的舰队根本伤害不到那4艘船,只能寄希望在接舷战或者使用燃木上。在近1小时的战斗中,如果不是巴尔托格鲁在舰船数量上占据绝对优势,恐怕早已落败了。当4艘船抵达阿克罗波利斯角附近时,海上的劲风突然停止了。

战局就这样在瞬间发生变化了!4艘船的风帆只能无力地低垂,这对航速的影响很大。之前刮着的南风已经停了,从博斯普鲁斯海峡向南的海流撞到了海角上,然后海流就向北回流。真是遗憾啊!那4艘船几乎可以触到君士坦丁堡城墙了,因为回流,只能无奈地飘向苏丹督战的海岸。

局势万分危急!

对巴尔托格鲁而言,他简直要大大松口气了,甚至觉得胜利现在已经唾手可得。鉴于拜占庭的战舰火力威猛,他不敢让自己的舰队靠得太近,只是让舰队包围它们,并拉开一定距离,用不断发射炮弹和火矛的方式削弱敌方,待敌方武器消耗殆尽时再发动接舷战。然而,他的这一策略并未奏效。于是,他再次改变战术,对4艘战舰中最弱的那一艘发动围攻。

此时,观战双方,无论是苏丹及随从一行,还是君士坦丁堡中没有参加卫城之战的民众，他们的心都提到了嗓子眼。现在，海面上的情景是这样的：5艘奥斯曼帝国战舰对付1艘拜占庭战舰，30艘大船包围另一艘拜占庭战舰，40艘运输舰对付剩下的2艘拜占庭战舰。但是，土耳其人居然仍无法取得胜利，因为敌方战舰上的人员个个经验丰富，身披重甲，就算火矛引发的火灾他们也能迅速用水桶浇灭。这4艘拜占庭舰船并不是纯粹的战舰，毕竟是用于运输补给的，但土耳其人可能忘记了拜占庭帝国拥有一种厉害无比的利器——"希腊火"。这种武器曾多次挽救帝国即将灭亡的命运，现在它依然会在关键时刻发挥作用。

巴尔托格鲁的舰队将4艘拜占庭舰船团团围住，也会给自己带来一些弊端。他们使用的是划桨船，在相对有限的空间里划桨难免会发生纠缠，加之敌舰勇敢还击，令土耳其人伤亡惨重。然而，土耳其人是出了名的骁勇，就算死伤惨重，依然前仆后继——大概也有苏丹亲自督战的原因。场面太惨烈了！海面上杀声震天，血光、火光耀眼。巴尔托格鲁绝不可能放弃即将到手的猎物，他的部下一波又一波地涌向敌舰，试图登舰利用刀斧砍杀——这是他们陆上作战的强项之一。那4艘船开始显得有点应接不暇了，于是他们果断地起锚合并成一列。

战局在此刻又发生变化了！

4艘舰船并成一列，形成一道坚固的防线，彼此间也可以照应。督战的苏丹坐立难安，他不断地对将士进行鼓励，也不断地咒骂，更不断地对舰队司令巴尔托格鲁下达着各种指示。又爱又恨的情绪在苏丹的心里翻腾着，有时候他觉得巴尔托格鲁是他的爱将，有时候他觉得巴尔托格鲁愚蠢无比。心急如焚的苏丹甚至跃马至浅滩，

## 第六章 前世今生：君士坦丁堡的陷落（公元1453年）

仿佛要亲自投入战斗，直到长袍被海水浸湿，他才有所察觉。

夜幕临近，那4艘船的船身已经伤痕累累了。船上所有人员倍感疲倦，但他们依然坚持着，保持着很好的作战状态，他们知道这场海战对他们的国家意味着什么，而苏丹不停地派出新生力量发动攻击。当太阳西沉的时候，海上突然起风了，而且正是拜占庭人需要的北风。于是，原先下垂的风帆再次鼓动起来，那呼呼的海风声多么悦耳！4艘船立刻发动冲击，杀出一条血路，向金角湾的铁链快速驶去。夜幕降临，天色昏暗，巴尔托格鲁的舰队再也无力发动攻击了，航海技术还不熟练的他们，显然无法在这样的环境里再有什么作为了。苏丹暴跳如雷，对巴尔托格鲁破口大骂，但是，他又能做什么呢？只能让舰队撤回到双圆柱附近。

拜占庭人打开了铁链，特雷维桑带领3艘战舰主动出击，所有土耳其舰只仿佛如临大敌，摆出防御阵势。不过，他们显然被欺骗了，特雷维桑的用意在于让那4艘船快速进入安全区。

这场胜利鼓舞人心，拜占庭一方欣喜若狂。他们得到了渴望已久的补给，也给了土耳其人以沉重打击。他们甚至声称击毙敌方1万~1.2万人，而自己几乎无一损失。不过，根据乔治·斯弗兰采斯的说法，这场海战土耳其人阵亡大约100人，受伤人数超过3000；拜占庭方面，阵亡23人，约半数船员受伤。这样的比例，以及海战结果带来的影响，无疑彰显了拜占庭高超的航海技艺以及海上作战的能力。

苏丹愤怒无比的心情是不言而喻的，他坚决执行那道死命令，先是当着众人的面斥责巴尔托格鲁，然后下令将他斩首。对巴尔托格鲁来说，这场海战的屈辱感在于用尽了全力竟然没有获胜，而且

*243*

自己还被投石机击中，身受重伤。苏丹的威严是不容侵犯的，尽管有众将士为巴尔托格鲁求情，他依然给予了这位得力干将严厉惩罚——罢免巴尔托格鲁舰队司令、加里波利总督的职务，没收其全部财产，施以了让人皮肉开花的杖刑。这个曾为帝国立下汗马功劳的人物，最终落得穷困潦倒过完一生的结局。

奥斯曼帝国舰队的新司令是哈姆扎·贝（Hamza Bey）。之前试图直接攻破拜占庭海上防线的策略已经不起作用了，如何解决这个问题，成为苏丹眼下最头疼的事。据说，他是在意大利顾问（也有一种说法是用重金收买了热那亚商人）的提醒下找到了解决之法：采用陆路运送船只。在1438年的伦巴第战争中，"威尼斯人利用放置滑轮的平台将整支舰队经陆路由波河运至加尔达湖（Lago di Garda）"。那么，这个方法适合在金角湾使用吗？伦巴第战争中，当地的地形较为平坦，而金角湾的地形是斜坡——从博斯普鲁斯到金角湾需翻越一座60米高的小山。因此，这绝对是一个不小的挑战，用于作战的舰船数量多、体形较大，而且还要在拜占庭人不知晓的情况下悄然进行。早在围城之初，苏丹已经命令工程师开凿了一条通道（拜占庭人把这里称作泉源河谷，现在被命名为卡瑟姆帕夏），这条信道跨度较大，从托普哈内区穿过山谷直达今天的塔克西姆广场，然后向左顺势而下经过今天的英国大使馆进入金角湾。这条通道原本是"方便与双圆柱附近的海军基地联系的，此时却派上了别的用场"。土耳其人开始制作能够承载舰船的带轮托架，并安装上金属滑轮，在铺设完运输滑轨后，成队的公牛静候待命。土耳其人还在泉源河谷布置了一些大炮，一旦被拜占庭人发现，就可进行有效打击。

## 第六章　前世今生：君士坦丁堡的陷落（公元1453年）

仅仅两天时间，所有的工作就完成了——数以千计的工匠和劳工夜以继日地工作着。为了吸引拜占庭人的注意力，苏丹命令对着佩拉地区进行持续炮击，炮弹爆炸后产生的浓烟也从一定程度上起到了掩护作用。另外，土耳其人还故意将佩拉地区的一些城墙摧毁，导致当地居民要么忙于修护城墙，要么赶紧离开这片是非之地，这条能运输舰船的通道就这样神不知鬼不觉地布设着。

依据威尼斯海军医生尼科洛·巴尔巴罗的描述："4月22日星期天，当天际露出第一缕曙光时，这一支奇怪的舰队出发了。人们首先将圆木捆绑于海上的船只底部，随后由大队公牛拖拽这些滑轮将船只牵拉上岸，在某些陡峭或困难的地段，它们还得到了人力的辅助。桨手们则端坐于自己的位置，按照左右逡巡的长官给予的节奏，整齐地在空气中划动长桨，风帆也一如既往地升起，如同舰队正畅游于海上。舰队通过陆地时，只见战旗飘扬，鼓乐喧天，简直恰似一场狂欢。一艘小船在前方开路，一旦它成功翻越第一处斜坡，后方大约70艘各型战舰也纷纷鱼贯而入。"[99]

即便是如此秘密地进行，但在4月22日那天的上午，这事还是被金角湾的拜占庭水手和守卫城墙的哨兵发现了。他们看到一艘艘土耳其人的战舰从泉源河谷一带滑入金角湾后，赶紧将这道紧急军情呈报给君士坦丁十一世。这时候，城中居民陷入了恐慌。于是，君士坦丁十一世立刻召开紧急会议。与会者有威尼斯大使吉罗拉莫·米诺托、城防总指挥乔瓦尼·朱斯蒂尼亚尼（Giovanni Giustiniani，他自己出钱组织了一支几百人的队伍参加了君士坦丁堡

---

[99] 参阅斯蒂文·朗西曼《1453：君士坦丁堡的陷落》中的转述。

保卫战）以及全体威尼斯舰长。会议上，他们给出了几个解决方案：

其一，派出使者说服保持中立的热那亚人出兵攻击土耳其海军基地。以热那亚人优秀的海上能力，击败技术和经验不成熟的奥斯曼帝国舰队是完全没有问题的。然而，要想说服热那亚人，显然不太可能，就算可行，也会耗费大量时间。就目前的局势来看，这个方案不适合。

其二，派出一支奇兵在对岸登陆，以迅雷不及掩耳之势摧毁土耳其人位于泉源河谷的岸炮，并烧毁其船只。这个方案如果成功实施，绝对会对土耳其人以沉重打击，让他们之前的努力全部白费。然而，就连城中守卫各个据点的人手都不够，如何抽出多余的兵力呢？这个方案也被否决了。

其三，借助夜幕，发动一场夜袭，利用希腊火烧毁敌舰。这是一位来自特拉布宗的船长贾科莫·科科（Giacomo Coco）给出的方案。因此，这次行动也叫"科科计划"。君士坦丁十一世经过一番考虑，最终同意了这个方案。威尼斯人表态愿意提供船只作为支持。

"科科计划"具体是这样的：用2艘大型运输船作为前锋，在侧舷捆上厚厚的羊毛或棉花，用来提升抗击土耳其人重炮轰击的能力；2艘大型帆船居后作为护卫；隐藏在其中的2艘桨划船趁着夜幕掩护快速冲向奥斯曼帝国舰队，并发射希腊火。

上述计划应该是可行的，以大型运输船作为诱饵，趁着夜幕发动突袭，具备成功的条件。然而，据说为了让威尼斯人有充分的时间准备，计划执行被推迟到了24日晚。结果，计划被泄密了——城中的热那亚人（有一部分热那亚人支持拜占庭）知道了此事，认为威尼斯人企图独占这份荣耀，顿时暴跳如雷。为了安抚他们，不得

## 第六章　前世今生：君士坦丁堡的陷落（公元1453年）

不同意让热那亚人参与其中——他们获准提供一艘战舰。这其实也没有太大的问题，只要热那亚人做好保密工作。让人费解的是，想创造一份荣耀的热那亚人却没有及时做好准备，反而再次拖延了时间，计划不得不延期到28日。其实，这些事情背后的原因较为复杂。简单来说，威尼斯和热那亚之间的关系并不是看上去的那样和睦，两者都是地中海的商业强国，因商业竞争，两国曾发生过战争。热那亚人表面说支持拜占庭，实际上却是保持中立（少数支持拜占庭的人除外）。因此，让这两国的人共同执行一项任务，危险系数是很大的，这也是"科科计划"失败的重要因素之一。

"科科计划"一再延期，致使泉源河谷的土耳其人能利用这个时间空当不断地运输舰船和增加火炮。更重要的一点是，一名在佩拉的为奥斯曼帝国效力的热那亚人将这项计划秘密通报给了穆罕默德二世。

现在，土耳其人已经知道了"科科计划"。不过，拜占庭一方还是想继续实施，因为只要有那么一丁点儿希望，这个能挽救帝国命运的机会就不应该被放弃。或许，他们心存一丝侥幸心理——1453年并不是帝国的末日。

## 三 并未结束的 1453

### 1

4月28日，星期六，拂晓前2小时，2艘运输舰（威尼斯、热那亚各1艘）带着神圣的使命悄然驶出了佩拉的城墙；2艘威尼斯帆船紧随其后。这些船配备了40名桨手，负责指挥的是特雷维桑和扎卡里奥·格廖尼（Zaccario Grioni）。隐藏在其中的3艘小型划桨船（另外还有一些小型火攻船），每艘配备了72名桨手，由贾科莫·科科亲自指挥。需要注意的是，这次行动配备的水手和桨手几乎都是经验丰富者，如果这些人大部分丧命，对拜占庭来说会无力承受——这个帝国将很难在短期内训练出这样的人才了。另外，在这支舰队出发前，不知道为什么在佩拉的一座高塔上升起了一团火焰。难道他们不知道会再次提醒敌人吗？一种说法是有人在给土耳其人发送暗号。

当这支船队快要靠近奥斯曼帝国的舰队时，一切出奇的安静，仿佛土耳其人根本就没有防备似的。4艘大船放慢了速度，缓缓前行。此时贾科莫·科科比任何人都紧张，他甚至按捺不住自己等待时机的心情了，因为他知道自己乘坐的小船速度绝对可以轻易地超过这4艘大船。不过，也有可能是他知道这个计划已经泄密了，为了抢时间，为了那份荣耀，他突然命令自己的划桨船越过大船径直地向奥斯曼帝国的舰队冲去。

## 第六章 前世今生：君士坦丁堡的陷落（公元1453年）

在这千钧一发之际，土耳其人的岸炮突然开火，贾科莫·科科乘坐的船在炮击中未能幸免，被击中后迅速沉入海底，只有少数水手泅渡上岸，其余人包括科科在内都葬身海底。这位在帝国最危难的时刻挺身而出的英雄就这样牺牲了。剩余的船只也处在危险的境地中，2艘运输船被多次击中，伤痕累累，水手们忙于灭火，自顾不暇，导致一些小船纷纷被击沉。土耳其人集中火力轰击特雷维桑所在的船，好在有羊毛或棉花护卫着侧舷，避免了致命的伤害。然而，有2发炮弹击中了船舱，导致船舱进水。无奈之下，特雷维桑只能下令弃船，登上小船逃生。这时候曙光初现，海面上一片朦胧，土耳其人的舰队主动出击。拜占庭剩余的船只开始组织还击，并击毁了1艘敌舰，经过大约90分钟的激烈战斗后，他们终于退回了锚地。有近40名水手落入土耳其人手中，作为惩罚，苏丹在当天晚些时候给予了他们极其残忍的刑罚——穿刺，而拜占庭皇帝也进行了报复，260名土耳其战俘被全部枭首示众。

虽然"科科计划"失败了，但这次海战再次证明了拜占庭海上力量的强大，奥斯曼帝国并没有完全掌握金角湾的制海权。不过，失败的火攻计划中损失了九十多名优秀的水手无疑是最让人心痛的。

现在，金角湾的港口区已经不再安全了，海墙也将面临炮击的威胁。对拜占庭而言，金角湾的港口门户一旦打开，就像1204年十字军从海墙一侧破城后发生的悲剧那样，这座都城很难再保持禁闭的安全状态了。更棘手的问题是：如何分配有限的兵力守卫漫长的战线呢？

此时的穆罕默德二世心情很好，因为他可以将半数舰队运到金角湾了。对拜占庭而言，补给也越来越困难，热那亚人依然保持中立，且态度十分暧昧。有些热那亚商人继续向君士坦丁堡输送物资，或许出于某种同情，极少部分热那亚人直接加入到守卫君士坦丁堡的战斗中，还有些热那亚商人在与土耳其人进行贸易的同时，借机窃取情报献给拜占庭。特别让人感动的是，佩拉竟然允许拜占庭将海链的一端系在它的城墙上，而厉害的热那亚水手也暗中给予一些帮助。这些都是雪中送炭，虽然未必能扭转整个战局，但热那亚人的此般表现还是被视作个人英雄行为。对大部分热那亚人而言，他们没有感受到眼前的威胁，因此，中立或漠不关心的人占据了大多数。

依据威尼斯海军医生尼科洛·巴尔巴罗的描述，希腊人和威尼斯人对热那亚人的这种暧昧态度以及之前的诸多行为早已心生芥蒂，但佩拉或者说热那亚人在他们眼中已经"沦为叛徒的大本营"。拜占庭的局势越来越危险，甚至海上的战事也是如此，这不能不让拜占庭觉得要么是苏丹在佩拉安放了耳目，要么是热那亚人充当了眼线，做着卑劣的勾当。[100]

对穆罕默德二世而言，他现在还不能与热那亚人翻脸，他深知翻脸的结果是丧失制海权。就算现在突袭佩拉地区，他也没有胜算。因此，他现在唯一能做的就是严守金角湾海域，让那些愿意为拜占庭解决燃眉之急或输送情报者再也不能轻易而为了。除非热那亚人一改中立的态度，而他的密探已经给了他一个让人宽心的情报，佩拉当局绝不会与苏丹为敌，中立态度将持续下去。

---

[100] 关于尼科洛·巴尔巴罗的描述，相关内容可参阅唐纳德·M.尼科尔（Donald M.Nicol）的《不朽的帝王》（*The Immortal Emperor*）。巴尔巴罗的记述应该是真实的，他是这场战争的亲历者，也是海军医生。热那亚人中到底有没有所谓的叛徒存在，其实就跟拜占庭与奥斯曼土耳其双方都使用了"间谍"一样。很多商人既扮演着本来的角色，也扮演着刺探情报的角色。

## 第六章 前世今生：君士坦丁堡的陷落（公元1453年）

根据乔治·斯弗兰采斯的描述，奥斯曼帝国舰队进入金角湾后，大大方便了"苏丹与驻守佩拉附近的扎加诺斯帕夏及博斯普鲁斯的海军总部的联系。当时土耳其人在金角湾一带只有一条迂回的道路，虽然利用海岸的浅滩也有捷径，但交通依然不便。而现在既然土耳其舰队已经进入海湾，苏丹就可以修建桥梁横跨海峡，直抵城市的海墙。这是一座浮桥，由大约上百只纵向捆绑在一起的空酒桶连接而成，每对浮桶间略有空隙，上面铺设横梁及厚木板。此桥可供五名士兵并排而行，还能通过重型车辆。浮桥两侧辅以浮动平台，上面安放大炮。于是军队在大炮掩护下可以在佩拉区与君士坦丁堡陆墙之间通行无阻，同时大炮还可从新的角度轰击布雷契耐区"。[101]

虽然土耳其人没有立刻着手与海链内的拜占庭舰队展开决战，可是金角湾的制海权基本上已经不属于拜占庭了。心急如焚的君士坦丁十一世召开了紧急秘密会议，决定派出一艘快船，经达达尼尔海峡南下寻找威尼斯大使米诺托许诺过的威尼斯增援舰队（之前大使曾表示与君士坦丁堡共存亡），并致信催促威尼斯尽早派出一支舰队），希望能在某处海面上找到这根救命的稻草。

这支舰队会带着承诺出发吗？如果出发了，是否已经晚矣？

---

101 参阅斯蒂文·朗西曼的《1453：君士坦丁堡的陷落》中的描述，关于"新的角度"说法不一，朗西曼的描述表明土耳其人的大炮可以轰击到布雷契耐区，但根据巴尔巴罗的说法，应该是土耳其人为了避开君士坦丁防御武器的攻击范围。由于史料缺乏，这里以朗西曼的描述为准。

## 2

早在1月26日，威尼斯大使米诺托就已经向威尼斯政府申请援助，然而迄今仍无回音。实际上，这份申请在2月19日就已经收到了，而且威尼斯议会也专门讨论了此事。根据乔治·斯弗兰采斯的描述，可叹的是威尼斯高层竟然还以为君士坦丁堡固若金汤——虽然已经意识到了拜占庭面临的威胁。因此，决定派出支援舰队的日期从2月19日一直拖延到了6月5日。

不过，拜占庭派出去的那艘快船一直没有寻找到威尼斯增援的舰队。他们的足迹遍及了爱琴海上的各个岛屿，他们心急如焚、热切期盼，可什么都没有看到，除了蓝蓝的海水，除了孤独的地平线。船长说："我们该何去何从，是回去羊入虎口，还是舍弃都城、舍弃妻儿逃生？"大多数人都一致回答一定要回去，回去告诉他们的皇帝是他们的职责所在。根据乔治·斯弗兰采斯的描述，当他们拖着疲惫的身躯回到君士坦丁堡，君士坦丁十一世接见了他们，在听完他们的陈述后，眼含泪光，对他们深表谢意。随后，他沉默了片刻，然后悲哀又决绝地说道："这座城市只能依靠自己，依靠基督、圣母与建城者圣君士坦丁的保佑了。"[102]

上帝是真的要抛弃君士坦丁堡了吗？是否真如那个可恶的金纳迪奥斯所说，当他看到"蜘蛛在凯撒的宫殿中织网"，听到"枭鸟在阿弗沙市的城堡上挽歌"；当黑色余烬散尽，他是否会有一丝忏悔？

---

[102] 参阅斯蒂文·朗西曼《1453：君士坦丁堡的陷落》。

一些异样偏偏在这个时候出现，它们都被解释为上帝已经狠心地抛弃了君士坦丁堡。人们在这样的情境中轻易想起了那则可怕的预言：帝国将亡于和最初的基督教皇帝君士坦丁同名的皇帝之手，并且他们的母亲都叫海伦娜。另一则预言是：帝国在满月渐渐成形时是不会灭亡的。可怕的异象来自后者，因为自5月24日满月后，天空中的月亮就随即转缺，意味着危险也将到来——之前月满，人们的士气高昂就是受到它影响。在满月的当天夜里，出现了长达3个多小时的月全食。受到月食打击的人们在得知不会有援军到来的消息后，于次日手捧圣母像在君士坦丁堡街头游行，当游行队伍庄严地缓缓前行时，一个让所有人都惊恐的事情发生了——圣母像不知为何"突然从摆放的铜制平台上滑落下来"，当人们"慌乱地赶去准备扶起画像，却发现它犹如铅一般沉重，需几人合力才将它搬回原处"。实际上，圣母像并不沉重，因为它是木制的，之所以感到它沉重，很可能是与慌乱、恐惧，甚至是绝望的心理紧密相关。[103]

接下来发生的事情更加让人们相信了预言。

游行队伍继续前行，原本晴朗的天空突然下起了雷雨，夹杂着冰雹，当雨水和冰雹一同倾落到人们身上，人们感觉呼吸都很困难了，人几乎难以站立。在大雨滂沱中，道路变成河流，汹涌的水势冲走了一些孩童，游行被迫中止。第二天清晨，人们的恐惧并没有消除，因为浓雾笼罩了整座城市。依据斯弗兰采斯的描述，人们认为以往5月里从未有过这种现象。人们认为这是神迹，"是为了掩护耶稣与圣母离开首都。入夜，当浓雾散去，一道奇怪的光线出现

---

[103] 参阅斯蒂文·朗西曼的《1453：君士坦丁堡的陷落》。

在圣索菲亚大教堂的圆顶。土耳其人与君士坦丁堡市民都见证了这一奇景,并深感不安。苏丹的智囊团向他解释说这一征兆表明真正的信仰终将降临圣索菲亚大教堂"。穆罕默德二世听了这样的解释,内心渐渐宽慰下来,而拜占庭人内心就更复杂了,特别是君士坦丁十一世听到身边大臣们喋喋不休,顿感身心疲惫:为了挽救帝国命运,他做了常人难以想象的努力,他甚至都快要成功了——他花费 20 年时间在希腊南部经营的事业曾达到巅峰,攻入了雅典。然而,从瓦尔纳战争抽身出来的苏丹横扫了伯罗奔尼撒半岛,成千上万的希腊人沦为奴隶,他的心血付诸东流。往后审视历史,我们会发现在君士坦丁堡深陷重围的情况下,这位皇帝带领他的臣民坚守了 53 天,抵挡住了 5000 发炮弹和 5.5 万磅火药对城墙的轰击。根据乔治·辛克洛斯(George Synkellos)的《斯拉夫编年史》(*Slavic Chronicle*)的记载,君士坦丁十一世因身心疲惫一度昏厥过去,苏醒后,他坚定地表示绝不叛离自己的人民,与首都共存亡。

  苦苦期盼救援的拜占庭并没有放弃希望。一些需要注意的细节是关于威尼斯方面的援助,那支舰队的确已经准备出发了,不过其间经历了多次变故。当舰队真正起锚出航,时间已经是 6 月 5 日。拜占庭皇帝并不知道他寄予希望的威尼斯舰队经历了极为复杂的变故,他甚至认为指挥这次援助行动的威尼斯海军司令贾科莫·洛雷丹(Giacomo Loredan),是一位他听说过的极为英勇的将领,在危难之际能力挽狂澜。然而,他并不知道 4 月 13 日威尼斯高层给舰队司令阿尔维塞·隆戈(Alvise Longo)的指示极大地拖延了行动时间。

  根据朗西曼在《1453:君士坦丁堡的陷落》中的描述,威尼斯指示隆戈的"舰队应快速前往特内多斯(Tendos)岛,中途只许在

## 第六章　前世今生：君士坦丁堡的陷落（公元1453年）

莫顿（Modon，今希腊麦西尼亚）停留一天以补充物资"。在特内多斯岛，隆戈需"等待至5月20日，其间完成对土耳其的侦察，随后可与洛雷丹的舰队及来自克里特岛的船只会师。此后舰队将穿越达达尼尔海峡并强行抵达君士坦丁堡"。

如果洛雷丹能早点接到命令——威尼斯应该在给隆戈指示的那天同时给他发出命令，结果造成了洛雷丹5月7日才接到命令的尴尬局面。于是，让人郁闷的行动开始了，洛雷丹需要先去克基拉岛与总督的船只会合，然后再前往内格罗庞特（Negropont，今希腊哈尔基斯），因为那里有2艘克里特船。抵达那里后，就可以驶向特内多斯岛与隆戈的舰队会合。这支援助拜占庭的威尼斯舰队是临时拼凑起来的，威尼斯方面并未做事前筹备，或者说出于不能与奥斯曼帝国有过于激烈冲突的心态，最终导致这行动一拖再拖，错过了最佳援助时期。

威尼斯方面的构想是这样的：当洛雷丹到达特内多斯岛后，如果隆戈的舰队已经出发，那么隆戈就需要留下一艘船等待前者，并护送前者穿过海峡。在舰队到达君士坦丁堡之前，一定不能挑衅土耳其人。如果已经到达君士坦丁堡，并处于拜占庭皇帝的指挥下，必须要让君士坦丁十一世明白威尼斯为了这次援助行动做出了巨大的牺牲。如果君士坦丁堡已经和苏丹签订了盟约，这支舰队就转航至伯罗奔尼撒，并迫使那里的托马斯君主归还吞并的一些威尼斯村庄。

不得不说，上述构想处处都显得自私。而5月8日威尼斯高层又补充了构想："如果洛雷丹的舰队中途发现君士坦丁堡仍在抵抗，他可先在内格罗庞特就地转入防御。"为了稳妥起见，威尼斯还准备

255

派遣一名叫马切洛的特使随洛雷丹的舰队同行。特使在到达苏丹宫廷后有两个任务：一是表明这次行动的出发点是善意的——仅仅是为了护送威尼斯商船，保护威尼斯在黎凡特的利益；二是极力促成拜占庭与奥斯曼帝国停战，希望苏丹能够接受一切可行的条件。如果苏丹态度强硬，不接受任何调停，特使不能与之发生争执，应立刻返回威尼斯复命。

5月3日，拜占庭派出去寻求救援的一艘船从金角湾出发了，船上一共有12人。依据尼科洛·巴尔巴罗的描述，他们乔装打扮成土耳其人的模样，在伪装的掩护下安全穿越了马尔马拉海，进入到爱琴海域，向伯罗奔尼撒、各群岛以及法兰克求援。不过，基本上不会有什么奇迹出现了。而威尼斯人考虑到金角湾已经不安全，于是在5月8日决定卸下战舰上的军用物资，全部存放到皇家兵工厂。5月9日，他们决定拆分舰队，将一些舰船"从金角湾海链移至阿克罗波利斯海链附近的内奥里翁（Neorion）或普洛斯费瑞纳斯（Prosphorianus）码头"。这样调动的目的在于加强受损严重的布雷契耐区的防御力量。5月13日，部署全部完成。另外，所有水手都必须上岸对受损的城墙进行修复。

威尼斯人的上述举措无疑是正确的。土耳其人在5月13日对布雷契耐区与赛奥多西城墙的接合部发动了猛烈攻击。在威尼斯人的协助下，拜占庭击败了对这一区域的进攻者，事实证明，这一处的城墙依然坚固。

5月14日，土耳其人发现威尼斯人将舰队调动后，不再担心受到攻击。苏丹将原本用于部署在泉源河谷的炮兵移至金角湾浮桥。至此，苏丹的炮火几乎没日没夜地狂轰。

## 第六章　前世今生：君士坦丁堡的陷落（公元1453年）

5月16日和17日，奥斯曼帝国的舰队两次从双圆柱航行到海链处，试图发动攻击。但一看拜占庭海军严阵以待，防守严密，他们只能一弹未发地返回了港口。

5月21日，奥斯曼帝国的舰队再次出动。这一次锣鼓喧天，但结果与之前的情形一样，一弹未发，返回港口。

土耳其人的上述怪异行为，很可能是因为士气低沉，久攻不下带来的失落感和焦躁感让苏丹无法轻易下命令在海上继续发动攻击。这时候，如果有援军到来，拜占庭方面扭转战局的可能性也是较大的。前提是死守住各城墙段，尤其是较薄弱的区域。

5月就快要过去了，没有看到任何一支援军到来。有的只是越来越沉重的负担，还有绝望。


3


苏丹陷入困境中，他想尽一切办法破城，但都失败了。

土耳其人开始采用挖地道的形式破城，不过，好几条地道都被拜占庭人发现了。依据尼科洛·巴尔巴罗的描述，在格兰特的指挥下，他们要么用浓烟熏出挖地道的土耳其人，要么引用水塔（用于护城河供水的装置）的蓄水灌入坑道中，土耳其人伤亡惨重。

土耳其人依然不放弃四处挖地道，同时，他们用泥土填充护城河。到天黑时，拜占庭人悄然出动，在泥土里埋上火药桶。当第二天土耳其人攻城时，这些火药桶被点燃，瞬间产生了剧烈爆炸，给敌人以沉重打击。

5月3日，土耳其继续挖着地道，试图突破布雷契耐城墙。这一次，拜占庭取得了巨大的胜利，他们俘获了大量坑道兵，包括一名高级军官。在严刑拷打后，这名军官实在忍受不住痛苦，交代了所有挖掘的地道位置。就这样，苏丹试图用挖地道的形式破城的计划也宣告失败。

失败的情绪在土耳其人心中蔓延，围攻已经持续7周了，所有能用上的招数都用上了，还是无法破城。加之宫廷里的老维齐哈里一派也极力劝阻苏丹不要再对君士坦丁堡进攻了，穆罕默德二世再次表现出招降的意愿，并准备派一位名叫伊斯梅尔的使臣前往君士坦丁堡。苏丹的主要条件是皇帝如果缴纳10万金币，他就考虑撤围。

那么，君士坦丁十一世同意这样的条件了吗？他说，愿意交出自己拥有的一切——但显然是不够的，这个帝国早已经没有什么钱了，10万金币的天文数字，很难在短时间内筹齐。一旦逾期，苏丹又会以此为由发动战争，因此他能给出的就是自己的财产，君士坦丁堡除外。

谈判就这样变成徒劳了。

在经过几天的沉寂后，君士坦丁堡最后的战斗开始了。

君士坦丁十一世在决战的前一夜骑着阿拉伯牝马前往大教堂做了祷告，随后回到皇宫告别了家人，并在忠心耿耿的国务秘书乔治·斯弗兰采斯的陪同下最后一次巡视了陆墙。巡视结束后返回布雷契耐区的途中，他在卡里加利亚门附近下马，同乔治·斯弗兰采斯一起登上了布雷契耐城墙最外角的一座城楼。在那里，君臣二人相处了1小时左右，之后，皇帝让他离开了。

第六章　前世今生：君士坦丁堡的陷落（公元1453年）

我们不知道在这1小时左右的时间里君臣二人具体说了什么，或者一切无言。不过，我们可以设身处地进行猜测：这极有可能是一次诀别，皇帝本人早就做好了城在人在、城亡人亡的准备。若干年后，乔治·斯弗兰采斯写下一些关于君士坦丁堡的著作[104]，记载了君士坦丁堡围城前后详情。

土耳其人破墙成功源自一个被称作"科克波塔"门（位于布雷契耐城墙与赛奥多西城墙交接的转角处，"科克波塔"是否存在尚有争议）的地方被他们突破了。"科克波塔"的塔门常年关闭，现在因战事需要而打开，负责守卫这一区域的长官是朱斯蒂尼亚尼。当时，一些战斗人员归来忘记关上身后的小门，土耳其士兵发现后，迅速冲进了城门，然后顺着楼梯向城墙顶端突击。城内的拜占庭士兵发现了他们，急忙回身阻止更多的敌军涌入，混乱中大约有50名土耳其士兵冲上了城墙。就是在这样微妙的时刻，一场惨祸的到来改变了局面，甚至整个拜占庭帝国的一切。其实，这些进入城墙的土耳其士兵并不可惧，拜占庭的士兵能够杀死掉他们——朱斯蒂尼亚尼手下有大约700名雇佣兵。

就在太阳快要升起的时候，一颗近距离射出的手铳子弹击中了朱斯蒂尼亚尼的胸部。顿时，他身上血流不止，鲜血染红了胸甲（关于其受伤部位说法不一，说腿部、手部和腋窝受伤的都有。可能是记录这段历史的人十分厌恨这位热那亚人，甚至有历史学家对他受伤一事只字不提，只说他擅离职守）。剧烈的疼痛让他忍不住恳求

---

104 现在存世的只有两部，分别是《小纪事》（*Chronicum Minus*）和《大纪事》（*Chronicum Majus*）。不过，有学者认为后者是一个叫马卡里奥斯（Makarios）的历史学家伪托之作。上述内容，读者可以参阅《波恩拜占庭历史作品大全》，也叫《波恩文集》。

部下带自己离开战场，大概是朱斯蒂尼亚尼觉得守城无望，败局不可更改，他认为自己已经尽力了，故选择离开。

朗西曼在《1453：君士坦丁堡的陷落》中描述道："一名部下奔向在附近作战的皇帝，并要求获得通往内城墙的小门钥匙。君士坦丁闻讯急忙赶到朱斯蒂尼亚尼身边，希望他不要放弃战斗。但后者的精神已然崩溃，他坚持撤退。门打开了，他的卫兵护送他穿过城市，来到码头，并登上了一艘热那亚船。他的部下注意到主将撤离，其中一些人或许认为朱斯蒂尼亚尼只是退往内城墙防守，但更多人认定战役已经失败了，部分士兵恐惧地高喊土耳其人已经突破城墙。在小门关闭前，热那亚人蜂拥般从此逃命，唯独留下皇帝与希腊士兵孤军奋战。"随后，"这一阵恐慌被护城河边的苏丹发现，他振臂高呼：'这座城市已经是我们的了！'"。整个君士坦丁堡的防御体系自此开始分崩离析。苏丹梦寐以求的都城终于到手了。

君士坦丁十一世在战斗中身亡，不过，这可能是一个永远也无法解开的谜——关于这位皇帝的下落众说纷纭。依据学者铁达尔迪的观点，他认为君士坦丁十一世死于乱军之中。当苏丹派人寻找皇帝的尸体时，人们献上了许多尸体和头颅，其中一具尸体上发现了有双头鹰标志的护胫，苏丹据此认为这就是君士坦丁十一世的真身。然而，许多史料以及来自意大利的流传都有着不同的说法，甚至有人认为他根本就没有死，而是被救走了。无论是什么结局，对穆罕默德二世而言，他本人是非常满意的。他俨然把自己当作古罗马帝国的继承人了，他心里多少次想让自己成为亚历山大那样的人物啊！战后，他尽自己最大努力重建了君士坦丁堡，在那繁华的街道上和圣洁的教堂里，或许还回荡着啾啾的嘶鸣声。若干个世纪过去，

第六章 前世今生：君士坦丁堡的陷落（公元1453年）

今天在土耳其，这座城市已被称作伊斯坦布尔，许多意大利人还会想起那个黑色的星期二（城破那天正好是星期二）。

4

1453年5月29日，君士坦丁堡的陷落并不是结束。希腊精神今天依然存在，俄国人在漫长的奋斗中曾试图担任东正教派的领袖，并将莫斯科称为"第三罗马"。随着他们击败了鞑靼异教徒，这个斯拉夫民族逐渐在历史舞台上扮演起重要的角色，可以说，俄国人是这场战争的最终受益人。

如果威尼斯的那支援助舰队真的到来，如果朱斯蒂尼亚尼没有受伤，君士坦丁堡的命运能否彻底改变呢？斯蒂文·朗西曼认为，君士坦堡虽然陷落，但奥斯曼土耳其方同样付出了惨重的代价，从战争的消耗角度以及战略布局来讲，土耳其人既需要养精蓄锐，也不能让欧洲诸国产生过于仇视的心理。假如在这场保卫战中真有威尼斯舰队的援助前来，所起到的作用可能也是较小的，拜占庭人可以凭借舰队的力量以及秘密武器——希腊火进行殊死抵抗，可战争的消耗是无法在短时间得到有效补充的。比如能够作战的人员，拥有可保障舰队正常运行的技术人员……都是摆在拜占庭面前的巨大困难。朗西曼在著作中写道："拜占庭也许能额外苟延10年（人口、领土面积都在锐减），土耳其对欧洲的入侵也许将放慢步伐，但西方国家并不能因此获利。换言之，不妨将君士坦丁堡的安全视作西方心理上的屏障——只要它还在基督徒手中，危险似乎就是不那么迫

*261*

切的。"

拜占庭的灭亡不等同于其文明的终结,相反,这个帝国的知识和华章典籍以及君士坦丁的英勇与忠贞都在影响着世人。每当人们提及君士坦丁十一世的时候,他们的心里不免心潮起伏。许多人相信,在圣索菲亚大教堂里,必将在未来礼拜之时与其重逢!"双头鹰"还在。

纵观欧洲历史,双头鹰的影响是深远的,从最先出现在拜占庭,到今天不少国家依然在使用这个标志。俄罗斯、塞尔维亚、阿尔巴尼亚……这些国家依然可见双头鹰,说明这种符号的传承更多是指向拜占庭帝国的精神所在。从这一角度讲,这场关乎生死存亡的保卫战即便是到了今天,依然会让人们心情激荡,那种虽败犹荣的豪情绝不会连同这个帝国的灭亡而消逝。幸存下来的拜占庭精英,比如格弥斯托士·卜列东,他是帝国末期最优秀的学者,他掌握着拜占庭帝国的文化精髓,假如他可以重振帝国雄风,唯一的出路就是联合东正教的人民,尽可能保留帝国的文化、精神,甚至礼仪……但这一天终未到来。朗西曼将君士坦丁堡视作"西方心理上的屏障",因此我们完全有理由相信这一切的到来是不可能的。热那亚在1453年后也开始衰落,威尼斯的海上掌控能力也不如从前,其原因之一与新航路的发现有莫大干系。无论我们对拜占庭有多少难以解脱的情结,现实是:今天的"伊斯坦布尔"只属于土耳其,不再属于希腊人了。

金角湾失守的那一刻,是这场都城保卫战失败的关键之一。从海权的角度来讲,这种失败还会波及热那亚和威尼斯——君士坦丁堡陷落后,意大利到黑海的商业航线受到严重影响,对其他海域的影响也依然存在。土耳其人对航线进行控制，并由此征收高昂的赋税，一度让欧洲各国嗤之以鼻。直到新航路的发现，一个崭新的世界到来，欧洲在世界历史舞台上的角色愈加耀眼。因此，1453年是一个重要的历史节点，它既是结束，也是开始。都城的陷落到重建，欧洲门户的打开，土耳其人带去了野蛮，也有文明。至少，欧洲人感受到了东方香料的魅力。

在这场都城保卫战的海战中，土耳其人大量使用巨炮无疑也为今后的海战提供了一个变革思路，在战舰上装配各式舰炮的工作也在不断改进。对攻城而言，因为这种巨炮的出现，欧洲传统的要塞防御逐渐不起作用了，欧洲人不得不想出其他的办法来保卫城市要塞。可见，一种军事技术的革新也能对一个帝国的命运乃至世界历史的进程产生重要影响。

君士坦丁堡陷落后，土耳其人在1565年对马耳他进行了围攻。一场西方基督教联盟和奥斯曼帝国在争夺地中海霸权的战争将激烈交锋引向了一个沸腾点。而那些在君士坦丁堡之战中幸存下来的勇士后代也将参与其中，继续用他们的热血在马耳他与土耳其人做一个了断。

# 第七章

## 粉碎文明：特诺奇蒂特兰的忧伤

（公元 1521 年）

第七章　粉碎文明：特诺奇蒂特兰的忧伤（公元1521年）

## 一　悲痛之夜

### 1

米格尔·莱昂-波蒂利亚（Miguel León-Portilla）在《断矛：阿兹特克人征服墨西哥的记述》（*The Broken Spears: The Aztec Account of the Conquest of Mexico*）里悲剧性地描述道："当西班牙人抵达托尔特克斯运河后，他们自己一头扎进水里，好像从悬崖上跳下来一样。来自特利柳基特佩克的特拉斯卡拉（Tlascala）盟友，西班牙步兵和骑兵，少数伴随军队的妇女——都来到水边，跳了进去。运河里很快就塞满了人和马的尸体，他们用自己人溺死后的尸体填补了堤道上的缺口。那些后来跟进的人踩在尸体上到了对面。"

这是发生在1520—1521年西班牙人入侵阿兹特克帝国战争中的一场战斗，我们习惯把它称之为"悲痛之夜"（The Sorrowful Night，1520年6月30日—7月1日）。那天的夜晚仿佛比以往都要漆黑，大雨倾盆。西班牙人在埃尔南·科尔特斯（Hernán Cortés）[105]的带领下想尽办法离开石上长仙人掌的地方——特诺奇蒂特兰城

---

[105] 1485—1547年，西班牙贵族，大航海时代的航海家、军事家和探险家，阿兹特克帝国的征服者，在历史上可谓"臭名昭著"。

（Tenochtitlan）[106]。这座城曾经是黄金般的天堂，现在是恶魔般的地狱。至于能不能将劫掠来的黄金宝藏一起带着离开，将是一件选择生与死的棘手问题。这座城市的主人在此刻全是愤怒的人，许多街道都堵满了阿兹特克人[107]，他们杀红了眼，如潮水般地涌向西班牙人——入侵者称他们为疯子。

早在一个月之前，西班牙人还耀武扬威，据说阿兹特克人还相信他们是神而不是人。现在，西班牙人无路可逃了，正徒劳地向外突围。在经历了一周的恐惧和死亡后，指挥官埃尔南·科尔特斯感到绝望了，要想突围，就必须找到能够通往横越特斯科科湖的高耸堤道的退路。夜间，当科尔特斯透过窗户看到他死去的士兵的头颅被串在杆子上时，忍不住打了一个寒战。悲痛之夜，绝望的夜，在阿兹特克人的疯狂杀戮下显得更加凄凉。特别是阿兹特克人将西班牙人的头颅做成人形玩偶四处恐吓西班牙人的时候，一些士兵因极度的恐惧发出撕心裂肺的呼喊声，然后就疯掉了。

西班牙人为什么要来到特诺奇蒂特兰？自1492年哥伦布发现美洲以来，西班牙人的足迹几乎遍布世界。当时，加勒比群岛逐步沦为西班牙王国的殖民地。西班牙政府为了开发那里，就以赠送土地和分配印第安奴隶的优越条件招揽西班牙人前往美洲。作为没落贵族一员的埃尔南·科尔特斯因为这个原因踏上了美洲之途。

1518年，西班牙古巴总督迭戈·贝拉斯克斯（Diego Ve-

---

[106] 阿兹特克帝国首都，是前哥伦布时期美洲最大的城市，位于墨西哥特斯科科（Texcoco）湖中的一座岛上，遗址位于今日墨西哥城的地下。
[107] 为方便叙述，本文墨西哥人和阿兹特克人都属同一类人，不加以区分。

## 第七章　粉碎文明：特诺奇蒂特兰的忧伤（公元1521年）

lazquez）[108]，组织远征队前往墨西哥，科尔特斯被任命为队长。1519年2月，科尔特斯一行600余人（士兵接近400名）乘坐11条船驶向墨西哥。

1519年11月8日，他们来到阿兹特克帝国首都特诺奇蒂特兰，所有人都为它的繁华惊呆了：这座城市没有城墙，因为湖水就是天然的城墙；城市建筑和农田是各自独立存在的，分布在一块块沙洲上；城市交通四通八达，湖面上船只井然有序；一座座高耸入云的金字塔神庙矗立在城市里……按照西班牙人的说法，特诺奇蒂特兰就是美洲的威尼斯。[109]

当天，这里的特拉托阿尼（相当于君主或者部落酋长）蒙特祖马二世（Monctesuma II）[110]，亲自出城迎接了远道而来的西班牙人。当他把科尔特斯一行人迎进了自己父亲的故居后，还慷慨地赠送了许多贵重的珠宝和金银给西班牙人。就这样，西班牙人下榻在阿兹特克君主的身侧，同时也为日后监禁这位君主埋下了伏笔。当然，科尔特斯没有忘记他们来到这座财富之城的目的，不久后他就发现这里的部落之间存在着不可调和的矛盾。

首要的一点是，阿兹特克人对其他部落实行残暴统治。在其他的一些部落中，尤以特拉斯卡拉人[111]颇有实力，于是西班牙人就与

---

108 西班牙殖民征服者，生于塞哥维亚的库埃利亚尔，1493年随克里斯托弗·哥伦布去美洲。1511年受迭戈·哥伦布的派遣征服古巴，为首任古巴总督。
109 更多关于美洲的资料，可参阅凯折·海恩斯作品《拉丁美洲史》、乔治·C. 瓦伦特作品《阿兹特克文明》。
110 约1475—1520年，阿兹特克的特诺奇蒂特兰君主，曾称霸中美洲。
111 与阿兹特克人同属纳瓦人的后裔，帮助西班牙人征服了特诺奇蒂特兰等城邦，是西班牙最坚实的盟友，直到今天许多墨西哥人认为特拉斯卡拉人是叛国者，不过他们自己不这么认为，因为他们保住了自身原住民族的传统。

之结成同盟。科尔特斯的远征队也因此得到了盟友特拉斯卡拉部落提供的1000名精锐武士的支持。虽然西班牙人在特诺奇蒂特兰受到极高的待遇，但他们的这般作为，已经引起阿兹特克人的逐渐不满。

在阿兹特克流行恐怖的活人祀的风俗，科尔特斯多次劝说蒙特祖马二世臣服于西班牙国王，并皈依基督教。蒙特祖马二世对此不置可否，两人的矛盾由此产生。当科尔特斯等人去参观神庙时，西班牙人惊恐万分，他们简直不敢相信眼前看到的场景：数不尽的骷髅头林立在他们面前，空气中弥漫的血腥腐臭的味道让人几欲作呕。这时，科尔特斯突然强硬地要求蒙特祖马二世应向耶稣忏悔，并希望他能拆毁这些嗜血的骷髅头像，以十字架替换。西班牙人突如其来的发难激怒了蒙特祖马二世等人，尤其是他们的祭司。本来之前就有芥蒂，现在西班牙人竟然"如此无礼"，无视他们的祭祀传统，阿兹特克人纷纷表示非常后悔邀请科尔特斯一行人来到这座城市。

双方不欢而散。

西班牙人之前就垂涎特诺奇蒂特兰城的财富，现在是时候动手了，他们打起了蒙特祖马二世的主意。经过一番秘密行动，他们监禁了蒙特祖马二世，要求他利用自己的影响力告诉臣民"西班牙人是神"。蒙特祖马二世按照西班牙人的要求做了。起初，大部分臣民基本相信了，也有部分臣民心存疑虑——他们觉得蒙特祖马二世已经不是以前的蒙特祖马二世了，是他招来了有野心的西班牙人。也正是在这个节点上，科尔特斯突然得到消息，西班牙当局正派出一支军队逮捕他。原来，他的上司或者说政敌，古巴总督贝拉斯克斯

第七章　粉碎文明：特诺奇蒂特兰的忧伤（公元1521年）

害怕科尔特斯的影响力高于自己[112]——他本人也很想染指墨西哥，却发现自己成为对手的垫脚石了，所以他多次向国王陈述科尔特斯有叛变之心。实际上，他也的确未能从墨西哥得到一丁点好处，最后抑郁地死在了古巴。这次，他要以"叛变祖国"的罪名逮捕埃尔南·科尔特斯。

1520年3月，一支缉拿科尔特斯的军队来到墨西哥沿岸。科尔特斯决定留下自己的副手佩德罗·德阿尔瓦拉多（Pedro de Alvarado）[113]和一些西班牙士兵待在特诺奇蒂特兰城，自己则率另一部分人返回墨西哥沿海解决被通缉一事。因双方的矛盾不可调和，遂发生战斗。科尔特斯击败了缉拿他的队伍后，利用阿兹特克的巨大财富诱惑败军加入到自己的远征队中，他的实力也因此大增。当他回到特诺奇蒂特兰的时候，他的副手已经开始行动了，趁阿兹特克人举行庆典的时刻突然发动袭击。

这时的特诺奇蒂特兰城局势已经失控了，愤怒的阿兹特克人开始对西班牙人疯狂地报复。己方势单力薄，如果硬碰硬，吃亏的显然是西班牙人。狡诈的科尔特斯赶紧让蒙特祖马二世出面向臣民发话，命令他们让西班牙人安全离开这座城市。然而，失去控制的阿兹特克人根本不听蒙特祖马二世的命令，在他被监禁期间，他的臣民已经选出新的君主了。混乱中，蒙特祖马二世被自己的臣民用石

---

[112] 说法不一，一种说法是听信部下的谗言；另一种说法是科尔特斯不顾上司的命令，抵押了自己的家产招募了许多远征人员，于是贝拉斯克斯决定撤销他的职务，但科尔特斯对此置之不理，自己带着远征队出发了。
[113] 1485—1541年，他一位训练有素的军人，也是科尔特斯的得力助手。以用残酷的方式对待原住民而闻名，因此他被人称为"太阳"或"红日"。显然，这样的绰号不是对他的称赞，而是给他的残暴烙上一个深深的印记。

271

块砸死（说法不一，一种说法是被西班牙人勒死，阿兹特克人异常愤怒，为悲痛之夜点燃了仇恨之火）。

在阿兹特克人的持续进攻下，西班牙人的弹药和饮水都开始出现不足。科尔特斯决定采取偷梁换柱之计，一边与他们谈判，一边偷偷架起一座轻便的桥梁——之前，聪明的阿兹特克人拆除了城中大部分通往外界的桥梁。狡猾的西班牙人想尽可能多地带走从阿兹特克人那里掠夺到的黄金。

1520年6月30日的夜晚，西班牙人依靠暴雨的掩护，试图悄悄离开这座城市。然而，他们的行动很快就被一名阿兹特克武士发现了。于是，就有了莱昂-波蒂利亚在《断矛》里悲剧性的描述。


2


西班牙人没有想到他们遇到了如此强悍无情的对手，凭借手中的热兵器依然无法应对眼前的局面。即便如此，贪婪的他们还是向财富屈服了，他们心存侥幸，一旦杀出重围，就能享用一辈子也花不完的财富了。与其说这些西班牙人是被阿兹特克人杀死的，还不如说是死于对财富的贪婪。

就像西班牙历史学家弗朗西斯科·洛佩斯·德戈马拉（Francisco

第七章 粉碎文明：特诺奇蒂特兰的忧伤（公元 1521 年）

López de Gómara）[114] 在自己的著作《埃尔南·科尔特斯：墨西哥的征服者》(*Hernán Cortés: Conqueror of Mexico*）中的描述："在我们的人当中，被衣服、黄金和珠宝拖累得最厉害的人最先死去，那些活下来的人带得最少，最无畏地向前冲锋。所以那些死者死得很富有，是他们的黄金杀了他们。"

最可怕的事情并未结束，那些活下来的西班牙人在往后的日子里彼此无尽地指责、猜忌、诽谤、诉讼，他们始终无法确定当年到底有多少黄金被带走，有多少黄金保存了下来。

直到今天，这批据说重达 8 吨以上的宝藏依然下落不明。当时，科尔特斯计划在最终被歼灭之前逃出特诺奇蒂特兰城，在逃离前，他下令将这批黄金打包埋藏在地下。

我们可以想象科尔特斯有多么愤怒，他甚至觉得他的副手德阿尔瓦拉多是如此愚蠢——要不是他打乱了自己的计划，现在这座城市已经是属于他的了，而他就能成为权高位重的新西班牙威尼斯总督了。不过，他或许忘了，是西班牙人的残暴才导致了他们现在面临绝境——他们竟然屠杀了 8000 多名阿兹特克人。

莱昂－波蒂利亚在《断矛》中写道："他们（西班牙人）进攻所有庆祝者，戳刺他们（阿兹特克人），从后方用矛穿透他们，那些立

---

[114] 1511—1562 年，西班牙编年史学家，他是埃尔南·科尔特斯的私人老师。大概是因为这层关系，他随科尔特斯一起参加了阿尔及利亚的远征。德戈马拉根据一些征服者提供的信息写下《印第安人的历史概况》(*Historia general de las Indias*）一书，在这本书中，他专门写到了征服墨西哥—阿兹特克这段历史，虽然后来人们发现他的作品存在诸多不实，但也是西班牙早期征服史的重要参考资料之一。他对科尔特斯的描述可能更接近于心理层面的真实。外文版书籍可参阅克里斯蒂安·A. 罗亚－德拉－卡雷拉（Cristián A. Roa-de-la-Carrera）《臭名昭著的历史：弗朗西斯科·洛佩斯、德戈马拉和西班牙帝国主义的道德观》(*Histories of Infamy: Francisco López de Gómara and the Ethics of Spanish Imperialism*）。

刻倒地的人内脏流了出来。其他人有的被砍了头。他们割下头颅，或者把头颅打成碎片。他们击打其他人的肩部，干净利落地将这些人的手臂从身体上砍下。有些人的大腿或是腿肚子被他们打伤。他们猛砍其他人的腹部，让内脏流了一地。有的人试图逃跑，但他们一边跑，肠子一边掉出来，似乎脚和自己的内脏都搅成一团。"

美国历史学家威廉·普雷斯科特（William Prescott）在《墨西哥征服史》（History of the Conquest of Mexico）里描述了埃尔南·科尔特斯在逃离特诺奇蒂特兰城后训斥他那些冲动下属的话语："……做得很糟糕，已经辜负了信任……行为像疯子一样。"

科尔特斯清晰地记得1520年6月30日夜晚：外面漆黑一片，大雨倾盆。西班牙人在死伤惨重后，终于奇迹般地越过了3条通往湖岸的运河。这3条运河分别被特拉科潘镇的堤道分割开来，形成依堤而存的特克籓钦科、塔库巴和阿登奇卡尔科运河。此刻，西班牙人在特斯科科湖的堤道上列成一条绵长的纵队，这一切相比之前在特诺奇蒂特兰城的遭遇已经明显好多了。然而，就在他们越过第四道运河——米克索科阿特奇阿尔蒂特兰时，一个正在河边取水的妇女看到了绵长的队列，她立刻发出警报。

根据H.托马斯在《征服》中的描述，妇女叫道："墨西哥人，快点出来，我们的敌人正在逃跑。"这名墨西哥妇女的尖叫声让维齐洛波奇特利神庙的祭司听到了，他立刻疯狂地跑出来集结战士："墨西哥首领们，你们的敌人正在逃跑！冲向你们用来作战的独木舟。"[115]

---

[115] 依据维克托·汉森的《杀戮与文化：强权兴起的决定性战役》中的转述，相关史料也可参阅威廉·普雷斯科特的《墨西哥征服史》。

## 第七章 粉碎文明：特诺奇蒂特兰的忧伤（公元1521年）

接下来，以纵横大洋驰名的西班牙人做梦没有想到自己会在水面上败得一塌糊涂。

汉森在《杀戮与文化：强权兴起的决定性战役》中写道："几分钟之内，上百条独木舟就在特斯科科湖上分散开来，阿兹特克人在狭窄堤道上的许多不同地点登陆，伏击敌军纵队。其他人则靠在西班牙军队的两侧，将投射兵器雨点般地扔到卡斯蒂利亚人头上。移动桥梁承载不住疯狂逃亡者的重量，很快崩塌了。从此刻开始，唯一的逃脱方法就是踏在掉进运河里的先锋部队人员和驮马身上过河——他们受惊的战友们把这些可怜的人和牲畜当成了垫脚物。从特诺奇蒂特兰涌出来的人群离开了城市，从后方进攻退却中的征服者，与此同时阿兹特克人还在西班牙人前方集结部队阻止他们向前推进。西班牙人有4条单桅帆船——无论要在堤道上进行什么样的战斗，控制特斯科科湖对于取得胜利都是至关重要的——但它们早已经被焚毁。从水上协助战斗是不可能了。在其后6个小时里发生的事是自哥伦布发现新大陆以来，欧洲人遭遇的最大失败。"

在这生死存亡的关头，不得不让人佩服那些在铠甲里塞太多黄金而重装上阵的西班牙人。他们竟然能把火炮带上前线，让马匹保持镇静，并组织好火绳枪手和弓弩手准备发动反击。但由于人员太多，不久后桥梁因承受不住疯狂的逃亡者的重量而坍塌了，河沟阻断了去路。这条河流成为他们的葬身地，直到西班牙人的尸体填满了堤道上的缺口，那些活着的西班牙人才踩着他们的尸体才上了岸。

位于列队最前头的西班牙人可被称作"幸运者"，紧随其后的是科尔特斯，还有少数几名西班牙人。少数活下来的西班牙人在安全抵达湖岸后都表现出了英勇无畏的精神，他们分别是科尔特斯、阿维拉、贡萨洛、莫拉、奥利德、桑多瓦尔等。这些人冲回敌军当中，试图救援那些还活着的西班牙人，还有他们的盟军特拉斯卡拉人。

不过，这一切只能被证明是徒劳的。

维克托·汉森写道："一些人被独木舟上的战士手中的黑曜石刀片杀死，其他人则被特斯科科湖里的墨西哥战士活捉，被捆绑起来拖走。许多墨西哥战士是出色的泳者，他们在水里的机动力要比负担沉重、时常披甲的征服者强得多。科尔特斯本人被击中，打昏，差点就被铐起来带走，不过还是让他的同伴奥莱亚和基尼奥内斯拉回了安全地带。到早晨时，就连凶神恶煞的德阿尔瓦拉多都最终被击垮，丧失了对后卫部队的控制。他失去了马匹，又受了伤，在跳出水面后独自蹒跚走向湖岸……尽管西班牙人在雨雾弥漫的夜间兵分四路，有序出发，但这次行军大逃亡很快就陷入各自为战的混乱状态中，迷糊困惑的欧洲人被包围起来，多数人在特斯科科湖上长达一又四分之一英里的堤道上被推进了湖里。"

位于后方、还未来得及跟上先行列队的西班牙人看到前面同伴的惨状后，他们不愿意再向前搭上性命了。就算回到特诺奇蒂特兰城里也比死在前方强上许多倍。或者说，他们更愿意死在干燥的土地上完成光荣的最后一战，也不愿在夜间死在充满恶臭的水域里。就这样，大约有200名西班牙人回到了特诺奇蒂特兰城。而这些人回去后没几天就被阿兹特克人杀掉，或者被俘虏后用于献祭，可谓惨不忍睹。

幸存下来的西班牙人和特拉斯卡拉人最终踏上了湖岸。第二天清晨，他们打算回到特拉斯卡拉人的都城。不过，在回到都城前，科尔特斯必须完成两项艰巨的任务：首先要冒险将残部组织起来，

第七章　粉碎文明：特诺奇蒂特兰的忧伤（公元1521年）

然后要率领这支部队穿越敌占区。

这群幸存者最后终于逃生，如果阿兹特克人在至关重要的最后时刻一路追击的话，他们就不会为未来的灭亡而感到后悔。因为，西班牙人满怀仇恨，决定在重振旗鼓后再次杀入特诺奇蒂特兰城，一定要消灭掉折磨他们的人。

3

非海洋民族和海洋民族之间的角逐，是否需要一场海上决战来决定两者的命运？在欧洲和美洲的文明碰撞中，到底是什么决定了阿兹特克人的失败？难道悲痛之夜应该更忧伤吗？对阿兹特克人而言，他们之后的失败不是因为没有追击逃走的西班牙人，并将他们一一杀戮，冷兵器与热兵器的不对等交锋才是关键因素之一。这一点，会在海上战事的向前推进中愈加明显。不仅在西方，在东方依然如此。

阿兹特克人永远不会忘记1520年6月30日—7月1日给予西班牙人的悲痛之夜，也不会忘记1520年7月2日—9日西班牙人的逃亡之旅。悲痛之夜后的破晓时分，近800名西班牙人战死或失踪。就在上个月，科尔特斯带领的入侵者里，有一半多的人已经过世，他们要么在湖底腐烂，要么在阿兹特克人的宗教仪式上被开膛破肚。这可能还不是最惨的，最惨的是——西班牙人不断征战和精心经营的印第安同盟关系转瞬间全部落空了；科尔特斯构想的和平赢得特诺奇蒂特兰城的计划同样落空了；阿兹特克人也不再相信西班牙人是神了，因为他们同样会受伤流血、惊慌逃窜、挣扎死亡。在湖堤上和湖水中约6个小时的屠戮中，科尔特斯感到了从未有过的恐惧——阿兹特克人不仅毁灭掉了他花费1年多时间才组建起来的军队，也让他损失了诸如阿隆索·德埃斯科瓦尔、贝拉斯克斯·德莱昂这样的得力干将。根据推断，他们活下来的几率为零，阿兹特克人要么摘取了他们的心脏，要么砍下了他们的头颅。根据莱昂—波蒂利亚在《断矛》里的描述："他们把西班牙人的尸体从其他人当中找出来，成列摆放在一个单独的地方。他们的尸体就和茎秆上的新芽一样白，和龙舌兰的花蕾一样白。他们把曾载着神灵的死去的牡鹿（马）扛在肩上。随后他们把西班牙人在恐慌中抛弃的所有东西都聚在一起。"

阿兹特克人在摆放西班牙人的尸体时，还"收集了西班牙人曾经扔下或掉在运河里的全部武器——火炮、火绳枪、剑、矛、弓箭——此外还有全部钢盔、锁子甲和胸甲，以及金属盾、木盾和皮盾"，加上他们从院落、堤道、湖岸和湖底搜寻到的战败者的武器，阿兹特克人的战斗力就这样得到了不小的提升。

不过，他们在悲痛之夜的作战意图，只是为了报复而已。如果他们更加紧密地包围这支入侵者队伍，并让其屈服，就可以像欧洲人通过杀戮的形式终结敌人的抵抗意志，获得谈判机会和政治上无法得到的东西。因此，阿兹特克人的报复心理不过是以他们的"文明方式"发泄了一下愤怒的情绪而已。在欧洲，他们或许更热衷于歼灭战，阿兹特克人让科尔特斯这样的人落败而逃，就如同"亚历山大大帝、朱利乌斯·凯撒、'狮王'查理、拿破仑、切姆斯福德勋爵一样"，他们这些人在战败后往往会在下一次卷土重来的时候进行

## 第七章　粉碎文明：特诺奇蒂特兰的忧伤（公元1521年）

更为血腥的屠戮。到那时，一支像猛虎、像狮子、像猎豹，更有经验、更为愤怒的军队所到之处，寸草不生。这绝不是信口开河，科尔特斯带领的西班牙人进入到特诺奇蒂特兰城后，给阿兹特克人造成了严重损失，这种损失也为后来特诺奇蒂特兰的灭亡埋下了后患。在许多战争中，无论是陆战还是海战，抑或其他，指挥官的作用不可忽视。就在悲痛之夜的几个星期之前，德阿尔瓦拉多在托克斯卡特节上杀死了毫无防备的墨西哥人中最杰出的军事领袖（一种说法是科尔特斯默许了部下的杀戮行为）。在之后的一些日子里，西班牙人还在阿兹特克人正在讲话或者毫无防备的时候，无耻地将他们杀戮，包括他们的王依然未能幸免。失去了精神领袖，就如同一盘散沙，连重要的贡赋也就此被打断了——那些本来就心存芥蒂的部落正好找到不纳贡的理由。

悲痛之夜后，许多墨西哥人回到了特诺奇蒂特兰城，他们开始清理这座城市，当一切完成后，他们觉得威胁似乎已经过去了。他们并不知道，此时有"7支不同的西班牙分舰队正从海上开往韦拉克鲁斯（Veracruz）[116]，他们从古巴和西班牙运来了更多的火药、弩、马匹和火炮，装满了嗅到财富气息的亡命之徒，他们已准备好劫掠传说中有黄金节的国度"。根据维克托·汉森的描述，这支舰队是在1520年晚秋时节在韦拉克鲁斯靠岸的，200名士兵成为科尔特斯所带领的征服者（当时只剩下400～500人）的补充力量。

悲痛之夜后将是更大的忧伤袭来，只是这一次完全翻转了，而且比杀戮更可怕的瘟疫也来了。

---

[116] 位于墨西哥湾的西南侧，是墨西哥东岸的最大港口，西班牙人控制该港就是要打通这条交通线，为物资和兵力输送提供方便。

## 二 杀戮与毁灭

### 1

一个传言，将天花带到特诺奇蒂特兰城的是那个来自纳瓦埃斯的非洲奴隶。1520年夏天，这种可怕的病毒成为他们征服阿兹特克人的帮凶。病毒在几乎没有什么抵抗力的人群中肆虐，很快，就有数十万人死于这种病毒的入侵，包括敌我双方，也包括西班牙人的盟友。对阿兹特克人而言，他们过多地死在这种可怕的病毒下，如果他们死于战场，至少会给入侵者一些打击。现在，他们更加恐惧了，因为西班牙人中有些人竟然对天花有免疫能力，阿兹特克人将他们视为神灵或超人。

因此，科尔特斯可以将他的士兵集结起来，在墨西哥人的包围下缓慢突围。不过，事情并非如西班牙人想象中那样顺利：比起之前只是相对单一的部落的围攻，现在显得力量多元化了——蒙特祖马二世死后，奎特拉瓦克（Cuitláhuac）[117]被阿兹特克人推选为新的领袖，他的大军在奥通巴小村与科尔特斯的军队相遇。根据西班牙方面的相关记载，有4万墨西哥人集结在一起，科尔特斯的军队在经

---

[117] 约1495—1522年，古代墨西哥阿兹特克人首领，在反西班牙殖民者的战争中以英勇著称，被捕后宁死也不愿吐露阿兹特克人财宝的埋藏地，最后因感染天花而死去。

## 第七章  粉碎文明：特诺奇蒂特兰的忧伤（公元1521年）

历了悲痛之夜后力量薄弱，奎特拉瓦克的大军很快就包围了他们。

西班牙人遭到了长达6个小时的攻击，双方在奥通巴平原上展开对决。在拥有绝对人数优势的对手攻击下，西班牙人处于全军覆灭的危险境地中。在这危急时刻，科尔特斯想到了破敌之策。根据贝尔纳尔·迪亚斯·德尔·卡斯蒂略（Bernal Díaz del Castillo，约1496—1584年）在《墨西哥的发现与征服》中的描述，科尔特斯在情急中突然认出了负责阿兹特克战线的大首领西瓦科亚特尔及其下属，因为他们身上满是装饰用的色彩明亮丰富的羽毛，而大首领的标志更为明显，他的背上扛着阿兹特克人的羽饰旗帜。西瓦科亚特尔也发现了科尔特斯，但他内心充满奇怪的情绪：他的敌人竟然一点也不害怕他背上的恐怖的羽饰旗帜。实际上，就算科尔特斯害怕也无济于事，他只能置之死地而后生。科尔特斯的策略是组织精锐的突击队，利用平原的地形杀出一条血路。于是，他集合了作战能力最强的枪骑兵，这支突击队的成员包括胡安·德萨拉曼卡、桑多瓦尔、德阿尔瓦拉多、奥利德和阿拉维。当科尔特斯"见到他（西瓦科亚特尔）和其他墨西哥首领都戴着很大的羽饰后，他告诉我们（西班牙人）的指挥官：'嘿，先生们，咱们冲垮他们，让他们各个挂彩。'"贝尔纳尔·卡斯蒂略的记述应该是比较真实的，他是这场征服之战的参与者，晚年时写下了相关内容。

墨西哥人虽然人数众多，他们在之前的水域地带取得了巨大的胜利，但在平原地带情形就大不相同了，面对枪骑兵和剑手的猛烈攻击，可以说完全无法防御。战局开始朝西班牙人一方扭转，墨西哥人的众多首领被西班牙枪骑兵撕裂，阿兹特克战旗也落入到敌人手中。首领的伤亡导致墨西哥人如一盘散沙，成千上万人逃回了特诺奇蒂特兰城。

上述战斗可以称为"奥通巴之战",按照西班牙人的说法,这是他们在悲痛之夜惨败后取得的一次最伟大的胜利。这次胜利的关键在于有优秀的指挥官,而墨西哥人丧失了他们的大首领,或者说他们最优秀的指挥官在之前就被杀死了。因此,他们在战场上显得没有凝聚力,或者说缺乏纪律性以及科学的战场决策。正如威廉·普雷斯科特在《墨西哥征服史》中的描述:"印第安人全力以赴,基督徒则受到了疾病、饥荒和长久以来痛苦的破坏,没有火炮和火器,缺乏之前常常能够给野蛮敌人制造恐慌的军事器械,甚至缺乏常胜名声对敌军造成的恐怖。但纪律在他们一边,他们的指挥官有着不顾一切的决心和不容置疑的信心。"

科尔特斯带领着为数不多的西班牙人最终杀出了重围。但他的追随者经过这次恐怖之旅后对墨西哥产生了厌倦之情,他们已经不愿意再继续进行征服事业了,准备前往韦拉克鲁斯,再找到返回古巴的通道,而那些还在特诺奇蒂特兰城的西班牙人则无比愤怒,觉得科尔特斯已经放弃他们了。此外,一支由45名西班牙人组成的营救队伍也在赶往韦拉克鲁斯的途中受到墨西哥人伏击,损失惨重。

因此,对于历经千辛万苦才逃出来的科尔特斯来说,他必须重整旗鼓。许多人都没有想到他能活着回来,并在短短的13个月内再次回到特诺奇蒂特兰城,将阿兹特克彻底征服。

阿兹特克的毁灭,或者说特诺奇蒂特兰的毁灭,其时间并不长,从1521年4月28日至8月13日,也不过100多天的时间。

西班牙人在1520年7月9日安全抵达特拉斯卡拉城镇韦约特利潘后,这些人经过近5个月的休整逐渐恢复了元气。7月,西班牙政

## 第七章　粉碎文明：特诺奇蒂特兰的忧伤（公元1521年）

府给特拉斯卡拉人开出了十分诱人的条件：可以获得从特诺奇蒂特兰城得来的一部分战利品；永久免除贡赋；在征服阿兹特克人后可以在特诺奇蒂特兰城中据有一处堡垒。而特拉斯卡拉人需要履行的义务是，从部落附近集结5万名战士，用于攻克特诺奇蒂特兰城。8月，科尔特斯开始着手重整军队，随后率领数千特拉斯卡拉人突袭了特佩亚卡的要塞，对周边的村庄有计划地进行蹂躏。9月，西班牙人开始抽选优秀的工匠，他们大都来自特拉斯卡拉，由马丁·洛佩斯统一管理运营，以最快的速度建造出13艘能在特斯科科湖下水的双桅帆船，这些双桅帆船将以分解的形式翻山运往特诺奇蒂特兰城。

9月底，致命的天花病毒继续蔓延，从韦拉克鲁斯一直蔓延到特诺奇蒂特兰城。数以千计的墨西哥人在一片无知中死去，他们以为这种病毒带来的身体反应只是一般的皮肤病而已，这种病毒的可怕性直到若干年后墨西哥幸存者重提旧事才让人们了解到一些真相。幸存者向一个名叫贝尔纳迪诺·德萨阿贡（Bernardino de Sahagún）的修士讲述了由天花引起的可怕症状。对此，莱昂－波蒂利亚在《断矛》中有相关的描述："我们脸上、胸膛上、肚皮上在发疹，我们从头到脚都有令人极度痛苦的疮。疾病极为可怕，没人能够走动。得病者全然无助，只能像尸体一样躺在床上，连指头和脑袋都没法动。他们没法脸朝下躺着或者翻身。如果他们的确动了身子，就会痛苦地吼叫。很多人死于这一疫病，还有许多其他人死于饥饿。他们没法起身找寻食物，其他人也都个个太过虚弱，没法照料他们，结果只能在床上饿死。一些人的病情较为温和，比其他人受苦更轻，康复状况良好，但他们也不能完全摆脱疫病。他们毁了容，皮肤上出疹的地方留下了难看的疤痕。幸存者中的一小部分人完全瞎掉了。"

就连蒙特祖马二世的继承者奎特拉瓦克也未能幸免，死于可怕的天花病毒。接任的是年轻、鲁莽的考乌特莫克（Cuauhtémoc，1520—1521年在位），他是蒙特祖马二世的侄子，在保卫特诺奇蒂特兰城中表现英勇，在武器和战斗力较弱的情况下利用了特斯科科湖的地利，即控制住该湖的湖面，因为特诺奇蒂特兰城就在湖的中央位置。为了对付西班牙人的双桅帆船，他命令阿兹特克人在湖中打下大量木桩，让双桅帆船搁浅，再用独木船发动攻击。他还善于利用心理战术，西班牙俘虏被押往特诺奇蒂特兰城最宏伟的维齐洛波奇特利（Huitzilopochtli）神庙后，在恐怖的部落音乐伴奏下，他们被剖胸取心、剁去四肢、剥皮吃掉。根据一名叫卡斯蒂略的西班牙士兵回忆，可怕的"活人祭"的确给敌军造成了巨大恐惧感——西班牙人在远处能清晰地看到这可怕的场景。在考乌特莫克的率领下，阿兹特克人多次击退科尔特斯的军队。被俘后，考乌特莫克遭受了许多酷刑，譬如西班牙人用滚烫的油浇淋其双脚。1525年，他被科尔特斯以绞刑处死。考乌特莫克是在"不到一年时间里第3位和埃尔南·科尔特斯打交道的阿兹特克皇帝"，他已经做了最大的努力保卫特诺奇蒂特兰城，最终还是投降了，向西班牙人交出了一座废墟般的特诺奇蒂特兰城。

第七章　粉碎文明：特诺奇蒂特兰的忧伤（公元1521年）

2

　　1520年晚秋，一种阴郁的气氛笼罩在特诺奇蒂特兰城。7支西班牙舰队在韦拉克鲁斯靠岸，它们将为科尔特斯补充200名士兵，还有大量火药、火炮、火绳枪、弩以及一些马匹。考虑到马匹数量较少，需要准备更多的弹药，科尔特斯派出船只前往伊斯帕尼奥拉岛（Hispaniola）和牙买加索取。到1520年12月底，好消息传来，他的手下桑多瓦尔征服了特拉斯卡拉和海岸间的所有部落。这样一来，西班牙人就能够从韦拉克鲁斯安全地输送兵力到特拉斯卡拉的大本营了。对阿兹特克人而言，他们的特诺奇蒂特兰城可以通过水运得到充分的补给，前提是补给线没有遭到西班牙人的封锁；对西班牙人而言，他们可以通过大西洋为韦拉克鲁斯安全地提供补给。这就是说，即便阿兹特克人可以通过独木舟进行补给或作战，但无法像西班牙人那样建造出当时先进的风帆舰船，因此他们只能眼巴巴地看着越来越多的欧洲人和各种先进武器在韦拉克鲁斯登陆。

　　这场关乎特诺奇蒂特兰存亡的战争的结局写在了无尽唏嘘的故纸堆里。但它不会是我们轻易理解的简单的成与败的结论，它将是欧洲人粉碎一个文明的种种手段的彰显。

　　当阿兹特克人看到"浮动的群山"——风帆舰船驶向韦拉克鲁斯时，他们知道一场激烈的战争即将到来。到1521年的新年为止，在科尔特斯的精心布局下，西班牙人已经荡平了韦拉克鲁斯与特诺奇蒂特兰之间的大部分敌对部落。由此，西班牙人获得了充足的补给和新增的士兵。与之同时，科尔特斯制定了庞大的造船计划，确保步兵和骑兵返回湖上堤道时得到保护。到1521年4月初，大约1.055万的兵力抵达了特诺奇蒂特兰的城郊。这支军队包括了大约550名西班牙步兵，这些步兵当中有80名优秀的火绳枪手和弩手，另外还配备了至少40匹新锐战马、9门火炮。而1万名最优秀的特拉斯卡拉战士的加入让这支军队的行军速度更快了，毕竟对地形的熟悉莫过于当地的部落人群了。科尔特斯的策略是，在风帆舰船下水进发的时候，利用扫荡分队有计划、有步骤地截断特诺奇蒂特兰城的饮水供应；利用大军压境的气势迫使阿兹特克人投降。如果阿兹特克人选择一战，那么他的军队将在战斗中想尽一切办法击败敌人，到那时，他将允许特拉斯卡拉人逐个街区地摧毁特诺奇蒂特兰城，允许特拉斯卡拉人实施残忍的劫掠，就像亚历山大把底比斯夷为平地，然后让"周边的维奥蒂亚人（《荷马史诗》中称为卡德美亚人，属希腊一族，主要生活在维奥蒂亚地区）肆无忌惮地劫掠、奴役、杀害幸存者"那样。

1521年4月底，科尔特斯的军队在征服了阿兹特克人的纳贡国后，抵达特斯科科湖的堤道。随后，这支军队对特诺奇蒂特兰城展开封锁。这一策略非常奏效，湖岸上和墨西哥谷地的多数城市都已经屈服于科尔特斯，甚至派兵加入到他的军队。1521年4月28日，马丁·洛佩斯的舰队在经过重装后，于特斯科科湖下水。这样一来，阿兹特克人就无法利用独木舟攻击堤道上的西班牙人了。

因为被封锁"在一个没有马，没有牛，甚至没有轮子的世界里，像特诺奇蒂特兰这样一个25万人口的城市只能通过水运供给。事实上，它的日常生存依靠的是数以千计的独木舟从湖上运来的成吨玉米、鱼、水果和蔬菜。毁灭独木舟船队不仅削弱了阿兹特克的军事

## 第七章 粉碎文明：特诺奇蒂特兰的忧伤（公元1521年）

力量，也用饥饿迫使城市就范"。[118]

越来越多的征服者聚集在特诺奇蒂特兰城外，这是一支数量庞大的西班牙－印第安军队，有人认为大约有5万人，不过，更为确切的数字应该是5万～7万人。考虑到阿兹特克人的残暴手段，许多西班牙士兵佩戴了钢盔，少数人还有胸甲和盾牌。仅仅是先头部队就有700～800名西班牙步兵、90名骑手、120名弩手和火绳枪手，3门重型火炮和一些小型的隼炮，而14艘双桅帆船的加入更是让他们如虎添翼。

科尔特斯命令他的得力干将德阿尔瓦拉多、奥利德、桑多瓦尔各自率领四分之一的部队沿着3条主要堤道进入特诺奇蒂特兰城，并将通往特拉科潘的堤道敞开，以便让那些准备逃跑的人离开城市，从数量上再次削弱阿兹特克人的力量。他本人则率领剩余的士兵（大约300名）登上双桅帆船。

最让阿兹特克人气愤的是那些帮着西班牙人攻打特诺奇蒂特兰城的印第安人。汉森在《杀戮与文化：强权兴起的决定性战役》中写道："数以千计的特斯科科人和特拉斯卡拉人将会跟在帆船后面——特斯科科人领袖伊斯特利尔斯奥奇特尔后来声称，他的族群在科尔特斯的大舰队中操纵了1.6万条独木舟参加战斗。这支联合舰队将支援三路陆上进攻，加强封锁，歼灭敌军船只。"

因此，特诺奇蒂特兰城面临的困境越来越严重了，到1521年6月1日，这座城市的活水供应已经被全部切断。更为严峻的是，阿兹特克人为了防御多路进攻的敌人而修建的特佩波尔科岛屿要塞也

---

118 参阅维克托·汉森的《杀戮与文化：强权兴起的决定性战役》。

失守了。

西班牙人确定围攻特诺奇蒂特兰城的时间是 1521 年 5 月 30 日，从这一天到特诺奇蒂特兰城毁灭的 8 月 13 日，一共 75 天。在这 75 天里，特诺奇蒂特兰城经历了难以想象的困境。

由于阿兹特克人的数量远远超过入侵者，这可能也是他们决定抗击的一个重要原因。在围城的时间里，入侵者的推进并不顺利。为了抵挡西班牙人的双桅舰船，阿兹特克人在考乌特莫克的领导下，采取在特斯科科湖的淤泥上插入尖锐木桩的方法，迫使西班牙人的双桅舰船搁浅。这一方法确实奏效，阿兹特克人甚至登上了西班牙人的旗舰，如果不是马丁·洛佩斯的英勇表现，旗舰和旗舰上的人员，包括船长都会被俘。然而，当西班牙人发现提升舰船的航速就能破解尖锐木桩带来的搁浅难题后，阿兹特克人的这一战术就失去作用了。

即便如此，入侵者依然只能沿着堤道缓慢地向前推进，勇敢的阿兹特克人用他们的血肉之躯阻挡入侵者的前进步伐。而科尔特斯也不愧是"精明的殖民者"。白天，他们攻入郊区；晚上他们就退回到安全地带，这些安全地带是被西班牙人填补的堤道。简单来说，科尔特斯采取的是步步为营的策略。一旦所有的堤道填好，西班牙人就能拆除特诺奇蒂特兰城的街区，摧毁他们的神庙，还有居住区，以便保持进退自由的态势。当然，阿兹特克人必不会束手待毙，他们设计了伏击点，遗憾的是面对西班牙人强悍的骑手、弩手和火绳枪手，他们的伏击点大都被清除了。另外，科尔特斯借鉴了 2000 年来欧洲围城战的经验，譬如把城市的水、食物供应和卫生设施作为攻击目标——这一点，希腊人做得很好——同时针对守城的薄弱环节

## 第七章　粉碎文明：特诺奇蒂特兰的忧伤（公元 1521 年）

发动轮番攻击，用以扩大饥荒及疫病的传播，从而对守城一方造成沉重打击，继而瓦解他们的作战意志。

科尔特斯步步为营和瓦解敌人作战意志的策略让阿兹特克人饱受摧残，考乌特莫克努力地想着破敌之策。到 6 月底的时候，他将特诺奇蒂特兰城的幸存人口、神像转移到邻近的北侧岛屿郊区特拉特洛尔科（Tlatelolco）。这一策略无疑是正确的，它给西班牙人带来一种错觉，认为阿兹特克人已经落败，正在逃窜。考乌特莫克将幸存的人口转移到特拉特洛尔科既是为了获得更多的作战人员，因为那里的人口更为稠密，也是为了更好地发挥城市作战的效果，因为特诺奇蒂特兰城已经遭受到较为严重的破坏了。这就是说，阿兹特克人要想取得这场战争的胜利，除了解决水源、食物之外，还要让西班牙人的战马冲锋和步兵列队没有足够的施展空间，也不能让西班牙人的火炮和火枪拥有清晰可见的射界。

当作战区域发生变化，特拉特洛尔科人也加入了这场都城保卫战，在曲折狭窄的街道上保卫者们勇敢地冲向入侵者，并成功地切断了他们通往堤道的退路。"科尔特斯本人也被打下马"，好几次差点被敌人拖走，幸亏是属下"克里斯托巴尔·奥利德（Cristóbalde Olid）[119] 和一位无名特拉斯卡拉人奋力砍杀愤怒的墨西哥人，砍断了他们的手"，这样才救出了他。

这是发生在特拉特洛尔科战场的首场伏击战，入侵者遭受了较为惨重的失败，有 20 人丧命，超过 50 名西班牙人被捆绑起来拖走。在随后的战斗中，数以千计的入侵者要么被杀，要么被俘。1 艘双桅

---

[119] 1487—1524 年，西班牙冒险家，科尔特斯的军需官，并担任其中一支部队的指挥官，多次拯救长官于危难之中。

*289*

舰船也被击沉，还丢失了1门火炮。

保卫者通过心理震慑方式扩大新战场的胜利影响。一些西班牙战俘被砍了头，在入侵者撤退的时候展示出来，并"声称他们是科尔特斯和他的军官"，但实际上科尔特斯已经被属下救走了。不久，西班牙人在抵达安全地带后就听到恐怖的鼓声，阿兹特克人的活人祭开始了。根据贝尔纳尔·卡斯蒂略在《墨西哥的发现与征服》中的描述："当他们把我们（战俘）弄到神庙前面放置在他们那些可憎偶像的小平台上时，我们看见他们在我们许多战友的头上戴上羽饰，让他们拿着扇子似的一种东西，在维齐洛波奇特利神[120]之前跳舞。跳舞之后，墨西哥人把我们的战友们放在用于祭神的不太厚的石块上，用燧石刀剖开他们的胸膛，剜出活跳的心，奉献给放在那里的偶像。墨西哥人把尸体从台阶上踢下去，等在下边的另外一些印第安屠夫便把尸体的四肢剁去，剥下面部的皮，留待以后鞣制成像做手套用的那种皮革，并把它连同胡须保存起来，以便举行酒宴时用来欢闹；他们还拿人肉蘸着辣酱吃。"

这种可怕的祭祀仪式，一方面是为了给入侵者造成恐惧的心理阴影，从而威慑敌人，另一方面则是阿兹特克人相信他们的维齐洛波奇特利神会回来。根据传说，维齐洛波奇特利神在"芦苇年"（1519年）会回来，之前他们的神被特斯卡特里波卡神（Tezcatlipoca）[121]赶走了。然而，十分凑巧的是，"芦苇年"正是西班牙入侵

---

[120] 阿兹特克人信仰的羽蛇神，即一条长满羽毛的蛇，它是大地力量和植物生长之神，也象征着死亡和重生，常被祭司用人的心脏进行祭祀。
[121] 阿兹特克神话中最重要的神祇之一，其意指"会冒烟的镜子"，因为他的右脚上一块有用黑曜石做的镜子，可以发出耀眼的光芒。特斯卡特里波卡神相貌奇异，全身漆黑，是一个能使用雷电的巨人，统辖着太阳，具有至上的神力，并能操纵人类的命运。

## 第七章 粉碎文明：特诺奇蒂特兰的忧伤（公元1521年）

者到来的年份。由于阿兹特克人很少与更为广阔的外界发生联系，他们仿佛就活在自己的桃花源世界里，当他们看到西班牙人的舰船从海上驶来时，强烈的视觉效果让信使将西班牙人描绘成天神降临。加之信使看到的西班牙人是白肤色的，且留着浓密的长长的胡须，于是说他们骑在一种奇怪的动物（马）身上，简直就是半人半神的化身。蒙特祖马二世见到他们的时候（1519年11月8日）惊喜万分，竟然相信西班牙人就是维齐洛波奇特利神派来的使者，热情地招待了他们。殊不知，这就是阿兹特克人悲剧的开始。当西班牙人露出贪婪、真实的嘴脸后，他们的世外桃源就不再平静了，从很大程度上来讲，阿兹特克人希望用入侵者的心脏召回真正的维齐洛波奇特利神。

无论出于哪种目的，阿兹特克人的心理威慑已经产生作用了。西班牙人害怕的悲痛之夜的景象再次出现了。阿兹特克人在恐怖的鼓乐声中，用他们的民族语言朝着西班牙人大呼狂喊，把烤得吱吱冒油的大腿和碎肢投向敌人。根据《征服新西班牙信史》中的记载："那些神使（西班牙人）的肉和你们弟兄的肉我们已经吃得太饱了，你们也可以来尝尝。"一些西班牙人看到吱吱冒油的大腿和碎肢，当场吓得晕厥过去，有些人不停地呕吐……阿兹特克人正在吃着西班牙人，许多被捆绑着的征服者在被插上羽饰后，沿着金字塔台阶而上，最后走向死亡。

很快，这场"活人祭"就传播开来，那些背叛者和投靠西班牙人的部落陷入到恐慌中，他们害怕阿兹特克人还会打回来，到那时，更为恐怖的惩罚就会降临到他们身上。一时间，几乎所有的印第安同盟就要分崩离析了。

这会是阿兹特克人命运的转机吗？"精明的殖民者"科尔特斯将如何应对？

## 3

步步为营的策略是没有问题的，但战场发生变化后，西班牙人遭受到一些挫折。对阿兹特克人而言，他们应该乘胜追击，然而，就像悲痛之夜那样，他们未能绝杀入侵者——7月的大部分时间里，阿兹特克人没有强攻入侵者的营地。这无疑是令人唏嘘的！

如果阿兹特克人抓住了战机，就一定能胜利吗？或许，科尔特斯做梦都会感激饥饿、疾病和瘟疫的巨大杀伤力，还有数以千计的战斗伤亡，已经让这座城市失去了进攻能力。活人祭的战术已经不能阻止入侵者，受挫后的科尔特斯反而更加确信这场战争的胜利是属于西班牙人的。

事实的确如此，到7月下旬为止，阿兹特克人已经被这场战争折磨得疲惫不堪，再也没有能力切断堤道了。因此，入侵者可以自由出入特诺奇蒂特兰和特拉特洛尔科，来自韦拉克鲁斯的补给也能畅通无阻地运到入侵者的手里。让科尔特斯特高兴的是，他可以命令士兵前往波波卡特佩特火山（Popocatépetl，位于墨西哥城东南约72千米处，是世界上最活跃的火山之一）自由自在地采集用于制造火药的重要原料硝石了。年轻的考乌特莫克无法阻止这一切，心力交瘁的他愈发不能组织起有效抵抗了。阿兹特克人面临的绝境在科尔特斯写给卡洛斯一世（即神圣罗马帝国皇帝查理五世，在西班

## 第七章 粉碎文明：特诺奇蒂特兰的忧伤（公元1521年）

牙被称为卡洛斯一世）的一封信中有相应描绘，依据他在《墨西哥来信》中的内容："这座城里的人们不得不在死者身上行走，其他人则游进或是淹死在分布着他们的独木舟的宽阔大湖的水里。事实上，他们所受的苦难极为巨大，我们完全无法理解他们怎样忍受住了这一切。无数的男子、妇女和儿童跑到我们这边来，他们急于逃脱，许多人挤进水里，淹死在许多尸体之中。而且似乎有超过5万人因为饮用咸水或饥饿而恶臭地死去。所以，要是我们没发现他们所处的困境的话，会认为他们是既不敢跳进双桅帆船可能发现的水里，也不敢跃过分界线，跑到士兵可能看见他们的地方的。因此，我们在他们所在的那些街道上遇到了成堆的死者，被迫在他们身上行走"。[122]

比上述绝境更惨的是饥饿和瘟疫的笼罩。那些出去寻找食物的阿兹特克人几乎都被西班牙人屠杀了，实在没有办法，他们就吃掉自己人。算上致命的天花、战争死亡，这场战争导致的死亡人数超过了100万，几乎是整个特诺奇蒂特兰的人口数量。根据费尔南多·德阿尔瓦·伊斯特利尔斯奥奇特尔（Fernando de Alva Ixtlilxochitl）在《科尔特斯联盟》中的描述，考乌特莫克在投降后说道："啊，指挥官，我已经尽了权力范围之内的一切来捍卫我的帝国，让它从你的手中解脱。既然我的运数已经不利了，就拿走我的生命吧，这非常公平。做到这一点，你就会终结墨西哥帝国，因为

---

[122] 详情参阅贝尔纳尔·卡斯蒂略的《墨西哥的发现与征服》。

你已经摧毁了我的帝国和附庸。"[123]

让人悲悯的是，虽然考乌特莫克投降了，但他最终没有逃过莫须有的罪名，被科尔特斯下令绞死了，罪名是煽动印第安盟友叛乱。

这是一场极不对等的战争，导致的死亡人数超过100万，从科尔特斯由韦拉克鲁斯进军开始算起，到战争结束，西班牙人的损失不超过1000人。当特诺奇蒂特兰城彻底陷落后，惨绝人寰的大屠杀，以及随后几十年内爆发的天花、麻疹、鼠疫、流感、百日咳和腮腺炎等流行病，这些天灾人祸将让墨西哥中部的人口数量从科尔特斯登陆时的800多万下降到半个世纪后的不足100万人。

科尔特斯和跟随他的入侵者，以优势的海洋文明摧毁了一个古老而灿烂的劣势文明。在这场残酷的杀戮战争中，文明的差异化导致对待这场战争的态度有所不同。欧洲冒险者利用当时先进的航海技术自然地、偶然地，甚至是有目的地发现一块又一块新大陆，然后尽可能地将它们变为殖民地。在这个过程当中，既有血腥的入侵，也有以宗教名义的入侵。对阿兹特克人而言，面对不同的宗教和文化碰撞，他们选择的是以更为恐怖的活人祭恐吓威慑入侵者，而非以更大的热忱和更丰富的作战经验彻底击败入侵者。

按照美国历史学家维克托·汉森的观点，这种战争模式就是"鲜花战争"。也就是说，这种战争更像是一种表演，当这种战争发生在双方的精英战士中，没有太多的杀戮时，阿兹特克人是明显占

---

[123] 此处依据维克托·汉森的《杀戮与文化：强权兴起的决定性战役》中的转述，费尔南多·伊斯特利尔斯奥奇特尔曾以印第安人的视角写下了这段征服历史。在墨西哥国家人类学博物馆，曾展览过一部由无花果树树皮制成的珍贵古抄本，这部古抄本是有关于阿兹特克人、玛雅人……的诸多珍贵史料。由齐马尔帕赫恩和伊斯特利尔斯奥奇特尔两位土著历史学家共同完成。

## 第七章 粉碎文明：特诺奇蒂特兰的忧伤（公元 1521 年）

优势的，这取决于他们的身体素质和地理环境，还有他们熟练的捆绑技巧。阿兹特克人能够把敌军打晕，捆绑后熟练地穿过队列回到阵营，这点恐怕没有多少西班牙人可以做到，除了他们的盟友。然而，这又是致命的缺点，包括在水上作战，这种只想稍微摘得胜利果实的作战模式意味着阿兹特克人在抵抗入侵者的几个月时间里，放弃了多年来的军事训练成果。特别是他们在面对西班牙人一击就毙命的剑手和长矛手时，不对等的厮杀就愈加明显了。原始的作战武器如橡木、兽皮、棉花、石头、燧石和黑曜石，无法大量杀死入侵者。就连剑和长矛都是木制的，虽然在双刃上嵌有黑曜石片，这种武器在锐利程度上可以同金属相提并论，但就整体性能而言，仅经过初次作战，刃部就会出现崩裂现象，如果与更为坚固的武器作战，就更必不必说了。阿兹特克人使用的"剑是没有剑尖的"，长矛的石矛头也不过是"低劣的戳刺兵器"罢了。

阿兹特克人的指挥官也发现他们的士兵无法对抗西班牙人的诸多兵种，譬如在水上作战时，他们除了用木桩、独木舟和长矛之类的武器，似乎就别无他法了。因此，土著指挥官们转而依靠一系列有可能伤害到西班牙人"手臂、腿部、脖子、面部的投掷兵器"。这些兵器当中最主要的要数投矛器了，它是用"大约两英寸长的木棍制成的，其中一端有凹槽和钩子，以便放置投射物"。另一种是火烤过的标枪，偶尔也会使用燧石当枪头。在具体的使用过程中，其有效的杀伤距离在 45 米内，但是它们遇上有盾牌、盔甲和胸甲的士兵时就无法产生致命效果了。如果战场在水面上，这种武器更无法面对船坚炮利的西班牙人。当这些投掷武器用于大规模作战时，也不会产生巨大的效果。就连他们使用的弹弓也是单体的，而非欧洲或东方的复合弓。虽然他们知道连续发射利箭的重要性，也知道利用箭袋多装备一些利箭，但是这种连续的快速射击依然是大打折扣的，最重要的一点就是体能。更何况阿兹特克人的利箭多是以黏合的角、皮和木制成，而非金属。因此，可以肯定地总结：阿兹特克人的武器落后于18个世纪之前的亚历山大大帝时期。

我们或许会对这样一个现象产生疑问：墨西哥有着精密武器产业所需的一切自然资源，像塔斯科（Tasco）有丰富的铁矿，米却肯（Michoacán）有丰富的银矿，波波卡特佩特火山口有丰富的硝石，阿兹特克人为什么身处在聚宝盆中却对此置之不理呢？或者说，阿兹特克人为什么只能制造出黑曜石刃、标枪、弓箭和棍棒之类的原始武器？流行的解释是："阿兹特克战争在很大程度上是旨在俘虏而非杀戮，石刃就足以对抗装备类似的中美洲人了。"

不过，这种说法会给人一种误解，认为阿兹特克人并不是没有能力"制造出能与欧洲人相匹敌的兵器"。实际上，根据当时的生产和技术水平，阿兹特克人并没有掌握制造金属兵器或火器的技术，他们只是占据了这样得天独厚的地方，至于深度挖掘还需要更多的时间。显然，他们没有等到这样的时刻，入侵者就来到了。在他们生活的区域里，尽管战争不可避免，阿兹特克人只需要凭借数量庞大的军队和非金属的兵器发动部落战争即可，这种战争形式很像祖鲁人的作战和日耳曼部落的进攻一样，许多时候都是采用包抄的作战模式。具体来说，数量庞大或成群的部落战士有计划地包抄敌军，负责前方作战的部队快速实施围攻，有机会的情况下则打晕敌军，而那些逃窜的敌军在有计划的包抄下只能钻进越来越小的包围圈里，被打晕和俘虏的敌军都会被送到后方捆起来带走。只是，这种作战

## 第七章 粉碎文明：特诺奇蒂特兰的忧伤（公元 1521 年）

模式不适合远距离作战，特别是在水面作战中更是不可行。

首先，胜利者和失败者都混在一群人里会增加补给的负担；其次，俘虏和军队一起行军返回将导致阿兹特克人无法实施远程作战计划，因为确保俘虏不逃走和反抗会减少能够用于远程作战的士兵人数。因此，更多的时候，当看到敌方首领或他们的旗帜倒下，这场战争就结束了。这也能解释为什么阿兹特克人在取得较大战果的时候，竟然不去追杀入侵者。

根据帕特里夏·德富恩特斯（Patricia De Fuentes）在其著作中关于奥通巴之战的记载，我们可以得到印证："科尔特斯在印第安人中杀出一条道路时，不断认出并杀死敌军中因为携带金盾而容易被识别的首领，同时丝毫不和普通士兵纠缠。凭借这种特殊的作战方式，他得以冲到敌军总指挥面前，用长矛一下戳死了他……就在他这么做的时候，迭戈·德奥尔达斯指挥下的我方步兵已经完全被印第安人包围起来，他们的手几乎碰到了我们。但当统帅科尔特斯杀死他们的总指挥后，他们就开始撤退，给我们让出一条道来，因此几乎没有人来追击我们。"[124]

而欧洲人，他们可以依赖每天用船运进来的上千吨食物——先进的航海技术以及大型船只足以保证他们这样去做——然后他们利用一小群精英对部落首领进行斩首行动，从而摧毁这个部落或者帝国的架构。西班牙人是生活在温带气候中的海洋民族，他们在长期的海陆作战中积累了丰富的经验。也就是说，那些在海陆战场上幸

---

[124] 依据《杀戮与文化：强权兴起的决定性战役》中的转述，详情参阅帕特里夏·德富恩特斯的《征服者：征服墨西哥的第一人称叙述》（*The Conquistadors: First Person Accounts of the Conquest of Mexico*）。

存下来的士兵,他们能够不分时节、昼夜、内外和海陆进行作战,不会因为自然条件的限制而束手束脚。此外,先进的作战武器也为西班牙人的作战能力提供保障,因为他们设计武器的首要原则是如何将敌人杀死。

即便如此,我们也不得不为阿兹特克人通过活人祭来震慑敌人感到惊恐。我们很难想象他们在原始武器的作用下杀死如此多的人。譬如在阿兹特克帝王阿维措特(Ahuitzotl,?—1503年,阿兹特克第八代帝王)统治时期,1487年的某一天,在特诺奇蒂特兰城的维齐洛波奇特利大神庙进行了一场长达4天的活人祭,其血腥程度让人不敢直视。这是为了庆祝神庙修建完毕而进行的祭祀活动,8.04万名战俘成为神庙的献祭者。然而,如此数量的祭祀杀戮就算在工业化时代,也是一个巨大的挑战。我们可以轻易计算出阿维措特要在96小时里杀掉8.04万名战俘,意味着每分钟就要杀掉14名左右。这是异常令人吃惊和战栗的,其杀人频率远远超过了被称为"死亡工厂"的奥斯维辛集中营每日屠杀的记录(根据推算,集中营每天约有6000人被杀害)。仅从杀戮的角度而言,他们和西班牙入侵者没有什么区别。唯一不同的是,他们"以奇怪的作战法替代战场上的真实杀戮"。维克托·汉森认为,"他们在恐怖的洞察能力基础上,以一支致命的军队为后盾,佐之以庞大的进贡体系,创建了松散又牢固的政治帝国"。也就是说,阿兹特克人杀戮的目的在于维护进贡体系,为了让这种进贡神圣化,他们采用了活人祭的方式。这与欧洲入侵者建立殖民地的呈现形式有所区别,当然,从政教合一的角

第七章　粉碎文明：特诺奇蒂特兰的忧伤（公元 1521 年）

度来讲，或许都是殊途同归的。[125]

对征服者而言，他们的内心世界又是如何的呢？表面看来一定是臭名昭著、粗劣残忍的。许多征服者都是狂热的西班牙基督徒，但让人觉得讽刺的是，他们生活在善恶分明的摩尼教式的世界里。在卡洛斯五世统治下的 16 世纪的西班牙，正处于宗教裁判所[126]的时代。所有为国王服务的人都必须无条件、无异心地忠于国王，忠于已经陷入困境的正统的天主教。被指控有异心的理由可以来自日常洗澡、阅读书籍、交往倾谈中，不一而足。因此，在那个时代被污蔑和陷害者大有人在：焚烧女巫、严刑拷问、秘密法庭……这些都令人们恐惧万分。犹太人、摩尔人和新教徒更是惊恐不已，他们随时会成为被怀疑、指控及攻击的对象。

在这样的环境下，几乎"每个扬帆西去的征服者都会坚守遵从正统天主教的意识形态"。这一点，也可以从科尔特斯进入特诺奇蒂特兰城后，要求阿兹特克人推倒他们的神像，改信天主教得到印证。在德富恩特斯的著作里也描述了西班牙人对阿兹特克人的可怕的祭祀仪式的反感："新西班牙行省的所有人，甚至包括那些在邻近省份的人都吃人肉，把它视为比世界上任何其他食物价值更高的东西。他们极为重视人肉，以致时常仅仅为了宰杀并食用人类就冒着生命危险发动战争。如我所述，他们当中的绝大部分都是鸡奸者，而且还过量饮酒。"[127]

---

[125] 更多的相关内容可参阅凯伦·法林顿的《宗教的历史》。
[126] 也叫异端裁判所，1231 年，天主教会教宗格列高利九世决意由道明会设立宗教法庭，用于侦查、审判、裁决天主教会认为是异端的人士。卡洛斯五世时代的宗教裁判所于 1481 年正式开始实行。
[127] 详情参阅帕特里夏·德富恩特斯的《征服者：征服墨西哥的第一人称叙述》。

299

从这样的描述中，我们不难看出西班牙人的内心是充满反感情绪的。对西班牙教会，或者说那些笃信正统天主教的西班牙人而言，他们会觉得如果能把阿兹特克异教徒解救出来，这些人就会感谢圣母。而征服者也会获得黄金和土地，也能做一名拯救灵魂、转化灵魂的使者。因此，他们会说"尽管杀戮是错误的，也是无效的，但墨西哥人与其作为活着的恶魔工具存在，还不如死掉了事"。

残酷的杀戮或许是不得已而为之，这样的理由是多么讽刺，只要有入侵，悲痛之夜就不会停止。在宗教的审视角度下，不过是为入侵、杀戮找到一个冠冕堂皇的理由罢了。阿兹特克文明，遍地黄金的特诺奇蒂特兰，在西班牙人的巨浪前行中不幸成为杀戮的对象，这是否是先进海洋文明对决落后内陆文明的产物，历史会有公论。

## 三 "无法解释"的困惑

### 1

为什么西班牙人会获胜？仅仅是因为掌握了先进文明吗？

要知道，居住在特诺奇蒂特兰和特拉特洛尔科这两座岛屿城市的阿兹特克人就有近25万，另外还有100多万说纳瓦特尔语的墨西哥人沿湖居住，他们都是向阿兹特克帝国纳贡的臣民。更多居住在墨西哥谷地之外的人也在向这个帝国纳贡。纵观特诺奇蒂特兰城的

## 第七章 粉碎文明：特诺奇蒂特兰的忧伤（公元1521年）

历史，这座城市的文明程度是让人惊叹的：堤道的拱形设计体现了力学的完美运用；巨石型的输水渠孕育着这里的生灵；体积庞大的神庙胜过同类的金字塔；人工湖有数以千计的独木舟组成船队保卫着；浮动的花园宛如巴比伦空中花园；各种装饰品以及人们佩戴的饰物上的黄金在阳光的照射下闪耀着金光……这一切都足以让人惊异不已。与同时代的欧洲城市相比，后者自惭形秽。

西班牙人的胜利，或者说是科尔特斯的胜利，在很长一段时间里，墨西哥和欧洲的批评家们提出了这样的观点：土著盟友的支持，疾病瘟疫的肆虐，科尔特斯本人的军事天才，武器的先进……

实际上，上述的说法或多或少存在值得商榷的地方。

土著盟友的加入是否就是获胜的关键，取决于他们在战争中的作用。在西班牙人没有入侵之前，许多印第安部落未能推翻这个强大的帝国——强大的特拉斯卡拉部落也不敢直接与之为敌。当西班牙人入侵后，他们在没有西班牙人帮助的情况下，依然无法对抗阿兹特克人。当特诺奇蒂特兰陷落后，这些印第安部落同盟很快就瓦解掉了，倘若他们组织起来，一致对抗西班牙人或许可以获得独立。但他们相互争吵，而且脾气暴躁，假使西班牙人没有将他们组织起来，其结果必然是无法对抗阿兹特克人。换句话说，他们之所以未能对抗得了阿兹特克人，主要在于内部的争斗。

科尔特斯方面，他依然面临着土著人的问题，他本人差点在古巴被捕，政敌还把他当作暗杀的目标，伊斯帕尼奥拉（Hispaniola）[128]

---

[128] 西班牙语称为Isla deLa Española，也叫西班牙岛，加勒比海地区第二大岛，位于古巴东南方，波多黎各的西边。1492年12月5日，哥伦布首次踏足此岛，并以西班牙的国名命名，现属海地共和国。

当地政府还宣布他为叛徒。因此,他在踏上美洲土地的时候,至少面临着各种各样的美洲部落的进攻。四面受敌的科尔特斯像个入侵者在美洲部落间穿行、生存。他在加勒比地区的上级眼中就是一个罪犯和投机者,但正是这个精明的入侵者"毁灭了墨西哥史上最强大的民族"。从1521年特诺奇蒂特兰陷落到19世纪墨西哥独立战争,"除了偶尔发生的暴动之外,无人再敢挑战西班牙人的绝对统治"。

在旧大陆对新大陆残酷征服的历程中,完全征服后者并不一定需要与土著盟友的合谋就能做到。阿兹特克被摧毁只是西班牙人吞并墨西哥的先决条件,这一点,土著联盟未必在当时看得出来。因此,他们对这场战争的目标和概念大相径庭。也就是说,土著盟友的加入在较大程度上帮助了西班牙人,如果没有他们,西班牙人会花费较长的时间去征服阿兹特克。

柏拉图在其著作《法律篇》里认为:"每个国家都会在其资源所限的范围内,寻求吞并并不属于它的领土,这是出于国家野心和自身利益的合乎常理的结果。"

亚里士多德在其著作《政治学》中认为:"战争的目的总是在于'获取',因此当一个国家远强于另一个国家,并'自然地'寻求以任何可能手段控制较弱对手时,战争便会合乎逻辑地发生。"

土著盟友与西班牙人"并肩作战并不是因为他们喜欢西班牙人",他们是因为遭受到阿兹特克人的压迫(许多部落,包括强大的特拉斯卡拉部落,他们要么处于被压迫的臣服状态,要么处于被围困之中,他们被迫向阿兹特克人纳贡,自身的田地也无法得到保障),以及邪恶的屠杀方式,让他们迫切需要一种力量来帮助他们。

## 第七章　粉碎文明：特诺奇蒂特兰的忧伤（公元1521年）

而西班牙人的出现，让这些被压迫的部落感到了一种前所未有的力量存在——西班牙人能击败强大的阿兹特克人。因此，彼此是纯粹的盟友关系，还是各有所需的目的导致，都是值得商榷的。

可怕的天花之类的瘟疫，还有各种疾病的横行，它们到底夺去了多少阿兹特克人的性命，目前为止没有确切的数字统计——这是一个比较敏感的话题，人们或许更为关注的不是数字本身，而是欧洲人在这场征服战争中有没有刻意实施疫病战的问题。在16世纪的大部分时间里，墨西哥都受到一连串疫病的威胁，特别是天花和流感夺去了许多人的生命，其病死率高达95%。不得不说，这绝对是欧洲征服美洲过程中最为惨痛的悲剧之一。据说，到17世纪时，墨西哥的人口只剩下一两百万了。

不过，我们看待问题还需更加细致化。在高死亡率下，丧命的除了阿兹特克人，还包括他们的敌人（如托托卡人、加尔卡人和特拉斯卡拉人等）在内。根据现代学者估计，"自第一波天花暴发开始，整个墨西哥中部有20%～40%的人口死于这一疾病"。第一波天花暴发持续的时间并不算长，在一本名为《佛罗伦萨抄本》的书里记载了天花持续的时间为1520年9月初到11月末，到1521年4月8日最后的围城战开始，天花疫情就基本消失了。这本书是贝尔纳迪诺·德萨阿贡编写的，也叫《新西班牙诸物志》，他本人是方济各会的传教士，在科尔特斯征服阿兹特克8年后（即1529年）来到墨西哥，获取了大量一手资料。因此，他的记载应该是可信的。

为什么西班牙人没有在这场瘟疫中死亡甚多，据说是在作战中有人发现用羊毛和棉花包扎伤口具有不错的防护作用。并且，从杀死的印第安人的尸体上提取出油脂，就可以成为药膏或愈合膏，把它们涂抹在伤口上有治疗作用。这一发现是惊人又可怕的，有没有可能是为了治疗传染病而杀死印第安人呢？16世纪的欧洲人对病毒和细菌没有一套科学的知识体系，他们的这种发现既有偶然性，也有经验的积累。在希波拉克、盖伦等主要的古典医学家的世界里，他们已经掌握了一些预防、治疗病毒和细菌的方法，譬如适当的隔离、药膳、睡眠以及将死者深埋的措施都有着一定的效果。可是，印第安人或者说阿兹特克人不会觉得这是属于医学范畴的事情，他们反而觉得这是神灵的责罚。当然，天主教会也可能指出这是上帝在惩罚人们的罪恶。让人异常恐怖的是，他们竟然以披挂人皮、食人和不立即埋葬死者等方式来缓解神灵的愤怒。

随着天花在美洲的传播，导致印第安人领导阶层大量死亡。在原始的愚昧与无知下，那些土著人会更加相信西班牙人的超人能力，而西班牙人也可以按照他们的意愿精心挑选、培植傀儡领导者了，以土著制约土著的策略在很多时候非常奏效。而这一点，当时的阿兹特克人未必明白。

## 2

许多墨西哥人都相信他们的羽蛇神会回来。但是当入侵者的真实面目得以呈现后，阿兹特克人就逐渐发现西班牙人并非他们的神灵，而是恶魔。但是，在接下来的一系列战争中，阿兹特克人的表现让人困惑：他们为什么不当场杀死入侵者？本来许多西班牙入侵者，包括科尔特斯在内，有好多次都应该命丧战场的。可是，阿兹

## 第七章 粉碎文明：特诺奇蒂特兰的忧伤（公元1521年）

特克人坚持要生擒，许多入侵者就是这样给逃脱的。一些学者解释说，是阿兹特克人的犹豫和害怕给入侵者多次翻身的机会，而阿兹特克神话世界观又对阿兹特克人影响深刻。在阿兹特克人生活中不可或缺的宗教信仰里，他们坚信只有捕获敌人，并将敌人献祭给神灵才能换来安宁。换句话说，这种理念植入到战争中，就形成阿兹特克人独有的战争理念。同欧洲战争理念相比，虽然两者都有着残酷的杀戮，但由于对待敌人的处理方式蒙上了宗教色彩，因此哪怕阿兹特克人让入侵者品尝了悲痛之夜的痛楚，却放过了许多次可以将入侵者绝杀的机会。

在征服者的处心积虑面前，阿兹特克人无法做出很好的应对，他们只是一味地强调如何捕获并捆绑敌人。依据弗朗西斯科·德戈马拉的记载，我们可以看出作为征服者的科尔特斯有多么阴险狡诈。"想想他对迭戈·贝拉斯克斯的忘恩负义，对部族的两面三刀，以及对蒙特祖马的背信弃义吧。记住他在乔卢拉毫无意义的屠杀，对阿兹特克君主的谋杀，对黄金和珠宝贪得无厌的欲望吧。不要忘记他杀死第一任妻子卡塔利娜·华雷斯的残暴行为，以及他在折磨考乌特莫克时做出的低劣的行径。他毁灭了自己的对手加拉伊，为了保住指挥权，让自己成了杀死路易斯·庞塞和马科斯·德阿吉拉尔的嫌疑犯。即便用历史记载所证明的一切其余罪恶来指控他，但只要让他以自己是睿智的政治家和勇敢能干的指挥官的理由来抗辩，他所做的一切，就终会被认为是近代历史上最为令人吃惊的伟业之一。"[129]

---

[129] 参阅弗朗西斯科·洛佩斯·德戈马拉的《印第安人的历史概况》。

让人哀伤的是，在西班牙人疯狂杀戮时，阿兹特克人依然选择生俘对手然后进行活人祭，放弃了直接砍杀。因此，在欧洲与美洲的文明交锋中，西班牙人可以凭借高人一筹的战争技术斩杀对手。

在跨文化的冲突中，阿兹特克人中的精英阶层人数过少，他们或死于非命，或死于民众的反感。当这一小撮的精英掌握了至上的政治权力，就要为帝国的毁灭承担重要的罪责。这样的政治特质一旦坍塌，就像大约公元前 1200 年骤然毁灭的迈锡尼宫殿[130]一样。当时，波斯帝国在大流士三世从高加米拉脱逃后就突然瓦解了[131]。

这还是脱逃，若是被囚禁或是杀戮死亡，突然间的瓦解会更加让人惊讶。这一点，我们还可以从印加帝国的终结得到印证。也就是说，这样的政治特质不管在什么时候，一旦受到外界的刺激就会呈现出极不稳定的政治局面。

1521 年 8 月，考乌特莫克逃跑后阿兹特克人的抵抗立刻就停止了。从此，在美洲的世界里少了许多抵抗。直到 19 世纪独立战争开始，这一让人困惑的局面才得以改变。

不过，这或许就是特诺奇蒂特兰陷落成为美洲历史的重要节点的原因之一。

---

[130] 迈锡尼文明是希腊青铜时代晚期的文明，它由伯罗奔尼撒半岛的迈锡尼城而得名。这是古希腊青铜器时代的最后一个阶段，因史料缺乏，无法获得更多的描述。

[131] 这里指高加米拉战役造成的结果，大流士三世在高加米拉战败以后，仍一心想重建军队，期待能再跟亚历山大决一死战。然而经过高加米拉战败和波斯波利斯沦陷，他的威望遭到沉重打击，支持他的人越来越少了。相关内容可参阅阿里安的《亚历山大远征记》。

## 第七章　粉碎文明：特诺奇蒂特兰的忧伤（公元1521年）

3

即便阿兹特克人拥有他们认为先进的航海技术，在西班牙人的双桅帆船面前也只能"黯然失色"。

抛开西班牙人的火绳枪、火炮等先进武器不论，给人印象最深的莫过于双桅帆船了。马丁·洛佩斯预先建好的13艘双桅帆船，其船身的长度超过了40英尺，宽度最宽的可达9英尺。这些像桨帆船战舰一样的庞然大物，利用风帆和划桨作为驱动力，加之它们还是采用平底设计，因此吃水较浅，仅2英尺。这样的设计显然是根据特斯科科湖"狭窄且沼泽化"的水域特点专门定制的。

上述庞然大物除了每艘船上可载25人外，还可携带一定数量的马匹和1门大炮。西班牙人为了建造适合在特斯科科湖作战的船，征集了成千上万的特拉斯卡拉人运输木料以及在韦拉克鲁斯搁浅船只上的铁制工具。洛佩斯还让西班牙的土著盟友把双桅帆船拆散，这显示了他高超的运筹能力，更体现了西班牙人注重海权的运用。

据说，为了完成这项庞大的工程，一共出动了大约5万人的搬运工和战士。他们翻山越岭，不计辛苦地将它们运到特斯科科湖，到干旱季节才完成运输任务。随后，洛佩斯组织这批人专门开凿了一条12英尺宽、12英尺深的运河。这样一来，重新组装好的船只就可以通过这条运河从沼泽地驶向特斯科科湖较深的水域了。此项浩大的工程仅耗费了7周时间，可算是奇迹。若是阿兹特克人能切断西班牙人的水上通道，或者袭击这条补给线，一定会给入侵者沉重打击，因为双桅帆船被证明是这场战争取胜的决定性因素。

有三分之一的西班牙人成为这些双桅帆船的操纵者,船上配备的火炮、火绳枪和弓弩等武器大大增强了这支舰队的实力。而且阿兹特克人无法获得水面的控制权制约入侵者的行动,事实上,他们因为缺乏相应的战术及能力,只能眼睁睁地让这些双桅帆船自由地航行在特斯科科湖上。这样一来阿兹特克人的独木舟几乎很难发挥作用。西班牙人利用他们的庞然大物将步兵运上岸,以强制封锁外围,削弱特诺奇蒂特兰的防御力量。这就是西班牙人海军与陆军混合战术的体现。

根据克林顿·哈维·加德纳(Clinton Harvey Gardiner)所著的《征服墨西哥中的海军力量》(*Naval Power in the Conquest of Mexico*)一书的描述:"也许在所有历史当中,没有任何类似的海战胜利能结束一场战争,并终结一个文明的存续。"他的观点体现在对这场战争中海权的重要性解读上,还结合萨拉米斯海战进行了对比分析。他认为"特诺奇蒂特兰有一个不适用于萨拉米斯的重要特征:特诺奇蒂特兰和最终的胜利、战争的终结是同义的,萨拉米斯则并非如此。在萨拉米斯,文明受到了挑战,在特诺奇蒂特兰,文明则被粉碎了"。维克托·汉森则认为:"尽管双桅帆船是在距离特斯科科湖超过100英里的地方建造的,但它们在阿兹特克当地水域作战时将证明,在工程方面这些船只远比整个墨西哥文明史上建造的任何舰船都更为巧妙——只有通过2000年里都在西方普遍存在的对科学和理性的系统化探究,才能实现这一业绩。"

入侵者的胜利得益于16世纪西方军事复兴。当然,这也得益于前人的研究成果。在希腊,阿基米德曾说:"每种技术都导致它本身走向纯应用和纯利润。""但他的器械——起重机和传说中聚光加热的

## 第七章 粉碎文明：特诺奇蒂特兰的忧伤（公元 1521 年）

大型反射玻璃——却把罗马人攻陷锡拉库萨的时间延迟了两年。第一次布匿战争中的罗马海军，不仅仅是在效仿希腊人和迦太基人的设计，而且发明'乌鸦'这样的创新性改进——一种将敌军战舰拖离水面的起重机——由此确保了他们的胜利。"

因此，对往后而言，我们一定不要忘记索福克勒斯（Sophocles）[132] 在《安提戈涅》中所言："人类啊，真是机智的家伙……他狡黠，又热爱创新，他旺盛的创造力，超过一切想象的边际。"

毕竟，对理性之神而言，万物皆可解释。然而，无法解释的是西班牙人在毁灭湖中之城——特诺奇蒂特兰后，却无法应对特斯科科湖的洪水，这些汹涌的洪水仿佛在诉说阿兹特克人的忧伤。等到西班牙人把湖水抽干，大批移民者涌入特诺奇蒂特兰，城市的繁华终于掩藏了往日的苍凉。

---

[132] 约公元前 496—前 406 年，雅典三大悲剧作家之一，主要作品有《安提戈涅》《俄底浦斯王》《特拉基斯妇女》等，相关中文版作品可见《古希腊悲剧喜剧集》。

## 第八章

# 围攻马耳他:坚不可摧的堡垒
### (公元 1565 年)

## 第八章 围攻马耳他：坚不可摧的堡垒（公元1565年）

## 一 与马耳他相关

1

1564年10月，奥斯曼帝国的苏莱曼一世（Suleiman the Magnificent）[133]主持了一次国务会议。在这次会议上，马耳他的问题被提了出来，是否要围攻这个岛成为重要的争论点。虽然争议激烈，但是苏莱曼一世本人眼光独到、意志坚定，他明白马耳他是通向西西里乃至意大利和南欧的跳板。因此，在国务会议结束后，一场关于围攻马耳他的法令已经颁布下去。舰队司令皮雅利（Piali Pasha）[134]和陆军帕夏穆斯塔法（Mustafa）[135]完全领悟了苏丹围攻马耳他的战略意图。所有关于这场战争的筹备将在来年春季完成。

马耳他群岛比较特别，它主要由戈佐岛（Gozo，位于马耳他岛西北，是马耳他的第二大岛）和马耳他两个重要的小岛组成。相比之下，后者比前者要大得多——后者长29千米，宽14.5千米，而前者长不足14千米，宽约7千米。这两个岛地理位置十分特殊，它们

---

[133] 1520—1566年在位，是奥斯曼帝国在位时间最长的苏丹，被西方誉为"苏莱曼大帝"。
[134] 1515—1578年，奥斯曼帝国海军上将，他参与了帝国征服途中的许多重要战役。
[135] 帕夏相当于总督、司令等官职，拥有很大的权利。奥斯曼帝国时期有多位穆斯塔法，由于史料缺乏，在围攻马耳他时期的穆斯塔到底是哪位，无法给出确切信息。这里根据推断应该是追随苏莱曼一世的老将，后文有述及。

在一条西北—东南走向的轴线上，中间被一道狭窄的海峡分开。马耳他群岛扼守着东西方海上运输的必经之路，因为它位于西西里岛以南 80 千米的地方。有意思的是：从直布罗陀到马耳他群岛的距离，同马耳他群岛到塞浦路斯的距离竟然是大致相等的。

马耳他群岛在 1530 年的时候，曾被神圣罗马帝国皇帝查理五世（Charles V）[136] 赠予著名的圣约翰骑士团（医院骑士团）。赠予的目的在于，"以便他们能够安宁地执行其宗教义务，保护基督教社区的利益，凭借其力量与武器打击神圣信仰的敌人"。这是表面上的，实际上查理五世不是如此慷慨之人，圣约翰骑士团在 8 年前被奥斯曼帝国苏莱曼一世的 20 万大军驱逐出罗得岛，一直处于居无定所的状态，查理五世的"援助之手"是有条件的：首先，骑士团每年必须得向西西里总督进贡一只鹰；其次，得保证不与西班牙开战；特别是最后一条，看起来是一种类似口头的约定，查理五世将这支作战英勇无比的骑士团放在柏柏里海岸线上，目的就是用这支骑士团防御野心十足的伊斯兰国家。查理五世除了赠予马耳他群岛处，还赠予了位于北非的的黎波里（Tripoli）[137] 港口，它是基督徒的前哨站，周围环伺着充满敌意的伊斯兰国家，这既是查理五世的慷慨，又是查理五世的聪明之处。

当时，年迈的圣约翰骑士团团长菲利普·维利耶·德利勒—亚当（Philippe Villiers de L'Isle-Adam，1464—1534 年，第 44 任大团

---

[136] 1500—1558 年，在欧洲人心目中，他是"哈布斯堡王朝争霸时代"的主角，也是西班牙日不落帝国时代的揭幕人。在对美洲的征服中，他起到了重要作用。据说，他曾豪言"在我的领土上，太阳永不落下"。
[137] 公元前 7 世纪由腓尼基人建立，是奥萨、布雷撒和莱普蒂斯的统称，1551 年被奥斯曼帝国占领，此前属于西班牙。现为利比亚首都。

## 第八章 围攻马耳他：坚不可摧的堡垒（公元1565年）

长）心存忧虑，他担心再次出现"特洛伊木马屠城"的悲剧[138]，因此对来自查理五世的诏令表现得犹豫不决。当他看到派往马耳他群岛调查情况的委员会发回的报告内容后，这份犹豫就更深了。

英国历史学家厄恩利·布拉德福德（Ernle Bradford，在地中海和海军历史方面颇有研究）在其著作《大围攻：马耳他1565》中较为完整地记录了这份报告："马耳他岛，布满柔软的砂岩，总长6～7里格（用于航海计程的一种单位，1里格大约相当于5557米），宽3～4里格。岛上仅覆盖着一层3～4英尺厚的土壤，乱石密布，不适合种植谷物及其他粮食作物……岛上出产大量的无花果、甜瓜以及其他不同种类的水果，当地居民用来换取粮食的主要交易物包括蜂蜜、棉花和枯茗（孜然）。不过，除了中部几口泉眼之外，全岛再无活水甚至水井，岛民不得不自建蓄水池用于弥补水源不足……"

我们能够理解这位年迈的骑士团团长的心情，因为马耳他群岛与罗得岛相比，简直差得太远了。罗得岛是地中海上最宜居的岛屿之一，那里土地肥沃又富饶多产。在厄恩利·布拉德福德的笔下，好在马耳他群岛的"东部有许多小海湾和入口可供利用，还有两座深水良港，足以容纳世上最大的舰队。不幸的是，其防护措施极为不足：一座名为圣安杰洛的小城堡拱卫着最大的港湾，但仅装备了3门小型火炮以及几门臼炮（一种短身管炮，主要用于破坏坚固工事，是迫击炮的前身）"。

如果不是因为马耳他岛上有两座良港，圣约翰骑士团应该不会选择它。不过，他们应该早就知道良港的存在，欧洲海上战事以及

---

138 诗人维吉尔在《埃涅阿斯纪》中曾有一句名言"Timeo Danaos et dona ferentes"，即"当心希腊人的礼物"，其意指"特洛伊木马屠城"的悲剧。

*315*

圣约翰骑士团赖以生存的技能之一——"组织化的海盗行为"决定了其拥有一座良港的重要性。况且，这两座良港的重要程度，除了西西里岛上的锡拉库萨和意大利南部的塔兰托外，几乎没有其他港口能比得上了。

有没有其他原因让圣约翰骑士团决定选择马耳他群岛呢？在艾尔弗雷德·马汉的著名理论里，国民意识的重要性同样不可忽视。马耳他群岛上大约有 1.2 万名居民，他们大多是贫困的农民，说着一种阿拉伯语的方言。在戈佐岛上大约有 5000 名居民，他们大多数是原住居民，住在原始的村落里。这里时常遭受穆斯林海盗的袭扰，也就是说，他们对海盗一事已经司空见惯，在他们的意识里早就明白海权的重要性。因此，一旦有更强的海上力量入驻，他们不会有排斥心理，能与之很好地相处，而圣约翰骑士团符合他们的认识。

就算圣约翰骑士团没有考虑上述两方面的因素，他们也只能选择马耳他群岛了。在长达 7 年多的时间里，他们都为没有安身之所而苦恼，欧洲的许多国家虽然对这支骁勇的军事力量抱以某种认可的态度，但是一旦涉及富饶之地，都不考虑支持。这些富饶之地包括梅诺卡岛（Minorca，地中海西部巴利阿里群岛的第二大岛）、伊斯基亚岛（Ischia，位于那不勒斯湾西北部的第勒尼安海）、伊维萨岛（Ibiza，地中海西部巴利阿里群岛的一座小岛）。欧洲国家担心的是骑士团的成员复杂，他们大都从欧洲各国招募而来，直接对教皇宣誓效忠，无须对本国保持忠诚。诚然，他们要"遵守不得与基督徒自相残杀的规定，只能与穆斯林敌人作战"。然而，随着 16 世纪民族主义成为欧洲事务的主导趋势，像骑士团这样的跨国基督教教团组织的受信任度已经受到削减，骑士团越强大，受到的猜忌就越

## 第八章　围攻马耳他：坚不可摧的堡垒（公元 1565 年）

严重。多年的居无定所会让骑士团逐渐分崩离析，年迈的老团长别无选择，他内心十分清楚，只能让骑士团入驻马耳他群岛了，至于的黎波里就当是额外的福利吧！

1530 年秋，圣约翰骑士团从西西里启程，穿过马耳他海峡后上岛定居下来。马耳他的农民对这支新入驻的群体可能不是太在乎，因为他们的生活已经不堪重负了。他们也没有对野蛮的穆斯林海盗能被这支新入驻的群体击败抱有多大的希望，倒是岛上的贵族们（主要包括马杜卡斯、伊瓜纳斯、希贝拉斯等家族）对骑士团的到来欣然接受。

一名马耳他的历史学家对圣约翰骑士团进驻马耳他群岛的情形做了记述。不过，这位历史学家的记述带有明显的个人偏见，这也不能怪他，英国历史学家爱德华·吉本（Edward Gibbon，主要作品有《罗马帝国的衰亡史》）曾说过："骑士身为上帝之仆，耻于偷生而乐于效死。"[139]

时代会赋予个人或群体相应的责任和义务，但 16 世纪中叶，骑士团的价值已经与社会格格不入了。在关于马耳他的这场战争中，尽管骑士们登上了荣耀的巅峰，这依旧是一种回光返照的迹象罢了。因此，我们对这位不知名的马耳他历史学家的记述不必大惊小怪。布拉德福德在其著作中写道："当骑士们来到马耳他岛的时候，他们所固有的宗教内核已经衰败没落了。他们的禁欲誓言经常被认为只是形式上的，而且他们之所以引人注目只是由于他们举止傲慢且物欲熏心。另外，马耳他人早已习惯被当作自由民对待，故而对于自

---

[139] 依据厄恩利·布拉德福德在《大围攻：马耳他 1556》中的引文。

身的政治自由被让给骑士团这一点愤恨不已……所以,说马耳他人与他们的新统治者之间毫无情谊也并不奇怪。"

无论哪种说法,都改变不了骑士团入驻马耳他群岛的事实。当地居民还惊奇地发现,骑士团对这个群岛似乎不感兴趣,他们的主要营生在海上,更愿意驻扎在一个叫比尔古(Birgu,位于马耳他大港东南岸,今维托里奥萨)的小渔村里。原来,这个小渔村位于如今大港湾的入口处。他们在这里修复和扩建防御工事;在狭窄的街道里兴建议事、社交中心——一般被称为"会馆(Auberge)"或者"客栈";在岛上修建、布置和完善医院——医院骑士团的作用和功绩想来不会被忽视[140]……这一套完整的营生体系主要取决于骑士团在罗得岛长达两个多世纪的岛屿生存经验。因此,在马耳他群岛所进行的一切,可以看作是对罗得岛营生模式的复制。

1291年,巴勒斯坦的最后一座基督教堡垒陷落后,圣约翰骑士团被迫迁往塞浦路斯,1310年迁至罗得岛。在两个多世纪后,即1522年,奥斯曼帝国的苏莱曼一世发起大围攻,将他们赶出了罗得岛。因此,能否在马耳他群岛站住脚跟,骑士团将面临巨大的挑战。应该说,骑士团的成员都是地中海最好的水手,他们就像"一支刺向土耳其海岸的矛"。当他们置身于海上时,就是一支勇猛无比的信仰基督的海上利剑。

值得说明的是,1530年骑士团团长德利勒-亚当率部迁往马耳他群岛后,下一任团长让·帕里佐·德拉瓦莱特(Jean Parisot de la

---

[140] 本笃会医院于11世纪在耶路撒冷建立,1113年,为了感谢这所医院为十字军做出的贡献,教皇帕斯加尔二世将其纳入教廷的保护下。也就是说,医院骑士团是一个救死扶伤的组织,圣约翰骑士团是一个纯军事组织,主要致力于同穆斯林作战。

## 第八章 围攻马耳他：坚不可摧的堡垒（公元 1565 年）

Valette）[141] 将圣约翰骑士团带向了荣耀的巅峰。为了对付这个强劲的敌人，苏莱曼一世决定倾其所能组建一支最厉害的陆军和一支最庞大的舰队，共同消灭骑士团。

德拉瓦莱特坚韧不拔、心无旁骛，一心致力于骑士团的经营，他 20 岁就加入了圣约翰骑士团，是第一代图卢兹伯爵[142]的后裔，其先祖追随过法国路易九世，因在第 7 次和第 8 次十字军东征中表现英勇颇具威望。德拉瓦莱特曾被俘，沦为奥斯曼帝国的桨帆船划桨奴，1551 年又在与海盗阿巴德－乌尔－拉赫曼・库斯特－阿里（Abd-ur-Rahman Kust-Aly）的作战中身负重伤，再次被俘，这些悲惨经历让他练就了更加坚忍的毅力。在那个年代里，能够在地中海上冒险并存活下来的就是王者。根据一位叫巴拉斯・德拉佩内（Barras de la Penne）的法国海军军官的描述，划桨奴的生活是充满了艰辛的。

布拉德福德在《大围攻：马耳他 1565》中写道："没有足够的空间将身体舒展开来睡觉，因为每一排桨座上安置了 7 个人。这意味着，他们作息在 10 英尺长、4 英尺宽的空间内。在船头，大约 30 个水手被安顿在船艏平台下的底层空间中，那是一个 10 英尺长、8 英尺宽的长方形区域。船艉的船长和军官的生活条件也好不到哪去。木块与绳索的嘎吱声，水手们的喧哗声，划桨奴隶们的可怕诅咒声，木材的呻吟声混杂着锁链的叮当声。风平浪静之时，桨帆船也自有其不便之处，比如船体里的恶臭是如此强烈，以至于人们不得不从早到晚都用烟叶塞住自己的鼻孔，就算如此，这种恶臭也无法

---
141 1494—1568 年，圣约翰骑士团团长，死于中风，葬于圣约翰大教堂的地下室。
142 法国中世纪贵族封衔，可追溯到墨洛温王朝时期，这个家族的成员在十字军中颇有影响力。

*319*

逃避。"

至于遭受到的非人折磨自然是家常便饭了,根据一个叫让·马泰勒·德贝热拉克(Jean Marteille de Bergerac)的法国人的描述:"每六个人被锁在一条长凳上,这些长凳4英尺宽,周围是塞满了羊毛的麻袋,上方覆盖着一直垂至甲板的羊皮。管理划桨奴隶的军官与船长待在船艉以便接收命令。此外还有两名下级官员,一个在船中部,另一个在船艏。两人都配有皮鞭用来鞭笞赤身裸体的奴隶们。当船长发出划船的命令后,军官就用挂在脖子上的银哨吹响信号,下级官员们再重复他的信号,很快50支桨便整齐划一地击打着水面。可以想象这样一幅画面:6个人被锁在一条长凳上,一丝不挂犹如刚出生一样,一只脚搭在脚蹬板上,另外一只脚抬起并顶在前方的长凳上,支撑着他们手中沉重的船桨,他们向后伸长躯体,同时伸出手臂推动船桨并避免碰到前排奴隶的后背……有时奴隶们要连续不断地划上10、12甚至20个小时而没有一丝一毫的歇息。在这种情况下,军官会来回走动并把浸过酒的面包片塞到这些不幸的桨手的嘴里,以防他们昏厥过去。然后船长会要求军官们加倍吹哨。如果奴隶当中有人筋疲力尽划不动了,那么他就会一直受鞭笞直至他看起来已经死了,然后被随意地抛入大海。"[143]

让·马泰勒·德贝热拉克在1451年后的半个世纪,在加莱船(Galley)——大型桨帆战舰——上同样遭受到大团长所遭受的"待遇",因此他的记载非常生动形象。当时在地中海惯用的加莱船因

---

[143] 相关史料可参阅奥贝尔·德韦尔托(Aubert de Vertot)所著的《耶路撒冷圣约翰医院骑士团、罗得岛骑士团以及今天的马耳他骑士团的历史》(*Histoire Des Chevaliers Hospitaliers de S. Jean de J Erusalem, Appell Es Depuis Chevaliers de Rhodes, Et Aujourd'hui Chevaliers de Malthe*)。

航行速度较快、配备火力较易等特点而被广泛使用,许多因掠夺或被俘的人员也会在加莱船上服刑,遭受到非人的虐待。其他相关论述也可参阅科林·伍达德(Colin Woodard)的《海盗共和国》一书,里面有详细的关于虐待"被俘"人员的描述。有关加莱船的详细论述可参阅埃德蒙·朱里安·德拉·格拉维埃(Edmond Jurien De La Graviere),所著的《马耳他骑士团和腓力二世的海军》(*Les Chevaliers de Malte et la Marine de Philippe II*)。马耳他能被骑士团守住,其拥有的加莱船功不可没。

1552年,德拉瓦莱特通过骑士团与柏柏里海盗的俘虏交换得以自由。16世纪的生存环境对任何人来说都是残酷的,体弱多病、不够顽强者都极有可能活不过童年。德拉瓦莱特经历了常人难以忍受的苦难,1564年苏莱曼一世决定围攻马耳他的时候,他已经70岁了,和苏丹同岁。两位都可以称之为王者的厉害人物即将在马耳他展开对决。

2

德拉瓦莱特一直相信有朝一日马耳他必然会遭受到围攻,因此尽早在马耳他岛进行防御布置显得非常重要。

从骑士团进驻马耳他的那一刻开始,老团长德利勒—亚当就开始扩建一座名叫圣安杰洛堡(Fort St Angelo,当时的要塞指挥官是约翰·托西尔,他曾获十字勋章)的要塞,这座要塞因特殊的地理位置可以俯瞰大港湾的南部,并对渔村比尔古实行战略保护。骑士

*321*

团把马耳他群岛的旧首府姆迪纳（Mdina，位于马尔他岛中部的一座山顶上，东面和北面都是峭壁，姆迪纳在阿拉伯语中意为"城堡"）的城墙进行了加固。

在大港湾主入口的北面没有防御点，这个缺陷直到1552年才被发现。经过勘测，骑士团决定在希贝拉斯（Sciberras）山的海岬尽头——相当于今天的马耳他首都瓦莱塔（Valletta）的位置——修筑堡垒。因为这一位置遍布岩石，具有天然的防御作用，如果在这里修筑一座堡垒，并在森格莱阿（Senglea，希贝拉斯山东南方，隔着大港湾相望）海岬的末端修筑另一座城堡，就能与圣安杰洛堡形成交叉火力防御网。也就是说，可以封锁住骑士团舰队的停泊处船坞海汊（伸入邻近大块陆地的窄而长的海湾）。因为后者同样可以具备俯瞰的作用，能对大港湾的南部形成战略保护。负责设计这座要塞的是西班牙工程师佩德罗·帕尔多（Pedro Pardo），并为其取名为圣米迦勒堡（Fort St Michael）。圣米迦勒堡在日后的战斗中发挥了重要作用，经受住了土耳其人10次攻击，足见其坚固程度，也反映出设计师帕尔多的高超建筑技艺。后因修建一所学校，城堡在1921年被拆除，仅保留了该结构下部的一小部分，并将其用作钟楼的底部。

骑士团在希贝拉斯山尽头的堡垒设置了一座瞭望塔和灯塔——希贝拉斯的意思是海角上的光。大港湾早在迦太基时代就已经被使用了，他们在这里同样设置了灯塔，这两座建筑物可以起到提前预警的作用。在瞭望塔的附近还有一座名叫圣艾尔摩（St Elmo）的堡垒，它修筑于1552年，不仅可以俯瞰大港湾的入口，还可以控制希

第八章　围攻马耳他：坚不可摧的堡垒（公元 1565 年）

贝拉斯山北部的一个重要的港湾——马萨姆塞特（Marsamxett）[144] 的入口。圣艾尔摩堡呈四角形，用沙子和石灰岩建成的高墙围绕着它，因建筑在坚固的岩石上，"攻击者不可能通过挖掘地基的形式破坏它"。除非建筑这个堡垒的原材料质量不过关，否则可用固若金汤来形容。

然而，当初修筑它的时候，因时间仓促，采用的石料不是上等材质。城墙内也没有建造甬道和胸墙，倘若敌军采用炮击，堡内的将士将无处可藏。幸好在堡垒四周挖掘了很深的壕沟，在面向希贝拉斯山的一侧修建了三角堡，这两者可以"为守军提供一个可以阻止敌军前进的坚固据点"。在海上朝北一侧设有二线防御工事——骑士塔，主要用于火炮或枪支对周边区域的火力扫射。这座堡垒隐藏的弱点是在入侵者图尔古特·雷斯（Turgut Reis）[145] 通过马萨姆塞特湾登陆时显现出来的——在遭遇强大火力压制后，图尔古特向北边的戈佐岛进军，摧毁了戈佐岛后，岛上大部分居民不幸被掠为奴隶。其根本原因在于圣艾尔摩堡未能与骑士塔连成一线。另外，如果入侵者在希贝拉斯山的山坡上用炮群轰击圣艾尔摩堡，就能以居高临下的姿态压制堡垒的火力，因为它建筑在海岬的尖端处，站在希贝拉斯山的山坡段向下看，就能获得俯视的视角。为了解决这些问题，骑士团从西西岛上的帕萨罗角运来泥土和木材，在面向马萨姆塞特一侧的地方修建了三角堡，这样就可以把骑士堡、三角堡同圣艾尔

---

144 马耳他岛的天然港口，1551 年，奥斯曼土耳其曾试图在这里发动攻击，因骑士团防御严密而未果，骑士团也因此发现了这里存在问题，修建了圣艾尔摩堡垒防御马萨姆塞特和大港湾。
145 基督徒称他为 Dragut，著名的希腊裔穆斯林出身的海盗，奉苏丹之命为奥斯曼帝国在地中海开疆拓土，人称"有史以来最伟大的海盗战士"，后被苏丹任命为阿尔及利亚和的黎波里帕夏。

摩堡相连。从上空往下看，"圣艾尔摩堡本身由一道狭窄的壕沟与比尔古分割开来"，考虑到此处能够扼制大港湾的入口，骑士团在这里设置了两层火炮平台。

当一系列的防御体系完成后，比尔古就十分安全了。它被一条连绵不断的防线围起来，总长约3千米。令人佩服的是，即便这样的防御体系已经非常坚固，骑士团还是不放心，他们在面向陆地的地方增设了高高的护城墙，并在护城墙周围修筑了两座棱堡，还在护城墙的两端修筑了半棱堡。最后，他们在坚硬的岩石上开辟了一条大壕沟，以便形成与入侵者之间的缓冲地带。

在圣艾尔摩堡里，骑士团修建了一个大谷仓，在比尔古，骑士团还修建了兵工厂，用于为未来残酷的战争提供重要的食物和武器弹药支持。如果说上述防御体系体现的是硬性方面的，那拓宽比尔古狭窄的街道，修建教堂和医院，增设多种娱乐场所就是骑士团从人性化的角度给予岛上民众的最大关怀。

打造防御体系需要花费大量金钱，偏偏骑士团财政吃紧。这些费用需要从骑士团的金库里拨出，然而长年累月的流亡生活以及罗得岛的失败（骑士团欲收复罗得岛，最终无望）已经对骑士团的士气造成了较为严重的影响。加之1551年的黎波里的陷落，作为对的黎波里总督德瓦利耶的惩罚，他回到马耳他后就被囚禁。可以说，骑士团遭遇了一连串的打击。德拉瓦莱特知道的黎波里陷落并非德瓦利耶的错，他已经尽力在修缮防御体系，并做了最大的努力抵御入侵者，于是德拉瓦莱特力排众议将其释放。1553年，德瓦利耶被任命为拉尔戈地区的行政长官。这一决定为凝聚骑士团的人心起到了很好的作用。对于那些违法乱纪、私下决斗、另觅新居和喝酒

## 第八章　围攻马耳他：坚不可摧的堡垒（公元 1565 年）

赌博者，德拉瓦莱特采取零容忍态度。1551—1565 年，骑士团经历了 14 年的曲折期，德拉瓦莱特励精图治，终于让骑士团呈现出强盛的局面。根据历史学家布瓦热兰（Boisgelin）的描述："在德拉瓦莱特的管理下，骑士团恢复了其最初的威信，之前在德意志的部分省份和威尼斯共和国骑士团的威信都受到了很大损害。他收回本应收归骑士团金库的收入的努力也同样获得了成功，这些收入已经很长时间没有上缴了。"[146]

1564 年深秋，德拉瓦莱特通过他在伊斯坦布尔安插的间谍获知奥斯曼帝国针对马耳他的围攻即将开始。这些间谍以商人的身份出现，他们将情报藏在货物清单和文件中。具体来说，采用柠檬汁做成隐形墨水，将情报信息以某种密码的形式隐藏在正常的货物清单和文件里。苏丹从 10 月的国务会议开始到为大围攻做筹备等信息，大都被秘密传回了马耳他。德拉瓦莱特立即派遣船只向北航行，目的是要通知西西里总督唐加西亚·德托莱多（Don García de Toledo），让他做好相应准备。奥斯曼帝国欲围攻马耳他的消息也很快传到了整个欧洲，分散在其他地区的圣约翰骑士团的成员也收到了召回令："春季之前到骑士团本部报到，苏丹意欲围攻马耳他。"

许多事情都是相互的，苏丹也在骑士团的内部安插了间谍。根据布拉德福德在《大围攻：马耳他 1565》中的描述，有"两个叛教的工程师，一个是斯拉夫人，另外一个是希腊人"，他们伪装成渔民探访了马耳他。"他们观察了每一门火炮，并且测量了每一座炮台，之后安全地回到了金角湾，并向苏丹保证马耳他几天之内就能

---

[146] 依据厄恩利·布拉德福德在《大围攻：马耳他 1565》中的引述内容。

拿下……"

苏丹听后更加确信了围攻马耳他是正确的抉择。当然，即便没有间谍的报告，这场战争同样不可避免。1560年5月9日杰尔巴（Djerba）岛之战爆发后，奥斯曼帝国在这场战争中的卓越表现，使得这个帝国在地中海的势力达到顶峰。关于这场战争的背景可以追溯到腓力二世（Felipe Ⅱ）继承西班牙王位时的海外局势，西班牙在对法战争中耗费了太多的精力，而西班牙海岸也并不太平，西班牙舰队已经不能顺畅地往返于西印度群岛之间了。为了打破这一被动局面，西班牙人决定夺回具有战略意义的的黎波里港。这座海港处于地中海的轴线区域，如果控制了它就等于获得了地中海轴线的控制权。然而，这场具有重要战略意义的战争进行得并不顺利，由西班牙人、热那亚人、马耳他人和那不勒斯人组成的联合舰队充满了矛盾，他们的矛盾就等同于各自代表的国家上层阶级之间的意见分歧，譬如指挥官的人选问题。原本打算任命身经百战、经验丰富的热那亚海军上将安德烈亚·多里亚（Andrea Doria），但他年事已高，无法参战了。一番权衡后，指挥官由安德烈亚·多里亚的侄孙乔瓦尼·安德烈亚·多里亚（Giovanni Andrea Doria）接任。然而，这是一个年仅21岁的经验不足的年轻人，选择他无疑具有很大的风险。

战斗的结果几乎没有悬念，海盗们向伊斯坦布尔的苏丹求援，随后苏丹任命皮雅利帕夏统领86艘桨帆船以最快的速度集结出发，仅20天内就抵达杰尔巴岛。年轻的联合舰队指挥官乔瓦尼·多里亚被奥斯曼帝国舰队庞大的规模震慑了，还没来得及排好战斗阵型，皮雅利帕夏就以绝对的优势冲杀了过来。由于援军迟迟不到——腓力二世优柔寡断的性格让他时常举棋不定——很快杰尔巴要塞弹尽

## 第八章 围攻马耳他：坚不可摧的堡垒（公元1565年）

粮绝，失败无可挽回。残忍的土耳其人几乎将要塞守军全部处决，大约有5000人被斩杀。土耳其人将他们的头颅搭成金字塔的形状（京观），杰尔巴成为恐怖的骷髅要塞。

战斗失败后，西西里总督沉痛地给腓力二世写了一封信。布拉德福德对这位总督颇为赞赏，并在著作中描述了这封信的内容。总督在信上一针见血地写道："我们必须吸取教训，励精图治。如果能让陛下成为大海的主宰，哪怕将臣等全部变卖——将我本人第一个卖掉——臣等也在所不惜。只有控制了大海，陛下才能安享太平，陛下的子民才能得到保护。如果不能控制大海，等待我们的将会是西方的猛烈抨击。"

联合舰队在杰尔巴岛的惨败也震惊了整个欧洲，尤其是基督教国家，他们惊恐万分，更加强烈地意识到地中海中部制海权的关键意义。特别是腓力二世，此后他励精图治，积极对外拓展，抓住土耳其人没有充分利用杰尔巴岛的大胜扩大战果的时机，大力发展海上力量。此时奥斯曼帝国内部矛盾重重：官员腐败；通货膨胀明显；重臣穆斯塔法、巴耶齐德（Bayezid）王子等人显得不那么安分了；苏丹的儿子谢里姆（Selim）嗜酒成性，被人称作酒鬼……种种危机都让苏丹觉得此时的帝国需要对外战争转移矛盾。

奥斯曼帝国、西班牙以及地中海沿岸的其他基督教国家都将目光锁定在地中海，这片海域变得紧张异常。与此同时，以马耳他群岛为基地的圣约翰骑士团不断地出兵截杀奥斯曼帝国的贵族船只和商船队，给土耳其人带来很大损失。特别是在1564年6月，骑士团的劫掠队长马蒂兰·罗梅加（Mathurin Romegas）不但劫掠了奥斯曼宫廷首席太监基兹尔的大帆船，还在靠近奥斯曼帝国本土的安纳托利亚沿海地区把奥斯曼公主的座船捕获了,这对土耳其人来说简直就是奇耻大辱。苏丹愤怒地说道:"这群乌狗之子于40年前在罗得岛就已经被我征服,仅凭我的仁慈才免于一死。现在我宣布,由于他们不断的袭扰和无礼,他们终将被粉碎和摧毁。"

1564年9月,苏丹正琢磨着报复计划,西班牙人却抢先行动,由海军司令德托莱多率领的一支舰队从西班牙南部出发,渡过直布罗陀海峡,占领了非洲海岸上的一个海盗基地贝莱斯岛屿要塞。西班牙人对这次胜利大肆鼓吹,让苏丹更加愤怒,两国在地中海问题上不约而同,一定要分一个高低。不过,这都是表象,问题的本质正如海军司令德托莱多的分析,西班牙在地中海的基地受到了威胁,最严重的就是马耳他。如果失去马耳他,西班牙就不能增援南欧海岸,更进一步来讲,马耳他陷落将让基督教世界受到严重损害,土耳其人将以马耳他为跳板,向欧洲腹地——西西里岛和意大利海岸——发起更深远的攻击,乃至西班牙海岸都将在奥斯曼帝国的攻势前不堪一击——昔日君士坦丁堡的陷落已经为欧洲敲响了警钟。但如果守住了马耳他,就最终能将土耳其人逐出地中海西部。

对奥斯曼帝国而言,马耳他一样具有重要的战略价值,苏丹的一位谋臣曾这样谏言道:"只要马耳他仍在骑士团的手中,伊斯坦布尔至的黎波里的每一艘运粮船都有被劫走或者被摧毁的危险。"另一位谋臣也说:"这一块被诅咒的岩石,像一道横亘在我们与您的众多领土之间的屏障。如果您仍未决定将其趁早拿下,须臾之间它就会切断亚非之间以及爱琴海诸岛间的所有交通线。"的确如此,马耳他虽然距离伊斯坦布尔路程遥远,但这个群岛位于地中海的中心,东西方贸易路线尽在其掌握中。所有穿越"西西里、马耳他和北非之间海峡的船只都要仰马耳他舰队的鼻息"。就连伏尔泰也说过:"没有什么比马耳他之围更有名了。"[147]

因此,这场大围攻注定将西方基督教联盟和奥斯曼帝国之间的地中海霸权之争推向高潮点。马耳他的圣约翰骑士团必须取得这场保卫战的胜利,基督教联盟国家也将伸出援助之手。而土耳其人想要在君士坦丁堡之战后获得更多的荣耀和利益,也必将全力以赴。

一场大战即将拉开帷幕!

3

马耳他的石料资源非常丰富,气候和环境却不适合人居住,特别是到了夏天,岛上酷热难耐。不过,睿智的骑士团团长德拉瓦莱特忽然意识到这或许是一件好事:贫瘠荒凉、气候酷热就意味着入侵者不得不携带自身所需的全部给养。他们就算上了岛,也无法轻松就地筹集补给。1月到2月,地中海中西部刮起了格雷大风(一种强烈的东北风,一般肆虐于地中海中西部),巨浪猛烈冲击着海岸的岩石,这个时节是不利于航海的,但骑士团还是在准备出航的桨帆船。他们的想法是,只要天气出现了好转,哪怕是暂时的,也要利用这个机会驶向北方的西西里岛。西西里盛产谷物,在那里将会得到大量粮食和其他支援物资,还有经由欧洲从陆路前来报到的骑士团成员。在1565年的最初几个月里,马耳他岛上的备战活动显得热

---

[147] 参阅厄恩利·布拉德福德的《大围攻:马耳他1565》中的相关描述。

火朝天，骑士团命令土耳其奴隶将切割出来的石块搬运到指定位置，用于垒墙的拓宽加固，比尔古和森格莱阿面向陆地一侧的壕沟也被加深了，保护这两个海岬的护城墙也在继续加固中。就像君士坦丁堡的护城墙一样，对防御土耳其人的巨炮轰击很有意义。

布拉德福德在《大围攻：马耳他1565》中写道："位于森格莱阿末端的圣米迦勒堡垒配备了更大的火炮，这些火炮的射程足以覆盖到科拉迪诺（Corradion）地区的高地，以及希贝拉斯山山脚的开阔平地。"

自从君士坦丁堡之战土耳其人使用巨炮轰城后，这种重型武器越来越受到各国重视。另外，所有的房屋，包括民房都被加固，德拉瓦莱特团长的这一想法很有用意，他希望军民同心，不希望看到居民的房屋被炮弹炸为废墟，这样会造成士气崩溃。

即便做了大量准备工作，骑士团仍向基督教国家求援。德拉瓦莱特心里十分清楚，不会有太多的实质性援助到来，如果有就是上帝保佑。早在1536年，法兰西的弗朗索瓦一世（François Ⅰ）[148]就与苏丹签订正式协议并结盟，这意味着法兰西不会向骑士团提供任何帮助。当然，法兰西也不会协助苏丹攻击马耳他。英格兰正处在新教女王伊丽莎白一世的统治下，她担心西班牙的帝国主义政策会影响到英格兰，因此就更不可能支援马耳他了。能给予最大支援的只有西班牙，但这取决于腓力二世的对外政策和态度，从某种层面来讲，马耳他不过是西班牙的附庸罢了。

虽然德拉瓦莱特心里明白要想得到外界的支援有多么困难，但

---

[148] 16世纪上半叶的法国国王，1515—1547年在位，在他的统治下，法国君主专制制度得到全面发展，逐渐让法国变得强大起来。

## 第八章 围攻马耳他:坚不可摧的堡垒(公元1565年)

他从不放弃,而教皇也不愿坐视不理,他不可能眼睁睁看着自己管辖下的骑士团被土耳其人击溃。因此,他也会向基督教国家,向西班牙国王提出中肯的建议。庇护四世本人还向骑士团提供了1万克朗的援助,这笔钱可以用来购买武器弹药等物资,但骑士团更需要将其用于能守城作战的士兵身上。经过多方努力,到了4月,骑士团的成员大约有6000名,后续增加到7000名,加上1000名奴隶——但必须小心看管,避免他们叛乱。最终,守军总人数在8000~9000人之间。就是这点兵力要经受住奥斯曼帝国强大的陆海军的全力攻击,其难度可想而知。

如德拉瓦莱特所料,外界的支援是多么不靠谱。4月9日,骑士团派出去求援的船只终于有返航的了,"西西里总督唐加西亚·德托莱多率领一支由27艘加莱船组成的舰队驶向马耳他"。总督向骑士团团长表明自己已尽了最大努力,腓力二世将派遣2.5万名步兵施以援手。但是,这样的承诺相当于空头支票,国王怎么可能提供这么多兵员呢?德拉瓦莱特提出了最后的要求,能提供1000名西班牙步兵也行。西西里总督真诚地表示,他绝对不会丢失信誉,为了证明这一点,他留下了自己的儿子弗雷德里克,并让他听命于骑士团团长。当西西里总督准备离开马耳他时,他用自己的舰队尽可能多地带走了岛上的老弱妇孺。骑士团本身也在疏散无助于守城的人口,除了最大限度地减少无谓牺牲外,也为了减少粮食的消耗。西西里总督还建议"把参加军事会议的人数限制到最少,并且确保参会者都是资深老兵"。这当然是非常有必要的,军事会议人数太多将导致派系林立、目标分散和机密泄露等一系列问题。"节省兵力,禁止小规模作战和突击,每个人都要抵抗敌人对防御工事的主攻……领袖的死亡经常导致作战失败。"这些建议都非常中肯，只有最后一条是德拉瓦莱特置之不理的。他本人的骁勇不说，其狂热的信仰将使他置生死于不顾。[149]

　　西西里总督带着最真诚的祝福和祈祷离开了马耳他群岛。德拉瓦莱特在心里还盘算着一件非常重要的事：粮食的储存与水源的分配。谷仓一共有3处，分别在圣艾尔摩堡、圣安杰洛堡和圣米迦勒堡。从西西里运来的粮食被全部搬进地下室，并用沉重的石塞封上。他还集合全岛的陶罐从两个老城区（马尔萨、姆迪纳）灌满天然泉水，再分发到各要塞。让骑士团团长欣慰的是比尔古城堡有自己的水源供应，"那是一口几乎靠奇迹才被发现的泉水"。事实证明，水的储备和分配为战争胜利起到了非常重要的作用，特别是到了战争后期最艰苦的阶段。

　　直到6月，骑士团还没有盼来其他的援助。德拉瓦莱特在高度戒备中保持着清醒的头脑，他知道苏丹即将起航——只有这样苏丹才有"整个夏季的时间来征服马耳他岛并巩固战果"。这样的战略并不奇怪，特别是海上作战，许多时候入侵和登陆行动都不是在丰收季节，因为要考虑到船只在海上作战的适应能力——冬季对许多船只来说，都是非常致命的。

　　在罗得岛之战中，骑士团抵挡了苏丹6个月的围攻，虽然最终失败了，但德拉瓦莱特据此可以推算出马耳他如果会陷落的大体时间，那就是在秋季。罗得岛土地肥沃，便于入侵者维持补给，而马耳他群岛则相反，并且离伊斯坦布尔十分遥远，这意味着苏丹的战

---

[149] 参阅厄恩利·布拉德福德的《大围攻：马耳他1565》。

## 第八章 围攻马耳他：坚不可摧的堡垒（公元 1565 年）

线过长。因此，马耳他只要能坚持到 9 月就极有可能获得这场战役的胜利。

苏丹方面同样在加紧备战，1564—1565 年间的整个冬季，陆军和海军磨刀霍霍、毫不懈怠。苏莱曼一世已经风烛残年了，但他依然尽可能地保持着旺盛的生命力和不容侵犯的威严。他亲自视察了金角湾的兵工厂、船坞以及整支舰队。这位苏丹的晚年并不顺利，他经历了离别和背叛：他深爱的妻子罗克塞拉娜（Roxelana）[150] 去世了。罗克塞拉娜皇后也被称作许蕾姆苏丹（Hürrem Sultan），Hürrem 在土耳其语中寓意为"高兴者"。根据 17 世纪波兰诗人萨穆埃尔·特瓦尔多夫斯基（Samuel Twardowski）的说法，她出生在利沃夫的一个乌克兰东正教家庭里，"罗克塞拉娜"的意思就是卢塞尼亚人（Rusyny，一个东斯拉夫民族）。当时，克里米亚汗国四处劫掠，而罗克塞拉娜在克里米亚汗国的一次掠夺中不幸被掠为奴，随后她被售往伊斯坦布尔。在那里，奥斯曼帝国的大维齐（最高行政长官，相当于宰相）易卜拉欣购买了她，因为某些原因把她作为礼物送给了苏丹。美艳动人、睿智、有手段的罗克塞拉娜很快获得了苏莱曼一世宠爱，她的权力逐渐扩大，并在残酷的宫廷斗争中击败所有对手，掀翻了前任皇后和皇储，最终获得胜利。她的一生争议很大，曾让苏丹特例允许她在公开场合露面——在那个时代的奥斯曼帝国，女人常被软禁在深宫里，不准抛头露面，由阉奴严加看管。在弗朗西斯·培根的随笔中，她被描述成一个妖后。

深爱的美人的离去让苏丹痛苦万分，他会想起出征的时候罗克

---

[150] 1502—1558 年，真名不详，苏莱曼一世皇后，谢里姆二世的母亲。

塞拉娜写给他的情书："我的主人，我的苏丹，我的卑微的面孔伏在您脚下神圣的尘土中，我热爱的苏丹，我的主人，我亲爱的灵魂，我的命运，我的幸福！我的苏丹，您的尊贵的书信中的每一个字，都给我的眼前带来无限光明，都为我的心中带来喜悦。""分离像烈火一样灼烧着我，令我肝肠寸断，眼里满含着泪水，我仿佛沉没在深海，从早到晚，不再与您分离。我的苏丹，自从与您分离，我再也不听夜莺的歌声。神啊，请将这思念带来的痛苦赐给我的敌人。"悲痛还未结束，1561年，反叛苏丹的皇子巴耶齐德被处决，宫廷里无休止的明争暗斗让苏莱曼一世感觉他作为安拉（真主）在人间的代言人享受帝国霸业的时间不多了。因此，苏莱曼一世内心充满了焦虑，虽然由他提拔的现任帝国舰队司令皮雅利在北非海岸的杰尔巴岛战斗中大获全胜，但是他心里依然焦虑，没有露出一丝笑容。正如历史学家冯·汉默所言："他一手促成了盛况空前的庆典却丝毫不改其素有的严肃庄重。无论是胜利引发的自豪，还是凯旋掀起的狂喜，都没能使苏丹一展笑颜——私人生活的痛苦不仅使他自我封闭，还给他披上了勇气的铠甲去面对不期而至的打击。"[151]

即便如此，我们也不能就此判断苏莱曼一世围攻马耳他是意气用事。穆斯塔法帕夏和皮雅利两位左膀右臂的能征善战是苏莱曼一世决定围攻马耳他的重要原因之一。执掌帝国兵符的穆斯塔法帕夏来自奥斯曼帝国最高贵、最古老的家族，其先祖据称源自本·瓦利德，是先知穆罕默德本人的旗手。家族的荣耀一直让穆斯塔法狂热而忠诚，他为苏丹鞍前马后地效劳，但他的残暴无情和野心勃勃同

---

[151] 引自厄恩利·布拉德福德的《大围攻：马耳他1565》的转述内容。

第八章 围攻马耳他：坚不可摧的堡垒（公元 1565 年）

样让人诟病（对任何落入他手中的基督徒一律格杀勿论）。他参加过围攻罗得岛战役，与骑士团浴血奋战，在与匈牙利和波斯的一系列战役中久经考验。这一次，他要将圣约翰骑士团彻底地逐出地中海。

皮雅利出身于基督教家庭，这可能也是他与穆斯塔法有争执的原因之一。皮雅利是 1530 年苏莱曼一世围攻贝尔格莱德期间被苏丹收留的，当时他还是一个孩童。苏丹见他被遗弃在城外的犁头旁，一时动了恻隐之心，把他带回了宫里。皮雅利在少年时期就进入帝国海军服役，长时间的磨砺，让他在与基督徒的作战中得到成长。苏丹对他很是满意，也很器重，围攻马耳他的时候，他正值 35 岁，因此苏莱曼一世选定两人协同指挥帝国军队。他们两位都是杰出的司令官，而他们的副手同样能力卓越：亚历山大港的总督劳克·阿里（El Louck Aly）是帝国令人敬畏的船长，资历深厚，经验丰富；劳克·阿里原是多明我会[152]的信徒，后来他叛教成为土耳其海盗，纵横于爱琴海海域。此外，舰长萨利赫（Salih）、阿尔及尔总督哈桑（Hassem）也接到苏丹命令协助围攻马耳他，两人手下所有的船只和部队随时听候调遣。

值得注意的是，苏丹的安排看似没有什么问题，实则导致了权力分化。换句话说，苏丹心里未必就完全信任他们。虽然苏丹本人着重强调两人要精诚团结，但是他命令二人必须等图尔古特到达后才能发起总攻的命令已经透露出苏丹的内心意图——实际上，图尔古特被苏莱曼一世秘密赋予了某种权力，他监视着穆斯塔法和皮雅

---

[152] 天主教托钵修会主要派别之一，由西班牙人多明我于 1217 年创立，获教皇洪诺留三世批准。多明我会以布道为宗旨，着重劝化异教徒和排斥异端。1232 年受教皇委派主持异端裁判所，残酷迫害异端，多明我会在 18 世纪后趋于衰弱。

利的一举一动。难怪天性快活而又促狭的大维齐阿里在看到"这两位司令官走向集结起来的舰队时,不免揶揄"。阿里这样说道:"这两个诙谐幽默、酷爱咖啡和鸦片的人,马上要启程去岛上好好玩耍一番了。"可以想象,两个不同性格的人要精诚团结地一起作战会出现什么样的场景了,而最可怕的是图尔古特比他们还深受苏丹信任。[153]

1565年3月29日,奥斯曼帝国的舰队从博斯普鲁斯海峡驶出,舰队在金角湾等待苏莱曼一世的检阅。这支舰队由181艘舰船以及众多小型帆船组成。其中130艘为纤长多桨的加莱船,属当时最大的战船之一,大约能搭载1000人;11艘大型商船与舰队随行,主要用于运输战斗人员和武器,每艘商船搭载600名战斗人员、6000桶火药和1300枚炮弹。

苏莱曼一世迎着海风,苍老却矍铄的他注视着舰队,仿佛在向安拉祈祷,这一次定要彻底击败令他愤怒不已的圣约翰骑士团,并将它们赶出地中海。兵贵神速,就在4月初,帝国舰队驶出金角湾,直下爱琴海。然而,皮雅利希望舰队缓慢航行,能在5月抵达是最好的,因为那个时候的地中海风平浪静,更利于舰队的安全。

可是,围攻马耳他这样大规模的军事行动,怎么可能悄无声息呢?马耳他群岛很快就要更热闹了!

---

153 参阅厄恩利·布拉德福德的《大围攻:马耳他1565》。

第八章　围攻马耳他：坚不可摧的堡垒（公元 1565 年）

## 二　生死较量

### 1

奥斯曼帝国的舰队出师不利。

在马耳他大围攻开始之前，骑士团团长就做好了相应的情报工作，这些商人扮演着双重角色，利用身份之便搜集情报。另外，土耳其人大规模的军事行动，也会引起沿途居民的注意。实际上，在马耳他大围攻期间，恶劣的海洋气候或多或少帮助到了骑士团。这样看来，土耳其人的出师不利也在情理之中。

根据伊斯坦布尔当地商人、渔夫以及看见舰队路过的商船提供的消息，这支庞大的舰队曾遭遇了风暴，一些船只被吹向沙滩，其中一艘连同船上的 1000 人全部葬身海底，另一艘连着几门火炮以及 8000 桶火药也沉没了。无论这样的消息是真是假，都不会让骑士团团长德拉瓦莱特心里有任何一丝懈怠，当然也不会阻挡奥斯曼帝国舰队前进的步伐。

上面的消息对骑士团而言也并非一点用处没有，至少团长德拉瓦莱特了解到敌方的兵力是如此强大。历史学家到现在也没能知道土耳其人出动的确切兵力，但保守估计在 3 万～ 4 万人之间。需要说明的是，这些数字是指训练有素的作战人员，不包括水手、奴隶、

337

后勤人员。在训练有素的作战人员中，有6300余名作战能力超强的禁卫军，而这一时期的帝国禁卫军总人数约为4万。因此，我们有理由推测，参加马耳他大围攻之战的禁卫军一定是精锐中的精英。

土耳其人的兵力构成和武备情况，布拉德福德著作中的描述简直让人惊叹："大约9000名来自安纳托利亚（大致相当于今天土耳其的亚洲部分）、卡拉曼尼亚（指旧时的卡拉曼公国区域，这是位于安纳托利亚高原的一个小公国，后为穆罕默德二世所灭）和罗马尼亚的西帕希（西帕希在波斯语中意为军队，属奥斯曼帝国的军事封建地主骑兵，其地位相当于欧洲的骑士）构成了军队的主体。另外有4000名非正规军，他们是一支由宗教狂热者组成的特殊部队，被训练成了届时冲向城墙缺口的敢死队。军队的主要人员是4000名志愿兵和5000名应征兵。大量的希腊叛教者、黎凡特人和犹太人也乘着他们自己的船只或特许船跟随着舰队……除了搭载这些部队以外，舰队还运载着8万发炮弹，1.5万公担（1500吨）用于火炮和围城武器的火药，以及2.5万公担用于火枪和小型武器的火药……港口的军需官也没有忘记军队将要宿营地区的地形，准备了一袋袋的羊毛、棉布、绳索、帐篷和许多马匹以供西帕希使用，还从商人那里采购了船帆和给养。"

穆斯塔法帕夏的主力舰由无花果木打造，名为"苏丹娜"号，船长是一名在东部地中海有"岛间苏莱曼"称号的海盗，曾在巴巴罗萨手下服役，令人生畏。皮雅利的旗舰是一艘有34排桨位的加莱船，整艘船显示出黄金般的荣耀，被誉为"博斯普鲁斯海峡上所能见到的最大最美丽的船"。

与此同时，马耳他群岛上的骑士团也做好了所有准备。值得一提的是,"所有位于比尔古和森格莱阿的城墙之外的建筑都被夷平,这样狙击手便没有了藏身之处"。7艘桨帆船有2艘驶向了墨西拿,剩余的5艘中有3艘安置在圣安杰洛堡后方的护城河上,2艘被凿沉在比尔古外部的水域里,它们是"圣加百列"号和"库罗纳"号,在必要时可以被打捞出来使用。岛上的居民将所有的牲畜和能上缴的蔬菜等物放置在比尔古与姆迪纳的高墙内,这样做是为了让入侵者无法在岛上获得物资补给。

骑士团团长德拉瓦莱特下了一道命令,让不能作战者迁入姆迪纳避难,他认为比尔古极有可能最先遭到攻击,同时也是为了腾出活动空间,避免城堡拥堵不堪。在比尔古城堡的外围,即东南面的海域常被入侵者青睐,因为那里有天然良港马尔萨什洛克(Marsaxlokk),宽阔的港湾对于奥斯曼帝国舰队而言——尤其在整个夏季——是最好的避风处。一旦土耳其人的舰队在那里得到庇护,将对城堡产生巨大威胁。

承受第一轮攻击的是圣艾尔摩堡,之所以这样说,是因为德拉瓦莱特经过慎重分析,认为该堡北边的马萨姆塞特港是一个非常好的驻泊锚地。如果土耳其人的舰队进行突袭,一旦突破就能长驱直入这个入口,以往图尔古特和其他海盗都是从这里突破到岛内的。因此,圣艾尔摩堡的防御力显得非常重要,况且它还是新修建的,未经过实战检验。即便土耳其人的舰队不从马萨姆塞特进行战略突破,而是从大港湾发动攻击,圣艾尔摩堡依然躲不过第一道攻击。因此,这座城堡肩负着第一道防线的重任,必须给予尽可能多的守军。西西里总督曾许诺的1000名援军,最终只来了200名,由唐胡安·德拉塞尔达(Don Juan de la Cerda)指挥。德拉瓦莱特将这

*339*

里的守卫重责交付给一位来自皮埃蒙特（Piedmont）的七旬老将路易吉·布罗利亚（Luigi Broglia）。他知道这位将领无论勇气还是经验均让人佩服，是能够胜任统御官一职的。为了安全起见，他最终派了西班牙骑士胡安·德瓜拉斯（Juan de Guaras）作为副指挥官进行协助或支援。另外，还有来自其他区域的46名骑士志愿者加入到这座城堡的守卫中。

议会上有人建议放弃姆迪纳和戈佐岛上的城堡，这样可以节省出兵力到大港湾区的重要防御据点。但是，睿智的德拉瓦莱特认为守卫这两个地方的城堡具有防止被入侵者袭扰的作用，绝对不容忽视。而最重要的还在于可以保存岛上最后的防御力量，不能让骑士团的所有战斗力量在第一轮或多轮的残酷战斗中消耗殆尽，他们将作为隐藏的力量在至关紧要的时刻发挥作用。如果土耳其人将大本营设在马耳他岛的南部，那么骑士团就必须要确保与马耳他北部、戈佐岛、西西里岛的联系，因为这将是外援或者是退路的保障。多种可能性，骑士团团长都考虑到了，并做了尽可能合理的布局。

德拉瓦莱特知道这场战争有多么的残酷。他甚至想到过自己即将死亡，再也不能和骑士团的兄弟们并肩作战了。为此，他召集了所有的成员，并对他们做了最后的讲话："即将打响的战役是两种信仰之间的对决。异教徒的大军对我们的岛虎视眈眈。我们是基督千挑万选的战士，如果天主需要我们杀身成仁，此时此刻便再好不过。那么，我的兄弟们，让我们不再犹豫，走向圣坛。在那里我们将重申誓言，以圣礼重铸信仰，以信仰视死如归。诚既勇兮又以武，终刚强兮不可凌。"

同样，土耳其人也士气高涨，他们高喊："啊，真正的信徒们，

## 第八章 围攻马耳他：坚不可摧的堡垒（公元 1565 年）

当我们与异教徒狭路相逢的时候，不要把后背留给敌人。无论是谁，如果背敌而逃，都将招致真主的怒火，他将在地狱永无宁日。"[154]

5月18日，那天是星期五，土耳其人的攻击开始了。

奥斯曼帝国的舰队在离马耳他岛 24 千米的时候，圣艾尔摩堡和圣安杰洛堡的瞭望哨均发现了这支庞大的舰队，它们正从东北偏东方向压过来。当时，正值黎明破晓时分，海面上薄雾逐渐退散。瞭望哨发现敌方舰队以扇形队形前进，平静的海面上因船桨上下翻飞而激起一道道波痕。哨兵当机立断，向岛上发出警戒的炮声。3 声炮响后，岛上的人看到炮口散发出的浓烟，所有人快速行动起来。

土耳其人的舰队离岛不足 800 米了，它们分为 3 队向海岸驶来。行驶到悬崖峭壁的背风处，即姆贾尔（Mgarr）村稍微偏北的地方，舰队开始抛锚。令人奇怪的是，他们并未发动攻击，直到凌晨前的几个小时，有 30 多艘战舰开始起锚，并转向南行驶。骑士团团长命令骑兵队密切关注舰船的动向。

从土耳其人的舰队试图攻击的方向来看，并不是骑士团团长预料的那样，因此他长时间地感到疑惑忧虑。他一度怀疑土耳其人是佯攻，直到夜晚看到敌方舰队从原路返回了马尔萨什洛克，他心中的疑虑才打消。真正的战斗如他所料将在南部展开。

为了消耗或打击土耳其人的战斗力，德拉瓦莱特下了一道投毒的命令，人们分成若干小队向马尔萨什洛克地区低地的水井投毒。大量大麻、亚麻、苦菜还有粪便被扔进水坑、井里以及泉眼里。如果有人饮用了这样的水，就会引发痢疾的传播。让人不解的是，即

---

[154] 参阅厄恩利・布拉德福德的《大围攻：马耳他1565》。

便如此，土耳其人仍然在饮用着马尔萨什洛克的水源。或许他们并未意识到这将有多么可怕。

在圣安杰洛堡与森格莱阿之间有一道狭长水域，骑士团充分利用了它的防御价值，在其颈部位置横起了一道巨大的铁索，仿佛同金角湾那里的铁链如出一辙，借着特殊的地理位置保卫着重要的城堡。将这里的入口封锁住，就可以防止任何来自海上的攻击。而这条铁索的质量将起到至关重要的作用，它由当时一流的兵工厂——威尼斯兵工厂纯手工打造，长度超过200米，每一个铁环花费了10个金杜卡特，总造价就可想而知了。骑士团在圣安杰洛堡的底部建造了一个专门的平台，那里有一个大型绞盘控制着铁索。铁索的另一端则固定在森格莱阿一侧的巨锚上，巨锚原属罗得岛的克拉克大帆船，它是骑士团的旗舰。巨锚被深深地嵌入岩石中，并用石垒加固，用稳如泰山来形容也不为过。

现在，这道巨大的铁索将发挥其作用。骑士团命令许多奴隶推动绞盘提升铁索。按照布拉德福德的说法，随着铁索"破水而出（和平时，铁索沉入比船只吃水略深的深度），马耳他船夫们划着小舟搭起了木质浮桥，每隔一定距离就把浮桥与铁索绑牢，如此一来就构建起一道坚不可摧的屏障，以防任何突袭者闯入。浮桥还能使铁索浮在水面上，避免铁索中段松弛或下沉"。

"至此，无论是在陆上还是海上，比尔古和森格莱阿所处的两个海岬均已对侵略者严阵以待。"

等待是紧张而刺激的，这种心绪直到5月20日，奥斯曼帝国发动攻击。

## 第八章 围攻马耳他：坚不可摧的堡垒（公元 1565 年）

## 2

19 日，周六，午时，土耳其人开始在马尔萨什洛克登陆。前卫部队没有受到阻挠在南部登陆。随后主力舰队全部调头转向南，到午夜时分，所有舰队驶向了马尔萨什洛克的锚地。

在白天已经登陆上岸的土耳其人大约有 3000 人，其中有 1000 人是骁勇的禁卫军。他们的任务是快速扫荡距离海岸 2.4 千米的泽敦（Zejtun）村，夺取那里所有的牲畜和农作物。然而，土耳其人的计划落空了，就连庄稼也未曾得到一点，因为农民早已将其收割完了，这得益于骑士团团长的先见之明。气急败坏的土耳其人在面对一片荒芜的乡村准备撤离时，马耳他一方的大元帅德科佩尔（De Koppel）派出的一支监视马尔萨什洛克和泽敦村北部地区之间道路的骑兵与土耳其的先锋巡逻队遭遇。双方发生小规模战斗，土耳其人依靠兵力优势获胜，另一方伤亡数人后迅速撤离。土耳其人俘获了两名骑士团成员，一名是因伤被俘的法国骑士阿德里安·德拉里维埃（Adrien de la Rivière），另一名是葡萄牙新兵巴尔托洛梅奥·法拉内（Bartolomeo Faraone）。

5 月 20 日，真正的战斗开始。穆斯塔法的主力部队于这天早晨登岸。随后，穆斯塔法开始审讯两名俘虏，询问他们马耳他的防御情况。两名勇敢的骑士一字未说，他们知道穆斯塔法的行事风格，说与不说都是一个字"死"。然而，酷刑之下有多少人能坚守不渝呢？最终，两人供出了骑士团防御最弱的区域——卡斯蒂利亚（Castile）。因此，穆斯塔法决定对该区域进行试探性进攻。

*343*

接下来的几场战斗都是试探性的，双方不分上下，伤亡都不小。土耳其人明白他们遇上劲敌了，这场围攻战注定血肉横飞，惨烈不已。毕竟双方都是抱有某种信仰而战，特别是伊斯兰教徒的狂热如火一样炽烈。这些试探性的战斗，譬如土耳其人的一个前卫分队在马尔萨什洛克寻找水源的时候，骑士们从姆迪纳附近的山坡呼啸而下，就像切西瓜一样将土耳其人杀得尸横遍野。与此同时，土耳其人不受阻碍地在马耳他岛的整个南部地区完成了部署。

我们不禁会产生疑问，依据围城战防御一方的通常使用战术，在敌方登陆的那一刻发动一轮攻击是能收到不错的战果的。德拉瓦莱特却未采用这样的战术，一些历史学家对此感到迷惑。实际上，骑士团团长没有采用此战术是明智之举，因为对一座要塞而言，重要的是要让一支小部队承受住占据绝对优势的敌军的轮番攻击。

德拉瓦莱特非常清楚这一点，在这场艰苦卓绝的围城战中，岛上能够作战的士兵人数不会超过9000人，而奥斯曼帝国一方却有至少3万名士兵。如果贸然出击，就等于放弃了城堡的庇护，在宽阔的外围进行作战，无论这点兵力有多么骁勇，最终都会寡不敌众。但是，如果守军在城堡内采用了正确的战术，是有可能最终取胜的。这个道理，在三国时期的曹魏和蜀汉之间同样得到了体现，司马懿坚守不出，诸葛亮也无计可施。圣约翰骑士团身经百战，拥有丰富的要塞防御战术及经验，只有把战场放在坚城高垒的后方，骑士们才能抵抗强大的土耳其人。

穆斯塔法将全军分为三部，左翼为马尔萨什洛克地区，右翼正对着森格莱阿，中军紧靠科拉迪诺。另外，守军防御力量最强的一段在卡斯蒂利亚，那里配置了许多火炮，给予禁卫军沉重打击，伤

## 第八章 围攻马耳他：坚不可摧的堡垒（公元1565年）

亡巨大。穆斯塔法这才发觉被两名俘虏欺骗了，他怒不可遏地下令用大棒将他们活活打死。

在第一轮的真正交锋中，骑士团大获全胜，两名被俘的基督徒做出了重要贡献。接下来，土耳其人就选择进攻地点产生了争议。穆斯塔法的战略是以强攻的形式迅速拿下马耳他岛北部和戈佐岛，然后再挥师攻打姆迪纳，一旦这一作战目标达成就可以进攻比尔古和森格莱阿。至于圣艾尔摩堡，他认为只要利用舰队的一部封锁住大港湾就可以了，另外一部则在海上阻击援军即可。这种海陆协同作战的思想是非常明智的，然而，穆斯塔法的战略被皮雅利给推翻了。他认为最大的威胁在于马尔萨什洛克，因为那里的运输船极有可能会遭受到攻击，这是帝国在这场战争中取胜的命脉，决不能让其受到一点伤害。并且，他也不同意将舰队布置在马耳他岛、戈佐岛的东部和东北部沿岸海域。因此，他十分严厉地指出，保护帝国舰队比什么都重要，在发动攻击之前一定要将舰队放置在一个真正安全的锚地。也就是说，舰队不在大港湾驻扎的话，只有驻扎在马萨姆塞特了。

皮雅利之所以会如此坚持自己的意见，主要是因为他认为在整个5月到6月期间马耳他海域有来自东部或东北部的强风或者狂风的可能性。特别是格雷大风，这是地中海上一种非常可怕的东北风，无论多么优秀的水手，都会在它面前露出畏惧的神色。然而，皮雅利应该是过于考虑格雷大风的威胁了，并且对海上气候的了解不够深入。因为格雷大风在3月或者4月后就几乎不再威胁到马耳他了，其实将舰队的锚地放置在马尔萨什洛克是很好的选择。

穆斯塔法非常不情愿地接受了皮雅利的意见，他知道眼前这个年轻的将领与苏丹皇室的关系，苏丹已经把他当作最亲近的人，甚至他还极有可能成为年轻的驸马。穆斯塔法尽全力地做出了折中的计划，为了能将舰队放置在马萨姆塞特，他必须要指挥部队首先拿下圣艾尔摩堡。因为这座城堡的地理位置太特殊了，它俯瞰着马萨姆塞特湾的入口。根据苏丹派出的间谍提供的情报，圣艾尔摩堡的修建时间过短，因此它是不堪一击的。得到情报的土耳其人自然内心窃喜，然而真正窃喜的应该是骑士团，他们正好可以利用这个时间对城堡进行加固，并优化防御——土耳其人想要拿下圣艾尔摩堡必须先突破两道防线，即比尔古和森格莱阿。骑士团团长立刻通知圣艾尔摩堡的守备官路易吉·布罗利亚，让他做好抵御第一轮攻击的准备。为了确保这座城堡的安全，团长还增派了援军——马斯上校（普罗旺斯骑士皮尔埃·德马斯奎斯·维尔孔）从墨西拿带来的400 名士兵（基于荣誉感和圣战，其他区域的骑士加入到这场保卫战中）刚刚到达。由此，圣艾尔摩堡的守备力量得到了加强。

我们不得不佩服圣艾尔摩堡的设计者。它是一个呈星形的城堡，有 4 个主要的突出部。为了抵御炮火对城堡的正面轰击，设计者将正面切割成棱堡状。在临海的方向有一座骑士塔，它被一道深深的壕沟分割开来，而另外一座小三角堡与骑士塔和城堡的主体相连，前者通过一座吊桥，后者则通过一座石桥实现。这样看起来十分怪异的设计，充分考虑了堡址的特殊地形。因为希贝拉斯山的山头十分荒凉，没有任何掩体，也没有任何可供挖掘壕沟的泥地。这就意味着，土耳其人擅长的挖地道攻破城堡的战术很难得以实施。在罗得岛围攻战中，骑士团曾吃过这样的亏，现在不能让悲剧重演。

无奈之下，土耳其人只能从马尔萨什洛克和邻近的乡村耗时耗力地运来用麻袋装好的泥土，它们将被搭建成掩体。在工事未完成之前，穆斯塔法不得不将他的军队布置在主山脊下，这样一来，对圣安杰洛堡与圣艾尔摩堡之间水域的封锁力度将大大减弱。

工事可以同时进行构筑，而发动攻击的时间不能再往后延了。穆斯塔法担心时间拖下去会让骑士团做好更为充分的准备。5月24日早晨，穆斯塔法下令炮轰圣艾尔摩堡。土耳其人的炮火异常猛烈，尽管城堡十分坚固，还是有大块大块的岩石碎落下来。粉末飞扬，形成灰蒙蒙的盲区，堡内无法瞄准射击，只能进行盲射。骑士团团长打算利用坚固的城堡防御消耗掉土耳其人的兵员和弹药，这样一来，他们就有时间加固受损的圣艾尔摩堡——由马斯上校派出200名士兵加上60名桨帆船上的奴隶对城堡进行维护。为了加速这一计划的实施，德拉瓦莱特决定诱使土耳其人向贫瘠海岬上的小城堡发动攻击。考虑到土耳其人在希贝拉斯山安放的大炮对骑士团的威胁太大，想要引诱成功，就必须再修建一座小城堡，并安放2门与土耳其人炮位相同高度的大炮进行对轰。与之同时，德拉瓦莱特还让姆迪纳的骑兵突袭土耳其人的供水线路，无论是什么部队，只要有机会袭击就绝不会放过。这一战术让土耳其人如芒刺在背，苦不堪言。

面对这样的困境，土耳其人必须速战速决才行，因此他们夜以继日地在希贝拉斯山上挖掘壕沟、修建地堡。在如此恶劣的环境下，土耳其人发挥出了让人惊叹的能力，他们的无情与冷漠令人胆寒——劳工和奴隶既要忍受监工的鞭笞，还要冒着守军猛烈的炮火不断地采石、挖掘和搬运。许多劳工命丧于此，他们的尸体堆积如山，并被埋进了工事里，其场景惨不忍睹。5月下旬，这些工程完成了。随后,土耳其人成功地将 14 门大炮部署在此,进行更加猛烈的轰击。圣艾尔摩堡和其他一些堡垒正遭受无休止的摧残,只要一出现缺口,骑士团的路易吉·布罗利亚就命令部队快速在后方筑起一道防护墙。他们就这样和时间赛跑,拼命地修筑防护墙。然而,土耳其人的火炮实在太厉害了,城堡正在不可避免地缩小防护范围。好在圣艾尔摩堡基本不用担心来自海上的攻击,因为这一侧的陆地全是悬崖峭壁。布罗利亚打算向团长德拉瓦莱特报告说,只要他的手下还能操纵火炮,并能在夜间加固城堡,他就能守住圣艾尔摩堡,土耳其人唯一的取胜之道就是从希贝拉斯山找到突破口。现在,布罗利亚必须派出传信者向骑士团团长报告这一内容。然而,他派出去的传信者或许是害怕了,也可能是没有经历过这样残酷的围城生死搏杀,被土耳其人的狂轰滥炸吓破了胆。因此,他带去的消息难免掺杂了负面的内容。

深夜,德拉瓦莱特正在召开紧急议事会议。很显然,他及在座的骑士团议事成员都受到了传信者德拉塞尔的影响,大家都心情沉重。

团长问:"骑士们认为城堡还能坚持多久?"

"大约 8 天,"骑士团的一位西班牙议事成员回答,"最多 8 天。"

"你们的准确伤亡数字是多少?"团长问德拉塞尔。

德拉塞尔没有回答具体数字,转而陈述了更为悲观的内容:"就像一个病入膏肓的人,已用尽其力气,没有医者的帮助就再也活不下去了。"[155]

---

[155] 参阅厄恩利·布拉德福德的《大围攻:马耳他 1565》。

团长很是愤慨，他表示要誓死保卫城堡，并说服众人要具备无畏的勇气，随后有50名骑士和200名西班牙士兵立即前往圣艾尔摩堡。援军离去后，会议继续进行，他客观地告诉众人，圣艾尔摩堡陷落是迟早的事，不过，它将是整个战役取胜的关键。因此，只要尽可能延长城堡的守卫时间，待外界的援军一到，那时土耳其人就会陷入战争泥潭，失败将是注定。西西里总督正在尽力组建援军，他们还需时日才能将军队送过马耳他海峡。

土耳其人继续采取轮番炮击的战术，在炮火掩护下，他们开始逐步向前推进。这种步步为营的前进方式显然是明智的选择——除此之外，别无他法。

守军正在经受严峻的考验。亚历山大港总督劳克·阿里的到来无疑提升了攻方的士气，4艘装满军火和食物的船只简直就是雪中送炭，而一队专精攻城技术的埃及工程师的到来更是让土耳其人欢呼雀跃，这意味着土耳其人的攻坚能力将得到大大提升。

下午时分，发生一起让人惊叹的事情。骑士圣奥宾（St Aubin）之前在柏柏里海岸执行侦察巡航任务，他已经接到团长德拉瓦莱特的警告，土耳其人极有可能利用舰队发动攻击，让他注意姆迪纳城堡的烟雾信号，一旦见到信号应立即躲避。然而，这位勇敢的指挥官决定穿越封锁线，抵达大港湾。不仅如此，在穿越封锁线的时候还要给在比尔古和船坞海汊的敌人一点颜色看看。

土耳其舰队司令皮雅利被一块石头碎片击伤，他愤怒到了极点，不仅是因为受伤一事，还在于一艘挂有圣约翰骑士团旗帜的船竟然敢在强大的帝国舰队面前独闯封锁线，毫无惧色地耀武扬威。皮雅利肺都要气炸了，他认为"这艘船的指挥官一定是疯了，于是决定派出6艘加莱船去对付这个基督教狂徒"。

一场惊险刺激的海上角逐即将上演。

海面开阔，视界较远，圣艾尔摩堡上的瞭望哨可以看见圣奥宾与土耳其人的角逐场景。圣奥宾的座船周围已经泛起阵阵烟雾，土耳其人开炮了，圣奥宾果断地利用舰艏炮还击。不久，夏季的海面上，炮击产生的烟雾逐渐变厚挡住了圣奥宾的视线，此时他才发现大港湾的入口遍布敌舰，猛然意识到要强行突破成功是不可能了。于是他立刻改变航线向北驶向西西里岛。他的船是骑士团里性能优越的巡弋船，具有流线型的船身，因此航行速度极快，那6艘土耳其人的船只有1艘勉强还能追赶。不过，圣奥宾一流的驾驶技术让土耳其人望尘莫及。只见他加速航行，远远甩开追逐的敌舰后迅速一个转身，而一直高速航行的土耳其人的船想要突然刹住，必定使船身的一侧倾覆，另一侧的桨手必须用尽全力才能将船稳住。如此几番下来，土耳其人吃不消了，航行速度明显下降许多。无奈之下，这6艘舰船的指挥官穆罕默德·贝伊决定不再与这个难缠的对手浪费时间了，他下令船队改变航线，回到了大港湾基地。受伤的皮雅利目睹了这场海上角逐过程，他再次暴跳如雷，感受到一种说不出来的屈辱——自己在竞争对手穆斯塔法和其他指挥官面前颜面尽失。内心憋屈的他痛骂了穆罕默德·贝伊，骂他胆小如鼠，让自己和整个海军蒙羞。随后，他向这个不争气的下属脸上吐了口唾沫，将他撤职了事。

最后，土耳其人的舰队死守大港湾，圣奥宾的船向西西里岛驶去。

德拉瓦莱特知道了圣奥宾的这次行动，也知道了亚历山大港总督的援助到来。按照土耳其人的围城经验分析,最黑暗的时刻即将到来。

土耳其人出动了禁卫军中的超级武士,给守军带来较为严重的损失。好在依赖圣艾尔摩堡的坚固,守军勉强能守住。然而,一个更加厉害的对手的到来,让骑士团团长的脸色凝重了几分。

此人就是让许多人头疼不已的图尔古特。

3

为了迎接这位杰出的海上勇士——图尔古特,舰队司令皮雅利决定以特殊的方式在他面前展示一番——海上响起轰隆的炮声,土耳其人的舰队似乎全部出动了。

皮雅利身先士卒,紧随其后的不少于80艘的战舰则沿着海岸掠过大港湾最南端的盖洛斯角(GallowsPoint)[156]直逼圣艾尔摩堡。每艘船都表现得勇猛无比,在逼近圣艾尔摩堡后进行一轮炮击,归队后,后续的舰船次第行之。不久,听到有人在呼喊:"图尔古特来了!"

图尔古特,现任的黎波里总督,那个时代最负盛名的穆斯林水手,当然,也是臭名昭著的海盗。土耳其人欢呼起来,为了给图尔古特深刻的印象,皮雅利特意命令舰队向圣艾尔摩堡发动攻击。然而,他的属下表现得不尽人意。除了一小部分炮弹击中了圣艾尔摩

---

156 又叫绞刑架角,因骑士团在这里绞死海盗和其他罪犯而得名,进入大港湾后,首先就会看到一些被吊死的人的尸体在铁链上晃动着。

堡面向海面的城墙，大多数炮弹因为射程原因越过了城堡，落到远方土耳其人自己的营地里。更让人尴尬的是，有一艘船竟然被骑士团的火炮击中，不得不搁浅到海滩上。

图尔古特参加马耳他围攻战的时候已经80岁了，为了苏丹的事业，已是高龄的他亲自出马。他带着一把镶金的弯刀，还有一本嵌有宝石的《古兰经》，这都是苏丹给予他最大的信任和重用的体现。苏丹要求穆斯塔法和皮雅利在所有事务上尊重图尔古特的意见。

有关图尔古特的详细信息，以及他为什么要如此卖力地为苏丹服务，冯·汉默、朱里安·德拉·格拉维埃和爱德华·汉密尔顿·柯里（Edward Hamilton Currey）等历史学家均有相关的著作进行解说。特别是柯里的《地中海的海狼》（Sea Wolves of the Mediterranean）一书，其中的描述比较详细。

简单来说，图尔古特曾多次对马耳他进行劫掠（1540—1565年间劫掠不下6次）。1544年，他的一个兄弟死在了马耳他，马耳他要塞的总督为了震慑这帮凶恶的入侵者，焚烧了他兄弟的尸体。愤恨无比的图尔古特随即发出了毒誓："总有一天，会在骑士团的领地上遇见死神。"这个死神就是指图尔古特自己。为了证明这条毒誓并非空话，在1551年的入侵中，图尔古特将戈佐岛上的绝大多数居民变卖为奴隶。从利益上讲，他与苏丹基本上是一致的。多年的入侵经验，加上他本人出色的才能，由他亲自出马助攻，苏丹是十分放心的。此次他是以顾问的身份参与围城战，但在之后的战斗中被炮弹击伤，伤重不治。

柯里在其著作中写道，图尔古特对马耳他十分熟悉，这缘于他之前多次较为成功的劫掠。在指挥部里，他严肃地指出了两位统

## 第八章 围攻马耳他：坚不可摧的堡垒（公元 1565 年）

帅，特别是皮雅利的战略错误："在攻击任何主要据点之前，你们应当从北面封锁岛屿，你们为什么不首先攻下戈佐岛，进而夺取姆迪纳呢？这两个城堡的防御都已经陈旧且不堪一击，应该能轻易拿下。夺取它们后，阻止骑士团的信使船驶向北面的西西里岛就会变得很简单。至于圣艾尔摩堡——也就自生自灭了！一旦你们控制了岛的其余部分，就可以忽略它的存在。到那时你们就可以称心如意地攻击比尔古和森格莱阿了。"

图尔古特深知要拿下马耳他会有多困难，既然已经获得了苏丹最大的授权，那他自然希望自己的围攻方案能得到最大限度地实施。然而，这当中又有尴尬的地方，无论是穆斯塔法还是皮雅利，都是他不得不有所顾忌的对象。从的黎波里出发前，他精心挑选了1500名作战经验丰富、战斗力强悍的士兵，并组建了一支拥有15艘船的舰队，搭载了围城所用的火炮和弹药。然而，马耳他强悍的防御体系，似乎除了用攻陷君士坦丁堡时采取的火炮轮番攻击外，能做的只是尽可能发挥炮火的威力，而且前提是尽快找到防御体系中的薄弱点。这个薄弱点应该不在目前主力进攻的方向，而在"外围"。从这个角度来讲，图尔古特主张首先拿下戈佐岛，进而夺取姆迪纳是非常正确的。

从图尔古特的分析来看，他不愧是老江湖，总能一语中的！他看出了马耳他后门大开的危险所在。穆斯塔法无疑感受到了图尔古特建议的分量，与之前他的战略大体相同，只是皮雅利这位苏丹的孙女婿太固执己见了。

皮雅利依然坚持自己的战略——确保舰队安全。图尔古特内心很无奈，虽然苏丹如此地信任他，但他也深知东方观念里血统的重要性,不能让皮雅利过于难堪。因此,他这样建议道:"攻击圣艾尔摩堡的行动已经开始,这是件非常令人遗憾的事,但是既然已经发生了,放弃也很可耻。"

无奈的图尔古特只能根据眼前的布局进行调整,随后他下令将4门重型火炮安放在蒂涅角(Tigné Point),从北面正对着圣艾尔摩堡,因为那里距离城堡不足450米,炮弹可以落到对城堡伤害最大的地方。同时,他还对希贝拉斯山的炮位进行了调整,之前的炮位只能从一个地方进行轰击,即只是向陆基城墙的一侧(西侧)实施较为有效的炮击。具体来说,他将其中的一些火炮转移到盖洛斯角,骑士团在这个地方修建了里卡索利堡(Fort Ricasoli)。为了加强火力,图尔古特还另外增加了50门火炮。针对骑士塔,同样布设了火力不弱的重炮,并与三角堡形成火力交叉。在大港湾的岸边,图尔古特建议重新修建工事,以保护炮台不受来自圣艾尔摩堡的炮火轰击。

炮位经过重新调整后,圣艾尔摩堡将遭到来自多个角度的轰击。而且骑士团团长通过夜间派出援军支援各堡垒的策略也难以实施了。"切断他们的交通线,城堡就必然会陷落",图尔古特深谙破坏敌方海上交通线的重要性,正因为如此,他才在盖洛斯角设置了炮台。

让骑士团高兴的是,皮雅利竟然拒绝提供火炮,他的理由依然是保护海上舰队才是最重要的。因此,尽管图尔古特在盖洛斯角设置了炮台,却因火力不足,骑士团还是能够通过精湛的航海技术来往于圣安杰洛堡和圣艾尔摩堡之间。

郁闷的图尔古特只能采取其他措施,他命令禁卫军一定要不惜一切代价拿下三角堡,因为三角堡是圣艾尔摩堡的外围工事。

虽然有皮雅利的"从中作梗",但是经过图尔古特的一番战略布

## 第八章 围攻马耳他：坚不可摧的堡垒（公元1565年）

局后，圣艾尔摩堡遭受到更为猛烈的轰击，而且轰击效果比之前明显好多了。城墙开始出现缺口，新护墙也被炸得碎石横飞，骑士团很快意识到土耳其人大规模的进攻就要开始了。

根据参加了这次保卫战的骑士团成员巴比尔·达柯勒乔的记录，圣艾尔摩堡遭到轮番炮击时"就像爆发中的火山一样，喷出火焰和浓烟"。根据另一位殉难的骑士留下的记录，"在大多数日子里，平均有不少于6000～7000发炮弹落到了圣艾尔摩堡"。[157]

5月末，天气更加酷热了，气温上升到27摄氏度。

守卫城堡的骑士们饥渴难忍，补给队用浸过酒和水的面包放在他们的唇边，这样既能充饥，又能抑制住恶心或呕吐。补修队也马不停蹄地修补破损的城墙。连日的战斗已经让敌我双方死伤枕藉，尸体堆积在壕沟里无法得到及时清理，在高温闷热之下变得恶臭熏天，这也是为什么补给队要给面包浸上酒和水的重要原因之一。荒凉的希贝拉斯山上更加酷热，比尔古和森格莱阿南面的山脊同样无法躲避烈日的炙烤。

酷热的天气对守卫者和入侵者都是公平的，但是就水源而言，对土耳其人的伤害简直就是致命的。尽管他们已经对马尔萨什洛克地区的水潭和水井进行了净化处理，但是痢疾依然在军中肆虐，特别是5月底开始，土耳其人被迫在马尔萨什洛克区搭建了数百座帐篷，用以安置浑身无力、奄奄一息的病人。

骑士团当初针对水源的破坏之术，现在产生效果了，然而德拉瓦莱特依然对形势感到十分不安。他派出去的信使带回的消息令他

---

[157] 依据厄恩利·布拉德福德的《大围攻：马耳他1565》中的转述内容。

眉头紧锁，就像西西里总督在信里所言，组建援军是一件艰难又缓慢的工作，骑士团将岛上的每一座要塞守得越久越好。

是的，时间对骑士团来说非常重要，时间越长就越能拖垮敌人，时间越长或许就能等来援军。眼下，让骑士团团长为难的一事在于"要不要将骑士团位于圣安杰洛堡后方、船坞海汊里的加莱船"用作运输船，以便给唐加西亚·德托莱多用来运输物资。

考验总指挥官全局能力的时候到了。他权衡利弊，认为骑士团承受不起将剩余的加莱船用作运输船的损失，最首要的一点是这会消耗掉相关配置人员，且很难保证他们在突破敌方封锁线的时候不会丧命。负责传递信息也好，运送物资也罢，能小心翼翼地使用好现有的运输船才是最好的。而马耳他的渔民同样可以贡献出自己的力量，渔民对海岸、浅滩和海湾了如指掌，因为那是他们安身立命、生活多年的地方。将剩余的加莱船保护好，在最关键的时刻就能发挥重要作用，团长坚信这一点。同时，他也坚信骑士团"不能等着由他人来解救我们！我们只能依靠上帝和我们自己的利剑！但是这不应成为我们气馁的理由。相反，了解自身的真实状况远胜于被似是而非的希望蒙蔽。我们的信仰和我们团体的荣耀就在我们自己手中"。[158]

图尔古特对海上的封锁更为严格了。骑士团之前可以在白天的时候利用小船进行运输，现在只能依靠夜间。不过，骑士团成员精湛的海上技能将为他们保驾护航。从圣安杰洛堡出发的小船趁着夜色前行，在航行的时候，他们尽量将划桨声减到最小。可是，波光

---

[158] 参阅厄恩利·布拉德福德的《大围攻：马耳他1565》。

## 第八章 围攻马耳他：坚不可摧的堡垒（公元 1565 年）

粼粼的海面最终还是暴露了他们的行踪。有一回，土耳其人派出的小船悄悄地从盖洛斯角附近的海湾驶出来，以截杀援军的船队。双方在海上发生了战斗。在第一轮对决中一艘马耳他小船不幸沉没，第二轮对决土耳其人吃了大亏，损失了两艘船。自此之后，土耳其人不再派船进行阻截，而是采用炮火攻击。这对骑士团来说是一件好事，他们依然可以凭借精湛的航海技术运送援军或物资。

但土耳其禁卫军的厉害果然不同凡响。

6月3日，一名土耳其工程师发现了三角堡的外围工事遭到了严重毁坏，图尔古特精心设计的炮击产生了可观的效果。也许，镇守在那里的卫兵如果能及时发出警报，禁卫军就不会突破这道防线。据说，卫兵因为疲倦而呼呼大睡。关于为什么在如此重要的时刻没有人发出警报，因史料缺乏一直未有定论，有这样一种说法，执勤的卫兵恰好被流弹击中身亡，而他的同伴因为熟睡没有发现。

就在这关键的时刻，早已准备好的禁卫军从外崖一跃而出，打了守军一个措手不及。三角堡的守军几乎全军覆没，这是自开战以来，骑士团第一次遭受到如此惨重的损失。而这种损失带来的恶果正在扩大，因为三角堡和城堡本身由一座木桥连接，极少数幸存的守军经由此桥逃入圣艾尔摩堡。显然，禁卫军是不会放过这千载难逢的机会的！他们从三角堡杀将而出，试图趁城堡大门未关闭之际杀入堡内。土耳其人叫嚣着："伊斯兰雄狮们！现在就让真主之剑把异教徒的灵魂从身体剥离，劈开他们的躯干和头颅！"

守军发射的炮弹将桥炸出了一个个缺口，禁卫军完全无视桥面上的洞口，继续往前冲杀。这时，来自比萨的骑士兰弗雷杜奇指挥两门火炮直接轰击敌人。禁卫军死伤众多，但依然前赴后继疯狂冲杀，有的禁卫军扛着云梯，试图登上城墙。在这危急万分的时刻，兰弗雷杜奇发出命令，立刻调来秘密武器火焰喷射枪。这种武器源自厉害无比的"希腊火"，在君士坦丁堡之战和之前的许多战斗中曾用过它，"希腊火"在帝国危急关头发挥出了巨大作用。现在，圣约翰骑士团的骑士们依然凭借这种可以喷射火焰的武器给土耳其人沉重打击。

另外，骑士团还使用了"喇叭筒"，这种筒是由"木头或金属制成、固定在长杆上的"，里面装填着易燃混合物，混合物里还加入了亚麻籽或松节油。这样一来，喷射出来的火焰威力巨大。为了产生更大的威力，在喇叭筒的尾部还绑有一节铁质或铜制的小管，小管里面装有铅弹。也就是说，当前面的混合物燃烧殆尽的时候，就会点燃小管上的引线，从而发射出铅弹。

禁卫军遭到惨绝人寰的杀戮，他们的身体燃起熊熊大火的时候，还要经受铅弹的打击。他们的尸体倒在壕沟里，火焰仍在燃烧，尸体发出吱吱的声响，就像在烤肉一样。

比"希腊火"和"喇叭筒"更厉害的是"火圈"。根据一位名叫韦尔托特的历史学家的描述，它是由一位名叫拉蒙·福图尼的骑士发明的。布拉德福德在《大围攻：马耳他1565》中记录道，它"由最轻的木材组成。木条首先被浸入白兰地中，然后被擦满油，随后被浸泡过其他易燃液体且混杂着硝石和火药的羊毛和棉花包住。待冷却后，这个过程又被重复数遍。在战斗中，这些火圈被点燃，后被钳子挑起扔到前进的人群中。一个火圈能套住两到三个士兵"。由于穆斯林都穿着宽松平滑的轻质长袍，这种叫作火圈的武器对他们来说简直就是索命恶魔。圣艾尔摩堡能度过此次危机成功守住，火圈的功劳最大。

穆斯塔法赶紧下令禁卫军停止进攻，这时，禁卫军已经损失了近2000人，他们大部分是禁卫军中的佼佼者。

土耳其人不甘心失败，他们征调来工兵和奴隶，还有许多牲畜。这些人和动物将更多的大炮拉上希贝拉斯山，禁卫军刚撤退完毕，火炮就发出不间断的猛烈攻击。三角堡还是沦陷了，圣艾尔摩堡因此暴露在土耳其人面前，如果土耳其人筑起高高的工事，堡内的一切将一览无余。更为严峻的是，土耳其人的舰队也将出动，与陆上部队进行联合作战。

马耳他危矣！


4


比死亡更让人担忧的是士兵的绝望心理。

布拉德福德在《大围攻：马耳他1565》中写道："令人难以容忍的疲惫感与日俱增，夜里的大部分时间被用来将尸体的残肢碎肉埋入胸墙，这些不幸罹难的守城者被敌方炮火轰成碎片；战斗岗位对士兵来说毫无振奋之感，只是他们机械地睡觉和吃饭以及进行其他生理活动的地方；武器片刻不得离手，随时准备作战；白日间暴晒在炎炎烈日之下，黑夜里还要忍受寒冷潮湿之苦；各种摧残，从火药的爆炸、烟雾、灰尘、希腊火、铁片和石块、排枪射击，到火炮的密集轰击、营养不足或疾病，使士兵们变得面目全非以至于彼此都认不出来对方。有些人因为受的是看起来不是很严重的小伤而耻于退出战场，而实际上这些伤可以致命；有些人的骨头错位或被粉碎；有些人铅灰色的脸由于骇人的伤口溃疡而变得瘀紫青肿；有些人由于跛足而悲惨地步履蹒跚；还有些人可怜地被绷带包紧了头部，胳膊也打着绷带且以奇怪的形状扭曲着——这些惨状随处可见，几乎就是守军的全貌，与其说他们是活人，倒不如说是行尸走肉。"

在大港湾，海面因晨光的照耀而焕发出光芒。如果不是这场战争，骑士们可以静静地欣赏这美景。6月4日破晓时分，一艘小船突然从海上的薄雾中出现，驶向圣艾尔摩堡。船上一个身影站立，狂呼："萨尔瓦戈！萨尔瓦戈！"原来，他是怕哨兵开枪误杀他。与他同行的还有西班牙上尉德·米兰达，受西班牙海军司令唐加西亚·德托莱多的命令，专程来检查圣艾尔摩堡的防御状况。拉斐尔·萨尔瓦戈也是骑士团的成员，他是奉西西里总督之命前来传达消息的，德托莱多将于6月底之前派来援军，最快也得等待6月20日。

为何援军会姗姗来迟呢？历史上说法不一。大多数人认为德托莱多是一个胆小之人。实际上，他只是小心谨慎罢了，并且，他将援兵出动的时间拿捏得恰到好处。

然而，对于骑士团而言，他们就得损失殆尽了。这也难怪骑士团的史官将他描绘成胆小者或恶人了——从16世纪的博西奥到19世纪的塔弗，对唐加西亚·德托莱多的描述从不客气。

虽然没有文字记载德托莱多拖延救援时间的记载，但是我们依然可以透过一系列的因素进行推断。实际上，德托莱多一开始就知道骑士团团长手下有多少人，他是一名经验丰富的老兵，能坐上司令官的位置不是浪得虚名。他知道，对于深陷围困的城堡来说，每一个人都是不可或缺的。但他不能将舰队派往西西里岛，因为援军根本无法突破土耳其人在大港湾的封锁线，之前连经验如此丰富的圣奥宾都失败了。因此，他必须等待最佳时机，等待土耳其人的舰队出现大问题，而这个大问题一定会随着战事的推进而产生。作为西班牙舰队司令，他们必须对国王"腓力二世在地中海上最重要的领地负责"。苏莱曼一世围攻马耳他的意义在于，一旦拿下马耳他，西西里和那不勒斯就将是苏丹的下一个目标。也就是说，围攻马耳他只是真正战略目标的序曲。在这样的节点贸然派出援军，而非在最佳的时机，那么援军在施援途中可能就会被摧毁，或是在岸上被击败——土耳其人的重炮威力绝对不能小觑。援军的失败意味着西西里门户大开，土耳其人的舰队就能够快速在锡拉库萨南部和帕萨罗角附近登陆。这个时间不会太长，就是几个小时的事，随后西西里岛的陷落也不会太久，最多几周。种种因素使得这位西班牙舰队司令迟迟不发援兵。

不管怎样，德拉瓦莱特都得强调救援的重要性，在回信中他指出援军的数量不要多于1.5万人，"这样才比较容易在马耳他西北部的海湾姆贾尔或艾因图菲哈（Ghajn Tuffieha）登陆"。现在，他在马耳他实施的策略是，每晚派出最多200名生力军支援圣艾尔摩堡，让资源得到最好的利用。然而，这种资源的利用是建立在消耗比尔古和森格莱阿的资源基础上的。如果圣艾尔摩堡陷落，那么它们就几乎没有抵抗力了，而且这种做法已经难以为继了。他祈求德托莱多现在就能支援500名士兵，可以通过拉斐尔·萨尔瓦戈和德米兰达的船只输送过来。

团长回信的那一天是6月4日，倘若西班牙舰队司令在信中所言可信，骑士团只要再坚守14天就可以获得增援了。不过，他心中也十分清楚，将所有希望放在等待援军上是不明智的。此刻让团长略感欣慰的是，德米兰达尽自己最大的努力，给骑士团提供了100多名士兵，用以支援圣艾尔摩堡，这座极有可能在劫难逃的城堡因此获得了一个喘息之机。土耳其人的大炮依旧夜以继日地轰击着，按照他们的说法，要将城堡化成齑粉，大批石块从城堡上崩落下来，顺着东侧陡峭的岩壁滑下，撞入大港湾中。而最让人觉得残忍的是，土耳其工兵想尽办法将三角堡和圣艾尔摩堡之间的壕沟填满，甚至连尸体也被用作填充物。

在土耳其人疯狂的进攻中，圣艾尔摩堡岌岌可危。负责守卫城堡的军官们经过一场会议表决后，派出贡卡莱斯·德梅德兰（Goncales de Medran）面见骑士团团长德拉瓦莱特。他们的意思是放弃这座城堡，并炸掉它，暂时延缓土耳其人的猛烈攻势，然后将这里的守军整合到另外的主要据点里。团长的回复很坚决也很悲壮，决不能放弃圣艾尔摩堡，哪怕战斗到没有一个活人。同时，他还告诉德梅德兰，援军将于6月20日来到。

德梅德兰悲壮的表情下没有任何言语，他知道团长的这个决定就是告诉骑士们要为骑士的信仰献身了——现在才6月7日，离援军到来的时间简直太漫长了。他对守军能否支撑到援军到来的那一刻不抱任何希望。

在德梅德兰离开的时候，团长尽最大的努力，再次增派了65名士兵（15名骑士志愿者和50名姆迪纳守军中的士兵），他们随同德梅德兰一起在夜色中穿过大港湾黯淡无光的水面，来到了圣艾尔摩堡。

## 第八章 围攻马耳他：坚不可摧的堡垒（公元 1565 年）

毋庸置疑，圣艾尔摩堡最终陷入了孤军作战的境地，土耳其工程师和工兵部队已经按照图尔古特的建议，将这座城堡与外面的联系全部掐断了。一场惨烈的孤城之战即将开始。

6月21日，星期四，援军并没有如约到来。当天还是基督圣体圣血节。在这最黑暗的时刻，圣艾尔摩堡的全体骑士将自己的武器放在一边，他们身穿黑色长袍，上面缝有八角十字架。

根据骑士团的记录："大团长和所有能够出席的骑士，与世俗和神职要员一道护送着圣体走过街道，两边站满虔诚的人。路线的选择经过精心考虑，避开了土耳其人的炮火。当游行队伍返回圣劳伦斯教堂后，所有人屈膝下跪，并祈求仁慈的主不要让他们在圣艾尔摩堡的兄弟们全然消逝于异教徒无情的刀剑下。"

然而，就在6月21日前几日，圣艾尔摩堡内发生了激烈争执，他们再次请求能撤离城堡。布拉德福德在《大围攻：马耳他1565》中记载了事件的来龙去脉和此后的影响，一名叫维特利诺·维特莱奇的意大利骑士于6月8日送到骑士团团长手中的信较为全面地记录了堡内骑士的心理状态："当土耳其人在此登陆的时候，阁下命令我们所有骑士在此集合并保卫城堡。我们以最赤诚之心去执行命令，而到现在我们已做了所有我们能做的。阁下您也对此知情，且我们从未因疲劳或身处险境而有过丝毫懈怠。但是现在，敌人已将我们削弱到既不能对他们造成损伤，又不能守卫好我们自己的状态（因为他们已经占领了三角堡和护城壕沟）。他们还架好了直达我们堡垒的桥，并将地道挖到了城墙下，随时都能将我们炸上天。他们还扩建了三角堡，以至于我们任何在自己岗位值勤的人都逃不了被杀的命运。我们无法安排哨兵监视敌军，因为哨兵被狙击手射杀是分分钟的事。我们的困境还在于无法利用城堡中央的空地，已经有好几个人死在那里。我们除了礼拜堂之外再无其他掩蔽之处。我们的队伍士气低落，长官也无法使士兵们再登上城头坚守岗位。由于确信城堡终将陷落，士兵们现在准备通过游泳逃生。既然我们再也无法继续有效地履行骑士团成员的义务，我们决定——如果阁下您今晚不派船来接我们撤退的话——向外突围并按照骑士应当做的那样战斗至死。不要再增派援军了，因为来了也与死人无异。这是我们所有人最坚定的决议，阁下您在信的下方可以看到我们的签名。我们还要通知您土耳其人的小船已经蠢蠢欲动了。我们通过此信表明我们的心意，并亲吻您的手，这封信我们也留了复件。"

团长的回复是这样的："一个士兵的职责是服从上级命令。你回去告诉你的同胞们，他们必须坚守在自己的岗位上。他们要留在那里，不得突围……"

回信的内容中有一点特别重要，"不得突围"。然而，堡内有骑士违背了命令，甚至还有叛逃者。不过，他们都将为此付出惨重代价，土耳其人绝不会放下他们手中的利剑，以示仁慈。直到骑士们明白团长再次给他们写的那封信的用意，他们决定与城堡共存亡了。"一支志愿军在骑士康斯坦丁诺·卡斯瑞奥塔的指挥下已经组建完毕。你们离开圣艾尔摩堡前往比尔古的安全之地的请求已被批准。今晚，援军登陆以后，你们可以乘他们的船回来。回来吧，我的兄弟们，回到修道院和比尔古，在那里你们会更安全。对于我来说，当我得知这个城堡——马耳他全岛的安全都极大地依赖于斯——将由我可以毫无保留地信任的人守卫时，我更加放心。"

这封信可以说极大地触痛了堡内骑士们的心，他们发现自己已

## 第八章 围攻马耳他：坚不可摧的堡垒（公元1565年）

经被团长剥夺了骑士的荣誉，不再受到他的信任。这种屈辱感和求生欲望夹杂在一起，最终彻底激发了他们心中的怒火。于是，一名叫托尼·巴雅达的马耳他骑士竟然自告奋勇带着一封信，只身一人前往比尔古，要求团长不要来解救他们。他们宁愿战死在圣艾尔摩堡，也不要失去骑士的至上荣耀。

团长的目的达到了，他立刻取消了下达给康斯坦丁诺·卡斯瑞奥塔的命令，并派了15名骑士和不到100名士兵前往增援。而让团长没有想到的是，被他瞧不起的堡内骑士，竟然继续支撑了那么多天，并给予土耳其人最惨烈的回击，他们悲壮的战斗过程似乎再多的语言也无法描述。这段历史也因史料缺乏，或者是根本没有时间来记载而留下了一片空白。

不过，关于为什么堡内的骑士能够支撑尽可能长的时间，并给予土耳其人最大的回击，我们依然会寻找到一些蛛丝马迹。根据民间的流传，以及从马耳他歌曲中发现的秘密，我们发现守卫马耳他的不仅仅有来自欧洲最高贵的骑士，还有来自马耳他本地的骑士。虽然上述那名叫托尼·巴雅达的马耳他骑士的存在存疑，但是他可作为马耳他英雄骑士们的代表。根据民间流传，马耳他的主要防御仰仗的是"五六千名适龄服役的马耳他人"，而他们极有可能是腓尼基人的后代。他们就像自己的祖先在迦太基围城战中所做的那样，证明了自己可以忍受所有令人难以置信的艰难困苦，因为再也没有比攻坚战更加残酷血腥的战争了。土耳其人愈加感受到，想要尽快拿下马耳他，将是一件多么困难的事。

也许，马耳他是永远都无法征服的。

## 三　永远无法征服

### 1

图尔古特已经想尽了一切办法来重创骑士团。

6月18日，在他做出最后一个建议——动用所有的力量切断圣艾尔摩堡的对外通道，让它成为一座死城后，他自己的生命走到了尽头。

他的死，一个最主要的原因是他不屑于在基督徒的炮火下寻找掩体。那天，他正与穆斯塔法一起巡视新炮台和护墙的建设工作，突然一发炮弹落在他身边。炮弹爆炸后，被击碎的岩石块击中了他的右耳上方，他当即倒地，鲜血流了一地。后来一个土耳其逃兵将图尔古特阵亡（重伤后拖了几天才死亡）的消息告诉了骑士团。更让穆斯塔法郁闷的是，另一名高级军官阿迦也被炮弹击中阵亡（圣艾尔摩堡的指挥官安东尼·格鲁诺指挥一门炮击中了禁卫军的军需总监阿迦，他的军阶仅次于穆斯塔法本人），穆斯塔法试图封锁高级军官阵亡的消息，但显然也是徒劳的。

6月19日，守军依然顽强地作战，间谍告诉苏丹5月就能拿下这座城堡，但实际上城堡已经坚守到了第二个月。当天夜晚，土耳其人完成了最严密的封锁，团长再也不能输送援军进来了。

## 第八章 围攻马耳他：坚不可摧的堡垒（公元1565年）

经过最后的惨烈作战，圣艾尔摩堡于6月23日陷落。它在被彻底切断所有外部援助后仍坚持了3天之久。圣艾尔摩堡保卫战一共进行了31天，骑士们在势单力薄的条件下创造了奇迹。

穆斯塔法终于拿下了这座坚固的城堡，但他付出的代价是惨重的。为了报复，他将俘虏全部处决[159]，除了5名骑士[160]，还有少量马耳他民兵游过大港湾得以幸存。关于土耳其人的阵亡人数一直没有明确说法，根据多方记载进行估算，应该在8000人左右，而骑士团阵亡了1500人。

土耳其人的下一个进攻目标是森格莱阿，在这之前，骑士团迎来了一小队援军。这支援军在圣艾尔摩堡陷落的那一天到达戈佐岛北部海域，一共4艘船，他们从墨西拿出发，船上有42名骑士、25名志愿者、56名经验丰富的炮手和600名西班牙步兵。

唐加西亚·德托莱多没有食言，他从西西里和意大利南部征募到了一些士兵。负责指挥这支援军的是骑士梅尔基奥尔·德罗夫莱斯（Melchior de Robles），他执行的命令是，如果圣艾尔摩堡陷落就不能登陆，应立刻返回西西里。不过，幸运的是，这支援军得到圣艾尔摩堡陷落的消息已经晚了，因此他们在戈佐岛西北部下了锚。随后，这支援军沿着岛的西侧前进，最后来到了大港湾水域附近。6月29日深夜，当时吹着西洛可风（地中海地区的一种风，受来自撒

---

[159] 手段极其残忍，像勒马斯、德瓜拉斯这两名骑士，头颅被砍下挂在大港湾的木桩上，一些骑士的心脏被活活挖出，尸体被扔进海水里。骑士团也给了回应，当土耳其人正在庆祝的时候，一颗"炮弹"落在他们中间，这颗"炮弹"很特别，是土耳其俘虏的头颅。
[160] 说法不一，一种说法是图尔古特手下的一些海盗将9名骑士作为人质，以便日后获得赎金。但似乎没有一个人被赎回，他们极有可能沦为奴隶，也有可能因伤得不到有效治疗而死亡。另一种说法是有5人成功逃脱，他们从圣艾尔摩堡所在的岩石峭壁上跳入大海，最后游过大港湾。

哈拉沙漠的东北信风的影响），这种温暖的南风在6月很少见，但它偏偏出现了——对这支援军来说，是非常幸运的。当西洛可风从非洲大陆跨海而来的时候，经常伴随着厚重的海雾，整个马耳他岛就被厚厚的海雾笼罩。援军就这样不损一兵一卒，顺利在比尔古上岸，直到第二天早上，土耳其人才明白发生了什么，但悔之晚矣。

骑士团迎来这支援军，可谓是"天降之喜"。而穆斯塔法加紧备战，几天时间里，新增的80艘舰船出现在大港湾，这让骑士团感受到更猛烈的进攻即将到来。

由于骑士团在圣安杰洛堡布置了重炮防御，加之有铁索的防护，土耳其人的舰船无法进入比尔古和森格莱阿之间的水域。但是，土耳其人的舰队可以从南面进攻森格莱阿。这表明，穆斯塔法将第一轮进攻锁定在南面。

7月初，进攻开始。

## 2

在7月初的进攻之前有一段小插曲值得一说。

一名叫扎诺格拉的骑士正在森格莱阿的瞭望塔执勤，他突然发现希贝拉斯山脚下的海滩上有动静。警惕的他立刻向德拉瓦莱特报告，团长立刻下令派出一艘小船前去查看。原来，海滩上有一名土耳其逃兵。此人身份不低，他来自拉斯卡里斯（为方便叙述，下文就称他为拉斯卡里斯）这个古老且高贵的希腊家族，前后有3位拜占庭皇帝出自这个家族。他说他看到骑士们浴血奋战，引起了他内心的挣扎,他痛恨自己已经与蛮族为伍,这些蛮族杀害了自己家族中的大部分亲王,灭亡了自己的国家。君士坦丁堡沦陷后,他被土耳其人流放到边荒之地生活。这次大围攻,是苏丹强迫他加入到战争之中的,他愿意为守卫马耳他尽自己的一份力量。

根据阿尔比的记录,一共有3位骑士前往海滩,分别为锡拉库萨人齐亚诺、普罗旺斯人皮龙、马耳他人朱利奥。当4人准备离开的时候,土耳其人发现了他们,拉斯卡里斯知道被土耳其人抓回去是什么下场。3位骑士带着他开启了逃命之旅,直到森格莱阿的守军前来营救。见到德拉瓦莱特后,拉斯卡里斯将自己知道的一切告诉了团长:穆斯塔法会集中海上力量从海陆两侧对森格莱阿进行攻击,而该海岬的南面将是被重点攻击的方位,当土耳其陆军主力进攻圣米迦勒堡的时候,舰船会在森格莱阿的各个登陆点抛锚,也就是说,有大量船只将从登陆点到海汊形成一道攻击链。

破解穆斯塔法进攻的策略很快就得以执行——德拉瓦莱特下达命令,在沿海建立起一道栅栏,栅栏的坚韧度和厚度足以阻挡土耳其人的舰船靠岸。骑士们利用了9个夜晚的时间完成了任务——白天土耳其人的炮兵和火绳枪枪手在科拉迪诺高地(占据此处可以俯视森格莱阿)严阵以待。这道栅栏沿着森格莱阿一路延伸到堡垒的末端,由指向大海的木桩组成。木桩上安装了铁环,一根铁链从中穿过。有些区域因为水太深而无法下桩,骑士们就用长帆桁和桅杆钉在一起。为了更加全面地阻止土耳其人的船只靠岸,德拉瓦莱特还下令在卡尔卡拉海汊建立起类似的栅栏,因为土耳其人的舰队可以从大港湾的入口处攻击比尔古的北面城墙。这道防护栅栏沿着比尔古守军中的卡斯蒂利亚、德意志和英格兰语区设立。不得不说,德拉瓦莱特对整个战事的防御工作做得非常到位，显示了他卓越的军事才能。

7月初，土耳其人的大规模进攻开始。大约有60～70门大炮分别从希贝拉斯山、盖洛斯角、萨尔瓦多（Salvador）山和科拉迪诺高地发起了猛烈炮击。这些方位的大炮能对圣安杰洛堡、圣米迦勒堡、比尔古和森格莱阿的村落形成交叉火力。最密集的炮弹落在了圣米迦勒堡和森格莱阿，看来拉斯卡里斯没有说谎。当穆斯塔法命令舰队突入大港湾的时候，他发现了敌方的防护栅栏。于是，他下令在进攻开始前一定要摧毁这些木桩。

布拉德福德在著作中写道："一些水性好的土耳其人被专门挑选出来，在科拉迪诺山下的海岸边下水，那道栅栏就是他们的目标……森格莱阿的指挥官德蒙在得知这一消息后，立即召集志愿者去驱逐土耳其人……他们翻过城墙，冲下水边的礁石，赤条条地跃入海中向栅栏游去。在清晨明亮的阳光下，平静的水里上演了围城以来最为奇特的一场战斗。马耳他人口衔小刀短剑游了过去，土耳其人则挥舞着他们用来砍断木柱的武器迎击。双方围绕着工事的铁索和木桩缠斗，或是周旋于深水之中，或是立于栅栏之上，展开近距离的肉搏……血染水面后，土耳其人溜之大吉，而胜利者则开始修复受损的工事。第二天早上，穆斯塔法派出更多的部队乘船前来，并将船上的缆绳固定在这些木桩和枪杆上。这项工作完成后，缆绳的另一端被带回并固定到科拉迪诺海岸边的绞盘上。成群的奴隶开始用尽全身力量转动绞盘。当缆绳从水面升起时，大片大片的防御工事也渐渐被连根拔起。马耳他士兵再一次冲出森格莱阿游向栅栏，到达防御工事后他们抓住锁链，跨坐在上面并开始割断土耳其人的绳索。第二次摧毁栅栏的尝试同第一次一样被挫败。"

考虑到战事紧迫，穆斯塔法决心不再拖延，以信仰的无穷力量激发士兵发动海上攻击。3艘船载着伊玛目进行圣战祷告（穆斯林祈祷时，需由伊玛目主持并引导，所有参加者必须按伊玛目的要求完成祈祷仪式），他们穿着深色的长袍，向真主虔诚地祷告着。后面则跟着大群的穆斯林首领、土耳其人和阿尔及利亚人，这些人衣着高贵的丝绸，上面装饰着金银珠宝，精美的头巾上镶嵌着宝石，他们手上握着亚历山大和大马士革造的弯刀，而佩戴的非斯制（Fez，产地）火枪更是引人注目。

祷告完成后，第一波舰队毫无畏惧地快速驶向栅栏，目的是要冲垮木桩和铁链。但是，骑士团设置的这道防御工事实在太坚固了，满载士兵的舰船被挂在防御工事上寸步难行。这时候，森格莱阿的骑士们利用火枪的射程和杀伤力优势，对舰船上的敌人进行密集射击。土耳其人死伤较多，在圣战力量的驱使下，许多土耳其人跳入水中向海岸游去，他们一只手持以利器试图砍断木桩，另一只手高举过头的盾牌，以防护子弹和燃烧弹的攻击。这时，安装在城堡的两门臼炮本应开火阻止水中的土耳其人前进，却因为炮手受伤未能射击。即便如此，还是有不少土耳其人被火枪所伤或死亡。不过，水中活着的土耳其人完全置同伴的尸体于不顾，拼死冲向海岸并准备攀登城墙。

就这样，有不少土耳其人登上滩头，他们不等城墙出现缺口就拼死向前冲，目的是要向穆斯塔法证明他们有多么英勇。这时，带领援军的德罗夫莱斯到达了比尔古，他命令部队火速前往被土耳其人突破的滩头地段，而城堡的火炮在猛烈轰击，土耳其人死伤惨重，许多人被炸得血肉横飞。但土耳其人依然不惧死亡，一部分人登上了胸墙与骑士们展开搏斗，一些骑士不幸掉入墙下的壕沟里，死状极为恐怖。

与此同时，土耳其人在海面上的进攻取得了一些进展。森格莱阿海基城墙一侧的弹药库因炮弹引发的火星掉入其中而发生爆炸，守军不得不退回到安全地带，一段城墙也因爆炸倒塌滑落到水中。土耳其指挥官埃德利萨赶紧抓住这难得的机会，命令部队快速冲向缺口。负责防御该地段的骑士指挥官扎诺格拉立刻组织骑士进行反冲锋，他身先士卒，率领骑士与土耳其人展开殊死搏斗。不幸的是，他被土耳其人的火枪射杀，他的阵亡引起骑士们的恐慌。在这危急关头，团长德拉瓦莱特的先见之明起效了——在两个海岬之间连接的浮桥会起到快速迎来援军的作用。失去指挥官的骑士们看到援军前来，立刻不慌乱了，与敌人继续展开殊死搏斗。

海面上，城墙下，炮火不断，厮杀声不绝于耳。

这时，一直在科拉迪诺山观战的穆斯塔法做出了一个重要的决定。原来，在这第一轮的攻击中他还隐藏了10艘舰船，兵力大约有1000名，且全部为精锐的禁卫军，这支隐藏的力量将在关键时刻发挥重要作用。现在，穆斯塔法认为时机到了——10艘载着禁卫军的舰船在海边严阵以待，只要得到进攻的信号就从森格莱阿北部的尖端登陆，封锁海汊入口，因为骑士团封锁海汊入口的铁链还没有延伸到那里。

穆斯塔法下达了命令，这10艘船穿过大港湾。看着渐渐消失在海面的舰船，穆斯塔法似乎感到胜券在握。然而，他不知道的是，团长德拉瓦莱特在防御设计中早就考虑到了此处潜在的威胁。一名叫舍瓦利耶·德吉拉尔（Chevalier de Guiral）的骑士"指挥着一个位于圣安杰洛堡下方与海面持平的拥有5门大炮的炮台"，这个炮台极为隐蔽，因此被土耳其人的炮手和工程师忽略。这个炮台的设置就是为了阻止土耳其人的舰船闯入海汊，其炮位的布局非常有讲究，可以全方位轰击闯入者。当德吉拉尔看到闯入的船只进入到射程时（炮台距离森格莱阿北端不到200米，因此负责此处炮台的骑士可以较为清晰地看到闯入者），他下令开火。对于突如其来的重炮轰击，这10艘船猝不及防，只有1艘狼狈逃脱，其余的全部被炸得粉碎。

如果不是骑士团团长的先见之明，这10艘舰船成功闯入海汊，其后果不堪想象。穆斯塔法没有意识到这支力量的毁灭性后果，反而继续指挥军队发动进攻。圣战力量驱使下的土耳其士兵继续拼死进攻，其中厉害无比的阿尔及利亚士兵由哈桑指挥，他们冲击着圣米迦勒堡，在城墙与骑士团士兵展开肉搏。

战斗异常惨烈。布拉德福德在《大围攻：马耳他1565》中写道："一名土耳其人看到骑士德奎纳利正在屠杀自己的同胞，便向他冲去——只要能杀了他，牺牲自己也在所不惜——并近距离冲他的头开了一枪。几乎是同时，另一位骑士用剑把这个土耳其人刺了个透心凉，并把死尸抛在受害者旁边……其间，马耳他的居民（包括妇女和儿童）向攻击者投掷石块和燃烧弹，并向他们倾泻大锅大锅的沸水。"

这场惨烈的进攻持续了5个多小时。正午的阳光火辣，让敌我双方更加杀红了眼，哈桑疯狂地命令士兵继续进攻，直到死伤惨重再也无法发动进攻才停止。在这场殊死搏斗中，骑士团阵亡250人，土耳其人损失近3000人。在阵亡的250个骑士中，发生了许多可歌可泣的壮举，许多贵族倒在了血泊中：西西里总督的儿子弗雷德里克·德托莱多，这位年轻的骑士原本可以不用加入战斗，但他在援军冲过浮桥增援森格莱阿的时候，悄悄地从骑士团团长身边溜走，加入到援军队伍，几番厮杀后，在森格莱阿的堡垒上不幸被土耳其人的炮弹击中，年轻人就这样死在了守卫马耳他的战场上；西蒙·德索萨，他是一名葡萄牙骑士，当他发现城墙出现缺口的时候，立刻进行修复，不幸的是，一发炮弹削去了他的脑袋……

近3000人的损失让哈桑猛然意识到，他面对的不是普通的敌人。之前，哈桑曾指挥过多次围城战，他在奥兰和凯尔比港之战中表现卓越。这一次，他感受到强烈的震撼——从未遇到过如此激烈的、不要命的抵抗，从未遇到过连居民也加入抵抗的不惧生死的作战。当他看到一大片一大片的死尸，以及正在溃退的土耳其士兵，在收到穆斯塔法的撤退命令后，他无奈地通过浅滩跑回到船上。

穆斯塔法愤怒不已，他命令炮手发出最为猛烈的炮轰，轰击鲜血染红的城墙，以此发泄心中的愤怒。而森格莱阿的居民们则喊道："绝不宽恕！记住圣艾尔摩！"这句口号是佳句，是对凶残的敌人的最好回应。

3

7月的马耳他气温高达32摄氏度。这对骑士们是一个严峻的考验，因为他们身穿重甲，而土耳其人则好过一些，他们宽松的长袍可以快速散发热量。马耳他的可饮用储水正遭受到威胁，骑士们尽量节约水源,因为除了饮用,还得用于灭火。

马耳他的地理位置特殊,它位于突尼斯和摩洛哥海岸线的北侧。6月的时候,这里就已经酷热了,现在是7月,正午的气温高达32摄氏度并不奇怪,而且还时常伴随着高达72%的湿度,在这样的环境下,金属的导热性会让骑士们的盔甲烫得让人不敢用手去触摸。可以想象骑士们要忍受多强的酷热,中暑现象时有发生,骑士们将这场守卫战称为死神降临。

穆斯塔法针对森格莱阿发动的第一轮大规模攻击失败后,开始变得谨慎起来。他决定采取之前胜利的战术,利用重炮不断削弱城墙的防御力量。另一名司令官皮雅利负责的是针对比尔古的作战行动,为了保护比尔古的居民,骑士团团长德拉瓦莱特下令在各条街道修建起坚固的石墙工事。

8月2日,土耳其人发动了围城以来最大规模的炮击。在长达6个小时的战斗中,骑士团击退了敌人5次疯狂进攻,成功阻止了土耳其人试图突破被炮击炸开的缺口。夏日沉闷异常,炮火产生的硝烟笼罩在海汉上久久没能散去。8月7日,经过5天狂轰滥炸后的骑士团防区已经一片狼藉,炮轰停止后,皮雅利的人马冲过了卡斯蒂利亚防区正前方的壕沟。因炮火的狂轰滥炸,这里的壕沟被城墙的碎石填满,团长德拉瓦莱特立即采取补救措施——沿着比尔古所有的陆基城墙建立一道长长的内墙。这样一来,即便敌人突破主城墙,也只能落进陷阱,困在两道城墙之间狭窄的空间里,他们会因身后大批涌入的部队无法转身,这时候骑士们就可以随意展开屠杀了。

土耳其人由此遭受到惨重伤亡,穆斯塔法抑制不住内心的狂怒,命令部队不惜一切代价进行猛攻。由于力量对比悬殊,骑士团的情况糟糕透了。

在圣安杰洛堡内的深处,德拉瓦莱特正在与奥利弗·斯塔基爵士(团长的拉丁文秘书)商议,就在此前,团长收到了德托莱多的一封信。信上说在8月底之前会有1.6万名援军来到马耳他。布拉德福德在著作中写道,团长看完信后,只说了一句:"我们再也不能指望他的承诺,在今晚的议事会上我必须告诉他们援军再也没有希望了。我们只有自己才能拯救自己。"

医院里人满为患,几乎没有人不挂彩。团长悲怆地说道:"我坦率地告诉你们,我的兄弟们,除了全能的主之外再也不要期望任何希望,他是唯一的帮助。他一直在照管我们,不会抛弃我们,也不会将我们送入敌人手中。我们都是上帝的仆人,而我很清楚地知道,如果我和所有指挥官战死,你们将继续为自由而战,为我们团体的荣誉而战,为我们的神圣教堂而战。我们是士兵,而且我们本应在战斗中捐躯。如果不幸敌人获胜,可以想见我们的下场不会比圣艾尔摩堡的弟兄好。不要有任何人心存幻想会受到战场优待,或是能仅以身免。如果我们失败的话会被全部杀掉。在沙场战死要比落到征服者的手里生不如死好。"[161]

团长说完这番话后,再也没有人提起援军的事了,骑士们都报以必死之决心,给予敌人最严厉的打击。从第一次登陆到现在,土耳其人已经有超过1万人被杀,或是丧失战斗能力。穆斯塔法没有对比尔古和森格莱阿继续发动进攻,但并不表明他放弃了作战,骑士们知道,更猛烈的进攻即将开始。

---

161 参阅厄恩利·布拉德福德的《大围攻:马耳他1565》。

## 第八章 围攻马耳他：坚不可摧的堡垒（公元 1565 年）

虽然马耳他处于敌军重围之下，但团长有先见之明和卓越的领导能力，岛内从来没有出现过饿死人的情况。岛上军民同仇敌忾，就连妇女儿童都一起上阵，他们夜以继日地为骑士们运送武器弹药和食物补给。如果还有剩余的力量，他们就不惧危险地跑上城头对敌人砸石块，倾泻沸水。在布拉德福德的笔下，团长在给德托莱多的回信中这样写道："这个岛的防御工事处于完全毁坏的状态。我在敌人的多次进攻中损失了骑士的精英部分，在幸存的人中，大多数有伤在身或是卧病在床。请至少将骑士团目前滞留在墨西拿的两艘加莱船，以及已抵达的从更远的国度赶来帮助我们的骑士一并派到我这里来。当整个团体面临几乎不可避免的损失时，保留其中一部分是不合理的。"

穆斯塔法在想着下一个进攻目标，那就是由西班牙骑士防守的卡斯蒂利亚棱堡区。8 月的炎热日子里，穆斯塔法实施了挖掘地道的计划，之前因圣艾尔摩堡坚硬的岩石阻挡而无法实施，现在土耳其人发现在比尔古护城壕沟的陆地一侧可以挖出一条地道。这条通道将朝向卡斯蒂利亚堡垒区的正下方，一旦抵达，穆斯塔法将进行地下爆破。

为了迷惑守军，他决定对森格莱阿发起大规模围攻，而在引爆地道中的炸药之前，不对卡斯蒂利亚地区发动进攻，目的是让守军误以为土耳其人大规模进攻的区域只有森格莱阿。如果这个迷惑计划得以实施，比尔古的守军至少会出动一部分，他们将穿过浮桥去增援森格莱阿。这时候，穆斯塔法会下令引爆坑道中的炸药，在守军没有缓过神或慌乱之际发动对卡斯蒂利亚的攻击。这项计划中，还需要借助攻城塔，为此穆斯塔法下令制造了巨型版的攻城塔——

它主要用于攻城战，攻城者通过它可以直接抵达城墙，然后爬上塔楼，放下吊桥，城门便打开了。

8月18日，穆斯塔法已经完成了所有的准备。那天清晨，土耳其人发动了猛烈进攻，穆斯塔法对于胜利简直望眼欲穿，然而，德拉瓦莱特识破了他的诡计，穆斯塔法的计划失败了。遗憾的是，团长没有找到坑道炸药的具体位置，穆斯塔法在失望中下令引爆。一声巨响后，棱堡区的一大片主墙崩塌了，皮雅利的部队随即潮水般地涌上前来。

还是失守了！骑士们发出哀叹，他们必须撤离，到达现在还处于相对安全的圣安杰洛堡。这时，骑士团团长德拉瓦莱特做出了一个让众人惊呆的举动，他不顾危险从身旁的士兵手中抓起一把长矛，叫上自己的随从，冲向卡斯蒂利亚的棱堡区。看到团长不顾生死地反冲锋，在场的军民顿觉热血澎湃，忘记了无措和恐惧。他们一并冲向危险区，进攻中的土耳其人被这突如其来的力量震住了，前锋部队居然被击退。德拉瓦莱特腿部不幸受伤，鲜血直流，但他坚持不退，他知道退缩的后果是什么——军民的士气将大大减弱。"我不会后退，只要那些旗子仍在风中飘扬，我就不会后退。"大团长斩钉截铁地说道。[162]

军民们都被团长的视死如归深深地感动，发誓就算流干最后一滴血也绝不让敌人前进一步。德拉瓦莱特表示感谢他们，直到整个棱堡区全部被收复，他才退回去包扎伤口。

戈佐岛西海岸的杜埃伊拉湾（Dwejra Bay）是一个小海湾，湾口

---

[162] 参阅厄恩利·布拉德福德的《大围攻：马耳他1565》。

## 第八章 围攻马耳他：坚不可摧的堡垒（公元1565年）

有座不规则形状的小岛，岛上有一种黑色的外形像蘑菇的植物，这种植物具备止血的功效，在马耳他保卫战中，骑士团和岛上的居民就是靠它治疗伤口并止血的。如果没有当地居民的告知，受伤骑士的存活几率将大大降低。

8月19日这一天，土耳其人发动了迄今为止最为猛烈的进攻。骑士们伤亡惨重，仅卡斯蒂利亚地区的守卫战中就死伤不少。团长的侄子亨利·德拉瓦莱特命丧于此，与他一起阵亡的还有骑士波拉斯特隆，当时他俩正一起试图摧毁土耳其人的巨型攻城塔，在惨烈的厮杀中，两人终因寡不敌众被土耳其人砍倒。那一刻后，围绕他俩的厮杀更加残酷地展开，骑士团拼命要夺回两位骑士的尸体及盔甲，土耳其人则一心想将他们战死的长官的尸体拖回城内。由于两名骑士的盔甲价值连城，在阳光的照射下格外耀眼，因此土耳其人的进攻焦点都在两位死去的骑士身上，所有的土耳其人都向那里开火，两名骑士的尸体被打得千疮百孔。当双方都达成各自的心愿后，战斗停止。团长在堡内看到自己侄子的尸体，目光在侄子的脸上停留了许久，他似乎什么话也没有说，空气中弥漫着死亡和绝望的味道。

比尔古的情况和森格莱阿一样糟糕。为了诱敌深入，骑士团团长亲自上阵充当诱饵。攻城塔里的土耳其人集中精力对比尔古发动猛烈攻击。

比尔古能守得住吗？是否有一种秘密武器能够拯救这座险象环生的岛屿？当土耳其人将全部精力集中在他们的进攻对象——比尔古时，他们没有觉察到危险正在来临。

突如其来的一声巨响，土耳其人引以为傲的巨型攻城塔倾斜坍塌。

穆斯塔法对巨型攻城塔这件"地狱杀器"寄予了厚望。这件武器能将圣米迦勒堡炸出个缺口,也能将其他城堡炸出同样的效果。发明巨型塔的是穆斯塔法手下的一名工程师,它"形如巨桶,抱箍着层层铁圈,装满了火药、铁链、钉子和所有种类的葡萄弹,一条长长的导火线贯穿其中……"

土耳其人继续发动猛烈的正面进攻,目的是掩护实施巨型塔战术的土耳其士兵。这些士兵设法将巨型塔拖到"受了重创的城墙上,并让其滚落到集结在远处的骑士和士兵中间。然后,在预先安排好的信号下,土耳其人全部撤离并等待爆炸"。[163] 惊天动地的时刻即将到来!一旦土耳其人的巨型塔成功爆炸,将带给土耳其人最大的战果。

紧急关头,骑士团的秘密武器派上用场。突然间,一声巨响后尘土飞扬——不是巨型塔发生爆炸的声音,是巨型塔脚下出现一个狭窄的开口,黑洞洞的炮口从中探出来。土耳其一方的奴隶和工人还没有来得及将攻城塔推到安全之处,大炮就开火了。

这不是普通的大炮。

骑士团里的一个木匠向团长指出了巨型塔的致命弱点在其下端。因此,只要有一种武器能将巨型塔的下端击碎或者截断,那么巨型塔的作用将不复存在,如果还能引爆里面的葡萄弹,就能让土耳其人自食其果。

于是,链弹作为秘密武器被投入使用。链弹由通过铁链系在一起的两个大型球弹或半球弹组成,在海战中链弹是一种制式武器,

---

[163] 参阅厄恩利·布拉德福德的《大围攻:马耳他 1565》。

## 第八章 围攻马耳他：坚不可摧的堡垒（公元 1565 年）

用于割断敌人的桅杆和索具。随着德拉瓦莱特的一声令下，在脱膛而出的那一瞬间，链弹以抛物线的轨迹高速旋转，就如同一把巨大的镰刀。骑士和他们的炮手能非常迅速地装填这种炮弹。

巨响后，巨型塔的主要支撑断折。由于土耳其人已经点燃了导火索，偏偏那导火索太长，这就给延时爆炸提供了一些时间。片刻后，巨响再次爆发，炸弹造成的杀伤力可以用一场浩劫来形容。

骑士们顶住了这一天的进攻，巨型塔的失效以及自食其果的悲剧让土耳其人的士气遭受到巨大打击。除了战场上的巨大伤亡，缺乏饮用水的困扰一直没有解决，而骑士团向水源投毒的效用也愈加明显。

现在已经是 8 月的第三周了，马耳他还没有被土耳其人拿下，再过几周，土耳其舰队的封锁和进攻优势就将被减弱。因为，那时候的地中海将刮起西洛可风，这股热风会干扰土耳其舰队与非洲的海上运输。如果到 9 月土耳其人还没能拿下马耳他，舰队就只能撤退或者在岛上过冬。经过深思熟虑，穆斯塔法决定让舰队和陆军在岛上过冬，他知道那时对敌我双方来说补给都是一件令人头疼的事，只要能坚持下去，就有胜利的希望。

这一次，皮雅利又帮了骑士团，他依然坚持舰队安全比任何事都重要，他固执己见，坚决反对让舰队在马耳他过冬。于是，长时间郁积在两大主帅之间的敌意爆发了。如果图尔古特还在，那么这场主帅与主帅之间的争斗或许能避免。现在，一切都不可能了，马耳他围攻战的战局开始倾斜。

倘若骑士团苦等的援军能在这时候到来，对马耳他来说，就能胜券在握了。

*381*

4

马耳他的军民还在苦苦支撑，西西里关于援军事宜仍然存在分歧。直到8月25日，德托莱多才启锚驶向利诺萨岛（Linosa）[164]，援军由28艘运输船和桨帆船组成，作战人员接近1万人。

看起来，这一次的援救行动不会搁浅了。

9月1日，穆斯塔法和皮雅利的军队对比尔古与森格莱阿发动了又一次大规模进攻。卡斯蒂利亚和圣米迦勒堡已摇摇欲坠了，因此土耳其人没有对其发动进攻。战事进行到现在，土耳其人决心孤注一掷，以此弥补士气、弹药和食物的不足。

这一天的攻击还是如之前一样，没有什么进展。土耳其人哀叹道："让我们主宰马耳他不是安拉的意愿。"

德托莱多的舰队在向西驶往利诺萨岛海域途中遇上了一股强劲的西北狂风，海面上泛起惊涛骇浪。舰队在这样的险境里俯仰前行，船桨被拍碎，索具被损坏，装备也丢失不少。德托莱多下令，让舰船想尽一切办法驶向背风处。最后，舰队重新在法维尼亚纳岛（Favignana）[165]集结。然而，这支舰队已经损失了一部分船，且无法直接登陆利诺萨岛。搁浅了一些时日后，到9月4日舰队才重新做好起航准备。可见，德托莱多的舰队是在经历了诸多阻碍才在利诺萨岛集结的。这一天（9月4日），德托莱多收到德拉瓦莱特的信件，

---

[164] 佩拉杰群岛的一个岛，在西西里岛与突尼斯之间的佩拉杰群岛东北端，该岛缺少淡水资源，以渔业为主，现属意大利。
[165] 埃加迪群岛中最大的一个岛，与西西里岛西海岸上的马尔萨拉相对。

信上说马尔萨什洛克和马萨姆塞特湾的两处港口已被土耳其人占据，情况危急。如果援军前来，建议登陆地点选在马耳他岛北部的姆贾尔和梅利哈（Mellieha）一带的海湾，因为这两处登陆点都有沙滩，且不受风浪的影响。

于是，舰队一分为二，先锋舰队由西班牙人卡多纳指挥，德托莱多则指挥主力舰队。当舰队行驶到中途的时候，又遭遇了海上恶劣的天气。特别是卡多纳的先锋舰队，被迫向北驶去，并在西西里南端的波扎洛（Pozzallo）渔村附近海域下锚。等海面平静之后，舰队再次南下，最后历经风险克服了海上恶劣环境的阻挠，戈佐岛出现在先锋舰队眼前。

令人奇怪的是，皮雅利的舰队本应阻击这支先锋舰队，土耳其人却纹丝不动，有可能是遵循皮雅利舰队安全第一的宗旨，也有可能是害怕海上恶劣的气候，不敌基督徒的前锋舰队。总之，土耳其人全都离开戈佐岛的巡逻岗位，回到马萨姆塞特去了。

德托莱多的舰队则缓缓行驶，似乎并不情愿地进行这场援救行动。关于这种行为，历史上一直有争论。这里依据一位叫韦尔托的神父编写的骑士团历史记载中的描述："总督大人的行为再一次让人怀疑他是否打算利用他（德拉瓦莱特）的建议——姆贾尔和梅利哈将会是登陆的好地点。他没有进入戈佐岛与马耳他之间的海峡，而是在马耳他的西海岸附近逡巡不前，并且让从马萨姆塞特湾驶出的土耳其护卫舰发现了他的身影。看起来他更愿意碰上一些突发状况以便有理由离开这个是非之地重返西西里港口，而不是试图登陆马耳他岛。"[166]

从时间上来看,直到9月6日的晚上,德托莱多的舰队才重新聚集在一起,这也难怪韦尔托以责备的口吻记述该段历史了。当天晚上,这支舰队悄然无声地穿过戈佐岛的海峡,一路顺畅地来到了马耳他东北部的梅利哈海湾。

9月7日的清晨,让骑士团期待已久的援军终于到来。土耳其人也获悉了敌方援军到来的消息,这让本就士气低迷的土耳其人更加神情沮丧。援军的数量说法不一,根据各方面的记载,大致在8000(最少的估计)~1.2万人之间。当骑士团团长德拉瓦莱特得知援军到来,他释放了被囚禁在圣安杰洛堡地道里的一名穆斯林奴隶,目的是要利用他向穆斯塔法和皮雅利传递这样的消息:1.6万名基督徒战士在西西里总督的率领下已经在岛的北部登陆,因此,无论土耳其人怎么围城都是徒劳的。这一招果然奏效,尤其是穆斯塔法内心充满了失望的情绪,他为整支舰队的低效指挥感到愤怒与屈辱。他无能为力——皮雅利拥有地中海最为强大的舰队,却未产生相应的效用,如果皮雅利能阻止援军登陆,战局不会在这个关键时刻向骑士团倾斜。皮雅利的过度小心谨慎与妄自尊大只能是一种拖累,或者说他是贻误战机的罪魁祸首,是他让土耳其人深受其害。当德托莱多的部队全部登岸后,他立刻返航墨西拿,他打算将那里的4000名援军再输送到马耳他。这样一来,土耳其人就更觉得要尽快撤离马耳他了。

9月8日,土耳其人的舰队开始撤离,马耳他似乎开始解围了,

---

166 参阅厄恩利·布拉德福德的《大围攻:马耳他1565》。

人们高兴万分。这一天还是圣母玛利亚的诞生日,人们高唱《赞美颂》,呼吸着自由的空气。

穆斯塔法忽然回过神来,发现自己上了骑士团的当,援军数量根本就没有那么多。但现在已经为时晚矣,他又担心苏丹会惩罚自己,加之皮雅利更是急于让舰队撤退,思索再三他最终做出了一个决定:命令部队停止撤退。

两名司令官再一次发生争执,穆斯塔法严厉指出皮雅利的过失,认定皮雅利的舰队没有做到应该做的事。他要求已经登船的部队立刻上岸,皮雅利却不顾穆斯塔法的指责,率领舰队航行了大约11千米,来到圣保罗湾的海岸边。

土耳其人想与骑士团决一死战。

很快,骑士团的信使向团长德拉瓦莱特报告了土耳其人停止撤退、重新登岸的消息:穆斯塔法的部队已经有9000人登岸。团长经过分析,认为穆斯塔法的作战意图是要向北推进,消灭掉援军,然后与皮雅利的舰队会合。对骑士团来说,必须趁着士气高涨的时候一举击败土耳其人。

这一策略无疑彰显了德拉瓦莱特的英明。骑士们似乎是在西西里压抑得太久,他们忘记了什么叫作小心谨慎,他们想着"敌人就在那里,远处还冒着烟的废墟就是我们兄弟殉教的地方"。于是不等团长下命令,他们就向已经上岸的土耳其人发起了冲锋。

穆斯塔法被这突如其来的阵势震住了,匆忙中下达了让部队再次登船的命令。士气低迷的土耳其人根本无心战斗,他们以为登上船就远离了马耳他岛这片致命的土地,因此土耳其士兵如潮水般涌过姆迪纳和纳沙尔(Naxxar)之间的山谷,向着海边逃去。

阿尔及尔总督哈桑奉命掩护登船行动的最后阶段，他将火枪队布置在俯瞰海湾的小山头上，密集的枪弹为军队撤退尽量多争取了一些时间。

海面上的舰船也乱作一团，土耳其人死伤无数，骑士团用敌人的血染红了自己的剑，他们决心一个活口都不留。如果皮雅利的舰队能够给予策应，战局不会这么不利。现在，除了尽早逃离战场，或许没有别的可以做了。此时，在狭窄的海湾入口布满了密密麻麻的船只，土耳其人特别担心来自北方的威胁，如果此时从西西里方向杀出一支基督徒的舰队，他们将遭受更为惨重的损失。

穆斯塔法哀叹败局无可挽回，骑士团的大部队追上了他的后卫，哈桑的火枪手已经尽了最大的努力，却无法阻挡骑士们的攻势。他们被无情地逐入海中，海湾周围成为血腥的屠杀场，鲜血很快流入海中，海水变成鲜红的一片。

战斗继续进行，基本上是骑士屠杀土耳其人。9月8日晚上，围城战结束。最后一仗的作战地点在圣保罗小海湾里，那里被尸体填满，布拉德福德在《大围攻：马耳他1565》中写道："两三天后的海湾水里仍然厚厚地叠着敌人尸体——大概有3000多具，那里发出的恶臭使人无法靠近。"

9月12日，土耳其的最后一艘帆船在马耳他的海平面上消失。战败的消息不可避免地传到了苏丹那里。这是40年来，苏莱曼一世第一次在地中海遭受到重大失败。根据历史学家冯·汉默在《奥斯曼帝国史》中的说法，马耳他大围攻中，土耳其军队的数量为3.1万人，最终回到伊斯坦布尔的大约有1万人。不过，实际的损失比这个要大。因为惨败，穆斯塔法丢掉了官位，皮雅利则在第二年再次

## 第八章 围攻马耳他：坚不可摧的堡垒（公元 1565 年）

出海，发动了针对意大利海岸的袭击。骑士团方面，有将近 250 名骑士丧生，活下来的要么重伤，要么终身残疾。近万名士兵和岛上居民在马耳他保卫战中丧生。

数日之后，德托莱多返回西西里。骑士团团长德拉瓦莱特因其卓越的指挥，尤其是品字形的城堡御敌战略，让土耳其人吃尽了苦头。马耳他保卫战的胜利也让他获得了无限荣誉，"腓力二世授予他一组镶嵌着珠宝的短剑和匕首，其刀把上嵌有珍珠和钻石"，国王盛赞他是"卓越超群的瓦莱特"。1568 年 7 月的一天，德拉瓦莱特在打猎后不幸中风，8 月 21 日逝世，他的拉丁文秘书奥利弗·斯塔基爵士写下了这样的墓志铭："享有永恒荣耀的拉瓦莱特在此长眠。他曾是惩罚亚非异教徒之鞭，欧洲之盾，他以神圣的武器驱逐野蛮人，是第一位长眠于这座他亲手造就且深受众人喜爱的城市[167]的伟人。"[168]

对奥斯曼帝国而言，马耳他大围攻的惨败伤害了苏丹的自尊。苏莱曼一世说他将在未来进行复仇，他愤怒地喊道："众臣之中就没有一个我能信任的！明年，我本人，苏莱曼苏丹，将亲自率领一支远征军进攻这个该死的小岛。岛上的居民一个不留。"然而，这也只是豪言壮语，第二年，他以进攻马耳他时机不成熟而选择放弃。在皮雅利对意大利做了一次不痛不痒的进攻后，便没有了下文。随后，苏莱曼一世转而入侵匈牙利。当时，他已经 72 岁高龄，却坚持亲

---

[167] 为了纪念马耳他保卫战的胜利，骑士团在希贝拉斯山建立了新城，并以骑士团团长名字命名——瓦莱塔，而团长则葬于这座城市的圣约翰大教堂的地下室。除此之外，比尔古、森格莱阿也被重新命名为维托里奥萨（Vittoriosa）和伊斯拉（L-Isla），其寓意分为胜利之城和难攻之城。

[168] 参阅厄恩利·布拉德福德的《大围攻：马耳他 1565》。

征，以此彰显伊斯兰力量是不可屈服的。

1566年9月5日，苏莱曼一世在围攻锡盖特堡（Szigetvár）时带着遗憾去世。不过，奥斯曼帝国的扩张野心并未就此终止，他的继承者将再掀海上风云。

5年后的勒班陀海战注定会更加惨烈。

第九章

# 资本主义的杀戮：勒班陀神话

（公元 1571 年）

第九章 资本主义的杀戮：勒班陀神话（公元1571年）

## 一 杀戮场

### 1

奥斯曼帝国海军的舰队在准备战斗时，可曾想到他们的结局是如此悲惨？

肯尼思·迈耶·塞顿（Kenneth Meyer Setton）在《教皇和黎凡特》(The Papacy and the Levant, 1204—1571年）一书里有着耐人寻味的描述：海面上，到处都能看见被击毁的船只上散落下来的人员、桁端、船桨、木桶、炮管和各种武器装备，仅仅6艘三桅帆装炮舰（Galleass）本来不应该造成如此巨大的毁灭，这是桩难以置信的事，因为迄今为止尚未有人尝试把它们投入到海战前线。[169]

按照奥斯曼帝国的惯例，倘若苏丹想巩固自己的地位，就必须在对外战争中取得胜利。这可能是假象，我们不会忘记苏莱曼一世的雄才伟略，即便已是72岁高龄，他依然能够驰骋在对匈牙利的战场上。1566年9月5日，他在围攻锡盖特城堡的过程中因病逝世。继

---

[169] 勒班陀海战的资料以及这场战争的相关史料，可参阅威廉·希克林·普雷斯科特（William Hickling Prescott）所著的《西班牙国王腓力二世的统治史》(History of the Reign of Philip the Second, King of Spain)。

位的是谢里姆二世（Selim II）[170]，历史上说他很平庸，但纵观奥斯曼帝国的崛起，自14世纪中期以来，这个在地中海东部的国家用了不到200年的时间迅速成长为一个强大的政治实体。况且，勒班陀海战的失败并未动摇奥斯曼帝国的根基，甚至在1570年威尼斯竟然单独与其媾和，并割让了塞浦路斯。如果说谢里姆二世很平庸，他又如何在勒班陀海战半年后让帝国海军得以恢复元气，重新控制了地中海，并且在1574年又从西班牙手上夺回了突尼斯？

也许就因为他是一个酒鬼——"酒鬼谢里姆"可不好听，给人的印象也不太好。他的死因也很让人瞠目结舌，据说是在澡堂湿滑的地板上滑倒，头部受伤而亡。这与晋景公在准备吃饭前感到腹胀上厕所掉到粪坑中死亡一样，仿佛都是让人嗤之以鼻的。

谢里姆的父亲苏莱曼一世的绰号是"奢华者"，未必就不给人以"不中听"的印象，他在46年（1520—1566年）的统治生涯里，完完全全地做到了个人荣誉与政治成就的结合，一场又一场的胜仗让后人觉得其子嗣很难比得上他。这些胜仗也的确让人折服：1522年，苏莱曼一世将历史上著名的三大骑士团（另外两个骑士团分别是圣殿骑士团和条顿骑士团）之一的圣约翰骑士团赶出了罗得岛。这是天主教的重要军事力量，曾在十字军与穆斯林之间的征伐中大放异彩，厉害自不必多说了。尽管他们独自坚守了6个月，最终还是与奥斯曼帝国签订了协议，撤出罗得岛，返回欧洲。1526年，他在对匈牙利国王拉约什二世军队的战争中，狠狠地击败了对手，使得匈牙利在将近200年的时间里一蹶不振，成为奥斯曼帝国领土的一部分。

---

[170] 1524—1574年，奥斯曼帝国的第十一任苏丹，1566—1574年在位。他被称为"酒鬼谢里姆"，此外，因其头发与胡须皆为淡金色，也获得"金发谢里姆"的绰号。

## 第九章 资本主义的杀戮：勒班陀神话（公元1571年）

在这样的光环下，谢里姆二世要想赢得世人的敬仰，除了四处征讨，建功立业，或许没有别的出路了。成为酒鬼是否因压力所致，我们不敢轻易下定论，但他的确在继位后3年左右的时间里没有取得过一个像样的军事胜利。他很清楚地记得，父亲在临死前一年试图征服马耳他时，被驻扎在马耳他的圣约翰骑士团狠狠地击败了。

无论是从国家利益出发，还是个人情感所致，将目光锁定在塞浦路斯都是一个不错的选择。从地理位置来看，这个岛屿距离土耳其海岸并不遥远，大约70海里，既可进攻，也可退守。作为东地中海最大的岛屿，其地处热带而日照充足，平坦的地形，肥沃的土壤使得这里物产丰富，粮食、棉花、葡萄酒和盐都是这里的主产。威尼斯共和国拥有了它，自是获得财富无数。

不过，作为宗主国的威尼斯却并不善待岛上的人民，几乎所有希腊裔的塞浦路斯人都不幸沦为了农奴。残酷的经济掠夺和各种名目的苛捐杂税让他们宁愿接受奥斯曼帝国的统治，也不愿意再被威尼斯人压榨了。最无望的时候，他们甚至派人到伊斯坦布尔向苏丹请愿，希望帝国出兵解放塞浦路斯岛。加之当时的威尼斯共和国在军事方面呈下坡路趋势，他们对海上贸易更感兴趣。[171]

在上述因素的综合作用下，谢里姆二世做出了一个重要决定：要求威尼斯割让塞浦路斯岛，否则将发兵征讨。其实，谢里姆二世的目标不只是要夺取塞浦路斯岛，他希望借此战顺势挺进西地中海，继而控制整个地中海。这样看来，他不是世人眼中的庸碌无为者，反而继承了先辈们的扩张和进取之心。

---

171 更为详尽的内容可参阅帕特里克·贝尔福的《奥斯曼帝国六百年》。

威尼斯共和国的大使巴巴罗对奥斯曼帝国的这一要求看得很透彻，割让塞浦路斯不过是跳板而已，更可怕的阴谋在背后。很快他就派人回到本国，将这一消息转达给了威尼斯元老院。

威尼斯人震惊了！这个国家的权力和财富都来自贸易。一旦发生战争，海上帝国的影响力是否会走向崩溃的边缘？

的确，威尼斯共和国权力的基础不是靠领土的占有，而是靠从东方贸易中获得的巨大利润。我们或许很难理解这样的国家：它领土分散，仅拥有达尔马提亚（Dalmatia）狭长的海岸地带、伯罗奔尼撒半岛的一些据点、一小部分爱琴海岛屿、两个较大的岛——克里特和塞浦路斯岛。就是这样的地理分布，竟然构建了一个让世人瞩目的欧洲大国。

1453年，奥斯曼帝国征服君士坦丁堡后，威尼斯商人倍感压力，因为贸易航线被土耳其人控制了。为了让东方贸易能顺畅进行，他们尽可能地与土耳其人保持良好的关系。许多时候，他们采取的是政治上的让步以及给予苏丹不菲财富的方式以换来暂时的和平。

鉴于有这样的"成功经验"，这一次的危机，即1570年的利益交锋，不少威尼斯的政治家建议采用同样的化解危机的方式——通过贿赂土耳其的权贵，让他们像以往一样可以同威尼斯共和国和平相处，必要时，甚至可以放弃塞浦路斯。

从经济方面来看，这种主张可能是一种较好的解决途径，战争会消耗大量的财富，如果威尼斯战败了，之前的贸易关系就会随之崩溃。然而，有一个事实摆在他们面前：16世纪的欧洲更注重国家的整体利益，经济上的考虑未必就是排在首位的。特别是威尼斯政治家中的"鹰派"，他们提出了一个尖锐的问题：在未加任何反抗的

## 第九章 资本主义的杀戮：勒班陀神话（公元1571年）

情况下就割让这个物华天宝的岛屿给奥斯曼帝国，是不是意味着以后该国有任何要求，威尼斯都答应呢？

威尼斯更为重要的主张是从国民意识考虑——放弃抵抗，割让塞浦路斯，这不符合高傲的共和国特性，那些想与威尼斯结盟的国家也将一一离去。比起经济上的损耗，国家的威信实在是太重要了。因此，就算失败，也不能沦为欧洲的笑柄。

那么，就放手一战吧！

威尼斯已无路可退了！

## 2

一旦要开战，威尼斯共和国就需要做大量的战前准备。就海上利器而言，必须要装备一支可用于进攻和防守的舰队。早在1570年1月，威尼斯的元老们就决定建造100艘全新的桨帆战船，计划在两个月内完工。

这绝对不是信口开河，威尼斯拥有当时欧洲最大也是最先进的造船厂。在威尼斯东郊的基地内有着造船所需的一切，无论是人员配备，还是技术支持都是相当充足的。在这里，有木匠、造桨匠、炮匠、绞车匠、织布匠、填缝匠……他们紧张地工作着。

为了在战争期间有相对充足的舰船后备，威尼斯还拥有100艘桨帆战船的零部件，一旦需要，可以在短时间内组装完毕，并投入战斗。

几个世纪以来，我们或许都会问一个问题：在地中海，为什么桨帆战船的形制长期占据了主导地位？以威尼斯的实力，完全可以建造出更为先进的战船。

这个让人费解的问题完全可与帆船早就完成穿越大西洋、甚至环游世界的壮举形成鲜明的对比。剖析这个问题绝不是多余，它将成为威尼斯最终击败奥斯曼帝国是多么不易的有力证据之一。

从气候和地理条件来分析是最好的解释了。地中海拥有特殊的气候和海洋地理条件，夏季多数时候都属无风期，这使得以帆为动力的船只航速迟缓。我们可以想象，在这样的无风期里一旦发生战斗，对于丧失机动能力的战船会造成什么样的后果。考虑到这一点，直到17世纪，地中海周边所有的大国都采用桨帆战船进行战斗，这就是说，只有以大量的桨手作为主要驱动力才是较好的方式。

这也意味着船只的形式必须是长船。这种长船，一般长约40米，宽约5米，在有利的风向下可拉开主桅上的拉丁帆（Latin sail），桨手的劳动强度也会降低许多。反之，无风的时候，就只能靠桨手们的出色"表演"了。

早期的欧洲，大都使用横帆（Square sail），这是横向安置的方形帆。直到6世纪，因受到印度洋、红海和波斯湾地区阿拉伯人独桅三角帆船的影响，地中海地区逐渐使用这种易操纵的三角帆来代替横帆，即拉丁帆。

长船需配备大量的相关人员，可供活动的空间因此变得拥挤不堪，船员的补给成了最为严峻的问题之一。根据相关计算，在一艘200平方米基础面积的长船上，需要配备300人。他们生存所需的食物和水只能存储在有限的空间里，这导致船只无法远航，只能在相隔很短的时间里靠岸。

# 第九章 资本主义的杀戮：勒班陀神话（公元 1571 年）

威尼斯舰队上的服役人员大多是志愿者，所以关于舰队生活的报道中，讽刺、挖苦船上生活艰苦的内容占据了头条。奥斯曼帝国则不一样，他们使用的是基督徒奴隶，就算他们再抱怨这艰苦的生活，也只是抱怨而已。威尼斯这边就尴尬了，特别是在这次危机中，他们发现志愿者的人数越来越少了。总督宫里的政治家们心慌了，如果不采取强制服役的办法，恐怕战斗力就要消失殆尽了。最后，威尼斯共和国决定将苦役犯送上桨座。可是，就算招募或者强制弄到了紧缺的桨手，威尼斯舰队还是长时间不能出海，能用于作战的将士才是更为关键的。

问题十分棘手，在那个时代除了奥斯曼帝国，许多国家是没有常备军的，也不存在普遍兵役制。因此，通常的解决办法是组建雇佣军团。所幸威尼斯人似乎从来不缺钱，能够组建一支战斗力超强的雇佣军团，毕竟在金钱的巨大诱惑下，来自不同地方的雇佣军人总会趋之若鹜。从 1570 年夏天开始，威尼斯、罗马和西班牙三者之间的交涉变得更加频繁。在交涉过程中，有一个问题是一旦成功组建了由基督教提供的神圣联盟联合舰队，谁来担任这支舰队的总司令？这是关乎国家荣誉和排场的问题，并且，我们会因此感受到它在战争所需的经济面前是多么至高无上。

在几经交涉都无法达成统一的情况下，最后只能各自做一些让步了。1571 年，三方决定在年内组建一支拥有 5 万名士兵和 200 艘桨帆战船的神圣联盟舰队，奥地利人唐胡安（Don Juan de Austria）[172]为

---

[172] 1547—1578 年，西班牙帝国全盛时期的将领，勒班陀海战中的表现让他声名大噪，他在让布卢之战中同样表现不俗。不知道为什么，腓力二世没给他多少赞誉。低调的唐胡安在勒班陀战役仅仅 2 个月后，就对自己的命运做了悲哀的描述："我的时间花在了建造空中楼阁上。但最后，所有的楼阁，和我自己，都随风消散。"

总指挥,他是查理五世皇帝的私生子,腓力二世国王同父异母的兄弟。按照三方的想法,在唐胡安的指挥下这支舰队应该能够迅速向奥斯曼帝国发动进攻,因为当时他们已经征服了除港口堡垒法马古斯塔(Famagusta,又名阿莫霍斯托斯)以外的塞浦路斯全岛。

想法当然是很好的,现实的问题是西班牙虽然答应了提供 80 艘桨帆战船,但要履行诺言不是易事。毕竟,西班牙帝国不具备像威尼斯那样完善的造船厂。这主要是帝国的组成单元有些复杂所致,几个港口城市——墨西拿、那不勒斯和巴塞罗那的造船厂生产能力有限。无奈之下,国王腓力二世从热那亚租了 27 艘桨帆战船。至于教皇那边,也是想尽办法从托斯卡纳大公科西莫那里租借了 12 艘桨帆战船……问题仿佛就这么"轻易"地解决了。

让威尼斯人棘手头疼的问题并没有结束。

1570 年年初驻扎在威尼斯的教皇使节发往罗马的报告中,曾多次提到补给问题:"这里的人们等待着备战,但是由于缺乏面包,出发还遥遥无期……人们找不到粮食……政府无计可施,如果他们得不到交易的粮食,不知道该怎样维持舰队。"[173]

到了 6 月,经过威尼斯的多方努力,终于与意大利就粮食的交易问题达成了一致,粮食问题得到了解决。随后,在海军上将吉罗拉莫·扎恩(Girolamo Zain)的统率下,舰队在达尔马提亚的港口扎拉(Zara,今克罗地亚拉达尔)集结完毕,等待驻扎在克里特岛的分舰队来会合。

就在这重要的时刻,船上突然爆发了致命的伤寒。心急如焚的

---

[173] 详情可参阅尼科洛·卡波尼(Niccolo Capponi)的《西方的胜利:勒班陀战役中基督教与穆斯林的大冲突》(*Victory of the West: The Great Christian-Muslim Clash at the Battle of Lepanto*)。

第九章 资本主义的杀戮：勒班陀神话（公元1571年）

吉罗拉莫·扎恩只能眼睁睁地看着士兵在痛苦中死去，他绝望地向威尼斯元老院写信，如果不尽快地补充兵员，这场战争必输无疑。

直到1571年9月16日，经过痛苦又纠结的努力，各舰队终于在西西里岛的墨西拿集合完毕，它们被称作神圣同盟联合舰队。这时已经是秋季了，秋季风暴的来临，加之盟友之间的相互不信任，威尼斯共和国能否扛得住来自强大的奥斯曼帝国的威胁？

人们心中没有答案。

3

从稍长的外延来看，勒班陀位于希腊西海岸外，处于奥斯曼帝国控制的巴尔干和基督教世界的西地中海之间。这是欧洲和周遭敌人发生海战的"合适地点"，因此，称它为"火药桶"一点不为过。毕竟，不论东西方何时在地中海相遇，科林斯湾外的水域总与战争有着割不断的联系。

这一点，我们可以轻易地举出有力的证据，就像公元前31年在亚克兴和1538年普雷韦扎（Preveza）附近发生的两场大海战一样，前者是以屋大维为首的西方文明与以安东尼为首的东方帝国的较量，后者是让西班牙头疼万分的劫掠者，外号"红发埃里克"的著名大海盗海雷丁·巴巴罗萨（Hayreddin Barbarossa，1478—1546年）与海上霸主之间的角逐。

当奥斯曼帝国成功征服了塞浦路斯后，奥斯曼帝国的舰队打算在位于科林斯湾西北海岸的内侧小海湾里过冬。等到春天来临，舰

*399*

队司令阿里帕夏就会指挥着舰队远离伊斯坦布尔，到其他地区进行劫掠。这是一位有野心的将军，他希望像夺取塞浦路斯那样，对欧洲人控制的海岸再次发动大规模进攻。

显然，奥斯曼帝国的野心已经引起了威尼斯、西班牙和教皇国的注意，它们由此组建了一个庞大的联盟。这个联盟看似强大，实际却充满了不安定的因素，这一点从神圣同盟联合舰队到1571年底才从西西里岛的墨西拿出发得到强有力的证实。不久，这支舰队横渡了亚得里亚海。因为他们知道冬天的地中海气候无常，一旦在这里发生决战，后果不堪设想。他们必须用尽全力在冬季到来之前寻找到奥斯曼帝国的舰队并展开较量。如果奥斯曼帝国的舰队突然穿越亚得里亚海，意大利沿海地区和威尼斯本土就会遭到肆意劫掠、绑架，甚至是残忍的屠杀。

神圣同盟联合舰队犯愁了，最终在教皇庇护五世（Sanctus Pius PP. V）[174]，对时局的分析帮助下有了应对策略。庇护五世认为，如果神圣同盟联合舰队不果断出击，一旦奥斯曼帝国的舰队实施逐个击破的战略，西班牙、威尼斯等国都会被尚武的奥斯曼帝国践踏。因此，无论困难有多大，神圣同盟联合舰队都必须在这个秋天找到敌方舰队的踪迹，一鼓作气全力打败它。反之，让一支舰队长时间漫无目的地行驶在茫茫的大海上，士气会受损，神圣同盟里面的各国将在战与和之间摇摆不定，这才是最可怕的。

1571年9月28日的夜晚，停泊在克基拉岛（该岛隔着科孚海峡与阿尔巴尼亚相望，曾先后被罗马帝国、东罗马帝国、热那亚共和

---

[174] 原名安东尼奥·吉斯莱乌里，1566—1572年在位，1571年发动十字军在勒班陀海战中打败土耳其，次年死去。

## 第九章 资本主义的杀戮：勒班陀神话（公元1571年）

国与威尼斯共和国管治。作为"威尼斯的门户"，奥斯曼土耳其曾多次侵略该岛。因此，它被视为西方文明抵抗奥斯曼的堡垒）的神圣同盟联合舰队终于得到了土耳其舰队在科林斯湾西北部的消息。这个消息无疑是令人振奋的，同时也是让人纠结的。神圣同盟联合舰队的海军将领们意见不统一，他们彼此争吵，就像萨拉米斯海战一样，希腊人中有许多人害怕被对手击败后的恶果。从人内心层面来讲，神圣同盟联合舰队的许多海军将领以及那些为了某些利益而踏上战场的士兵，他们面对的是统一独裁的亚洲人，高度的集权与权力象征下的威慑让人难免心生恐惧感。

首当其冲的恐惧就是奥斯曼人的战舰数量明显多于他们，作为主力战舰的桨帆战舰数量就多了30艘，其他轻型战舰的数量对比相差更是悬殊。兵力配备方面，奥斯曼帝国的海军超出神圣同盟2万人之多，虽然神圣同盟可以通过战术和航海技术的微弱优势占据一定程度的先手，却在数量的巨大差距下相形见绌。

这样看来，威尼斯共和国就一定面临的是失败的结局吗？非也，战争的胜负乃由"天时地利人和"的综合因素决定。

16世纪的地中海，尤其是威尼斯与热那亚海军可谓是将才辈出。像克里特岛总督塞巴斯蒂安·韦涅尔（Sebastian Venier，1497—1572年），忠心耿耿，坚毅果断，当时的人们把他比作一头雄狮，成为威尼斯元首的热门候选人物；墨西拿城的执政官彼得罗·朱斯蒂尼亚尼（Petrow Giustiniani）时任神圣同盟联合舰队的分舰队队长，这是一位来自希俄斯岛（属希腊希俄斯州的岛屿，位于爱琴海，距土耳其西岸仅8千米）的热那亚人，虽然在勒班陀海战中不幸被俘，但他身中5箭依然作战的勇猛形象令人折服；海军上将阿尔瓦罗·德

401

巴桑（Alvaro de Bazán）[175]血气方刚，被人们称为"士兵之父"，是能力最强的海军宿将……此外还有教皇国分舰队指挥官马尔坎托尼奥·科隆纳（Marcantonio Colonna）[176]和神圣同盟舰队左翼司令阿戈斯蒂诺·巴尔巴里戈（Agostino Barbarigo）[177]等名将。

如果要用一句话来表达神圣同盟联合舰队的优越感，一定如马尔坎托尼奥·科隆纳在日记中所写：精兵强将汇聚一堂，就看我们的表现了……

如果神圣同盟联合舰队上下能做到齐心协力，彼此间没有间隙，至少会在勒班陀战事开端前少去许多恐惧，或者说，当"精兵强将会聚一堂"真的可以做出很精彩的表现。

然而，正如前面所述，神圣同盟联合舰队的内部并不和谐。尽管教皇能用他的人格魅力和宗教名义将这支舰队组合在一起，参与国之间也不一定意味着和睦相处。这里面尤以意大利人和西班牙人最为突出——他们从那不勒斯到墨西拿，如仇人相见一般，斗殴不断，伤亡之事时有发生。为此，指挥官不得不处死了多名始作俑者以正军纪。

将领之间似乎谁也不服谁，嫉妒与偏见在脑中肆掠，特别是威尼斯人对热那亚将领的痛恨让人觉得不可思议，这大概是因为威尼斯人觉得他们多为海盗，就算成为将领，也脱不了海盗的习气（热

---

[175] 1526—1588年，第一代圣塔克鲁斯侯爵，在勒班陀海战中，他率领预备队立下重要战功。后来担任西班牙无敌舰队司令，一生战果辉煌，曾多次大败英法舰队。
[176] 著名的科隆纳家族成员之一，这个家族人才辈出，教皇、将领，军事家和政治家都是家族荣耀的彰显。
[177] 1419—1501年，威尼斯总督，巴尔巴里戈家族成员之一，这个家族声名鹊起，效忠于圣殿骑士团。

## 第九章 资本主义的杀戮：勒班陀神话（公元1571年）

那亚人十分热衷于海上劫掠，他们把海盗船作为城市的象征耸立在港口）。另外，不少海员因长期未领到薪饷，处于哗变的边缘。

今天的我们早已经知道勒班陀海战的结局，当时的人们对结局却不得而知。不过，英雄人物总会在这个时候出现，如果这一切都是上帝安排的话，唐胡安的舰队在抵达埃托利亚海岸（Aetolia，位于科林斯湾正北）后，针对舰队将领意见不统一的局面说了一番让他们警醒的话："绅士们，商讨的时刻已然过去，战斗的时刻即将来临。"[178]

为什么唐胡安能解决神圣同盟联合舰队内部最为严重的问题？这主要得益于他的无私、执着、热情，作为后起之秀的他，在战场上的表现似乎从未让人失望过。事实证明，唐胡安的确做到了——他让这些精英团结在一起，同仇敌忾地发挥各自的作用。他阻止了奥斯曼帝国继续西进，尤其是经由西地中海沿岸城市进攻欧洲的意图，也让近乎绝望的南欧国家重获希望。当时，他年仅26岁，处理棘手事务颇有一套。

据说，为了让一群彼此不服的将领放下心中的怨气，他竟然在他们的面前，在旗舰"王家"号的甲板上跳了一支吉格舞。这是一种活泼欢快的舞蹈，他凭借这样的热情感染了一个又一个将领，让他们握手言和。

威尼斯人向来以深具商业头脑著称，他们十分不愿意与自己的贸易伙伴奥斯曼人开战。他们更看重的是到手的经济利益，除非他们遭受到毁灭的威胁，否则不会全心全意投入战斗。唐胡安义正词

---

178 依据维克托·汉森的《杀戮与文化：强权兴起的决定性战役》中的引述。

*403*

严地告诫他们，奥斯曼帝国的野心是非常可怕的，一时的和平背后是灾难的爆发。

在神圣同盟的参与国中，西班牙帝国除了要与奥斯曼帝国交锋，还要随时做好与意大利人、荷兰人、英国人和法国人交锋的准备。教皇国在地中海受到来自伊斯兰教势力的威胁并未引起贵族们的重视，因为教皇的注意力更加倾向于欧洲王朝继承战争，那里面的阴谋交锋或许更能让掌舵者们热血澎湃。这时候，唯有唐胡安清醒，他知道如果成功遏制住伊斯兰教的入侵意味着什么。

这位颇具领导风范、在战场上也表现非凡的将军为了表明自己的卓越见识，在勒班陀战役后捐出了属于他个人的战利品，用于抚恤战争中的伤员，他还捐出了墨西拿城送给他的 3 万金杜卡特[179]，可惜最后他没有得到腓力二世的全力支持——西班牙国王似乎对他总不放心，认为他会威胁到王位。1578 年，唐胡安病死在尼德兰。

无论如何，我们不能忽视掉唐胡安在勒班陀海战中的重要作用。

当神圣同盟联合舰队接近勒班陀时，300 多艘各式各样、大小不一的战舰由威尼斯、西班牙、热那亚以及其他国家提供。其中，桨帆战船有 208 艘，三桅帆装炮舰 6 艘，盖伦战舰 26 艘（有意思的是，这些战舰竟然姗姗来迟，在战斗中也没有发挥出什么作用），小型战舰 76 艘。这支舰队的总兵力高达 8 万多，包括了 5 万多名桨手和 3 万多名士兵。这是自十字军东征以来最为庞大的兵力了。但是，这都不能与奥斯曼帝国相比，帝国投入的舰队总兵力接近 10 万，包括了 230 艘主力舰，80 艘其他各类舰船。本以为勒班陀海战将成为

---

[179] 也叫西昆币，是意大利威尼斯铸造的金币，12 和 13 世纪时在威尼斯共和国开始流通，因具备便于铸造和携带的特点，在中世纪的欧洲很受欢迎。

## 第九章 资本主义的杀戮：勒班陀神话（公元1571年）

自亚克兴海战以来最大的划桨作战，谁知这是划桨作战走下海战舞台的日暮一战。

决定战争胜负的因素中，兵革之利占了较大的比重。

威尼斯设计的桨帆船是地中海最好的，航行也最为稳定，就连奥斯曼帝国的战舰也是采用它为模板，西班牙的战舰要比土耳其人建造的战舰更为结实。唐胡安通过向威尼斯将领请教，对神圣同盟的桨帆战船进行了改良，他们锯掉了战船的撞角，这意味着使用撞击战术的时代已经落幕。

他们发现：比起厉害的撞角，若在战船上多安置一门火炮更具杀伤力。当然，主要的改良还在于撞角会影响到艏楼（船艏部的船楼，属船舶上层建筑）上火炮的射界，因撞角阻挡视线的弊端，导致炮手只能采取向高处射击的形式来完成对敌作战。若是不加以改良，在实战中炮弹打到自己船艏的可能性还是很大的。去除撞角后，桨帆战船的视野变得更加开阔，而安置火炮的活动空间也得到了提升，可以直接瞄准正在航行的敌舰。正是这样的改良，使得神圣同盟的舰船在作战中表现突出，弹道平直的火炮炸裂了敌方的舷侧，反观土耳其人的火炮虽然齐射攻击，看似威力巨大，实则炮弹高高地、无伤害地飞过敌方战舰的外侧索具和桅杆。如此差的炮击效果，首要原因就是撞角产生的副作用。

在火炮的数量和质量上，因威尼斯兵工厂的生产能力和西班牙工匠的专业技术可提供优质的保障，使得神圣同盟联合舰队拥有1815门火炮，而奥斯曼帝国的舰队只有750门。在海战后，威尼斯人发现他们缴获的敌方火炮根本无法继续使用——虽然这有夸张的成分，但通过现代冶金技术的分析，原材料的纯度不高导致这些缴

405

获物只能被当作废料使用，要么用于船锚，要么用于压舱。再看神圣同盟联合舰队的火炮武器，其中还使用了小型回旋炮，自然是高出一筹了。这种炮的灵活度很高，它们万炮齐发，猛烈地轰击着奥斯曼帝国的战舰，为登船的部队扫清了障碍。而那些在甲板上的士兵则穿着重型胸甲，以尽量避免土耳其人凶狠弓箭的伤害。

另一种武器就是火绳枪。奥斯曼帝国舰队的指挥官们，尤其是海军副司令佩尔塔乌帕夏敏锐地意识到士兵们可使用火绳枪——尽管它使用起来有笨拙感，但在近距离作战中，在狭窄的空间里，当射击距离在300～450米之间时依然可以杀死敌人。欧洲人，特别是基督教徒虽讨厌使用这样笨拙的武器，但考虑到近距离作战的实效性，还是使用了它。让人佩服的是，这些士兵可安全地待在登船网[180]的后方，将火绳枪倚在甲板上对敌方的船员进行射击。桨帆战船可供自由活动的空间有限，密集的人群，再加上实际作战中船只的相互撞击、纠缠，或者因海浪的冲击，舰船上的人员不得不面临一片混乱的尴尬。因此，哪怕使用火绳枪的士兵枪法再不准，也能较为轻易地射中目标。

我们或许会提出这样一个疑问：双方使用的都是桨帆战船，弊端是一样的，难道土耳其人就没有意识到吗？事情的真相远比我们臆想的更为残酷，欧洲人使用的火绳枪与土耳其人使用的火绳枪相比，前者的射速是后者的3倍，且欧洲人拥有丰富的训练经验，他们的士兵更加懂得实际作战的配合度。

---

[180] 神圣同盟联合舰队的秘密设计让人叫绝，这是他们制造出的钢制登船网，用于保护桨帆战船和火绳枪士兵，按照唐胡安的说法，没有一艘战舰被土耳其人成功跳帮，可见这种保护网的强大作用。

## 第九章 资本主义的杀戮：勒班陀神话（公元1571年）

奥斯曼帝国虽然也拥有火绳枪，但他们认为社会地位较高的士兵才配拥有这样的热兵器。更何况，他们认为另一种武器——反曲复合弓对敌方的杀伤力才是最大的。是的，这一点毋庸置疑。那些被严格训练出来的士兵能将这种武器的射程、准确度和射击速率尽可能地发挥出来，可是训练他们需要花费数年时间，而且在实际作战中，一个士兵在连续射击几十发箭矢后就会疲惫不堪。

意识形态上，奥斯曼帝国有着让人惊异的一面：土耳其人并未像西方那样密集使用火枪手的战术，也没有让大群火枪手一致行动，而是依靠每个火枪手或是神射手作为单个战士进行战斗，为了死后天堂的位置而战。也就是说，即便土耳其人接受了欧式武器，他们也会从心里认为采取集群步兵战术会与穆斯林战士的英雄信条和职业部队的精英地位相抵触。

在勒班陀，神圣同盟拥有更多、更重、射击速率更高的火器，拥有更可靠的弹药和更训练有素的炮手，这些优势都被唐胡安清晰地看到了，并且他想方设法地让神圣同盟联合舰队的官兵第一次相信战胜奥斯曼帝国的优势就在欧洲人这一边。因为，规模化使用热兵器形成的压倒性优势会成为这场战争中最重要的一点。

对土耳其人而言，难道就是注定的失败吗？或者说，谢里姆二世就像人们以为的那样犯下了一个酒鬼醉酒后的错误？

数十年来，欧洲的海员都会有一个可怕的噩梦，他们的小群商船在地中海地区是难以逃脱土耳其人的劫掠的，不仅如此，就连他们的沿海村庄同样难逃土耳其人突如其来的进攻和摧毁。因此，奥斯曼帝国或者说谢里姆二世肯定坚信这个国家具备了强大的实力。单说战舰，其在数量、航速和敏捷度方面也是可圈可点的。土耳其人之所以能够在沿海水域肆无忌惮地进行侵袭，并在对敌舰队的机动性上大占优势，主要取决于其设计的桨帆船与一般桨帆船有很大不同：奥斯曼帝国的战舰主要用于护卫商船、参与两栖作战、支援攻城战，不是用于摆好阵型同欧洲战舰展开正面火炮对决的。

作为帝国舰队的总司令官，米埃津扎德·阿里（Müezzinzade Ali, ？—1571年）帕夏竟然忽略了上述优势，选择了与神圣同盟联合舰队进行正面炮火对决的形式作战。我们不得而知为什么司令官做出如此选择，我们只知道在勒班陀海战后不到20年的时间里，战舰更新和火炮改良让桨帆战船的优势几乎荡然无存。

以英国人建造的不列颠的盖伦战舰为例，只需要两三艘就能在地中海与奥斯曼帝国的桨帆战船展开对决。另外，桨帆战船时代的终极之作——三桅帆装炮舰也是神圣同盟联合舰队的秘密武器。我们同样不知道土耳其人是否能有情报机构获得这样的秘密。三桅帆装炮舰的设计可以追溯到希腊化时期（大约是公元前323年到公元前30年，也就是亚历山大逝世到埃及托勒密一世开创的托勒密王朝时期，这一时期的地中海东部地区原有的文明因受希腊文明的影响而形成了新文明），那时候已经有这种战舰的抽象概念了。这种"巨无霸"被威尼斯人建造出来，投入勒班陀海战时有6艘，采用双层甲板设计，上层甲板为露天甲板，可安放多门大炮，下层甲板是划桨手甲板。3根桅杆和3面三角帆以及艏楼的圆形封闭炮台，让这种战舰在地中海表现不俗。

## 第九章　资本主义的杀戮：勒班陀神话（公元 1571 年）

4

和波斯帝国的水手们命运一样，虽然奥斯曼帝国和神圣同盟都采用了俘虏和奴隶作为航行上的重要动力，但是奥斯曼帝国的许多桨手几乎没有自由，他们稍有异动就会面临死亡的威胁，唯一能做的就是低着头划桨。

在 16 世纪，威尼斯海军的政策里也存在较大分歧：到底要不要使用奴隶和俘虏作为桨手？其实，这是关乎民主程度有多大的问题，只不过因为奥斯曼帝国的舰队规模已经超过威尼斯太多了，于是为了尽可能地让自己的舰队规模能与之匹配，桨手远远不够的弊端也愈加严重了。如果要使用奴隶和俘虏，那其数量将超过自由公民的数量。因此，可以这样说，威尼斯共和国使用奴隶和俘虏做桨手是迫不得已的。也因为这个原因，他们的自由度是高于奥斯曼帝国桨手的。那么，我们就很好理解在勒班陀海战中奥斯曼帝国的舰队发生奴隶暴动事件的根源了。

这个问题，值得我们深入探讨。

在奥斯曼帝国的舰队中，许多战士和桨手不是自由人，桨手们要被迫戴上镣铐。更为严重的是，作为奥斯曼帝国的禁卫军，他们同样不自由。这是一支战斗力超强的军队，其兵源主要来自巴尔干半岛（随着帝国疆域的扩大，兵员也从格鲁吉亚、克罗地亚、俄罗斯南部、乌克兰、罗马尼亚、塞尔维亚和保加利亚等地得到补充）被征服的基督徒里挑选出来的优秀男孩，这样的征兵形式叫血赋，因其征兵手段残忍而得名。这些孩子要么被直接抢走，要么被绑架走,有时候甚至连贵族家的孩子也难以幸免。

在一部名为《勇敢的米哈伊》的罗马尼亚影片里对此就有精彩的呈现。被血赋"看上"的孩子将被改宗,即信仰伊斯兰教,目的是让他们对帝国的信仰更加狂热,然后他们在穆斯林人家里学习土耳其语言,接受伊斯兰礼法教育,并在太监的监督下切除包皮,最后送入军营进行各种严格而残酷的军事训练,直至成为一个合格的禁卫军士兵。由于禁卫军士兵必须绝对服从长官的命令,不许留胡子,不许结婚,不许从事商业活动,他们就是奥斯曼帝国苏丹的"私有财产",是专属于苏丹的奴隶。即便他们当中有人荣升为将领或海员,也依然是不自由的,就连米埃津扎德·阿里帕夏也不自由。

与之形成鲜明对比的是基督教的神圣同盟将领们。像76岁的威尼斯律师塞巴斯蒂安·韦涅尔就是平民出身,他能做到与唐胡安分享指挥权的级别;负责指挥教皇国分舰队的马尔坎托尼奥虽然出身于意大利贵族、地主家庭,但他并非行伍出身……这些看起来骄傲实则在生活中很随性的人,不会因在勒班陀战败而被教皇、威尼斯总督或国王腓力二世一声令下就被处决。米埃津扎德·阿里帕夏和他的指挥官们以及桨手、禁卫军官兵都十分清楚地知道,如果这场战役失败,等待他们的结果将是什么,因为苏丹从来不缺足够数量的人来承担失败的罪责。

或许我们会坚定地问:如果没有了退路,奥斯曼帝国的将士们是否会像项羽破釜沉舟那样迎来一场让后人称赞的胜利?事实上,创造勒班陀海战神话的是他们,也不是他们。毕竟,这场杀戮下的角逐绝非置之死地而后生那么简单,在其背后彰显的是资本的角逐。勒班陀海战绝对是开启了一个新的战争时代。

## 第九章 资本主义的杀戮：勒班陀神话（公元 1571 年）

不同信仰下的海上浴血终将在狭路相逢中大放异彩。

在欧洲人看来，军事技术对社会的影响远不如其作用来得重要，兵革之道的国民意识让他们更加注重武器的改良和创新。

苏丹们或者说奥斯曼帝国的上层阶级却像关注印刷机一样关注武器本身，他们认为武器不应成为社会和文化不稳定的源头。他们更加相信在强权的压力下一切该拥有的都会拥有。

这样看来，即便奥斯曼帝国在勒班陀海战中遭受了巨大的损失，他们依然相信大维齐（相当于宰相）轻松的说法：这场战败"只是修剪了"奥斯曼的胡须而已。并且，苏丹强硬地发出消息，帝国将处决伊斯坦布尔所有的基督徒……

无论如何，谢里姆二世已经没有退路，他相信这个帝国可以打败一切对手。

## 二 狭路相逢

### 1

欧洲人胜利了，他们忘乎所以地产生了将舰队径直开进金角湾的想法。

这是位于博斯普鲁斯海峡南口西岸的优良天然港口，长约 7 千米，属奥斯曼帝国伊斯坦布尔港口的主要部分。同时，这个海湾又将伊斯坦布尔的欧洲部分一分为二，特殊的地理位置让它理所当然地成为重要的商业据点和帝国海军的集中地。

如果欧洲人占据了这个地方，将会对土耳其人形成巨大的威胁。当然，欧洲人的想法还不止这些。他们觉得自己拥有光荣使命似的——解放伯罗奔尼撒、解放塞浦路斯，拯救罗得岛上讲希腊语的人群……

上述这些想法都是欧洲人在取得勒班陀海战大胜后产生的。这场战役让超过1.5万名基督徒奴隶获得了自由，使得威尼斯本土免受土耳其人的入侵。奥斯曼帝国的损失仅舰船就超过300艘，3万名帝国战士命丧大海，其中有许多人是熟练的弓箭手，这样的损失远比兵革的损失要惨重，因为帝国无法在短时期内训练出这样的熟手。34名帝国海军将领、120名中层指挥官均已丧生，就连那些未当场丧命的土耳其人仍然被射死或刺死，只有3458名土耳其人沦为战俘。值得注意的是，这是一场规模高达10万人的海上大战，如此少的战俘人数，不得不让人震惊。帝国投入的精英部队是多达6000人的禁卫军，他们也几乎荡然无存了。

作为补充说明，我们可从威尼斯历史学家詹彼得罗·孔塔里尼（Gianpietro Contarini）的观点中得到更多的信息：成千上万的奥斯曼伤员并没有留下任何记录，他们当中的许多人必定是受了可怕的枪伤。180艘各类战舰——大部分后来发现已经无法修复——被拖到了克基拉岛，几十艘被冲到了科林斯湾正北的埃托利亚沿海，只有屈指可数的几艘船返回了勒班陀。

这样的损失对奥斯曼帝国来讲是巨大的。

帝国不能像欧洲人那样拥有成批生产火绳枪的能力，也不具备

## 第九章 资本主义的杀戮：勒班陀神话（公元1571年）

快速征兵组建一支新军的能力，更不必说培养熟练的桨手了。考虑到欧洲制造的火器的价格多样，凡是高价格、高质量的火炮都不能进口。约翰·弗朗西斯·吉尔马丁（John Francis Guilmartin）在其著作《火药与桨帆战舰：变化的技术和16世纪地中海的海上战争》（Gunpowder and Galleys: Changing Technology and Mediterranean Warfare at Sea in the 16th Century）里曾这样解释道："轻兵器对海战发展的主要影响，并不像我们认为的那样是以增强火力的形式直接体现，而是以大量削减训练需求的形式间接发生。在惨重的人员损失面前，依靠火绳枪的国家较之依靠反曲复合弓的国家拥有更大的恢复能力。让西班牙的村民变成火绳枪手很容易，但让安纳托利亚农民变成反曲复合弓高手，则几乎是不可能的。"

使用反曲复合弓的国家包括奥斯曼帝国，提到的安纳托利亚又叫小亚细亚或西亚美尼亚，大体上相当于今天土耳其的亚洲部分。当时的奥斯曼帝国可能没有意识到这场海战损失背后的尴尬，土耳其人在短短的一年内就建造出150艘战舰，而那些用于造船的重要木材竟是没有干燥过的，船上装备的火器也是粗制滥造。更为担忧的是，新的海军缺乏大量有经验的海员、弓箭手和船长……

我们不清楚欧洲人对奥斯曼帝国在这场战争中的损失的描述有没有夸大成分，但是，我们可以根据因这场西方式的胜利而产生的多种形式的纪念得到一些可供探讨的线索。这里面最重要的一条就是：我们看到在多种纪念形式中，罕有站在土耳其人的角度去看待这场战争的。基督教对决伊斯兰教的胜利，让基督徒们狂欢庆祝，许多庆典，许多纪念币，许多文学作品，以飞快的速度四处传播。

威尼斯、西班牙和罗马的人们向身边的人唱着赞美的颂歌，教会也向上帝表达了无尽的赞美和感谢。梵蒂冈还专门创制了一个特别的瞻礼，即玫瑰经10月瞻礼，作为10月的第一个主日，即便到了今天，仍然有一些意大利教堂在纪念这个瞻礼日。

在勒班陀海战后，那些缴获的土耳其战利品——地毯、旗帜、头巾和武器摆满了威尼斯、罗马、热那亚的街道及商店。专门铸造的纪念币上更是掩不住内心的狂喜，上面刻着"蒙上帝恩宠，在对土耳其人战争中取得海战大胜的一年"的字样。恐怕这是少有的在纪念币的有限空间里镌刻那么多字吧！长着双翼的圣马可狮（威尼斯的护城神，其标志为狮子）充斥在威尼斯的各种纪念币上，就连欧洲北部的新教地区也有数以十万计的木刻版画和圣牌在流传。

著名的威尼斯大画家丁托列托（Tintoretto）[181]和保罗·韦罗内塞（Paolo Veronese）[182]都绘制了勒班陀海战的巨幅油画，在后者的巨作中，重点描绘了夺取阿里帕夏旗舰的过程以及巴尔巴里戈（神圣同盟左翼舰队指挥官，海战中右眼被箭矢射中）受到致命伤的景象。

乔治·瓦萨里（Giorgio Vasari）[183]绘制的与勒班陀海战相关的主题壁画被装饰在梵蒂冈的教堂里。大师级别的画家提香·韦切利奥（Tiziano Vecellio）[184]还专门为西班牙国王腓力二世绘制了一幅纪念肖像。需要注意的是，在这幅画中，西班牙国王站在圣坛上面，将他的儿子唐费迪南德高举向天，一个被俘虏的土耳其人则成为陪衬的

---

181 手法主义的重要代表人物，其风格始于佛罗伦萨，鼎盛于威尼斯，其主要特点是追求怪异和不寻常的效果。丁托列托偏爱透视强烈、甚至唐突的构图，笔下人物姿态各异，动势激烈，具有强烈的短缩效果，主要代表作有《基督受难》《最后的晚餐》。
182 丁托列托之后非常重要的画家，主要代表作有《在利未家中的耶稣》。
183 米开朗琪罗的学生，佛罗伦萨绘画学院的发起人之一，文艺复兴时期意大利艺术理论家。
184 文艺复兴后期威尼斯画派的代表画家，主要作品有《西班牙拯救了宗教》《乌比诺的维纳斯》《圣母升天》。

近景,远景则是正在燃烧的奥斯曼帝国的舰队,整幅画看上去仿佛就是天降祥云,吉兆充盈的风格让这场战争取得了胜利一样。这幅名为《腓力二世把初生的太子唐费迪南德献给胜利之神》的画被收藏在马德里的普拉多博物馆,也许最能反映欧洲人在这场战役中获得的荣耀感了。

在墨西拿,这座城市的民众感受到了唐胡安的恩赐,土耳其人对他们的威胁让他们惶恐不安,雕刻师安德烈亚·卡拉梅奇(Andrea Calamech)亲自为唐胡安雕刻了巨像,而《勒班陀之歌》的诞生则出自费尔南多·德埃雷拉(Fernando de Herrera)之手。西班牙著名作家米格尔·塞万提斯在他享誉世界的著作《堂吉诃德》里写下了关于这场战争的最大感受:"在那里死去的基督徒比幸存下来的胜利者还要快乐。"作家本人也参加了勒班陀海战,战斗中他的左臂被打残,并由此落得"勒班陀的独手人"的绰号,但他并未因此而畏惧战争,随后他加入洛佩·德菲格罗亚兵团参与希腊的纳瓦里诺战役。当时还是孩子的未来的英格兰国王詹姆斯一世为了纪念这次胜利,也专门书写了长达 1000 行的诗歌《勒班陀》,年轻的莎士比亚也受其影响,在自己的戏剧作品如《奥赛罗》里还特意设定专属角色为威尼斯人效劳,抵抗土耳其人的进攻。

............

我们看到的都是欧洲人高唱的赞歌,这是幸运带来的胜利,还是唐胡安出色的战地领导力,抑或其他?尽管关于奥斯曼帝国在这方面的史料比较缺乏,但我们依然可以从零星记载中尽可能地窥探出一些真相。

*415*

## 2

狭路相逢勇者胜，勇从何来？

土耳其人的残酷，我们或许可从以下场景中得到一种恐惧的感受。

马尔科·安东尼奥·布拉加丁（Marco Antonio Bragadin，或叫马尔坎托尼奥·布拉加丁，Marcantonio Bragadin），塞浦路斯英勇的守军领袖，他遭受了被土耳其人剥皮分尸的酷刑。

克基拉岛上，土耳其人亵渎基督徒的坟墓，拷打教士，绑架平民，侮辱教堂。

············

所以，几乎所有的基督徒士兵一旦登上奥斯曼帝国的舰船，他们就会以非人的勇猛方式与敌人展开殊死战斗。反观奥斯曼帝国的士兵，尽管他们也凶猛，但其内心深处的血性未必就得到了最大程度的发挥。

如果上述只是以一场战争来剖析，未免不够深刻，我们可将视角放到16世纪的中欧和东欧。那时候的欧洲依然遭受到从6世纪以来的东方势力的进攻。当北非和小亚细亚被伊斯兰教统一起来，历史发生了巨大的变化，奥斯曼帝国的势力已经伸入这些地区了。再看欧洲，却因为宗教的倾轧陷入无法控制的混乱局面。特别是基督教的分裂，即分裂成罗马天主教和东正教后，一些新兴的国家陆续产生——英格兰、法兰西、荷兰、意大利、西班牙……它们不再单纯地向梵蒂冈这个被称为"国中国"的教皇国效忠。宗教圣地的权力和威慑力都面临着退缩的尴尬,基督教的世界开始变得碎片化了。

早在10世纪早期,虽然法国赶走了最后一批伊斯兰教袭击者,但让人惊讶的是,到了16世纪,有相当长的时间法国竟与奥斯曼结盟。当然,这样的结盟也让法国人获得了不菲的回报。譬如在1532年,法国人在土耳其人的帮助下从热那亚手中夺取了科西嘉岛。这个岛的战略位置非常重要,它南隔博尼法乔(Bonifacio)海峡与意大利撒丁岛相望,加之拥有丰富的淡水资源,很适合建立港口。作为回报,法国人同意奥斯曼帝国海军司令巴巴罗萨的舰队在法国的港口过冬(1543—1544年)。

需要注意的是,这是一支专门由基督徒俘虏提供划桨动力的舰队,如果我们明白这两个国家曾经有着这样的"交易",就不难理解勒班陀海战中,奥斯曼帝国舰队司令阿里会那么自信地让舰队离开港口,在不做好基地防御准备的情况下,就敢直接驶出科林斯湾,在外海与敌方交战的原因了。土耳其人相信那些来自不同国家的基督徒在不同习俗下肯定如一盘散沙,在强大的奥斯曼帝国面前就是不堪一击的。

在西方世界尝到了甜头的土耳其人,获得了许多奴隶、各种各样的掳获品和威力巨大的新式武器……可是,欧洲人却将目光投向了更遥远的西方和南方。这自然是为了发现新的海上航路,譬如新发现的美洲航线和沿着北非海岸的航线……一方面,欧洲确实拥有了不一样的海上贸易通道,但另一方面也体现了欧洲人对土耳其人的恐惧心理。那些欧洲商人想着无须再忍受奥斯曼帝国的纠缠,更重要的是,他们不用再去穿越由这个帝国控制的亚洲地区和航线,也不用承担高额的关税了。

*417*

新航路、新航海时代的到来让西方世界变得强大起来。让奥斯曼帝国看起来像一盘散沙的西欧事实上并非如此，它们反而自行发展出许多新的商业中心，诸如安特卫普、伦敦、巴黎、马德里等，这些商业繁荣的城市让西欧对穷乡僻壤的东地中海的兴趣正在锐减。早先的热情一旦消失殆尽，对奥斯曼帝国将是一种巨大的伤害。

西欧人觉得那些东正教徒不值得被解救——考虑到奥斯曼帝国境内与其他新的商业路线大部分处于停滞的状态，巴尔干和东地中海诸岛在他们眼里如同鸡肋，加之在君士坦丁堡陷落前西欧人与拜占庭人的宿怨就根深蒂固了。就算是基督教徒全身心地对抗穆斯林，像英法这样的国家也会视若无睹，甚至在某个节点上还会对土耳其人伸出援手。就算是意大利或者威尼斯，他们也只是对奥斯曼帝国沿海地区的贸易显示出稍微浓烈的兴趣。这样看来，勒班陀将是几个西方大国因相同宗教文化而最后团结起来对抗伊斯兰教的主要战场之一。

再看伊斯兰教世界这一边，单算奥斯曼帝国，其人口数量、自然资源、领土面积，这三方面都超过任何一个地中海的基督教国家。但是，如果基督教国家和南欧诸国都团结起来，伊斯兰教势力就会成为较弱的一方。这一点，我们可以从中世纪发生的第一次十字军东征（1096—1099年）得到证实。

那个时候，宗教改革还未发生，火药也没有普及，但他们竟然能在远离欧洲的战场取得重大胜利。我们知道，欧洲的军事能力是从古典时代一脉相承下来的，那时候的战法缺乏大量热兵器开火带来的血脉偾张感，第一次十字军东征以法兰克人占据圣地耶路撒冷而结束，这表明了西方是拥有陆海双线给养以支撑军队远征的能力，

## 第九章　资本主义的杀戮：勒班陀神话（公元1571年）

这在伊斯兰教的世界里几乎无人能实现。

当然，我们或许会找到一些外部势力攻入欧洲的特例，譬如薛西斯一世统治时期的波斯人，草原帝国时期的蒙古人……不过，我们需要明白一点，他们之所以能够攻入欧洲，是因为他们的对手是一个处于分裂状态，甚至互相争斗的国家。这是非常可怕的，在基督教世界里罕见的合作中，到14世纪为止，再也没有像十字军东征的欧洲联军那样能越过地中海发动远征了。

应该是上帝庇佑——如果这一切可以这么说，欧洲在面临外部势力入侵的时候，其特殊的地理环境迫使外部势力必须具备非常强大的后勤补给力量以及重装步兵的数量。这样的高要求就算整个奥斯曼帝国将资源全部动用也未必能达到。在15世纪，奥斯曼帝国的确算是强大的：从疆域来看，它统治了亚洲、巴尔干和北非的许多地区。谢里姆二世敢发动这场战争，一个很重要的内部真相是这个帝国通过武力的形式推进了宗教传播，使得境内的人民基本上接受了伊斯兰教，而这时候的欧洲正处于分裂较为严重时期。这就像8世纪的时候，伊斯兰教开始征服西欧基督教小国一样，这些小国因为不团结，面临的又是一个庞大的宗教政治力量的攻击，自然是败事连连了。

奥斯曼帝国的精英阶层，或者说这个帝国的知识分子和毛拉们（伊斯兰教中的称谓，意为保护者、主人、主子，现在伊斯兰教徒用其来尊称该教的学者）有一种奇怪的思想意识，他们不会觉得发动战争是人类历史上最为残酷的行为之一。中世纪的哲学家德西迪里厄斯·伊拉斯谟（Desiderius Erasmus）[185]，认为战争就是邪恶的东西，即便到了非战不可的时候，也只能在最为紧密的道德约束下进行。

但这样的约束，对奥斯曼帝国来说似乎是没有丝毫用处的。也正因为如此，欧洲人会在他们的信仰中找到一种力量来对抗土耳其人。他们通过公民的力量将军事力量输送到战场，他们中很少有人觉得个人利益会与国家利益相背离。当他们面临战争开始后的生计问题时，同样不会因为教友想赚取高额利润而发生纠纷。

3

奥斯曼帝国牢牢控制着东地中海的沿海水域。这个帝国的掌控者们惊喜地发现，这场战争一旦胜利将有利于版图的扩张，这种扩张力度非同一般，这是以宗教的名义在推进不同文明时的交锋。一旦顺利推进，他们的狂热感将超过迦太基人、波斯人和匈奴人。

问题是，这仅仅建立在假设的前提下。事实上，西方在军事层面的支配地位尽管在罗马陷落后有所下降，但欧洲的许多国家经过上千年的文化积淀，在骨子里潜藏有古典时代的自由思想，这种自由既包括个体的，也包括公众以及整个国家的。

因此，我们重新审视欧洲战争的时候，特别是查理曼帝国终结后的中世纪（这个伟大君主的离世让西欧再次陷入到内战），西方文明的内战正在因欧洲王公们不断自相残杀而上演。这种血腥的实战

---

[185] 约 1466—1536 年，荷兰哲学家，16 世纪初欧洲人文主义运动主要代表人物。

让这些国家具备了丰富的作战经验，无论是陆地的还是海洋的。

战争意味着科技的进步，尽管我们在情感上对此会有些无法接受，但那时的威尼斯和西班牙的桨帆战舰制造技术明显高于亚洲。奥斯曼帝国的舰队构建和运营几乎是照搬威尼斯或热那亚的，这种形式就如同中世纪早期伊斯兰舰队效仿拜占庭的航海和海军管理一样。提供动力支持的桨手虽然身份不同，但划桨的方式都是一样的。

我们很难看到奥斯曼帝国在军事技术革新上有所建树，这都是简单的效仿或复制导致的结果——锯掉撞角、使用登船网，它们都是首先出现在欧洲的"海上"。虽然新的火药时代将热兵器的发挥提升到了一个更高的层面，但战略与战术的运用，当然还是体现在人的能动性里，海军将领在舰队指挥和掌控等方面的作用尤其重要。但是，这并不绝对意味着在战争中能克敌制胜。更有意思的是，勒班陀海战的双方将领都是欧洲人，奥斯曼帝国的苏丹更青睐意大利的叛教海军将领，因为他们熟悉欧洲的习俗和语言。

上述问题看起来似乎没有那么严重，如果一切都如奥斯曼帝国所设想的那样。帝国的掌权者们知道人的因素在战争中的巨大作用，可他们忽略掉了欧洲人的民族特性，就算为帝国效力的叛教者是精通欧洲习俗与语言的人才，难道他们真的没有一点家国情怀吗？当他们看到这个不可一世的帝国对待兵士的态度，心里面就没有一丝感慨吗？对此，我们可以从唐胡安的说法中得到证实："在整支舰队当中，基督徒奴隶的脚镣都被打开了，并且他们都配上了武器，还得到了自由与奖赏的承诺，以鼓励他们英勇作战的行为。穆斯林奴隶则相反，固定他们的枷锁被仔细检查，还敲下铆钉，并给他们戴上手铐,让这些人除了拉桨之外做不了任何事。"[186]

这些为舰队航行提供重要动力的奴隶们除了没有自由,还要忍受不被信任的折磨与屈辱。我们不难想象,一旦战事开打,这里面潜在的威胁是什么。

神圣同盟的舰队希望能与奥斯曼帝国的舰队面对面决一死战——这支舰队代表了那些时常被土耳其人骚扰的国家——除了让他们头痛不已的土耳其人,还有北非海盗(成员包括土耳其人、柏柏尔人和希腊人等),他们活跃在北非沿海,背后有奥斯曼帝国的支持。当欧洲先进的航海技术经由欧洲海盗的传播,同样让北非海盗的活动范围得到扩大。他们要么抢劫货物,要么将欧洲人掳掠后变为奴隶,像西班牙、意大利等国的沿海村镇都深受其扰,那里的居民无奈之下只能纷纷迁往内陆以避其祸。除了大名鼎鼎的柏柏里海盗"红胡子"海雷丁,苏莱曼一世时期的卡普丹帕夏也因在西班牙的战争中起到重要作用而声威赫赫,成为穆斯林的海上英雄。在让西班牙吃尽了苦头后,他投靠了奥斯曼帝国。因此,我们很容易就能明白神圣同盟舰队为什么希望能与奥斯曼帝国的舰队迎面对战的原因了,他们恨不得杀死每一个让他们深受其害的敌人。

即便如此,我们在审视这场具有特殊意义的海战时,也一定不要忘了神圣同盟联合舰队表现出的犹豫不决。那些停泊在冬营里的舰队,那些来自西班牙、威尼斯、法兰西、英格兰和德意志的冒险者,还有圣约翰骑士团,甚至还有少量妇女和新教徒……他们在战

---

[186] 参阅威廉·斯特林-马克斯韦尔(William Stirling-Maxwell)的《奥地利的唐胡安:或十六世纪史中的段落 1547—1578》(*Don John of Austria: or passages from the History of the Sixteenth Century 1547-1578*)。

## 第九章 资本主义的杀戮：勒班陀神话（公元1571年）

前、战中，甚至在第一轮射击的前几秒的时间里，都有过迟疑及争吵。这时候，舰队指挥官或决策者就很重要了。正是神圣同盟联合舰队里呈现出的多元化意见，使得上层掌权者能根据随时可能产生的突变做出应对之策。反观奥斯曼帝国，他们在这一方面呈现出的应对似乎要弱一些。这一点，在前文已有述及。

在战争所需要的经济能力方面，虽然基督教世界缔结的城邦联盟在奥斯曼帝国的眼里是"不值一提"的，但是，它们先进的资本主义制度能使这些城邦国家在科技、经济等诸多方面有更大的发展空间。这一点，我们可以缩小范围——能在地中海具有大国形态的只有教皇国、威尼斯和西班牙，这三者加起来的经济总量明显高于奥斯曼帝国。一个有力的证据就是：早在神圣同盟联合舰队出航前，仅教皇国的大臣们就已筹备了足够200艘桨帆战舰打上1年仗所需的资金。

奥斯曼帝国控制着许多可为战争提供经济支持的木材、矿石、农产品和贵金属，这样的经济能力若单与威尼斯相比，自然是大得多。然而，在军事资产、贸易、商业以及对地中海的影响力方面，至少16世纪的威尼斯有能力与土耳其人抗衡。关于这一点，我们可从这个幅员并不辽阔的国家在资本主义制度方面呈现出的对各种资源的分配和掌控能力进行分析。在这个国家700万杜卡特的年收入中，仅分配给大兵工厂的费用就高达50万杜卡特。有了这样充足的经费，这些兵工厂就能生产出大量火绳枪和火绳钩枪（即在火绳枪的前端装上带钩的爪子，类似日后的步枪配上刺刀），火炮及干燥后的木材（建造舰船及其他用途）。

如果说50万杜卡特还不够用的话，威尼斯的私人造船厂（相当于私营企业）以及在他们的支持下成立的公会（类似于二战中美国的战时生产委员会，该会于1942年1月16日在罗斯福总统的命令下成立，以满足战争的需求，分配稀缺的重要的战争物资，如汽油、金属和橡胶等）会为战争提供民间保障。千万不要小瞧威尼斯兵工厂的生产能力，在勒班陀海战结束3年后，法国君主亨利三世曾亲临威尼斯兵工厂，那里的兵工厂能在1个小时里，完成一艘桨帆战船的组装和下水工作。这实在是让人感到震撼！

在弗雷德里克·蔡平·莱恩（Frederic Chapin Lane）[187] 所著的《文艺复兴时期的威尼斯舰船与造船者》(*Venetian Ships And Shipbuilders Of The Renaissance*) 一书中有段让人惊讶的记载："有25艘武装整齐、配备了航海设备的桨帆船将被保存在水池里。其余船体和上层建筑保持完好的桨帆船则被保存在陆地上，一旦用麻纤和沥青塞满船缝就可以下水。它们存放的两座船坞及其前方的水域都保持清洁，因而它们能够迅速下水。每条桨帆船都标上了数字编号，因此它们能够尽快组装起来。"由此可见，威尼斯的造船业拥有一整套先进规范的操作流程，质量和效率都能得到保障。

奥斯曼帝国的兵工厂实际上是威尼斯的复刻版。作为最重要的兵工厂基地——金角湾，那里的造船技术人员是从那不勒斯、威尼斯等地雇佣而来的。显然，这里面问题重重，且不说能不能做到一模一样地复制，单从一些外国参观者看到的情形来说，他们会产生一种明显的担忧：那些从基督徒军队中偷来或劫掠的火炮竟被随意地堆放在各个角落里，这样缺乏责任感和组织混乱的怪象如何能保

---

[187] 1900—1984年，中世纪历史，尤其侧重于研究威尼斯地区历史的专家。其所著的《威尼斯：一个海上共和国》(*Venice：A Maritime Republic*) 也可作为勒班陀海战相关史料查阅。

## 第九章 资本主义的杀戮：勒班陀神话（公元 1571 年）

证奥斯曼帝国成功复制威尼斯的兵工厂模式？更进一步来讲，伊斯坦布尔的独裁政权根本无法让帝国在军事技术、管理模式等多方面得到自由发展。

在征收赋税上，作为帝国权力中心的伊斯坦布尔总希望能尽可能地多和高，而由最高行政长官（总督）和贵族商人组成的元老院共同掌管下的威尼斯，对贸易中滋生出来的资本主义持宽容及支持态度。无疑，这样的"共和"模式是能够让这个国家得到更为广阔的发展空间的。

在文化事业上，威尼斯共和国及其盟国均呈现出一片繁荣景象。对军事的研究，要么表现在杂志文章和个人著作上，要么表现在高等教育上。特别是以威尼斯附近的帕多瓦大学为代表的研究机构，不但推动了军事技术的变革与进步，在医学和文化艺术方面也有了长足发展。著名的威尼斯冶金专家万诺乔·比林古乔（Vannoccio Biringuccio）在铸造和冶炼等方面有着丰富的阅历及卓越的建树，譬如他曾在威尼斯和佛罗伦萨共和国铸造火炮，修建城堡。于 1540 年出版的《火法技艺》共 10 卷，83 幅木刻画融入书中，彰显了图文并茂的特点，其对蒸馏用炉、鼓风设备、钻炮膛和拉丝装置的细致描绘足以让人惊叹，因此该书成为今天研究中世纪及其后期军事科技的重要参考。尼科洛·塔尔塔利亚（Niccolò Tartaglia）的著作《新科学》于 1558 年问世，书中对科学技术的研究与运用表明了这个开明的国家在思想、文化方面的积极态度。以阿尔杜斯·曼努提马斯（Aldus Manutius）为代表的出版商则致力于欧洲最大出版中心的建设，目的是让更多的思想、文化艺术、科技研究及成果得到传播与运用，他本人特别偏爱古希腊和罗马的古典书籍的出版推广。

这是一项非常伟大的令人景仰的事业。相比之下，奥斯曼帝国的出版业起步较晚，直到15世纪晚期出版业才被引入伊斯坦布尔。值得注意的是，对于出版业被引入一事，帝国的高层一直忧心忡忡，担心印刷术的广泛运用会传播对政权有害的信息。奥斯曼的文艺作品大都富有宫廷生活的色彩，并服从于帝国和宗教的审查制度，这难免曲高和寡。仿佛任何思想和行为都不能与《古兰经》产生冲突，所以理性主义的存在自然就成为众矢之的了。

如果一定要用不忍直视的后果来表明奥斯曼帝国对思想的禁锢有多么不利，那就会对于这场大海战的前因后果产生一种宿命结论：没有真正意义上的奥斯曼大学，没有出版社和促进抽象知识广泛传播的相关运营体系，土耳其人只能从出现在市面上的、实际操作中得出的，或者地中海的海员口中获取相关知识和经验。

作为审视这段历史的后来者，并非要刻意贬低一方成就另一方。亚洲和欧洲的这次对决表面上是以军事力量为载体，实际上威尼斯的优势同奥斯曼相比，并不在于其地理、自然资源、宗教狂热和战略战术等方面多么令人惊叹，这背后彰显的却是资本的杀戮，即资本主义体系、共和制度以及对文化科技等多方面的支持和投入。威尼斯的精英深刻领悟到，只有把这些方面做到尽善尽美，才能对抗游牧民族的战士文化。

因此，我们会看到一个非常奇怪的现象：一方面是苏丹对欧洲的精英人才求贤若渴；另一方面是土耳其人尴尬地发现他们在威尼斯几乎没有什么用武之地。

# 第九章 资本主义的杀戮：勒班陀神话（公元1571年）

## 4

孟子说"天时不如地利，地利不如人和"，根据在阿里帕夏旗舰上发现的15万枚金币，我们会非常震惊地发现奥斯曼帝国最为可怕的深藏的危机。那些富裕的奥斯曼商人，甚至是一些高层，居然暗地里到欧洲投资，并且成为一种常态。除了阿里帕夏的旗舰，其他奥斯曼海军将领的战舰上也发现了数目不小的金币。

如果单纯地解释为奥斯曼帝国缺乏银行系统，我们是无法理解舰队司令官阿里帕夏心里的恐惧的。他担心这场战争的失败，或者说害怕哪天不小心触怒了苏丹，会让得来不易的家产被没收，因此他把巨额的财产带到了勒班陀的海上。设想一下，堂堂的舰队司令官在作战时还要考虑到财产的归属问题，这是多么悲哀啊！毕竟，他是奥斯曼帝国苏丹的妹夫，像他这样位高权重的大人物都担心自己的利益得不到保障，那些普普通通的民众又该如何保全自己呢？

许多奥斯曼商人表面对帝国呈以忠心和支持，暗地里却转移财产、投资欧洲，他们因担心财产被苏丹没收，选择在海外隐藏或埋藏财产的方式来保障自身利益。财富的大量外流，导致即便是帝国首都也没能对教育、公共基础设施和军事远征等方面进行积极的投入。

对此，亚当·斯密在《国富论》里的一段论述可作为最好的阐释："在那些不幸的国家，人民随时有受上级官员暴力侵害的危险，于是，人民往往把它们财产的大部分藏匿起来。这样一来，他们所时刻提防的灾难一旦来临，这些人就能随时把财产转移到安全的地

*427*

方。据说，在土耳其和印度，这种状况是常有的事，我相信，在大部分国家同样如此。"

于是，在东西方贸易发展的历程上我们会看到一个时期的尴尬：虽然居住在伊斯坦布尔的威尼斯人和意大利人、希腊人和犹太人、亚美尼亚人促进了东西方贸易的发展，但是他们热衷于用欧洲的火器、纤维制品交换亚洲的原料商品（主要包括棉花、丝绸、香料、农产品）。有意思的是，威尼斯人却不热衷于这些，他们觉得没有必要同从事奢侈品和银行储蓄的土耳其人做生意，哪怕土耳其人能为他们的经济起到促进作用。而奥斯曼的德米舍梅征兵制度（Devshirme，童子充军制）更是让这个帝国与欧洲政治、经济、军事的区别更为明显。

这是一种建立在奴隶制基础上的绝对君主制，国家的诸多权力都掌控在统治者手中，他们享有对战利品和战俘的征收权力。仅后者来说，每隔4年就要从被征服的基督教行省中选取合适的基督徒少年和男童强迫他们改宗伊斯兰教，再经过残酷的训练，最优秀的人会接受奥斯曼语言和宗教教育，并在征服战争和军队中获得高位，最终成为苏丹本人忠诚而有价值的"财产"。

可以说，由德米舍梅制度形成的官僚体系造就了一个可持续的流动征服和军事精英阶层。这个阶层具备3个特点，首先它不向穆斯林人口开放；其次不依靠东方常用的世袭制进行复制，哪怕王朝发生更替；最后，德米舍梅制度下的儿童不会因为出身或财富的多少得到提拔，这样看起来似乎是很公平的。如果我们细看柏拉图的《理想国》，就会发现土耳其人实施的正是书中所提模式的可怕版。

伯罗奔尼撒战争的爆发让雅典城邦危机四伏，这里面最主要的

## 第九章 资本主义的杀戮：勒班陀神话（公元1571年）

危机表现在奴隶和奴隶主之间的阶级斗争上。尖锐的矛盾冲突不仅让雅典陷入到危险的境地，也让奴隶主中的民主派和贵族派开始争权夺利。作为古希腊哲学的翘楚，柏拉图对民主政体持以坚决的反对态度，极力主张国家应该由奴隶主贵族来掌控。为了实现这一政治体制，他设计了理想国。在德米舍梅制度下，奥斯曼帝国的政治体制仿佛就是最为得体的，至少土耳其会这么认为。

在这样的理想国模式中，那些少年儿童不得不与父母分离，接受帝国的文化教育，依靠自身的业绩得到提拔。而他们心中的爱国欲望就如此这般地被激发了出来，最终成为苏丹的忠诚追随者。他们过着没有父母的生活，也没有让自己的子女走向上层社会的想法。他们的子女生来就是穆斯林了（改宗伊斯兰教），于是他们的子女就没有成为政府候补官员或禁卫军新兵的资格了。

我们无法确定土耳其人对柏拉图的理想国设计抱有多大的尊重，但对那些过着赤贫生活的农奴而言，他们当中有相当一部人宁愿相信，与其过着水深火热的穷困生活，还不如让自己的子女接受帝国的德米舍梅制度，哪怕是子女被拐走或绑架，因为他们相信这个偌大的帝国也许会给孩子一个更好的未来。

无疑，土耳其人在设计一个精心的布局。帝国以改宗基督教徒作为官员的方式，在很大程度上消除了原住土耳其人获得权力并滋生暴动的一些威胁。同时，帝国还向世人证明了真主的至高能力，可以将最好的基督徒少年儿童转化为最虔诚的穆斯林臣民和最忠诚的苏丹追随者。在帝国存在的几个世纪里，许许多多基督徒被俘虏，然后改宗，成为帝国舰队中的一员。在德米舍梅制度下也诞生了许多让帝国引以为傲的精英人士，如16世纪奥斯曼帝国最伟大的海军将领海雷丁·巴巴罗萨、乌卢克·阿里（Uluç Ali, 1519—1587年）、米埃津扎德·阿里帕夏。苏丹的母亲许蕾姆苏丹（苏莱曼一世的妻子）来自乌克兰基督教家庭，帝国在勒班陀海战时的首相穆罕默德·索库尔卢（Mehmet Sokullu）来自巴尔干，是斯拉夫人。

因此，我们会放下心中的一个疑问：为什么奥斯曼帝国凭借武力去征服诸国能取得成功？这主要取决于土耳其人能左右逢源于帝国与欧洲之间的复杂关系。

一方面，它推崇欧洲，与之贸易，想想其首都伊斯坦布尔原为君士坦丁堡就不言而喻了，这是受到欧洲尊崇的圣地，而非东方的城市。

另一方面，在欢迎欧洲商人来进行贸易的同时，它又劫掠欧洲，收取赋税，还绑架欧洲的少年儿童，并雇用叛教者为帝国效力。于是，奥斯曼在15世纪呈现了惊人的扩张奇迹。它团结游牧民族，向西面和南面大肆进攻。那些古老而富裕的国家如拜占庭，巴尔干北部的基督徒采邑（异教徒的土地属"无主之地"，采邑即有恩赐、赏赐之意，在得到君主恩赏后属相对的自由地），埃及的马穆留克，安纳托利亚东部，伊朗……都是它攻取或劫掠的对象。在东方，奥斯曼依然保持着强劲的攻取或劫掠势头，转卖周遭地区的棉花、香料、丝绸和农产品，与欧洲商人进行交易，换取他们需要的武器和船只……同时，一旦控制了这些地区，它不但夺取土地、获得战利品和新的奴隶，还要控制贸易网络中的重要通道。

这就是说，就算帝国的行政管理中存在经济和政治上的不稳定因素，也都能较好地继续扩张，并获得大量财富。这或许是奥斯曼帝国敢于在勒班陀进行大海战的原因——若成功，则可继续实施扩

# 第九章　资本主义的杀戮：勒班陀神话（公元1571年）

张意图。退一步来讲，勒班陀海战的失败，也未必就能动摇帝国的根基。

然而，这一次帝国遭遇到了强劲的对手，威尼斯并不打算向土耳其人俯首称臣。他们要在勒班陀给予敌人有力的一击。

## 三　勒班陀神话

### 1

在勒班陀的战场上大约有18万人，他们在勒班陀的海面上相互厮杀，这让原本就不平静的海域显得更加波涛汹涌起来。眼前这些充满杀气的船只正准备开始战斗，奥斯曼帝国舰队司令官米埃津扎德·阿里帕夏发现前方几百米远的海面上出现了6艘奇怪的舰船，从第一印象看，它们不像商用驳船（属非机动补给船，因吃水浅、载货量大，需拖船或顶推船拖带），站在旗舰"苏丹娜"号上的他对眼前的庞然大物充满了惊异，这莫非是某种补给船？

显然，这位司令官无法在短时间里做出相应的判断，那6艘奇怪的舰船是威尼斯的创新作品：配备了近50门重炮的三桅帆装炮舰，它们密集地排列在左右两舷，艏楼和艉楼甲板是这些重炮的射击平台。如此多的火炮配置，使得它比当时欧洲最大的划桨帆船的装弹数高出了6倍，一艘船的火力就足以摧毁奥斯曼帝国舰队里的

431

不少普通桨帆船了。若是在平静的海面上行驶，三桅帆装炮舰凭借风帆和船桨的动力，航速非常快。土耳其人没有见过这样的庞然大物，他们尖叫起来。一眨眼的工夫，他们的旗舰就受到了莫大的威胁，阿里帕夏惊呆了，6艘庞然大物中的4艘发起了猛烈攻击，飞射而出的炮弹如同密集的风暴，异常可怕。

炮弹是威力不小的葡萄弹和实心弹。单说葡萄弹，它一改之前的单颗炮弹装载的形式，将数颗球形弹丸装在一个弹壳里，因排列的形状酷似葡萄而得名。发射时，弹丸冲破弹体的束缚，向四周飞散，有效扩大了杀伤面积。再说实心弹，威尼斯的设计人员将它们设置成30磅和60磅的，专门用于对付奥斯曼舰队。在火炮的可怕威力下，帝国舰队竟然采取直接迎击的方式对轰，这是极不明智的。

6艘三桅帆装炮舰中的2艘分别由安东尼奥·布拉加丁和安布罗奇奥·布拉加丁指挥，这是两兄弟，他们带有莫大的仇恨，就在几周前，他们的兄长马尔坎托尼奥在塞浦路斯被土耳其人残忍地杀害了。所以，这两兄弟发誓要让土耳其人血债血偿，两人不停地催促炮手加速开火，绝不给土耳其人还手的机会。

整个奥斯曼帝国的舰队规模要比神圣联盟联合舰队大得多。但是，作为主力战舰的"苏丹娜"号却无法超越三桅帆装炮舰，如果能超越，至少可以和对手展开近距离对决。遗憾的是，这纯属假设。更可怕的是在战斗正式开始之前，帝国舰队就有三分之一的船只被风暴般的炮火打散，失去作战能力，甚至沉入海中，面对如此尴尬的境地，司令官怒不可遏。4艘三桅帆装炮舰战舰狂轰30分钟，虽未能对"苏丹娜"号形成致命打击，却击毁了大量土耳其桨帆船。更让司令官气愤的是，土耳其战舰的反击只是让2艘位于右翼的三桅

## 第九章 资本主义的杀戮：勒班陀神话（公元 1571 年）

帆装炮舰漂离了最佳作战位置。

阿里帕夏的惊恐加剧了，眼前的巨无霸根本就不需要采用老式的战法——依靠撞角和士兵跳帮厮杀……这样的巨舰只需要依靠密集的火炮、高耸的甲板和大型船体就能称霸海上。

狭路相逢勇者胜！

面对神圣同盟联合舰队风暴般的攻击，帝国舰队还是有一部分向前突破了。这是位于中央战线的一些战舰，它们绕过炮火冲到了唐胡安的"王家"号周围。唐胡安热血沸腾，用充满激情的话语鼓舞将士："我的孩子们，我们来到这里要么得胜，要么死亡，一切都是天意。"当那些接近神圣同盟舰队的奥斯曼帝国舰船准备发动撞击时，他们看见神圣同盟的舰船上都有耶稣受难像，许多教士全副武装，像着了魔一般地跨上甲板，这个偌大的帝国到此刻才明白他们要为自己犯下的杀戮——诸如在塞浦路斯、克基拉岛的种种暴行买单了。同仇敌忾的巨大能量让勒班陀成为复仇的最佳场所。

激烈的战斗早已拉开。

冲上"苏丹娜"号的 800 名基督徒和奥斯曼帝国的士兵展开搏斗。"苏丹娜"号是一艘足以被称为巨大的桨帆战船，毕竟是帝国的主力战舰，它从造船厂下水的那一刻就注定载有巨大的使命，要对那些敢于挑战帝国威严的对手给予严惩。无论这艘战舰多么不可一世，它终究有一个致命缺陷——没有用于防护的登船保护网，也因如此，它成为战线中心的屠杀场。基督教徒中的大部分人都身穿铁制胸甲，火绳枪是他们最主要的武器，无惧死亡的他们两次攻入阿里帕夏座舰的中央。

不过，土耳其人也不是弱者，他们拼死还击，成功击退了敌方

433

的进攻。作为帝国舰队的司令官，阿里帕夏此刻当然知道面临的困境是什么。他利用未被三桅帆装炮舰击中的小型战舰向旗舰靠拢的策略，不断地补充援军，试图通过帝国耶尼切里（Janissary，禁卫军）的超强战斗力给予敌方痛击。

神圣同盟联合舰队的指挥官们或许看穿了阿里帕夏的意图，他们也让更多的战舰靠近"苏丹娜"号，卸下更多的火绳枪手加入到争夺这艘主力舰的战斗中。在这些战舰中要数西班牙人的舰只更适合接舷战，因为它更为高耸的甲板可以让士兵直接跳到敌舰上。与此同时，还有多门大炮留在甲板上进行炮击，将猛烈的炮火倾泻到敌军弓箭手头上。欧洲人在作战模式上偏爱大规模的集团冲锋，西班牙人也不例外，这种有组织的大规模集团冲锋能有效压制住土耳其禁卫军士兵的超强战斗力。

于是，勒班陀海战进入到更加激烈的杀戮中了。就连唐胡安本人也亲自加入了战斗，他率领士兵发起了最后一轮冲击，这次终于彻底击溃了"苏丹娜"号上的有生力量。阿里帕夏悲愤不已，就在他准备用小弓射出箭矢时，一颗火绳枪的子弹击中了他的胸部，土耳其舰队司令官应声而倒，仅仅一会儿工夫，他身边的亲兵就被复仇之火熊熊燃烧的敌人杀散，基督徒割下他的头颅挂在一把长枪上，放到神圣同盟的旗舰"王家"号的后甲板示众。阿里帕夏引以为豪的来自朝圣地麦加所产的镀金绿旗被从桅杆上扯了下来，取而代之的是教皇的锦旗。

其实，奥斯曼帝国的旗舰虽然被攻破，但中央战线上还有96艘具有战斗力的战舰，它们完全可以发动进攻。遗憾的是，当他们看到旗舰被夺、司令官被斩首，恐惧心理瞬间被放大许多倍，一时间

## 第九章 资本主义的杀戮：勒班陀神话（公元1571年）

抱头鼠窜，成为神圣同盟联合舰队轻易屠杀的对象。

2

唐胡安的舰队由3个分队组成，并构成一道全长不超过7000米的战线。奥斯曼帝国舰队的战线拉得很开，目的是想绕过敌方两翼形成包围态势。在唐胡安舰队的3个分队中，有一个分队由阿戈斯蒂诺·巴尔巴里戈指挥，他遭遇到的对手是苏卢克·穆罕默德帕夏（Şuluk Mehmed Pasha）[188]。苏卢克狡猾无比，他利用外围从右翼包围了基督徒的分队，巴尔巴里戈顿感不妙，干脆利用船速的优势命令桨手反向开进，以拖住敌方尽可能多的战舰，随后命令炮手轰击敌舰甲板。等到更多的土耳其舰只向他靠近时，他继续以船速的优势将敌舰引诱到海岸边。

在巴尔巴里戈指挥的分队中，有3艘来自威尼斯造船厂的最好的桨帆船，它们分别是"命运"号、"海马"号和"基督复活"号。作为分舰队指挥官的他，现在只有一个目的，尽可能多地消耗掉土耳其士兵的弓箭，这些弓箭的箭头全都淬了剧毒，一旦中箭，几乎无药可救。巴尔巴里戈在这场战斗中不幸右眼受伤，几天后便死去。但是他的拖住敌人并将敌人引诱到海岸边的策略成功实施了，于是双方由海战变为了陆战。

一场血腥的陆上厮杀就此展开。许多土耳其士兵因耗尽了手中

---

[188] 1525—1571年，被欧洲人称为穆罕默德·西洛可，其名西洛可取自地中海的西洛可风。

的箭,又不能得到补给,加之没有盔甲护身,在近距离厮杀中被火绳枪肆意屠杀。很快,穆罕默德·西洛可也丢掉了性命,他的头颅被威尼斯人乔瓦尼·孔塔里尼(Giovanni Contarini)砍下,尸身被扔进海里(说法有争议,另一种说法是他并没有当场战死,而是受伤被俘,在战斗结束4天后重伤不治而亡),他率领的舰队几乎全军覆没。

神圣同盟联合舰队在这场海战中取得了不错的战果,我们无意厚此薄彼。实际上,奥斯曼帝国舰队的表现并非那么不堪。神圣同盟舰队的右翼由热那亚海军将领乔瓦尼·安德烈亚·多里亚指挥。为了维持战线完整,再加之要面对敌方的进攻,其战线向右漂移了很远。按照原定计划,多里亚的舰队应该横向开进唐胡安的中央战线,但这样的说法又有争议,大意是说他担心自己的战舰被土耳其人摧毁,其目的是保存本国的军事力量。无论是何种说法,一个不容改变的事实就是多里亚的舰队因为漂离了中央战线,导致中央战线的桨帆战舰的侧翼受到的威胁增大。

果然,仅仅几分钟之后,神圣同盟联合舰队担心的问题出现了。在右翼和中央战线之间出现了一个空隙,由乌卢克·阿里率领的一支奥斯曼舰队立刻涌进这道空隙,直奔筋疲力尽的神圣同盟联合舰队(如前文所述,战线拉得太长,又要尽可能保持完整性,桨手的力量消耗太大)。

乌卢克·阿里激动万分,这样的机会实在是太难得了,于是他命令士兵向敌方的右翼和后方展开猛烈攻击。这种战术和亚历山大大帝在高加米拉运用的战术几乎如出一辙,大流士三世在那场战役中损失惨重,也是因为左翼出了问题,留了一个大空隙,这才给亚历山大大帝有机可乘。神圣同盟联合舰队立刻遭到来自舷侧的攻击，却没有能力迅速调转船身进行还击。于是，损失继续扩大。

由彼得罗·朱斯蒂尼亚尼指挥的圣约翰骑士舰队就遭受了惨重损失，甲板上死伤枕藉。然而，历史就是这么让人唏嘘，乌卢克·阿里急于获取战利品，而不是趁着大好形势继续猛攻，这无疑给了敌方喘息的机会。于是，由胡安·德卡多纳（Juan de Cardona）和阿尔瓦罗·德巴桑率领的预备队以最快的速度到达战斗区域，利用火炮的优势向乌卢克·阿里的舰队展开猛烈轰击，仅仅几分钟的时间，局面就得到了扭转，若不是阿里命令快速砍断拖缆，他的舰队定会支离破碎。

对于阿里本人而言，他可算在勒班陀海战中表现突出的一位，虽然他未能将战果继续扩大，但至少给予神圣同盟联合舰队不小的打击。因此，他也被晋升为帕夏，执掌帝国舰队的重建工作，又在1574年的突尼斯战斗中，以监军的身份参战。

现在的战局是神圣同盟联合舰队的中央、右翼、左翼战线都取得了胜利。这主要得益于三桅帆装炮舰一开始就密集又猛烈的炮击，并且为了方便炮击，他们还把船头给锯掉了，让火炮从舰艏的炮位轰击奥斯曼帝国舰队的水线。与之形成鲜明对比的是，奥斯曼帝国舰队因炮位瞄得太高，装弹速度较慢，导致最后面对敌方的轰击基本无力还击。

当对战双方距离靠近时，作战形式就会演变成类似于步兵在甲板上的作战。在勒班陀海战中，西班牙的兵力总数达到了27000人，其中有7300人是德意志雇佣兵，这样的兵种拥有强悍的战斗力。西班牙人的火绳枪重量大约在15～20磅之间，能够将2盎司重的子弹射出350～450米，齐射时几乎可以粉碎敌方蜂拥而上的进攻。反观奥斯曼帝国，他们只有在士兵涌入势单力薄的敌方战舰时才能取得胜利。在狭小的空间里使用重装步兵展开作战，土耳其人缺乏相关经验。即便如此，神圣同盟联合舰队也损失了不少精英战将，如马里诺·孔塔里尼、温琴佐·奎里尼、安德烈亚（阿戈斯蒂诺·巴尔巴里戈的侄子）。

战斗进行到下午3点30分结束。根据相关统计，平均每分钟就有150名双方官兵战死，此外还有成千上万人要么受伤，要么失踪。巨大的伤亡让勒班陀海域成为名副其实的杀戮场。这场海战也和萨拉米斯、坎尼和索姆河等海陆战场并列成为单日屠杀最为血腥的战役之一。

那么，这是否意味着神圣同盟就取得了决定性胜利呢？

3

在勒班陀海战结束后的近1年时间里，的确在地中海的海面上很少出现奥斯曼帝国的战舰了。但是，这场战役的胜利并未让神圣同盟将战果扩大，他们既没有夺回塞浦路斯，也没有解放希腊。

其中最大的症结是，神圣同盟没能彻底夺取用于海上贸易的重要航线，仅仅过了2年，因为亚洲贸易路线被切断，威尼斯的贸易收入呈大幅度下降趋势，陷入困境的威尼斯不得不与奥斯曼帝国媾和。于是，这个庞大的帝国继续开始它的扩张之路，在接下来的2个世纪里，克里特岛、匈牙利和维也纳都是土耳其人的目标。经历

## 第九章 资本主义的杀戮：勒班陀神话（公元1571年）

了勒班陀海战的失败，奥斯曼帝国似乎也明白了什么，在战争结束不到1年的时间，帝国就开始大规模效仿威尼斯大建兵工厂，建立起了属于自己的军火基地，一支全新的土耳其舰队正在建立。

这样看来，奥斯曼帝国的元气并没有大伤，相反还有更加崛起之势。然而，像公元732年的图尔会战一样，这是法兰克人阻止阿拉伯扩张之战，它的胜利只是避免了欧洲被伊斯兰化。也就是说，西方文化能在基督教的外壳下保存和发展。从这个角度来看，这不仅是威尼斯的胜利，也是由它所辐射的区域的胜利，至少西地中海得以保全。因此，勒班陀海战中神圣同盟方的胜利可以看作是东西方关系史上的一个分水岭。奥斯曼帝国在相对较长的时间里，很少涉足亚得里亚海。

勒班陀特殊的地理位置，如同它可以通过一场海战来阻止奥斯曼帝国对西地中海的进军一样，这片海域成为可以自主发挥的场所，于是欧洲与美洲的跨洋贸易有了更大的可能，那些航海家、冒险家将踏上他们的开拓之旅，这无论对个人还是国家都是非常有益的。这就是说，新大陆的发现让那些广阔区域的宝藏得到了挖掘，经过非洲之角再与东方展开贸易的航线终将被打通，奥斯曼帝国把控贸易航道的重要性也开始逐年降低。在此之后，这个庞大的帝国也将走向衰亡。

对此，历史学者埃米尔·穆罕默德·伊本－埃米尔·苏乌迪（Emir Mehmet ibn-Emir es-Su'udi）早在1580年就看出了上述问题所在，他说："欧洲人已经发现了跨洋航行的秘密。他们是新世界和通往印度大门的主宰者……伊斯兰教徒并没有最新的地理科学信息，

*439*

也不了解欧洲人占据海上贸易的威胁。"[189]

东西方发展的不平衡也由此有了更清晰的辨识度。即便源自小亚细亚东部草原的奥斯曼帝国可以凭借其超强的军事能力继续进行扩张，但它的扩张能力也已达到极限了。

这个帝国最终不得不承认：西方国家可以凭借其先进的科学技术对武器进行改良和创新，建立起先进的防御工事，制造出性能更优越的船舶，然后轻而易举地打败帝国引以为豪的军队。就算帝国能放下身段虔诚地引进或学习西方先进技术，也不得不面对高昂的费用，更何况这些科学技术本身不是静止的，是处在不断变化当中的。难怪著名作家塞万提斯在其著作《堂吉诃德》里这样论述勒班陀海战："相信土耳其人不可战胜是何等的错误。"

4

尽管奥斯曼帝国通过令人不齿的手段获得了巨大的财富，然而，这个帝国没有真正意义上的银行，也就是说帝国没有构建属于自己的金融体系。第一家奥斯曼银行是1856年由欧洲人创办的。市场价格由政府法令规定，并赋予行会严厉监控的权力，私人的货币财富更多的是被埋藏或隐蔽起来。而且私有财产不受到政府保护，随时有可能被帝国强制没收，税率被随意设置，即便有规则限制，也会

---

[189] 依据维克托·汉森的《杀戮与文化：强权兴起的决定性战役》中的引述内容，拓展内容可参阅威廉·爱德华·戴维·艾伦（William Edward David Allen）的《十六世纪土耳其权力问题》（Problems of Turkish Power in the Sixteenth Century）。

受到反复无常的更改。

因此，它并未充分发展出真正意义上的市场经济。在这里，任何经济体系都处于没有自由的危险中，只有自由的、有理智的经济体系才能造福一个国家。

自由资本是进行任何大规模战争的关键。古罗马著名政治家马库斯·图利乌斯·西塞罗的论断更为精辟：自由资本才是"战争之源"。学者哈利勒·伊纳尔哲克（Halil Inalcik）在其所著的《奥斯曼帝国与欧洲：奥斯曼帝国及其在欧洲历史上的地位》(*The Ottoman Empire And Europe: The ottoman Empire and Its Place in Europen History*）书里的解释更为细致化，他说："对一个资本主义体系而言，要让它运转，国家就不得不保护利伯维尔场[190]，不控制、不干扰。由于政治和宗教两方面的原因，这是苏丹不能做的事：奥斯曼人对贸易平衡毫无概念……奥斯曼的贸易政策缘于一个古老的中东传统，国家必须特别关注城市里的市民和工匠不会遭遇生活必需品和原材料的短缺。因此，这样的政权始终欢迎且鼓励进口，并阻碍出口。"

古代希腊历史学家修昔底德在《伯罗奔尼撒战争史中》说："战争不再是重装步兵军备的问题，而是金钱的问题。"这里并不是一味强调金钱在战争问题上的至高作用。事实上决定战争胜负的因素是多样的，但就资本杀戮而言，神圣同盟的确比奥斯曼帝国高人一筹。因此，他才那么肯定地做出结论：那些耕种自己土地的人，在战争中更愿意拿自己的生命而非金钱去冒险，因为他们相信他们能够在

---

[190] 利伯维尔是加蓬首都，是殖民者建立的商业城镇，意为"自由"，利伯维尔场主义就是古典自由主义。

战斗中幸存下来。

随着奥斯曼帝国军事扩张陷入停滞状态,土耳其开始受到沉重的压力。因为岁入减少,帝国也就无法继续维持适当规模的陆军和海军,这反过来又减少了军事层面的选择。于是,这个体系开始相当不雅地快速堕落下去,消耗并吞噬自身的财富。

## 第十章

## 决定时刻:由普利茅斯走向世界

（公元 1588 年）

第十章 决定时刻：由普利茅斯走向世界（公元 1588 年）

## 一 狂妄之举

### 1

一种激动人心的说法是，1588 年的夏天，西班牙无敌舰队因一群狂妄无知的西班牙贵族指挥而走向覆灭。言下之意，曾创造了辉煌战绩的无敌舰队本不应该覆灭，假如由其他人指挥，结局是否不一样？

事实上，这种说法与历史事实相差甚远，在英吉利海峡展开生死角逐的两支舰队数量相当，最终双方的人员损失都非常惨重。

神话的破灭在很多时候并不容易，其背后隐藏的真相正在陈陈相因的观点下逐渐被掩盖。不过，一个公认的结局是——资本主义在这次海战精神中诞生，这简直就是普利茅斯（Plymouth）[191] 的世界性时刻。毕竟，作为一座拥有丰富航海史的城市，也是英国皇家海军造船厂的所在，英国人从这里出海走向了全世界。我们也有许多理由相信，这场发生在英国海域的战争对这个国家而言、对大半个世界而言都具有里程碑式的意义，绝不仅限于海战史。

1588 年 7 月 29 日夜晚，海面上是多么不平静，庞大的西班牙无敌舰队正在逆风中驶向英格兰西南海岸。2 个月前，这支神话般存在

---

[191] 英国海军基地和港口。在英格兰西南普利茅斯湾的中心部位、普利姆河与泰马河之间，邻近英吉利海峡。

的舰队经历了一场不愉快的旅程。当时，无敌舰队从里斯本起航前去征服英格兰。这是一段意义非凡的旅程，作为统帅的西班牙国王腓力二世下达了命令"舰队必须尽快横渡英吉利海峡"。大约130艘舰船载着超过2.5万名官兵，如果完成这次任务，就能与荷兰运河沿岸的西班牙陆军会师。这支陆军由著名的统帅帕尔马公爵亚历山德罗·法尔内塞（Alessandro Farnese）[192]指挥，他正在同起义的荷兰人作战。一旦这支舰队与强大的陆军联合，按照腓力二世的构想就可以渡海前往英格兰，然后剑指伦敦并擒获女王伊丽莎白一世。

现在，我们应该知道腓力二世这个当时最强大的君主有多么雄心勃勃或者说狂妄了吧！假如一切都顺利，英国女王将成为阶下囚。然而，天有不测风云，从里斯本出发后没多久，一场突如其来的风暴让西班牙水手和士兵倍感沮丧，他们甚至认为这是出师不利的征兆，无奈之下只能选择前往西班牙北部港口阿科鲁尼亚（A Coruña）避难。

时间是宝贵的，尤其是对远征的舰队而言。凶狠的风暴损坏了船只，让本应该用于航行的时间浪费在维修上了，加之逆风的天气，使得舰队无法顺利出航，只能在港内驻扎了1个多月（6月9日—7月12日）。由于长期滞留，各舰准备的食物和饮用水消耗过大，不禁让人担忧万分。

终于等到天气好转，风向转变了！这支舰队继续航行，直到7月29日晚才到达英国海岸。随后，在"圣马丁"号上召开了作战会议，参会的都是高级军官。

---

[192] 1545—1592年，帕尔马贵族，拥有丰富的作战经验。起初，他认为主要依靠天主教徒起义，就可以在没有海军保护的情况下，以3万兵力成功入侵英格兰。腓力二世驳回了他的建议，希望他能更好地为西班牙舰队工作。

## 第十章 决定时刻：由普利茅斯走向世界（公元 1588 年）

出现在西班牙人眼前的是普利茅斯港！派出去的侦察人员回来报告说"英国海军主力正在该港集结"。一些西班牙舰长向他们的指挥官竭力强调："海上刮起的正是西北风，应当把握住有利的西北风，以出其不意地进攻即刻扑向英国人，只要成功突入港口，就在近战和接舷战中压制英国舰船。"

其实，这样的建议者考虑的是利用巨型舰的优势击败敌人。然而，他们忽略了最重要的一点：如果继续航行，就会让在普利茅斯严阵以待的英国舰队处于西班牙舰队的左侧，这样在余下的整个航程中他们都会遭到英国人的攻击。当时西风正盛，英国舰船在攻击中十有八九会占据有利的迎风面。况且，英国人不可能对西班牙无敌舰队视而不见，就像稻草人那样立在那里等着挨揍。

这是远征到英国人家门口实施攻击，要完成对英国舰队的有效攻击至少需要经验丰富、睿智果敢的司令官精细布局，草率行事是绝对不可以的。这一点，第七代锡多尼亚城公爵阿隆索·佩雷斯·德古斯曼和索托马约尔（Alonso Pérez de Guzmán y Sotomayor, Duke of Medina Sidonia）[193] 心里是明白的。只是，在这之前他们完全没有预料到自己会处于如此扣人心弦且责任重大的关键局面中：擒获伊丽莎白一世，这是多么大胆的计划啊！

偏偏锡多尼亚城公爵是学者型的人物，他久负盛名，受到同时代人的赞扬和尊重，或许是因为这些原因他才成为无敌舰队的总司令官。父亲早逝后，年纪轻轻的他就继承了在安达卢西亚的大笔财

---

[193] 1550—1615 年，西班牙王国最悠久的公爵封号之一。此人并没有海战的经验，能成为国王器重之人，很大程度上依赖于他显赫的家族地位以及勇猛、果敢的作战风格。关于他以及这场战役的详情可参阅安格斯·康斯塔姆（Angus Konstam）的《1588 西班牙无敌舰队：侵英的宏图大计》（*The Armada Campaign 1588: The Great Enterprise against England*）。

*447*

产。他的老师、人文主义者佩德罗·德梅迪纳出色的教育也令他获益匪浅。由于从小熟悉中世纪基督教的教育传统，这位年轻的公爵对当时的新思想很感兴趣。

依据英国海军中校皮尔森的说法，锡多尼亚城公爵有一些观点令西班牙宗教裁判所的代表很是怀疑。具体来说，他的告解神父带了不少书籍到旗舰上，他就其中的内容发表了不一样的见解。在保留下来的大量通信中，这位公爵显露了对他人的责任感，这对当时的贵族来说是极不寻常的。他还公开反对黑奴贸易，他认为这是一种"邪恶和令人愤慨"的行为，理应受到上帝的惩罚。

正是因为这份责任意识和正义感，锡多尼亚城公爵得到许多人的认可。可惜，公爵不是一名海战能手，偏偏国王腓力二世如此信任他。1588年2月，他被国王任命为无敌舰队总司令，国王还给他一个艰巨而光荣的任务——要在几个月内迫使仇敌英格兰屈服。

美国学者加勒特·马丁利（Garrett Mattingly）在《无敌舰队》中针对公爵的尴尬与担忧有相应的描述：公爵别无他法，只好给腓力二世写一封信，坦陈自己根本无法胜任这项任务，并阐明了多条理由：身体状况很差，不仅晕船，还患有痛风，根本不适合远航；没有能力自费补贴自己职务下的重要开支（在那个时代担任一项重要职位，需要支付一些费用）；既缺少海战经验，也没有服过兵役，把如此重要的一项行动交给一个既无海战经验又无从军经历的人来指挥，是非常危险的；从没目睹过战争，也从未参加过战争，无法胜任此次行动。公爵还补充道："这些缺点中的任何一项都将剥夺我的资格，更不用说加在一起会是什么样了。"

腓力二世拒绝了他的所有请求。国王的考虑是这样的：这个人

## 第十章 决定时刻：由普利茅斯走向世界（公元 1588 年）

的忠诚让他可以绝对信任，同时这个人的威信因其社会地位而无可动摇。在国王看来，西班牙帝国的高级贵族中似乎只有锡多尼亚城公爵才能满足这两项要求。然而，实际的真相是：腓力二世缺少有能力的海战指挥官，这一点可以从威尼斯驻西班牙大使在 1584 年的一份报告中得到证实。

锡多尼亚城公爵只能接受腓力二世的任命了，并在 1588 年春天全力筹集人员、火炮、弹药及各种补给品等舰队装备事宜。即便已经在为远征行动各项事宜进行筹备了，公爵依然没有停止过对这次行动成功性的怀疑，哪怕被迫停留于阿科鲁尼亚期间，他还在向国王强调：自己不相信这次行动能够取得成功，应当予以终止并和英国人达成和平协议。

然而，国王的顾问们由于害怕失宠，根本没有将公爵的信上呈给腓力二世。就这样，1588 年 7 月 29 日早上，旗舰上的锡多尼亚城公爵面临着一生中最艰难的抉择：要不要对英国舰队发动突袭？

抉择之所以艰难，是因为敦促他对普利茅斯港的英国舰队发起大胆突袭的是由一群远比公爵本人更懂得海上作战的人提出的。马丁利在《无敌舰队》中指出，这些人当中，尤以航海家里卡尔德最为迫不及待，海战失败后，他甚至还指出了锡多尼亚城公爵的多项错误。他说："在西班牙无敌舰队出现在英国海域，在远远就能望见英格兰海岸之前就应该对普利茅斯港发动奇袭。"

也有反对的声音。不过，这些提出反对理由的人显得很平静和明智，他们认为："现在只是大概知晓敌人的位置，甚至不知道敌人的船只是否已经离港，况且普利茅斯港的入口既狭窄又危险，而且己方舰队还处在火力强大的海岸炮的射程之内。在这种情况下，贸

*449*

然发动进攻无异于一场赌博。"

就这样,锡多尼亚城公爵显得更加犹豫不决了。最后,他根据腓力二世的指令做出了决定:舰队立刻突入到荷兰运河沿岸,并在那里与帕尔马公爵的部队会师。

今天看来,贸然发动突袭还是可取的。有观点甚至认为,"如果锡多尼亚城公爵是纳尔逊勋爵那样经验丰富的水手和杰出的战略家,他就有可能抓住眼前的机会痛击港内的英国舰队,但性格和成长经历的差异只能使他做出不同的决定"。[194]

普利茅斯的"世界性时刻"就这样流逝了,这个独一无二的时刻虽然极其危险,但骄傲的西班牙无敌舰队确实具备入侵不列颠群岛的前提——当时英国海军风气败坏,而西班牙人对他们并不了解,错失了一次极有可能取得胜利的良机。

无论怎样,无敌舰队终归是在这场海战中失败了,当时有许多人指出了舰队司令官锡多尼亚城公爵多处错误。只是,将一次战役的胜负归到某一人身上显然是失之偏颇的。这就好比东方的三国时代,诸葛亮为什么没有选取子午谷奇袭是一个道理。

2

既然这次海战最终失败了,那就至少意味着不用质疑这一点:当时世界上最强大的风帆舰队解体了。按照德国学者阿内尔·卡斯

---

[194] 参阅加勒特·马丁利的《无敌舰队》。

## 第十章 决定时刻：由普利茅斯走向世界（公元 1588 年）

滕和奥拉夫·拉德的说法："这一切的发生几乎遵循着数学般的逻辑合理性，其结果也与西班牙和英国此前进行了 30 年的战争的结果保持一致。"是的，以一个国家对海洋的掌控能力而言，损失或失去了一支强大的舰队，很大程度上说明这个国家对外部世界的掌控能力大大降低了。

英西两国的这次海战背后充满了戏剧性。

早在 16 世纪中叶两国之间的关系还很友好，甚至有几年坐上英格兰王位的不是别人，正是腓力二世本人。他还在 1554 年与英国国王亨利八世最年长的女儿玛丽一世结婚，遗憾的是，这场婚姻最终竟引发了一场血腥的政治冲突。玛丽一世在 1558 年早逝之前一直试图让大部分信仰新教的臣民改宗天主教，这一努力充满血腥却未达目的，史称"血腥玛丽"。

需要注意的是，玛丽一世失败的因素里面有很重要的一条：她的继任者、同父异母的妹妹伊丽莎白一世是非常笃信新教的，就像玛丽一世虔诚信仰天主教那样。颇具手腕的伊丽莎白一世终止了对新教徒的迫害并对天主教进行限制，改用一种怀柔的手段解决争端，不再剥夺异教徒的生命，而是对他们的钱包采取措施。

换句话说，如果异教徒不进行新教礼拜仪式就需支付很高的罚款。不过，这样一来，那些还信仰天主教的贵族家庭将面临耗尽家产的危险，尤其是生活在乡村地区的贵族。因此，伊丽莎白女王并没有彻底解决因为信仰而发生的争端，而且还与埃斯科里亚尔（这里指修道院，是西班牙信仰的典型代表）笃信天主教的西班牙国王之间在宗教上形成对立关系。

宗教对立在很多时候未必会引发战争，除非到了经济与政治矛

*451*

盾不可调和的地步。16世纪后半叶，英国因在讲荷兰语的北德意志销售市场遇阻，引发了英国羊绒制品生产的困难。与西班牙相比，当时的英国就是一个极其贫穷的国家。

马丁利在《无敌舰队》一书中的描述成为上述观点的有力佐证："对比两国收入，伊丽莎白一世在腓力二世国王面前就像灰姑娘一样：英国全年的收入还比不上西班牙国王四块领地之一的米兰公国一整年的收入。"这就是说，伊丽莎白一世继承的是一个烂摊子——她父亲亨利八世统治时期欠下了堆积如山的债务。在此情形下，她的政治回旋余地颇为有限，要想做点事情，就不得不请求议会批准征收赋税和特种税。

这种解决问题的方式并不奇特，大多数时候，一个财政窘迫的国家是可以通过税收的多样化来增加收入的，但对当时的每位君主来说，这都是一个棘手而令人不快的办法。因为，君主要求的财政支持会以新的权力和特权形式加重臣民的负担。

或许有人会提出这样的质疑：从16世纪60年代开始，不是已经有新大陆了吗？

的确如此！海外领地或海外殖民地确实能够带来可观的收入，但对于当时的英国而言，它尚未拥有海外领地，或者说海外领地少得可怜，不列颠殖民帝国是在之后的17与18世纪产生的。此前，只有西班牙和葡萄牙国王在南美洲和中美洲拥有贸易基地及殖民地。

今天看来，这两个老牌的殖民国家在当时的确强悍和富有。那么，还有什么是比打劫富者更快拥有财富的途径呢？很快，一些英国人，确切说是冒险家、航海家、海盗和私人贸易者，他们发现干涉皇室垄断的伊比利亚殖民地贸易（即西班牙、葡萄牙在美洲的

## 第十章 决定时刻：由普利茅斯走向世界（公元 1588 年）

贸易）就能轻松获得巨额利润。这就是说，在通往新大陆的航路上劫掠西班牙和葡萄牙商船，并袭击加勒比海和南美地区通常只由少量士兵保护的港口城市，就是快速获取巨额财富的最佳途径了。

要想成功实施劫掠，就需要拥有速度和机动性均优于对手的船只，同时还要由具备出色的航海技能和无所畏惧的品质的专业人员指挥才行。细细想来，在当时只有商人、冒险家之类的才是最好的目标群体。因为他们已经形成一个在当时很典型的职业群体（即冒险家、航海家、海盗和私人贸易者），他们懂得如何将凭冒险欲追求利益与应用各种实践技能结合起来。

没有什么比得上财富的巨大诱惑力了——约翰·霍金斯（John Hawkins）就是典型的代表人物之一。这个人拥有通往未知世界的航行技能，可以在许多危险中化险为夷，他还具备组织能力的天赋，并且能说服投资人心甘情愿地拿出多少不一的投资。

1532 年，霍金斯出生在英国南部的港口城市普利茅斯，他的父亲是经验丰富的海员，耳濡目染的他自然也熟悉航海。1555 年，霍金斯说服了几位富有的伦敦商人为他的 3 艘船的装备进行投资。本来他是打算把来自非洲的黑奴运到加勒比地区卖掉的，但在航行途中他抓住一个有利机会劫持了一艘葡萄牙奴隶运输船。颇具商业头脑的他不但借此顺利入手了一批黑人"商品"，同时还获得这艘船"附赠"的战利品。随后，他将黑人"商品"运输到加勒比港口圣多明各（Santo Domingo，南美洲最古老的城市，位于南部奥萨马河流入加勒比海的入海口），在卖掉黑人后，他获得了巨额的收益。1563 年，霍金斯平安地返回了英国。

值得注意的是，霍金斯的这次成功开启了一种新的暴利商业模式,而且这种模式后来被证明是非常成功的。当然,这种不放过任何获取暴利机会的投机者,其肆意的行为终将加剧英国与西班牙两国之间政治关系的恶化。

回到英国的霍金斯受到许多人的追捧。第二年,伊丽莎白女王邀请他为一场新的奴隶贸易远征筹集装备。出于极度的信任,女王竟将700吨的盖伦帆船"吕贝克的耶稣"号全权交给他管理。这是多么的不可思议!至高无上的英国女王竟是一个奴隶贩子的商业伙伴,而这个奴隶贩子在航行中可以肆无忌惮地劫掠外国船只!

这是不是奉旨打劫呢?是的,深刻地讲,近代早期针对商船的海盗行为与由于获得许可证而"合法化"的海盗行为是难以区分的。正是因为难以区分,才可以让人浑水摸鱼。这就是英国上层阶级的高明策略!那些出身低微、航海技术娴熟的海盗为女王、贵族、伦敦商人所支持和庇护,这几者的结合已被历史所证明:它是一项划时代的革新,并对未来产生了深远影响,巨额的国家财富就这样积累起来了。

约翰·霍金斯后出现了又一个厉害的人物,他就是大名鼎鼎的弗朗西斯·德雷克(Francis Drake)。他是除了霍拉肖·纳尔逊(Horatio Nelson)之外,世界史上最著名的战舰舰长(说他为海盗王也不为过),同约翰·霍金斯是表兄弟关系。[195]

弗朗西斯·德雷克凭借大胆的战术技巧袭击了西班牙船只和许多贸易基地,并于1577—1580年成为第一位环游世界的英国人。鉴于他战绩辉煌,女王授予他贵族头衔。

---

195 相关内容可参阅熊显华的《海权简史:海权枢纽与大国兴衰》;科林·伍达德的《海盗共和国》。

像约翰·霍金斯、弗朗西斯·德雷克这样的人还有许多，他们既为自己的国家做出了重要贡献，也加剧了英国和西班牙等国的矛盾。虽然这样的说法值得商榷，但毋庸置疑这是事实。

是商人还是海盗，抑或其他，自有分说。

## 二 决定时刻

### 1

腓力二世是决不能容忍像约翰·霍金斯和弗朗西斯·德雷克这样的人肆虐的。他把这样的行为看作是持久性的挑衅，况且，伊丽莎白一世还在1584年签署了《无双宫条约》。当然，这也是女王对腓力二世与亨利·德吉斯领导的法国天主教同盟签署的《茹安维尔条约》的回应（详情可了解法国宗教战争与西班牙入侵英国计划相关的内容）。这一时期的英国和西班牙处于"冷战"阶段。

腓力二世在跨过"冷战"阶段后，决定以公开冲突的形式来解决两国争端。

一段时期以来，强势的伊丽莎白女王站到了荷兰的叛乱分子一边，不仅为他们提供财政援助，还派出英国军队给予支持。值得一提的是，西班牙帝国已经对这些叛乱实施了将近20年的血腥镇压，但收效甚微。本来两国之间就矛盾未解，现在伊丽莎白女王又公然支持叛乱分子，这就加速了腓力二世向英国开战的步伐。

伊丽莎白女王不可能没有感受到威胁的存在，鉴于两国关系日益紧张，她和她的顾问们已经将西班牙军事力量出现在运河沿岸港口的任何可能性视为致命威胁。这种高度的戒备心理，让英西两国的关系不可能得到缓解。

作为报复，1585年5月腓力二世对英国实施贸易禁运，所有外国船只都要交由西班牙港口暂时封存。同年秋天，他决定进攻英国，这不是他第一次做出这样的决定，但这次却显示了前所未有的决心。很快，腓力二世进攻英国的决心就得到了西班牙驻荷兰陆军总司令帕尔马公爵、圣克鲁兹侯爵阿尔瓦罗·德巴桑等人的支持，这些人都参与了进攻计划的制定。

作为勒班陀海战的老将，德巴桑是那个时代极负盛名的海军将领之一。面对英西两国不断升级的冲突，他在1583年就忠心耿耿地向国王建议对不列颠群岛发动攻击。早在1586年春天，他就以火一样的热情投入到筹划工作中。根据当时一位舰队官员的描述，德巴桑向腓力二世提供了详细的作战计划："他不仅在方案中提及了船只和火炮、人员和马匹、风帆和步枪，也提及了索具、船用应急饼干和火药桶，还有一支舰队为进行两栖攻击行动所需要的一切。"[196]

值得一提的是，德巴桑的方案是西班牙近代早期保存下来的重要文献之一。实际上，这份方案更引人注目的在于它高估了像腓力二世这样的君主所拥有的实际能力。因为，提供给侯爵用以入侵英国的总共510艘船、3万名水手和5.5万名士兵根本没有经过远航检

---

[196] 参阅加勒特·马丁利的《无敌舰队》。

## 第十章 决定时刻：由普利茅斯走向世界（公元1588年）

验，更不用说装备和供应了。偏偏国王置若罔闻。

好在侯爵本人发现了方案的不足之处，很快，一个新的计划产生了，这也再次印证了圣克鲁兹侯爵的火热工作态度。新计划的主要不同之处在于抛弃了单向作战的模式，转而与驻扎在荷兰运河沿岸的帕尔马公爵所率部队进行联合进攻。

这个新计划本身没有什么毛病，唯一的环境局限在于新计划的成功实施需要以两军的精确配合作为前提，但受限于当时不甚可靠的通信条件，协调工作始终很棘手，因而效果很差。尽管如此，该计划还是得以推进了。整个1586年，西班牙帝国的资源和装备不断流向这支登陆舰队，其规模在世界上前所未见。

不久，这个计划就泄密了。

警惕的伊丽莎白女王以及她的智囊团会盯住西班牙人的任何风吹草动，正如马丁利在《无敌舰队》一书中的描述："忧虑的伊丽莎白女王很快就与她的枢密顾问和将军们一起考虑对策。同时，她向帕尔马公爵派出代表，寻求进行和平谈判。"

不得不说伊丽莎白女王非常厉害，一方面寻求和平谈判，另一方面继续进行着"烧焦国王胡子"的计划。而弗朗西斯·德雷克继续筹备一支私人舰队对西班牙舰队实施袭扰，他希望用这种方式"烧焦国王胡子"。由于该计划十分划算、效果显著，很快就得到了伦敦商人一如既往的投资，也得到了伊丽莎白一世的支持。

1587年4月29日，由德雷克组建的以劫掠为主的舰队成功突袭了加的斯港，西班牙损失了30多艘船。随后，他还毁掉了西班牙舰队用于装备作战舰队的至关重要的物资，可谓效果显著。接下来的行动中，他获得了比之前要大得多的战果。

1587年6月,德雷克在亚速尔群岛附近劫掠了葡萄牙商船"圣腓力"号,这艘满载货物的商船价值高达14万英镑,全部为他所得。带着战利品安全返回英国的德雷克让伊丽莎白女王十分满意。

德雷克作为海上战略家的威望是毫无争议的,而西班牙人品尝到的苦果无疑与那份作战计划有关。

无论如何,腓力二世都必须给予英国人狠狠的回击了,他无法压制心中的怒火。

## 2

腓力二世万分恼怒,因为英国人的"下三烂"手段让他头疼不已。他敦促圣克鲁兹侯爵对英国人发动决定性一击。但是,圣克鲁兹侯爵依旧担心,他不停地强调着各种烦恼和问题,要求推迟行动。由于压力极大,圣克鲁兹侯爵被累垮了,躺在病床上的他口授了最后指令,于1588年2月9日逝世。

忠心耿耿的圣克鲁兹侯爵死在了巨大的压力之下,而腓力二世也失去了他最好的海军将领。替代圣克鲁兹侯爵的是锡多尼亚城公爵,如前文述及,他起初很不情愿,且忧心忡忡。但是,他最后还是上任了,愿意为国王尽自己最大的努力。

摆在锡多尼亚城公爵眼前的棘手问题太多。学者迈克·德莫特在《英格兰》一书里描述,这些棘手的问题莫过于"要使舰队装备能够达到有几分胜算的程度,需要近乎超人的工作热情;要实现这支舰队预计的装备规模,即便当时最强大的君主国资金也有些短缺。

## 第十章　决定时刻：由普利茅斯走向世界（公元 1588 年）

这一时期，根本没有一个欧洲主权国家能够使一支大型舰队在更长时间内做好战斗准备"。

如果不是西班牙拥有较多的海外殖民地，那里有大量的白银流入，腓力二世将会对舰队的开支毫无办法。直到1588年春天，这支舰队终于初具规模了。这一切能够得以实现，除了拥有财富上的支持，更重要的一点是西班牙人在地中海地区长达数个世纪的海战中所积累的经验。

考虑到之前的舰船大都是桨帆式的，不适合在波涛汹涌的大西洋上作战，因此在组建这支舰队时，只装配了4艘桨帆战船，大部分还是先进的盖伦帆船。西班牙人采用这种新式的舰船，主要是考虑到接舷战中的血肉搏斗一直在此前的海战中起决定作用。只是，西班牙船只的火炮装备不论数量还是口径都相对较弱，盖伦帆船则大大加强了近战效果。具体来说，这支舰队的士兵数量与水手数量比例接近3∶1；在船体结构上，盖伦船的船艏与船艉都修建了如城堡般巨大的上层建筑，士兵可以用步枪在上面向对手进行射击，然后再打接舷战。不过，西班牙的造船师可能忽略掉了一个重要的弊端，高大的上层建筑会对船只航行的稳定性能产生灾难性影响。不论刮起微风还是风暴，航行速度和抗压性都会减少许多。夸张点说，这和卷不动的船帆没什么两样。

从腓力二世的角度来看，这支舰队肯定是庞大又无敌的。从这支舰队的智囊团内心来讲，他们是想在海上打一场陆战，即用接舷肉搏战解决战斗，最终击败英国舰队。

困扰西班牙人的问题也同样困扰着英国人。有一点不同的是，英国的港口中产生了一支与西班牙海军截然不同的舰队，它的形态、装备和战斗技术都承载了远洋航海条件下获取的经验。英国人考虑的不是通过个人勇气来进行战斗,他们考虑的是用技术来弥补舰队的缺陷。依照他们的标准,英国船只必须具备速度快、机动性强的特点,这样才可以利用众多的大口径火炮在较远距离对敌人实施齐射,而不需要进行接舷肉搏战。只要稍加观察,就会发现英国舰队中人员的配备比例完全和西班牙舰队相反,其比例为1∶3。

继续分析,我们一定不能忽略掉舰队指挥官:

其一,英国舰队总司令、埃芬汉姆男爵查尔斯·霍华德(Charles Howard, 2nd Baron Howard of Effingham)海军上将具备一些海事经验。另外,他能给予属下的将领们广泛的行动自由,而锡多尼亚城公爵在这一方面做得要差一些。

其二,英国舰队的将领大都出身比较卑微。换句话说,他们大都是一群以海为家的"海狗",他们从社会下层能平步青云完全取决于航海技能和丰富的海上经验(否则也不会成功劫掠西班牙货船了)。这些"海狗"能够将船只按照和西班牙对手不同的作战原则进行建造及装备。

因此,我们有必要再次回到前文所说的观点,西班牙的进攻计划泄密了——只有这样,对手才可能知己知彼。

所有的准备都是为了这场具有重大意义的海战。西班牙舰队在出发前,还发生了一段小插曲,它对无敌舰队驶向毁灭或许有着不易被发现的关系。

1588年4月24日,里斯本举行了一场盛大的庆典祈祷仪式。鉴于这场祈祷仪式的重要性,教皇西克斯图斯五世(Sixtus V,1585—1590年在位)的特使也亲临现场。就在几天前,他与西班牙舰队中

## 第十章 决定时刻：由普利茅斯走向世界（公元1588年）

一位颇有经验的高级军官进行了谈话。

他说："一旦在英吉利海峡爆发一场海战，是否有理由坚信能够击败英国舰队？"

对方回答"当然"。

他接着问："你的把握从何而来？"

这时，对方的回答让他很吃惊，对方说："这很简单。谁都知道我们要为上帝的事业而战。当我们遇上英国人的时候，上帝肯定会指引我们向他们靠近并展开接舷战。他要么突然送给我们一场不可预知的坏天气，要么更有可能的是——英国人的头脑一下子错乱了。当我们开战之后，西班牙的勇敢和刀刃，还有我们船上的无数士兵肯定会给我们带来胜利。如果上帝并没有帮助我们创造奇迹的话，英国人的船只速度比我们快，机动性比我们好，尤其是火炮射程比我们远，他们和我们一样都清楚这些优势，不会与我们进行近战，而是会在一个安全得多的距离上排成长列向我们射击，我们没法对他们造成丝毫伤害。因此我们满怀着出现奇迹的希望向英格兰驶去。"[197]

既然西班牙人知道自身的弱点，也了解英国人的优势，居然没有去寻求破解的方法，反而如此轻描淡写地把胜利寄托到上帝身上。或许，从上帝的角度来看，无敌舰队就是这样走向悲剧之路的吧！

真是悲剧，这位高级军官的话如预言一般被证实了。

1588年7月29日晚上，的确有一个千载难逢的机会出现在西班牙舰队面前。阿内尔·卡斯滕和奥拉夫·拉德在《大海战：世界历

---

[197] 摘自加勒特·马丁利的《无敌舰队》。上述对话是依据教皇特使穆齐奥·布昂乔瓦尼在1588年4月写给枢机主教亚历山德罗·佩莱蒂·蒙塔尔托的一封信。

*461*

史的转折点》中写道:"本该利用迎风面朝着一部分尚未进入战斗位置、一部分甚至还停泊在普利茅斯港的敌船发动冲击,不需要上帝使英国人头脑错乱就能迫使其进入近战与接舷战的时候,他们的指挥官却并没有凭借老练水手的大胆直觉,而是按照出身、传统和指挥形势所注定的那样做出了决定,考虑冷静、充满责任感——然而却是错误的。"

这两位学者特别强调了两点:一是风向;二是冷静、充满责任感的瞻前顾后在那样的情况下是错误的。也就是说,西班牙人一旦失去这样的机会,失败就成定局了。需要说明的是,这绝不是草率做出的分析。对此,我们可以从学者汤姆森对无敌舰队的诸多研究中得到证实,他说:"似乎可以确定的是,在两项重要火力参数中,西班牙无敌舰队无论射速还是射程都处于劣势,这就使得它不管打多久都可能无法在海战中取胜。"[198]

我们还可以继续分析,从一位匿名的荷兰艺术家创作于1605年的名为《三桅帆装炮舰和盖伦帆船》的油画中发现明显问题——画面中呈现的是西班牙无敌舰队的激烈战斗场景,且谁强谁弱一目了然:西班牙一方的战船大都是巨型的(船桨为动力的三桅帆装炮舰和拥有高大上层建筑的盖伦船),英国一方大部分风帆战船的船体都比较小,具有很强的灵活性。还未等西班牙人的舰船靠近,英国人的炮火就击毁了许多艘敌方舰船。

从1588年7月30日至8月6日的7天中,西班牙无敌舰队向西缓缓航行,目的是在加来附近与帕尔马公爵的军队会合。学者汤

---

[198] 摘自加勒特·马丁利的《无敌舰队》,也可参阅科林·马丁(Colin Martin)和杰弗里·帕克(Geoffrey Parker)所著的《西班牙无敌舰队》(The Spanish Armada)。

## 第十章 决定时刻：由普利茅斯走向世界（公元1588年）

姆森在有关西班牙无敌舰队的论述中说："期间，英国人也从西边迎着风不断向对手靠近，使其进入火炮射程中，并向其实施一场西班牙人无法有效回击的射击。"也就是说，英国人利用炮火的远程优势优雅地避开了所有打算实施接舷战的西班牙战船，而西班牙人想要充分利用的跳帮战术几乎不可能实现了。

就这样，一场可以在一定时间内就见分晓的海战开始了。

3

西班牙的船长们由恼怒到越来越心灰意冷的情绪变化加剧了己方失败的步伐，而且这种情绪的变化让整支舰队失去了应有的纪律性和协调性。

第一阶段的战斗中双方损失都很小。英国人没有损失一艘船，西班牙人只损失了2艘：其中一艘的弹药舱爆炸，另一艘的沉没则是由于与己方船只发生碰撞。

根据锡多尼亚城公爵的回忆记录我们可以看出：8月6日那天，他命令舰队在加来海峡沿岸抛锚，并实现了任务的第一个主战术目标，集结起来的英国海军也没有能够阻止他快速突破英吉利海峡。阿内尔·卡斯滕和奥拉夫·拉德则认为公爵的回忆是出于对之前发生的事带来的胜利感而写。显然，这样的记录只能说明完成了所谓的"第一个主战术目标"不过是通往毁灭之路上短暂的喘息之机。锡多尼亚城公爵做梦也没有想到，多支军队的成功会合并能发挥出成效不是一件容易的事。而更致命的一点是，他的船只几乎将弹药储备消耗一空,尤其是炮弹。他立即向帕尔马公爵写信,要求帕尔马公爵解决弹药问题。可惜,这个问题没有得到解决,更糟的是,他并没有在约定时间和约定地点做好战斗准备。这一点可以从马丁利在《无敌舰队》中的描述得到印证:"根据原来的计划,帕尔马公爵的部队在海峡沿岸与无敌舰队会合后,应做好登上运输船的准备,以便在西班牙舰队的保护下朝英国海岸实施横渡。但是,无论军队还是运输船都未能出现。"

造成这样的局面,有学者认为是西班牙陆军司令帕尔马公爵糟糕的合作态度所致,因为像他这样富有经验的陆军指挥官肯定清楚这一点。不过,这样的分析未必就是最接近真相的。首要的一点,他对国王腓力二世的忠诚和军事能力都是无可置疑的。

所以,真正的原因是,帕尔马公爵觉察到无敌舰队从筹备到启程没完没了地拖延,所谓"兵贵神速",这样的拖延不知道有多少不利局面等待着无敌舰队;还有就是帕尔马公爵在了解了英国海军的优势之后已经对入侵成功失去了信心,他不想让自己久经沙场且忠心耿耿的部队做出无谓的牺牲。换句话说,帕尔马公爵从大局出发,尽可能让帝国的损失减少到最小。

8月7日晚至8月8日凌晨,锡多尼亚城公爵内心十分忧虑,又一个棘手的问题摆在他面前:缺少可供西班牙舰队停泊的大型深水港。这样一来,船只不得不停泊在海边,成为小型纵火船的绝佳攻击目标。

很快,危险就来了。英国人发动了一场火攻,令西班牙船只惊慌逃命。这是自海战开始以来舰队第一次丧失了秩序,并在第二天遭受到惨重的、同时也是决定性的失败。锡多尼亚城公爵长叹,回天乏术了。

## 三　国家崛起

### 1

这场对西班牙无敌舰队的海战发生在加来附近海峡沿岸的格拉沃利讷（Gravelines）。

西班牙船只已经有相当部分受损并且缺乏弹药，现在还要顶着逆风与强大的海峡水流朝佛兰德斯海岸漂流，可谓是"屋漏偏遭连夜雨"。

这支舰队已经没时间组成熟悉的半月形防御阵型了，这一阵型此前曾成功地提供了保护。约有12艘西班牙战船在战役中失踪，有的船只撞向峭壁，四分五裂。

依据英国军事史学家约翰·理查德·黑尔（John Richard Hale）在《无敌舰队的故事》（*The Story of the Great Armada*）中的描述："败走格拉沃利讷后，无敌舰队的战斗力崩溃了。锡多尼亚城公爵在战斗结束当晚写给腓力二世国王的报告中不抱任何幻想地承认了这一点。实际上他已经没有一艘具备战斗力的大型船只了，一部分战船受损严重，另一部分则缺乏弹药。"

在一位名叫皮尔森的指挥官的日记中，他对无敌舰队败走后的作战进程做了这样的描述:"第二天,作战会议提出了接下来的行动建议:要么明知送死,转向西南方攻击英国舰队,而这也只有在风向改变时才可能;要么试图沿着英国海岸向北航行,在苏格兰和爱尔兰附近绕一个弯,将剩余的船只和船员带回西班牙。锡多尼亚城公爵没有听从一些主张不顾一切继续战斗的下级军官的意见,再次根据他对国王的责任感做出决定,挽救能够挽救的一切。"[199]

无敌舰队的厄运并没有随着海战的结束而结束。在为时数周的返航途中,这支舰队遭遇了异常多的寒冷、大雨和风暴的肆虐。

这场肆虐让无敌舰队遭受到的损失远高于战斗期间遭受的损失。按照英国军事史学家约翰·理查德·黑尔在《无敌舰队的故事》中的说法:"盖伦帆船在爱尔兰西海岸成排地粉身碎骨,精疲力竭的船员上岸求救时,被英国军队无情地歼灭。即便是最终回到西班牙北部港口桑坦德和阿科鲁尼亚的船只中,损失也颇为巨大。这是因为,用未风干的箍桶板制成的劣质木桶所储存的水和食物腐败速度太快。整个10月的损失报告如此之多,以至于西班牙皇室只有经过特批才能穿丧服,因为人们担心这会造成人心动摇。"

就个人心境的难受度而言,除了国王腓力二世,恐怕要数锡多尼亚城公爵了。他奄奄一息、内心沉痛地抵达西班牙后,立即就向国王递交了履职报告。不过,腓力二世心里虽然难受,但他没有将罪责全部推在公爵身上,在回信中他从上帝的关爱角度问候了公爵健康状况,没有表露一点指责的意思。因此,公爵感激涕零,在身体痊愈之后依然尽心尽力地辅佐着腓力二世和他的继任者,直至

---

[199] 依据阿内尔·卡斯滕和奥拉夫·拉德《大海战:世界历史的转折点》中的引述。

第十章　决定时刻：由普利茅斯走向世界（公元1588年）

1615年逝世。

## 2

英国人在这次与世界霸主的对决中取得了胜利，许多军官、士兵和民众因此产生了非常乐观的情绪，霍华德勋爵在战斗结束当晚给国务秘书弗朗西斯·沃尔辛厄姆写了一封信，约翰·黑尔在《无敌舰队的故事》中记载了这封信的内容，沃尔辛厄姆在信中写道："西班牙舰队已经被重创，但它仍然由战斗力相当可观的强大战船组成……在没有实现目标之前，我不想给女王陛下写信。无敌舰队壮观、庞大和强盛，然而我们还是会一根接一根地拔掉它的羽毛。"

或许是英国人过于乐观，不久就发生了让英国人恐惧不已的事。英国人无法为自己的舰队提供足够的补给，因为贸易活动曾一度中断或不振，水手开始吊诡地大批死亡。对此，我们可以从8月14日霍华德勋爵给国务秘书弗朗西斯·沃尔辛厄姆的信中得到证实，信的内容在黑尔的《无敌舰队的故事》中也有记载："不得不目睹作战如此勇敢的士兵们大规模地悲惨死去，着实是一件令人伤心欲绝的事情。"

上述问题到底表明了什么呢？一个具备深刻意义的经验是：一个正在发展中的现代国家在建立和装备一支大型舰队中做到了资源的充足拥有和配备。换句话说，发展中国家在国力资源的准备以及建设较大规模的舰队时的矛盾能否得到调和，这一时期英国的资源是远远低于庞大的西班牙帝国的。

不过，英国人并没有持久悲观下去，他们努力寻找解决之法：女王的特许经营、私营商人参与到严格意义的国家军事事务中来（东印度公司）。从长远来看，它不仅促成大英帝国的崛起，还对资本主义经济形式在欧洲的胜利做出了巨大贡献。一个日不落帝国正在影响着全世界。从这个层面来讲，英国人取得了无法用金钱来衡量的胜利，直到美利坚建国，它的光芒才日渐式微。

# 第十一章

# 皇家海军的沉痛:四日海战不多时
## (公元 1666 年)

第十一章　皇家海军的沉痛：四日海战不多时（公元 1666 年）

# 一　争夺西班牙遗产

## 1

可能谁也没有想到，于 1659 年签订的《比利牛斯和约》[200] 会对国际局势产生如此深刻的影响。腓力四世因没有得到哈布斯堡王朝的支援，不得不割让边界领土给法国以和平结束战争，同意将西班牙公主玛丽·泰蕾莎嫁给路易十四，公主的嫁妆为 50 万金埃居，分三笔付清。1660 年 6 月 9 日，婚礼在法国南部城市圣让–德吕兹（St-Jean-de-Luz）举行，这项婚约使路易十四成为欧洲权力最大的国王。和约结束了西班牙与法国因争夺欧洲统治权进行的长达 11 年的战争，也结束了西班牙的大国地位。无论西班牙人有多么悲痛或难以割舍，一个不容争辩的事实摆在他们面前，由西班牙构建的世界帝国体系走向解体了。

那么，问题来了，这个帝国在世界范围内的遗产将由谁来接管？面对如此巨大的肥肉，海上的冲突怎能平息？"海权论"的提出者马汉将 1660 年作为其研究的起始年绝非偶然。这一年英国国王查理二世即位，当时因君主制复辟，查理二世才得以返回英国。5 年后，

---

200 法王路易十四与西班牙腓力四世之间的条约，订于 1659 年 11 月 17 日，它结束了 1648—1659 年发生的法西战争。

第二次英荷战争爆发（查理二世在位期间发动过两次英荷战争）。查理二世在强势的议会面前表现得不尽人意，他知道自己的王位是如何得来的，必须谨慎地行使其有限王权。同时，他也希望自己的地位牢固，这就需要大量金钱和较高的威望来维持。这两者要得以实现，只能通过海洋贸易才能获得，有了收获丰厚的海上贸易，大量金钱自然滚滚而来。查理二世当然知道在牟取暴利的同时是免不了军事上的冲突的，打败竞争对手中取得军事胜利就能提高自身的威望。

1659年签订的《比利牛斯和约》，距离1660年并不遥远。这是法西战争结束时签订的合约，西班牙当然不甘心走向失败，而正在崛起的法国显然跃跃欲试。西班牙的不甘心不用多说，法国因国王路易十四的即位也变得躁动不安。众所周知，这位国王有多么骄傲和不可一世！他自诩"太阳王"，执政期间（1661—1715年）法国发动了三次重大战争，即遗产战争、法荷战争、大同盟战争，通过这三次重大的战争，他于1680年开始成为西欧霸主。在《比利牛斯和约》签订后2年，即1661年3月9日，法国红衣主教卡迪纳尔·朱尔·马萨林（Cardinal Jules Mazarin）去世。需要说明的是，当时他还是法国的宰相，是这个国家的实际掌权者。那时的路易十四年仅22岁（1643年即位后并没有亲政），由母亲安娜摄政，而马萨林是著名宰相阿尔芒·让·黎塞留（Armand Jean Richelieu）[201]器重的人物，黎塞留临终前就把他推荐给路易十三，其权势自是不可撼动。也就是说，实际掌权的是马萨林，年轻的路易十四及其母亲没有实

---

[201] 1585—1642年，法国著名政治家和外交家。

## 第十一章 皇家海军的沉痛：四日海战不多时（公元1666年）

权。现在，这位权臣去世了，拥有远大抱负的路易十四肯定会采取行动。不久，他遇到了志同道合的人物让－巴蒂斯特·科尔贝（Jean-Baptiste Colbert），此人之前是马萨林的私人财务，深谙经济与财政之道，他特别推崇重商主义（也叫商业本位，产生并流行于15世纪至17世纪中叶的西欧），致力于建立殖民贸易公司。不得不说，这简直和路易十四的霸主梦想一拍即合。作为宰相的科尔贝敏锐地意识到增加财政收入对于当前推行的霸权政策有多么重要，财政收入中的大部分要从海外贸易中获得。于是，法国理所当然地加入了海军军备竞赛的行列。

一个是走向衰落的西班牙帝国，一个是正在崛起的法兰西，一个是想要稳定王权的英国国王查理二世。三方势力交错在一起，浩瀚的大洋上又要掀起腥风血雨了！

2

1588年，横扫世界的西班牙无敌舰队覆灭了，西班牙海军由此走向衰落，这意味着西班牙在海上发展的进程开始减缓。但是，这不意味着海上争夺就此结束，反而有愈演愈烈的势头。欧洲各国都重视在海洋上的作为，这时候的欧洲在军事方面呈现出的技术革新与意识形态的变化都可作为海上交锋背后要义的分析重点。

在海战战术和军舰历史等方面颇有建树的瑞典历史学家扬·格勒特（Jan Glete），在其所著的《海上战争，1500—1650：海上冲突和欧洲的转变》(*Warfare at Sea, 1500–1650: Maritime Conflicts and the*

Transformation of Europe）认为，与之前相比，甲板炮逐渐成为重要作战工具。这种革新技术不仅让军队战斗力得到了显著提升，还让战斗力更加持久。而火炮、炮弹和火药无须进食与供给，它们都可以通过舰船自身的运输能力被载至世界各地。作为政治实力的基础，物质力量便可以根据需要进行输出，这属于典型的大炮与巨舰相结合的理论运用。通过这样的方式，控制海洋进而利用其统治世界广大地区就比从前更容易了。应该说，火炮在军舰和商船上的运用就此成了欧洲扩张成功的关键。

只是，这种炮与舰相结合的形式要发挥出潜力还需要一些时日，因为能否生产出精良的火炮才是关键。笨重、生产成本高、装弹困难、射击精度不高，这些特点都是摆在那时人们面前的困难。特别是青铜炮的造价成本一直居高不下，那时的欧洲，铜长期供不应求，又因青铜炮的材质是铜锌合金，这种高难度合金技术不属于大众推广型。若采用铸铁炮，其成本固然降低了许多，却很容易炸膛，直到16世纪中期英国才基本解决炸膛的问题，能够成批生产出安全的铸铁炮。即便如此，武装商船对于价格低廉的铸铁炮使用不多，只是从大约1600年开始，往加勒比海以及远东地区航行的商船使用较多。17世纪时，许多舰队依然青睐青铜炮，因为铸铁炮在连续发射后会过热，仍然会炸膛。因此，如果使用铸铁炮，充其量只能让欧洲人在海外遭遇小规模作战时，起到一种威慑作用罢了，却无法承担起舰队与舰队之间猛烈的或者长时间的作战。

任何问题都会在巨大的利益面前得到尽可能快的解决，让诸国趋之若鹜的军备竞赛为广泛使用青铜炮提供了更多的可能。欧洲的"三十年战争"开启了这场军备竞赛。从某种意义上来说，"三十年战争"搅动了整个欧洲，使得整个欧洲充满了火药味。在战争的推动下，许多军事技术都朝着现代化的方向发展，这种技术的革新也作用于海上。"三十年战争"是欧洲近代史上最重大的事件之一，缘于1618年5月23日发生在波希米亚首都布拉格的"掷出窗外事件"，这一事件引发了连锁反应，随后，西班牙、法国、丹麦、瑞典、特兰西瓦尼亚、英国、荷兰、波兰-立陶宛、奥斯曼帝国、教皇国、许多意大利邦国或直接或间接参与到战事中，欧洲火药味瞬间变得浓烈。瑞典国王古斯塔夫二世·阿道夫（Gustav Ⅱ Adolf）[202]，曾说："各场小型的战争在这里汇集成一场全面的欧洲战争。"各参战国已经意识到舰队在战争中的重要性，通过海上作战能对战局起到积极的促进作用，按照马汉的理论，就是制海权的有效运用。

譬如当时丹麦的国王克里斯蒂安四世（1588—1648年在位）执政期间，积极促进工商业的发展，扩建港口，兴建城市和海上要塞，并废除了汉萨同盟的特权，引进荷兰新技术，在国务委员会的领导人尼尔斯·考斯和尼德兰工程师的努力下，丹麦逐步建立起了强大的舰队。在1596年时该国仅有22艘舰船，到1610年时就已扩充至60艘了，丹麦的海军力量不容小觑。

又如，瑞典国王古斯塔夫二世是一位好战的皇帝，他具备古代北欧海盗的冒险精神，犹如一头猛狮。为谋求波罗的海霸权，积极建立、扩充自己的舰队，在1611—1629年先后同丹麦、俄国和波兰进行战争，并取得了胜利。

其他的国家如西班牙、荷兰等也在"三十年战争"中系统地扩

---

[202] 1594—1632年，为了谋求瑞典在波罗的海的霸权，古斯塔夫二世在"三十年战争"中表现不俗，虽然不幸在吕岑会战中阵亡，但他在清教徒眼里荣誉崇高，被称为"北方雄狮"。

充了自己的舰队。"三十年战争"的价值不止这些,从长远意义来看,风帆技术的革新使得舰队的作战形式在16—17世纪发生了根本性的改变。1588年的重要战争,让西班牙的无敌舰队体会到了炮战的残酷性,传统的接舷战在这次战役中显得落伍。这种作战形式的改变,前提源于近代早期航海的技术性变革,即大幅度改进、提升了舰船的风帆性能。

许多变革都经历了较为漫长的时期。扬·格勒特曾这样写道:"总体而言,设计与建造配备火炮的风帆战舰是前工业化时代的欧洲所面临的最困难的挑战之一。"最重要的困难在于火炮自身的重量,尤其是射程更远的大口径火炮,其重量是惊人的。按照当时英国的计量方式,它是根据所发射弹丸重量进行核算的,1磅约0.45千克。一门24磅炮,即发射重24磅、约10.8千克铁质弹丸的火炮重量就重达2.5~3吨。这般重量,不难想象一艘舰船除了要承载配备巨型甲板建筑设施的重量,还要承载这种规格火炮的重量,其机动性能、平稳性乃至航速会受到什么样的影响。

解决这一难题的过程显然是较为漫长的,而且还付出了许多惨痛的代价。这里有必要再次述及瑞典国王古斯塔夫二世,这位国王不仅能征善战,还对建造舰船有着让人刮目相看的认识。即便如此,由他下令建造的盖伦帆船"瓦萨"号还是遭到了惨痛的失败。1625年,他决定建造一艘三桅巨型舰,要求战舰航速要快、火力要强、装饰要华丽,以便更有力地实现他在欧洲的海洋利益。"瓦萨"号长69米,宽11.7米,吃水4.8米,排水量1210吨,帆面积1275平方米,由1000根瑞典橡木制成,并配备了两层甲板和64门火炮。1628年8月10日,"瓦萨"号首航,在行驶不到1海里的时候,遭遇到

## 第十一章　皇家海军的沉痛：四日海战不多时（公元 1666 年）

一股强风而倾覆，沉于斯德哥尔摩港内。造成这次倾覆事件的根本原因不在于那股强风，而是两层甲板上的 64 门火炮以及高于水线约 20 米的船艉建筑。

　　如果能有更好的风力推进方式和搭载能力显著提高的船型，或许就能解决这一问题。15 世纪伊始，风帆面积就已经得到扩大了，中世纪时期的单桅船已经被淘汰，在双桅船出现后，三桅船也有了，而三桅船直到 17 世纪初还是舰船的标准船型。三桅船的桅杆设计是前桅和主桅各挂三面横帆，后桅用一面三角帆与另一面横帆固定。这种帆具的模式基本上在整个 17 世纪都没有改变。在船型方面，传统的搭载式船壳一般都是采用互相重叠的模板连接而构成船体的，类似于鱼鳞的架构形式。这种外壳到了 15 世纪被平接式取代，改为各根木条紧密相连，这样的好处是减小了船体的表面阻力。曾长期用于近战或接舷战的高大船艏和艉楼也被取消了，这样的好处在于船舶的上层建筑变得更为平坦，也就是说能加强舰船的平稳性。但是，这种上层建筑的高度减小需要在一定范围内，因为船型加大，或者说作战力要提升，一艘舰船至少需要两层火炮甲板，有时甚至需要三层火炮甲板。

　　然而，又有问题来了！当把大量的火炮安置在甲板上，并能适应作战需要时，如何降低重心呢？解决办法就是，火炮尽可能地放在靠近水线上方的位置。于是，从 16 世纪早期就开始使用"舷侧炮眼"了。这种设计非常人性化，在航行中，风浪大时就关闭，在作战时就打开。

　　随着航海能力的加强与提升，当活动范围扩大到全球的时候，欧洲的航海业得到了较大发展。譬如早期的地中海，桨帆船就是标

*477*

准的船型，无论是威尼斯、热那亚还是巴塞罗那和君士坦丁堡，这些地区建造的舰船都是大同小异。即便到了风帆舰船兴起的时代，在地中海地区桨帆船依然是首选。法国在大西洋的各个港口已成批建造先进的风帆战舰了，可在地中海的舰队仍然装备以桨帆为动力的舰船，足见这种传统的根深蒂固。

这种情况在发现新大陆与通往印度的航路后发生了重大改变，并使得地中海退居成为一个次要的内海。因为欧洲人能越过海洋进行更大、更远范围的扩张，海上贸易路线的转移也引发了欧洲经济重心的转移。于是，为了适应远洋航行的需要，为了自身安全和殖民，许多舰船都需要配备大口径火炮，同时为了增加用于储存补给和运输商品的空间，原先船体内复杂的构架也被取消，于是各种新的船型陆续出现了。

由此看来，"三十年战争"的确在诸多方面都起到了某种积极作用。不过，想要形成一支具有规模性、威慑性和实战性的舰队，各国面临的困难依然很大，就算是当时一些实力较强的国家依然如此。因为，这样的舰队至少需要具备以下三个条件：

其一，需要很强的经济实力，无论是大财团还是国家；

其二，需要一定数量的舰船和人员；

其三，需要一套专业的海军军官制度，以及内外部管理机制。

那么，谁能解决或者说打破这样的困境呢？

问题越大，解决的可能性就越大。

## 第十一章 皇家海军的沉痛：四日海战不多时（公元 1666 年）

### 3

17 世纪上半叶，海外贸易产生的巨大利益已经受到许多欧洲国家的重视。为了有效地保护这样的利益，欧洲各国都在为建设正规海军而努力着、竞争着。在这些国家中，尤其以尼德兰联省共和国（中文俗称荷兰共和国）最为突出。

这是 1581 年成立的"尼德兰联省共和国"，早在 16 世纪上半叶，荷兰因宗教与经济原因脱离了西班牙国王腓力二世的统治。在 1568—1648 年的战争中[203]，这个联省共和国以超强的抗压能力和反抗意识从欧洲各国中脱颖而出。

荷兰人懂得利用先进的造船技术与训练有素的水手进行持久抵抗。这主要是地理环境因素所致，尼德兰的北方诸省属于比较穷困的地区，为了生存被迫走向海洋，这就激发了他们心中开发海洋的欲望，想尽一切办法从海外贸易中获得一席之地。这种无畏的精神力量使得荷兰人不仅与西班牙人、葡萄牙人争夺海外进口货物，还凭借其誓死捍卫的契约精神、超强的执行力提升了在波罗的海与地中海的贸易份额，再加之因政治和经济方面的纷争，荷兰人不仅没有被西班牙、葡萄牙等国绞杀，反而通过战时的军需品贸易继续获得实力提升。

更让人惊叹的是，面对西班牙的咄咄相逼，荷兰人还创新了融资模式，并以此作为提高海外贸易利润的另一途径。1602 年，荷兰

---

[203] 即八十年战争，也叫低地国叛乱，是尼德兰联邦清教徒为反抗西班牙帝国统治展开的战争，主要通过一系列海战，最终取得了胜利，也使得荷兰共和国在欧洲崛起，成为强大的海上国家。

人建立了东印度公司,这是以"政府授予特权,财团、个人参与投资"为重要形式的股份公司,拥有这样的特权是为了方便给前往印度尼西亚的商船队融资,毕竟用公司的股份吸引投资还是有很大的诱惑力的。应该说,股份制公司的理念诞生于荷兰,而这一成功模式很快产生了化学反应,英法等国也先后复制了这样的模式。荷兰人用他们的敏锐意识,将政治与经济两方面的利益紧密地融合在一起,深刻影响了此后欧洲的历史。

当海上贸易需要发展并呈现出繁荣的景象时,海上贸易与海上劫掠似乎成了无法分割的连体婴。在有利可图的驱使下,商船队遭遇了更多的危险,因此它们都需要武装保护。在荷兰的许多港口,除了商船的武装配备得到了较大改善,战舰的数目也在增加。

香料贸易兴起于巨大的经济利益,并使得许多商船队不顾一切地开往远东海域[204]。荷兰人为商船队和战舰装配了先进的设施:两层火炮甲板、为补给提供尽可能大的储存空间、优秀的船员、经验丰富的船长和领航员……因此,17世纪上半叶,荷兰人的海外贸易几乎所向无敌,连此前垄断了远东海域香料贸易的西班牙和葡萄牙在这个时候也倍感压力了。

在远东建立了许多贸易据点后,荷兰本国的贸易也得到了迅猛发展,尤其是阿姆斯特丹强势崛起,让它成为当时的世界贸易中心。1580—1660年间是这个港口城市的超繁荣时期,单说人口数量就接近20万,成为位列伦敦、巴黎和那不勒斯之后欧洲第四大也是最富有的城市。

---

[204] 详情可参阅熊显华的《海权简史2:海权枢纽与大国兴衰》。

荷兰的崛起与强大很快成为欧洲多国羡慕不已的对象，如果要控制荷兰，就必须从它的海外贸易下手，掐断它的经济命脉。

战争正在悄然逼近。

## 二 海战不多时

### 1

在英吉利海峡的另一端有一个国家一直躁动不安，它就是英国。

在16世纪的时候，荷兰与英格兰这两个国家还如盟友一般，它们一起对抗西班牙，与腓力二世作战。当危机解除，盟友关系就开始出现裂痕。一开始，两国并没有爆发大规模战争，不是因为英国在坚守某种道义或仁慈，而是这个国家自身也有棘手的事情。1650年以前的英国处于斯图亚特王朝统治时期，国王查理一世（1625—1649年在位）正在为自己的王权费心费力，与议会之间的争斗让他没有更多的精力顾及海外贸易的诸多事宜。矛盾的不可调和使得局势继续恶化，1642年英国内战爆发，查理一世落败，强势的议会将他推上了断头台，成为英国历史上首位被公开处决的国王。

查理一世与议会之间到底在争夺什么呢？最核心的问题之一就是舰队建设问题。

打造一支舰队需要大量资金，查理一世为了王权的加强与扩大，

*481*

他按照皇家的标准分配了许多高级军官的职位，而议会仿佛就是刻意在对抗他，你分配越多，那我批准的费用就越少。查理一世当然不愿意协调这一矛盾，他让几乎是门外汉的贵族进入到舰队领导层，于是英国舰队不再平民化了，那些经验丰富的"海狗"没有了用武之地。面对这样的局面，英国议会表现出了强烈不满。

虽然查理一世与议会之间火药味十足，但在他执政期间还是有一系列的新式战舰下水了。这里值得一叙的就是于1637年开始服役的"海上君主"号，由伍利奇船厂建造，总造价超过4万英镑。主设计师佩特的最初设计是装配90门青铜火炮，但查理一世强硬地要求把火炮数增加到104门，总重量达到了153吨，并配备4层甲板，成为当时火力最强的战舰。高昂的造价，有将近一半的费用都用于支付造船工匠的薪水了，而这样的付出是值得的。该舰服役期超过了60年，海上作战中表现杰出，譬如在1652年的普利茅斯海战中，"海上君主"号仅用船的一侧火炮就将荷兰的一艘战舰击沉。

不过，高昂的造价也直接造成了查理一世的财政危机，与议会的矛盾丝毫没有缓和。1649年1月，查理一世被处决，随后共和国宣告成立。这一时期一批战舰也得以建造完成，以奥利弗·克伦威尔（Oliver Cromwell）为首的新政府成了实现自身利益的强大工具，那些富裕的资产阶级对于海外贸易也有更为强烈的愿望。

就在查理一世被处决后不久，英国同荷兰就爆发了战争，这场战争的导火索是1651年英国颁发的《航海条例》。条例的颁发可谓是掀起了巨大的风浪，对此，利奥波德·冯·兰克（Leopold von Ranke）[205]

---

[205] 1795—1886年，德国著名历史学家，对现代历史学的发展产生了世界性的影响，被誉为"近代历史学之父"。

认为:"(它)可能是为英国与世界带来最为广泛影响的一项。"《航海条例》对英国意义非凡,被视为"英国强大的主要源泉"。兰克的这一说法是将《航海条例》的影响力放在世界范围内进行阐释,而英国在世界范围内的影响将完全折射于从此之后的"日不落帝国"上。

《航海条例》中这样规定:今后凡运往英国的海外贸易货物,必须由英国船只或商品生产国的船只运送。每艘在英国卸货的商船,船长和至少四分之三的船员必须是英国人。若有违反,船只与货物将被没收。

因此,《航海条例》的颁布实际上就是对荷兰的公开挑衅,英国海军上将乔治·蒙克(George Monck)说得更露骨,他说:"说这个或那个原因有什么用,我们就想在当时由荷兰人掌控的贸易中分一杯羹。"[206]

荷兰国会愤怒异常,直接给出了回应。荷兰人当然知道这个条例对他们意味着什么,表面上看条例是针对所有国家,实际上当时在海外贸易中取得辉煌成就的还能是谁?1652年3月3日,国会做出了一项重要决定,在现有76艘战舰的基础上再装备150艘,以组成一支拥有226艘战舰的强大舰队。但是,这样的战舰数量所需要的费用实在是太大了,且时间紧迫——第一次英荷战争即将爆发——具体实施起来困难重重。因此,这项造舰计划被迫搁浅,只能改为建造武装商船。显然,这种船型是不适合作战需要的,因为一种具有革命性突破的战术的产生让它很快从主要海上作战中消失。这种战术就是一直沿袭到二战的战列线战术,它对战舰的要求很高,

---

[206] 参阅艾尔弗雷德·马汉所著的《海权对历史的影响》。

需要坚固的船体、多层甲板、优良的火炮、训练有素的船员和作战人员……

上述内容是荷兰无法在短时间内完成"扩舰计划"的重要原因之一。第一次英荷战争在1652年5月29日爆发，比官方宣战提前了。战争是在多佛尔海峡打响的，导火索是英国要求其他国家的船只在经过多佛尔海峡时必须向遇见的英国军舰行升旗礼。这一次，荷兰人决定不屑一顾，这主要是因为两国日趋尖锐的矛盾能轻易让荷兰人心生敌对情绪。事情说来也颇有戏剧性，当时，英国舰队在多佛尔海峡巡逻，而荷兰海军的商船护航舰队正好也在这一天途经多佛尔海峡，可以说是不期而遇。若换在以往，这事也不至于发生，但现在是敏感时期。面对英国海军将领罗伯特·布莱克（Robert Blake）[207]的降旗致敬要求，荷兰海军上将马尔滕·哈珀特松·特龙普（Maarten Harpertszoon Tromp）[208]拒绝了。于是，双方爆发了激烈的冲突，史称"古德温沙洲之战"（Battle of Goodwin Sands）。双方互相炮击4个多小时，荷兰方面损失了2艘战舰，罗伯特·布莱克的旗舰"詹姆斯"号也被打得千疮百孔。随后，英国人封锁了多佛尔海峡，7月28日，双方正式宣战。

封锁、袭扰、劫掠等都是控制海权的重要策略，英国方面据此控制多佛尔海峡和北海，拦截通过海峡的一切荷兰船只。海军将领罗伯特·布莱克将这样的策略发挥得较为出色，并使用了战列线战

---

[207] 1598—1657年，17世纪最著名的英国海军上将之一。
[208] 1579—1653年，也叫老特龙普，荷兰共和国最伟大的海军上将之一。他长期与法国海盗和西班牙海军交锋，具有很高的统帅艺术，特别是在1639年的唐斯之战中击败西班牙舰队，使西班牙海上霸权渐趋式微。

## 第十一章 皇家海军的沉痛:四日海战不多时(公元1666年)

术(另一种说法,此战术可能是马尔滕·特龙普最先提出的,但并没有马上运用到实战中),虽然不够成熟,但效果显著。

为了能与外海有联系,荷兰试图凭借强大的舰队进行商船护航行动,强行通过多佛尔海峡。尽管有经验丰富的海军将领特龙普为统帅,尽管荷兰水兵的单兵作战能力很强,但是各舰缺乏协调能力的弊端长期没有得到有效解决,加之装备和数量方面的欠缺,使得英国的海上封锁策略奏效了。

1653年6月,英国在加巴德海战(Battle of the Gabbard,英国人在这场海战中使用战列线战术,让荷兰人付出了惨重代价)击败荷兰后,荷兰完全失去了对英吉利海峡的制海权,其海岸也受到英国海军的严密封锁。8月初,特龙普决定放手一搏,率领100多艘荷兰军舰出战,试图打破封锁。英国则派出了以乔治·蒙克指挥的海军舰队迎战。8月10日,双方在斯海弗宁恩(Scheveningen)海面交战。

这是具有决定性意义的一战,双方都损失惨重。战斗刚开始,特龙普就不幸阵亡,他的死让荷兰人倍感心痛,特别是奥兰治派(由奥兰治贵族形成的政治派系)从此失去了政治影响力。随后,荷兰在损失了11艘军舰后返港。英国人的情况也好不到哪里去,由于有35艘船遭到重创,蒙克不得不解除了对荷兰的封锁。

由于荷兰过度依赖海外贸易,在英国海军的封锁下,其经济受到很大影响。据说,一向以繁荣著称的阿姆斯特丹街道上竟然长满了草,乞丐遍地,经济的急剧下滑让将近1500所房屋无人居住。

荷兰在厄尔巴岛(意大利中部托斯卡纳大区西边海域的一座岛屿)、来航(Leghorn,今里窝那,意大利西岸第三大港口城市,位

*485*

于托斯卡纳西部）海战的胜利，也让英国的地中海贸易完全陷入瘫痪状态。

这两个国家都被战争拖得疲惫不堪，最后双方开始谈判，最终于1654年4月5日签订了《威斯敏斯特和约》。

2

这场海战的过程或许不是最重要的，最重要的是在过程中或者是结束后所呈现出的革命型突破。

第一次英荷战争的许多次海上交锋采用的依然是传统的海战形式，袭击对手的商船队，劫掠单艘或多艘商船，封锁港口，以此破坏交通线和贸易活动。譬如布莱克曾派舰队到苏格兰北部袭击荷兰东印度公司的运银船；到北海击沉或捕获荷兰的捕鱼船；进入波罗的海破坏荷兰和北欧、东欧方面的海上贸易。英国人通过这样的方式的确取得了一些成效，然而在一场纯粹的海战中，正如马汉所言，通过歼灭对手的主力舰队来夺取制海权，它只有在大规模的海战中才能实现。并且，也只有通过最有效地发挥出舰船的攻击火力才会赢得大规模的海战胜利。这一切都必须要有全新的舰队装备以及舰队、人员的三效合一方能如愿。

英国人在这方面表现得前卫，1636年出版的《英国舰队作战指南》是第一份以书面形式呈现的作战条令。这是在诺森伯兰伯爵阿尔杰农·珀西（Algernon Percy, 10th Earl of Northumberland）命令下出版的作战指南，旨在强化作战纪律。譬如条令规定：不得追逐

## 第十一章 皇家海军的沉痛：四日海战不多时（公元 1666 年）

逃跑的敌舰，而要攻击敌人实力最强的一点，以此瓦解其抵抗。在这份指南中，英国人已将整个舰队按白、红、蓝三种颜色的令旗进行划分，形成前锋、主战和后卫三个舰队，各舰队配备精良的火炮。在海战初期，虽然风帆指令（按照风向而制定的指挥策略，多受制于风向）、火炮优势成为获胜的重要条件，但是，配合以更为默契的战术和阵型很快就被证明是非常有效的。因为，即便是迎风面，也可以借助这样的战列线趁机越过敌人，然后集中火力实施齐射。

上述描述会让许多人提出这样的质疑：战列线战术也不过如此！

按照当时最大的舰队规模 60～100 艘计算，其技术层面的困难尤为明显。战列线战术要求舰船间以极小的间距首尾相连，并且要保持这样的间距相连航行一段较长的距离。这绝对不是一件容易完成的事——17 世纪的战舰不是以标准化工业流程进行生产的，属手工制造的产物，就像世界上没有两片相同的树叶一样，没有两艘船是完全一模一样的。这就导致其吨位大小、风帆面积和航海性能都存在差异。只有通过训练整支舰队的协调性，才能以战列线形式推进。这对舰队成员的航海技艺、执行力和纪律性要求都十分严格。

即便具备了上述各方面的前提条件，也只有基本等重的舰船且具备一定的规模才能成功实施战列线作战。

具有革命性的突破是需要一套标准化的体系来推进的，而第一次英荷战争就起到了这样的推进作用。

随后几年内，欧洲诸国的主力舰队就停用了武装商船和轻型船。毕竟，这样的舰船航海性能低劣，火力也较弱。取而代之的是大型的战列舰，并由此形成一套只在细节上有差异的战舰评价体系——

相比以前，这算是很大的进步和突破了。评价体系的主要依据是船只大小和火力配备。以英国海军为例，一级战列舰装备的火炮数量在100门以上，二级战列舰90～100门，三级战列舰80～90门……更轻便的六级巡航舰20～40门。

训练体系和标准也出现了大变革，以往战时征召未经训练的水手与船长的传统做法已经过时了。英荷两国冲突过程中体现的弊端和优势让我们明白，只有舰队人员的配合度和舰队指挥官的统筹、应变等能力达到完美一致，才能在具体作战中拥有更多的胜利条件。它更是新式战舰形成战斗力的基础。

无论是战时还是和平时期，一支新式的舰队能做到随时待命，是需要庞大开支的。为此政府财政将支出一笔很大的费用。如何解决这一难题呢？长期以来，只有通过发行国债或者提高税收来解决。譬如英国海军的支出从1585年至1604年间的150万英镑上升到1689至1697年间的1900万英镑，建造一艘战列舰的花费在此期间已经增长了4倍，还不算港口基础建设、船厂和火炮铸造厂等开支，其费用更是惊人。此外，海军的发展也大大促进了资源开采，众多专业程度较高的工匠、绞缆匠、制帆匠和铸炮匠等人才的诞生。

因此，仅仅通过国家的财政支出是不够的，更重要的一点是国民意识以及支持度也得跟上。正如德国学者沃尔夫冈·莱因哈德（Wolfgang Reinhard）在《国家权力史》(Geschichte der Staatsgewalt)中所说："普遍的义务教育、服兵役与纳税的履行情况来考察现代国家发展，纳税义务的履行对舰队建设意义重大。"参考前文英国海军的开支增加幅度，英国能迅速崛起，这方面的因素不容忽视。

17世纪欧洲各国的主要航海国家，像瑞典、丹麦、荷兰、英

## 第十一章 皇家海军的沉痛：四日海战不多时（公元1666年）

国和法国，它们都在许多港口建有造船厂，并由此产生了负责舰队的建设、维护和投入的海军官僚制度。这都是英荷战争带来的积极影响。

虽然荷兰在第一次英荷战争中失败了，也接受了英国人的《航海条例》，不过，双方心里都很清楚，签订的《威斯敏斯特和约》就是一纸空文而已，谁也不服谁的心理正在暗暗作梗。尤其是荷兰，不仅没有遵守合约，反而因此变本加厉，海外贸易一度更加繁荣起来。

第一次英荷战争并未伤及荷兰的根本，英国也无法采取有效的控制措施让荷兰遵守条约之规定。这当中还有一个重要原因：护国公奥利弗·克伦威尔（集立法权、行政权和军权于一身，护国公就是典型的无冕之王）去世后，英国进入到理查德·克伦威尔统治时期。这是一个执政能力远不及他父亲的护国公，他虽然继承了父亲的独裁统治，却无力镇压反叛的贵族与军官，英国政坛陷入混乱不堪的局面，君主制在这样的情况下恢复了，流亡在外的查理二世趁机回国。1660年，查理二世在多佛登陆，回到伦敦，次年4月，在议会支持下正式加冕为不列颠国王。查理二世即位后并没有展开血腥报复，只处死了9名签署其父王查理一世死刑命令的人，同意与议会共同管理国家。他是个脾气随和的人，对不同的宗教信仰持很宽容的态度，作为国王他很有魅力、十分风趣，受到臣民的爱戴。不过查理二世十分好色，拥有情妇无数，被人们称为"欢乐王""快活王"。查理二世复辟初期，由于英国忙于处理内政问题，根本无暇顾及荷兰。

此时的荷兰不但从之前的"失败"中恢复了，还把海外贸易的触角伸向了印度[209]。出于海军军备竞赛和海上贸易的竞争需要,英国议会向查理二世施加压力,要求他对荷兰再次开战。查理二世能够当上英国君主,议会势力起到了重要作用。于是,第二次英荷战争爆发在即。

1663年,英国皇家非洲公司进攻荷兰在非洲西岸的殖民地,企图从荷兰人手中夺取一本万利的象牙、奴隶和黄金贸易。1664年,查理二世把新英格兰和特拉华湾(Delaware Bay)[210],以东的英国殖民地交给弟弟约克公爵詹姆士管辖。1665年夏天,约克公爵的一支海军远征队占领了荷兰在北美的殖民地新阿姆斯特丹。在英国人强大炮火的控制下,考虑到胜算机会不大,荷兰人就投降了。在夺取新阿姆斯特丹后,英国人把它改名为"纽约"(New York)。据说,这是为了将占领的新阿姆斯特丹作为礼物送给约克公爵詹姆士而改名(New York的意思就是新约克)。

这样的挑衅和耻辱让荷兰人无法忍受,6月14日,第一场海战在英格兰东海岸外的洛斯托夫特(Lowestoft)爆发。因此,英国人占领新阿姆斯特丹可算第二次英荷战争的导火索。愤怒的荷兰人在这场海战中表现得很英勇,但还是以惨败收场。荷兰人损失了17艘战舰,4000人阵亡,而英国人仅损失了2艘战舰,800人阵亡。

荷兰人失败的原因,德国学者阿尔弗雷德·施滕策尔(Alfred Stenzel)有较为精辟的论述,他在著作《海战史》(Seekriegsgeschichte)中写道:"这样一场按套路进行的海战持续时间并不长,荷兰舰队的混乱使英国人很快占据优势。此外,许多舰长缺乏训练

---

209 详情可参阅熊显华的《海权简史2:海权枢纽与大国兴衰》东印度公司章节。
210 意为"瀑布附近",特拉华河的出海口,今属美国。

而导致……各舰间的不协调也严重妨碍了协同行动与船只机动。这场以快速航行排成间距极小的封闭纵列而拉开序幕的海战中,英国方面严格遵守作战指令,第一次使用了正确的战术进行作战。"

施滕策尔所说的"正确的战术"就是战列线战术。一开始,荷兰人处于有利的顺风位置,但其舰队未能抓住时机主动攻击,等到风向改变之后,荷兰人才顶风攻击。结果,在英国舰队战列线阵型的猛烈炮火下,荷兰舰队很快就被打散了,舰队指挥官雅各布·范瓦塞纳·奥布丹(Jacob van Wassenaer Obdam)阵亡。

不过,荷兰人很快就扳回一局,它就是著名的"四日海战"。在这动人心魄的4天时间里,荷兰人终于突破了英国舰队的战列线,将其一分为二。

3

奥布丹的阵亡让荷兰失去了一员猛将,舰队指挥权被交给另一位极具才华的将领米希尔·阿德里安松·德勒伊特(Michiel Adriaenszoon de Ruyter)[211]。在第一次英荷战争中,他是特龙普的下属,曾获得了一支分舰队指挥权,任海军准将,未能有更多的表现机会。即便如此,他在1652年8月16日的普利茅斯海战中击败了英国海军将领乔治·艾斯丘(George Ayscue)。这是一场在舰队指

---

[211] 1607—1676年,荷兰历史上最负盛名的"海上杀手",在第二次、第三次英荷战争中表现极为出色,成为首屈一指的海军战略家。1676年4月22日,在与法国地中海舰队的交锋中被围攻,69岁的老将德勒伊特身负重伤,一周后伤重不治。他死后,荷兰海军迅速走向衰败。

*491*

挥、舰船运转技术、海战技术和炮术方面都堪称一流的对决。德勒伊特指挥中央舰群两次切断英国舰队的战列线,英国舰队损失战舰3艘,伤亡1200人。在出任荷兰海军舰队司令后,他利用冬季来临后的休战期,励精图治,训练水兵,重建舰队,使荷兰海军迅速重新崛起。

在1666年6月1日—4日的四日海战中,英国舰队犯下了一个严重的战略错误。在海战开始前,英国收到一份错误的情报:法国舰队已抵达英吉利海峡,准备进攻英国。英国人担心法国舰队会对英作战,就分拨了主力舰队中的20艘舰船去拦截。这样的安排正好中了荷兰人的圈套,就算法国舰队正在支援的途中,这种分散主力舰队的做法也是极不明智的:作战的首要原则是要最大限度地集中优势兵力进行决战。

现在,英国舰队只剩下58艘战舰了,而荷兰舰队则有84艘。当荷兰舰队出现在视野中,作为指挥官之一的乔治·蒙克当即决定利用有利的风向进行冲锋,其他指挥官如乔治·艾斯丘爵士、托马斯·特德曼(Thomas Teddeman)爵士等也相继投入战斗。双方都打得很英勇,海战演变成一场持久战,英国人利用更精良的火炮和严格的作战纪律来抵消舰队数量少的缺陷,荷兰人在德勒伊特的出色指挥下化解了敌方的这些优势。

海战进行到最后一天,形势终于偏向荷兰人这方。原先抽调去拦截法国舰队的英国分舰队虽然返航与主力舰队会合,但未能改变局势,因为德勒伊特已将英国人的舰队一分为二,冲破了战列线。当时,乔治·蒙克的中央战线的舰队航速过快,导致战列线出现了缺口。德勒伊特迅速抓住战机,命舰队快速冲进缺口,随后又突破了多处战线,而他也终于可以对英国战舰的舰艏与舰尾实施集中炮击的战术了。

我们无从知晓乔治·蒙克为什么会如此急切,也许是皇家海军的士气低落所致,也许是对战事充斥着不乐观的情绪。不过,有一点可以肯定,作为指挥官之一的蒙克在这次海战中承受着巨大的心理压力,他担心一旦失败,会让本就低迷的士气更加不堪。他想尽快打败荷兰舰队,以此提升皇家海军的士气。而德勒伊特或许正好利用了他的这种心理。如果不是鲁珀特(Rupert)亲王的援军到来,英国舰队的损失将会更大。

四日海战以荷兰人的胜利结束。英国损失了10艘战舰,死伤2500多人,有近2000人被俘虏。荷兰损失了4艘战舰,伤亡人员不到3000人,按照荷兰人的说法,他们完胜了。不过,这次胜利的因素是多样的。

一方面是英国海军遭遇了财政困难期,议会想尽办法在1665年10月批准拨款125万英镑,却如同杯水车薪。克伦威尔军事独裁时期,长期对内镇压反对势力,对外又远征爱尔兰、苏格兰……加之政界、军界腐败不堪,英国财政吃紧。

另一方面,荷兰人利用休战期实施了扩建计划,并寻求盟友帮助。经过多方斡旋,1666年初,丹麦和法国决定加入荷兰这方。丹麦的重要作用在于可以封锁波罗的海,阻断英国人用于建造船只的原材料供应;法国的加入主要在于路易十四这个年轻的国王野心勃勃。三十年战争就这样变得更加热闹和复杂了!

再一方面,当时伦敦发生的鼠疫和大火使得英国人情绪低迷。这场瘟疫就是1665年的淋巴腺鼠疫,疫源至今没有确切说法,一种说法是从荷兰传入的，之前阿姆斯特丹曾经发生过这样的瘟疫，死亡人数不少于5万人。来自这个区域的运输棉花的商船进入了伦敦外围的码头地区和圣贾尔斯教区，随后瘟疫蔓延，有超过8万人死于这次瘟疫。著名作家丹尼尔·笛福据此写了一部叫《瘟疫年纪事》的历史小说。第二年，伦敦爆发了巨大的火灾，灾源是位于伦敦布丁巷的一间面包铺。大风刮起，火势很快蔓延开来，连累了整座城市。4天时间里，87间教堂、44家公司、1.3万间民房全部被焚尽。厄运接连而至，给英国人造成了心理创伤，就连皇家海军的士气也受到了影响。

4

四日海战的失败让英国人品尝到了比伤亡数字更大的战略苦果。

在鲁珀特亲王的舰队支援下，英国海军回到了本土军港，领导层也因这次海战的失败爆发了激烈争吵。其中一个焦点问题就是：为什么要派出一支舰队去对付从未出现的法国人？设身处地去想，英国人因这样的决策导致舰队实力大打折扣，一场徒劳无功的拦截最终是令人气愤的。返航的战舰大部分受损严重，已无法继续使用，而大修又需要许多资金。议会多次向查理二世提出用于维修舰船的财政拨款要求，而国王竟然将之前已批准的款项中的大部分用于宫廷事务去了。雪上加霜的是，法国人趁火打劫，不断对英国商船进行劫掠，损失越来越大。

原本想着从英荷战争中捞取巨大经济利益的伦敦商人在看到得

## 第十一章　皇家海军的沉痛：四日海战不多时（公元1666年）

非所愿后，对战争的热情支持明显下降。舰队的补给因财政匮乏始终不足，各类军备与补给供货商也因长期未收到货款，拒绝再进行赊购。这次海战损失了不少兵员，想要重新征召困难重重，海军部试图通过发行"票证"来解决，但收效甚微。他们心里很清楚，这种所谓的"票证"不过是一张空头支票而已，甚至有沮丧的海员把"票证"以极低的价格卖给投机商。塞缪尔·佩皮斯（Samuel Pepys）在日记中写道："我用了整整一上午把他们昨天和前天从家里拖出来的壮丁们装上船，这些人大部分不适合出海。其中很多人都很有教养，真是一种耻辱。"就连一向以繁荣著称的"泰晤士河渡口也完全崩溃了，因为渡船工人害怕被拖上战舰甲板，都逃走了"。鼠疫和大火造成了巨大的损失，仅重建费用就达到了1000万英镑。1666年8月4日至5日是英国的圣詹姆斯日，按理说，这一天的海战胜利或多或少能为英国人带来点什么改变。然而，这样的胜利却没有让英国人厌战的情绪得到好转，也没有让财政的枯竭得到缓解。

不得不再说说德勒伊特的厉害之处。在四日海战击败英国舰队后，他决定再给英国人一次沉重打击，以此彻底摧毁英国舰队。在荷兰大议长约翰·德维特（Johan de Witt）的命令下，他开始实施一项计划：摧毁正在肯特郡查塔姆（Chartham）地区梅德韦港（Medway）整修的英国舰队。为了达到这个目的，荷兰人成立了世界上第一支用作两栖登陆的海军陆战队，2700名海军陆战队员将分乘10艘舰船。为确保这次突袭的胜利，德勒伊特决定联合法国舰队。然而，计划实施的那天，法国舰队没有出现，加之当天天气状况十分恶劣，虽然一些英国舰队准备开出港口已产生了战机，但猛烈的海上风暴把荷兰舰队赶回了佛兰芒海岸，8月1日的海上行动被

*495*

迫取消。

8月3日荷兰舰队再次穿越北海。这一次,德勒伊特打算突袭。经过一系列准备,8月4日舰队出航了,不料在多佛尔海峡的北部海域与英国舰队相遇。这是一支由鲁珀特亲王和乔治·蒙克联合指挥的舰队,双方展开了较为激烈的海战,荷兰舰队损失了2艘舰船,伤亡1200人,英国方面死亡300人。随后,荷兰舰队撤离。

8月8日发生了著名的"霍尔姆斯篝火事件"。这是英国人为了报复之前荷兰人的袭击行为,霍尔姆斯奉命率领一支小型分舰队突然出现在弗利兰岛(Vlieland),却意外发现隐藏在这片海域的荷兰商船。这些商船的数量有150多艘,鳞次栉比地排在一起,由于荷兰人几乎没有防备,英国人轻轻松松放了把火将船队付之一炬,随后英国人又劫掠了弗利兰岛。

这样看来,荷兰人失败了!但是,荷兰人在战略上取得了巨大胜利,因为英国人在相对较长的时间里再也无力造舰了,加之瘟疫、火灾和财政严重吃紧,更没有能力发动大规模海战。在这种情形下,英国人怎能高兴得起来?"荣耀胜利"的背后却是士气的再次低落。事实上,荷兰人也不好过,长期的战争耗费了大量财力、物力和人力。于是,双方要求和平谈判的意愿也日趋明显,但是荷兰人有着秘密打算。荷兰大议长约翰·德维特决定通过一场惊人的胜利来为谈判获取最大的利益,他的计划是突袭梅德韦港,劫掠那里的黄金、木材和油脂等物资,要知道那里仅黄金储存量就高达四五吨。

这次突袭能成功的原因是多样的,最重要的一点是1667年初,在确认法国无意进攻英格兰后,查理二世决定不再继续增加海军装备,也不再理睬荷兰采取积极进攻的各种信号。这可能是导致英国

## 第十一章 皇家海军的沉痛：四日海战不多时（公元 1666 年）

人放松警惕而损失惨重的原因。

1667 年 6 月 19 日，德勒伊特率领荷兰舰队到达泰晤士河口。当时正值黑夜涨潮，这为舰队顺流航行提供了很大的便利。舰队通过连续炮击很快就占领了英国希尔内斯（Sheerness）炮台，存储在这里的四五吨黄金被荷兰人全部夺取，外加大量木材和油脂等军用物资。22 日，荷兰舰队到达查塔姆船坞，在炮火的猛烈轰击和纵火船的焚烧下，停泊在那里的 18 艘巨舰有 6 艘被摧毁，乔治·蒙克的旗舰"皇家查理"号（Royal Charles）也被荷兰人带回国内。今天，在荷兰国家博物馆还能看到这艘被缴获的巨舰上的木刻舰艏徽章。

这次行动给英国造成了近 20 万英镑的损失。一位目击者写道："这些威武雄壮、战绩辉煌的战舰的毁灭，是我生平所看见的事情中最令人心痛的。每一个真正的英国人见了都会伤心泣血的。"面对这雪上加霜的损失，英国人倍感耻辱，而许多英国人因内心恐慌，欲逃离伦敦。很快，一场关于追究责任的争吵便展开了。塞缪尔·佩皮斯在 6 月 24 日的日记里这样写道："D. 高登昨天对我说，枢密院会议上吵得很厉害，人人都想把因指挥失误导致大型战舰未能启动的责任推给别人。"

约翰·德维特的计划成功了！1667 年 7 月 31 日，英荷两国在布雷达城堡签订了《布雷达和约》。荷兰政府为表彰德勒伊特为合约签订所起到的重要作用，决定赏赐他一个价值不菲的金杯。这是一份双方都互有妥协的和约。对英国而言，除了《海航条例》继续生效，还得到了新阿姆斯特丹，并获得哈得孙河流域的殖民权。荷兰方面，则重新获得荷属东印度群岛以及在南美洲苏里南的权益。

然而，《布雷达和约》的签订并没有让战火得到长久的停歇，仅过了5年，烽烟再起。而一个国家的加入，使得局势变得更加复杂起来。

它就是法国。

## 三　法国加入

### 1

查理二世做了一件非常绝密的事情，据说只有极少数核心大臣才知道此事。

《布雷达和约》的签订意味着第二次英荷战争结束，但是围绕着这次战争的失败责任归属问题，英国议会和宫廷之间爆发激烈的争吵。英国曾在第一次英荷战争海战中击败荷兰，国民和议会对第二次英荷战争的胜利抱有很大的希望。议会指责国王在情妇和奢侈生活中挥霍太多，在战争中有指挥不当之嫌。王室则指责议会过于吝啬，没有为国王提供足够的经费用于战争所需。

查理二世的首席大臣克拉伦登伯爵爱德华·海德（Edward Hyde，1609—1674年）清楚地意识到，这样的争吵推诿是没有任何意义的，于是，他开始从中斡旋。早在查理二世即位时，他就是著名的和事佬。查理二世即位后想大开杀戒为父王报仇，若不是这位重臣斡旋，会有更多的人受到伤害，最终查理二世只杀了9人。这

## 第十一章　皇家海军的沉痛：四日海战不多时（公元1666年）

一次，克拉伦登伯爵继续从中斡旋，希望平息争端。然而，他却遭到双方的一致弹劾，成为战争失败的替罪羊，以叛国罪论处，被流放。

这是复辟以来，英国政坛上首次出现权力真空，而议会这方也缺乏有力的领导。查理二世的盘算实现了，他趁着混乱的局面扩大了自己的权力与影响。

即便如此，英国面临的最大问题也没有解决，这就是财政状况不容乐观。虽然查理二世即位时，凯瑟琳王后从葡萄牙带来了80万英镑的嫁妆，以及出售敦刻尔克获得了500万里弗尔（法国货币，铸造于图尔城，是当时英法交易最常用的货币，1里弗尔相当于1磅白银），但是，财政吃紧的状况仍然没有得到解决。查理二世多次向议会提出财政申请，每次都被否决，这让他心里十分窝火。第二次英荷战争开始，议会终于拨款600万英镑。这笔巨款仍旧不能满足战争所需，加之大瘟疫和伦敦大火等接踵而至，财政几近瘫痪。为了解决财政危机，议会于1668年5月开始征收酒类和醋税，议会由此增加了对王室的拨款。到1670年，查理二世的财政收支才基本达到平衡，但是战争中欠下的巨款还是无力偿还。

第二次英荷战争失利后，英国的国际地位下滑。17世纪后半叶的英国，宗教问题十分敏感，许多英国人对欧洲大陆的天主教国家有猜忌。荷兰和英国都信仰新教，但问题是两国在海外贸易、殖民地问题上存在着很大的利益纠纷，加之查理二世的外甥奥兰治亲王威廉和大议长约翰·德维特的权力争斗，使得荷兰在外交政策中有意疏远英国。1662年，为了抵抗来自西班牙的威胁，荷兰同法国结盟。但因为斯图亚特王朝和波旁王室有姻亲关系，所以即便法国在第二

*499*

次英荷战争中对荷兰有战略上的帮助,它和英国的关系也算良好。

查理二世的国务大臣阿林顿伯爵亨利·贝内特(Henry Bennet, 1618—1685年)认为,英国在国际舞台上应该有更多的发言权。如果英国能与西班牙合作,就能抵抗来自荷兰与法国结盟的威胁,也必然会得到哈布斯堡王朝的感激,继而从广袤的西班牙殖民帝国中得利。

不过,查理二世更欣赏法国的传统君主制,他迫切希望自己也能建立起路易十四一样的专制统治。而议会不信任任何大陆天主教国家,对信奉新教的荷兰抱有仇视的态度,这也是查理二世与议会矛盾不可调和的重要原因之一。对此,当时法国驻英大使鲁维尼侯爵亨利·德马叙(Henri de Massue, 1st Marquis de Rouvigny)曾以蔑视的口吻评价道:"他们不信任我们,看不起西班牙,却又仇视荷兰。"[212]

查理二世面临的窘境就是,身边剩下的大臣们分崩离析、诚惶诚恐(首席大臣克拉伦登伯爵成为替罪羊,该事件对他们影响很深),而他在大陆上没有一个盟友。内忧外困的查理二世倍感憋屈,他得想尽办法解决眼下的危机。

---

[212] 黄丽媛、陈晓律的《对1670年英法〈多佛尔条约〉的重新解读》,外文史料可参阅利奥波德·冯·兰克所著的《英国历史·第三卷》(*History of England. Vol. III*)。

## 2

时机来了！1667年爆发了法西遗产战争。路易十四的王后玛丽·特蕾莎（María Teresa）是西班牙国王腓力四世的长女，1660年，她嫁给了路易十四。这场联姻能成功是有一定条件的，两国曾商定以50万镑的嫁妆换取其放弃对西班牙王位的要求。本来这事应该没有什么争议了，但腓力四世去世后，一场关于他遗产的纷争开始了。路易十四要求得到弗朗什－孔泰（Franché-Comté）、纳瓦尔（Naval）和那不勒斯等领地，即位的皇帝卡洛斯二世（玛丽·特蕾莎的弟弟）也答应了。但路易十四野心十足，他还要求得到西属尼德兰（大致相当于今天的比利时和卢森堡），西班牙王室断然拒绝了。

查理二世从中嗅到某种气息了，1667年3月底，他向路易十四承诺绝不与神圣罗马帝国缔结任何反法同盟，以此换取路易十四在英荷争端中采取友好立场。

1667年5月，路易十四进军西属尼德兰，到夏季结束的时候，几乎将这一地区全部占领。荷兰人开始感到恐慌了，因为这一地区是法国与荷兰军事、政治的缓冲地带。这块地区如果没有被法国占领，至少可以让法荷两国不直接接壤，同时可以缓解荷兰人对法国崛起的不安和猜忌。

其实，荷兰人早就嗅到了其中的危险信号。早在1663年，荷兰大议长约翰·德维特就曾向路易十四建议，能不能在两国之间建立一个中立的国家（即比利时）。路易十四也不想过早地得罪荷兰，就

*501*

对这个建议很感兴趣。可是荷兰的商人，尤其是阿姆斯特丹的商人不同意，并激烈反对，这事就没有成。荷兰国内的许多官员一直忧心忡忡，对法国的扩张感到害怕。荷兰大议长约翰·德维特却竭力令同僚们相信，荷兰应该努力和法国合作而非与之为敌。

事实证明，这位大议长的判断是错误的。法国人并不友好，当太阳王路易十四决定进攻荷兰联省共和国并势如破竹时，威廉三世彻底愤怒了，他决定先安定内部，设法彻底除掉约翰·德维特，夺回本该属于奥兰治家族的荷兰执政地位。据说，后来约翰·德维特的死状极惨。荷兰著名画家扬·德巴恩（Jan de Baen）一幅名为《德维特兄弟的尸体》的作品将之血腥地呈现了出来：尸体倒悬，无数民众一拥而上，或将尸体开膛破肚，或投掷石头、臭鸡蛋来表达心中的愤怒，人们都认为是他让荷兰陷入到亡国的危险境地。

欧洲大陆的剑拔弩张，以及荷兰与法国同盟关系的动摇，给了英国介入大陆事务，摆脱孤立地位带了契机。英国人首先想到了荷兰，尽管两国之间闹了许多的不快，甚至兵戎相见，但为了政治、经济等多方面的利益，时敌时友并不奇怪。1667年9月，英国驻布鲁塞尔公使威廉·坦普尔爵士（William Temple，1628—1699年）在海牙会见了荷兰大议长约翰·德维特，这次会见的目的是希望能达成英荷结盟抵制法国的共识。约翰·德维特却认为，除非英国首先站出来反对法国否则无法达成，这表明他心中更趋向于法国这方的利益。查理二世的国务大臣阿林顿男爵也积极利用他国斡旋，他试图说服西班牙与英国结盟，共同抵制法国，但是卡洛斯二世断然拒绝了（英国和西班牙曾因争夺海外殖民地和贸易而发生多次战争，特别是1558年无敌舰队惨败于英国皇家海军，导致西班牙的国际影响力骤然下降），甚至还把一个向法国投诚的苏格兰军团遣回了法国。

路易十四的野心是谁也阻挡不了的，他的态度十分坚决，要么西班牙承认现在的领土状况，并对法国王位继承权做出承认，要么就开打。西班牙的态度也很坚决，不让步。这样一来，双方陷入到胶着的状态，事态的主导权实际上就落在了英国和荷兰的手中。

荷兰的想法是法西两国能尽快结束战争，特别是大议长约翰·德维特，他利用自身的影响力极力说服议会，西班牙在遗产战争中已处于劣势，根本无力挽回战局，只有站在法国这边才能促使西班牙早日接受和平条约。荷兰人的盘算是，只要双方签订了条约，就可以一箭双雕：其一，削弱西班牙的势力；其二，扼制住法国扩张的脚步。

英国的想法与荷兰相反，它积极倡导建立一个反法同盟，力图把荷兰拉回到自己的阵营。坦普尔爵士于12月再次来到荷兰，试图说服约翰·德维特建立英荷同盟，共同抵御来自法国的威胁。大议长依然固执己见，并说："毫无疑问会导致荷兰与它的老朋友法国决裂，只能依赖于英国提供的、新近成立的、并不见得可靠的同盟。"如此坚定回绝，应该是荷兰人知道了查理二世正在与法国秘密协商，密谋建立一个反荷同盟。[213]

与之同时，英国依然没有放弃说服西班牙与己结盟，只要西班牙同意，英国可以为捍卫西班牙的君主制而出一份力。但是，西班牙得接受两个条件：其一，战争的费用理应由西班牙来承担，查理二世的开价是100万比索；其二，每年允许若干船只驶往墨西哥、

---

[213] 相关内容可参阅弗里德里希·席勒《三十年战争史》一书。

布宜诺斯艾利斯和菲律宾群岛进行自由贸易,英国商人在安特卫普拥有贸易特权,甚至是与汉萨同盟进行贸易的特权,必要时国王可以进行干预,确保特权不受侵犯。

看来,查理二世是想左右逢源。作为一名君主,他能够同时向三个邻国建议结成扩张性同盟——与荷兰密谋反法,与法国商议对抗荷兰和西班牙,并且同西班牙密谋结盟对付法荷。然而,在这么多的建议中,两个基本的立场是不变的——对金钱(或曰补给)的要求,以及对英国全球贸易的利益保证。简单来说,查理二世需要钱,太需要钱,他必须变得狡猾无比。

虽然约翰·德维特极力说服荷兰议会同法国结盟,但议会中的大多数代表却更倾向于同英国结盟,加之许多荷兰人对法国的扩张感到害怕,1668年1月23日,英荷同盟成立,同年4月,瑞典也加入这个同盟,三国同盟正式形成。

然而,三国同盟从来就不是一个稳固的联盟,英国和荷兰乃至瑞典(作为新近崛起的区域性大国,在同盟中的角色、话语权都还不稳固)的关系中,最重要的一点就是彼此之间的利益分配无法达到长期一致。

1668年5月,西班牙与法国签订了《亚琛和约》。条约规定,法国将自由郡归还西班牙,允许法国在佛兰德斯扩充边界,里尔城(该城十分繁荣,具有较强的经济实力)属法国。英国、荷兰和瑞典作为担保人,确保双方遵守条约规定的领土现状,西班牙需要向三国支付年金。于是,法西遗产战争到此结束。

事实上,英国、荷兰和瑞典并不是让路易十四放下武器,促成与西班牙谈判的关键。真相是,早在《亚琛和约》签订的前几天,路易十四与利奥波德一世签订了一份条约,利奥波德一世对路易十四开出的条件表示默许。

《亚琛和约》签订不到3个月,反法同盟的脆弱性就体现出来了。英荷两国在赤道地区的贸易争端一直没有得到解决,西班牙王室也拒绝支付用于担保的年金。倍感憋屈的查理二世威胁说要退出三国同盟,路易十四趁机向英国提出结盟的意愿,以此瓦解三国同盟。

于是,一项十分秘密的条约正在协商中。

3

这就是鲜为人知的《多佛尔条约》。

其主要内容体现在两方面:其一,英法两国联合发动对荷兰的战争;其二,查理二世许诺皈依天主教。

《多佛尔条约》的签订导致了第三次英荷战争爆发,法国也因这个条约的签订加入到战争中来。显然,这是符合太阳王路易十四的争夺世界制海权的意愿的。在重臣让-巴蒂斯特·科尔贝的筹划下,法国建立了一支实力不容小觑的舰队。

英荷之争也因法国的加入,变得剑拔弩张起来。

1672年3月,英国在没有宣战的情况下突然袭击了一支荷兰的商船队,第三次英荷战争爆发。在法国的加入下,荷兰压力倍增,这次战争不同以前两次,它既有海战,也有陆战,荷兰丢失了大部分国土,损失惨重。

在这紧要关头，因一个人的揭发使得局势有了改观。问题出在英国这面，沙夫茨伯里伯爵安东尼·阿什利·库珀（Anthony Ashley Cooper, 1st Earl of Shaftesbury, 1621—1683年）揭发了《多佛尔条约》，此人是辉格党领袖，在国会中经常反对国王查理二世。当这份密约昭示于世人眼前，英国上下顿时哗然，激烈的反对声不绝于耳。查理二世的行为激化了民众对天主教法国的恐惧与仇恨。在《多佛尔条约》里有一项内容是这样的：认识到天主教乃是唯一正确的信仰，查理二世允诺在环境允许的情况下公开皈依，并与罗马教皇和解……如果查理改宗在国内引起叛变，路易十四须向其提供6000人的军队，费用由法方承担。17世纪以来，查理二世因《多佛尔条约》而变得更加臭名昭著，特别是辉格派的历史学家将他的行为看作是卖国，口诛笔伐似乎没有停过。

在民众的巨大压力下，国会也开始反对与法国结盟，不愿继续拨款给查理二世。身心疲惫的查理二世只能在无奈中退出战争。

这次战争使英国得到了荷兰部分殖民地，以及20万英镑的补偿，1674年，第三次英荷战争结束。前述四日海战的重要性在于，荷兰给英国带来的巨大损失并迫使其必须想尽办法走出困境。四日海战虽不多时，其影响力是深远的，但在第三次英荷战争结束后，荷兰的海上强国地位也随之走向终结。

随着荷兰从制海权的争夺中退出，英国不得不对曾经的盟友展开杀手。更何况，法国的野心也是不可遏制。这种不可调和的矛盾最终导致一场海上大绝杀的到来，并在1805年的特拉法尔加（Trafalgar）海战中一决雌雄。

# 第十二章

# 海上霸主的捍卫：特拉法尔加不沉默

（公元1805年）

第十二章 海上霸主的捍卫：特拉法尔加不沉默（公元1805年）

# 一 一份合约一个阴谋

## 1

统治法国多个世纪的波旁王朝因1789年7月14日的法国革命被推翻。1793年1月，法兰西第一共和国将国王路易十六公开处决，这让英国找到了一个开始争端的借口。随后，英国人驱逐了法国驻英大使。反法联盟（英国联合奥地利、普鲁士、那不勒斯和撒丁王国组成）的成立，使得双方在陆地和海洋都展开了激烈的战斗。

1799年11月9日，拿破仑发动军事政变，一手掌握法国的军政大权。1800年6月，拿破仑击败奥地利军队，获得了著名的马伦戈（Marengo）大捷。随后，俄国、土耳其等国家纷纷与法国缔结和约，第二次欧洲反法联盟彻底解体，英法两国于1802年3月25日签订《亚眠和约》，暂时休战。

小威廉·皮特（William Pitt the Younger）[214]，人们也习惯称他为小皮特。小皮特有大战略，他要通过一场绝杀完成自己重掌大权的梦想。他清楚地意识到英国的国力已经在战争中获得增长，英国能经受得起来自各方面的压力。《亚眠和约》签订以来，看似双方已经

---

[214] 1759—1806年，18世纪晚期、19世纪早期的英国政治家，英国最年轻的首相。

休战，但是暗藏的汹涌巨浪终将到来。因此，《亚眠和约》被撕毁是早晚的事。

自从《亚眠和约》被撕毁，英国在较长一段时间里采取的政策都是防御性的。法国则表现出处处锋芒毕露的样子，拿破仑倚仗他的十全武功肆无忌惮地践踏着由他订立的种种外交约定（如拿破仑不遵守1801年签订的《吕内维尔和约》，迫使荷兰与法国结盟），这样做的目的在英国人看来，就是要将英国孤立于欧陆之外。

这一时期统治英国的是阿丁顿政府。这是一个追求和平的政府，如果要说得更深入一点，这是亨利·阿丁顿（Henry Addington）[215]对法媾和的彰显。但是，英国人无法忍受了，面对法国的咄咄逼人，阿丁顿政府终于在1803年5月13日对法国宣战了。

可宣战是一回事，进行战争则是另一回事。事实证明开战已经超出了该届英国政府的能力，他们完全受制于法军的入侵威胁，让拿破仑夺取了主动权。由于陆军弱小，英国在欧陆发动攻势的希望完全破灭，而自信的拿破仑则能够得意地向那些试图抵抗他的国家发动攻击。

陆上的优势无存，只能寄托于海上。考虑到在之前的一些海战中的精彩表现，英国所能具备的攻势将体现在海战上。采取这样的战略，就是要摧毁法国的海外贸易及其不稳固的殖民地，显然，这是非常明智的选择。

作为对法国肆意行为的回应，英国拒绝按照《亚眠和约》的

---

215 英国政治家，1801—1804年担任英国首相，以在其任内签署《亚眠和约》而著名。1800年，小皮特为解决爱尔兰叛乱而提出爱尔兰合并法案与天主教徒解放法案，但英王乔治三世作为英国国教守护者，强烈反对解放天主教徒。随后，小皮特辞职，由阿丁顿接任首相。

## 第十二章 海上霸主的捍卫：特拉法尔加不沉默（公元1805年）

约定从马耳他撤军，新的战争因此而起。在西印度群岛的英国海军夺取了多巴哥（Tobago）[216]、德梅拉拉（Demerara）[217]、艾斯奎博（Essequibo）[218]、伯比斯（Berbice）[219]和苏里南（Suriname）[220]这五处属于荷兰的据点——实际上，法国已经吞并了荷兰诸多据点，这意味着矛盾焦点最终定格在英法之间。

英国人严厉地指出，如果法国不让英国在欧洲格局中占据一席，法兰西也别想在大海的对岸享有任何余地。面对英国从海上发动战争的策略，拿破仑倍感头疼，因为英国人较为严重地破坏了法国的海外贸易。

这么好的战略，阿丁顿政府却无法将之完美地发挥。小皮特趁着这样的时机重掌大权。在他的努力下，英国本土的正规军由之前的5万余人，到1804年的夏天就增长到8.7万人，另外还有8万名民兵和34.3万志愿兵，其总兵力超过了50万。小皮特在完成这样的部署后，开始着手增强正规军的兵力。

但即便如此，对于像小皮特这样有着睿智与谋略的人来说，他不会冲动得不考虑后果地就像拿破仑这样的厉害对手一样采取单边行动。因此，他需要借助其他的力量来为自己的战略实施提供保障。那么，能够与英国结盟的国家会是谁呢？

英国在拿破仑眼中孤立无援，但他可能忽略了俄国的存在。况

---

[216] 该岛位于加勒比海西南部，格林纳达东南，特立尼达岛西北。哥伦布第一次见到多巴哥是在1498年8月14日，随后几个国家为占领该岛展开斗争。1962年，特立尼达和多巴哥从英联邦独立出来，1976年成为一个共和国。
[217] 位于南美洲北海岸的圭亚那，现在是圭亚那合作共和国的一部分。
[218] 位于圭亚那中部，是圭亚那最大的地区。
[219] 位于圭亚那东部。
[220] 南美洲北部国家。

且，拿破仑在荷兰、意大利与瑞士的行为会使俄国相信他想建立欧洲帝国的野心一刻也不会停息。因此，俄国不可能坐等法国强大到无法与之抗衡的地步。

俄国人感受到一种类似于失势的危机，如果英国能够给予他们有效帮助，那么，这两个"同病相怜"的国家就能走在一起，抱成团了。

适逢拿破仑正在进行一项计划，打算从阿尔巴尼亚与希腊两路攻略奥斯曼帝国。俄国人仿佛嗅到了某种威胁，这种威胁感和英国人的感触是多么相似，两个国家必须密切关注拿破仑的动向。如果奥斯曼帝国被拿破仑击败，法国就能完成攻向印度的重要一步。英国人对印度，包括俄国人对印度都是非常看重的。无论从海上贸易还是从控制出海口而言，此时的两国有着共同的敌人拿破仑。从战略上考虑，俄国在克基拉岛与伊奥尼亚群岛保持一支小舰队与一支驻军，英国固守位于东西地中海交界之处的马耳他岛就可以。拿破仑曾公开表明意图，拿下南意大利，让其成为近东攻略的起点，而俄国已将那不勒斯王国纳入其特殊保护之下。同时自克伦威尔时代以来，英国人的防御目的，特别是要防止两西西里王国（西西里和那不勒斯）落入法国之手。

在这样的背景下，沙皇的大使沃龙佐夫（Vorontsov）向刚刚上任的英国首相小皮特传达出一份建议：俄国准备从黑海调出一支大军，随时做好调往伊奥尼亚群岛或是意大利的准备，希望英王陛下能在马耳他保有一支部队作为呼应，必要时两国军队可以联合作战。

倘若两国联合，按照英国著名海洋战略家朱利安·斯塔福德·科贝特（Julian Stafford Corbett）所著的《特拉法尔加战役》一

# 第十二章　海上霸主的捍卫：特拉法尔加不沉默（公元1805年）

书中的观点："英俄两国的联合意图正是那条最终导致特拉法尔加海战的线索的起点……如果拿破仑不是被它困扰，这场历史上最为著名的海战就根本不会发生。"

## 2

法国在欧洲大陆有着称霸的野心，如果这种野心得不到控制，将对英国甚至其他欧洲国家造成极大的威胁。英国人惯以施行均衡战略——英国似乎对欧洲大陆崛起的国家有着一种天然的敌视。其实，核心的问题还是各国在扩张的过程中，都不能损及各自的利益罢了。显然，这样的理想均势不可能长久，当双方的矛盾无法协调，战事纷争就不可避免。英国人借助英镑的巨大诱惑力图组建一个反法同盟。

因此，不仅俄国是该同盟的理想成员，奥地利也是。

按照沙皇的意图，他也希望在英国的支持尤其是财政支持下与奥地利、普鲁士、瑞典组建一个防御同盟。然而，这些国家是否愿意加入尚不得而知，且组建起这种同盟也势必要花费相当多的时间，拿破仑就可以利用这样的时间强化他的实力。于是，英国和俄国都感受到事态的严重性，时间对它们来说简直太重要了。因此，只需能快速地结合在一起，至少能够共同阻止拿破仑在地中海继续向前拓展的势头。

根据《亚眠和约》中的规定，拿破仑撤出在那不勒斯的奥特朗托以及塔兰托的军队。众所周知，《亚眠和约》不过是一个停战协议而已，至于遵守与否，很难因为协约精神而让彼此有所顾忌。拿破仑深知这两个地方的战略意义，从这里出发，拿破仑不仅威胁着亚得里亚海对面的陆地，而且还可以穿过卡拉布里亚，向西西里岛发起突袭。所以他又重新占领了这两处意大利南部的海港。

这是对当前局势最为致命的威胁。重新掌权的小威廉·皮特必须要消除这样的威胁，否则他很有可能再次失权。

小皮特有自己的战略，或者说"阴谋"，虽然这样的说法很不好听，但他的确向俄国采取了非常手段。根据战略部署，英国要在地中海投入军力，而这又必须获得俄国的支持才行。于是，他向沙皇阐明，法国的威胁是巨大的，而反法同盟必须要有进攻性，且应立即展开行动，否则同盟的成立就形同虚设。

正如沙皇之前的意图，沙皇认同了英国人的观点，随即要求英国加强在地中海的驻军力量，并组建一支能在意大利作战的部队。对于沙皇的要求，小皮特也完全同意，希望在时间上充裕一些。

小皮特要求宽限两三个月，因为英国目前还没有足够兵力进行这样一场远征。英国驻俄大使约翰·博莱斯·沃伦（John Borlase Warren）[221] 将军马上补充道，英国可以在马耳他与直布罗陀的驻军中腾出一大部分来组建一支军队，剩余兵力将在沙皇组建攻守同盟之后很快抵达。

于是，俄国要求拿破仑"撤出普利亚（Puglia），妥善处理意大利问题，对撒丁国王做出赔偿，并从北德意志撤军。如果法方在24

---

221 1753—1822 年，英国海军将领、政治家、外交官，他于 1802—1804 年期间担任驻俄大使。

## 第十二章 海上霸主的捍卫：特拉法尔加不沉默（公元1805年）

小时内未能做出令人满意的回应，俄国大使就将离开巴黎"。[222]

小皮特则希望俄军立即夺取从塔兰托通向卡拉布里亚的道路，而沙皇则认为其首要目的是独自将法军逐出那不勒斯王国。据此，我们可以看出沙皇的目的在奥地利加入同盟之前是不可能实现的。但如果沙皇能与英国达成一致，至少会得到英国在马耳他的2000兵力的支持。另外，在双方未能达成一致前，英国还需要防范法国穿越卡拉布里亚奇袭西西里。一旦失去了西西里这个绝好的补给基地，英国在地中海的舰队就很难继续保持在有效的阵位上。

综上所述，在英俄的利益融合中，英国手中的王牌在于地中海的制海权，而这又取决于霍拉肖·纳尔逊对法国土伦舰队的控御。正如英国外交大臣哈罗比（Harrowby）勋爵达德利·赖德（Dudley Ryder）对驻俄大使格兰维尔·莱韦森－高尔（Granville Leveson-Gower）勋爵所言："如果西西里陷落，能否像现在这样保持对土伦（Toulon）的有效封锁就会成为问题。万一法国舰队从港口逃出，并向亚得里亚海派出任何足够强大的分舰队，俄国政府就会担心他们在这一海域中的舰队有暴露的风险，而法军也就有机会向阿尔巴尼亚或者希腊南部的摩里亚半岛（MoreaPen，今伯罗奔尼撒半岛）发起成功的攻击。"[223]

对此，纳尔逊也持有相同观点。并且，他极力主张用不着近距离封锁土伦，只要在一定距离上积极地监视着土伦舰队就可以了。一旦这支舰队向东方出击，危及他所特别保护的地区，自己一定会

---

[222] 详情参阅约翰·霍兰·罗斯（John Holland Rose）所著的《威廉·皮特与大战》（*William Pitt and the Great War*）。
[223] 更多内容可参阅朱利安·科贝特的《特拉法尔加战役》。

果断出击。他分析道:"法军有可能向西驶出直布罗陀海峡,也可能向东。英军最理想的海军基地应驶向那不勒斯或地中海东部,唯有撒丁岛与西西里岛是英军战略位置的关键。"[224]

自纳尔逊统领地中海舰队以来,他一直向英国政府强调撒丁岛的战略意义。小皮特上台不久就在给纳尔逊的指令中表达了本届政府对这一观点的赞许。法国方面,在布雷斯特(Brest)的舰队即将有行动。然而,拿破仑不知道出于何种原因,最终意识到入侵英国的计划不可行,此原因至今尚不清楚。一种可供参考的说法是,1804年秋天来临之际,拿破仑意识到小皮特与沙皇达成的阴谋,因此,他将工作重心投入到加冕称帝去了。这一年的冬天,他放弃了所有侵英计划,拆除了大部分运兵船。花费数百万法郎挖掘的水道很快就被海沙填埋。这一举措,无疑让国民失望,军队士气低落。为了转移矛盾,拿破仑开始把战争焦点转向奥地利。

奥地利感受到威胁,在沙皇的施压下,奥地利对法国的态度变得强硬起来,并开始扩充军队。考虑到亚得里亚海末端和蒂罗尔(Tyrol)具备建立弹药补给站的重要作用,奥地利打算利用这样的地理优势直接对拿破仑夺取的意大利发动突袭。此时,英国和俄国的联盟谈判即将完成,奥地利就更加倾向于英俄了。

在拿破仑看来,这一时期法国的局势已经非常严峻了。正在一筹莫展之际,他发现西班牙将是解除困境的切入点,它的中立早就

---

[224] 相关内容可参阅艾尔弗雷德·马汉的《纳尔逊传》。

第十二章 海上霸主的捍卫：特拉法尔加不沉默（公元 1805 年）

形同虚设——西班牙迫于法国的威胁已对法国舰队开放港口[225]。因此，只要再对它施加压力，西班牙就会加入到自己的阵营。小皮特不愧为卓越的战略家，他不宣而战地对西班牙运宝船发动了突袭。自骁勇的弗朗西斯·德雷克惯用这样的伎俩后，英国人似乎乐此不疲。

1804 年 9 月底，纳尔逊正在地中海，亚历山大·英格利斯·科克伦（Alexander Inglis Cochrane）则在费罗尔（Ferrol）[226]港外，两人都接到小皮特突袭西班牙的命令，要求两人夺取从蒙得维的亚（Montevideo）归航的西班牙运宝舰队。此外，一支由约翰·奥德（John Orde）爵士统领的舰队正在组建，主要用于封锁加的斯与安达卢西亚海岸。1804 年 10 月 5 日，格雷厄姆·穆尔（Graham Moore）[227]的特遣巡航舰队采取不宣而战的策略，成功捕获了 4 艘西班牙运送黄金的运输船队，劫掠成功后他的特遣队加入了罗伯特·考尔德（Robert Calder）海军中将的费罗尔封锁舰队。英国的种种行为，加之拿破仑的一再施压，导致西班牙与法国结盟，随后西班牙没收了在其领土范围内的英国资产，在费罗尔修建海军基地，并下令攻击英国船只。1804 年 12 月 12 日，西班牙正式向英国宣战。

西班牙的参战意味着拿破仑的舰队实力得到了较大的增长，因为西班牙至少提供了 32 艘战列舰。不过，由于西班牙是在尚未做好

---

225 在法国大革命爆发后西班牙曾一度加入反法同盟，与英军一起入侵土伦，摧毁了法国在地中海的舰队。之后，西班牙遭法国入侵，1796 年 8 月被迫与法国媾和，并签订反英同盟。1803 年 10 月 19 日，西班牙再次与法国签订协约，宣布中立，代价是向法国舰队开放港口。
226 西班牙加利西亚自治区阿科鲁尼亚省的一座城市，位于大西洋海岸，是西班牙海军的重要基地，也是重要的造船中心。
227 1764—1843 年，英国海军军官，英国著名陆军中将约翰·穆尔爵士的弟弟，1803 年后负责指挥 4 艘巡航舰组成的舰队。

充分准备的情况下参战的,因此拿破仑最终在1805年春的时候,能得到大约25艘战列舰。在这之前,拿破仑只能单独行动。

拿破仑有着自己的战略,他并不是一开始就大规模地进攻,而是采取袭击殖民地的方式,进而颠覆英国小皮特政府。然而,英国人对制海权的重视程度最终让该计划未能实现,因此除了静观其变,或许没有他法。不过,需要注意的是,有三支舰队正集结在某一处的海港里,如果西班牙能早点完成备战,那么法国还可以利用海军与英国一决雌雄。


3


1804年11月6日对英国人来说简直太重要了——组建同盟的谈判终于取得重要进展,彻底划清界限的时机已经成熟,这意味着英国再也不用孤军奋战了。当天俄国与奥地利签订防御同盟,"约定两国将在法国继续攻掠德意志、意大利与东欧之时,联合加以阻击。普鲁士仍坚决要求取得对汉诺威(Hanover)的保护权,以此作为参与欧洲事务的报偿"。"但瑞典已同意向英国提供吕根岛(Rügen)与施特拉尔松德(Stralsund),作为英国与俄国联合行动的海军基地"。经过一系列磋商,英俄两国间的谈判取得了更多的成果,随后,小皮特与沃龙佐夫在伦敦商定了联盟的主要条款。

然而,盟约的生效却被推迟了——主要是英俄两国就马耳他的问题未能达成一致,沙皇希望英军能撤离马耳他。除此之外,还有一个问题也是两国比较有争议的,沙皇希望英国能修改英国战时航

## 第十二章 海上霸主的捍卫：特拉法尔加不沉默（公元1805年）

海法典，因为这部法典规定可以在战时检查公海上的中立国船只。于是，两国为了这样的问题展开争论，这就导致盟约的最终生效时间推迟到了1805年7月。

现在，让我们回归到"小皮特大战略"这个问题上。

早在战争的准备阶段，小皮特就对这场不可避免的战争寄予了某种期望，他把战争的目的归结于"是为了地中海与周边国家的自由"，这不仅仅是一场海上战争，陆地战争同样也要进行。为了充分证明这一观点的合理性、正确性，他以及他的政客团队进行了这样的阐释：英国在马耳他驻军是符合整个欧洲利益的，哈布斯堡王朝的查理五世在马耳他建立骑士团就是为了让他们保护基督教国家，对抗共同的敌人。1522年，驻守罗得岛的圣约翰骑士团被奥斯曼帝国逐出罗得岛。当时，查理五世兼任神圣罗马帝国皇帝及西班牙国王，是欧洲权力最大的君主。骑士团的投降让查理五世强烈地意识到奥斯曼帝国才是欧洲最大的威胁，厄恩利·布拉德福德在《大围攻：马耳他1565》中记录了查理五世的话，他这样说道："将马耳他岛、戈佐岛、科米诺岛（Comino，今凯穆纳岛）赏赐于圣约翰骑士团，以使他们能够安宁地执行宗教义务，保护基督教社区的利益，凭借其力量和武器打击神圣信仰的奸诈敌人。作为回报，骑士团应于每年万圣节向兼任西西里国王的查理五世进贡一只游隼。"1530年，他决定将西班牙统治下的马耳他永久租给圣约翰骑士团，即后来的马耳他骑士团。而现在，即便骑士团得以重建，他们也没有力量执行

519

这一任务[228]。大不列颠这个在地中海沿岸没有领土野心的头号海军强国才是骑士团的合法继承者，只有作为英国的港口与军事基地，马耳他才能在对抗欧洲公敌的战争中发挥作用。

而根据英俄在盟约中的内容，我们也完全有理由再次强调"小皮特大战略"的重要性。历史上曾经将特拉法尔加海战看作是英国对法国入侵的防御战。实际上，这里面还隐藏着英国的一个战略阴谋——英俄同盟的建立使得英国在战略上获得了"攻势回归"的益处。

我们不妨来看看盟约中的部分内容。"第一条规定，俄国有义务尽力组建一个大陆国家的联盟，并与它们协调一致，提供一支规模超过50万人的大军。""第二条规定，迫使法国从汉诺威与北德意志撤军；重新让荷兰和瑞士恢复独立；将皮埃蒙特还给撒丁王国；确保那不勒斯王国的主权完整；从包括厄尔巴岛在内的整个意大利撤军。"由此可以看出，两国同盟的目标绝不仅仅是为了捍卫本国利益那样简单。

根据20世纪初才被研究者发现的一份国防方案，同样可以证明上述观点。曾是法国著名陆军将领的夏尔·弗朗索瓦·迪穆里埃（Charles Francois Dumouriez，1739—1823年）在法国大革命期间非常活跃，一度成为法国最有权力的军事领袖。这样一位厉害人物却在雅各宾派（雅各宾派是法国大革命时期参加雅各宾俱乐部的激进派政治团体，1794年7月27日的热月政变结束了雅各宾派政权）与反法联军的夹攻下流亡国外。1804年，他移居到英国，在英国陆军部

---

228 马耳他大围攻后，骑士团在马耳他的统治一直持续到18世纪。1798年6月11日，拿破仑通过军事手段迫使骑士团投降，占领了马耳他岛，骑士团的大部分成员前往俄罗斯。离开了马耳他岛之后，骑士团就此失去了领土。1802年《亚眠和约》内容虽然得到英、法等国的承认，但骑士团却从未被允许回到马耳他。

第十二章 海上霸主的捍卫：特拉法尔加不沉默（公元1805年）

担任对法战争的重要顾问。在此期间，他提出了一份著名的国防方案，小皮特政府执政后，很快就将该方案呈给了英国国王。迪穆里埃这样说道："现在，是时候让波拿巴高悬在英格兰头上的利剑落下来了，没有什么比一味固守更加危险，它为敌人提供着用各种手段展开攻击的广阔空间……毫无疑问，我们需要从防御至上转变为进攻性策略。如果从今年开始进攻政策还不能取代固守政策，你们就将看到，波拿巴得手的机会将迅速增加。"从这个层面来讲，"小皮特大战略"的确具有更多的内涵。[229]

换句话说，如果我们只是将特拉法尔加海战看作是英国为本国安危所进行的一场海战，那就完全忽视了这背后的诸多细节和内幕。

## 二　特拉法尔加不沉默

### 1

应该说，1805年是属于"英格兰期盼"的一年。英国海军少将霍姆·里格斯·波帕姆（Home Riggs Popham，1762—1820年）爵士与约翰·古德林（John Goodhew）合作撰写了一本对海军历史影响深远的书：《供皇家海军使用的信号通用代码》（*A General Code of*

---

[229] 详情参阅约翰·霍兰·罗斯所著的《迪穆里埃和英国对拿破仑的防御》（*Dumouriez and the Defence of England Against Napoleon*）。

Signals for the use of His Majesty's Navy），这本书详细介绍了海军使用的旗语。几乎所有的英国人都在期盼这场战争的胜利，因为他们的对手实在太强大了。

"英格兰期盼"的全部内容为"英格兰期盼人人都恪尽职守"。具体来说是这样的：差不多需要 30 面旗子，升起旗组 12 次，每升旗 8 次表示一个词，有时候为了表示一个字母，需要升起 4 次。"英格兰期盼人人都恪尽职守"这一内容以英文表示为"England expects that every man will do his duty"。最初句首是"Nelson confides"，即纳尔逊相信的意思，出于国家荣誉的考虑，最终改为"England"。需要注意的是，为了简化词语——方便使用旗语——这当中没有相应的旗组表示"相信"一词（全句内容应该是"英格兰期盼相信人人都恪尽职守"），包括"责任"，即"duty"同样如此——它们需要逐个字母地拼出来。考虑到战事紧迫，信号需要及时发出，旗语官建议使用"期盼"，即"expects"，这样就符合波帕姆爵士所著的《供皇家海军使用的信号通用代码》一书中的要求了。1800 年，这套编码系统被引入英国皇家海军，"首次借助 9 种可清楚区分的信号旗来组合表示正规字母"。"1805 年 10 月 21 日临近正午时分，霍拉肖·纳尔逊海军中将在皇家海军'胜利'号后桅上挂出了这条可能是英国历史上最著名的旗语信号，命令舰队发起攻击。"

著名画家约瑟夫·马洛德·威廉·透纳（Joseph Mallord William Turner）[230] 在 1822—1824 年间创作了油画《特拉法尔加之战》，在

---

[230] 1775—1851 年，19 世纪上半叶英国学院派画家的代表，擅长展示光与空气的微妙关系，因其卓越的绘画艺术，他成功地把风景画与历史画、肖像画摆到了同等的地位，代表作有《被拖去解体的战舰"无畏"号》《沙丁鱼季节的圣莫斯》等。

## 第十二章 海上霸主的捍卫：特拉法尔加不沉默（公元 1805 年）

这幅画中，透纳较为清晰地呈现了皇家海军"胜利"号（HMS Victory）的帆具上飘扬着 11 点 45 分发出的著名旗语信号"英格兰期盼人人都恪尽职守"。

现在，这场战争就像开弓的箭无法撤回：纳尔逊将在这场战争中大显身手，拿破仑遭遇了他人生中较为惨重的失败。

对纳尔逊而言，1805 年特拉法尔加海战的胜利为他带来无限的荣耀——英国人对这位英雄人物的崇拜已到了狂热的地步。当然，若不是他战胜的对手叫拿破仑，或许将是另一番景象。历史给予的评价是，他的行动以"纳尔逊突击"为名，为英国海军带来了伟大的胜利。从此，拿破仑的政权开始走向下坡路，大英帝国因此战的胜利步入全盛期，结果 1805 年之后的百余年里，人们还在传唱着这样的歌词："统治吧！不列颠！统治这片汹涌的海洋！"

对拿破仑而言，他在欧洲的影响力在于——这位科西嘉岛出生的人物在法国大革命之后传奇般青云直上，先是成为将军，然后当上了法兰西共和国的第一执政官。1804 年，是拿破仑政治生涯最重要的一年，他登上了法兰西皇帝的宝座。

纵观拿破仑一生的辉煌历程，我们会发现：作为陆军统帅的他将神圣罗马帝国灭亡，这意味着作为政治势力的教皇统治被推翻，他试图建立一个披着法国外衣的"新罗马世界帝国"。在此之前，他击败了老牌海上强国热那亚和威尼斯，法兰西舰队从此在地中海及其他海域有了更强的制海权。正当拿破仑的事业蒸蒸日上之际，有一个同样准备成为世界帝国的国家横亘在它面前，它就是英国。

换言之，"当法兰西帝国开始着手建立世界霸权之时，也就自然威胁到了正在兴起的大英帝国"。一个帝国的兴起和另一个帝国的兴起,如果不是和平地相处,两者之间势必水火不容,这用在当时的英法之间再也合适不过了。"自1793年反法同盟战争爆发后,英国便成为法国的主要对手之一。为迫使英国臣服,法国自然必须夺取制海权与占领岛屿。面对威胁,英国拿出了与法国权力之争中最强的王牌——女王陛下的舰队,著名的皇家海军。"

因此,我们仿佛可以透过历史的光芒体会到特拉法尔加似乎注定是不会沉默的。毕竟,这个靠近直布罗陀海峡外侧的海域终于在1805年上演了一场精彩绝伦的海战。

2

自从17世纪在英吉利海峡完胜荷兰后,英国海军持续发展,18世纪时已成长为全世界作战能力独一无二的海军。1688—1815年,英国国民生产总值翻了两番,开始成为世界的作坊,这也使得为舰队大规模调配财政经费成为可能。很快,"皇家海军就成为第一大社会资金接受方"。

在经济的长足发展下,科技也得到了长足发展。特别是在航海各领域,地理大发现使得18世纪这个重要的时代具备了翻天覆地的进步意义。著名的库克船长[231]在制图学方面的成就同样为英国的航海事业提供了有力保障。从国家层面来讲,英国皇家海军直至19世纪还是探索世界最活跃的力量,在相当长的时期里,英国人试图独

---

[231] 詹姆斯·库克,1728—1779年,英国皇家海军军官、航海家、探险家和制图师,曾创下首次欧洲船只环绕新西兰航行的记录,1776年,获得由英国皇家学会颁发的科普利奖章。

## 第十二章　海上霸主的捍卫：特拉法尔加不沉默（公元1805年）

霸地理这门学科。然而，在这门学科中一直存在着一个非常棘手的问题——经度。它是认识地球转动和区域地理划分的基础理论，有了它就能划分时区，并算出时间。

具体来说，由于地球自转，要精确确定经度，就必须先精确测出本初子午线的时间。要做到这一点，只能通过成本极高的天文学观察或者利用携带的钟表进行精确到秒的时间测定。意大利天文学家伽利略·加利莱伊（Galileo Galilei）[232]为了解决这个问题曾做了许多次尝试，最终却徒劳无功。在历史的进程里，人们已经发现在航海中，若船上没有精确的计时仪器，就无法测出舰船出发港口的时间。鉴于时间对海上航行的重要性，经度就成为非常重要的一环。舰船在航行中还会产生高温，以及剧烈的湿度变化，它们都将对机械运转构成巨大危险。在很长时间里，已经有大量船只因此而遭遇不幸。众所周知，航向的认定，相比实际不是偏东就是偏西，现实中却因无法计算误差导致舰船闯入礁石密布的滩头，轻则伤及船只，重则人员受伤或罹难。

问题到了非解决不可的地步了。1675年，查理二世花重金建立了格林尼治皇家天文台，英国开始尝试系统性地精确测量经度。这是一个充满艰辛的漫长历程，"整个18世纪，英国设立了高达2万英镑的奖金以解决经度问题，管理此项事务的是由众多著名天文学家和数学家所组成的经度委员会"。随后，一个叫约翰·哈里森（John Harrison，1693—1776年）的英国天才木匠制造了几台精密钟表——航海精密计时器，虽然其中一台还是木制的，但这样的钟表依然具

---

[232] 1564—1642年，著名的观测天文学之父。

有里程碑式的意义——它解决了经度问题关键的一环，让舰船安全地进行长距离航行有了更大的可能。鉴于约翰·哈里森的重大贡献，英国议会给予他20000英镑奖金。詹姆斯·库克从第二次环球之旅返回（1775年）后，确认了约翰·哈里森制造出来的其中一台试验钟表（系哈里森在1759年所制钟表样品的精确仿制品）的精确度，"从此，解决经度问题对大多数天文学家来说已不再困难"。对英国来说，更是受益匪浅，英国人终于可以确切了解舰队在海洋中所处的位置了。[233]

经度问题的解决，伴随而来的是新船型的诞生，也让长期备受青睐的高大艏楼和艉楼在18世纪完全消失。人们欣喜地看到，"取消了高大艏楼与艉楼的舰船，其重心降低了，展开的风帆面积也因此得到扩大了，并且舰船在航行中的平稳度和航速都得到提升。桅杆之间的新式三角形支索帆的出现，以及改进的船艏三角帆与经过优化的纵倾装置的使用，舰船的逆风航行能力就比之前强悍多了"。横杆上可推拉的帆布同样便利了背风帆的使用。18世纪的许多舰船，特别是大型战舰，最多可有36面风帆，这些风帆完全张满之后，战舰航速可达9～12节。考虑到海水的腐蚀性，许多舰船被铜板包裹起来。

18世纪的英国海军使用的舰船不再像之前那样单独建造了，而是在完全工业化的船厂中批量生产。也就是说，英国人基本建成了制造大型舰船的生产线。当时最著名的船坞要数普利茅斯、朴次茅斯（Portsmouth）和查塔姆。皇家海军的旗舰"胜利"号就是在查塔

---

[233] 参阅达娃·索贝尔（Dava Sobel）的《经度》（Longitude）。

## 第十二章　海上霸主的捍卫：特拉法尔加不沉默（公元1805年）

姆建造出来的，服役超过30年，可见其质量了。值得一提的是，随着17世纪战列线战术的发展，人们开始将战舰称为战列舰。到了18世纪，战列舰的划分更为科学，其中最重要的一项指标是长管火炮的数量，按照这样的指标，人们将战舰分为6个等级。像第一级的三层甲板战舰至少要装备100门火炮，所需船员近1000人。其后等级的战舰火炮数量逐级减少，只有前3个等级的战舰才能被称作战列舰。

自乌尔班大炮问世以来，火炮在海战的作用中就愈加明显了。英国人之所以能在海上取得诸多胜利，最主要的因素少不了威力巨大的火炮。一般来讲，在大型的战列舰中，甲板上会配备轻型的12磅炮、较重的18磅炮与24磅炮以及最重的32磅炮。这些火炮的炮弹大部分为铁质实心弹，有时也会发射用铁链连接起来的半球形弹丸，它主要用于摧毁敌舰的帆具。为对付敌舰上的人员，舰船上多装备了一种由许多小型弹丸组成的霰弹。

18世纪70年代末，苏格兰卡伦公司制造出了一种在当时非常先进的卡伦炮。这种炮的最大特点是短管、大口径，且重量轻于一般的火炮，可安装在一条可移动的轨道上，让火炮有了灵活更换位置的优势。虽然卡伦炮射程短，但当它装上霰弹（最多可包含500粒弹丸）后，威力就变得巨大而可怕。当时，只有英国舰船装备了这种卡伦炮，法国人曾深受其害，他们将卡伦炮称为"魔鬼大炮"。值得一叙的是，卡伦炮的射速是由火炮口径与弹药种类决定的。轻型火炮的填装速度就很快，只需3～6分钟；32磅炮填装时间就较长了，最长可达15分钟。考虑到作战时的有效攻击性，一些侧舷炮则配有特制的双簧弹，由于要同时发射两颗火炮弹丸，自然就要装填

527

两份火药了。虽然装填的时间增加了，但给予敌方的杀伤力也提高了。如果能够在此基础上加快填装速度，那么作战效果将会更好。英国人在1588年击败西班牙无敌舰队后，就意识到火炮填装速度的重要性，经历过实战的英国炮手的填装速度比一般人要快2倍。再看看法国，法国人在大革命中损失惨重，有一个重要原因就是缺少优秀、有经验的作战人员，尤其是军官和娴熟的炮手。换句话说，这样的弊端将为法国人在特拉法尔加海战中的失败埋下伏笔，同时也反映了英国皇家海军在作战中的优势。

当时不少战舰都还是木质的，一旦遇到火炮轰击，其自身的防御性能就大大降低了。在炮弹给予木质战舰的可怕杀伤中，金属弹丸产生的直接打击效果非常明显，它会导致碎木片四处乱飞，许多时候舰船上的人员也深受其害。虽然火炮的射程最远可达2000米，但实际操作中产生的误差有可能超过100米。更何况，舰船是可移动的物体，不是任人宰割的死靶。只要舰船略一晃动，就容易使侧舷炮的炮口偏离目标，因此优秀的舰船指挥官会特别注重这一点。

早期的点火方式是火绳点火，它存在一些缺点，在点火击发时会延时几秒钟，一旦遇到逆风或雨天，更是困难重重。为了提高发射速度，英国人采用了更加现代的石点火方式，瞬间完成点火，因而占据了优势。

纳尔逊所率分舰队的旗舰"胜利"号是三层甲板战舰，当时它是第六艘使用此舰名的皇家海军战舰。该舰于1759年便开始建造，但由于采取节约措施，直到1778年才进入现役。因此，"胜利"号在特拉法尔加海战时已是一艘高龄战舰。

今天，我们依然能在朴次茅斯看到这艘唯一保留下来的风帆战

## 第十二章 海上霸主的捍卫：特拉法尔加不沉默（公元 1805 年）

列舰。根据英国海洋历史学家布赖恩·莱弗里（Brian Lavery）的描述，它于 1759 年在查塔姆船坞开始建造，在下水前仅船体造价就花费了 6.3176 万英镑又 3 先令。它的尺寸在当时也属于非常巨大，"其船体长近 70 米，宽约 16 米；排水量达 3500 吨，吃水深度约 9 米"。而厚达 60 厘米的坚固舱壁和里外包裹的舱板至少"需要 2500 根大型橡木"。为确保弹性，设计师用枞木制成了三根桅杆，"其中主桅高出水线 62 米。当时没有这么高的树木，因此桅杆是由三根接在一起的木杆组成。建造该舰总共需要 6000 棵树，除橡木和枞木外，还使用了榆木和特别坚硬的热带愈疮木[234]等木材。两座锚具每座都重约 5 吨，必须由 260 个人拖上绞盘。'胜利'号共配备 102 门火炮，舰艏还装有 2 门卡伦炮，因此是一艘一级战列舰。其侧舵炮可向敌舰发射重达半吨的铁质弹丸。'胜利'号在当时是一座令人恐惧的浮动堡垒和一台复杂的战争机器"。

工欲善其事，必先利其器，英国皇家海军能在特拉法尔加海战中完胜，船坚炮利功不可没。因为它面对的法西联合舰队，似乎在舰船性能方面要弱一些。

---

[234] 也叫铁梨木，属蒺藜科。主要用于造船工业，是稀有的重要的造船资材。其产地分布在赤道附近与北纬 30 度之间。特别集中在中美洲和西印度群岛一带，如巴哈马诸岛、大马尔岛、马尔提哥岛等。

*529*

## 3

　　纳尔逊率领的分舰队由 27 艘战列舰和 4 艘巡航舰组成，与它对阵的是一支法国和西班牙组成的联合舰队，由 33 艘战列舰和 7 艘巡航舰组成。就在英国人从"胜利"号上发出"英格兰期盼人人都恪尽职守"的信号后，在晚间时分，各舰舰长商讨了具体的作战计划。

　　偏西风掠过微波泛起的海面，英国舰队向前驶去，非常缓慢地接近法西联合舰队。这主要是受极其微弱的西风影响，它让庞大的战列舰几乎不受舵盘的控制，因此英国人花费了较长时间才靠近了法西联合舰队。

　　此刻，一切都是如此安静，仿佛就是海上暴风雨来临前的征兆。如此形容主要有三个原因：一是即将爆发的海战是一个多世纪以来世界上规模最大的海战；二是在海战中，作为英方指挥官的纳尔逊不幸阵亡；三是在海战结束后不久，一场持续多日的飓风使大量舰船葬身于海底。

　　在与拿破仑的战争中，英国人除了皇家舰队外，手中还握有一张王牌，那就是纳尔逊海军中将。他几乎和拿破仑一样充满了传奇色彩，其职业生涯堪称皇家海军中的典范，凭借自身的天赋和野心，21 岁的他就升任舰长。从这一时期开始，他和卡思伯特·科林伍德（Cuthbert Collingwood）携手共进，此人正是特拉法尔加海战中英军第二舰队的指挥官。法国大革命的影响力波及国外，欧洲各国君主形成反法同盟。1793 年，纳尔逊被派往地中海执行任务，参加了封锁法国在地中海最重要的军港土伦的战役，而拿破仑也是在这场

## 第十二章 海上霸主的捍卫：特拉法尔加不沉默（公元 1805 年）

战役中崭露头角的。1794 年 7 月，纳尔逊在进攻科西嘉岛的卡尔维（Calvi）城时右眼严重受伤，这为他永久性失明埋下了隐患。1796 年 8 月，纳尔逊被任命为署理海军少将，从此开启了他人生巅峰中四场著名的海战之旅：1797 年 2 月 14 日的圣维森特角（Cape St Vincent）海战、1798 年 8 月 1 日的阿布基尔（Aboukir）海战、1801 年 4 月 2 日的哥本哈根海战和 1805 年 10 月 21 日的特拉法尔加海战。在经历了前三次著名的海战后，"霍拉肖·纳尔逊不再只是皇家海军众多将领中的一员，他成为一颗有风度的将星，公众敬仰他，水手们爱戴他，各位舰长信任他。许多水手希望永远追随纳尔逊，深深崇拜着这位具有超凡魅力的英雄，很多人甚至想与他们这位勇猛的指挥官同生共死"。[235]

1804 年，拿破仑制定出了一份入侵英伦三岛的计划，这份计划历来有争议，或许拿破仑只是为了威吓英国而已——法军的所有举措似乎只是为了扰乱英国人的本土防御，阻挠其向地中海派遣部队，然后法国人再攻击其殖民地。无论如何，这份计划出台后，英国人一定倍感形势凶险。"法国皇帝在英吉利海峡和大西洋沿岸建造了数以千计的小型战舰、船只、小艇以及平底驳船，用以运输士兵、马匹与火炮，然后在海峡旁召集了一支拥有 16 万名士兵的大军，其中骑兵 1.6 万人。这支大西洋沿岸军就是后来那支富有传奇色彩的大陆军的起源。法国最优秀的士兵云集于此，再也没有一支法国军队能拥有如此精良的装备。这些士兵中还有超过 2 万名水手。入侵工作的筹备中心位于滨海布洛涅（Boulogne-sur-Mer），罗马人曾称该

---

[235] 更多关于纳尔逊的详情可参阅艾尔弗雷德·马汉的《纳尔逊传》。

地为不列颠港,朱利乌斯·凯撒就是从此地成功渡海前往不列颠的。人们在这里特意挖掘了内河以便大量运输船航行。拿破仑皇帝在这里阅兵并颁发了勋章,入侵行动将从这里开始。"

具体来说,这份计划需要利用法国舰队进行掩护,并且要拿下英吉利海峡至少1天的制海权,只有这样才能够渡海登岛。在西班牙对英国宣战后,出于安全防范考虑,英国人对法国及西班牙的军港实施了海域封锁,这就使得法国舰队无法集中力量。如果法国舰队分散在诸多港口,想要集中起来,就需要消耗不少时间,而且是在无任何阻挠的情况下。对此,拿破仑采取了欺骗英国人的策略,这也是权宜之计——面对英国压倒性的海上优势——"所有被封锁在大西洋沿岸和地中海地区的法国与西班牙战舰要尝试打破英国封锁,并驶向加勒比海地区"。[236]

需要说明的是,这一策略的最终目的是要将英国舰队骗出欧洲战场。德国历史学家阿内尔·卡斯滕和奥拉夫·拉德认为:"拿破仑认定海峡与大西洋上的英国舰队会追逐法西联合舰队。在英国舰队抵达加勒比海之后,法国舰队会立即远航,然后比尾追的英国战舰早好些天重返欧洲。如果一切顺利,它们将会与地中海的其他法西舰队会合。之后,这些战舰将摧毁已被削弱的英国海峡防御力量,并掩护对英国的入侵。"

这个堪称美妙的计划当然没能成功!

问题出在法军舰队司令皮埃尔-夏尔-让-巴蒂斯特-西尔韦斯特·德维尔纳夫(Pierre-Charles-Jean-Baptiste-Silvestre de Ville-

---

[236] 参阅阿内尔·卡斯滕和奥拉夫·拉德的《大海战:世界历史的转折点》。

## 第十二章 海上霸主的捍卫：特拉法尔加不沉默（公元1805年）

neuve）[237]身上，在与一支英国分舰队发生战斗之后，他公然违抗了皇帝拿破仑的命令，没有驶向英吉利海峡，而是驶向了南边的加的斯。拿破仑对这一抗命行为大发雷霆，因为"法西舰队成功地将强大的英国舰队吸引到了加勒比海，并在时间上先于它们回到了欧洲"。我们能够理解拿破仑当时的心情，他所做的计划竟然这样失败了——"德维尔纳夫的肆意妄为宣告了拿破仑侵英计划的终结"——气得他在写给海军大臣德尼·德克雷（Denis Decrès）的信中直呼德维尔纳夫是个"不知耻的懦夫"。在特拉法尔加海战中被俘的德维尔纳夫于1806年4月获释，并于4月22日在雷恩（Rennes）的一家宾馆里自杀身亡，他在遗言里表露幸好没有子嗣来承担他的耻辱。另一种说法是德维尔纳夫是被拿破仑派人暗杀的，因为他死时身中7刀，很难想象一个自杀的人会捅自己这么多刀。

在当时一幅名叫《隔水对话》（Conversation across the water）的讽刺漫画里，"约翰牛"（John Bull）这一形象被英国人运用到了极致。约翰牛是英国人拟人化的形象，源自1727年苏格兰作家约翰·阿巴思诺特（John Arbuthnot）创作的作品《约翰牛的生平》中的主人公，作者的原意是为了讽刺辉格党内阁在西班牙王位继承战争中的卑劣行径。主人公约翰牛粗暴愚笨、冷酷桀骜、欺凌弱小，但外表却是一位头戴高帽、足蹬长靴、手持雨伞的矮胖绅士。由于约翰牛的人物形象深入人心，英国人常用这一形象自嘲，其用意十分明显，就是要向法国人表明，一个国家拥有一支强大的舰队就能够战无不胜，同时也反映了英国人掌控着制海权。在这幅漫画里，

---

[237] 1763—1806年，法国海军中将，特拉法尔加海战中的法军指挥官。

我们可以看到矮小的拿破仑向约翰牛进行告诫,然而约翰牛叼着烟斗,表现得十分冷静——因为在海面的前方已经出现了呈海天一线状的"木墙"(指舰队,在萨拉米斯海战中,雅典人曾把木墙比作舰船)。这很容易让人联想到公元前480年的萨拉米斯海战,雅典海军战胜了强大的波斯帝国。

1805年9月29日,"纳尔逊的舰队在加的斯附近与另外3艘战列舰会合并组成封锁舰队,由他担任指挥官"。随后,纳尔逊就采取了具体行动:他命令巡航舰紧密观察加的斯的敌舰动向,让舰队主力位于海平线之后。这样的目的在于,巡航舰与主力舰形成互相接应态势,而主力舰又能远离陆地观察者的视野。换句话说,尽量避免法国人获取到舰队动向信息。接下来的2周里,英国人布置了一条更长的封锁线,并有一批战舰加入,它们将替换需要修理或补给的战舰。

到10月中旬时,英国方面已经完成舰队组合,拥有27艘战列舰和4艘巡航舰。法西联合舰队方面,在加的斯港的舰队有40艘船。从数量上讲,法西联合舰队明显占优。

"10月19日清晨,法西联合舰队启程离开,但当时风势极为微弱。风在中午时完全停止,这时仅有7艘战列舰离港,舰队不得不使用小艇拖曳庞大的战舰"。因此,从时间上来讲,法西联合舰队延误了时机,这也让纳尔逊有相对充足的时间了解其舰队动向。直到10月20日中午,整个联合舰队才出港入海。"此时,纳尔逊在敌舰队开始离港后两个小时命令各舰准备排成战斗队列。"具体来说,纳尔逊"让执行观察任务的巡航舰返回主力舰队,并率先命令各舰准备排成战斗队列"。这是从17世纪起就广泛采用的标准战斗阵型,即

## 第十二章　海上霸主的捍卫：特拉法尔加不沉默（公元 1805 年）

战舰密集排列成战列线。当这样的战列线形成后，就意味着"交战一方要么与敌舰队并排开战，要么发生遭遇战。排成两条战列的战舰在 50～200 米的距离内尽可能快地朝对方开火"。在具体作战中，"由于火炮因长度所限分布在甲板各处，因此战舰使用侧舷炮射击这一方式最为有效。通常情况下，当战列无法继续维持、战舰由于受损退出战列或者将敌方主力战舰俘获或击沉之后，战斗即告结束"。

因此，我们可以清楚地知道，这种海上作战模式充斥着古板、不灵活的特质。很难相信，只有在双方都排成相应阵型时才可以进行作战，这与宋襄公不信"半济而击"[238]一样。从 19 世纪初开始，就不断有人抨击这一战术是不合时宜的。纳尔逊深谙其中的不合理性，早在之前的一些海战中就敢于打破常规，也为他的扬名奠定了基础。在 1797 年的圣维森特角之战中，他"违抗了海军上将约翰·杰维斯（John Jervis）的命令，迎头驶向数量占优的敌舰，他后方的战舰（其中就有当时任上校的卡思伯特·科林伍德）也紧紧跟随，这一行动对敌方来说是毁灭性的。尽管向前攻击敌方战列线的英国战舰几乎被打残，但它们依然揳入敌方战列，将其分割成更容易攻击的小块舰群"。

现在，纳尔逊基于这些经验制订了计划。他"将己方舰队分成实力近乎对等的两排攻击纵队，冲向法舰确信还很牢固的长排战列。纳尔逊在皇家海军'胜利'号上亲自指挥上风纵队的战舰，这支纵队向着敌方纵列中央前段挺进，他想抓住机会立即攻击敌人旗舰"。而科林伍德中将也积极配合，他在"皇家海军'王权'号（Royal

---

238 语出《孙子·行军篇》，指敌人渡河渡过一半的时候再去攻击。这表明作战时的灵活度，能够善于捕捉有利时机攻击敌人，就是制胜的法宝之一。

Sovereign)上指挥相距约 1.8 千米远的下风纵队,从敌舰后卫部分前段切入敌方战列线"。

需要说明的是,纳尔逊是突然采取这样的作战策略的。也就是说,他敢于打破常规战列线战术,并以突击的形式呈现出来,打了法西联合舰队一个措手不及。因此,这一行动也以"纳尔逊突击"之名被载入史册。这种作战策略的效果非常明显,首要的是能将敌前卫舰队长时间排除在战斗之外。这样就能分割掉敌方舰队力量的一部分,至少在相对较长的时间里不会对另一方产生较大的攻击威胁,如果敌舰航向不变的话,它们会始终远离主战场。这时候,英国舰队中下风纵队的右舷侧与正在接近的敌后卫舰队就能面对面了,同时其左舷侧又威胁到法西联合舰队的中央舰队后方。简言之,这一行动的目的就是要集中数量优势于一点攻击敌舰,又不逼迫敌舰脱离战列线,实在是高明之举!另外,纳尔逊绝非专横独断之将,他能给予各舰指挥官极大的决策空间,使舰队面对突发情况时能够迅速做出反应。这也是英国舰队在特拉法尔加海战制胜的法宝之一。

虽然上述"纳尔逊突击"的作战策略听起来绝妙完美,但是这一行动充斥着很大的冒险性。按照阿内尔·卡斯滕和奥拉夫·拉德的描述:"首先,纳尔逊需要考虑(两个攻击纵队的)指挥舰接敌时遭受多艘敌舰长时间集中射击的不利局面。更为严重的是,纳尔逊的战舰基本处于百年之后的海战中最令人恐惧的位置,也就是所谓的'纵穿 T 字横头'。在穿越这个巨大的'T 字横头'阵列时,处于横头位、排成战列航行的多艘战舰能够利用侧舷重炮对成 90 度接近的纵列敌舰实施集火射击(后者却无法发挥火力),其毁灭性效果可想而知。这正是两支进攻纵队指挥舰的既定命运。此外,两支进

第十二章　海上霸主的捍卫：特拉法尔加不沉默（公元1805年）

攻纵队在航行中完全没有侧翼防护。上风纵队指挥舰'胜利'号的全体船员和纳尔逊本人在这场即将来临的密集弹雨中生存机会微乎其微。"

既然如此具有冒险性，纳尔逊为什么"执意如此"呢？实际上，英国人从抓获的俘虏中已经清楚地了解到法西联合舰队的状态。资源有限的费罗尔无法在这次海峡战役所要求的时限内为德维尔纳夫的舰队完成补给，加之德维尔纳夫不清楚纳尔逊舰队的位置，他惊惶的姿态早已尽显无余。从心理层面来讲，德维尔纳夫已经处于失败的关口了，而这样的作战心理将成为法国人和西班牙人的梦魇，比1588年无敌舰队更为恐怖的灾难即将到来。拿破仑本来已经下决心撤换德维尔纳夫，由弗朗索瓦·艾蒂安·德罗西里－梅斯罗（François Étienne de Rosily-Mesros）海军中将取代，然而德罗西里－梅斯罗的马车出了问题，在路上耽搁了几天。德维尔纳夫担心自己官位不保，同时也想给自己争取最后一个机会，以证明自己的能力。1805年10月19日，德维尔纳夫命令舰队提前从加的斯港出发。10月20日傍晚，纳尔逊的舰队便尾随而来。

因此，"纳尔逊突击"绝对不是一味冒险，纳尔逊也并非完全不怕死。

## 三 走向巅峰

### 1

1805年10月20日，由加的斯出海的法西联合舰队继续向南航行，并试图穿越直布罗陀海峡。在获悉敌舰队动作后，纳尔逊向英国舰队发出"向东南方全面追逐"的信号。值得一提的是，"这一天结束时没有战斗，临近日落时风向改变，德维尔纳夫得以率舰队直朝直布罗陀行进"。

不过，即将到来的特拉法尔加海战的形势却发生了转变，英国人的"攻势回归"意味着法国人处于防御状态。拿破仑只能孤注一掷了，他固执地相信德维尔纳夫能突然变得聪明和勇敢起来（其实他已经别无选择）。但是，海军大臣德克雷却倍感悲观。为了说明这一问题，我们来看他写给拿破仑的一封信中的部分内容，在科贝特的《特拉法尔加战役》一书里也有记载："拥有航海知识对我来说真是一种不幸，我无法用它对陛下您的计划造成影响，它则让我对此毫无信心。是的，陛下，我的职位实在太令人痛苦了。我责备自己无法说服您，但似乎任何人都无法说服您。我恳求您为海军行动成立一个讨论会，成立一个海军参谋部，那或许更适合于您。一位在海军的各个方面都对您言听计从的海军大臣势必无法正常地履职，

## 第十二章 海上霸主的捍卫：特拉法尔加不沉默（公元 1805 年）

即使不变得有害，也无法对您军队的荣誉做出任何贡献。"

德克雷的这番言辞可谓忠诚又明智，甚至听起来让人心碎。有意思的是，拿破仑一开始并未将失败归咎于德维尔纳夫，他坦率地承认了自己的错误。只是他的一番话实在让人感到费解，他说："我从未料到奥地利人竟是如此顽固，不过，我在一生中常常犯下错误，我并不会因此而感到羞愧。"[239]

决定双方命运的是 1805 年 10 月 21 日这天清晨。当时海面上一阵微弱的偏西风吹起，这看似平静的时刻即将在破晓之后被打破。

一旦视线较为清晰，一场大海战就开始。"在特拉法尔加角以西 12 海里处，双方舰队都清楚地出现在视线之内了。随后，英国舰队开始按计划分成两股进攻纵队"。

联合舰队的指挥官德维尔纳夫处于紧张状态[240]，为了便于船只逃离，就必须让舰队处于加的斯港的下风位置。为此，德维尔纳夫在 8 时左右就下令立即调头，试图借助风势转动舰尾而非舰艏。不过，"这一航向改变方式在风势微弱时更易操作，但由于行驶距离远，因此耗时极长"。一个统帅还未正式开战就想着如何逃离，无疑是自乱阵脚的表现。德维尔纳夫的这一命令是他在这场海战中犯下的诸多错误中的一个，本来法西联合舰队已经校对好航向，他的这道命令顿时给舰队造成了混乱。有一部分战舰率先完成了转向，而剩下的船只因为动作缓慢而未完成转向。因此，前者只能收帆或向后调帆，

---

239 更多内容可参阅朱利安·科贝特的《特拉法尔加战役》。
240 他本人爱好和平，不喜欢打仗，经常给妻子写信透露他的心迹，他甚至早就预言法国人会在这场战争中失败。只是，作为军人他不得不服从命令。他也因此被欧洲人嘲笑，可能是由此患上了恐惧症。

以便在队列中留出航行区域。"现在它们在所处位置上几乎一动不动。之前的后卫舰队现在变为前卫舰队,并且与中央舰队拉开了一定距离。"

按照阿内尔·卡斯滕和奥拉夫·拉德的描述:"现在的后卫舰队超越了西班牙海军上将费德里科·卡洛斯·格拉维纳-纳波利(Federico Carlos Gravina y Nápoli)分舰队的部分战舰,于是出现了一道满是缺口的弧形阵线,宽2~3艘船,长约4海里。这样,由于集中的战舰减少,射击进攻者的侧舷炮火力也被减弱。雪上加霜的是,本来就很微弱的海风风向又变得不稳定,给船只继续行动造成困难。如果德维尔纳夫指挥舰队继续向南航行,也许纳尔逊的舰队就因风势微弱而无法赶上了。但德维尔纳夫再次错过了逃脱机会,他就这么把胜利盛在银盘子里端给了纳尔逊。"[241]

朱利安·科贝特认为,法西联合舰队的"麻烦还远未结束,强风已在夜间消歇,继之而来的是从西北角吹来的不断偏转方向的微风。英军最初得到的是足够强的西北风,但联合舰队得到的风势较小,其风向还在西南偏西和西北偏西之间不断变化。与此同时,一般强大的海潮从西方涌来,这使得舰队行动变得更加困难。于是,在联合舰队开始重组阵型时,他们的秩序愈发混乱,已完全看不出任何阵型的外观"。不过,"由于只能靠风力航行,英国方面同样要面对一些组成战斗队形的困难"。这时候,彰显皇家海军能力的时候到了,他们以组成两路纵队的形式克服困难:一路纵队由科林伍德率领,一共14艘战列舰;另一路由纳尔逊率领,一共12艘,因为

---

241 参阅阿内尔·卡斯滕和奥拉夫·拉德的《大海战:世界历史的转折点》。

## 第十二章 海上霸主的捍卫：特拉法尔加不沉默（公元1805年）

有1艘舰在夜间航行时偏离过远。这两人的有效协作堪称典范，即便在当时不利的海上环境面前，他们的表现也是让人满意的。

对法西联合舰队而言，虽然现在处于更为不利的局面。但海上的气候有时候对敌我双方都是一样有利有弊的。英国人试图加快向敌舰冲击，但受制于海上的风势，无法得到有效施展。在风势的作用下，法西联合舰队的战线呈略向内凹的形状，这就使得纳尔逊的上风纵队只能与科林伍德的纵队保持略远的距离，自然无法在进攻时间上精确地达到一致。于是，特拉法尔加战场上出现了很有意思的一幕：英国人利用接敌前的大量时间自娱自乐起来。军官们要么在写信——毕竟离家的日子还是比较长了，海上的日子并不好过，让人感到孤独，对亲人的思念倍增；要么换上新的服装——特别是受了伤的，旧衣服更容易让伤口感染。至于水兵，他们互赠财物，喝上也许是生命中最后一口格罗格酒（Grog）[242]，有些人甚至跳起了角笛舞[243]。

纳尔逊则记下了他最后一点想法，内容竟然与他的红颜知己艾玛·汉密尔顿（Emma Hamilton）有关。这是他于1793年9月在那不勒斯王国（当时与英国结盟）邂逅的一位夫人，艾玛·汉密尔顿是当时英国驻那不勒斯使臣、著名的古玩收藏家威廉·汉密尔顿爵士的夫人。两人一见钟情，很快就坠入爱河。为了这位红颜知己，他竟然直言不讳地写信给自己的妻子弗朗西斯（Frances "Fanny"，昵称"范妮"），在信中，他将艾玛·汉密尔顿描述成"世上最令人惊

---

[242] 一种用蛋黄、糖、橙汁、朗姆酒和水调制而成的热饮，可以抵抗坏血病，在那个时代算是很好的海上补给品之一了。
[243] 饶有名气的英国水手舞蹈，主要以滑稽的形式表现船员的平常生活。

讶的女子之一……她是她家族的饰品"。妻子在知道纳尔逊的婚外情后，虽然选择了原谅，但是纳尔逊还是离开了她。由此可见，纳尔逊是一个多情种。在他临死前还念叨着叮嘱舰长托马斯·马斯特曼·哈迪（Thomas Masterman Hardy）："别把我抛下船。照看我亲爱的汉密尔顿夫人，哈迪，照顾可怜的汉密尔顿夫人。吻我，哈迪！"舰长看着他，然后俯下身子满足了纳尔逊的遗愿。最后，他低声说道："现在我满意了！感谢上帝，我恪守了自己的职责！"[244]

按照卡斯滕和拉德的描述："11时左右，英国舰队距离敌舰队只有2～3海里远了，但是又过了约1小时才进入有效射程。这时，纳尔逊向所有战舰升起了著名的'英格兰期盼'旗号。12时刚过，他又发出了一个旗号'再近一些接敌'。这是纳尔逊对舰队发出的最后一个旗号，一直保持到战斗结束。德维尔纳夫已于11时30分下令开火，法舰'火热'号（Fougueux）决心为舰名争光，对接近中的英舰实施了第一次远程射击。"随后，"法西联合舰队其他战舰也开始了射击"。

特拉法尔加海战真正爆发了！

## 2

法西联合舰队一开始表现得并不示弱，毕竟他们的舰船数量多于敌人。在长达半小时的射击里，英舰只能用舰舷火炮还击。因此，

---

[244] 参阅阿内尔·卡斯滕和奥拉夫·拉德的《大海战：世界历史的转折点》。

## 第十二章 海上霸主的捍卫:特拉法尔加不沉默(公元1805年)

法国人占据了一定的主导权。倘若在这段时间内,作为指挥官的德维尔纳夫能拥有一支射击快速且精准的炮兵,联合舰队就可以完全粉碎纳尔逊美妙的进攻计划。但事实上,联合舰队的侧舷炮火始终徒劳无功。从这个层面来讲,法国人在特拉法尔加海战中的失败,不能完全归咎于德维尔纳夫,他面对的是一帮素质参差不齐且能力较为低下的士兵,无法在战阵、防御和攻击中做到较为有效的配合。不过,作为一名舰队指挥官,他有责任和义务了解属下的情况。事实恰恰相反,一种比较中肯的解释就是德维尔纳夫消极指挥作战,他内心讨厌这场战争。

科林伍德的纵队打了20分钟之后,纳尔逊率领的纵队终于在午后与法西联合舰队战列相遇。这时,纳尔逊对"胜利"号舰长托马斯·哈迪大声喊道:"瞧瞧伟大的科林伍德是怎么驾舰作战的!"科林伍德也差不多同时对他的旗舰舰长爱德华·罗思拉姆(Edward Rotheram)说:"要是纳尔逊现在在这儿就好了!"[245]

这番喊话从某种程度上反映了两人的默契,也表明了两支舰队若协同起来,就会产生巨大的能量。果然,当科林伍德的旗舰"王权"号在极近的距离以最快的速度接近西班牙战舰"圣安娜"号(Santa Ana)后,立刻用装填双倍弹药的侧舷炮向敌舰进行射击,效果非常明显,西班牙人伤亡惨重。

"胜利"号冲入敌舰队中央战列后,紧随其后的还有"鲁莽"号(Temeraire)和"海王星"号(Neptune)。这表明纳尔逊率领的舰队能与科林伍德率领的下风纵队联合作战了。纳尔逊的想法是,通

---

[245] 摘自罗伯特·索锡(Robert Southey)所著的《纳尔逊的一生》(The Life of Nelson),该书目前没有中文版,相关内容可参阅马汉的《纳尔逊传》。

过炮击,"在西班牙战舰'圣三一'号(Santísima Trinidad)和法国旗舰'布森陶尔'号(Bucentaure)之间打开一个缺口"。这是因为"'圣三一'号是当时世界上最大的战舰,有四层甲板,装备112门火炮,火力强大"。

"圣三一"号的舰长是西班牙海军少将巴尔塔萨·伊达尔戈·德西斯内罗斯(Baltasar Hidalgo de Cisneros),他似乎看出了纳尔逊的意图。他已经尽量缩小与前方"布森陶尔"号之间的距离,却无法阻止"胜利"号经过这艘法国旗舰的船艉。于是,纳尔逊旗舰侧舷炮发出的第一波猛烈射击效果十分显著,炮弹掠过甲板,给予敌舰很大的杀伤,尤其是火力强大的68磅加伦炮使许多法国人命丧当场。很快,越来越多的战舰加入战事,似乎在一瞬间就演变为一场混战。

让人觉得不可思议的是,直到这时,德维尔纳夫才冒着弹雨命令前卫舰队指挥官皮埃尔·迪马努瓦尔·勒佩利(Pierre Dumanoir le Pelley)海军少将投入战斗。可惜,这位前卫舰队指挥官"起初并没有对信号作出反应,仍从容不迫地率领舰队向北航行,就此远离了真正的战斗"。这是让法国人倍感遗憾的一件事,一种说法是"如果前卫舰队迅速赶到,战事结局会是怎样就难说了"。

纳尔逊的"胜利"号正遭受法舰"海王星"号(与英舰同名)的猛烈打击。与之同时,正在靠近的法舰"敬畏"号(Redoutable)也对"胜利"号进行了攻击,直到"敬畏"号丧失全部桅杆后才放弃攻击。其舰长让·雅克·艾蒂安·卢卡(Jean Jacques Etienne Lucas)后来成为法国的大英雄,他在特拉法尔加海战中表现最英勇。遭到围攻的"胜利"号试图绕到"布森陶尔"号的侧翼,结果

## 第十二章　海上霸主的捍卫：特拉法尔加不沉默（公元 1805 年）

失败了，因为"敬畏"号从侧后方将其紧紧贴住。情况万分危急，若不是"胜利"号的甲板高出对方很多，法国人差点就登上"胜利"号了。即便如此，"敬畏"号上密集的火枪射击也给"胜利"号造成了惨重损失。如果从上空俯视，就会清晰地看到：法国狙击手坐在桅杆上肆意地捕捉着"胜利"号甲板上的目标。

这是一个非常重要的节点，因为纳尔逊即将走到生命的尽头。在"胜利"号投入战斗近 1 小时后，即 13 时 15 分左右，"一位狙击手在'敬畏'号的枪楼上认出了纳尔逊的军衔标志，并用火枪向他射击。子弹击中了他的左肩，撕裂了肩章和军装上衣，打穿了肩胛骨、肺部和脊柱，最后卡在背部肌肉中。受了致命伤的海军中将被抬进了船舱，舰长托马斯·哈迪则在'胜利'号上代为指挥战事"。不久，"鲁莽"号赶来支援"胜利"号，从另一侧非常有效地攻击了"敬畏"号右舷，"敬畏"号上的法国水兵当场阵亡超过 200 人，但是这对于纳尔逊本人来说为时已晚。身受重伤的他在战列舰战斗中最安全的位置——甲板的最下层接受随舰军医的诊治。"大家试着同他说些鼓舞人心和充满希望的话，但纳尔逊勋爵已经很清楚医生确诊的结果——他没有生还希望"。

海上的战事越来越激烈，按照英国历史学家彼得·沃里克（Peter Warwick）在《来自特拉法尔加海战的声音》(*Voices from the Battle of Trafalgar*) 中的描述："浓密的烟雾中到处都闪着火光，爆炸声不绝于耳；很多战舰几乎已经没有船舱了，被浓密的硝烟包裹着；有些对手擦肩而过却毫无察觉，或者偶然地陷入厮杀；海上到处漂浮着残骸碎片与尸体。'敬畏'号舰长让·卢卡后来说，根本不可能描述英国人要命的侧舷炮造成的恐怖景象。不到半个小时，他的战舰就被打得稀巴烂，舰上所有火炮都被摧毁，到处都散落着尸体与船体碎片。他的643名船员中有300人死亡，222人受伤。"

战事继续进行，德国历史学家阿内尔·卡斯滕和奥拉夫·拉德认为，之后的作战基本上是英国舰队完全掌控主导权："身处'绝妙'号（Formidable）上的迪马努瓦尔·勒佩利少将终于决定率领他的前卫舰队调头返回。但由于风势微弱，船只航行和调头极为艰难，必须放下小艇拖动巨大的船体转向。就在迪马努瓦尔·勒佩利和他的分舰队好不容易朝着中央舰队方向驶来时，多艘英国战舰已排成一列，准备抵御其反击的威胁。于是，这位法国海军少将承认战败，并逃离了战场。皇家海军'非洲'号（Africa）在战斗之初就跑到了联合舰队的前卫舰队附近，因而未经恶战。'海王星'号和'圣奥古斯丁'号（San Agustin）尾随其后，它们是西班牙前卫舰队少量舰只中的两艘，这支舰队还成功地赶往中央舰队提供支援。'非洲'号舰长亨利·迪格比（Henry Digby）操控战舰驶入浓密的硝烟中，他认为'圣三一'号已经降下了军旗，至少能辨认出其巨大的船体。于是，他派出一艘小艇，载着一支小分队前往这艘西班牙战舰接受投降。"[246]

这场海战过程中值得一提的还有三方面的内容：一是法国战舰"阿希尔"号（Achille）的弹药舱突然发生爆炸，整艘战舰瞬间被撕裂；二是表现最为英勇的"圣三一"号被好几艘英国战舰包围了数小时，"舰上的西班牙海军少将德西斯内罗斯最后也不得不降下了军旗。这时，身负致命伤仍继续指挥战斗的西班牙海军上将格拉维纳

---

[246] 参阅阿内尔·卡斯滕和奥拉夫·拉德的《大海战：世界历史的转折点》；朱利安·科贝特的《特拉法尔加战役》。

## 第十二章 海上霸主的捍卫：特拉法尔加不沉默（公元 1805 年）

向所有尚能接受命令的战舰发出停战信号"；三是法国海军中将德维尔纳夫一直都在受到重创的"布森陶尔"号上，却奇迹般毫发未损。但面对灾难性的局面，他还是宣布投降并成为阶下囚。

这场海战，英国人胜利了。

随后，托马斯·哈迪舰长把战役结束与英国获胜的消息告诉了濒死的纳尔逊。

虽然英国舰队赢得了战役胜利，且未损失一艘舰船，但许多英国舰船严重受损，比缴获的几乎被打残的敌舰好不到哪里去。就连科林伍德也不得不用另一艘船来替换几乎被打成空船壳的"王权"号，纳尔逊死后，他成为遭受重创的英国舰队的司令。

接下来，让英国人担忧的事情是海上风暴即将来临，这让刚经历了激烈战斗的舰队几乎没有什么休整时间，也让科林伍德就"缴获的 17 艘法西联合舰队战列舰上的上千名俘虏如何安置"的问题感到头疼。实际上，科林伍德已经别无选择了，"因为很快就会遇上陆地，所有战舰都会撞碎在海岸边，他必须率舰队远离陆地，继续向海洋进发"。

海上风暴差一点就让英国舰队全队毁灭。"在不得不砍断锚绳之后，被缴获的价值超过 100 万英镑的战舰在风暴中颠簸着。'圣奥古斯丁'号和'圣三一'号载着数百名船员沉入海底，'敬畏'号与'布森陶尔'号的下场也是一样"。[247]

一周后，英国舰队才进入安全海域。

---

247 参阅阿内尔·卡斯滕和奥拉夫·拉德的《大海战：世界历史的转折点》；朱利安·科贝特的《特拉法尔加战役》。

547

3

特拉法尔加海战中,"英国舰队阵亡或失踪449人,受伤1204人;西班牙舰队死亡1000人,受伤近1400人;法国损失超过3000人,超过1000名水手受伤。法国和西班牙舰队被俘总人数近万人,不过,大部分人并非死于英军炮弹下,而是葬身于风暴之中。水手们在船只下沉或搁浅时溺亡"。

对英国而言,"特拉法尔加海战标志着皇家海军寻求绝对统治海洋的一系列海战达到顶峰。当时加速扩建的基地体系确保了海军在世界范围内的行动自由。除了装备火炮的战列舰,这一海洋强权政策主要是建立在技术知识的学习与应用上,例如测定经度、海路制图或者对坏血病的遏制"。

作为世界范围内最具决定性的会战之一,这场海战让英国人最终统治了海洋。"它不仅使不列颠群岛免遭入侵,而且建立了一道延伸到世界两端的防线;它不仅摧毁了法国的海军力量,而且通过确保地中海与通往东方的基地,使得拿破仑海军的任何复苏都无法再对英国的海外领地造成严重威胁。"[248]

而小威廉·皮特的战略的正确性也体现于此,1806年1月中旬,贝尔德的部队完全占领了开普敦,加之西西里岛已在掌握之中,这两者结合在一起使得大英帝国坚不可摧。

海洋已经提供了它能提供的一切,剩下的就看英国人如何去经

---

[248] 参阅阿内尔·卡斯滕和奥拉夫·拉德的《大海战:世界历史的转折点》;朱利安·科贝特的《特拉法尔加战役》。

## 第十二章 海上霸主的捍卫：特拉法尔加不沉默（公元 1805 年）

营了。对法国人而言，在特拉法尔加海战中的失败，虽然失利于海洋，却主宰了欧洲陆地。对此，朱利安·科贝特在《特拉法尔加战役》中写道："如果英国对抗的是拿破仑之外的任何人，如果英国的盟友是普鲁士之外的任何国家（在盟约国中，普鲁士未能发挥出应有的作用，某种程度上讲，普鲁士拖了后腿），它都会赢得比这多得多的成就。"

1805 年的特拉法尔加海战的另一个意义在于，法国人在 1803 年将路易斯安那卖给了美国。这种影响力会在之后愈加明显，美国因为有了这块地，使其扩张的面积约占今日领土的三分之一。这预示着"美国的海军将在 20 世纪下半叶成为世界最强大的海军"。因此，历史的讽刺在于，如果英国的海上霸权使其拥有了路易斯安那，或者说英国没有脱离这块殖民地，在皇家海军的优势下，美国海军的崛起可能路途更加漫长。

至于在这场海战中创下奇迹的纳尔逊，除了成为人们津津乐道的英雄人物，他那有名的"英格兰期盼恪尽职守"的旗语也已经影响深远，一个明显的证据就是，"19 世纪的美国海军和 20 世纪初的日本海军都在海战中使用过这类旗语信号"。

# 第十三章

# 利萨海战：濒死者的胜利
## （公元1866年）

第十三章 利萨海战：濒死者的胜利（公元 1866 年）

# 一 意大利的噩梦

## 1

1866 年 7 月 20 日，在亚得里亚海的克罗地亚小岛——利萨岛（也叫维斯岛，Vis）附近海域，两支差异巨大的舰队进行了一场海上作战。当时，意大利王国刚刚拥有一支先进的舰队，奥地利帝国却还在使用那支古老的舰队捍卫这个半专制的多民族国家。

按照一般分析思路，先进的舰队必然战胜落后的舰队。然而，在奥地利海军少将威廉·冯·特格特霍夫[249]的指挥下，看起来必败无疑的古老舰队却取得了引起轰动的胜利。这对意大利而言，简直就是噩梦般的耻辱。

一种普遍观点认为，意大利人在利萨海战中失败的主要原因应归结于指挥作战的海军上将卡洛·佩利昂·迪佩尔萨诺（Carlo Pellion di Persano）的抗命不从。不过，当时已经 60 岁的他，更加注重的是个人名誉问题。从这个角度来想，或许是能够让人理解的。因为战事的失败，国内民众对海军热情减退，对花费巨资打造的新

---

[249] 1827—1871 年，19 世纪最伟大的海军指挥官之一。在利萨海战中，他敢于突破常规的战列线，以"楔形"切入敌方战列线，然后集中兵力及火力发动攻击，最终击败了先进的意大利舰队。值得一提的是，这种战术也影响到 18 年后的北洋海军在黄海海战的布阵。

式舰队极其失望。就此，迪佩尔萨诺上将不得不在1866年发表了《利萨的事实》为自己辩白。

在这份辩白书里，他站在自己的视角，用长达35页的篇幅详细讲述了"利萨的事实"，并把责任"毫无破绽"地推卸到了海军中将焦万·巴蒂斯塔·阿尔比尼（Giovan Battista Albini）身上。然而，这位海军上将忽略掉一个最根本的推断常识，只要把前后内容相联系，就能知道所有的结论都如掩耳盗铃一般。他"声称奥地利人还用步枪朝着'意大利国王'号（Re d'Italia）船体的破洞射击"；"他为战役中更为知名的牺牲者献上了悲伤的悼词"；他还"宣称10艘意大利战舰力战27艘奥地利战舰，捍卫了意大利国旗的荣誉"。但是，作为一名海军上将，作为这个国家的重臣，难道不应该全身心地投入战斗吗？最让人惊愕的是，他对任何导致失败的根本原因只字不提，他毫无愧色地"声称自己待在战场上的时间长于对手……自己才是战役的胜利者"。[250]

如果说利萨海战中没落的哈布斯堡君主利用一支古老的舰队在亚得里亚海狠狠地敲打了野心勃勃的意大利人，并让敌人感受到耻辱，那这位海军上将因不敢面对失败而百般狡辩将是意大利更大的耻辱。

对于利萨海战这段历史还需要向前和向后审视，然后我们会发现，意大利海军上将迪佩尔萨诺"无论从专业水平还是性格气质都无法胜任作战任务"。他所做的一切自辩都将于事无补——法庭对他和阿尔比尼中将进行了审判，审判到1867年才结束。根据意大利学

---

[250] 依据阿内尔·卡斯滕和奥拉夫·拉德《大海战：世界历史的转折点》中的相关描述。

者巴拉特利在《意大利海军》中的描述,两位将军最终被"革除海军军籍,剥夺所有勋章,养老金也被取消。只是由于皇室的恩典才使佩尔萨诺的养老金得以保留"。

不过,若将一场海战的失败完全归结到个人身上,显然失之偏颇的。早在1866年初夏,他就指出意大利舰队存在诸多问题:"水兵与士官缺编严重,而且由于缺乏训练,完全不熟悉现代化战舰复杂的技术设施操作;军官们既缺乏理论培训和实践经验,也不具备团队精神,相互间普遍存在着彻头彻尾的不信任与个人恩怨;意大利政府方面对海军没有任何规划。"[251]

意大利海军部长阿戈斯蒂诺·德普莱提斯(Agostino Depretis)曾于1866年7月6日写信给迪佩尔萨诺。在信中他有这样的描述:"尽管对1859年获得伦巴第心存不满,使得与奥地利开战成为意大利政策的中心目标之一,然而海军部长德普莱提斯在开战10天后却告诉指挥官佩尔萨诺海军上将,没有任何出动这支斥巨资购买的舰队的计划。"这说明什么问题呢?至少表明意大利人的这场利萨岛远征行动"从一开始就无非是一种临时发动的宣传战,其规划和执行都出现了明显的军事专业性失误……从中可以看出,不光指挥战斗的海军上将与他的大部分军官,就连这个国家的政治与军事领导层也完全不了解技术与战术进步给海上作战提出了何种要求"。[252]

于是,意大利人的噩梦开始了——指望他们满足这些海上作战必备的要求纯属奢望。换句话说,"个人与体制缺陷的恶性互动导致意大利海军输掉了利萨之战"。

---

251 依据阿内尔·卡斯滕和奥拉夫·拉德《大海战:世界历史的转折点》中的相关描述。
252 依据阿内尔·卡斯滕和奥拉夫·拉德《大海战:世界历史的转折点》中的相关描述。

对此，朱塞佩·加里波第（Giuseppe Garibaldi）[253]在其回忆录里就有很中肯的评价，他认为："1866年的远征开启了光明的前景。国家……充满了热情和牺牲精神。人们把数量占优的己方舰队与一个处于下风的、从一开始就认定可以击败的对手相比……一切都预示着一场辉煌的运动，它将扫除所有障碍，使我们的国家步入欧洲强国之林……但事情不是这样，在穿着战袍的耶稣会教士的领导下，这场运动蒙受了阴沟翻船的羞辱。"

## 2

回到海军上将迪佩尔萨诺身上，我们还会发现这场让意大利人倍感屈辱的海战充斥着诸多鲜为人知的细节。

应该说，利萨海战前的意大利占据了物质和精神上的优势。就精神层面来讲，"民族主义者对解放此前属于哈布斯堡多民族国家的上意大利地区充满热情"。1866年6月，普鲁士与意大利联合向奥地利进攻，普鲁士的主要目的是想把德意志境内的各邦都划分到自己名下，意大利的主要目的则是想收复被奥地利侵占的失地威尼斯。

纷争就这样产生了。

在各怀目的的交锋中，与意大利人中的那些狂热民族主义者相对应的是那些慵懒之人，这里面尤以海军将领迪佩尔萨诺最具代表性。作为舰队总司令，他毫无干劲的表现无疑起到了一种"表率作

---

[253] 1807—1882年，意大利建国三杰之一，另两位是撒丁王国的首相卡米洛·本索·加富尔和创立青年意大利党的朱塞佩·马志尼。

## 第十三章　利萨海战：濒死者的胜利（公元 1866 年）

用"，他让纷争的战事里有了一种奇怪的、糟糕的气氛正在暗流般涌动。由此，我们会产生一种疑问：为什么不是能者居之呢？

早在迪佩尔萨诺未上任之前，就出现了关于他的尖锐批评。1862 年迪佩尔萨诺担任海军部长，凭借这一特殊的身份，他理所当然地与政府建立了良好关系，也正是因为这样的身份，他成功落实了一系列先进铁甲战舰的建造工作。在拥有了这样的功劳后，他顺理成章地担任舰队总司令一职。不过，能够落实与海军相关的工作并不代表能指挥一场海上战斗。更何况，他对自己部队的实际训练与舰队出动毫无兴趣。他更喜欢走形式主义，譬如对奥地利舰队冷嘲热讽，带着舰队四处巡弋却没有任何战略意图。

在 1866 年 6 月 24 日的库斯托扎（Custoza）战役中，意大利国王维克托·伊曼纽二世（Victor Emmanuel Ⅱ）[254]，表现得非常糟糕，拥兵 17.5 万的他竟然被兵力不到其一半的奥地利阿尔布雷希特·弗里德里希·鲁道夫大公（Albrecht Friedrich Rudolf）[255] 击败。

就在意大利的全部舆论都指向库斯托扎之败，这个国家急需一场军事胜利时，迪佩尔萨诺却表现得十分消极。这种性格与处事态度简直让人费解，就像他在利萨海战中突然要求停船，把旗舰从"意大利国王"号换成"铅锤"号（Affondatore）一样，仅仅是因为从英国购买的新式战舰到了。他"一再拒绝服从攻击并摧毁奥地利舰队的明确命令，整日率领舰队在亚得里亚海中央游弋"。[256]

---

[254] 1820—1878 年，撒丁王国国王，也是 1861 年意大利统一后的第一个国王。
[255] 1817—1895 年，出身非常显赫的第三代特申大公爵，神圣罗马帝国皇帝利奥波德二世之孙，拥有奥地利、俄国和德意志帝国三国陆军元帅军衔。
[256] 依据阿内尔·卡斯滕和奥拉夫·拉德《大海战：世界历史的转折点》中的相关描述。

最让人捉摸不透的是，他极为小心翼翼地让舰队"东躲西藏"，这样就可以做到既不被意大利，也不被克罗地亚—奥地利的海岸边的人员发现。

自此之后，下属对他充满了蔑视。根据意大利学者伊奇诺在《利萨》中的描述，时任"葡萄牙国王"号（Re di Portogallo）铁甲舰舰长奥古斯托·里博第（Augusto Riboty）曾在7月13日的航海日志里这样写道："我们又在安科纳（Ancona）[257]抛锚了。很好奇地想知道，这种巡航的目的何在？航行期间我们消耗了大量的煤，机器也耗损得厉害，却没有一次用望远镜观察过敌人，或者威尼斯，或者达尔马提亚海岸。不过我们有义务相信指挥官知道自己在做什么，下属的义务正是盲目服从。"从这番话语中，我们可以轻易地感受到舰长对司令浓浓的讽刺。

就连海军部长德普莱提斯也看不下去了。根据1866年11月15日的《两个世界杂志》上希尔伯格撰写的《利萨海战》中的描述，1866年7月15日，他亲自火速赶往安科纳，试图用他的特殊身份说服迪佩尔萨诺发起攻击。然而，这位舰队总司令依旧表示反对，理由是军官和水兵都还没有做好完成任务的准备。这样的回答显然把海军部长弄得惊愕不已，最后他只能既无奈又愤怒地说道："好吧，把这一切告诉我们的人们吧，他们可是沾沾自喜地认为自己的海军是世界第一。"紧接着，他又补充道："现在我们让他们知道，加重了他们的国债，花了整整3亿资金打造出的这支舰队都没法跟奥地利人打一仗！他们会用石头砸死我们的。之前是谁对奥地利海军冷

---

[257] 意大利中部濒临亚得里亚海的港口，属天然良港。

## 第十三章 利萨海战：濒死者的胜利（公元1866年）

嘲热讽来着？"[258]

迪佩尔萨诺就海军部长德普莱提斯的"惊愕"等问题专门撰写文章为自己辩护。他表示，是可供他支配的登陆部队人数不够才让他不愿尽快作战的。

于是，海军部长很快就向他许诺，会以最快的速度增援他，这样海军上将就没有理由不出击了。但他还是有些犹豫不决，直到公众舆论怨声四起，以及意大利统帅部施压——"要么发动进攻，要么将他免职"，这位舰队总司令才于1866年7月16日命令舰队起航。根据意大利学者伊奇诺在《利萨》中的描述，当时的意大利总参谋长拉马尔莫拉（La Marmora）曾在7月14日致信迪佩尔萨诺。在信中，总参谋长直言不讳地写道："大臣委托我告知E. V.，若舰队不能够立刻投入行动，他有权替换舰队的最高指挥官。"

至此，这支新式舰队终于可以出发，履行它应尽的义务了。

值得一提的是，"在旗舰'意大利国王'号上有迪佩尔萨诺的好友，律师和民族解放派议员皮尔－卡洛·波乔"。迪佩尔萨诺之所以带上他，有两方面的原因。一是皮尔－卡洛·波乔原先的任务是占领利萨岛后成为临时总督，这样就能与海军上将的权力进行更好的组合了。另一方面，好友的能言善辩可发挥出更好的舆论宣传作用。从某种意义上讲，他的好友就是一座个体的"宣传公司"。

这次远征的目标是利萨岛——达尔马提亚海岸边一个具有重要战略意义的小岛。由于位置重要、海岸陡峭并拥有一座易守难攻的

---

[258] 在教皇国于1870年被终结前，教皇都维持着一支小型海军，这支海军无论是人员还是装备都无法满足19世纪中叶的海战要求。1861年，海军上将迪佩尔萨诺在炮轰安科纳时，不费吹灰之力就击败了这支海军。因此，他的冷嘲热讽也算合情合理。

港口，意大利媒体将其称为"亚得里亚海上的直布罗陀"。

只是，意大利人可能还不知道，一场可怕的噩梦正在向他们引以为傲的新式舰队逼近。他们更不知道，利萨海战的灾难虽然"持续沉淀"，但"时常涌上人们心头。""最后它以曲折的方式在20世纪震撼世界文坛的小说《魔山》中表露出来。"人们只要一提到意大利"为过去复仇"就会陷入沉思。

## 二 《魔山》中的中心角色

### 1

在20世纪有一部震惊世界文坛的教育讽刺小说《魔山》，该书的作者是托马斯·曼（Thomas Mann）[259]。作品的主人公叫汉斯·卡斯托尔普（Hans Castorp），另一个中心人物叫洛多维科·塞滕布里尼（Lodovico Settembrini），他是一个爱好文艺的人文主义者，总是竭尽全力地想将汉斯·卡斯托尔普培养成资产阶级自由主义的忠实拥趸。当然，我们也可以把他看作是一个理想主义者，他拥护启蒙运动，支持法国大革命，尽管这两者已经沾染了些许灰尘，但还是表现得热切而执着。他的言谈中始终充斥着民族主义、自由主义和技术进

---

[259] 1875—1955年，享誉世界的德国小说家和散文家，1924年发表长篇作品《魔山》，1929年获得诺贝尔文学奖。

步三大主题。因此，他算是20世纪初的"文明吹鼓手"之一。

不过，要将一个人培养成具备某种特质的人是不容易的。最重要的是这个人的身份很重要，且博学多识——至少看起来是这个样子的。读者看完《魔山》这部小说，会发现"托马斯·曼选择让一个意大利人来完成这一学究式的教育任务绝非偶然"。最直接的两点可从体裁和内容上感知：首先这是一部具有教育讽刺意义的小说，这符合此类作品的高级内涵；其次就是中心人物塞滕布里尼喜欢做演讲，偏偏周日的演说言辞雄辩却无法始终保持思想一致，因为他"大部分演说内容的灵感源自左翼自由主义政治家和革命家朱塞佩·马志尼（Giuseppe Mazzini，1805—1872年）的著作"。

作为统一的意大利的缔造者之一，朱塞佩·马志尼除了拥有屡战屡败的起义生涯，还是一位擅长著述之人。1860年4月23日，他根据自己的政治际遇写了一本名叫《论人的责任》的书。其实，这本书里的共和理念与当时意大利的基本转向君主制统一运动是背道而驰的。回想他的政治生涯，总因政治才干不足而败于对手萨伏依王朝[260]。面对这样的结果，他时常叹息："我要的是一个青年的意大利，你们却给了我一个木乃伊。"

同样让人觉得不是偶然的是，塞滕布里尼演说中"不仅捍卫了抽象原则"，对涉及19世纪欧洲各国的原则"也反映了十分明确的敌友观念"。由此，我们可以理解托马斯·曼设置这个人物形象的用意了，塞滕布里尼身上有朱塞佩·马志尼的影子。也就是说，"发生资产阶级革命的法国代表了美好、进步、有前途的国家模式。相

---

[260] 欧洲历史上著名的王朝，曾统治萨伏依公国、撒丁王国，也是1861—1946年统治意大利王国的王室。

反，多民族的奥地利帝国则成了邪恶、守旧、仇视进步且不人道的化身"。这时候，解决问题的理想主义者来了，他就像塞滕布里尼一样，有着非友即敌的思维模式，却又自身才干不足。他竭尽所能试图将汉斯·卡斯托尔普培养成资产阶级自由主义思想的忠实拥趸。于是，他化身为"文明吹鼓手"，以建立一个"理性统治并实行民主的民族国家"为梦想。"不过在达到这一目的之前，那种亚洲式的奴颜婢膝、墨守成规的制度必须要彻底打垮。"换句话说，"在维也纳，应当先把奥地利击溃，这样既可为过去报仇雪耻，又能使正义占上风，让地球上的人们获得幸福"。

回到利萨海战，1866年夏天的这场海上战事本意是"为过去复仇"，最终却成为一场令"年轻的意大利自由派、爱国者与启蒙思想捍卫者难以承受的耻辱"。这倒非常符合托马斯·曼小说《魔山》所彰显的讽刺特质。

利萨海战是"第三次意大利独立战争"中的重要组成部分。这场独立战争并不长久，如果不是发生了利萨海战，它就缺少了许多独立战争中具备的高潮部分。简单来说，这场战争在"一定程度上是1866年普奥战争在南欧的分支部分"。"面对两个德意志强国之间日益恶化的紧张关系与迫在眉睫的军事冲突，年轻的意大利王国直到1861年3月17日才宣布与普鲁士结盟"。

当时的奥地利帝国皇帝弗兰西斯·约瑟夫一世（Francis Joseph I）为了对付敌人，不得不将陆军拆分为两部分：对付普鲁士的北方军团；在上意大利地区作战的相对较弱的南方军团。结果，那场1866年6月24日发生在库斯托扎的战事太出人意料了！处于弱势的奥地利军队竟然在库斯托扎附近的加尔达湖南部大败人数远远占优

## 第十三章 利萨海战：濒死者的胜利（公元 1866 年）

的意大利军队。"但对战争结局而言，这一胜利似乎只有次要意义，因为仅 10 天之后，奥军主力便在凯尼格列附近与普鲁士军队交战时遭遇惨败"。即便如此，意大利军队的这次失败让国内舆论哗然，毕竟己方兵力两倍于敌方，却以大败收场。

于是，意大利公众舆论毫不客气地发出质问："单靠外国盟友能赢得对那个可恶的维也纳死敌的胜利吗？失败对于这个年轻王国的军事和政治声望来说不啻为一场灾难。"公众舆论的这番话语还指向了另一场灾难，这场灾难表现在意大利想要获取更广阔领土的要求遭遇了"滑铁卢"。如果战争胜利，奥地利人应割让威尼斯、南蒂罗尔（Südtirol，今意大利特伦蒂诺 – 上阿迪杰大区的一部分）、的里雅斯特（Trieste）和达尔马提亚的一部分土地。然而，所有的一切，都因库斯托扎战役的失败泡汤了。

民众自然是难以接受这样的结果，特别是那些民族主义者。正如学者斯科蒂在《利萨 1866》中所言："如果说，和平需要用武力获得，我们就不能从拿破仑的手中获得威尼斯和威尼托（Veneto）地区。"换句话说，"如果意大利对战胜奥地利人的贡献只是库斯托扎的惨败的话，这些过分的愿望很难得到满足"。由此可见民众对库斯托扎战役失败的屈辱感有多么强烈。而"为过去复仇"最好的方式就是大力发展海军，并拥有一支新式的舰队。

于是，意大利王国建国后便立即投入大量财力与人力组建了它。

## 2

　　罗马直到1870年教皇国终结后才成为意大利首都。成立于佛罗伦萨的议会经过讨论，站在政治因素的制高点，批准了投入巨额资金建设舰队的方案。可是，为什么一定是政治要求而非军事要求呢？在海军部长德普莱提斯在1866年7月7日给迪佩尔萨诺提出的要求里，我们会知晓答案。

　　当时，他满腔热忱（其本意是想激发迪佩尔萨诺的积极性，希望他有所作为）地说道："要知道，意大利将自己的舰队视为它未来的力量，意大利最美丽的城市就坐落在这个海边，这就证明这片海是属于它的。"更重要的是，"意大利王国的主张深受知识分子和资产阶级群体支持"。然而，"在实践中，兼并结构、传统和文化甚至语言都迥然不同的领土带来了一系列难题，大部分难题时至今日都未能解决"。在这种背景下，"意大利创造出本民族象征的愿望十分迫切，舰队就是这种象征"。[261]

　　1860—1880年的20年间，正好是军事航海领域不断发生革命性创新的阶段。显然，这得益于蒸汽革命的福祉，为了拥有一支先进的舰队，意大利投入舰队建设的资金高达3亿法郎。

　　1765年，英国的仪器修理工詹姆斯·瓦特发明了蒸汽机。这种使用新动力的机器在航海中的应用给舰船带来了意想不到的改变：它使船只不仅摆脱了风速不定的影响，还迅速提高了自身的速度。

---

[261] 依据阿内尔·卡斯滕和奥拉夫·拉德《大海战：世界历史的转折点》中的相关描述。

## 第十三章　利萨海战：濒死者的胜利（公元1866年）

对此，我们可以来做一个比较：在1805年的特拉法尔加海战中，纳尔逊的舰队在正常情况下，最高时速只有8节左右。到了利萨海战，先进的现代铁甲舰最高速度可达13～14节。

当然，这种跨越式的提升也经历了一番历程。这也可以从"葡萄牙国王"号战舰身上得到体现，它是意大利舰队"意大利国王"号的姊妹舰。这艘战舰是1866年左右舰型变革的有力表现之一，它采用独特的混合动力形式。首先，这艘战舰没有抛弃桅杆，可如之前的战舰适风航行；其次，加入烟囱的设计表明这艘战舰已经开始了对现代蒸汽动力的运用。火炮的配置和传统布局没有什么两样，安装在船体两侧的火炮甲板上。值得一提的是，这种火炮配置在下一代战舰中将被旋转炮塔取代。

蒸汽机为新一代战舰提供更好动力的同时也伴随着致命的缺陷——蒸汽机易受攻击，且耗煤量很大。为了弥补这一缺陷，设计师暂时没有放弃使用风力作为候补动力。另外，从外观上看，早期的蒸汽船不太好看——这种安装了"桅杆、索具和烟囱的蒸汽船与帆船的结合体看起来就像是一个怪物似的"。不过，从长远来看，未来很长一段时间里一定是属于蒸汽船的世界。对海战而言，它将在战术上产生深远的影响——这种影响是由速度的提升引发的。换句话说，"此前与敌舰作战时往往起决定作用的接舷战在未来将不复存在"。

钢铁工业的进步也为海战带来了另一项革命性的进步。

具体来说，在蒸汽革命后以蒸汽为动力源的舰船不仅速度有了很大提升，还因为装甲甲板的发明而产生了新型铁甲舰这一舰种。与传统的木制战舰相比，操控一艘船体包裹了重量以千吨计、厚达数厘米钢板的战舰航行,当然要困难得多。如果没有强大的动力支撑,这种舰型应该不会出现。不过,早期的铁甲舰适航性很差,从第一批铁甲舰在克里米亚战争期间[262]的使用情况(指锡诺普海战)来看,其适航性不如传统的木制舰。抛开这点,全风帆操纵的传统木制战舰与铁甲舰作战时不仅处于下风,甚至可以说毫无取胜机会。这很好理解,在炮弹质量一样的前提下,"老式战列舰发射的实心弹打在铁甲舰上,就像鹅卵石打在混凝土墙上一般弹出去了。反过来,铁甲舰命中木制战舰的效果则十分恐怖"。

如果能在火炮质量上再有突破,其杀伤力就更大了。事实上,在这场技术革新中,火炮领域同样得到了发展。按照阿内尔·卡斯滕和奥拉夫·拉德的描述,"其中有四项技术革新在19世纪中叶引起了轰动:一是后膛炮研制成功,相比传统的前膛炮,操作更简易迅速,不过,后膛炮的炮栓问题(比如装弹后的封闭,发射炮弹产生的膛压等问题)长时间没有得到解决,致使英国海军在1864年恢复使用更为安全的前膛炮;二是铸铁及不久后的铸钢取代了青铜材料,二者耐用性更强;三是线膛炮技术的运用,也就是在炮管内部锻压螺线型的凹槽,使炮弹旋转飞行,以使其飞行轨迹保持稳定,并显著提高了穿透力;四是传统实心弹被爆破弹取代,后者破坏力明显要大得多"。

由上所述不难发现,要拥有一支新式舰队将付出高昂的费用。但"意大利的头号梦想是成为亚得里亚海的女皇"。因此,我们也不难理解为什么意大利愿意花费3亿法郎了。在当时英国、法国和美

---

[262] 1854—1856年,指1853年10月20日因争夺小亚细亚地区的控制权而在欧洲爆发的一场战争。

## 第十三章 利萨海战：濒死者的胜利（公元1866年）

国的造船厂是具备不错的生产能力的，尤其是英国，无论在技术还是造船能力都很厉害。于是，"年轻的王国投身于国际资本市场，给法国、英国和美国的造船厂下了订单，要它们制造配有全新海战技术装备的战舰"。

到1866年，"意大利海军不但拥有像'意大利国王'号这样的12艘新式铁甲舰，战争爆发前还有一种全新的舰型及时交付使用，这是一艘被充满希望地命名为'铅锤'号的所谓冲角舰。这个装甲密布、刀枪不入的怪物只有2门火炮，但都是在英国著名的阿姆斯特朗铸炮厂浇铸的，安装有装甲旋转炮塔，瞄准目标时不受战舰行驶方向影响，可发射口径254毫米的威力恐怖的爆破弹"。值得一提的是，"冲角舰这一舰型的命名由来，是因为该舰装备了长达9米的舰艏冲角，这在近战中是一件可怕的武器"。

很显然，当时的奥地利舰队对意大利人来说就是"老古董"。

奥地利"没有一艘战舰能够与这些技术进步的尖端产物相匹敌。它本身完全是迫于1848—1849年革命后意大利统一进程的威胁，才十分勉强地建立起来的"。没落的哈布斯堡君主还停留在半专制的国家治理层面，并且对军事力量的看重更倾向于陆军。在海洋与陆地作战的权衡中，上层阶级更相信陆战的强大作用。不过，让人略感奇怪的是，当时的奥地利帝国已经凭借巴尔干和上意大利的领地获得了伸出的沿海地带，而且也拥有威尼斯与的里雅斯特这两个重要港口，完全有理由和空间大力发展海军。最合理的解释可能是，作为政治中心的维也纳自认为这个帝国只是一个陆上强国，而非海上强国。加之建造一支新式舰队需要巨额的费用，对君主来说，财政匮乏才是最大的疼痛点。因此，即便投资也只会投资于陆军现代化建设，而不会投给海军。

奥地利舰队司令特格特霍夫曾在一封电报中反复提及古董舰队的缺陷。首要的是，就连舰队里最先进的铁甲舰"费迪南德·马克斯大公"号（Erzherzog Ferdinand Max）和"哈布斯堡"号（Habsburg）也缺陷重重。最初的设计是想装备32门重炮，结果因造价问题不得不减少了一半。这些火炮是在埃森（Essen）的克虏伯兵工厂订购的，然而直到战争爆发之初仍未交货。最后，这两艘铁甲舰只配备了16门重量轻得多的48磅滑膛炮。

面对这样的尴尬，特格特霍夫气愤地说道："什么也别干，你们没有火炮，那就把船交给我，我会让它尽可能出色地完成任务。"

1827年12月23日，特格特霍夫出生在斯洛文尼亚的马里博尔（Maribor，德语称其为马堡，Marburg）。1840年，13岁的他进入威尼斯的海军少年军校学习，"在那里他第一次学会了意大利语和威尼斯方言，并终生使用这种方言作为指挥语言。这样做之所以必要，是由于奥地利帝国海军中少部分军官和为数更多的水兵都是克罗地亚人，他们来自1797年前由威尼斯统治的达尔马提亚沿海地区，因此与来自威尼斯的舰队成员说的意大利语口音差不多"。从这一点来看，这位少年才俊将在未来为帝国事业大展宏图。

1866年的时局，特格特霍夫早有预见。按照德国学者荣·温克勒尔在《利萨》中的描述，人们会认为在与纸面上远胜于己的对手作战时，奥地利舰队或老或残、数量也不占优的战舰上的"多民族"部队恐怕不会有太多战斗热情，何况由于民族主义观念，这些对手对他们来说似乎不是敌人，而应该是兄弟。不过，特格特霍夫也预见到了这些问题，但它们并未影响部下的作战动力。他反倒在1866

年4月的一封信中以特有的讽刺风格抱怨了海军管理层的怠情:"我离开维也纳时感觉很痛苦,上层的无知与漫不经心会在这几年中让饱受诽谤与侮辱的海军成为无情的牺牲品。我之所以来到波拉,就是不想被国内外报纸上的战争流言所打扰,以便重回港口将军府和兵工厂,享受舒适宁静的睡眠;也不会被维也纳来的那些战争色彩模糊不清的指令所打扰。我们像往常一样没装备好,这样一定程度上就能满足那些突然提出的严肃要求了。"

在1867年的《两个世界杂志》里,希尔伯格撰写的《利萨海战》一文中也对特格特霍夫有所描述,表面看来这位海军将领有所懈怠,实际上"工作起来还是孜孜不倦:弥补装备缺陷,指导军官,训练舰员"。

德国学者肖恩多夫在《特格特霍夫》里则描述得更为详细,这期间的进展令他不久后给自己多年来的密友与知己特伦托的艾玛·冯·卢特罗特男爵写了一封信,信中展望即将到来的战斗时,语气不说乐观却也很平静:"您不必为您的孩子们——如果您愿意这样称呼我们这些老蠢货的话——感到羞耻,这一点我可以向您保证。"由此可见,这位"奥地利舰队指挥官以不知疲倦的活动赢得了下属的尊重和信任"。

至于对手,原本占有绝对优势,现在几乎没有了。

## 三 为过去复仇的海军

1

意大利军队在库斯托扎被奥地利军队击败后,为寻求胜利,意大利人试图利用海军优势击败对手。1866年6月27日,意大利舰队在迪佩尔萨诺海军上将的率领下,从安科纳出海,企图用登陆的方式攻占奥地利海军基地利萨岛。

7月18日,意大利舰队开始对岛上的海岸炮台进行炮击。按照德国学者希尔伯格在《利萨附近的海战》中的描述:"炮击前如果用好地图资料并仔细侦察,无疑会极有帮助。尽管海军部长德普莱提斯善意地劝告佩尔萨诺海军上将应迅速在安科纳古董店里购买合适的地图。然而,这两项工作他还是没有完成。"当意大利司令官到了现场才发现"守岛敌军位于陡坡上的炮兵阵地大部分都处于本方舰炮射程之外",意大利舰队随后放弃了对要塞的炮击。这个说法主要源自奉命射击奥地利火炮阵地的海军中将乔瓦尼·瓦卡(Giovanni Vacca),当时他向迪佩尔萨诺建议:"不能对要塞进行炮击,因为要塞位置太高。"

不过,在头两天连续的炮击下,意大利人并非一无所获,前提是特格特霍夫率领的舰队还未赶到。猛烈的炮火成功摧毁了奥地利

## 第十三章　利萨海战：濒死者的胜利（公元 1866 年）

港口的大部分火炮。这时，迪佩尔萨诺的朋友皮尔－卡洛·波乔议员的作用发挥出来了，他以热情洋溢的语调向海军部长报告了炮击成果，但代价是我方的铁甲舰"强大"号（Formidabile）受损并阵亡 3 人。

如果这时候意大利舰队能及时"切断利萨与奥地利舰队母港波拉之间的电报联络"，特格特霍夫就无法知道意大利舰队的动向。遗憾的是，迪佩尔萨诺下达的命令在经过了漫长的时间后才得以执行，这不仅使波拉方面得知了意军进攻的消息，也使特格特霍夫对意大利舰队实力的侦察情报及时送达到守军手上。后来，迪佩尔萨诺解释说，他虽然知道特格特霍夫电报的内容，但认为这只是一个诡计，旨在使他心神不宁并停止登陆。

封锁命令未能得到及时执行倒也罢了，但面对缺乏海军陆战队而未能成功登陆的窘况，迪佩尔萨诺依然不为所动，他似乎认定强大的意大利舰队已经胜券在握了。于是，他派遣蒸汽舰"埃托雷·菲耶拉莫斯卡"号（Ettore Fieramosca）前往安科纳向海军部长德普莱提斯报告，"亚得里亚海上的直布罗陀"已被实际占领。7 月 19 日早晨，他自称"拥有超过 2600 名海军陆战队用于登陆，守岛的奥地利步兵只有不到 1200 人"。[263]

如果这位海军上将能够务实一点，后面的事情就不会继续恶化下去。迪佩尔萨诺 7 月 19 日还告知"翁贝托亲王"号（Principe Umberto）木质蒸汽舰的英国舰长威廉·阿克顿（Wilhelm Acton），让他暂时中止登陆利萨岛，明日继续。根据旗语官维希（Visci）的

---

[263] 依据阿内尔·卡斯滕和奥拉夫·拉德《大海战：世界历史的转折点》中的相关描述。

回忆，当时这位英国舰长一脸懵相，但不得不服从命令。随后，他发出疑问："这是为什么呢？"旗语官回答说："我们遇到了抵抗。"他忍不住内心的郁闷，说了一句："他们在等什么？等着敌人请他们吃冰激凌吗？这些人根本不懂打仗。"[264]

在停止登陆一天后，进攻在7月20日清晨才得以继续进行。与此同时，另一支意大利登陆增援部队抵达，而北方海平面上也出现了奥地利的舰队。

这支舰队由威廉·冯·特格特霍夫少将率领，一共27艘战舰，525门大炮，7700名士兵。他们正在向意大利舰队靠近。

此时，迪佩尔萨诺则拥有34艘战舰，605门火炮，11250名士兵。他随即命令部队取消登陆，沿东北航向排成了一条铁甲舰战列，焦万·阿尔比尼中将则指挥木制战舰分队排在铁甲舰南侧充当预备队。

利萨海战即将开始！


2


意大利舰队占据绝对优势，却又一步一步将自身的优势消耗掉。从战术来讲，作为指挥官的迪佩尔萨诺可以凭借己方舰队的绝对火力优势，与敌舰保持一定距离，最后直接齐射就可以了。因为，在铁甲舰的火炮威力下，对方的木制舰几乎是不堪一击的。而且，意

---

[264] 依据阿内尔·卡斯腾和奥拉夫·拉德《大海战：世界历史的转折点》中的相关描述。

## 第十三章 利萨海战：濒死者的胜利（公元 1866 年）

大利舰队的机动性和航速都大大优于奥地利舰队。

因此，要做到上述战术的完整发挥并不需要多少时间。也就是说，迪佩尔萨诺只需下令让舰队向东南方行进，与敌舰队航向平行即可。

然而，迪佩尔萨诺的行动让人完全看不明白，他竟然让主力舰队向东北偏北方向航行。也许，他是打算让铁甲舰排成紧密战线迎敌吧。不过，这样的猜测很快就被证实是错误的。正当奥地利舰队快速抵近的时候迪佩尔萨诺忽然要求更换旗舰，原来，英国人交付给意大利的"铅锤"号到了。只见迪佩尔萨诺带着担任副官的儿子及部分参谋人员离开了"意大利国王"号，乘小艇登上了装甲更厚的"铅锤"号。更有意思的是，他的朋友皮尔-卡洛·波乔议员也要求一同前往，却被他婉言拒绝了。

这些奇怪的行动或许只有一个理由可以解释："铅锤"号是英国人制造的！装甲更厚更耐炸。不过，作为一名舰队指挥官，他没有考虑到"铅锤"号上层建筑低平的弱点，这会导致指挥官在上面纵览战事的条件极差。错误正在继续，指挥官要更换旗舰却没有把这个消息通知全舰队，完全是擅自行动，不顾大局。这样的擅自行动不仅是多余的，而且还是有害的——因为"铅锤"号上没有海军上将旗！于是，只能升起舰上保存的海军中将旗。换句话说，"意大利各舰的大多数舰长在开战时完全不知道指挥官身处何方"。在利萨海战结束后，1866 年 8 月 1 日的英国《旗帜报》刊载了一篇评论："转移到耐炸的'铅锤'号之后，迪佩尔萨诺根本无法再纵览战事，也无法向他指挥的舰队下达命令，因此他要对这一远比纯粹无能严重得多的违规行为负责。"

573

没有上将旗，如果进行更换，就需要花费更多的时间。战事在即，并且又妨碍了"意大利国王"号在铁甲舰战列中占据的指定位置。于是，原本形成的战列线留下了一个大缺口。这在海战中是较少见的，它给奥地利舰队一个绝佳的机会——正好可以冲进这个缺口。

这时候，奥地利舰队指挥官的聪明才智就体现出来了。鉴于实力对比，特格特霍夫"为他的战舰选择了一个大胆而完全合理的进军与作战队形"。这是一个创举，历史评价说，它对19世纪中后期海军兵器和海战战术的发展产生了重要的引导指向作用。在19世纪中叶的海战中，大都采取舰船成单一纵列的形式，然后使用侧舷炮，这是大家认为最适宜的战术。然而，在1866年7月20日的利萨海战中，特格特霍夫敢于打破常规，让弱小的奥地利舰队战胜了强大的意大利舰队。

具体来说，特格特霍夫将舰队分成了三个楔形分队。第一分队为主力舰队，因为里面是奥地利少有的7艘现代化铁甲舰，即特格特霍夫的旗舰"费迪南德·马克斯大公"号，由他本人亲自指挥；第二分队大部分是脆弱的木制战舰；第三分队则由几乎无法作战的轻型舰艇组成。这三支分队构成了楔形，它们将在特格特霍夫的指挥下对敌舰发动最具优势的攻击。

按照阿内尔·卡斯滕和奥拉夫·拉德的描述："由于意大利舰炮射程远、穿透力强，特格特霍夫不得不避免在远距离展开火炮对射，只能尽可能快地缩短与敌人之间的距离。近距离上集中射击目标也许会起作用，但无论如何要抓住每次机会使用冲角。"

这是利萨海战中最关键的一点，奥地利舰队指挥官必须抓住它。

## 第十三章 利萨海战：濒死者的胜利（公元1866年）

古老的海战打法将在这一刻上演。

10时30分，特格特霍夫在旗舰"费迪南德·马克斯大公"号上发出命令："冲向敌舰，撞沉它！"之后，奥地利舰队抵近敌舰的速度是如此之快，连已经准备好的后续旗语信号"一定要在利萨取胜"都根本没有时间发出。

意大利人首先开火，并且击中敌方铁甲舰"龙"号（Drache）的电报设施，弹片削去了舰长海因里希·冯·莫尔（Heinrich von Moll）的脑袋。这已算得上是很好的战果了，除此之外，意大利舰队的炮击效果非常一般。倒是奥地利舰队的射击精准度好一些，但都打在敌方战舰的装甲上弹开了。如果用望远镜观看，我们会发现很有意思的场景：没有了迪佩尔萨诺的"意大利国王"号同特格特霍夫的"费迪南德·马克斯大公"号在短距离中并行了一段时间，在此期间，彼此对射却没能造成损伤——一个打不中，另一个也打不穿。

关于意大利舰队的火炮命中率，德国学者阿尔弗雷德·施滕策尔有详细的描述，在利萨海战中，"意大利人与奥地利人命中比是1∶10，但意大利与奥地利的炮弹发射数之比是1500∶4000"。难怪英国《泰晤士报》记者8月15日在的里雅斯特报道说："意大利军舰的低命中率当然是一个'伟大的谜'。许多证人保证说，火炮开火时炮膛里压根没有炮弹。不过大家都赞同的是，射击秩序一团糟。"一位奥地利舰长声称他在利萨不停地"一遍遍问自己：'这真是一场战斗吗？'"意大利舰队指挥官迪佩尔萨诺却解释说："极其令人失望的是，'铅锤'号的舵机运转并不精确。"就算他说的是事实，他也应该能想到一艘刚从造船厂驶出的新型战舰临时加入舰队，是无法保证其运转完全不出差错的，它至少应该试航一段时间。然而，考虑到它是英国人建造的，考虑到它更耐炸，迪佩尔萨诺还是毫不犹豫地选择了它作为旗舰。[265]

奥地利舰队的火炮命中率虽然高，但大都属于老旧、口径过小的火炮，因此从炮击敌舰的效果来看几乎没有什么破坏力。在这种局面下只能寄希望于侥幸命中，不过对特格特霍夫而言，他已经找到比这更好的解决办法了。

早期的海战大都采取撞角撞沉敌舰的战术。奥地利舰队在分为三支分队后，正好以楔形阵型接近敌舰。在1866年8月15日发回的里雅斯特的报告里声称，海面上的战斗快就"演变成一场混乱的近战"。随着时间的推移，混战场面更加激烈，而"浓密的硝烟使能见度降到几米之内，也妨碍了战斗的进行"。这一说法也在奥地利舰队第二分队指挥官、"凯撒"号（Kaiser Max）舰长安东·冯·佩茨（Anton von Petz）的报告里得到了证实。我们还可以从他的报告中知晓当时混战场面中的一幕："我注意到一艘大型铁甲舰从右方驶来，显然打算朝我们冲过来。但我这边先前被硝烟笼罩，因此当它距离已相当近时，下面的状况发生了：我本来完全可以快速倾斜舰体避开冲撞，但左船艉距离己方的蒸汽舰'伊丽莎白皇后'号（Kaiserin Elizabeth）和蒸汽快速舰'弗里德里希大公'号（Erzherzog Friedrich）已经不到100米了，它们也有被本来冲着我们来的敌舰撞上的危险。我反倒希望能用'凯撒'号撞击敌舰，使其丧失战斗力。于是我舰先向右舷倾斜了一点……虽然挨了对手一次齐射，但还是

---

[265] 引自阿内尔·卡斯滕和奥拉夫·拉德《大海战：世界历史的转折点》中的转述。

第十三章 利萨海战：濒死者的胜利（公元1866年）

从与蒸汽机大概齐平的高度撞进了敌舰舰体。"但是冲角未能致命："因为撞击角度不垂直，而只是成一个钝角，所以敌舰向其右舷侧剧烈倾斜了一下，然后沿着我们的左舷侧滑了出来……"尽管一些装甲和炮眼因被挤压而受损，但敌舰仍有作战能力。"凯撒"号则在冲撞中失去了前桅，向后倾倒，烟囱也被摧毁，引发了甲板大火；敌舰射击命中也造成了进一步损伤。佩茨舰长不得不下令朝着安全的利萨港航行，以免这艘已经严重受损的战舰再遭受不必要的损失。

在混乱的战场中央，"意大利国王"号被数艘奥地利铁甲舰包围了。一个叫安东·罗马科（Anton Romako）的画家在1878—1880年间，把特格特霍夫少将在利萨海战中的这一时刻夸张地描绘了出来。当时他的旗舰"费迪南德·马克斯大公"号正准备撞沉意大利铁甲舰"意大利国王"号，他的身边围绕着军官和水兵，他们各自夸张的面部表情与肢体动作生动形象地表现出了当时每个人紧张又求胜的心理。值得一提的是，安东·罗马科的这幅名为《冷血求胜》的画并没有表现激烈的战争场景，而是将重点放在人物形象的刻画上，这在当时是饱受辛辣批评的。不过，它却成为19世纪历史题材绘画的一个里程碑。

撞沉"意大利国王"号的具体情形详细过程是这样的：11时30分左右，特格特霍夫的旗舰"费迪南德·马克斯大公"号在几百米外发现了它。当时"意大利国王"号的舵已损坏。舰长马克斯·冯·斯特恩耐克立即下了"撞击令"。"意大利国王"号无法转向以减小撞击角度，它只能以全速前进的方式进行摆脱，但很快就发现为时已晚。当舰长下达相反命令全速后退时，也只是使"意大利国王"号在原地一动不动。"此时，'费迪南德·马克斯大公'号以11.5节的最高时速从船体中央撞上了它。"学者弗莱舍在《历史》中对"意大利国王"号被撞沉的瞬间做了详细描述:"这次猛烈的碰撞使这艘意大利战舰片刻间向右侧倾斜了约25度,随后又向左侧翻滚,大量海水涌入了数平方米的漏洞中,使'意大利国王'号在几分钟之内就沉没了。全舰42名军官和620名舰员只有三分之一被救起,27名军官与392名舰员随舰一起沉入了亚得里亚海的波涛中。"值得一提的是,迪佩尔萨诺的好友皮尔—卡洛·波乔议员同样未能幸免,沉入波涛汹涌的大海中。他对意大利舰队所作的行动报告还有书信在利萨海战结束后的几日里被海水冲到了利萨海滩上。这些资料都是珍品,成为研究利萨海战的重要资料之一。

"'意大利国王'号沉没后,海战又持续了一段时间,分解成各个同样激烈却大多不了了之的零星战斗。率领着装备大约400门火炮的木壳舰队的意大利海军中将阿尔比尼却宁愿在安全距离上旁观战局。"对此,迪佩尔萨诺十分愤怒,这也成为日后法庭审判时其自辩的理由之一。他在《利萨的事实》里表达了自己的愤怒和惊愕:"令我大吃一惊的是,我发现一支没有装甲的分舰队一动不动地停在远处,并没有参加战斗,反而在向后撤退⋯⋯"显然,作为下级指挥官的阿尔比尼的行为在司令官看来是何等错误的举动。因此,从这一角度来看,将意大利舰队在利萨海战中的失败完全归结在司令官身上是失之偏颇的。

"12时15分左右,特格特霍夫向他的战舰发出了集合信号。成功突破敌人战线后,奥地利舰队现在更靠近利萨岛,而对手则位于利萨岛的西北方,双方位置几乎发生了对调。"战事进行到这里时,迪佩尔萨诺原打算发布命令扭转战局。对此,他在《利萨的事实》

## 第十三章 利萨海战：濒死者的胜利（公元1866年）

里表述自己很快就悬挂出了"舰队可以自由行动并追击敌人"的信号，但没人理会这道命令。不过，这都是他的辩白，具体的情形可能无法说清了。我们只能依据他的描述去推断：极有可能是意大利各舰舰长认为"铅锤"号的命令再也没有约束力——就算去追击敌舰也没有希望了。随后，这些舰长将战舰分成了与奥地利舰队并行的三个战列。迪佩尔萨诺恼羞成怒，他发现自己的其他信号依然被属下置若罔闻。13时30分左右，他向部下再次发出警告："司令官提醒舰队，任何一艘不作战的战舰均属于擅离职守。"让他无语的是，他的下属就像是聋子和瞎子一样，这次的警告依然没有产生任何实际效果。

根据特格特霍夫的战报描述："此时，在双方舰队之间，意大利炮艇'帕莱斯特罗'号（Palestro）正努力回到己方行列。该艇防护水平不足，艇上军官食堂前厅被一枚榴弹击中，由于里面贮藏了20吨煤，于是迅速燃起大火。腾起的漫天烟雾使灭火人员无法抵达火源处，火势因而不断蔓延。艇长命令向弹药库灌水以消除爆炸危险，但令人恼火的是，他忘记甲板上的一间棚屋里还存放着一些弹药。就在艇员即将撤离无药可救的'帕莱斯特罗'号之时，该艇于14时30分左右飞上了天。240名艇员中只有22人幸免于难。"

"帕莱斯特罗"号的惨烈结局让意大利人彻底放弃了任何反击。根据1866年8月14日《泰晤士报》记者从波拉发回的报道："整个奥地利舰队没有损失一艘船，但死伤138人，其中仅受创最严重的木制战舰'凯撒'号上就有22人死亡，83人受伤。"意大利方面有620人战死，161人受伤，34艘战舰中有2艘沉没，另有一些战舰受损，在短期内就可以修复。两周后，因海上恶劣的天气，被意大利人奉为最耐炸的"铅锤"号在安科纳锚地沉没。

利萨海战以奥地利舰队完胜结束，虽然意大利舰队遭受了失败，但整个舰队还具备作战能力。不过，这场海战带给意大利人的心理感受是非常屈辱的。

3

如何面对一场海战的失败是需要很大智慧和勇气的。

意大利方面，起初是拒绝承认失败的。他们认为花费巨资打造的新式舰队不可能不堪一击。为了安抚民众和舆论界，在舰队抵达安科纳之后发布了海战获胜的消息。1866年7月31日《泰晤士报》的社论报道是这样写的："那不勒斯、米兰、热那亚和佛罗伦萨张灯结彩，成为举国欢腾的标志。一连好多天，政府不顾国势衰微一直在大肆征税。人们抱怨说，他们好像试图用抢劫来犒赏意大利英雄们的英勇事迹。"

更让人大跌眼镜的是，"在第一批意大利官方公报还没有给出敌人损失数目的时候，'凯撒'号在随后登载的新闻评论中便已经沉没了，然后又宣称击沉了3艘奥地利战舰。有些意大利报纸，像米兰的《毅力》报很快就把数字变成了8艘"。随后，大捷的消息变得越来越离谱：一支数量可观的神秘的蒂罗尔狙击手部队在"凯撒"号上待命，并发挥了重要作用，其人数一开始有700人，很快就翻了一倍多，变成1500人。

意大利在媒体上如此大做文章，明显伤害了特格特霍夫的心。

## 第十三章 利萨海战：濒死者的胜利（公元1866年）

利萨海战后，他直接晋升海军中将。为了平息这个很难反驳的"凯撒"号沉没的谣言，他想出了一个十分有效的办法，以其人之道还治其人之身，"他在'沉没'的'凯撒'号上举办了一次官方宴会，邀请外国记者和海军军官参加"。

这次单方面的行动，触动了当局者的利益，他们不希望事态继续扩大。不过，像特格特霍夫这样对海军事业抱有梦想的人来说，他是不能理解当局者的内心所想的。因此，他会想当然地认为，"虽然他的擅自行动招致了维也纳军事当局的指责，但他仍然希望利萨大捷能够提高海军在维也纳的声誉"。在给夫人艾玛·冯·卢特罗特的信中，他解释道："我所知道的海军就是舰队，而不是那些在维也纳的火炉边为战舰制定条例的无耻伪善者。"但希望很快就被证明是徒劳的，他被半专制的国家弄得身心疲惫，一心想要大力发展海军的他无法获得财政上的充分支持，面对争论不休的局面也无能为力，最后患肺炎于1871年12月在维也纳去世，年仅44岁。

可以说，特格特霍夫的死具有悲剧性，"造成他努力失败的体制性原因似乎也正是令这位才华横溢的军官迅速崛起并夺取利萨海战胜利的原因"。正是由于舰队在"奥地利军事当局内部只是一个次要角色，才为这位有才干的局外人创设了前提，使他得以尽可能不受社会政治背景影响而快速升迁"。

这两者并不矛盾！

利萨海战成就了特格特霍夫，但半专制的体制下，那些执着于争权夺利的官僚害了他。名声大噪的他进入到政治和社会上层的内部集团后，触碰了不可逾越的界限，"面对他中肯的请求——经过深思熟虑和精确论证的改革建议，上层集团出于表面上的尊敬表示了解，但转瞬间就冷笑着让这些建议成为所谓社会和政治利益的牺牲品"。不过，特格特霍夫的"个人魅力、航海技能，特别是对下属的强烈的责任感，他似乎正是军事领域中'专家'的理想化身"。

与特格特霍夫命运相反的是，他的对手迪佩尔萨诺以皮埃蒙特伯爵的身份"首先充当了加富尔在意大利海军领导层中的心腹，然后升任部长，最后于1866年成为意大利舰队司令官"。

"他的升迁从来不是因为在航海或领兵方面有什么特殊才干，正相反，他在这两个领域的表现都毫无疑问地表明，自己完全不能胜任更高级别的军事任务。"同时代的有心人早就清楚地看到并指出了这一点。

对此，我们可以从当时著名的李比希——一家从事"肉膏和蛋白胨"生产的公司精心制作的宣传画上得到印证。威廉·冯·特格特霍夫于1871年英年早逝之后，利萨海战的胜利者们于1896年在维也纳的普拉特斯特恩（Praterstern）修建了一座纪念碑。李比希公司的宣传画主要分为两部分，一部分是纪念碑，这座纪念碑中的柱子，即用船头装饰的喙形柱的造型参照了古罗马著名的杜伊利乌斯石柱。由此可见这位利萨海战英雄在人们心中的位置了。另一部分是特格特霍夫的雕像，身穿海军制服，望着前方，屹立在纪念碑旁。

迪佩尔萨诺在仕途上的升迁不可阻挡，主要源自他出生在一个能与萨沃伊宫廷保持良好关系的家庭。另外，他还是一个擅长人际交往的高手，"不仅懂得在政治领导人群体中建立有用联系，必要时还会及时中断它。凭借对时代精神的敏锐嗅觉，这位海军上将还把握住了公众舆论日益增长的重要性"。因此，那些公众媒体能为他摇旗呐喊，能为他洗白吹捧。就算他在利萨海战中表现得如此之糟糕，

## 第十三章 利萨海战：濒死者的胜利（公元 1866 年）

也能周全地掩饰过去，这些足以表明他与北意大利大报主编们关系甚佳。不过，他的好日子终归是到头了，如果他不是在那份辩白书里一味地推卸责任，他的结局就大不一样。如果不是他的对手作战坚决、严肃认真，他的仕途会更加光明。这两位在利萨海战中表现截然不同的海军将领，在 1866 年赢得了世人应有的评价。

对利萨海战本身而言，它"不属于萨拉米斯、勒班陀或特拉法尔加这样的著名海战，不过它事实上是军事史上的时代转折点"。德国历史学家阿内尔·卡斯滕和奥拉夫·拉德认为："利萨海战显然标志着木制风帆战舰的时代无可挽回地过去了，未来属于铁甲蒸汽舰，尽管从此战的军事技术上还看不出这个迹象。由于没有一艘船被炮火命中而直接沉没，因此可以说利萨海战是防御的胜利。"

德国学者施滕策尔则认为，火炮似乎无法对付现代的装甲。战后整个欧洲的海军界都在热烈讨论：一个冲角舰的新时代是否开始了？不过，"随着穿透力更强的新式爆破弹研制成功，这一讨论很快就终结了"。值得一提的是，正是这一进展才使利萨海战的经验得到了持续性推广，这也是利萨海战能成为海战中不可忽视的一战的根本原因。

从政治层面来讲，利萨海战没能左右战争结局。交战双方于 1866 年 10 月 3 日在维也纳签署了和平协议，奥地利割让威尼托大区。根据劳伦斯·桑德豪斯（Lawrence Sondhaus）在其著作《哈布斯堡帝国与海洋：奥地利海军政策，1797—1866 年》（*The Habsburg Empire and Sea:Austrian Naval Policy，1797–1866*）中的描述，7 月 26 日普鲁士与奥地利预先签署《米库洛夫和约》后，奥地利将大量部队调往上意大利地区，和约的签署同时也给奥方尽可能争夺领土利益带来了希望。有鉴于此,在意大利国王维克托·伊曼纽于7月29日单独宣称对割让威尼托表示满意前,首相贝蒂诺·里卡索利(Bettino Ricàsoli)已经将领土要求缩减为威尼托和南蒂罗尔两个地区。

这里面有一个小细节需要注意:"不是将其直接割让给意大利,而是首先交给法国,然后交由全民公决决定该地区归属。"换句话说,外交的力量及错综复杂的局势取代了这场海战胜利的结果。显然,这不是意大利民族主义者的意愿,他们心中真实的想法是,"获取范围远超威尼托的领土;取得军事胜利;并借此向全世界展示年轻意大利的团结以及民族国家观念的胜利"。[266]

这就是说,利萨海战的失败让意大利民族主义者以及其他民众,还有这个国家的团结都将遭受到不利影响。毕竟,谁能接受"一支花费巨大财政和行政成本建立的民族舰队,首次出征就被对手击败甚至羞辱"的事实,"而这个对手此前一直被自己鄙视和嘲笑,其各个技术层面也的确全面居于下风"?这个事实彻底打击了意大利政治领导层和民众的自信心。

为过去复仇的海军能否在未来有精彩表现,只能留给后面的历史。

---

[266] 依据阿内尔·卡斯滕和奥拉夫·拉德《大海战:世界历史的转折点》中的相关描述。

# 第十四章

# 日俄对决：诸神要谁灭亡
## （公元1905年）

## 第十四章 日俄对决：诸神要谁灭亡（公元1905年）

## 一 先天不足

### 1

如果一定要给俄国人在对马海峡的失败找一个理由，那就是沙皇舰队还没有准备好。可是，战争会在对手给你充分的时间准备后才开始吗？显然，这是不可能的。

日俄之间的明争暗斗已经持续较长时间了。1904年2月，这两个国家因争夺远东而持续已久的冲突终于演变成一场战争。对日本而言，几乎没有什么国家认为这个东亚岛国能与沙皇俄国抗衡。然而，令世界多国刮目相看的是，日本舰队在旅顺港取得了对俄国海军的一系列胜利。

很快，俄国人不甘失败，由圣彼得堡发出的命令就指向了太平洋：第二支舰队从波罗的海出发，后来又派出了第三支舰队。种种迹象表明，斯拉夫人不好惹。

当俄国人的第二太平洋舰队经过6个月的航行成功地绕过半个地球，并以为会给日本人一点颜色看看时，却在到达对马（Tsushima）群岛附近的短暂日子里（1905年5月27日—28日）遭受到几近全舰队覆灭的命运。

如开头述及，沙皇舰队还没有准备好——第二太平洋舰队是一支训练不足、装备不好的舰队。从战争的胜负角度来看，俄国人是惨败的。但是从政治得益角度来看，俄国人"因祸得福"，因为，这场灾难性的战争最终诱发了俄国革命。

斯捷潘·奥西波维奇·马卡洛夫（Stepan Osipovich Makarov）将军或许早就预测到会失败，他在1904年3月8日抵达俄国太平洋军港旅顺港，在就任太平洋舰队司令官时说了一番让人吃惊的话。他说："别指望在战争中学到和平时没学到的东西。"看来，他对这支舰队的作战能力是不抱任何幻想的。

我们来看看这支没有准备好的舰队规模：7艘战列舰、4艘装甲巡洋舰、7艘重巡洋舰、8艘轻巡洋舰以及大量驱逐舰和鱼雷艇。此刻，它们正停泊在俄国最重要的太平洋港口中。如果我们只看舰队的舰型及数字，它的确足以使任何对手产生敬畏心理。但是，衡量一支舰队的作战能力绝不是数字简单相加，今天看来，1904年春天，这支舰队还没有做好战斗准备。简单来说，与一个国家在进入工业化时代后的适应能力有重要关联。

具体而言，工业化时代的技术进步对海上作战模式有改变。在工业化时代，海上战争更需要能够合理操作舰船这一特殊作战工具的技术能力，而陆地战争则对物质力量和个人勇气有着更大的依赖，这两种不同环境下的作战模式决定了两者之间大相径庭的特质。对海上作战而言，尤其是在19世纪的现代化进程中，舰员的技术知识和实际操作能力呈指数式提高。在1866年的利萨海战中，在风帆战舰与蒸汽船的独特混合体尚在的情况下，舰船操控者就试图用冲角撞沉敌舰了。到1900年前后，一支舰队的支柱主要依靠战列舰，并且舰船的配备全面升级：吨位大都在1.2万～1.4万吨级，且拥有强

## 第十四章 日俄对决：诸神要谁灭亡（公元1905年）

大的装甲；工业革命的背景下，舰船驱动力大大提升，采用蒸汽动力，最高时速达到了20节；装甲炮塔的火炮口径超过300毫米，由于最新技术发明，例如火控和远程测距装置，使得舰炮可以从几千米外发射高爆弹，且射击的精确度较高。这是40年前冯·特格特霍夫不敢想象的。当然，要让所有这些颠覆性的技术成就发挥作用是不可能一蹴而就的。它需要针对所有舰员进行长时间、高强度的操作培训：不仅要学习合理地操控本舰设备，还要经过多年实践确保熟练掌握；不定期进行反复的、接近于实战的大型战舰编队作战演练。只有这样，才能让一支舰队既能在战争发生前做好战斗准备，又具备强大的力量。

在19世纪清帝国长期衰落的大背景下，西方列强对这个衰落的帝国虎视眈眈，从前的远东霸主在面对以英国为首的欧洲列强对外扩张时，愈加显得束手无策，任凭摆布。一系列不平等条约的签订不仅让欧洲人趁机填补由于帝国衰落产生的权力真空，就连来自亚洲的竞争对手——日本也想这样做。

这个对手之前在面对中国时曾屡遭挫败，但它懂得变革的力量，并努力改造了从欧洲引进的先进技术与知识。长期以来，因地理环境、意识形态以及大国影响力等诸多因素，欧洲人几乎没有把这个遥远的岛国当回事。但1894年的中日甲午战争却令世界刮目相看，这个岛国首次向世人展示了日本人在变革力量下取得的现代化军事技术进展——他们的确做到了，在短时间内就彻底击败了清帝国，并于1895年4月占领了朝鲜和中国东北的南部地区，包括重要港口旅顺港。但是，一旦涉及列强的利益，几乎没有谁愿意妥协或让步。根据德国学者阿尔弗雷德·施滕策尔的论述，日本的领土扩张与吞并过于激进，立刻招致中国的北方强邻俄国与法国和德国的共同抗议。日本当局只能咬牙切齿地放弃了来之不易的征服领土，并决定尽一切努力在最短时间内对这次羞辱实施报复。随后几年中，欧洲列强的政策不断刺激着日本人的这一决定。这使得日本人在现代化进程中愈加异化[267]。

鉴于日本人不愿意撤出旅顺港，俄国人采取的是"逼迫软弱无能的清政府批准其修建一条从西伯利亚经满洲到旅顺港的铁路"的策略，表面上没有与日本直接开战，实际上却剑拔弩张。而俄国人要求"租赁"旅顺港包括其周边地区，更是刺激了日本人扩张的心理。英国军事历史学家约翰·理查德·黑尔在述及这段历史的时候表现出十分惊讶的情绪，甚至包括整个欧洲都不敢相信中俄会签订这样的条约（即1896年6月3日签订的《防御同盟条约》），他说："这样一来，俄国肯定无法再摆出一副玩世不恭的姿态，它还宣称自己的占领行动不会影响中国的独立。"[268]

当时的清政府有这样的决定也大大刺激了其他欧洲列强，他们肆意瓜分这个衰落的帝国：1898年，德意志帝国占领了胶州湾。与此同时，考虑到旅顺是一个宝贵的长年不冻港，俄国人将旅顺港修建成了由要塞拱卫的军港（即环绕、卫护式的多用军港）。之前，俄国人已经拥有了太平洋海军基地符拉迪沃斯托克（Vladivostok，原名海参崴）。负责旅顺港扩建工程的是沙皇尼古拉二世的远东总督、海军上将及远东陆海军总司令，沙皇亚历山大二世（1855—1881年

---

267 详情可参阅《现代的异化：日本陆军史（1878—1945）》《日本帝国陆海军档案》。
268 相关背景、更多详情可参阅横手慎二《日俄战争：20世纪第一场大国间战争》、朱利安·S.科贝特《日俄海战 1904—1905》。

在位)的私生子叶夫根尼·伊万诺维奇·阿列克谢耶夫(Yvgeniy Ivanovich Alekseyev)亲王,这项工程从1899年12月开始。这是一位头脑明智、具有很强的外交能力的亲王,他认为日俄战争在所难免,因此他在负责旅顺港扩建工程的同时就开始蓄积力量了。不过,他嗜权如命、肆无忌惮、妄自尊大的个性将成为轻视日本人的重要佐证。也正是因为这样的个性,他建立起的东亚舰队看似强大,实则做的都是一些表面工程。这个以自我为中心的独裁者可能只对储备现代化战舰感兴趣,他肯定没有考虑到这些战舰的战斗力绝不仅由它们的装甲厚度、火炮数量及口径大小和航行速度决定的,最主要的因素还是官兵的训练水平与士气。

因此,沙皇舰队没有准备好,这实际上只是外在表现。亲王的舰队建设思想是落后于那个时代的。阿列克谢耶夫亲王只关心舰队的部署,却对人员训练并不感兴趣,即便有也只是希望下属在情绪和行为上无条件、无异议地服从于他。

于是,当1904年初俄日之间谋划已久的战争爆发时,舰队领导层的情绪与行为和他如出一辙。

2

1904年2月6日,一直想出一口恶气的日本人决定与俄国断绝外交关系,紧接着宣战。

这次指挥日本海军的人叫东乡平八郎,他已是海军大将(日本没有上将军衔)。在宣战的前一天夜里,他冒险进攻,并成功重

591

创了毫无防备地停泊在旅顺港中的大型俄国战列舰"皇太子"号（Tsesarevich）、"列特维赞"号（Retvizan）以及巡洋舰"智神"号（Pallada），并使其丧失战斗力达数月之久。

按理说，这种不宣而战的做法应当给了俄国人严重警告，接下来，俄军舰队应该积极行动，取得旅顺港周边海域制海权，以抵御日军地面部队的登陆威胁。但俄国人的表现实在让人感到失望。根据俄国海军大尉弗拉基米尔·谢苗诺夫（Vladimir Semenov）的日记，他这样写道："不准冒险是他们（旅顺港的指挥官们）当时坚持的教条……战争期间我不知对这个教条进行过多少次冷嘲热讽。后来，我们还是被迫冒险了。但是，这期间我们遭遇了一系列失败，白白浪费了大量军力，将我们这些官兵起初的热情消耗殆尽。奉天（沈阳）陆战和对马海战的失利就是这一教条造成的恶果……"[269]

直到战事爆发一个月后，俄国海军的热情才开始爆发。也就是在这个时间点上，俄国海军中将斯捷潘·奥西波维奇·马卡洛夫抵达了旅顺港。作为太平洋舰队新任司令官，他感受到事态的严重性，刚一上任就争分夺秒弥补此前的过错，同时鼓起舰队官兵已被摧毁的斗志，而他的指示也让在阿列克谢耶夫独裁管理下失去信心的军官们振奋不已。他曾这样说道："不要害怕错误和失败！每个人都会犯错——不作为没有任何功效，即便对一项工作合理与否提出有根据的怀疑也可能是一种不作为……收起你所有的知识、经验和倡议，去做你所能做到的一切。我们尚未完成的仍然没有完成，但所有能做到的，必须尽一切可能做到。"[270]

---

269 相关内容可参阅横手慎二《日俄战争：20世纪第一场大国间战争》。
270 相关内容可参阅横手慎二《日俄战争：20世纪第一场大国间战争》。

可是，斯捷潘·奥西波维奇·马卡洛夫还是流露出了惋惜的心理，他说："现在开始系统训练已经太晚了……"如此矛盾的心理，似乎继续预示了不好的结局。果然，一个月后俄国人就遭遇厄运。

1904 年 4 月 13 日，马卡洛夫在指挥舰队实施果断出击时，乘坐的旗舰"彼得罗巴甫洛夫斯克"号（Petropavlovsk）不幸触雷，水雷正好在前主炮水线下方爆炸，引爆了弹药库。这艘钢铁巨舰在 2 分钟之内就沉没于波涛之中，仅有 7 名军官和 73 名水兵获救。值得注意的是，同"彼得罗巴甫洛夫斯克"号一起沉没的有 600 名水兵与 31 名军官，其中就有这位舰队司令。

一艘现代化战列舰的损失固然十分严重，但马卡洛夫的死比这还要严重得多，因为他是真正独一无二的将领。虽然他未能力挽狂澜，但不是他的错，只是时机未能允许他罢了。

随后，代理舰队司令职位的是俄国海军少将威廉·卡尔洛维奇·维特格夫特（Wilhelm Karlovich Vitgeft），他来自波罗的海舰队，以勤奋、勇敢著称。可是，这些特质并不能给这支舰队带来什么实质性的改变。最重要的一点，他不是一位有远见的舰队司令，也不是一位有影响力的将领。对此，我们可以从他与军官们的首次会谈中的一番话得到证实。他说："先生们，我希望你们用建议和行动帮助我，我不是一名舰队指挥官。"作为舰队司令，说出这样的话让人大跌眼镜。

于是，这支表面看起来坚不可摧的舰队，在日俄关系动荡、紧张的局势下几乎毫无作为。1904 年 5 月 6 日，日军在旅顺港东北几千米处登陆辽东半岛，历经苦战后完成了对整个要塞的包围。

俄国人中再次出现让人大跌眼镜的事，论及要塞被包围的责任,他们说要是"总督阿列克谢耶夫奉命溜到海参崴的话,包围也不会发生"。而且,这位总督还命令所有高级军官"小心行事,不许冒险"。

5月15日,对连续遭受厄运的俄国人来说是一个转运的好机会。那一天,日军战列舰"初濑"号和"八岛"号在旅顺港附近触雷沉没。维特格夫特少将当时应该立刻下令让舰队出动攻击日本舰队,那时,日本舰队正陷入混乱之中。然而,这位舰队司令犹豫不决,白白错失了绝佳的机会。直到6月23日,他才尝试了一次敷衍了事的攻击,可惜依然表现得犹豫不决。

如果说错失了上述机会还不算特别糟糕的话,维特格夫特至少应该尽早想办法让舰队突围。可是到了8月10日,差不多2个月后他才命令舰队准备突破封锁,前往尚算安全的海参崴。这一次,这位舰队司令不但让舰队遭遇惨重损失,还搭上了自己的性命。战列舰"皇太子"号、2艘重巡洋舰和1艘轻巡洋舰中弹无数,不得不驶往中立港口,并在那里被解除武装;剩余的战舰也大多严重受创,逃回了旅顺港。总之,这支"强大的"太平洋舰队已不复存在了。

仍不甘心失败的俄国人于1904年春天开始计划在波罗的海组建一支战斗力强大的第二舰队,并派往远东,但等待这支舰队的命运和之前那支没有什么区别。

要想在短时间内组建一支完整的、成规模的、有战斗力的舰队困难巨大。这一点,不仅沙皇尼古拉二世明白,他的顾问们也心知肚明。但是,这支舰队还是初步形成了,至于经验可以用"毫无"二字来形容。不过,这支舰队非常大胆,在没有海外基地为其提供煤和补给的情况下环游半个地球。另外,俄国人很有可能没有考虑到来自英国人的阻碍。尽管英国在形式上保持中立，但并不能说明它没有提防俄国的殖民野心，而且，英日结盟的可能性是非常大对——事实上，英日的确结为同盟了，英国尽可能地给日本提供了支持。

虽然有那么多的困境包围着俄国人，但鉴于旅顺方面传来的噩耗，再加上相关媒体的报道，也使国内公众舆论认为：一定要让世界看到俄国人的强大国力，而这次舰队远航行动就是最好的展示。

很快，派遣第二太平洋舰队的决议被确立了。狂傲的俄国人却忽略了媒体的大肆报道会引起日本人的高度警惕，况且俄国媒体的报道还泄露了这一决议的所有细节，这无疑让日本人有了更加明确的应对方案。

1904年夏秋季，俄国喀琅施塔得（Kronstadt）和利巴瓦（Libava，今拉脱维亚利耶帕亚）的造船厂异常忙碌，这两家造船厂火急火燎地要完成4艘配有最新军事技术装备的战列舰，它们分别是"苏沃洛夫公爵"号（Knyaz Suvorov）、"亚历山大三世"号（Imperator Aleksandr III）、"博罗季诺"号（Borodino）和"鹰"号（Orel），博罗季诺级战列舰的标准排水量为13516吨，炮塔最大装甲厚度为250毫米，装备4门305毫米口径主炮（2座双联装炮塔）、12门152毫米口径副炮（6座双联装炮塔）、75毫米口径和47毫米口径速射炮各20门，还有10挺机枪和4具鱼雷发射管。使用新型号的蒸汽机，理论航速追平了当时英、美的最新型战列舰。

当然，一支完整的舰队不可能只有以上4艘战舰，其他战舰是通过改造老式战舰的方式得以建成，舰队中还包括医护船、补给船和修理船。

这就是俄国人的舰队构架,并在仓促的时间内得到实现。

## 二 问题严重

### 1

1904年5月5日,沙皇任命当时55岁的海军中将济诺维·彼得罗维奇·罗热斯特文斯基(Zinovy Petrovich Rozhestvensky)担任舰队司令。事实上,沙皇找不到更理想的人选了。罗热斯特文斯基在1877年俄土战争中表现卓越,他还是著名的火炮专家。

即便有如此优秀的指挥官,要想解决之前存在的严重问题依然十分棘手。罗热斯特文斯基要在短期内让这支舰队具备战斗力,因为它面对的是训练有素、身经百战、团结一致的日本联合舰队,并且他是在补给困难的条件下率领这支舰队来到战场的。具体来说,第二太平洋舰队的水兵都是仓促召集的,缺少联合演练。训练有素的军官、维护复杂战舰设备的工程师同样缺少,一旦舰船受损,则无法快速完成修复工作。很快,这样的尴尬就出现了,单是技术设备的定期维修就让俄国人苦不堪言。当然,连锁反应是,建造或翻修战舰时工程师们只能因陋就简。

除了工期短的原因,还有俄国海军当局的腐败和拖沓,譬如造船所需的精钢质量低下,那些负责运输设备物资的人员在交付物资后就消失得无影无踪。这是非常可怕的——人员储备、火炮交付、口径大小、库存材料以及各项数据的管理如此马虎,以至于罗热斯特文斯基不得不亲自挨个检验。可怜这位认真负责的舰队司令,因为揭露出圣彼得堡官僚的种种弊端,让他树敌颇多。不久,破坏和阻碍他一心重振舰队的活动与腐败就如约而至了。

更让罗热斯特文斯基担忧的事情发生了。由于日俄战争爆发后俄军屡现败绩,这就激起了国内民众的反对情绪。沙皇及其上层贵族本希望通过这场战争的胜利来缓解民众的反对情绪,最好是能让民众完全团结一致,共同对日。但在现实中,这样美好的想法全都被腐败无能的官僚制度活生生地摧毁了。

因此,第二太平洋舰队的完工就这样一拖再拖,而遥远的旅顺口的局势则变得越来越险恶。本来这支舰队在夏天的时候就应该出发的,然而,9月过去了,直到10月,这支舰队才做好了所谓的出发战斗准备。10月12日,沙皇与皇后视察了准备启程的舰队,并举行了盛大的宴会。

宴会上,"亚历山大三世"号的舰长尼古拉·米哈伊洛维奇·布赫沃斯托夫(Nikolai Mikhailovich Bukhvostov)却莫名地发表了长篇大论,但这番话语中我们看不到胜利的决心。他激动地说:"您祝愿我们所有人旅途愉快,并且相信我们将与勇敢的水兵们一起打败日本人。对您的好意我们感谢,但它只告诉我们,您不知道我们为什么出海,可是我们知道。我们还知道,俄国不是一个海上强国,为造舰花费的国家资金完全是无用的浪费。您祝愿我们取得胜利,但胜利将不会出现。我担心我们恐怕在中途就会损失一半舰艇。好吧,即便这件事没有发生,我们到达了目的地。然后,东乡(指东乡平八郎）也能轻易地摧毁我们。因为他的舰队比我们更出色，日本人是真正的水手。不过我可以保证一件事——我们知道怎么样死去，我们决不会投降！"

从这位能干的战舰指挥官嘴里说出来的竟是生死留言一般的话，如果沙皇能当机立断，下令停止这场战争，第二太平洋舰队的命运就不是走向覆灭了。

在惴惴不安中，罗热斯特文斯基率领的舰队终于抵达黄海。在舰队工程师波利特科夫斯基（Politkovski，在对马海战中阵亡）写给妻子的信中，他这样说道："途中出现的问题、坏运气和故障在以往的战争史上还未出现过。"

波利特科夫斯基所言属实吗？恐怕只是安慰妻子的话。根据史料显示，在对马海战中阵亡的舰队工程师波利特科夫斯基曾给妻子写信，并在信中不停地抱怨维修战舰损伤时的情绪，由此可见这位俄国人是在忧心忡忡中进行工作的，我们也可据此联想到整个舰队存在的诸多心理问题了。

真相是：在舰队启程后几天，即1904年10月21日深夜至22日凌晨，第二太平洋舰队在穿越北海经过多格尔沙洲（Dogger Bank）时误将英国渔船当成日本鱼雷艇，并向其开火，造成渔船沉没和两名渔民死亡。消息不胫而走，很快在英国激起了愤怒的浪潮，迫于各种压力，俄国政府不得不支付高达6.6万英镑的巨额赔偿。

这就是引起欧洲尤其是英国强烈反响的"多格尔沙洲事件"，英方称之为"赫尔（Hull）事件"。

愤怒的英国人和媒体将这支舰队称作"疯狗舰队"，并要求俄国人赔偿所造成的损失，还毫不掩饰地要求战争。英国《旗帜报》更是毫不掩饰、毫不客气地进行严厉指责:"指挥官不称职、征召的士兵毫无海战经验、导航员莽撞笨拙、工程师无能——允许这样一支波罗的海舰队继续执行任务吗?"随后,英国海军中将阿瑟·威尔逊率领由 8 艘战列舰和 4 艘重巡洋舰组成的本土舰队出海,另外 8 艘战列舰组成的预备舰队也处于警戒状态。

随后,一个由海军军官组成的国际委员会也在巴黎会面,讨论事件调查问题。1905 年 2 月 25 日,该委员会最终明确表态:"考虑到战争状态,尤其是目前局势,完全有理由认为舰队指挥官处于极度不安的状态,因此大部分委员会成员都认为该命令是适宜的。"这就是说,罗热斯特文斯基下达的开火命令并不是纯粹误判导致,当时确实有日本水兵操控的鱼雷艇在北海活动。出于安全考虑,最终选择了开火。

根据舰长谢苗诺夫的总结和分析,他认为:"日本舰艇出现在北海的可能性极低——它们来自哪里?又待在哪里?可是,为什么俄军各舰警卫人员独立做出的报告与描述中,连观察到的船身细节介绍都完全一致呢?如果它们是假的,那只能表明各舰人员同时出现了幻觉。对于后续事件来说,多格尔沙洲事件本身并不重要,它对国际舆论造成的影响才更有意义。"

俄国警卫舰在 1904 年 10 月 21 日—22 日对船只的识别结果究竟如何?这一点始终没有弄清楚,恐怕永远也弄不清楚。但多格尔沙洲事件给罗热斯特文斯基舰队造成的影响却再清楚不过了。面对来自欧洲的巨大压力,包括舆论、道德和军事方面的,俄国政府不得不支付巨额赔偿。更严重的是,俄国政府不加抗辩地屈从于英国人的要求也导致其公众形象大打折扣,随之而来的恶果就是,就连先前对俄国保持中立态度的法国也开始严格限制第二太平洋舰队在其殖民地港口获取补给和煤炭了。

法国的这种态度变化也让第二太平洋舰队吃尽了苦头：自开始环绕非洲海岸航行后，俄国人就被迫筹措海上航行不可或缺的煤炭补给。不得已，罗热斯特文斯基只能把舰船分成两个编队：一个编队由老式战列舰和一部分巡洋舰组成，由海军少将德米特里·古斯塔沃维奇·冯·费奥尔克扎姆（Dmitry Gustavovich von Fölkersahm）率领，取道苏伊士运河航行；另一个编队由罗热斯特文斯基率领，绕过好望角，走较远的航路。这样的安排是为了避开日本小型舰队在印度洋甚至在红海发动的袭击。他让俄国最先进的战舰绕过非洲最南端航行，遭遇日军袭击的风险就会很小，因为没有哪支实力不足的小型舰队会选择"鸡蛋碰石头"。

这一考虑奏效了。两支编队历尽千辛万苦，一路上多次被子虚乌有的"日本鱼雷艇"所惊吓，终于1905年1月初在马达加斯加岛附近会师。可是，由于耗时太多，旅顺攻防战最终以1905年1月2日要塞守军投降而宣布结束。对这支舰队来说，这绝对是一个噩耗。费尽千辛万苦走到中途，未起到丝毫效果——罗热斯特文斯基长途远征的战略意义基本丧失。因为，第二太平洋舰队的任务是突入那座东亚的港口要塞，与之前的舰队（第一太平洋舰队）会合，如果能击败日本人的舰队，就能重新夺回黄海的制海权，紧接着切断日本陆军的海上补给线。

这一切在旅顺港陷落后都无从谈起了。

更可怕的是，俄国国内爆发了"星期日惨案"（1905年1月圣彼得堡屠杀数千请愿工人事件），如果沙皇、圣彼得堡的政治家们能下

第十四章 日俄对决：诸神要谁灭亡（公元1905年）

令第二太平洋舰队停止作战，这支舰队的命运绝对不会是死亡之旅。

2

出人意料的是，俄国政府反而决定继续这场毫无意义的远征，甚至还决定派出第二太平洋舰队第三分舰队。俄方新闻解释说，派遣这支增援部队是出于国家需要。

1905年1月，第二太平洋舰队第三分舰队的战舰从利巴瓦启程出海，期待尽快与罗热斯特文斯基率领的舰队主力会合。

然而，这是需要时间的。俄国方面采取了和之前如出一辙的行动，依然是仓促改造旧船、退役舰……组装完成后仓促出发。第三分舰队的司令是尼古拉·伊万诺维奇·涅博加托夫（Nikolay Ivanovich Nebogatov）海军少将，他率领的是一支被水兵们冠以若干绰号的舰队，比如"浮动的古董陈列馆""自动沉没机""自溺者"。可笑的是，圣彼得堡的战略家、政客以及一些新闻人竟然声称"完善的技术与现代化装备并不重要""只要它们有机会航行，并且作战能派上用场，就不用考虑这些缺陷！赶紧把能派出去的都派出去！一分钟都别浪费！"

事实上，涅博加托夫的舰队根本就不是增援，而是负担、累赘，彻底摧毁了罗热斯特文斯基舰队本就十分渺茫的胜利希望。不久，罗热斯特文斯基病倒了。他给沙皇打电报要求罢免自己的舰队司令一职，沙皇在回复中拒绝了他。

无奈与沮丧的罗热斯特文斯基只能默默地接受悲剧的命运。但

601

他一如既往地要求舰队进行训练,他严厉说道:"为什么不进行射击训练?"属下回答:"长官,我们缺乏弹药,缺乏……我们什么都缺……"

在马达加斯加海岸长期停泊期间,罗热斯特文斯基依然要求舰队进行演习。而一份演习评述报告却暴露了舰队的致命问题。这份报告写道:"专为防御鱼雷艇设计的47毫米炮的射击结果让人羞于启齿……整个舰队射击了一天,无一命中鱼雷艇模拟靶,尽管它们相比日本鱼雷艇要好打得多——模拟靶是不能动的。"

因多格尔沙洲事件被停职的舰长谢苗诺夫在停泊期间组织的鱼雷艇演习,则标志着圣彼得堡海军当局在舰队装备领域的彻底失职。他发现舰队的演习竟然如此儿戏。他给舰队下达了命令,让他们利用鱼雷艇搜索信号。当谢苗诺夫升起排成纵列的信号时,那些鱼雷艇却向四面八方散开。谢苗诺夫目瞪口呆:"这……这是怎么回事?"

原来,鱼雷艇艇长们按照旧的手册,将谢苗诺夫升起排成纵列的信号识别为"搜索海岸"。面对这样的错误,他们的回答竟是"小事一桩"。谢苗诺夫若彻底无语了,只能若有所思:"也许吧,但是很典型。"

直到1905年3月12日,罗热斯特文斯基的第二太平洋舰队仍在马达加斯加海岸等待第三分舰队的到来。这时,又一个不好的消息传来——在奉天会战中,阿列克谢·尼古拉耶维奇·库罗帕特金(Alexei Nikolayevich Kuropatkin)中将指挥的俄国满洲军团被日军击败,俄军全线溃退。

1905年3月16日,罗热斯特文斯基不再等待第三分舰队,率领舰队开始穿越印度洋,于4月5日接近马六甲海峡,4月8日抵达新加坡，最后进入中国南海。不久后，舰队抵达今属越南的金兰湾，在这里最后一次加煤，并等待即将到来的涅博加托夫的分舰队。

这时，罗热斯特文斯基再次向圣彼得堡请示：在日本舰队阻截下突入海参崴的任务是无法完成的。圣彼得堡的回复是"继续执行原计划"。

罗热斯特文斯基更加绝望，他甚至极度愤怒，又毫无办法。

5月初，尼古拉·伊万诺维奇·涅博加托夫的分舰队终于到来，与主力舰队会合。

开战前，涅博加托夫的分舰队与主力进行了战前演习。毫无悬念，演习现场一团糟，两支舰队根本无法做到有效配合，所有编队队形中只剩下一个场面——混乱地挤成一堆。

5月18日，俄国第二太平洋舰队抵达了隔开朝鲜和日本的对马海峡南部，而东乡平八郎的舰队正在此等候。

一场大海战即将打响。

## 三　胜利抑或失败

### 1

俄国舰队的对手是东乡平八郎率领的日本舰队。东乡平八郎在日本军界赫赫有名，按照日方的说法，他对军舰的建造和驾驶等海军全部业务无所不精，是杰出的高级专家。为他保驾护航的是他的作战参谋秋山真之中佐，此人是著名的"海权论"提出者艾尔弗雷德·马汉的亲传弟子。

俄国人的舰队，或者称之为沙皇舰队，仅从光秃秃的名字上与东乡平八郎率领的联合舰队相比没有什么明显差异。但是从另一些层面来讲，沙皇舰队就相形见绌了。

其一，日方多是训练多年、身经百战的舰员，且指挥层满怀胜利信心、相互配合出色；

其二，尽管在之前演习中消耗掉一半多的炮弹，日方弹药储备量仍然远高于俄军的弹药储备；

其三，根据谢苗诺夫针对对马海战的论述，与俄军使用的铸铁弹不同，日军使用的轧钢弹爆炸后碎片更多，相应地提升了杀伤效果。日军炮弹弹头填充的火药也并非俄国人使用的棉火药，而是爆炸时产生高温的下濑火药，这使得日军炮弹的威力总体上约为俄军炮弹的12倍。

值得细说的是，日方使用的是工程师下濑雅允于1891年配制成功的以苦味酸为主要成分的烈性炸药。苦味酸是一种黄颜色的炸药（爆炸后与黑火药产生的白烟不同，它产生的是黄烟，能起到模糊敌方视线的作用。当然，这种作用也是相互的，并受风向的影响），一旦与金属发生接触就会产生性态极为敏感、易炸的苦味酸盐。因此，如何将这种灵敏度极高的炸药用于实战，是下濑雅允最需要攻克的技术难点。为此，他甚至付出了差点炸断自己手腕的代价。最后他找到了一种方法：在弹头的内壁涂刷上厚漆以便形成一道漆面隔离层，再用浸过蜡水的丝绸包盛入爆裂药，这样就可以在苦味酸与金

第十四章　日俄对决：诸神要谁灭亡（公元1905年）

属弹体直接接触的地方形成薄薄的隔离层，在弹壳里的敏感度就降低了。在实战中，下濑火药炮弹即便命中了细小的目标都会引发爆炸，并产生中心温度高达上千度的火焰，形成一道道火浪，即使在水中也能持续燃烧一段时间，仿佛就是近代版的"希腊火"。

下濑火药可怕的破坏力，不仅在对马海战中让俄国人吃尽了苦头，之前甲午战争中的北洋水师同样深受其害。有人甚至认为，日本能在甲午战争、日俄战争中获胜，离不开下濑雅允发明的下濑火药炮弹。

许多俄国人对这场海战不抱什么胜利的希望，但实际上沙皇舰队还是有最后一线希望的。1905年5月26日至27日夜间，对马海峡被一片浓雾笼罩，视线被锁定在小小的范围内，这是绝佳的撤离机会。就在俄方旗舰"苏沃洛夫公爵"号舰长瓦西里·瓦西列维奇·伊格纳齐乌斯（Vasily Vasilevich Ignatsius）上校认为借助浓雾已经避开日本人的时候（他本人还下注20万卢布，赌己方舰队已经避开了日本人。此事让人唏嘘，在这紧急关头还有心情下注赌博），即5月27日凌晨，日本商船改装的辅助巡洋舰"信浓丸"号上的警戒人员发现了俄国医护船"奥廖尔"号（Oryol）的灯光。"信浓丸"号抵近观察，天光放亮的时候突然发现自己正身处俄军舰队之中。不用再有侥幸心理了！日本船员迅速发报发现敌舰队，经纬度和航向非常明确。

俄国人确定自己已经被日本人发现了，罗热斯特文斯基也无意下令击沉那艘正在狂发电文的日本辅助巡洋舰，任其跟着自己的舰队伴随航行，结果东乡正是根据"信浓丸"号不断发来的电文决定率军直航对马海峡。

605

既然跑不掉，那就只有一战了。在不断接到发现日军舰船的报告后，罗热斯特文斯基决定最后一搏，尽管在这之前发生了舰队高级军官死亡的事情。根据德国学者阿内尔·卡斯滕和奥拉夫·拉德的描述："罗热斯特文斯基于10时20分左右命令组成战斗队形。他的4艘先进战列舰排在几艘开道的轻巡洋舰之后组成第一分队，旗舰'苏沃洛夫公爵'号居首。其后紧跟着第二分队的老式战舰，名义上由因长期患病已于几天前的一个晚上去世的海军少将费奥尔克扎姆指挥（为了不影响士兵士气，罗热斯特文斯基下令封锁副手去世的消息）。"

　　忧心忡忡的罗热斯特文斯基甚至想到过自己战死的结局，一旦战死或重伤，舰队的指挥权就移交给尼古拉·涅博加托夫少将。

　　到了中午，俄国舰队全体成员享用了一顿午餐。这一天是5月27日，正好是沙皇夫妇的加冕纪念日，军官们聚集在一起用香槟碰杯庆祝。这也算是大战前一刻"幸福的午餐"了。然而，俄国人的欢快之声还未散尽，刺耳的警报器就响起来了。原来，日本人的一支巡洋舰编队出现了。

　　这支巡洋舰编队离俄国舰队很远，一直在航线上徘徊。经验丰富的罗热斯特文斯基立刻警觉起来，他怀疑这些日本舰艇意欲布雷，好为主力舰队组建防护网。于是，罗热斯特文斯基立刻命令他的第一战队先转向再调头，以便形成等距并行，并采用"射程很远的舰艇火炮齐射"的方式驱赶敌舰。

　　有学者对这样的战术进行了批评："罗热斯特文斯基中午时分做出的这个不幸的战术动作，使他的舰队主力出现时陷入到极为不利的局面。"因为，俄国人的舰队必须时刻提防日本人的主力舰队出

## 第十四章 日俄对决：诸神要谁灭亡（公元1905年）

现，这无疑分散了己方舰队的战斗力。

现在看来，罗热斯特文斯基的战术动作表明，一旦敌方主力舰队出现，这时己方的舰队只能排成纵队进行攻击。然而，在具体操作中，其他战舰没有配合好——身处战列中的第二艘战舰"亚历山大三世"号误解了"苏沃洛夫公爵"号要求一齐右转的信号。

正是因为对"苏沃洛夫公爵"号信号的误解，"亚历山大三世"号就一直跟在旗舰后面形成纵列转向。这就导致尾随其后的两艘战列舰"博罗季诺"号和"鹰"号也放弃了已经开始的一齐转向动作，而是跟着前面的战列舰成纵列转向。如此一来，战线中就出现了很大的空间，即第一分队本来处于纵列中，现在却成了第二路纵队，位于第二、第三分队组成的战列右前方约2000米。很快，罗热斯特文斯基发现了问题——那些战舰没有按照自己的命令采取动作，这是非常危险的，战舰将暴露在敌方眼前，很容易遭受到炮弹轰击。

于是，他赶紧下令他的分队加快速度重新回到队列之首。可惜，这个动作才刚开始，全速前进的日本主力舰队就在东北方向出现了。东乡平八郎所率的第一舰队在前（塞入了"春日"和"日进"两艘装甲巡洋舰凑数），上村彦之丞中将指挥的6艘新式装甲巡洋舰在后。

此刻，时间指向13时45分左右。

如果俄国人的战舰在速度上有优势，也能弥补之前的过错。然而，日本人的舰队，尤其是东乡平八郎的舰队速度太快了，他利用速度优势很快就与俄国舰队战列并行，并在包抄过程中向敌舰实施齐射。

东乡平八郎暂时将指挥权交给此前位于战列末尾的"日进"号

607

巡洋舰。他的命令是让12艘战舰一齐调头朝东航行。就在12艘大型战舰迎着正在接近己方射程的敌舰时，所有舰队转弯180度。

这对掌控舰船的人员素养要求极高，日本人做到了。

根据德国学者阿内尔·卡斯滕和奥拉夫·拉德的描述："进行这个战术动作时，所有日本战舰都只能在一个固定位置转向，在某种程度上把自己送到了俄国人的炮口下面。同时，队列后方战舰的火炮射界反而被前方航行的友舰阻挡，无法实施射击。由于日舰以最高时速航行，这一时机大约只持续了一刻钟。"

对沙皇舰队来说，这一刻钟是非常关键的一刻钟。如果俄舰炮手成功地抓住了这一时机，用炮弹猛轰，哪怕这样的炮弹抵不上日本人的下濑火药炮弹的威力，依然会对日舰造成不小的伤害，继而引发日舰战列的混乱，破坏其统一作战的部署。如果这样的局面出现，沙皇舰队不会失败得惨不忍睹，至少会趁着这个当口强行突入海参崴。

14时左右，东乡平八郎指挥日舰开始了这场具有革命性突破的转向。如果从上方俯视此刻的场景，一定会紧张得不行，因为日本人的舰船在完成转向后还需要花费一些时间组成战斗队形。而俄舰第一分队的"博罗季诺"号和"鹰"号的火炮射界仍然被处在它们和日舰之间的第二分队的重型战舰所遮挡。

如此关键时刻，俄国人的行动也太慢了，日本人的战舰基本完成了战列队形。

直到14时05分，俄舰才开火。只听"苏沃洛夫公爵"号和"亚历山大三世"号的305毫米口径重炮发出怒吼，并在不到9000米的距离击中了敌方的"三笠"号和"敷岛"号。可惜，俄国人的

## 第十四章 日俄对决：诸神要谁灭亡（公元 1905 年）

炮弹质量太差劲了，尽管这两艘战舰中弹多发，却未被伤及筋骨。

很快，俄国人的灾难降临了。在战争中，日本人从不手软。

日本战列舰开始集中向"苏沃洛夫公爵"号和"奥斯利亚比亚"号（Oslyabya）发射炮弹。

按照谢苗诺夫的描述，战斗才开始20分钟，"苏沃洛夫公爵"号舰长伊格纳齐乌斯就向司令官建议向右舷转向。他万分焦急地说道："阁下，我们必须改变航线！他们的射击太准确了。他们就这样折磨我们！"罗热斯特文斯基则冷酷地答道："请您等等！我们也在射击！"

罗热斯特文斯基不愧为厉害的老将，尽管他的属下表现让人失望，但他依然摧毁了日本战舰"浅间"号的舵机，14时27分，"浅间"号不得不退出了战列。东乡平八郎的旗舰"三笠"号此时也被重炮命中10发，很快又有1发炮弹在其舰桥尾部爆炸。遗憾的是，俄国人的炮弹威力实在有限。

下濑火药炮弹的威力果然不同凡响，给俄军舰队造成了极大的破坏。战斗开始不到1个小时，"奥斯利亚比亚"号就被重创脱离战列。不久，"苏沃洛夫公爵"号的舵机被日本人摧毁，驾驶台被摧毁，指挥系统瘫痪，丧失战斗力。1个小时后，"奥斯利亚比亚"号沉没，"苏沃洛夫公爵"号无法操控，"亚历山大三世"号、"博罗季诺"号和"鹰"号的测距仪、信号装置、火控装置等被毁，根本无法进行任何有效反击。

尽管如此，俄国战列舰仍然战斗到最后一刻，直至沉没。

在27日入夜以后，日军的鱼雷艇围了上来，对受创的俄国战舰展开了围猎。当晚19时过后，俄军3条战列舰在15分钟内全部沉

609

入大海:"苏沃洛夫公爵"号被3条鱼雷击沉;几乎与此同时,"亚历山大三世"号中弹翻沉,所有成员无一幸存;而"博罗季诺"号因主弹药库殉爆步其后尘。

收尾战斗仍在进行,俄国人的战舰几乎都遭受到毁灭性的打击。鉴于战斗完全无望,尼古拉·涅博加托夫于次日选择了投降。

战斗至此,日本仅损失3艘鱼雷艇,116人死亡,577人受伤;沙皇舰队于1905年5月28日当晚不复存在。

东乡平八郎也因在对马海战中的出色指挥,成为更加赫赫有名的海军将领。

不久,东乡平八郎探望了受重伤躺在病床上的罗热斯特文斯基。面对对手,他表现出了极大的道德层面上的关怀,并向罗热斯特文斯基致以崇高敬意。他这样说道:"胜败乃兵家常事。没有人需要为此感到羞愧。不,重要的只是,我们是否已尽到了自己的责任。在战斗持续的两天中,您和您手下的表现令人敬佩。"

罗热斯特文斯基听后,向他表示感谢,说了一句"我完全没有因为被您打败而感到羞愧"的话。

这场有意思的对话将成为一种记忆,而等待罗热斯特文斯基的将是一场别有意思的审判。

## 2

对马海战结束后,圣彼得堡方面急需找到一位"替罪羊",而罗热斯特文斯基极有可能就是这只"替罪羊"。不过,这场战后的审判很快就演变成闹剧。因为，罪魁祸首不在罗热斯特文斯基身上，而在俄国海军体制上。

德国学者阿尔弗雷德·施滕策尔这样评价道："罗热斯特文斯基完成了任务，把所有战舰与运输船完好无损地带到了战场。在这样的物质和人力条件下，这的确是个壮举。要负责任的是整个俄国海军体制，它已经无可救药了。"

如前文所说，这场审判最终成为闹剧。上层的贵族们为了掩盖自己的疏忽与失职，考虑到罗热斯特文斯基将军在率领舰队前往远东的路途中以及在海战中的表现，最后以"玩忽职守"的罪名撤了其职。

显然，这是非常荒谬的，也是前后矛盾的。

随后，圣彼得堡的权贵们品尝到了"苦果"。它和整个日俄战争一样加速了沙皇俄国统治合法性的不断丧失，而对马海战也引发了一场无法扑灭的革命。

1917年10月，在对马海战中幸免于难的巡洋舰"阿芙乐尔"号（Aurora）上发出了革命的信号，俄国"十月革命"爆发。

对日本而言，对马海战的胜利未必就是纯粹的好事。英日两国签订了《英日同盟条约》，一个欧洲大国（俄国）被一个非欧洲国家完虐，对于这个学生，英国自是满意的[271]。不过，在满意的同时英国也感到了危机：日本人学习到了用过人的航海技能和在英国造船厂建造的战舰打败了俄国人，有一天，这个聪明的学生会不会打败老师呢？

---

271 关于日本人向英国人学习的内容可参阅熊显华《海权简史：海权与大国兴衰》第二章。

*611*

所以，一方面，伦敦的政治家们对俄国的扩张企图被打击表示满意。另一方面日本人在远东的势力壮大将对英国的商业利益产生威胁，为了扼杀日本人的势力，考虑到日本人因这场战争导致财政枯竭，英国不再对日本提供后续贷款，并期望以这样的方式使日本与俄国保持均势的局面。

对此，我们可以从1905年9月5日《朴次茅斯和约》的签订内容中得到印证。条约规定中并没有体现出作为完全胜利方所拥有的"果实"。而日本人也看出其中的端倪来了，为了弥补战果，日本强迫清政府承认《朴次茅斯和约》中有关中国的各项规定。

从长远来看，英国人对待日本人的策略刺激了日本面对欧洲殖民列强，扩大自身实力的决心。在这样的决心下，日本愈加狂妄，其势力扩大到太平洋地区，并以1941年偷袭珍珠港和1945年的广岛和长崎的原子弹轰炸而告终。从这个角度来讲，日本人在对马海战的胜利反而是日后败亡的开始。

谁胜谁负，并不简单。

## 第十五章

## 以损失论成败：日德兰海战

### （公元1916年）

第十五章 以损失论成败：日德兰海战（公元1916年）

## 一 风险舰队

1

不少欧洲国家都是从海洋走向世界的，然而德国在1871年帝国建立之初并没有建立一支舰队的想法，这主要是地缘因素和国内经济导致的。

当时，俾斯麦认为德国经济富足，他的精力应该放在维护欧洲列强保持均势方面，这一点似乎与英国是大相径庭的。帝国建立之初的德国高层不重视殖民地和强权政策，但并不等于德国没有这样的意识，俾斯麦的批评者马克斯·韦伯（Max Weber）在战后尽力改变这一现状。韦伯才思敏捷，富有眼界，他在弗赖堡（Freiburg）[272]的就职演说中表达了他的思考："国家的统一本是一个民族最好在其青年时代所达成的任务，但在我们德国则是在民族的晚年才完成。如果德国的统一不是为了开始卷入世界政治，反倒是为了不再卷入世界政治，那么当年花这么大的代价争取这种统一也就是完全不值得的了。"

这样的思考获得了大多数同胞的认可和赞同。为了更好的愿景，

---

[272] 德国西南边陲的一座城市，是德国文化的基因之一，因为它是德国最古老的城市之一。

中欧的陆上大国德国有必要成为海上强国。"毫无疑问，内政原因发挥了突出作用。在1866年普奥战争和1870—1871年普法战争大获全胜、统一帝国之后，普鲁士陆军享有巨大的声誉。这也使得由旧式贵族精英组成的军官团得以在经济地位下降的同时继续维持政治地位及对军中的掌控作用。但是，陆军高级军职几乎全被垄断以及军队在社会上的声名显赫自然使有能力的平民精英感沮丧。因而，建设一支强大海军的计划也立刻令他们欢欣鼓舞"。[273]

贵族们向来对争霸海洋不感兴趣，海军反而为有志上进的普通人提供了竞逐舞台，通过在海军服役以获取社会声望的吸引力反而大大提高。这些都为德国建设一支现代化的海军埋下了伏笔，只等更好的时机出现。

在维多利亚时代，德国的统一对欧洲均势是有影响的。虽然，那时英国长期将俄国看作是最大的威胁，但德国的迅速崛起，让大不列颠帝国感到不安。

当英国的海上力量在向东方航线拓展时，俄国也没有闲着。强悍无比的哥萨克骑兵以所向披靡的势头横扫东面障碍。这两个强国都在向东方进发，在那里，有着他们诱人的利益存在。譬如中国，英国以海权力量为"武器"打开了中国的国门，俄国以陆权力量在远东与中国展开较量。

英国与俄国向东的扩张模式，为艾尔弗雷德·马汉与哈尔福德·约翰·麦金德（Halford John MacKinder）这样的战略家的理论提供了海陆相博弈的碰撞历史。前者其实也曾看出，俄国这样的地

---

[273] 相关内容可参阅熊显华的《海权简史：海权与大国兴衰》；劳伦斯·桑德豪斯的《德国海军的崛起：走向海上霸权》。

理位置要想通过海权力量的形式去控制中亚地区以及蒙古东部是行不通的,这样的"中心地带"让俄国难以用海权去触及。俄国若想称霸世界,比较好的路线是经由海洋出发,在东部可以抵达中国的海岸线,在西部经波斯抵达波斯湾,或者经黑海,也可以经小亚细亚抵达地中海。

也就是说,俄国通过沿大陆两翼(倘若成功的话)航行就可以获得不冻港,然后伺机拓展海域。

其实,在海权与陆权的问题上,两者接触的地方会形成一种互补关系。一方面,陆地会给海洋造成重要影响,而海权是为了保障航道的通畅。因此,必须控制沿岸,获得优良的港口以及能扼守航道的基地。海权较之陆权的优势在于后者的灵活性,对于拓展海外贸易具有更大的空间。

至于陆权,麦金德认为古时候马匹、骆驼可以与海权的灵活性相比,当然,现在的空运、铁路运输也可比,但综合考虑,海运更占据优势一些。"枢纽地区"的世界划分,在他看来可以分为两个——

其一,内部或边缘新月形地区;

其二,外部或岛状的新月形地区。

这或许是欧亚大陆国家的现状,或者说是据此展开的一种适合本国崛起的战略。以陆权为主的国家,以人口和生产力都强盛的优势,凭借广袤的地域剥夺海权国家的基地,使海权国家的水域成为内海,将它们死死锁住,从而在合适的时候一举进发,最终获得胜利,像马其顿人之于希腊与腓尼基人,罗马人之于地中海各海权国家。正如马汉在《海权论》中所说:"我们可以大谈船只的机动性,舰队之便于远征,但是,归根到底,海上强国基本上取决于适当的基地,物产丰富而又安全的基地。"

关于这一点,以大不列颠帝国来分析就再适合不过了。英国的海权遍及全世界,但它真正的基地却不在海洋,而是在英格兰平原。那里土地肥沃且与世隔绝,从平原边缘发掘出来的煤与铁,为英国提供了大量的财富支撑,这才是与荷兰、法国等国家竞争中获胜的关键。不过,也许那时候的英国并不明白,只是认为海上强国在与陆上强国交锋时,是凭借优良的港口与航线取得了最后的胜利。然而,假如没有强大的陆权资源支撑,像日本这样的国家,或许是个有意思的例子。

因此,陆权与海权的交锋,其实应该看作为一种互补关系。以单纯的或者偏爱某一方的态度去面对是缺乏理性的。阿拉伯帝国的失败就在于游牧民族的人力匮乏,所以在勇猛的哥萨克骑兵不断征服的过程中,他们也不得不将征服的地区作为后盾,再继续前进。而俄罗斯帝国的势力蒸蒸日上,恰好是利用了这一点。对于从海权出发,如果不想被封锁的话,那就必须打破它,必须占据波罗的海、黑海,甚至更多。

对于那时德国这样正在崛起的国家,麦金德曾这样说道:"他决定不把日耳曼的统一建筑在法兰克福和西方理想主义上,二是建筑在柏林和东欧的组织上……他要一个在普鲁士控制下的团结一致的东欧,却要一个四分五裂的西欧。"德国以欧亚大陆作为海权基地,这使它成为世界帝国有了更多的可能性,谁控制了东欧谁就能以此作为基地，继而拓展到全世界。[274]

按照马汉的观点，譬如说，法国在路易十四的统治下，法国不惜牺牲其殖民地与商务来推行一种错误的大陆扩张政策。正是因为这样的策略错误，导致了它在海上的力量被差异悬殊的优势力量摧毁，随后重大的灾难接踵而来，商业运输被消除殆尽。英国与荷兰的力量在这个时候越来越强，这两个国家因为"商务的天性、追求利润时的勇敢进取心以及对成功机会的敏锐感知"而打破了纯陆地策略的禁锢，它们也由此在世界海洋的权益攫取中受益匪浅。

而德国呢？它的发展是否也是走一条英、荷之路？或者说，德国的未来是横扫全世界的广袤海洋还是安心朝欧洲陆地强国的方向不懈努力？

其实，德国在一定时期里，并不是一个十分重视海上力量的国家。这主要是因其地理位置为陆上强国所环伺，使得德国很长时间里将陆权建设放在重要位置。在统一之前，德国的海岸线分别属于不同的邦，这就导致海岸线处于分散的尴尬境地，这也使得要在这些海岸线、港口建立一支强大的海军困难重重。因此，唯有统一，才有可能建立德国的大海军。

海外贸易和殖民地利益的扩大，让德国扩建海军的诉求有了滋生的土壤。然而，正当德国有了构建海军的意愿，并试图使之强大的时候，俾斯麦的掌权使得德国对陆权的重视度明显高于海权。这当然是掌权者阶层的意识问题。

譬如，当时的陆军元帅埃德温·冯·曼陀菲尔（Edwin von

---

[274] 相关内容可参阅劳伦斯·桑德豪斯的《德国海军的崛起：走向海上霸权》。

Manteuffel）男爵在 1883 年给陆军内阁长官埃米尔·冯·阿尔伯蒂尔（Emil von Albedyll）写了一封信，我们可以从中看出一些端倪："我也属于腓特烈·威廉一世过往那些没文化的支持者之列，就是会卖掉他最后一艘军舰来增加一个新的营。"

这句话再明确不过了，海权与陆权的严重偏离已经到了如此夸张的地步。而俾斯麦所持的观点也表达了德国发展战略的一致性，他认为德国已经在陆权上做得很不错了——拥有世界第一的陆军——倘若这时候再进一步扩大海权的力量，建设大海军势必会引起英、法、俄等大国的紧张，不利于均势外交。这是一种出于国家安全的考虑，如果让这些大国形成反德同盟，德国就会陷入危险的境地。

不过，仅是单纯地理解这位铁血宰相的战略思想，显然是低估了他。针对扩建海军以此来捍卫德国海外利益的说法，他也给出了回应，德国可以采取与二流军事强国结盟的方式来抗衡英国的海上霸权力量。这里所说的同盟实际是指"武装中立同盟"，也就是说，德国若以这样的方式加入同盟，就可以像俄国、法国那样起到孤立英国的战略作用。

俾斯麦是从 1856 年 4 月 16 日的《巴黎海战宣言》中获得了重要信息——他看到那些国家为了捍卫自身海上权益所表明的决心。这是一部关于战时海上捕获和封锁问题的国际公约，在宣言里阐明了非常重要的原则——

其一，永久性地废除私掠船制度；

其二，对装载于悬挂中立国旗帜船舶的敌国货物，除战时违禁品外，不得拿捕；

其三，对装载于悬挂敌国旗帜船舶的中立国货物，除战时违禁品外，不得拿捕；

其四，封锁须具实效，即须由足以真正阻止船只靠近敌国海岸的兵力实施，否则封锁不能成立。

由于《巴黎海战宣言》具有兼顾诸国海上利益的特质，得到越来越多的国家的认同，奥地利、法国、普鲁士（德国）、俄国、撒丁、土耳其、阿根廷、丹麦、日本等50多个国家都相继加入。

俾斯麦的策略是要在当时德国所处的欧洲环境与格局中相对安全地发展国家力量，不能过分地刺激英国。如果一意孤行地发展德国海军力量，即便强行为之，也会被英法海军之间的联合所抵消。不得不说，作为铁血宰相的他，是在极力巩固德国在欧洲大陆的霸权地位。

因此，德国海军在俾斯麦时期并没有得到太大的发展，所持的战略也只是着眼于近海防御。

在俾斯麦相对保守的战略下，德国在陆上强国的道路上获得较大发展，应该说，他为德国的统一做出了重大贡献。然而，到了19世纪90年代，德国对建设海军力量的态度突然发生了巨大变化，迫切地想建立一支具有强大实力，又能用于远洋作战的大海军。值得注意的是，这次德国以极大的热情投入到经略海洋、扩建海军的进程中，海权意识的加强已经到了全国人民都"爆发"的程度。

德国对海权的重视何以有如此之大的变化，我们或许可以从一个人身上找到一些答案。19世纪末，海外扩张的浪潮高涨，海军主义的流行就如同社会达尔文主义等社会思潮一样，弱肉强食，积极拓展海外殖民地，以海洋贸易为财富积累的方式让国家的财富力量获得极大提升,而马汉的海权论正是基于这样的思潮,这在他的一系列著作里得到集中体现。最重要的是,那些崛起而强大的国家,譬如,英国(海上霸权的建立)、美国(美西战争中美国获得胜利)等,它们也受益于此。凭借主力舰和夺取制海权的海军战略理论,将海上力量与国家的兴盛相结合,并提升到历史哲学的层面。这种现实印证了的成功理论,很快就开始在欧洲乃至亚洲(日本)流行起来了,英、美、法、俄等大国都纷纷掀起了扩建海军的浪潮。就连西班牙、葡萄牙、墨西哥、荷兰等中等国家也加入其中:西班牙在1908年通过了长远造舰计划;葡萄牙在1895年通过了造舰5年计划;墨西哥在1901年通过了一项造舰计划;荷兰在1900年通过了10年造舰计划……

对于德国这样正在崛起的国家来说,它自然不甘落后,马汉的"海权理论"在这时就具有很强的吸引力了。很多德国人的意识里都希望通过这样"便捷"的方式,让德国能快速强大起来。

得海权者得天下!要想在世界的舞台上占据重要位置,就必须大力发展海上力量。时任德国宰相的霍恩洛厄亲王克洛德维希·卡尔·维克托(Chlodwig Carl Viktor)曾这样说道:"我们要奉行一种和平的政策,我们就必须努力将我们的舰队建得十分强大,以使它在我们的朋友和敌人眼中都具有必要的分量。"

德国统一后,其社会矛盾有所缓解,尤其是与奥地利的矛盾。当然,这样的统一让德国的社会结构也变得复杂起来,再加上19世纪90年代德国工商业阶层得到了进一步发展,形成了一个庞大的中产阶级。显然,这是顺应社会发展的一种产物,然而,德国的权力分配却与之产生了矛盾,急于想掌握话语权的中产阶级却没能轻松如愿。容克贵族地主阶层在政治上独占了德国的军政要职,在国家政权中起着重要作用。这样一来,就导致中产阶级的社会地位难有改变,而中产阶级要想提升地位,参军,特别是成为军官是主要的途径之一。

即便这是一条主要的途径,占据诸多军政要职的容克贵族地主阶层的军官们却基本上把路给堵死了。我们来看一组数据:1890 到 1914 年期间,虽然容克贵族地主阶层在陆军军官中的比例有所减少,但在 1913 年仍然达 30%,高级军官的比例在 1900 年高达 60% 以上。而在海军军官里,这种情况就大有改观了,以 1898 年的数据为例,在帝国海军办公室的 32 名现役军官中就有 27 名来自中产阶级。我们再来看 1899 年到 1918 年的 19 年里,来自容克贵族地主阶层并掌权的军官就少之又少了,在担任参谋部部门领导的 48 名军官中仅有 2 名来自贵族,10 任海军总部参谋长中仅有 1 人是贵族。

这样的数据说明了什么呢?海军的发展更适合中产阶级和底层阶级的需求,他们通过这样的途径可以在政治上拥有更多的发言权。在经过相对较长的时间积累后,很容易形成一股强大的社会基础。

海外贸易的增加,一方面让德国商人尝到了甜头,另一方面也在心里产生了担忧与恐惧,他们担心海上力量强大的英国会切断其海上交通线。我们来看一组数据,就能看出他们有多么担忧与恐惧:以 1873 年到 1895 年间为例,德国商船总吨位增长了 150%,海外进出口贸易增长了 200%,更重要的是,德国开始部分依赖海外的食物供应。

如此巨大的贸易增长,以及对海外贸易的部分依赖,再加上英德关系不断恶化,德国商人不担忧不恐惧就奇怪了。况且,德国已

*623*

经从 1898 年美西战争西班牙的败绩中感受到某种危机。德国宰相霍恩洛厄亲王甚至坚定地意识到，"我们必须避免让自己在英国那里遇到西班牙在美国那里遭受的命运，很清楚，英国人正在等待机会打击我们"。

霍恩洛厄亲王的这番话并不是夸大其词，自从 1896 年的"克留格尔电报事件"（Kruger telegram）后，英国对德国的态度变得强硬起来。

自从美国人摩尔斯于 1844 年发明了电报，就引起了英国的注意。电报的发明改变了世界之间的距离，人们对这种充满无限想象力又成功的发明充满了无数赞誉。据说，第一封电报的内容是圣经的诗句："上帝创造了何等的奇迹。"（What hath God wrought？）敏锐的英国人看到了这里面隐藏的巨大便利，很快就建立起了一套完整的有线电报网。显然，英国人不满足于陆上的有线电报网兴建，它还要在海底世界构建同样的网，目的是要把窃听、监控、收集信息的触须伸向全世界。

强大的电报网络分布，让英国成为全球海底电缆中转站。这当然为英国提供了极大的获取情报便利之门。1896 年 1 月 3 日，德皇威廉二世给德兰士瓦共和国（Transvaal Republic）总统斯特凡努斯·约翰内斯·保卢斯·克留格尔（Stephanus Johannes Paulus Kruger）发了一封电报。由于这封电报的内容含有一种类似幸灾乐祸的祝贺，导致英德关系恶化。

1884 年，探矿者在德兰士瓦发现了世界上规模最大的金矿。这事被英国知道后，英国决心谋划抢占这一巨大的"财矿"。1895 年，英国采取雇佣兵的形式开赴德兰士瓦，一行 600 人携带着武器，在南非矿业公司的利安德·斯塔尔·詹森医生（Leander Starr Jameson）带领下出发了。他们的目的很明确，计划很阴险，试图推翻德兰士瓦的克留格尔政权。

然而，事情进展得不是很顺利，在1896年1月的行动中，这行人陷入包围，134人被击毙，其余的全部被俘，包括詹森在内，被以企图对友邦进行军事远征的罪名判处15个月监禁。这事很快被发酵，在国际上引起了极大争议。

德皇威廉二世在听到英国失利的消息后，更是忍不住内心的窃喜。本来威廉二世是打算派兵支援的，宰相霍恩洛厄亲王闻言大惊，赶紧劝谏。因为，这等于与英国宣战。威廉二世却直言不讳地说："是的，但这只是在陆地上作战。"

这种过于直接的做法显然是危险的，于是有人建议不如以发电报的形式对克留格尔以表祝贺。电文内容既要做到否认英国对德兰士瓦的宗主权，又不能冒犯英国。威廉二世表示赞同，随即给克留格尔总统发去贺电——

"您和您的人民在没有任何友好力量的帮助下，独立击退入侵的有损和平的武装分子，本人表示最诚挚的祝贺。你们维护了国家的和平，捍卫了国家的独立。"

可惜，在这封电报传到德兰士瓦前，英国就通过自己控制的海底电缆将其截获。在获悉内容后，英国大怒，国内很多媒体鼓吹要动用海军的优势教训一下德国。

英国认为德皇威廉二世电报中所说的"友好力量"无疑是在向英国示威、向德兰士瓦示好，意味着必要时德兰士瓦可以获得德国的援助。英国绝不允许自己的势力范围受到侵犯。

*625*

对于英国有多愤怒，我们可以从《泰晤士报》的刊文中得到一些证实："英格兰永远不会在威胁面前退步，永远不会被侮辱屈服！"随后，英国采取了一系列的报复手段——

德国水手在英国港口频频遭袭；

伦敦的德国商店被砸烂了橱窗；

在封锁南非的布尔人政权时故意扣押德国邮轮；

……

英国政府的强硬态度让威廉二世害怕了，他赶紧给维多利亚女王写了一封信："我从未想过用这封电报来反对英国或您的政府……"

在这样的矛盾激化的境况下，德国发展大海军已经刻不容缓，扩建海军的意愿就更加强烈了。

德皇威廉二世是一个对海洋抱有极大热忱的人，他甚至还因此得了一个称号——舰队皇帝。据说，他在年轻的时候就对英国的海上霸权表示出极大的羡慕情绪，这种情绪在读了马汉的《海权论》后变得更加强烈，他甚至这样说道："我不是在读，而是在吞咽马汉上校的书。我努力要把它背下来。"

他还是海军制服控。据说，他一天内更换制服多达4次，由于过于喜欢海军制服，他甚至立下规定：不许其他王室成员穿现役海军制服。他对海军的头衔也情有独钟，多个国家的海军头衔让他找到了作为君主的使命感：德意志帝国海军元帅，英国、挪威、瑞典、丹麦海军上将……这些海军的荣耀光环让他倍觉自豪，英国海军上将似乎是他最中意的，因为这是他的外祖母维多利亚女王于1889年授予他的。

## 第十五章 以损失论成败：日德兰海战（公元 1916 年）

很多时候，他会穿上这套海军制服会见英国大使。在 1900 年 1 月 1 日向柏林卫戍部队军官的讲话中，他激情地宣读："就像我的祖父对陆军所做的那样，我也会以同样的态度，不折不扣地完成对海军的重组工作。这样，海军也可以像陆军那样获得一种平等的地位，而德国也可以通过它的海军获得一种前所未有的地位。"

威廉二世对军舰的热爱也到了痴迷的地步。据说，他还亲自设计了一艘军舰，对这样的设计成果他感到无比兴奋，并请来权威造船专家进行鉴定。

威廉二世对海军的特有偏爱，也可作为对德国扩建海军的一种意识支撑，他潜意识里觉得唯有海军实力第一，才能让德国的触角伸向海外更广阔的天地，打破英国一家独大的格局。这种非此即彼的判断，让他在应对国际事务和国内事务上变得简单、鲁莽——与俾斯麦关系决裂；罢免霍恩洛厄亲王；将德国在中国市场份额较少归结于海军实力不足；认为英国之所以不将雄狮般的尾巴锁起来，是因为德国还没有一支足够强大的装甲舰队，只有用这样的铁拳重击英国，才能像英国面对美国的威胁时那样。

俾斯麦通过三场战争，建立了普鲁士领导下的德意志帝国，而后又通过绝妙的政治手段，在错综复杂的欧洲局势中让德国获得发展、强大的空间。

这位铁血宰相不愿意德国卷入任何国际纠葛，更不愿意与强大的英国产生摩擦，特别是在殖民地的问题上。反观德皇威廉二世，他就显得直接与粗暴，甚至是鲁莽和不计后果。

不过，或许也是因为他的这份"不理智"，反而让德国扩建海军的构想有了更多可能性。

## 2

1890年,这是德皇威廉二世即位后的第二年。

这一年,他做了一件大事:免去了宰相俾斯麦的职务。德国进入到威廉二世的时代,其外交策略与对陆权海权的处理方式发生重大变化,而这种变化为德国今后的走向定下了某种基调,譬如,第一次世界大战在情理之中的爆发。

前文所说的那份"不理智",有一个例子或许可以做最好的说明。先是德国拒绝与俄国签订再保险条约,之后,德国与英国在1890年签订了《赫尔兰—桑给巴尔条约》,这是一份与英国亲善的关于殖民地问题的条约——

其一,坦噶尼喀(今属坦桑尼亚)归属德国,肯尼亚、乌干达归英国;

其二,桑给巴尔(今属坦桑尼亚)成为英国的保护国。

这样的条约内容导致了法国的不满,法国提出抗议。最后,法国只得到马达加斯加。英国在东非重要战略计划的连接点由此形成。但法国没有理由任人宰割,他们与俄国在外交上接近,特别是1897年沙皇公开表明支持法国,这让俾斯麦苦心经营的孤立法国的体系就这样破产了。

我们不是一味强调俾斯麦在德国的所作所为有多么正确,只是想通过德国在发展道路上对一些事情的偏执,从而引出其在海权问题上的侧重态度。当威廉二世急切盼望这个国家获得世界大国的地位时,他就在拼命地寻找某种快捷的路径。

## 第十五章 以损失论成败：日德兰海战（公元1916年）

马汉曾指出海权的重要涵盖——生产、航运、殖民地，这三者的关系是如此紧密。生产，即产出具有交换价值的产品；航运，借此交换得以进行；殖民地，方便并扩大航运行动，并通过大量建立安全区对此进行保护。

可以说，这三项是濒海国家历史与政策制定的关键所在。生产与贸易是海权发展的动力，而原材料拥有者与市场的新兴工业贵族之间的共需，促使他们结成一种联盟关系。显然，德国已经具备这样的条件了，他们迫切地希望政府在海权方面能够强势一点。

在1887—1912年间，德国的进出口贸易得到迅猛发展，甚至已经超过了美国，前者增幅为214.7%，后者为173.3%。我们再看英国和法国，英国这样强盛的国家才为113.1%，法国为98.1%。值得注意的是，它们都出现了贸易逆差，德国面临的困境是如何让对外贸易出现顺差。这是德国当时的经济状况，对此，我们可以从麦金德的一段话中得到一些启示，他说："德国对市场的饥饿已成为世界上最恐怖的现实之一。"

德国的努力让它看到自己的能力，那些野心勃勃的商人相信德国作为工业强国是可以在将来取代英国的。这不是夸大其词，以1880年到1912年间的贸易数据来分析：1880年的时候，德国有80%的出口销往英国、法国以及东南欧国家，但是，德国自身也从这些国家进口，占进口总量的77%。到1913年，德国从欧洲国家的进口就明显下降了三分之一，取而代之的是，海外成为它的原料供应者。

在政策上，德国已经开始大刀阔斧地对贸易给予鼓励和支持。它们积极拓展海外殖民地，严格保护关税，奖励出口。各种新兴的产业蓬勃发展，像钢铁业、采矿业、新式化学工业、电气工业、光

*629*

学工业、纺织工业等都在朝兴盛的方向迈进。

航运业的发展也成为德国强盛的标志。在1888年的时候，德国的船队还主要是以帆船为主，注册吨位是120万吨。到了1913年，这种模式迅速改变，基本上都用轮船了，注册吨位是310万吨，不来梅港、汉堡港的扩建使之成为这一时期运输量仅次于纽约和安特卫普的海港，超过了伦敦、利物浦、马赛。

当德国的对外贸易跃居欧洲第二的时候，能超过它的只有英国，而德国的海军力量却远远落后于英国，就连法国、意大利和俄国也比德国强。

这样的德国，心里就极不平衡了，再加上1897年德国成功获得中国的胶州湾，这无疑给德国又增加了一剂催化剂。于是，德皇威廉二世赶紧任命阿尔弗雷德·冯·提尔皮茨（Alfred von Tirpitz，又译蒂尔皮茨或铁毕子）为帝国海军大臣，主持海军建设事务。仅仅在第二年，海军法案就通过了为期6年的建造计划。

看来，德国要有大动作了，它要将触须伸向全世界。

3

研制先进战舰中取得的快速进展被认为是工业技术进步的完美产物，恰好德国又拥有令世界钦佩的大学，崛起的平民新贵便自视为这一进步的推动者。无独有偶，社会学家格奥尔格·西梅尔（Georg Simmel）也在世纪之交前夕将战舰称为"现代工业生产最全面的体现形式"，甚至认为它就是现代化的、分工齐全的和机械化的

## 第十五章 以损失论成败：日德兰海战（公元1916年）

大众社会的完美象征。

按照阿内尔·卡斯滕和奥拉夫·拉德的描述，同样并非偶然的是，"社会各界的满腔热情很快就化为威廉二世时期德国舰队建设计划的推动力"。针对这一事态带来的灾难性后果，前德国首相特奥巴尔德·冯·贝特曼·霍尔韦格（Theobald von Bethmann Hollweg）在第一次世界大战战败后满腹怨言："连有些对财政预算吹毛求疵的议员都无法抵御'称霸海洋'这句咒语的魔力……一小群专家怀疑我们建造大型战舰的道路是否正确，但面对一个狂热的、专为主流服务的新闻界，这种怀疑无处容身。舰队政策产生的沉重国际负担引起了担忧，但被粗鲁的煽动压下去了。海军内部也未能完全清醒地意识到，它只是政治的工具，绝不是政治的决定因素。"

"适者生存"的社会达尔文主义让当时许多欲称霸世界，并以实施一些舰队建设计划为主的人找到了"无懈可击的借口"。拥护这一思想的国家绝不仅限于德国，这一点无须多加证明，就如前文所述，从德皇威廉二世本人的种种行为就能看得出。毫不夸张地说，他就是舰队代言人，他狂热地支持建立一支"光芒四射的海军"。皇帝自称差不多吃透了马汉那部影响深远的论述海权的著作，我们不清楚他背诵到了什么地步，然而可以肯定的是，威廉二世仔细倾听了一位"精力充沛而能言善辩的海军军官对海洋战略的思考"，此人就是阿尔弗雷德·冯·提尔皮茨。

1897年，提尔皮茨作为海军大臣任职于帝国海军部。他之所以能上任这个职位，除了得益于当时的政治环境——贵族们对称霸海洋不感兴趣——还得益于他本人对工作的认真，不知疲倦以及很重要的敏锐的理解力与政治手腕。

然而，如何实现创立一支强大海军的目标与具备这样的梦想是两回事，除非他能找到马汉的理论与实际相结合的"操作指南"。根据德国历史学家托马斯·尼佩代（Thomas Nipperdey）的著作《德国历史》中的描述，在提尔皮茨上任海军大臣的第二年，就依据地缘战略思考进行了精辟的总结："只要德国没有发展成为一个势力范围越出欧洲大陆边界的政治大国，那么泛美、大不列颠、斯拉夫民族，可能还有以日本为首的蒙古种族[275]，这些大国聚集在一起将会在下一世纪摧毁或完全遏制德国。在这个充满强烈对抗的世界上，避免这一结果不可或缺的基础是（拥有）一支海军。"事实上，威廉二世自己也承认，是否支持建设海军是一场"关系到生死存亡的斗争"。

因此，提尔皮茨能在1898年通过《海军法》，1900年又加以修订。至此，他可以"更加合理""名正言顺"地从帝国议会获得巨额资金，这些资金将用于建设一支大型战列舰队。历史上将这一恢弘的战略称之为"提尔皮茨构想"。

提尔皮茨能在帝国的支持下去践行他的构想，除了德皇的支持，更应该感谢"海军至上主义"的思潮。

海军理论家们在19世纪最后几十年围绕海战中应当达成的战略目标进行了激烈争论。最终认为，就确保国家的权力和地位而言，控制海路终究比控制大陆更重要。因为，大规模工业生产时代对原料进口和产品销售有着巨大需求，所以重要的是保护自己的商路并切断对手的商路。

---

[275] 原文中的蒙古种族，更贴切的意思应该是指蒙古人种（Mongoloid），后来被西方人用来泛指黄种人，最早由德国自然人类学家布鲁门巴赫提出，是他划分的五大人种之一。"人种"是一个带有殖民色彩的概念，现在已经不主张使用了。十九世纪末期，取得甲午战争胜利的日本成为亚洲武力最强大的国家，所以西方才有"以日本为首"这样的认识。

具体来说，由于作为陆地生物的人类并不能从控制海洋本身获益，为此，巡洋舰对战理论的支持者认为，"最有效的办法是建立一支可派往全球的、快速的小型巡洋舰队与敌作战，同时保护自己的贸易通道"。战列舰队的支持者则认为，"应该达到在敌方海岸附近夺取制海权的目的"。无论是哪种观点，都需要组建一支"由重型战舰组成的庞大战列舰队，其首要任务是与敌方的战列舰队交战并予以歼灭"。

值得一提的是，战列舰队理论最重要的代表人物是马汉，"他以三次英荷战争的历史经验作为论证依据"证明了这一观点。正如英国历史学家罗杰在《海上战事》中所言："事实上，17世纪的英吉利海峡的确爆发了这三次战争中的一系列海战，并且英国最终夺得了海洋霸权。"

从长远来看，德意志帝国是想建立一支"足以在战时与英国皇家海军相匹敌的战列舰队"。不过提尔皮茨有他的想法，他知道在相当长的时期内无法与英国海军进行抗衡，这一点"就连热情的德国公众也认为打败英国人是一个难以企及的幻想，不管这是当下、中期还是长期的目标"。因此，他谨慎行事，提出"德国舰队只需强大到能够在海战中给英国皇家海军造成一定损失，使它有经不起第二个海上竞争对手（如法国或俄国）打击的风险"的方案。

风险舰队方案的诞生自然会引起他国的反应。首先做出反应的是英国，英国人完全将德国舰队的存在视为一种威胁。很快，提尔皮茨的对手就有反应了——这个人将自己的名字与英国舰队建设联系在一起，他就是著名的海军上将约翰·阿巴思诺特·费希尔（John

*633*

Arbuthnot Fisher）[276]。

  饶有意思的是，这两人的出身并没有太大的差异，前者出身市民阶层，后者来自一个贫寒之家，并且这两人对待工作都十分热忱。1905年，费希尔被任命为第一海务大臣之后，就以满腔热情投入英国海军的现代化事业。他上任后的几年内做了一个非常大胆的举动，报废了150多艘老式战舰，取而代之的战舰在动力、装甲防护和火炮方面都体现了技术上的飞速发展。特别值得一提的是，1906年，英国皇家海军"无畏"号开始建造，"这艘战列舰技术上的革命性使此后的同类战舰被统称为'无畏舰'，而之前的战列舰则被称作'前无畏舰'"。

  为此，德国方面起初惊慌不已，随后就开始果断应对无畏级战列舰的挑战。"他们继承了无畏级的技术创新，同时力求超越。根据主力舰大规模决战的战略理念，德国工程师们在设计新式的国王级战列舰时侧重于提高装甲厚度，以增强防护能力。"德国在这方面很快就赶了上来。

  可以说，这一时期"马汉理论"的实际发挥达到了一个高潮，不少国家都开始造舰，形成在数量、质量上比拼的海军军备竞赛模式。到第一次世界大战爆发前夕，"英国的大舰队——只是活跃在全球范围内的英国舰队的一部分——拥有的重型战舰包括21艘战列舰、4艘战列巡洋舰和8艘装甲巡洋舰。与之相对，德国公海舰队仅有13艘战列舰、3艘战列巡洋舰和1艘装甲巡洋舰"。

  根据德国学者米夏埃尔·埃普肯汉斯（Michael Epkenhans）在

---

[276] 1841—1920年，第一代费希尔男爵，英国皇家海军历史上最杰出的改革家和行政长官之一，通过他的努力，英国海军得以在第一次世界大战中确保海上优势，从而取得了最终的胜利。

## 第十五章　以损失论成败：日德兰海战（公元 1916 年）

《海军陆战队》里的描述："德国海军部坚信英国人会在战争爆发后立刻驶向德国海岸，并在那里寻求决战。"英国国内反应相当敏感，我们可以从英国皇家海军军官保罗·兰伯特（Paul Lambert）在《战时的皇家海军》中的描述得到证实，他这样写道："任何法律或外交层面的顾虑都被国内公众要求血洗德国的压力所盖过。当内阁说服一个民主国家进行一场战争之后，它很快就会意识到，这样做会释放多么危险的力量。它再也不是局势的掌控者，并必须对公众压力做出反应。"

于是，"伦敦方面下令没收所有可能将所携货物运往德国的船只，中立国船只也不例外。尽管这项措施不符合任何已生效的海洋法公约，并且公然违反了国际法，但英国公众越是极端地要求英国政治家们想尽一切办法尽快迫使敌人屈服，他们对中立国的抗议就越是不予理会"。

面对英国的敏感反应以及相应措施，之前还信心百倍的提尔皮茨也不得不有些悲观了。对此，我们可以从他的回忆录里得到印证，1914 年 9 月 14 日，战争爆发不到 6 个星期后，他给妻子写了一封信，他说："要是亲爱的上帝不帮助海军的话，事情看起来不妙。"

事情看起来确实不妙！"在海军上将弗里德里希·冯·英格诺尔（Friedrich von Ingenohl，任职时间至 1915 年 2 月 2 日）和胡戈·冯·波尔（Hugo von Pohl，任职时间至 1916 年 1 月 23 日）的小心指挥下，德国公海舰队小心翼翼的推进最终以在赫尔戈兰海战（1914 年 8 月 28 日）和多格尔沙洲海战（1915 年 1 月 24 日）中损失惨重而告终。"

事情看起来更不妙的是，德皇威廉二世生怕舰队出现损失，就

635

保留了出动它们的最后决定权。这让提尔皮茨郁闷不已。而更让他郁闷的是，1916年初，海军中将赖因哈德·舍尔（Reinhard Scheer）[277]替代了身患重病的波尔海军上将，成为公海舰队司令。

这位雄心勃勃的海军将领可不想"老老实实"待着，他决定一改前任采取的消极态度，计划在稍晚进行的决战之前先设法削减英国皇家海军的优势。1916年5月下旬，他果断地决定将英国舰队拖入一场战斗，其意图在于分散英国舰队，以便可以进行各个击破。

提尔皮茨清楚地知道，一场没有准备充分，实力有所悬殊，且受到德皇威廉二世掣肘的战斗即将开始。

## 二　以损失论成败的海战

### 1

舍尔上任后制订了好几个进攻计划。但德国海军遇到的瓶颈期和其他因素正制约着他的计划。更可怕的是，一艘轻巡洋舰的沉没让英国人知道了计划。

---

[277] 1863—1928年，海军元帅提尔皮茨的坚定拥护者，1909年任公海舰队参谋长。在1916年的日德兰（Jutland）海战中，他表现勇敢、指挥卓越。他还是主张实行"无限制潜艇战"的积极践行者。所谓"无限制潜艇战"是德国海军部于1917年2月宣布的一种潜艇作战方法，即德国潜艇可以事先不发警告，而任意击沉任何开往英国水域的商船，其目的是要对英国进行封锁。著有回忆录《世界大战中的德国海军》。

## 第十五章 以损失论成败：日德兰海战（公元 1916 年）

1914 年第一次世界大战爆发后，德国于 7 月下旬派出了 2 艘轻巡洋舰作为特遣队进入波罗的海执行布设水雷和炮击港口等任务，它们分别是"奥格斯堡"号（SMS Augsburg）和"马格德堡"号（SMS Magdeburg）。8 月 28 日，这支特遣队在 3 艘驱逐舰的护卫下，利用深夜作掩护企图突入芬兰湾，目的是消灭该海区的俄国巡逻队。"马格德堡"号行驶到芬兰湾南岸的奥斯穆萨尔（Osmussaar，该岛属于爱沙尼亚，瑞典语称为 Odensholm）岛附近时不幸触礁，这都是海上大雾笼罩导致的。

不久，位于奥斯穆萨尔岛的观察站发现了出事故的"马格德堡"号，随即向俄国轻巡洋舰"勇士"号（Bogatyr）和"帕拉达"号（Pallada）发送了信号。在俄国人乘坐这两艘舰艇向失事德舰驶去期间，德国人已经利用驱逐舰从失事的巡洋舰上撤走约 200 人。俄国人赶到后，立刻向德国人进行炮击，情急之下"马格德堡"号上的其余人员未能撤走。无奈的德军只能自行将舰炸毁，舰上 57 名官兵和舰长被俄军俘虏。后来，俄国潜水员对这艘沉船进行检查时找到一个铅制的箱子，内有德国舰队当时正在使用的旗语信号书、密码本和航海日志等。英俄两国是同盟，于是俄国将其复制品转交给英国。按照德国军官霍华斯在《战列舰》中的描述："英国海军部已经悄悄从俄国盟友那里获得了德国无线电密码手册。"

就这样，英国人提前获悉了德国公海舰队的行动计划[278]。不过，让德国人意想不到的某种幸运是，负责无线电密码破译的情报机关与皇家海军指挥机构之间的合作存在着一些问题，它们之间缺乏真

---

[278] 除了俄国人交给英国人的这套名为"SKM"的密码手册外，英国人还弄到了德国海军的另两套分别代号"HVB"和"VB"的密码本，因此德国海军的电文被大量破译。

诚,甚至彼此厌恶。这就导致负责无线电破译分析的"40号房间"(该破译小组位于"Old Building",也就是老海军部大楼一楼的40号房间,因此代号40号房间或40OB)发出的信息有时得不到认真对待,无法转呈给舰队司令。

即便如此,英国大舰队司令、海军上将约翰·杰利科(John Jellicoe)[279],还是于1916年5月30日晚率舰队从斯卡帕湾基地(Scapa Flow)启程了。这支大舰队由不少于24艘战列舰组成了6个分队,8艘老式装甲巡洋舰和10艘轻巡洋舰组成3个巡洋舰分队,51艘驱逐舰组成3个驱逐舰分队。海军中将戴维·贝蒂(David Beatty,又译比提)[280],则率领由6艘战列巡洋舰组成的战列巡洋舰编队于同日出海。休·埃文·托马斯海军中将(Hugh Evan Thomas,舰队通讯专家)指挥的4艘由伊丽莎白女王级战列舰(当时最先进的战列舰)组成的第五战列舰分队以提供协助的身份出现。由于信息不完整,约翰·杰利科向北海北部挺进,在对付德国舰队时还意在揣测对手的实力。

德国方面的舰队实力也不容小觑。弗朗茨·冯·希佩尔(Franz von Hipper)海军中将负责指挥侦察舰队,它主要由战斗力极强的战列巡洋舰组成,包括希佩尔的旗舰"吕佐夫"号(SMS Lützow)、"德夫林格"号(SMS Derfflinger)、"塞德利茨"号(SMS Seydlitz)、"毛奇"号(SMS Moltke)、"冯·德·坦恩"号(SMS Von der

---

[279] 1859—1935年,后晋升皇家海军元帅,为英国海军贡献良多。同时,他著作等身,代表作有《1914—1916年的大舰队》和《决定性的海战》。
[280] 1871—1936年,1916年11月继任约翰·杰利科的职位,领导英国大舰队。他为1918年11月11日停战协议的签署立下汗马功劳。1918年11月21日,贝蒂接受整个德国公海舰队的投降,战后晋升海军元帅。

Tann）。这支舰队将驶出丹麦北部海域，目的是骚扰英国商船航线，从而诱使英国舰队出击。如果这个目的实现了，希佩尔就率领舰队吸引敌人向南航行。舍尔则率领由16艘战列舰、5艘轻巡洋舰和32艘鱼雷艇组成的公海舰队主力，他的任务是在战列巡洋舰后方60海里处等待，以期发动攻击。

这场发生在丹麦日德兰半岛附近北海海域的大海战注定深刻而不同凡响，因为双方都全面出动了主力舰队。

## 2

1916年5月3日15时29分，位于西面的德国战列巡洋舰队发现了浓密的烟云，这是英国蒸汽舰船航行时喷出的烟雾，很大程度上暴露了舰队航行的踪迹。不久，又发现了两列向北航行的英国战舰编队。德国人在发现目标后，立刻向东航行。

英国人同样发现了敌人，由贝蒂率领的舰队立刻进行追赶。如果这次追赶特别及时，德国人将受到开战时的第一轮重创，然而，由于信号传输故障，丧失了宝贵的几分钟。当时，第五战列舰分队司令托马斯已经观察到上司贝蒂的座舰改变航向，却因没有收到明确的命令未能及时跟随转向——英国舰队的纪律性是出了名的。

这是第一次发生通信故障，故障多发也影响了接下来的战斗。

15时48分，德国舰队在距离13000米的海面上开了火。英国舰队因在形成纵列时浪费了时间，导致己方最初只有6艘战列巡洋舰能够还击。它们分别是"狮"号（HMS Lion）、"皇家公主"号

*639*

(HMS Princess Royal)、"玛丽女王"号（HMS Queen Mary)、"虎"号（HMS Tiger)、"新西兰"号（HMS New Zealand）和"不倦"号（HMS Indefatigable)。

这一次的战斗很快就效果明显，由于德国舰队拥有更好的能见度和更强大的火控系统，其火炮的射击效果要好得多。根据英国历史学家斯蒂芬·罗斯基尔（Stephen Roskill）在《海军上将贝蒂》中的描述，几分钟后，"不倦"号战列巡洋舰在与"冯·德·坦恩"号一对一炮战时被重炮命中5发，当即发生爆炸。该舰1019名舰员中只有2人幸存。

16时06分，托马斯的第五战列舰分队赶上来了。他的装备了381毫米口径强大主炮的战列舰向德舰战列末尾的两艘战舰"冯·德·坦恩"号和"毛奇"号开了火，但同时皇家海军的"玛丽女王"号也被重炮连续命中。德舰"德夫林格"号的一级炮术长格奥尔格·冯·哈泽（Georg von Hase）在回忆录中描述道："船头首先腾起了亮红色火焰，随后发生爆炸。紧接着船身中部发生了更大的爆炸，黑色的船体飞到空中，然后一次恐怖的大爆炸席卷了整艘船。巨大的烟云腾空而起。"

"玛丽女王"号只有9人幸存。这次对决，德国舰队明显占据了上风。也难怪贝蒂对旗舰"狮"号舰长艾尔弗雷德·厄恩利·查特菲尔德（Alfred Ernle Chatfield）抱怨说："今天我们该死的战舰看起来总有点儿不对劲啊。"

"当东南偏南航向的战列巡洋舰之间的战斗演变为并行连环战时，舍尔正率德国公海舰队主力以15节的航速向北行进。"16时38分，贝蒂发现了公海舰队的第一批战舰。根据英国学者霍华德在

## 第十五章 以损失论成败：日德兰海战（公元1916年）

《战舰》里的描述，迫于敌舰的优势威胁，贝蒂的旗舰需要立即向北转向，以便朝己方主力舰队的方向航行。

然而，此时杰利科却不了解形势发展，这主要是贝蒂的旗舰"狮"号无线电设备发生了故障导致。为此，约翰·杰利科在战后大肆指责贝蒂："我从未感到像这样被排除在外。我完全不了解战况。敌军舰队到底是在前方、侧方还是后方？"

杰利科当时虽然看见道道闪光，却无法分辨。这位绝望的海军上将抱怨说："我希望有人能告诉我是谁在射击，还有朝谁射击！"他的对手舍尔对战局的估计也没清楚到哪去。像希佩尔的"吕佐夫"号同样因无线电设备故障而贻误战机。

这是不可控的不利因素。那时候，无线电技术尚处于起步阶段，即使敌人不干扰也很容易失灵，舰队指挥官依然需要依赖"极为有限的旗语信号和警笛"作为通信手段。如果这些都无法实施，譬如因海上恶劣天气、浓雾、距离过远等因素，就只能凭经验判断了。

18时左右，舍尔猜测敌舰队位于西至西北方向之间，航向东南。德方战线与其平行。"威斯巴登"号（SMS Wiesbaden）被认为处于两列战线之间。杰利科则只知道他正在与敌军相遇的途中，但他既不知道对方的确切实力，也不知道其战斗队形，更不清楚德国人的位置，只知道他们大致在南方的某处。

随后，杰利科舰队右路纵队的先导舰"马尔伯勒"号（HMS Marlborough）战列舰与从西南方高速驶近的贝蒂的战列巡洋舰会合，并迅速通报给了杰利科的旗舰"铁公爵"号。杰利科随即发信号询问："敌军战列舰队在哪里？"他再度收到了令人不满意的回复："敌战列舰队在西南偏南方向出现。"除此之外，没有任何关于敌舰实力、速度和航向的信息。

18时15分，杰利科知道不能再等了，决定采取行动。他命令手下的24艘战列舰排成战列，朝东南偏东方向高速行进，他希望在舍尔的战列前"抹掉T字的一竖"，以便执行著名的"T字横头"战术[281]，使己方战列得以集中舷侧火力对敌人旗舰实施齐射。

杰利科的这一行动是正确的，与此同时英国舰队再次遭受到重创。差不多就在杰利科的主力舰队排成战列的同时，"在其东侧向前航行的罗伯特·基思·阿巴思诺特（Robert Keith Arbuthnot）海军中将指挥的第一侦察巡洋舰分队遭遇了因受重创而丧失机动能力的德国轻巡洋舰'威斯巴登'号。为接近并击沉该舰，英国装甲巡洋舰不小心进入了公海舰队的射程。几分钟后，阿巴思诺特的旗舰、装甲巡洋舰"防御"号（HMS Defence）发生爆炸，903名舰员无一幸存。'武士'号（HMS Warrior）装甲巡洋舰也遭到重创，不得不退出这场战斗，并在到达母港前沉没"。[282]

1时35分，处在英国第三战列巡洋舰分队最前面的霍拉斯·胡德（Horace Hood）海军中将的旗舰"无敌"（HMS Invicible）号发生了爆炸，同样损失惨重。值得一提的是，"该分队同样位于主力舰队东侧较远处，此时在9000米距离上与损伤严重的希佩尔的战列巡洋舰队交火。德舰'吕佐夫'号再度中弹8发，使希佩尔不得不更换旗舰。'吕佐夫'号第二天晚上被放弃，并被己方鱼雷艇击沉"。

---

[281] 由于火炮大都安置在船舷两侧，要实施炮击就必须侧面对敌。也就说，舰队在作战时应尽量排成一线，用自己的侧面对准敌方船头，这样两支相互作战的舰队就形成了"T字横头"。这种战法一直到导弹出现并成为主要打击手段才停止使用。
[282] 参阅阿内尔·卡斯滕和奥拉夫·拉德的《大海战：世界历史的转折点》。

## 第十五章　以损失论成败：日德兰海战（公元1916年）

"尽管英舰遭受惨痛损失，但在双方舰队于18时30分左右相遇时，战斗似乎朝着对英军有利的方向发展"——这时英国大舰队的主力舰由北向东排成了长约7海里的规整战列，它们正处于可怕的"T字横头"位置，并且立即开始集火射击。

根据拉恩在《海上战役》中的描述，身处这危急时刻，舍尔反应十分冷静，"由于敌人炮火对前端压力极大，再使前端转向必将导致不利的火炮射击与战术局面，因此他被迫将战线倒转"。舍尔所说的"战斗转向"命令也在战斗日志中得到印证。要完成这一动作，难度极高，需要所有战舰原地转向180度，然后全速行进，随即形成一条新的战列。

如此困难又惊人的动作竟然成功了！不得不佩服舍尔的睿智，以及德国舰队的机动性。于是，杰利科不得不放弃对撤退敌军的全力追逐，因为他害怕撤退的德国舰队投放水雷和发射鱼雷，密集的战舰很难躲掉这些厉害的"水下家伙"。

随后，杰利科指挥英国舰队转向东南，以避开鱼雷艇。"他并没有利用整体上十分有利的形势全力追击、与敌作战并在有利条件下将其歼灭，他后来不断因此受到指责。"战后英国海军进行内部讨论时，许多人都很气愤："对大舰队的官兵来说，这让人失望透顶。天意已使敌人落入己手，使他们完全能够全歼公海舰队。令人发狂的是，尽管没有犯下明显过错，但煮熟的鸭子还是飞了。"[283]

对此，杰利科在1914年10月30日写给海军部的一封信中解释了原因："举例来说，如果敌舰队朝附近的舰队转向，我就会认为，

---

[283] 相关内容可参阅阿瑟·J. 马德（Arthur J. Marder）所著的《从无畏级到斯卡帕湾》(From the Dreadnought to Scapa Flow)。

*643*

他们想把我们引向雷区或潜艇设伏区，我会拒绝前往。我知道，这样的策略如果得不到理解就会为我招来恶名。但只要我取得了主的信任，我就会按照经过深思熟虑、最适宜合理的方式行动。"

德国历史学家阿内尔·卡斯滕和奥拉夫·拉德则给出了另一个视角的分析："毫无疑问，纳尔逊会在1916年5月31日晚上采取不同的战法，而毫不畏惧鱼雷艇的攻击。但是杰利科实现了其最重要的战略目标：德国人必须认识到，无论他们的火力多么优秀，无论战术多么出彩，甚至无论决心多么强烈，他们物质上的劣势都是无法弥补的。只要不想毫无意义地牺牲珍贵的舰队，他们就得被迫撤退。"

1916年5月31日晚间，英德双方主力舰战斗结束，当然，全局性的军事行动却远未告终。杰利科在天黑后数小时的"小心谨慎"起了关键作用，这一点也被他写进了日德兰海战的官方战报："我立刻放弃了用重型战舰打夜战的想法，这很可能招致灾难。首先，因为有大量鱼雷艇出没（在黑暗中当然很难发现其踪迹，因此有潜在的危险）；其次，无法区分敌我舰艇。"

也许是杰利科过于小心，"他应该试图阻止公海舰队返回本国港口，以便在公海上再次对其发动攻击。这个战机是不错的，因为日间作战已经使大舰队处在德国舰队的东面，因而夹在了公海舰队当前位置与威廉港基地之间"。这时，舍尔只有两种选择：要么走正南航行方向，虽然这样航行距离更长，但是危险程度较低，且能在德国北部海岸附近向东转向，然后朝亚德湾（Jadebusen）行进；要么向东南前行，走距离较短的路线，以尽快获得合恩礁（Horns Reef）雷场的保护，避免翌日早上再次陷入战斗。他选择了后者。后来他解释说:"必须全部向距离最近的合恩礁行驶,并且要无视敌人的一切攻击坚持航行。"因为,他麾下的许多主力舰已经无法对占据绝对优势的英国舰队进行有效抵抗了。

就这样,德国舰队进入到"安全区域",从此几乎没有机会再出来——聪明的英国人对其实施了强有效的战略封锁。只是,对杰利科来说,无疑错过了在日德兰海战中一场辉煌的胜利,有人评价说:"如果抓住了那个机会,约翰·杰利科会成为一个像纳尔逊一样的人物。"

## 三 荒唐时代的错误

1

假设时光能倒流,假设杰利科能做出划时代的选择,那么他将重写历史。但历史没有假设,也不会重写。战后,一位英国驱逐舰指挥官证实:"我们真的不知道敌人在哪,也只能非常模糊地了解我方战舰的位置。"实际上,这里面出现了一个纯粹的巧合,"双方舰队并未在各自航线组成的'Y'字交汇点碰面,因为大舰队比德国舰队早几分钟经过了交汇点,使双方主力再次彼此远离"。

之后的收尾内容如德国历史学家卡斯滕和拉德的描述:"执行侦察任务的轻型舰艇分队之间的战斗则使双方蒙受了重大损失:公

海舰队损失了老式战列舰'波美拉尼亚'号（SMS Pommern）和轻巡洋舰'埃尔宾'号（SMS Elbing）、'弗劳恩洛布'号（SMS Frauenlob）、'罗斯托克'号（HMS Rostock），英国人则损失了装甲巡洋舰'黑太子'号（HMS Black Prince）和4艘驱逐舰。得知这场战斗未能使公海舰队再次应战后，杰利科遂于6月1日清晨命令各舰返回母港。由于抄了近道，公海舰队（不包括装甲巡洋舰'赛德利茨'号和'德夫林格'号等受重创战舰在内）比英国对手更早抛锚泊船。"

日德兰海战就此结束。

这场海战让英国损失了3艘战列巡洋舰，3艘老式装甲巡洋舰，8艘驱逐舰，总计排水量11.5025万吨，皇家海军共有6094人阵亡，674人受伤。德国损失1艘战列巡洋舰，1艘老式战列舰，4艘轻巡洋舰，5艘鱼雷艇，总计排水量6.1180万吨，2551人阵亡，507人受伤。

从损失数量及程度来看，明显德国人赢了；从战略影响来看，德国人却输了。英国舰队不可逾越的物质优势对战争后续进程产生了更重要的影响。被封锁的德国舰队几乎没有什么作为了。日德兰海战后不久，舍尔晋升为海军上将。根据他向德国皇帝的报告内容，我们可以看出德国人在日德兰海战并未取得长远的胜利："最近一次进展顺利的行动虽然予敌以重创，但毫无疑问，即使在公海上取得最有利的战果，也不能迫使英国和解……要想在短期内取得这场战争的胜利，就只能动用潜艇打击英国贸易往来，以遏制其经济命脉。出于责任感，我迫切建议陛下不要使潜艇战的强度发生任何形式的减弱。"

# 第十五章　以损失论成败：日德兰海战（公元 1916 年）

德国历史学家卡斯滕和拉德认为："不仅战前的庞大海军建设计划是一个绝望的时代错误，公海舰队试图彻底扭转第一次世界大战战局的努力也失败了。随后几个月中，无限制潜艇战的拥护者进一步加强了鼓动，并在 1917 年春季取得了成功，眼睁睁目睹美国参战后，德国利用潜艇战迫使英国经济屈服的希望明显化为了泡影。"

英国历史学家安格斯·康斯塔姆（Angus Konstam）则这样描述日德兰海战："这是一场参战双方都宣称自己获胜的战争，但它也是一场难以区分胜利方和溃败方的战争。当天北海海域弥漫在一片大雾之中，这似乎也给事实蒙上了一层神秘的面纱。""许多人用'非决定性'一词形容这场战役——一场全无成就的战役，对战局的决定性意义更是寥寥。其他人则将其视作英国的胜利，因为它依然保持着绝对的海上优势，而德国人已经仓皇逃回港内，而且日德兰一战之后，他们似乎不愿再驶出港口。另有少数人将双方舰船损失和人员伤亡数量加以对比，作为例证，声称是德国人赢了。当然，跟一个月后索姆河战役中的流血相比，这点儿伤亡显得无关痛痒……总之，日德兰海战的关键不在于取得成功，而在于不容失败——夺得胜利的桂冠固然可喜，但海上的失败则无异于输掉整场战争。"[284]

的确，这场双方投入巨大的海战以德国人取得战术胜利而告终，却丝毫没有改变英国海军的战略优势。从这一点来讲，德国因这场海战而走向了关乎第一次世界大战胜负的关键节点，因此这场海战往往被视作德国人在"第一次世界大战战败之路上的一座里程碑"。

抛开胜利和失败的结果论，从战争文明角度讲，1916 年的日德

---

[284] 详情可参阅安格斯·康斯塔姆的《日德兰胜败攸关 12 小时》。

兰海战是海战走向现代化之路上的一个转折点。从这之后，大型战列舰队不再是海战中的决定性因素。

## 2

1916年5月31日，丹麦北部海域爆发了海战史上规模最大，也是最后一场战列舰编队之间的海战——日德兰海战。为了这场空前的对决，"在此前数十年中，交战双方分别斥巨资打造了英国大舰队和德国公海舰队"，这两支大型舰队属于当时最先进军事技术的产物。

不过，德国公海舰队从来没有机会决定性地击败数量上远胜于己的敌人。为了赢得声望，德国不顾实力上的绝对劣势而参战，这个决定确实是一个荒唐的时代错误。

对此，我们也可以从慕尼黑的私人医生维克多·克伦佩雷尔（Victor Klemperer）于1916年6月初的日记中得到更为详尽的描述："我对日德兰大捷的喜悦没持续多久。这场胜利比陆上的那些胜仗还要无谓。它到底有什么决定作用呢？我们的损失只是英国人的五分之一吗（德国人应该是夸大了损失比例，双方吨位与人员的损失比大约是1∶2）？但这一损失比数量上5倍于己的英国人要惨重得多！我们取得了道义上的胜利吗？可是英国人肯定会把一切描绘成另外一个样子。而事实上，德国舰队显然和英国舰队一样精疲力竭地返回了港口。是啊，要是我们能反击、全歼敌人、登陆，或者彻底打破封锁就好了……但是，一场中世纪风格的战斗只是为了争夺骑士荣誉，双方没有改变任何实质就打道回府了——这真是一个荒唐的时代错误"。[285]

克伦佩雷尔的分析是比较理性的，在他的日记里明显暗示了德国国内日益增长的厌战情绪，同时也看出了这场海战德国人输在了战略上。可以说，"德国舰队建设计划长期而不幸的发展在日德兰海战达到了悲剧性高潮，这一计划的设计与实施方式结合了不合时宜的心态与最顶尖的技术，影响十分深远"。[286]

这场具备里程碑意义的海战也迫使德国不得不采用"无限制潜艇战"。当公海舰队丧失了对战争进程的决定性影响和希望后，"无所事事"的公海舰队只能前仆后继地出现在安全的海域。除此之外，士气的不断下降也让舰队无法有什么作为——不再有更大的损失已经是万幸了。英国人的封锁战略再一次证明了马汉理论的正确性。

1918年11月德国公海舰队出事了！

士气低落且厌战的德国基层水兵在基尔港揭竿而起。11月11日，德国政府宣布投降，11月20日公海舰队驶离港口。不过，他们不是去作战，而是去向英国人投降。

---

285 参阅维克多·克伦佩雷尔所著的《简历：回忆 1881-1918》(*Curriculum Vitae.Erinnerungen 1881-1918*)。
286 详情可参阅安格斯·康斯塔姆的《日德兰胜败攸关12小时》。

# 第十六章

## 漂浮的地狱：折戟中途岛
（公元 1942 年）

第十六章 漂浮的地狱：折戟中途岛（公元1942年）

## 一　帝国舰队出动

1

希波克拉底（Hippocrates）在其著作《论空气、水和环境》里这样写道："在人民不能独立自主地生活，而被专制统治所支配的地方，不可能存在真正的军事力量，这样的民族仅仅是在表面上善战罢了……因为一旦人们的灵魂遭到奴役，对于让自己承担风险去增强别人力量，他们显然不乐意抛弃一切去执行这样的任务。相比之下，独立的人民是在为自己而非他人的利益冒险，因此他们愿意并且渴望直面危险，因为他们自己能享有胜利的奖赏。因此，制度的设计，对军队能够展现出的勇气来说意义重大。"

这才是战争胜利力量的根本源泉。美国历史学家维克托·汉森认为："随着太平洋战争的终结、日本社会的毁灭和军国主义的名誉扫地，阻碍这个国家全面接受西式议会民主及其一切伴生物的百年路障最终被搬开了。战后引入的立宪政府带来了土地的再分配、媒体自由、抗议自由、妇女解放。"在过去的世纪里，严格的等级制度、个人对天皇神性的崇拜与完全服从，让我们发现，最终决定日本政策的是一小部分军国主义者的狂妄想法——他们既不需要日本人民的批准或者参考意见，也不需要告知日本人民。在这样的制度下,人民的一切权利或许变得都不重要,很多时候,"一头神牛会比一个人的生命重要;皇帝相比普通人就是不可侵犯的存在;一个人一生的目标或许就是为了一场宗教朝圣;在战争中,为了一个精神领袖,战士们时常需要发起自杀性的冲锋来证明忠诚;一名战士还必须冒着他(她)的生命危险,只为救出皇帝的相片……"

这种力量当然是强大的,却又是相当脆弱的,一旦民众觉醒,神性力量就会坍塌。不过,对沉浸在军国主义的那部分日本人来说,在他们觉醒之前,不会认为在这场世界大战中失败的根源是极端的个人主义下的神性崇拜。

基于这样的特质重新审视1942年的中途岛之战,我们会探究出更为深刻的内容和要义。毋庸置疑的是,中途岛是第二次世界大战中最大规模的海战之一,它也像两年后的莱特湾海战一样,具备最为纷繁复杂、最具决定性的战争属性。

中途岛海战已经过去许多年,今天,我们将重新审视那段历史。关于这场战争的相关文献、论述可参阅艾迪·鲍尔《断刀:从珍珠港到中途岛》,渊田美津雄、奥宫正武《中途岛海战》,堀越二郎、奥宫正武《零战》,约翰·托兰《日本帝国的衰亡》等作品。值得一提的是,虽然堀越二郎、奥宫正武的《零战》存有诸多不实之处,但从这个角度去分析会窥测到日本看待这场战争的诸多心理,以及相关意识形态。

第十六章　漂浮的地狱：折戟中途岛（公元1942年）

2

毫不夸张地说，中途岛海战的战区范围极广，超过2500平方千米。这场海战见证了日本海上力量的强大，其间有"航母对中途岛的进攻，航母间的鱼雷和俯冲轰炸攻击，零式战机和美军岸基、舰载战机的空中格斗，潜艇的鱼雷攻击和驱逐舰的反潜攻击"，当然，还有"日本战列舰与重型巡洋舰希望与美军航母和巡洋舰展开炮战的徒劳努力"。

日本帝国舰队出动的第一周，即1942年6月的第一周，这支舰队是抱有必胜心理的。如果我们站在观战的视角会发现，无论是在浩瀚的太平洋上空，还是在海面与水底，那些充满神性崇拜的军人正充满热情并努力地战斗着。当然，这并不奇怪。就在上一场震惊世界的海上胜利（指日本偷袭珍珠港事件）后，山本五十六海军大将的威名已经让这些军人几近疯狂。现在，作为日军成功奇袭珍珠港的设计师，山本海军大将再次出征。他在中途岛—阿留申群岛攻势中集结了近200艘战舰，里面包括航空母舰、战列舰、巡洋舰、驱逐舰、潜艇和运输舰，总计吨位超过150万吨。它们由超过10万名水兵和飞行员操纵，还有20名海军将领指挥。需要说明的是，仅仅在中途岛战场上就有86艘战舰参战。

对此，我们可以联想到萨拉米斯或勒班陀海战。就参战人员数量而言，日美舰队的交战规模接近东西方之间在萨拉米斯或勒班陀的大战。前者约30万～40万人，后者15万～25万人。这样的规模实属罕见，"直到两年后美国人在莱特湾海战中组建出一支更为庞大

655

也更为致命的大舰队为止，驶往中途岛的日本舰队是海战历史上规模最大、实力也最为强劲的舰队"。

就参战人员的素质来看，"'赤城'号、'加贺'号、'飞龙'号和'苍龙'号航空母舰上的飞行员，都是日本最优秀的飞行员"，可谓是出动了帝国顶尖的精英。另外，整支大舰队拥有接近700架舰载与岸基飞机，仅仅在中途岛附近就有300余架。因此，日本人对这场具备重大战略意义的战事充满了信心，并将中途岛海战看作是更为宏大的作战行动的序曲。

一旦取得中途岛海战的胜利，他们将实施一系列的行动：1942年7月初派出航母部队进攻新喀里多尼亚（New Caledonia，位于南太平洋，距澳大利亚昆士兰东岸1500千米处）和斐济（南太平洋的一个岛国，地理位置十分重要，是这一地区的交通枢纽）；7月底对悉尼和盟军在澳大利亚南部的基地展开轰炸；8月初集结整支舰队对夏威夷实施毁灭性打击。预计到1942年早秋即可完成这一系列的战事行动。

按照山本的战略构想，在马汉主义的指导下，随着对中途岛的占领——在美军不知所措、毫无防备的情况下发起闪电般攻势——就能取得珍珠港那样的胜利。美国人失去中途岛，意味着很快就会丧失在太平洋上的所有基地。换句话说，这就切断了美军通往澳大利亚的补给线，而太平洋舰队也将最终沉没。到那时，美国一定会争取以谈判取得和平。至此，日本就能确认对亚洲的绝对控制，并在太平洋上划出美国的明确影响力界线。

这一宏大构想抛开其他不说，至少需要充足的时间和空间才行。结果，4月18日的突发事件让日本人更迫不及待地想实施这项

## 第十六章 漂浮的地狱：折戟中途岛（公元 1942 年）

计划——由于盟军在太平洋接连失利，出现了士气低落的现象，为了提升士气，打击骄横的日本军阀，1942 年 4 月 18 日，小威廉·弗雷德里克·哈尔西（William Frederick Halsey Jr.）海军中将的特混舰队，掩护詹姆斯·哈罗德·杜立德（James Harold Doolittle）中校率领的从航母上起飞的 16 架 B-25 中型轰炸机，对日本东京、名古屋、神户、横滨、神奈川和横须贺等地进行轰炸。这次轰炸让日本死伤 302 人，约 90 座厂房建筑被炸毁，"龙凤"号航母被炸伤——而且日本统帅部也确信在这重要时刻，日本必须加速执行在太平洋上扫除美军的夏季计划。

不可否认的是，山本的计划存在诸多错误。首先是计划过分复杂、缺乏协调性；其次是目标太多，既要征服中途岛，然后占据阿留申群岛西部的一些岛屿，还要歼灭美军航母舰队；最重要的是日本人高估了自己的实力，想要这些有时会互相冲突的目标一起实现可谓大而无当。然而，日本人还是这样去做了：他们将舰队至少分为五个互不连续的机动部队，每个机动部队自身又有诸多从属部分。这就导致显而易见的弊端出现——这些部队过于分散，互相之间常常毫无联系，结果日军从未能在任何一个地方集中兵力，发挥他们的数量优势。

按照美国历史学家维克托·汉森的描述："在理想状况下，山本的舰队会在作战之初派出超过 15 艘潜艇进入中途岛以东，尽早探测出从夏威夷或西海岸赶来的美军舰队的航线。潜艇能够为海上搜索飞机提供燃料，也能够预先告知主力舰队正在接近的敌军舰队的规模与数量，而后向开进中的敌军主力舰射出鱼雷。但由于美军对日军整个攻击模式的优秀情报工作，几乎所有潜艇都来得太晚了，它们未能向山本提供任何关于美军开进的消息。在海战初期的多数时间里，它们都落到了美军舰队大部分战舰的后方，对美军事实上已经远离中途岛、等待日军航母来临的消息毫无知觉。"这种致命的错误是由情报缺失导致的，就像德国人在日德兰海战前，因"马格德堡"号失事而泄露密码一样，它将深深影响到战局。

即便如此，日本还取得了所谓的战果。由细萱戊子郎海军中将[287]率领的舰队加上北方部队成功地占领了阿留申群岛。这支联合部队包括2艘航母、6艘巡洋舰、12艘驱逐舰、6艘潜艇、其他各类舰船和2500名陆军。占领中途岛即便未给日军带来任何战略上的优势，但起码表面上能够让日军进攻夏威夷和美国太平洋舰队司令部。但是，出动规模不小的联合部队占据距离夏威夷和美国西海岸都极为遥远的白令海（太平洋沿岸最北的边缘海，海区呈三角形。南隔阿留申群岛与太平洋相联。1728年丹麦船长白令航行到此海域，因而得名）上的寒冷小岛有何意义呢？岛上毫无工业及战略物资，更让人诧异的是，那里只驻扎了少数美军部队，日本人却如此兴师动众。

针对中途岛本身，日本人的作战计划则充斥着想当然的味道。由南云忠一海军中将[288]率领的第一机动部队将通过"赤城"号、"加贺"号、"飞龙"号和"苍龙"号航母上的飞机，以反复出击的方式轰炸、削弱中途岛防御力量。值得一提的是，这支机动部队还将得到2艘战列舰、2艘巡洋舰和11艘驱逐舰的支援，日本人可谓下足

---

[287] 1888—1964，1942年6月中途岛海战期间，指挥第五舰队作为北方部队负责进攻阿留申群岛方面的作战。
[288] 1887—1944，死后追晋海军大将。在日本海军军部颇具威望，太平洋战争时期任联合舰队第一航空舰队司令长官，曾指挥部队偷袭珍珠港，塞班岛战役失败后自杀。

## 第十六章　漂浮的地狱：折戟中途岛（公元 1942 年）

了本。

当这一战果出现后，田中赖三海军少将[289]则指挥 12 艘运输舰和 3 艘驱逐舰搭载 5000 名士兵登陆中途岛。在占领该岛后，如果占领军感受到美军舰队的入侵威胁，或者说想实施战略行动，军部会派出由栗田健男海军中将[290]率领的 4 艘重型巡洋舰和 2 艘驱逐舰提供火力支援。为确保万无一失，前来增援的还会有近藤信竹海军中将[291]的舰队，包括 2 艘战列舰、4 艘重型巡洋舰、1 艘轻型巡洋舰、8 艘驱逐舰以及 1 艘轻型航母。这样的部署看起来非常周密，环环相扣，但这都是建立在日本设想的美国海军迟迟不能抵达战场的前提下。因此，这样的部署注定幼稚可笑——没有考虑到美国舰队的机动性。日本人甚至认为愚蠢的美国海军还会不顾一切地进攻相继出现的诱饵船，然后被更为庞大也更为致命的帝国航母和战列舰逐一痛击。

在上述行动实现后，藤田类太郎少将的水上飞机母舰部队会及时出发，用 2 艘水上飞机母舰、2 艘小战舰占领附近面积狭小的库雷（Cooley）岛，以期建立水上飞机基地，对中途岛进行侦察，也利于攻击美军舰队。按照美国历史学家维克托·汉森的描述，日方认为"在海上交锋中，美军没有什么武器能够与日军重炮相比拟，要是美军航母失去了空中保护或是发现自己距离日军快速舰队过近的话，美军的武器库里将没有任何东西能阻止日军战列舰炸毁美军战舰"。

日军舰队的核心力量则位于远离中途岛的北方。它由高须四郎

---

[289] 1892—1969 年，塔萨法隆格海战的胜利者，这是日本人在太平洋战争期间取得的少有的胜利，有意思的是，他在日军中得不到重用。因为军部不喜欢冷静且耿直的智者。
[290] 1889—1977 年，是日本海军军历最长的指挥官，时长 34 年，据说以擅长逃跑出名，因此有人认为他不是真正的武士。
[291] 1886—1953 年，山本五十六的副手，曾任海军军令部次长。

*659*

海军中将[292]指挥,包括4艘战列舰、2艘轻型巡洋舰和12艘驱逐舰。这支核心力量还包括山本大将的3艘战列舰、1艘轻型巡洋舰、9艘驱逐舰和3艘轻型航母。值得一提的是,山本大将的舰队里包含排水高达6.4万吨的"大和"号战列舰,配备有460毫米口径舰炮,射程在42千米开外。"这支位于北方的部队会掩护对阿留申群岛所展开的攻击的侧翼,要是美军在中途岛阻击日军入侵的话,理论上它还要赶往中途岛西南方向……在山本看来,他已经将海军部队打造成了环环相扣的铁链,这将捆住美军,阻止他们所有的西进行动,确保不再出现美军轰炸日本本土的状况。"

日军的这个计划极为复杂,简单来说,就是"通过将舰队部署在阿留申群岛和中途岛之间从而封锁北太平洋"。这个计划的可行处在于,"山本确保了他的北方部队或南方部队能够把数量上严重居于下风,正处于混乱当中的美军赶出来"。

然而,让山本没有想到的是,美国人只付出了大约150架飞机,牺牲了307人的代价,就毁掉了山本歼灭美军太平洋舰队的复杂计划。这也难怪被学者们所诟病了。

从海上作战的基本条件和战略方面来分析,我们会更加容易理解山本计划存在的诸多问题。

山本应该是分析到了在两个集群间漫长距离中的作战,作为数量处于劣势的一方,必然无法两者兼顾。换句话说,数量上居于劣势的美军是无法同时保护中途岛与阿留申群岛的。因此,山本计划让进攻阿留申群岛和中途岛的部队,以及协同出击的战列舰和巡洋

---

[292] 1884—1944年,太平洋战争爆发后,任西南方面舰队司令官兼第二南遣舰队司令,深受山本五十六的信赖。

## 第十六章　漂浮的地狱：折戟中途岛（公元 1942 年）

舰队在完成入侵的同时，他的战列舰和航母将作为"某种机动后备力量"存在，继而开赴美军展开反击的地点。

他甚至还认为，美国人会因为性格的缺陷，譬如胆小——之前在太平洋战事的接连失利导致——而不会在阿留申群岛与中途岛被占领之前露面。到了那时候，他们就会遭遇"从新近获得的基地上飞来的岸基轰炸机和不需要保护人员运输舰的日本舰载飞机"。

这当然不是天方夜谭——至少山本认为日本舰队"迄今为止尚未失败，在质量上也占有优势，因此击败实力较弱、经验也不足的美国舰队就无须合兵一处了"——这可能是当时存在的一种客观事实，考虑到美国人的士气低沉，山本有理由做出这样的判断。

对日本人而言，"表面上的唯一问题是他们假定数量上远处于下风的美国人会自高自大、猝不及防，而不是降低姿态耐心等待"。南云中将在战斗前夜的敌情报告中总结称："尽管敌军缺乏作战意志，他们还是可能令人满意地对我们的占领行动进程发起攻击。"因此，山本的错误点在于，他显然无法设想"此前已被击败的美国人能够预计到登陆中途岛，更不会想到他们也许能够率先集中 3 艘航母攻击南云麾下的日军航母部队。但美军在战舰和中途岛上都安装了雷达，中途岛事实上作为不沉的航母而存在"。这才是问题的核心点之一。

按照美军在中途岛附近展开航母作战的方案，双方实力对比大致相当：4 艘日本航母迎战 3 艘美国航母，后者得到了岛上的空中支援。对此，维克托·汉森这样分析道："按照拿破仑的方式，切斯

*661*

特·尼米兹海军上将(Chester Nimitz)[293],会着手对付山本设下铁链的各个部分,逐一摧毁孤立链条,直到双方实力对比更为均衡。首先击沉日本舰队核心——航母,然后阻止战略上更为重要的中途岛登陆,最终在有必要的状况下对山本的战列舰和巡洋舰展开空中打击。"

于是,山本计划的战略弊端就出现了。这是因为,"仅仅将这支庞大舰队集结起来进行部署,就意味着日本战舰需要离开母港大约2900千米,即便在抵达目的地后,一些战舰之间的距离可能还有1600千米之遥。如果要保持无线电静默的话,这支庞大舰队的各个组成部分将很难保持联系——考虑到日军这个笨拙计划的关键要素在于诱出美军数量上处于劣势的舰队,与此同时出动从南到北的优势兵力蜂拥而上,这个劣势就极其关键了"。[294]

3

美国人为了对付这支实力雄厚的日本舰队,只拼凑出3艘航空母舰,其中包括受损的"约克城"号(在珊瑚海之战中被1颗炸弹命中,经维修后可航行)。为了阻止日军登陆或攻击,由罗伯特·艾尔弗雷德·西奥博尔德(Robert Alfred Theobald)海军少将率领的舰队将前往阿留申群岛,这支舰队规模不大,由2艘重巡洋舰、3艘轻

---

293 1885—1966年,太平洋战争爆发后,担任了美国太平洋舰队总司令、太平洋战区盟军总司令等职务,主导对日作战。
294 参阅维克托·戴维斯·汉森的《杀戮与文化:强权兴起的决定性战役》。

## 第十六章 漂浮的地狱：折戟中途岛（公元 1942 年）

巡洋舰和 10 艘驱逐舰组成。因为部署的位置问题，几乎没有起到什么作用。

考虑到美军在夏威夷连一条可以部署到中途岛方向的战列舰都没有，尼米兹上将匆忙集结了他手上所有的战舰，在中途岛和珍珠港之间来回巡逻。它们包括了 8 艘巡洋舰、15 艘驱逐舰和 9 艘潜艇。

由于计划过于复杂，日本人运作起来相当不便。好在日本舰队在各级战舰上的庞大数量优势，以及日军经验丰富的官兵，这个计划本身并非一无是处。然而，正如我们在历史中看到的那样，美国人在作战和战后的关键阶段，各级士兵都表现得富有革新精神，他们敢于在具体作战中发挥自己的应变能力。

在美军中，当来自上级的命令相当模糊甚至根本不存在时，大部分人都不怕承担主动制定方针政策的责任。反观日本，帝国舰队中控制作战的方式在相当程度上反映了日本社会固有的主流价值观与看法。来自军部的命令是神圣的，来自一些指挥官的命令也是神圣的，哪怕是出现了严重的错误。

对此，维克托·汉森认为："其结果是，美国人在计划执行出现失误时会当即予以更改，当正统攻击方式徒劳无功时便转而试验具有创新性的攻击方法——这与基督徒在勒班陀锯掉他们的撞角以增加火炮准确度，或科尔特斯派士兵前往火山口补充火药储备不无相似之处。"

许多时候，战场上的士兵具有能动性，前提是不严重缺乏纪律性，他们在战场上就会有意想不到的精彩表现。太平洋战争中的日本人，在这一方面明显逊色得多，他们因为尊奉神圣的不可侵犯的命令而白白葬送掉性命。

*663*

不过，这种可怕的"勇气"也让美军品尝到了苦头。

## 二　漂浮的地狱

### 1

1942年6月4日的早晨，这是中途岛海战的第一天。

此刻，海战史上最大规模的航空母舰会战正激烈地进行着。如果用聚焦的方式展开描述，我们会发现在大洋上有两处死亡之地尤为引人注目。其中之一，是正在遭受美国俯冲轰炸机空袭的4艘日本航母。由于日本人的大意，没有考虑到将帝国海军所有的飞机都停放在甲板上加油和重装弹药的危险性。当敌方不期而至时，日本人来不及做防御准备，这些飞机完全暴露在美国人从空中投下的雨点般的500磅和1000磅炸弹之下，在这之前，日本人还将汽油箱、高爆炸弹和各类弹药散落在甲板上。其二，机库甲板下方的物品堆放完全没有章法，各种军火和鱼雷混乱地放置在一起，船员紧张又忙乱地做着徒劳的努力，试图将飞机上计划用于中途岛登陆进攻的武器装备换下来，换上合适的弹药。

这时候，日本人的侦察机刚刚发现在东面不到320千米处巡弋着美国航母舰队。南云中将正试图对其发动一次突然袭击，然而并没有预案。现在，这些日本航母处于易受攻击的罕见状况下，如果1

第十六章　漂浮的地狱：折戟中途岛（公元1942年）

枚1000磅重的炸弹命中甲板，上面又满是加好油料、全副武装的战机，就会引起一连串爆炸。其爆炸威力足以让整艘船化为灰烬，并在数分钟内沉入海底。

换句话说，只在短短的时间内，"1000磅重的爆炸物便能摧毁工人们5年辛苦工作的结晶，让6000万磅钢材打造的舰只化为乌有"。这简直太恐怖了，给日本人带来的不仅是物质上的损失，还有作战精英人员的丧命——中途岛海战期间，日本帝国海军的战斗序列中迅速消失了3艘重要的航母，它们分别是"赤城"号、"加贺"号和"苍龙"号，它们的士兵都是"在之前6个月里三场战斗中连续获胜的老兵"，而航母上的指挥官、作战人员和技术人员同样难以幸免。毕竟，这都是在几乎没有什么防备的情况下。

现在，聚焦在空中和舰船上，我们会紧张地看到，美军轰炸机从2万英尺高空开始急速俯冲而下，而下方的日舰却完全无法观测到它们的到来。

历史应该铭记这一刻！"在1942年6月4日上午，10时22分—10时28分，在这不到6分钟的时间里，日本航母舰队中最令人骄傲的几艘战舰全部葬身火海。"

这一刻是第二次世界大战太平洋战场进程的转折点，正义一方将一改之前不利的局面。不过，它又与那些诸如公元前480年的萨拉米斯海战、公元前31年的亚克兴海战、1571年的勒班陀海战以及1805年的特拉法尔加海战有所不同：前者在开阔的海面上，舰船上的人员一旦失去了在海上的安全平台，就意味着他们处在几近孤立无援的境地中，因为他们很可能就永远都无法找到海岸或小船来逃生了，如果身负伤病之类，就更谈不上存活的几率了；后者则是在

*665*

相对狭窄的海洋中进行的。

回到这历史性的一刻,"排水量3.3万吨的'加贺'号,以及其上的72架轰炸机和战斗机,很可能首先遭到了美军VB-6和VS-6中队25架SBD无畏式俯冲轰炸机的进攻,领军的是美国'企业'号航母上技艺高超的小克拉伦斯·韦德·麦克拉斯基(Clarence Wade McClusky, Jr)少校"。按照维克托·汉森的描述:"9架麦克拉斯基指挥的战机冲破了可怕的对空防御炮火,直指日舰。随后,所有这些战机以超过每小时400千米的速度俯冲向下,开始投弹。4枚炸弹命中了目标。"

于是,激动人心的战果出现了。"日军的飞机本来已经加满油,挂齐弹药准备起飞,但在短短几秒钟后,这些战机开始爆炸,飞行甲板上满是飞机爆炸产生的裂缝和空洞,附近的人员几乎都被炸死。"而持续给日本人带来的伤害则是甲板上的金属物体,诸如扳手、管线、配件之类的,它们在爆炸中变成了致命的霰弹。它们就像尖锐的抛物线,四处飞溅,划出诡异的运动轨迹后再撕碎沿途的人体组织。航母上爆炸声起,惨叫连连。

这可怕的死亡还没有结束,在第一轮命中之后又有2枚炸弹击中这艘航母。随后,船上的升降机被打成碎片,下层机库里等待的所有战机也被引燃。不久,1枚炸弹(一共是5枚炸弹,每一枚都命中这艘航母,其中1枚命中舰桥)炸毁了航母舰岛,舰桥上的所有军官当场阵亡,其中包括"加贺"号舰长冈田次作。

这5枚炸弹的威力足以毁灭掉"加贺"号航母,转眼间"加贺"号的动力系统就停止了。"这艘战舰像死了一样完全停在水中,随即爆炸声开始响起。"在海战中,特别是对于航空母舰来说,裂成两段

*666*

第十六章　漂浮的地狱：折戟中途岛（公元 1942 年）

迅速下沉的情况是罕见的。"加贺"号原是由日本战列巡洋舰改造而成的航母，采用双层机库、3 层飞行甲板的三段式构造[295]。它原本是没有资格参战的，主要是航速方面的原因。它最高航速 28.3 节，巡航速度 16 节，这样的航速在珍珠港事件前被山口多闻海军少将[296]诟病，认为太慢。1934 年，"加贺"率先完成改装，强化动力，变成单层飞行甲板。由于"加贺"号的舰载机人员是日本海军中参战经验最丰富的一群，因此在他们的力荐下，"加贺"号才得以进入到中途岛海战的攻击序列中。对航速快的航母而言，在作战中一般不会被战列舰截住。如果战列舰强行拦截航母，容易遭到舰载机的猛击。就算战列舰或者其他舰船投放鱼雷，并且击中了航母，也不会对航母造成致命威胁，毕竟航母在主力战舰中也算是生存能力较强的。事实上，这种情形也很难得，因为巡洋舰和驱逐舰组成的保护网始终护卫着航母本身。然而，这看似不可能的事情竟然在中途岛海战中发生了。就在几分钟时间内，"加贺"号的 800 名官兵已经因为爆炸或被活活烧死、或被弹片肢解，或是直接被高热气体熔化了，可谓惨不忍睹，瞬间灰飞烟灭。

这里需要做一些补充说明。一般来说，"舰对舰的空中打击方式是炸弹、鱼雷、机关炮与航空燃料的致命组合，尽管飞机对战舰进行攻击时，并不像战列舰使用 406 毫米口径舰炮那样射出恐怖的炮弹，但呼啸而下的金属机翼也会带来可怕的死亡体验"。

---

295　就是将起飞、降落的空间隔开，以便合理利用空间并发挥相应的功能。三段式构造的分布大致是这样的：最上层甲板作降落用；第二层甲板作战斗机等小型机种起飞用；最下层也是最长距离的甲板，则作轰炸机等大型机种起飞用。
296　1892—1942 年，第二次世界大战时期日本帝国海军高级将领。中途岛海战中，他与"飞龙"号舰长一起随舰沉入海底。

日本人恐怕没有想到，这种死亡的体验他们也拥有了。"半年前，在珍珠港，日军对美国战舰也做过同样的事情。不过现在，他们自己燃烧的航母不是停靠在码头边，而是航行在公海上，距离日本控制的领土有数百英里之远……因为耻于令天皇失望，少数军官选择和他们的战舰一起沉入大海。"[297]

更让日本人没有想到的是，"几乎是在'加贺'号遭受打击的同时，3.4万吨的'赤城'号——南云中将的旗舰被同样来自'企业'号航母的理查德·哈尔西·贝斯特（Richard Halsey Best）上尉和VB-6轰炸机中队第一分队的2架SBD俯冲轰炸机，以完全同样的方式逮个正着……攻击中，至少有1枚美军炸弹击中了航母。爆炸先是烧毁了起飞中的日军战机，冲击波在甲板上撕开大洞，随后，蔓延的大火到达了下层，直抵易燃的油料柜和军械库"。[298]

日本海军少将草鹿龙之介[299]对这致命恶果产生的原因进行了描述，当时"甲板已经起火，高炮和机枪自动燃烧起来，它们都是被船上的火焰引燃的"。

更详细的描述则在美国海军少将W.史密斯所著的《中途岛海战》一书里，他这样写道："四处都是尸体，无法预知接下来什么将被击中……我的手脚都被烧伤，其中一只脚尤其严重。事实上，我们就这样抛弃了'赤城'号——所有人都显得张皇失措，没有任何秩序。"

---

[297] 参阅维克托·汉森的《杀戮与文化：强权兴起的决定性战役》。
[298] 参阅维克托·汉森的《杀戮与文化：强权兴起的决定性战役》。
[299] 1892—1971年，联合舰队参谋长，精通无刀流剑术，他也是有名的武道家，和山口多闻海军少将被认为是日本海军最有前途的将领。

## 第十六章 漂浮的地狱：折戟中途岛（公元1942年）

需要注意的是，"与陆战中被袭击的一方不同，在海上行驶的航母中，船员们面对炮弹和炸弹时没有那么多的逃跑途径，他们逃生的范围被限制在小小的飞行甲板以内"。有限的逃生空间也成为海上作战最难克服的困难之一。反观陆地作战，像在瓜达尔卡纳尔岛，如果一名步兵遭遇可怕的炮击，"他可以逃跑，挖掘掩体或者寻找隐蔽。而在中途岛外海一艘爆炸的航母上，一名日本水兵不得不选择是被活活烧死，在船体内窒息而死，在红热的飞行甲板上被猛烈扫射最终无处可去，还是跳入水中，等待偶然出现在太平洋温暖水流中的鲨鱼将他吃掉"。[300]

因此，有这样的说法，"落水日本人的最好愿望，是被美军舰只救起，这意味着他能在美国战俘营里生存下去，获得安全的庇护所"。至于美军遭受到这样的情况，譬如水兵或飞行员，等待他们的将是最糟糕的噩梦，一旦被日本海军俘获，"他们将会被迅速审讯，接着就是斩首，或者被绑上重物从船舷抛下"。

这倒很像那些暴虐海盗的行径。美国历史学家科林·伍达德在《海盗共和国》里记载了这样的罪恶：在从查尔斯顿到布里斯托尔的一次航行中，一个打杂的男孩太倒霉，原因是约翰·吉昂船长看他不顺眼。于是，这位没有人性的船长开始鞭打他，之后又用腌制食物的盐水往伤口上淋，这样的痛无法用语言来形容。吉昂船长并没有就此停手，将他绑在船桅上，分开他的手脚，就像蜘蛛那样四仰八叉。鞭打继续进行——九天九夜的时间里，海风肆虐地吹割在他遍体鳞伤的身体上，剧烈的疼痛让他感受到从未有过的绝望。只是，

---

[300] 依据维克托·戴维斯·汉森的《杀戮与文化：强权兴起的决定性战役》中的描述。

*669*

吉昂船长的施虐并没有结束，竟把他拖到跳板上，那只大脚在他身上任意踩来踩去。更让人愤怒的是，自己施虐还不过瘾，吉昂船长叫其他船员照样做，他们当然不同意。气急败坏之下，又是一阵狂踏——重重地踏下去，直到粪便不自觉地喷出来。此时，吉昂船长嘿嘿地狂笑着，他挖起粪便数次强迫男孩吞下去。男孩的生命力太强大了，遭受如此非人的折磨，18天后才死去。临死前，他口干舌燥，想要喝水，吉昂船长像是服了什么兴奋剂一样，冲到船舱，回来时他手里拿了一杯自己的尿液。原来，他要逼迫男孩喝下去。男孩在绝望与愤懑中死去，当船员们准备将尸体抛入海中时，发现尸体和彩虹一样五颜六色，多处血肉像果冻一样，头部肿胀到两个大块头男人的头部加起来那么大。

像这样虐待和残杀战俘的行径，与战场杀戮没有什么区别。然而，这却是日本由封建主义变成帝国主义速度之快的极端体现。究其根源，美国历史学家约翰·托兰（John Toland）在其著作《日本帝国的衰亡》中认为："只想学习西方方法而不想学习西方价值观的领导人，来不及或者无意去发展自由主义与人道主义。"在中途岛海战后，就连他们本国的伤员都被隔离起来，导致人民对那场灾难的重要性依然不得而知。

在这场美日海上对决中，双方都重视"俯冲式轰炸"战术。特别是对进攻一方来说，"海军俯冲轰炸机命中目标的概率，和多发动机轰炸机在2万英尺及以上高空进行的高海拔精确轰炸相比，显得更高"。另外，中途岛海战也证明了"单架无畏式俯冲轰炸机携带1枚500磅重的炸弹，在靠近目标上方1000英尺高空进行俯冲攻击，比3～4英里高空15架B-17组成的整个中队更具破坏力。虽然每

## 第十六章 漂浮的地狱：折戟中途岛（公元1942年）

架B-17可以投下8500磅爆炸物，但轰炸效果却并不明显"。

因此，我们在看与中途岛战役相关的影视作品时，注重真实与细节的导演会对这一轰炸战术进行特写。如"赤城"号遭受这样的轰炸时，那颗炸弹穿透甲板钻进机库，引爆了"赤城"号储存的鱼雷，即刻将船体由内到外彻底毁坏。日本的这艘航母与英式航母大有不同，包括较为快速灵活的美国航母也与日本航母一样，没有安装强化后的甲板。具体来说，木制跑道只能给下层贮藏的燃料、飞机和弹药提供拙劣的防护，而且木制跑道自身又很容易被殉爆的战机引燃。于是，我们看到"赤城"号上有超过200人在几秒钟内阵亡或失踪就不觉得诧异了。

当时在"赤城"号上服役的海军军官渊田美津雄战后写下了一本名叫《中途岛海战》的书，书中这样描述道："我从一架梯子上蹒跚爬下，然后走进待命室。这里已经被那些在机库甲板上受到严重烧伤的受害者挤满了。很快又有几颗炸弹引发新的爆炸，令整个舰桥都震动起来。起火的机库散发出的浓烟冲过通道进入岛式上层建筑和待命室，迫使我们寻找其他避难处。当我爬回舰桥时，我发现，'加贺'号和'苍龙'号都已经被击中，升起了浓稠的黑烟柱。这一幅景象令注视者陷入极度的恐惧中。"

仅仅从死亡的可怕度来形容日本人在这场海战的损失是远远不够的。在这场灾难中，帝国舰队最优秀的海军飞行员顷刻间化为乌有。损失惨重的还有"日本海军中技能最为娴熟的航空勤务员，他们是数量稀少且不可替代的专家，长期服役，经验丰富，能在上下摇摆不已的航空母舰上，对飞机进行快速装挂弹药、维护和添加燃料等高难度工作"。

*671*

可怕的事情继续在发生,在这不可思议的 6 分钟里,"第 3 艘日本航母,1.8 万吨的'苍龙'号也将经历地狱式打击。此次打击由马克斯韦尔·富兰克林·莱斯利(Maxwell Franklin Leslie)少校和美军'约克城'号航母的第 3 轰炸机中队(VB-3)完成,该舰现在仅在 200 多千米之外。在攻击中,'苍龙'号的 718 名船员很快葬身火海"。不过,由于美军俯冲轰炸机装备的炸弹"都不是有效的穿甲武器,即使命中的是木制飞行甲板,此类炸弹通常都无法穿透过去,在下层的军械库、引擎和油箱中爆炸。几分钟之前,41 架美国鱼雷轰炸机的攻击完全失败了"。

于是,我们反而会看到在"加贺"号和"赤城"号的战斗中,更轻的美军炸弹却有着意外收获。"由于 3 艘航母的战斗机都在准备起飞,上午 10 时 22 分,日军航母上最脆弱的目标,实际上正是它们的木制甲板。暴露在甲板上、满载弹药和燃油的日本轰炸机及战斗机,用自己的汽油和炸弹直接引爆了航空母舰。在这罕见的情势下,1 枚美国炸弹,在甲板上引发了数十次的爆炸。"

"苍龙"号在"加贺"号以东,"赤城"号以北,距离这两艘燃烧的航母 10～12 英里,当时它正准备释放战机,对 3 支美国航母编队进行一次密集的空中打击。于是,我们可以看到日军战斗机正在海平面上方不远处,"忙于完成对兰斯·爱德华·马西(Lance Edward Massey)少校最后剩下的几架美国鱼雷轰炸机的屠杀,因而没有顾得上在上方云层进行巡逻"。

之后的情形在沃尔特·洛德(Walter Lord)所著的《不可思议的胜利:中途岛战役》(*Incredible Victory: The Battle of Midway*)一书里有较为详细的描述。很快,"约克城"号的飞行员投下的炸弹至少有 3 枚命中了"苍龙"号。只见莱斯利的 13 架俯冲轰炸机悄无声息地从 14000 英尺高空俯冲而下,1000 磅的炸弹从略超过 1500 英尺的高度释放,迅速将这艘更小型的航母变为炼狱。随后,日本人自己的炸弹也被引爆,猛烈爆炸的日本战机、汽油和弹药将船体撕成碎片。几秒钟内,"苍龙"号就彻底丧失了战斗力。20 分钟后,弃船的命令被下达了。人们看到"苍龙"号舰长柳本柳作大佐的最后时刻,是他在被火势吞没的指挥台上高喊"万岁"……一名"苍龙"号上的飞行员,身处下层甲板的大田达也看到"一切都在爆炸——飞机、炸弹、油箱",很快,他自己也从船边被炸入海中。

"第四艘也是最后一艘日本航母、更现代化的 2 万吨级的'飞龙'号,在上午对中途岛发出的轰炸攻势期间已经逐渐漂向东南方向,因此它基本上躲过了美军俯冲轰炸机的第一波攻击"。现在,日本人正在进行一个毁灭性的计划,"只需要几十分钟时间,'飞龙'号就能对'约克城'号发动毁灭性的攻击,并很可能击沉这艘美国航母"。然而,就在 6 月 4 日那天晚些时分,"一支来自'企业'号和'约克城'号的、没有战斗机掩护的美军俯冲轰炸机返航编队最终发现了它"。

按照洛德在《不可思议的胜利》的描述,16 时过后,来自"企业"号的 24 架 SBD 找到了"飞龙"号,编队中有 10 架飞机还是从受到重创、正在倾斜的"约克城"号上转移过去的。这些战机在威尔默·厄尔·加拉赫(Wilmer Earl Gallaher)上尉、"迪克"·贝斯特上尉和德威特·伍德·沙姆韦(DeWitt Wood Shumway)上尉的带领下,从云层里现身,出其不意地向下俯冲。4 枚炸弹直接命中"飞龙"号,美国人的攻击再次引燃了准备起飞的日本战斗机和轰炸机。

*673*

"飞龙"号的飞机升降机从甲板上炸飞出去，撞上了舰桥。几乎所有日军的死难者，都在甲板下层遇到大火并被困住，死亡总人数超过400人。

值得一提的是，"'飞龙'号舰长山口多闻少将，日本海军中最富有智慧也最具侵略性的指挥官之一，在舰桥上和他的战舰一起沉没。这是一个无法弥补的损失，许多人确信他将是帝国海军总司令山本将军的接班人"。一名副官向山口报告说船上的保险箱里还有钱，也许能够抢救出来，少将却命令他不用多管。"我们会需要钱在地狱里用餐。"他小声说道。

用"漂浮的地狱"来形容1942年的这场海上战事一点也不为过。在不到12小时的时间里，"2155名日本海军人员阵亡，4艘舰队航母毁损并很快沉没，超过332架飞机，连同他们技能最精湛的飞行员在袭击中荡然无存。在整场海战结束前，又有1艘重巡洋舰被击沉，另1艘遭到重创。'赤城'号、'加贺'号、'飞龙'号和'苍龙'号，是帝国舰队的骄傲，这4艘战舰上都是参加过对抗中国、英国和美国战役的老兵，现在他们都永远安息在太平洋海底了"。

因此，我们必须要强调这短短的时间，这具有历史性意义的一刻。维克托·汉森这样评价道："6分钟后，太平洋海战的走势开始转而有利于美国……美军大规模的报复性攻势已经令日本海军军令部深为惊惧。"

制造能力,以及坎尼战役之后罗马军团的恢复速度,仿佛在这里得到了再现"。

如果只是看到日本人在这场海战中的损失,而置另一方于无视,显然也是不公允的。在6月4日早晨美军对敌方进行轰炸的时候,美国人同样付出了不小的代价,"'大黄蜂'号损失了12架野猫战斗机中的11架,'约克城'号损失5架俯冲轰炸机和战斗机,'企业'号损失14架俯冲轰炸机和1架战斗机",除此以外,美军还损失了数十架鱼雷轰炸机。但是,这些损失依旧在可以承受的范围内。

这样看来,日本人的失败是注定了的。而漂浮的地狱会记下这段海上交锋的历史,杀戮成为最好的代名词。

## 三　非西方的日本

### 1

1942年6月4日至8日的中途岛海战让日本品尝到被杀戮的滋味。

气急败坏的日本人对投降者以及手无寸铁的俘虏进行了惨无人道的屠杀和折磨,这在日军士兵中几乎是普遍的行为,在中国、菲律宾和太平洋战场皆是如此。

战争情况下,避免不了杀戮。但这与借助战争施以暴行的行为来讲,又是两回事。应该说,日本人暴行的频率远高于英国人或美国人。"盟军集中营和日本集中营之间毫无可比之处,后者有令人毛骨悚然的医药实验和例行的射杀俘虏行为。"

当然,美国人实际上杀死了更多的日本人,例如对日本城市的轰炸,和对广岛、长崎的原子弹袭击。维克托·汉森认为:"但是在美国人眼里,无差别的地毯式轰炸作战和谋杀战俘并不能相提并论。这是彻底的西方式战争特点,源自古希腊在光天化日之下挑选场地进行杀戮的习俗。这种习俗在罗马时代得到发展,在中世纪得到进化,在基督教世界中依旧存在,这是关于正义战争的概念。"

具体来说,"盟军也进行了大规模歼灭敌人的行动,但那几乎都是通过公开和直接的进攻完成的,并事先表明了自己的意图。这样的大规模攻击往往是报复性的,盟军会在敌人的火力下发动攻击,而不是在营地里偷袭,或是停火后背信弃义地进攻。日本的防空火力和战斗机会尝试射击跳伞的敌军轰炸机机组,这些人被迫在敌占区着陆后,经常会被日本人处决"。[301]

不过,在日本人看来,他们不会觉得屠杀有什么不妥。美国人会认为,"只要他们在轰炸时,是在实际的火力对射中杀死敌人,同时将轰炸这种方法作为破坏日本帝国军事工业基础的努力之一,那一切几乎就和正面战斗没什么不同"。日本人的思路则与此相反,"他们只会计算轰炸中死亡的人数,然后指出,成千上万死于美军轰炸的本国无辜公民,要比日本战俘营里审讯者和警卫处决、肢解的美国俘虏多得多"。

---

301 参阅维克托·汉森的《杀戮与文化:强权兴起的决定性战役》。

## 第十六章　漂浮的地狱：折戟中途岛（公元 1942 年）

这其实就是日本与西方思想冲突的分歧，或者说意识形态上的差异。譬如，在欧洲人登陆美洲后，那个著名的西班牙征服者科尔特斯会因为阿兹特克屠杀俘虏而义愤填膺，但是他们自己会觉得，激烈交战中从后方追杀数千缺乏防护的土著人的行为则显得十分正当。这就是说，站在美国人的立场而言，这种差异体现了军事理性的完美。在战场上进行的杀戮与非战场上进行的杀戮是完全不同的概念。

具体来说，当美国人使用燃烧弹进行轰炸的战术，仅在 1945 年 3 月的一周之内就烧死居住在东京的日本士兵、工人和市民 20 万人，与此同时，美国人又将日本战俘安置到美国内陆相对人道主义的战俘营，这两种行为可看作军事上的理性。不过，对日本人来说，"屠杀坠机的 B-29 飞行员的举动，只不过是为他们几十万被烧死同胞进行的一次小小报复"。当然，这绝不是为了给杀戮找到一个合理的解释，而是站在意识形态的层面，讨论中途岛海战背后日本个人主义浸透在国家意识形态之中的复杂性及要义，继而指向可怕的杀戮根源。

崛越二郎、奥宫正武在《零战》里有这样的描述，太平洋战争爆发后的最初 6 个月里，敌军和日本船舰的损失比例，完全实现了海军"理想战斗条件"的内容，即"只在拥有制空权的条件下，进行一场决定性海战"。在太平洋战争之前的 10 年里，日本海航飞行员一直被灌输这样的理念——在掌握制空权的情况下进行海上交战一定会取得胜利。太平洋战争初期阶段的神奇战果，很好地支持了这样的信念。

上述内容具有非常重要的分析价值。这份来自"理想战斗条

*679*

件"的自信竟然让日本人对俘虏有了毫无理由的残忍杀戮行为，因为他们会认为凡是投降者都是懦夫。以珍珠港事件后的威克岛海战（1941年）为例，那些被日军俘获的美军水兵下场极惨，在将这些俘虏用船运回日本和中国的集中营之前，日本人通常会用棍棒猛烈击打他们。这还是轻的，在日本人看来，严重的刑罚是先让数名俘虏站在甲板上，然后在所谓斩首仪式的名义下施以斩首。最后欢呼雀跃的日本水兵会将死者的身体进行肢解，并将它们扔向大海。

日本人的这种残暴行为除了所谓"懦夫"的因素，还源自内心的种族仇恨，这不难解释，对极端主义者来说，这是很好的理由。另外，日本军国主义者往往对古代军事礼仪中的武士道核心理念缺乏理解，他们更愿意歪曲，认为只有杀戮才能解决一切问题。某种程度上出于对欧洲人长期殖民亚洲压抑的愤怒，也是其残暴的因素。日本人将这种行为放置到中途岛海战中，足以看出参战人员心理的高度紧张和亢奋，特别是这种暴虐、残忍的战争方式受到美英同盟的反击后，表现得更为明显。更人神共愤的是，在战场杀戮结束后，日本人对投降者、手无寸铁的俘虏或是平民的屠杀和折磨，几乎是最为普遍的行为。这种行为不限于太平洋战场，在中国、菲律宾等地都是如此。

2

直到1945年为止，日本从未被西方人殖民或征服过。首要的原因在于，这个岛国与欧洲之间的距离遥远，且亲近"秉持孤立主义

## 第十六章　漂浮的地狱：折戟中途岛（公元 1942 年）

和内向型做法的 19 世纪的美国"，以及缺乏诱人的土地和充足的资源（包括日本重要的中井竹山、中井履轩等学者型的人物，他们认为像北海道这样的地区完全属于穷乡僻壤）。加之数量庞大的饥饿人口，这都使得日本对西方征服者不具备吸引力。

然而，在 19 世纪日本与西方首次发生接触后，即指 1853 年的黑船事件，日本人开始有意识地效法西方。特别是萨英战争[302] 的失败，让日本坚定地认识到自己与欧洲的巨大差距。于是，日本努力与欧洲各国保持亲密关系，锐意取彼之长，补己之短。需要注意的是，日本人更加注重的是西方的工业生产技术和技术研究方法，并在其基础上加以提高。像发明飞机的是美国人，铁甲舰和航空母舰的自力推进是英美创造的，以油为动力的海上舰队理念纯粹是欧洲人发展起来的，对于这些高端的技术若没有很强的吸收消化能力，外来者很难在短时间内完全掌握。但是，日本人在 1941 年的时候，他们建造的舰船和飞机已经能与英美并驾齐驱了，甚至在某些方面超过了他们。

这种超强的能力还可以追溯到 16 世纪中期，当时日本人首次与葡萄牙人接触。这次接触为日本人带来了惊喜，他们从葡萄牙人那里学到了火器制造技术，之后数十年内就给整支军队装备了改进后的火炮和火枪。这是非常大的进步，由于使用了这种新式装备，甚至威胁到了武士阶层的存在。需要注意的是，武士阶层的"军事资本是建立在精神性的、反技术的、排外的、反现代化的基础之上"。

---

[302] 1863 年 8 月 15 日至 17 日，因 1862 年 9 月 14 日神奈川县生麦村的武士攻击 4 名"不尊重日本礼仪"的英国人而起，即生麦事件。事件发生后，英国出动了 7 艘军舰炮轰鹿儿岛，史称萨英战争。

因此，日本现代化进程之一——革新军事技术遭到了巨大的挑战，"出于对这些新技术的反动，封建领主们逐步解除了人民的武装，此外，作为对外国各方面影响的全面禁令的一部分，他们还阻止了武器的进一步输入。海船被禁止建造。基督教被宣布为非法，大部分外国人遭到驱逐"。这一切的改观得益于1853年的黑船事件。当时，一支由马修·佩里（Matthew Perry）将军指挥的美国舰队驶入了江户湾。在这一刻，日本的技术进步几乎是完全停滞的，在全国上下的武器库里很难找出能用于抵抗美军的装备。

佩里的火炮和榴弹，还有他的蒸汽舰队以及他麾下携带有线膛枪的陆战队，让日本人猛然醒悟过来。因此，与其说是一种羞辱，还不如说是一种"神奇的觉醒力量"。日本人认识到拒绝西方科学的愚蠢，对入侵者的反应不仅仅是愤怒，更多的是意识形态发生了重要的变化。"西方化"一词是比较中肯的诠释，"在进行了少数徒劳抵抗后，日本开始全面接受西方制造业和银行业。"1877年，这一年是日本史上比较重要的一年，在萨摩发生了一起暴动。古板的、固执的武士们装备着传统的日本刀，同装备着欧式武器，并具备欧式训练特质的军队对决，结果显而易见，武士们被彻底打败。换句话说，19世纪最后的25年，日本军阀的权力已被终结。

日本同欧洲的广泛接触，上至天皇，下至其他阶层，开始了效法现代欧洲民族国家的努力。这一进程具备划时代的意义，阶层不再固化，它们开始演变；国民意识发生转变，不再故步自封。学者罗伯特·埃杰顿（Robert Edgerton）在《大日本帝国的武士》里这样描述道："步枪和火炮的订单雪片般飞向法国……当德国于1871年击败法国后，日本人迅速转向了胜利者，改变了学习对象。很快日

第十六章　漂浮的地狱：折戟中途岛（公元1942年）

本土兵开始走鹅步，效法普鲁士步兵战术。日本海军军官大部分来自一度反叛的萨摩藩，他们向英国皇家海军学习，时常经年累月搭乘英军战舰出海。日本的新式战舰也会在英国制造，因为英国统治了海洋，而日本人希望学习最优秀的国家。日本的西方化并不局限于军事事物，西方的艺术、文学、科技、音乐和风尚也在日本繁荣兴旺。大学生们尽情接触一切西方化的东西……而武士们也变成了工业家、铁路巨头和银行家。"在军队建制和军衔上，日本也与欧洲同行类似。直到这种军事力量越来越强大，并打算用它支配亚洲事务，乃至更广阔的区域。

因此，"西方化"的日本国力越来越强，其军事力量方面的表现也是有目共睹的。1894年，日本将当时满清的军事力量赶出了朝鲜；1900年的义和团事件中，日本远征军是开赴北京、援救使馆的欧式部队中武装、纪律和组织最好的军队；1904年日俄战争爆发，最后是日本胜利。

3

然而，日本在进行"西方化"的过程中，并不像开始时那样对西方技术和意识形态等广泛接受。日本依然固守着顽固的文化传统。这种力量会"阻碍科学研究和武器研发过程中真正的、不狭隘的西方方法"。这种接受形式或态度，我们完全可以用"非西方化的日本"来形容。正如学者埃杰顿在《大日本帝国的武士》里的描述："在佩里到访后，日本人只得承认西方技术远远优于本国技术（如果

*683*

不是承认西方文化其他各个方面也完全占优的话）。对任何一个民族而言，这样的承认都是令人不快的，对日本人来说就尤其如此了，因为他们与地球上的大部分民族不一样，怀有对'大和'民族自身的伟大、内在优越乃至神性的信念。日本人在思考自身价值时的矛盾心理，显得尤为痛苦。由于许多人自惭形秽，因此他们开始害怕并厌恶西方人，就像他们之前害怕并厌恶中国人一样。当西方人后来被证明并非不可伤害时，摧毁他们的诱惑就开始滋长了。"

对此，美国历史学家约翰·托兰在《日本帝国的衰亡》中做了更为直接的描述："西方人不理解的是，日本在现代化和西方化的表面之下，实际上却仍然是东洋人。日本由封建主义变成帝国主义的速度之快，使得只想学习西方方法而不想学习西方价值观的领导人，来不及或者无意去发展自由主义与人道主义。"

这就导致日本在采用西方战争方式时，他们更愿意发起一场全面歼灭、毫无怜悯的战争。他们更愿意以天皇的名义作战，这样才不会使他们思考自我价值时的矛盾心理显得更为痛苦。极端种族主义和沙文主义让他们感受到欧洲人会在意他们的长相、臭味或者说缺乏男子气概——这是多么悖谬，也许有欧洲人认为他们是靠聪明的发明和机器换来胜利，而不是靠男子气概中的内在勇气。

中途岛海战失败后，一些日本军官开始反思这场失败。渊田美津雄、奥宫正武就是其中典型的代表，在《中途岛海战中》一书中，他们这样写道："归根结底，不仅是在中途岛海战中，而且是在整个战争中日本战败的根源深深地蕴藏在日本的国民性里。我国国民有一种违背理性和容易冲动的性格，所以行动上漫无目标，往往自相矛盾。地方观念的传统使我们心胸狭窄、主观固执、因循守旧，对

第十六章　漂浮的地狱：折戟中途岛（公元1942年）

于即便是必要的改革也迟迟不愿采用。我们优柔寡断，因此易陷于夜郎自大，这又使我们瞧不起别人。我们投机取巧，缺乏大胆和独立精神，习惯于依赖别人和奉承上司。"

这样看来，似乎又很好解释"非西方化的日本"了。就在那些"工业家和科研人员推动日本经济和军事沿着欧洲路线现代化时，多数日本人依然停留在相当大程度上等级化、专制化的亚洲社会中"。于是，这种矛盾的、深层自卑的心理控制着这些人的公众行为。对天皇的忠诚是绝对的，军方却又享有对政府几乎完全的控制。随着日本国内自然资源的大规模缺乏，欧洲法西斯主义在20世纪20年代之后的崛起，"欧洲殖民主义者的种族主义历史、美国针对亚洲移民的歧视，这些因素都有助于在二战前夕巩固日本民族主义者和右翼军国主义者的地位"。

美国著名的政治家塞缪尔·亨廷顿（Samuel Huntington）在《军人与国家》里这样说："因为它（日本领导层）浸透在国家意识形态中，因为它难以（如果不是无法的话）用冷静的现实主义方法和科学方法分析军事局面……从本质上讲，那是用日本国家意识形态的精神和原则……个人对国家的认同和他对天皇意志的服从……这给军方提供了事实上以武士道和皇道理想培养全体男性人口的机会。"因此，这群人才是更可怕的，疯狂杀戮在他们的眼里太正常不过了。当不可避免的战争爆发，自然就会发生最糟糕的暴行了。

古老的封建武士信条在被19世纪的军国主义者重新诠释和包装后，不过是一个现代版的"残忍杀戮罪恶"罢了。1931年与中国爆发的战争便是这种特质下的表现形式。随后，这种疯狂下的野心开始逐步扩大区域，给那些区域下的国家、人民带来深重的苦难。

疯狂的杀戮必将导致被杀戮者的复仇行动。太平洋战争期间，日本利用神风战机（一种自杀式飞机，舱门被封死，用自身去撞击战舰）攻击美军的行为让世人震惊。就在之前，像渊田美津雄这样的日本海航指挥官还嘲笑美国人缺乏战斗意愿。当美军实施复仇行动后，杀戮与杀戮的对决便进行得更加激烈了。戈登·威廉·普朗奇（Gordon William Prange）在其著作《中途岛奇迹》(Miracle at Midway)中描述了美军军官的心头之怒，中途岛海战期间，"大黄蜂"号 VT-8 鱼雷轰炸机中队中队长约翰·查尔斯·"杰克"·沃尔德隆（John Charles "Jack" Waldron）少校在起飞前对同僚发出了这样的命令："我最大的愿望，就是我们能获得有利的战术条件，但倘若我们的处境越发糟糕，我依旧希望我们中的每个人都能竭尽全力去摧毁敌人。如果只有一架飞机能够成功切入进行投弹，我希望机组成员能勉力飞行，命中目标。上帝将与我们同在。祝大家好运，希望你们能够顺利着陆，让敌人下地狱吧！"

这样看来，"漂浮的地狱"终将是杀戮者的最终归宿，曾经的被杀戮者会以莫大的勇气和正义的使命发挥出无与伦比的力量。而"非西方化的日本"既让日本在一段时期取得军事上的胜利，也让日本最终走向失败的结局。

然而，以渊田美津雄、奥宫正武为典型代表的日本人，却将这场战争失败的原因归结于攻击计划的泄密。"美军提前发觉日本的攻击计划，是日本失利的唯一最主要的和直接的原因，这无可置疑。从日本方面来看，敌人情报工作这一成就转而成为我方的失败——我们没有采取充分的保密措施……但是，说它是美国情报工作的胜利，其意义还不止于此，这一次敌人情报工作的积极成就是重要的，但同样重要的是在反面，亦即日本情报工作的糟糕和不顶事。"[303]

并非要否定进攻计划被泄密是重要的失败因素，但我们可以从中感受到一个可供商榷的思路。随着太平洋战争的结束，日本仅仅将战争失败归结于技术层面的个人主义者是否会有一些新的反思。譬如，在当时的战争困境下，有多少人还愿意让个体完全服从于国家；当战争演变成飞蛾扑火式的炼狱场，有多少人不会认为自己正在为日本军部的威权主义而白白葬送了性命；极端的个人神性崇拜是否会因这场战争的失败而得到改变……或许从这样的角度重新阐释中途岛海战，将给予我们一些不同的思考。而本文所做的一切努力或许只是微不足道的。

---

[303] 相关详情可参阅渊田美津雄、奥宫正武的《中途岛海战》；堀越二郎、奥宫正武的《零战》。

# 附录

# 主要参考文献

由于本书的写作性质,在创作中参考了许多著作,因时间仓促、数量较多,无法一一列举。在此,我尽可能地将能想到的参考文献罗列出来,并敬以衷心的感谢!

01. [英] 乔治·戈登·拜伦:《唐璜》,查良铮译,人民文学出版社 2008 年版。
02. [美] 雅各布·阿伯特:《居鲁士大帝:征服战争与波斯开国》,张桂娟译,华文出版社 2018 年版。
03. 张强:《古希腊铭文辑要》,中华书局 2018 年版。
04. [德] 阿内尔·卡斯滕和奥拉夫·布鲁诺·拉德:《大海战:世界历史的转折点》,周思成、胡晓琛译,海洋出版社 2017 年版。
05. [古希腊] 埃斯库罗斯:《埃斯库罗斯悲剧六种》,罗念生译,上海人民出版社 2016 年版。
06. [英] 约翰·基根:《一战史》,张质文译,北京大学出版社 2004 年版。
07. [美] 加勒特·马丁:《无敌舰队》,杨盛翔译,民主与建设出版社 2017 年版。
08. [美] 艾迪·鲍尔:《断刀:从珍珠港到中途岛》,何卫宁译,海洋出版社 2017 年版。
09. [美] 维克托·戴维斯·汉森:《杀戮与文化:强权兴起的决定性战役》,傅翀、吴昕欣译,社会科学文献出版社"甲骨文丛书"2016 年版。
10. [美] 乔纳森·帕歇尔、安东尼·塔利:《断剑:中途岛海战尚不为人知的真相》,蒋民、于丰祥等译,学林出版社 2013 年版。
11. [古希腊] 希罗多德:《希罗多德历史》,王以铸译,商务印书馆 1959 年版。
12. 熊显华:《海权简史:海权与大国兴衰》,台海出版社 2017 年版。
13. 熊显华:《海权简史 2:海权枢纽与大国兴衰》,台海出版社 2018 年版。
14. [美] A.T. 奥姆斯特德:《波斯帝国史》,李铁匠、顾国梅译,上海三联书店 2017 年版。
15. [古希腊] 阿瑞安:《亚历山大远征记》,李活译,商务印书馆 1979 年版。
16. [英] 特威兹穆尔:《奥古斯都》,王以铸译,商务印书馆 2010 年版。
17. [德] 克劳斯·布尔格曼:《罗马共和国史》,刘智译,华东师范大学出版社 2014 年版。
18. [英] 朱利安·S. 科贝特:《特拉法尔加战役》,陈骆译,社会科学文献出版社 2016 年版。
19. [美] J. H. 布雷斯特德:《地中海的衰落》,马丽娟译,中国友谊出版公司 2015 年版。
20. [日] 盐野七生:《海都物语:威尼斯一千年》,徐越译,中信出版社 2016 年版。
21. [美] 雅各布·阿伯特:《薛西斯大帝》,公文慧译,华文出版社 2018 年版。
22. [英] B. H. 利德尔·哈特:《战略论》,钮先钟译,上海人民出版社 2015 年版。
23. [古希腊] 普鲁塔克:《希腊罗马名人传》,陆永庭、吴彭鹏等译,商务印书馆 1990 年版。
24. [英] 帕特里克·贝尔福:《奥斯曼帝国六百年》,栾力夫译,中信出版社 2018 年版。
25. [英] 塞缪尔·E. 芬纳:《中世纪的帝国统治和代议制的兴起:从拜占庭到威尼斯》,王震译,华东师范大学出版社 2014 年版。
26. [美] 塞缪尔·亨廷顿:《文明的冲突与世界秩序的重建》,周琪译,新华出版社 2010 年版。
27. [英] 埃里克·琼斯:《欧洲奇迹:欧亚史中的环境、经济和地缘政治》,陈小白译,华夏出版社 2015 年版。
28. [西班牙] 塞万提斯:《堂吉诃德》,杨绛译,人民文学出版社 2015 年版。
29. [英] 威廉·莎士比亚:《奥赛罗》,朱生豪译,世界图书出版公司 2014 年版。
30. [德] 阿尔伯特:《耶路撒冷史》,王向鹏译,大象出版社 2014 年版。
31. [荷] 赫伊津哈,何道宽译:《伊拉斯谟传:伊拉斯谟与宗教改革》,广西师范大学出版社 2008 年版。
32. [英] 亚当·斯密:《国富论》,郭大力、王亚南译,商务印书馆 2015 年版。
33. [古希腊] 柏拉图:《理想国》,郭斌、张竹明译,商务印书馆 1986 年版。
34. [古希腊] 西塞罗:《论共和国》,李寅译,译林出版社 2013 年版。
35. [古希腊] 修昔底德:《伯罗奔尼撒战争史》,谢德风译,商务印书馆 2018 年版。
36. [英] 理查德·迈尔斯:《迦太基必须毁灭:古文明的兴衰》,孟驰译,社会科学文献出版社 2016 年版。
37. 陈显泗主编:《中外战争战役大辞典》,湖南出版社 1992 年版。
38. [美] 雅各布·阿伯特:《埃及艳后:罗马内战与托勒密王朝的覆亡》,刘莉译,华文出版社 2019 年版。
39. [古希腊] 波里比阿《罗马帝国的崛起》,翁嘉声译,社会科学文献出版社 2013 年版。
40. [意] 朱塞佩·格罗索:《罗马法史》,黄风译,中国政法大学出版社 2009 年版。
41. [英] H. F. 乔洛维茨、巴里·尼古拉斯:《罗马法研究历史导论》,薛军译,商务印书馆 2014 年版。
42. [日] 盐野七生:《罗马统治下的和平》,徐越译,中信出版社 2012 年版。
43. [法] 菲利普·内莫:《罗马法与帝国的遗产》,张并译,华东师范大学出版社 2011 年版。
44. [古罗马] 维吉尔:《埃涅阿斯纪》,杨周翰译,人民文学出版社 2000 年版。
45. [英] 塞缪尔·佩皮斯:《佩皮斯日记》(英文版),上海三联书店 2017 年版。
46. [英] 兰伯特:《风帆时代的海上战争》,郑振清、向静译,上海人民出版社 2005 年版。
47. [古罗马] 阿庇安:《罗马史》,谢德风译,商务印书馆 1976 年版。
48. [古希腊] 荷马:《伊利亚特》,罗念生译,人民文学出版社 1994 年版。
49. [古希腊] 荷马:《奥德赛》,罗念生译,人民文学出版社 2015 年版。
50. [日] 横手慎二:《日俄战争:20 世纪第一场大国间战争》,吉辰译,社会科学文献出版社 2019 年版。
51. [法] 菲迪南·罗特:《古代世界的终结》,王春侠、曹明玉译,上海三联书店 2013 年版。
52. [英] N. H. 拜尼斯主编:《拜占庭:东罗马文明概论》,陈志强、郑玮、孙鹏译,大象出版社 2012 年版。
53. [英] 威廉·穆尔:《阿拉伯帝国》,周术情译,青海人民出版社 2006 年版。
54. [美] A. A. 瓦西列夫:《拜占庭帝国史》,徐家玲译,商务印书馆 2019 年版。
55. [东罗马] 普罗柯比:《战史》,崔艳红译,大象出版社 2010 年版。
56. [日] 大谷正:《甲午战争》,刘峰译,社会科学文献出版社 2019 年版。
57. [古希腊] 亚里士多德:《尼各马可伦理学》,廖申白译,商务印书馆 2017 年版。
58. [古罗马] 普劳图斯:《普劳图斯》,王焕生译,吉林出版集团有限责任公司 2015 年版。
59. [美] 艾尔弗雷德·塞耶·马汉:《海权论》,熊显华译,中国社会出版社 2019 年版。
60. [德] 弗里德里希·席勒《三十年战争史》,沈国琴、丁建弘译,商务印书馆 2010 年版。
61. [意] 尼科洛·马基雅维里:《佛罗伦萨史》,李活译,商务印书馆 1982 年版。

62. ［西］巴托洛梅·德拉斯·卡萨斯：《西印度毁灭述略》，孙家堃译，商务印书馆 1988 年版。
63. ［西］贝尔纳尔·迪亚斯·德尔·卡斯蒂略：《征服新西班牙信史》，林光、江禾译，商务印书馆 1991 年版。
64. ［美］乔治·C. 瓦伦特：《阿兹特克文明》，朱伦、徐世澄译，译林出版社 2013 年版。
65. ［美］迈克尔·C. 迈耶、［美］威廉·H. 毕兹利：《墨西哥史》，复旦人译，东方出版中心 2012 年版。
66. ［美］修·托马斯：《黄金之河：西班牙帝国的崛起——从哥伦布到麦哲伦》，兰登书屋 1988 年版。
67. ［美］本杰明·吉恩、［美］凯斯·海恩斯：《拉丁美洲史》，孙洪波、王晓红、郑新广译，东方出版中心 2013 年版。
68. ［美］赫顿·韦伯斯特：《拉丁美洲史》，夏晓敏译，华文出版社 2019 年版。
69. ［英］朱利安·S. 科贝特：《海上作战的若干原则》，仇昊译，上海人民出版社 2012 年版。
70. ［英］安格斯·康斯塔姆：《日德兰胜败攸关 12 小时》，武宁译，上海社会科学院出版社 2019 年版。
71. 付子堂主编：《法治理想国》，广西师范大学出版社 2018 年版。
72. ［英］厄恩利·布拉德福德：《大围攻：马耳他 1565》，谭琦译，社会科学文献出版社 2019 年版。
73. ［美］艾尔弗雷德·塞耶·马汉：《纳尔逊传》，丁丁译，北京理工大学出版社 2014 年版。
74. 北卢德洛·比米什：《英王德意志军团史》，富兰克林出版社 2012 年版。
75. ［美］劳伦斯·桑德豪斯：《德国海军的崛起：走向海上霸权》，NAVAL 译，北京艺术与科学电子出版社 2013 年版。
76. ［荷］彼得·贾德森：《哈布斯堡王朝》，杨乐言译，中信出版社 2017 年版。
77. ［美］科林·伍达德：《海盗共和国》，许恬宁译，社会科学文献出版社 2016 年版。
78. ［美］塞缪尔·亨廷顿：《军人与国家》，李晟译，中国政法大学出版社 2017 年版。
79. ［日］渊田美津雄、［日］奥宫正武：《中途岛海战》，许秋明译，商务印书馆 1979 年版。
80. ［日］堀越二郎、［日］奥宫正武：《零战》，日本出版协同株式会社 1953 年版。
81. ［美］约翰·托兰：《日本帝国的衰亡》，郭伟强译，新华出版社 1982 年版。